经时济世
继往开来
贺教育部
重大攻关项目
成果出版

季羡林
时年九十有八

教育部哲学社會科学研究重大課題攻關項目

规范收入分配秩序研究

RESEARCH ON NORMALIZING INCOME DISTRIBUTION ORDER IN CHINA

杨灿明

等著

经济科学出版社
Economic Science Press

图书在版编目（CIP）数据

规范收入分配秩序研究/杨灿明等著．—北京：经济科学出版社，2014.4

（教育部哲学社会科学研究重大课题攻关项目）

ISBN 978-7-5141-4303-4

Ⅰ.①规…　Ⅱ.①杨…　Ⅲ.①收入分配-研究-中国　Ⅳ.①F124.7

中国版本图书馆CIP数据核字（2014）第026676号

责任编辑：刘　茜　庞丽佳

责任校对：刘欣欣

责任印制：邱　天

规范收入分配秩序研究

杨灿明　等著

经济科学出版社出版、发行　新华书店经销

社址：北京市海淀区阜成路甲28号　邮编：100142

总编部电话：010-88191217　发行部电话：010-88191522

网址：www.esp.com.cn

电子邮件：esp@esp.com.cn

天猫网店：经济科学出版社旗舰店

网址：http://jjkxcbs.tmall.com

北京季蜂印刷有限公司印装

787×1092　16开　31.25印张　600000字

2014年6月第1版　2014年6月第1次印刷

ISBN 978-7-5141-4303-4　定价：78.00元

（图书出现印装问题，本社负责调换。电话：010-88191502）

（版权所有　翻印必究）

课题组主要成员

（按姓氏笔画为序）

首席专家　杨灿明

主要成员　毛　晖　孙群力　张　璇　赵兴罗
赵　颖　郭慧芳　曹润林　鲁元平

编审委员会成员

主　任　孔和平　罗志荣

委　员　郭兆旭　吕　萍　唐俊南　安　远　文远怀　张　虹　谢　锐　解　丹　刘　茜

总 序

哲学社会科学是人们认识世界、改造世界的重要工具，是推动历史发展和社会进步的重要力量。哲学社会科学的研究能力和成果，是综合国力的重要组成部分，哲学社会科学的发展水平，体现着一个国家和民族的思维能力、精神状态和文明素质。一个民族要屹立于世界民族之林，不能没有哲学社会科学的熏陶和滋养；一个国家要在国际综合国力竞争中赢得优势，不能没有包括哲学社会科学在内的“软实力”的强大和支撑。

近年来，党和国家高度重视哲学社会科学的繁荣发展。江泽民同志多次强调哲学社会科学在建设中国特色社会主义事业中的重要作用，提出哲学社会科学与自然科学“四个同样重要”、“五个高度重视”、“两个不可替代”等重要思想论断。党的十六大以来，以胡锦涛同志为总书记的党中央始终坚持把哲学社会科学放在十分重要的战略位置，就繁荣发展哲学社会科学作出了一系列重大部署，采取了一系列重大举措。2004 年，中共中央下发《关于进一步繁荣发展哲学社会科学的意见》，明确了新世纪繁荣发展哲学社会科学的指导方针、总体目标和主要任务。党的十七大报告明确指出：“繁荣发展哲学社会科学，推进学科体系、学术观点、科研方法创新，鼓励哲学社会科学界为党和人民事业发挥思想库作用，推动我国哲学社会科学优秀成果和优秀人才走向世界。”这是党中央在新的历史时期、新的历史阶段为全面建设小康社会，加快推进社会主义现代化建设，实现中华民族伟大复兴提出的重大战略目标和任务，为进一步繁荣发展哲学社会科学指明了方向，提供了根本保证和强大动力。

高校是我国哲学社会科学事业的主力军。改革开放以来，在党中央的坚强领导下，高校哲学社会科学抓住前所未有的发展机遇，紧紧围绕党和国家工作大局，坚持正确的政治方向，贯彻“双百”方针，以发展为主题，以改革为动力，以理论创新为主导，以方法创新为突破口，发扬理论联系实际学风，弘扬求真务实精神，立足创新、提高质量，高校哲学社会科学事业实现了跨越式发展，呈现空前繁荣的发展局面。广大高校哲学社会科学工作者以饱满的热情积极参与马克思主义理论研究和建设工程，大力推进具有中国特色、中国风格、中国气派的哲学社会科学学科体系和教材体系建设，为推进马克思主义中国化，推动理论创新，服务党和国家的政策决策，为弘扬优秀传统文化，培育民族精神，为培养社会主义合格建设者和可靠接班人，作出了不可磨灭的重要贡献。

自2003年始，教育部正式启动了哲学社会科学研究重大课题攻关项目计划。这是教育部促进高校哲学社会科学繁荣发展的一项重大举措，也是教育部实施“高校哲学社会科学繁荣计划”的一项重要内容。重大攻关项目采取招投标的组织方式，按照“公平竞争，择优立项，严格管理，铸造精品”的要求进行，每年评审立项约40个项目，每个项目资助30万～80万元。项目研究实行首席专家负责制，鼓励跨学科、跨学校、跨地区的联合研究，鼓励吸收国内外专家共同参加课题组研究工作。几年来，重大攻关项目以解决国家经济建设和社会发展过程中具有前瞻性、战略性、全局性的重大理论和实际问题为主攻方向，以提升为党和政府咨询决策服务能力和推动哲学社会科学发展为战略目标，集合高校优秀研究团队和顶尖人才，团结协作，联合攻关，产出了一批标志性研究成果，壮大了科研人才队伍，有效提升了高校哲学社会科学整体实力。国务委员刘延东同志为此作出重要批示，指出重大攻关项目有效调动各方面的积极性，产生了一批重要成果，影响广泛，成效显著；要总结经验，再接再厉，紧密服务国家需求，更好地优化资源，突出重点，多出精品，多出人才，为经济社会发展作出新的贡献。这个重要批示，既充分肯定了重大攻关项目取得的优异成绩，又对重大攻关项目提出了明确的指导意见和殷切希望。

作为教育部社科研究项目的重中之重，我们始终秉持以管理创新服务学术创新的理念，坚持科学管理、民主管理、依法管理，切实增强服务意识，不断创新管理模式，健全管理制度，加强对重大攻关项目的选题遴选、评审立项、组织开题、中期检查到最终成果鉴定的全过程管理，逐渐探索并形成一套成熟的、符合学术研究规律的管理办法，努力将重大攻关项目打造成学术精品工程。我们将项目最终成果汇编成“教育部哲学社会科学研究重大课题攻关项目成果文库”统一组织出版。经济科学出版社倾全社之力，精心组织编辑力量，努力铸造出版精品。国学大师季羡林先生欣然题词：“经时济世　继往开来——贺教育部重大攻关项目成果出版”；欧阳中石先生题写了“教育部哲学社会科学研究重大课题攻关项目”的书名，充分体现了他们对繁荣发展高校哲学社会科学的深切勉励和由衷期望。

创新是哲学社会科学研究的灵魂，是推动高校哲学社会科学研究不断深化的不竭动力。我们正处在一个伟大的时代，建设有中国特色的哲学社会科学是历史的呼唤，时代的强音，是推进中国特色社会主义事业的迫切要求。我们要不断增强使命感和责任感，立足新实践，适应新要求，始终坚持以马克思主义为指导，深入贯彻落实科学发展观，以构建具有中国特色社会主义哲学社会科学为己任，振奋精神，开拓进取，以改革创新精神，大力推进高校哲学社会科学繁荣发展，为全面建设小康社会，构建社会主义和谐社会，促进社会主义文化大发展大繁荣贡献更大的力量。

教育部社会科学司

前 言

收入分配问题是当今社会发展中的重点、难点和热点问题，也是重大的政治和经济问题，更是摆在决策层面前的重大议题，受到了社会各界的高度关注。财富的创造推动了人类社会的发展，而财富的公平分配对消除贫困、缩小收入分配差距、促进社会和谐发展具有至关重要的作用。

从党的十一届三中全会开始，在党的历次代表大会的文件中，都非常重视和强调收入分配问题，并提出了相应的措施和改革的制度安排。我国现行的收入分配制度是以按劳分配为主体、多种分配方式并存，按劳分配与按生产要素分配相结合的基本分配制度，通过把市场竞争机制引入到收入分配领域，克服了计划经济体制中收入分配的平均主义，有效地促进了机会平等，极大地激励了人们生产和创业的积极性，解放了生产力，对推动经济社会的快速发展发挥了重要作用。在以经济建设为中心的背景下，我国经济快速发展，到目前已成功实现了从低收入国家向中等收入国家的历史性跨越。

然而，随着我国经济社会进入新的发展阶段，由于受改革不彻底，制度不健全，调控不到位等多种因素的影响，当前收入分配领域暴露出了不少问题：如国民收入分配结构不合理，收入分配呈现出比例失衡，劳动者报酬和居民收入占 GDP 比重偏低且出现了持续下降的趋势；城乡、地区、行业和社会成员之间收入差距持续拉大；收入分配秩序不规范，投机行为盛行，腐败现象不断涌出，灰色收入和不法收入份额不断提高，恶化了收入分配关系等。所有这些问题不仅成为经济生活中的主要问题，而且也开始成为社会生活中的突出矛盾，受到了决策层以及社会各界的广泛关注。如果这些问题和矛盾解决不好，将影响国家的繁荣、稳定和可持续发展。

国民收入的生产、分配和使用涉及社会利益格局的调整，既是综合性很强的经济问题，也是事关全局的社会问题。经济增长的效率，不仅取决于国民收入的创造，也和国民收入的分配和使用紧密相关。通过对国民收入的要素分配进行研究，可以反映中国改革开放以来收入分配的变化，国民收入的要素分配关系将反映和预示经济结构的变化，要素分配份额的持续变化，必将影响消费结构和产业结构，通过对要素分配关系进行专门研究，寻找影响要素分配关系变化的原因，包括要素相对价格、技术进步、要素替代关系、预计市场扭曲等因素，可以为未来收入分配政策制定提供有价值的参考。通过对功能性分配和规模性分配的研究，可以探索提高居民收入、劳动者报酬的路径以及缩小收入分配差距的思路；可以进一步明确财政分配对协调国民经济发展、完善社会保障体以及调节收入差距的重要作用。通过分析初次分配、再分配以及第三次分配中存在的问题，并协同财政、金融、就业、产业、政策法规、技术与教育等多个方面，并探讨建立健全兼顾效率与公平的分配制度，完善收入分配机制的制度保障，最终构建我国合理的收入分配秩序。

因此，开展对我国收入分配领域的现状以及存在的问题进行全面深入的研究，特别是针对市场结构与要素分配、政府规制与财政分配、慈善与救助、收入分配体制与制度以及收入分配监测与评估等方面的深入研究，可以为完善和优化我国收入分配制度奠定坚实的理论基础；同时，也为促进转变经济发展方式，优化国民收入结构中的产业结构、地区结构、收入分配结构及最终使用，既是经济结构战略性调整的重要途径，也是保障和改善民生，实现共同富裕的关键所在；通过把市场竞争机制引入收入分配领域，克服计划经济体制中收入分配的平均主义，有效促进机会平等，鼓励人们生产和创业的积极性，解放生产力，对推动经济社会的快速发展具有重要的进步意义。

本书是教育部哲学社会科学重大课题攻关项目《规范收入分配秩序研究（07JZD0011)》的最终成果，该课题取得的主要成绩在如下四个方面：第一，通过对各种收入进行归类，明确界定了“收入分配秩序”的内涵，研究了收入分配格局以及收入分配的形成机理，对影响收入分配秩序的原因进行了深入分析。第二，针对我国收入分配秩序不规范的现状，重点从劳资关系、隐性经济、公共权力这三个方面进行了深入的研究。第三，建立了度量我国隐性经济规模的研究框架，提出了研究隐性经济问题的新思路。第四，在全国范围内开展了三次大规模居民收入问卷调查，利用所获得第一手数据资料，测算了我国城乡之间、地区之间、行业之间、不同收入群体之间的收入差距，分析了不同要素禀赋对居民收入的影响，并研究了这些要素禀赋对收入差距的贡献，提出了缩小收入差距的政策建议。通过对这些问题的研究，加深了中国收入分配问题的了解和认识，积累了较为丰富的研究经验，为进一步全面开展收入分配研究打下了良好的基础。

杨灿明

摘　要

在计划经济体制向社会主义市场经济体制转型过程中，由于新旧体制转轨、法制不健全、政府职能转变不足、行政权力干预市场和市场本身的缺陷等原因，导致我国收入分配秩序十分紊乱。规范收入分配秩序，既是实现“发展成果全民共享”和“中国梦”的重要举措，也是中国当前面临的重大理论课题。

本课题通过文献研究、规范分析、实地调研和计量研究等分析方法，以劳资关系、权力经济以及隐性经济三个方面作为主线，对我国当前收入分配秩序紊乱的现状、原因和后果进行了深入的分析和探讨，并针对性地提出了一些具有操作性的政策建议。本书的结构安排和主要结论如下：

第一章　导论

导论指出引起公众不满、激化社会矛盾的不合理收入，集中表现在三个方面：一是强资本、弱劳动，导致初次分配不平等。二是公权力对私权利的不当干预在一定程度上扭曲了分配关系。三是通过制假造假、偷税漏税或走私贩毒等非法手段牟取高收入的隐性经济。上述三个方面是本书第四、五和六章分析的主题，也是规范收入分配秩序的核心内容。

第二章　现状分析

本章系统地回顾了我国改革开放以来收入分配制度的改革历程，在此基础上进一步分析了国民收入初次分配和再分配的分配格局；宏观数据发现在1995～2010年期间，劳动者报酬在初次分配中占比偏低，再分配对居民收入的调节作用并不明显；课题组三次全国居民收入微观调查数据测算表明，城乡间、地区间和行业间的收入差距都有明显的扩大趋势。

第三章 定性分析

本章对导论中提出的三个方面的问题进行定性分析，首先论述国有制和非国有制企业劳资关系的表现形式，并对两者之间的相似性与差异性进行比较分析。其次探讨公权力与私权利的关系，主要分析显性的不当干预和隐性的权钱交易对居民收入分配格局的影响。最后探讨隐性收入对收入分配秩序的负面效应，以及两者之间的内在逻辑关联。

第四章 劳资关系

本章将分别对劳动者的工资决定、收入占比以及政府对劳动和资本所得征税三个方面进行模型的构建和仿真，并使用我国的数据进行相关估算。在微观层面上，从市场深化和劳动者异质性两个维度对企业中劳动者工资的决定机制进行分析和探讨；在宏观层面上，分析市场化程度对劳动者收入份额的影响，并尝试估算我国劳动者收入份额在国民收入份额中的最优比重。

第五章 权利经济

本章利用课题组2008年和2010年全国城市居民收入微观调查数据，研究了政治资本和腐败对收入和收入不平等的影响。结果表明，腐败显著提高了收入不平等程度。并且，当权力参与收入分配或干预市场机制，通过垄断某些要素资源，利用国家政策为自己的经济利益服务时，则会因权力寻租和腐败等行为而形成不合理收入。

第六章 隐性经济

本章首先度量了全国1978～2010年的隐性经济规模以及1998～2009年全国30个省市区的隐性经济规模，其次对影响我国隐性经济规模的因素进行实证研究。结果表明，税收负担、居民收入、失业率、自我就业率以及政府管制是影响隐性经济的主要因素，且随着税负的增加、失业率的上升，隐性经济规模显著提高；而提高居民收入、加强政府管制，则对隐性经济规模有显著的抑制作用。结论认为，是这些因素的共同作用致使隐性经济规模逐年缓慢上升。

第七章 原因探讨

本章指出经济转型的过程中，中国收入分配秩序紊乱的原因可以从政府职能转变、所有制结构调整、中央与地方政府间关系变化、分配原则改革、要素的流动性受制以及对人的激励与约束机制缺失六个方面得到合理的解释，这六个方面是当前我国劳资关系不合理、隐性收入泛滥、行政权力干预经济和腐败产生的根源。

第八章　经验借鉴

本章归纳了一些发达国家在规范收入分配上的有益经验：通过引进集体谈判和劳动争议处理制度调节劳资关系；通过健全司法制度、强调公民社会和新闻媒体的监督等制约公共权力；通过简化税制、合理疏导隐性经济以及加强国际合作治理隐性经济；通过完善财产申报制度、健全社会监督和个人征信体系构建收入监测系统。

第九章　政策建议

本章依据前文关于收入分配秩序紊乱的核心问题的分析，在借鉴国际经验的基础上，从正确处理劳资关系、缩减公共权力与严厉清除腐败、防范和治理隐性经济、规范与发展第三部门和传承与发展文化五个方面提出规范收入分配秩序的政策建议。

Abstract

The order of income distribution in China has been messing in the era of transforming from the planned system to socialism market oriented system, which can be mainly accrued to the conversion from the old system to the new one, imperfection of legal institutions, incomplete transformation of government functions as well as the drawbacks embedded in the market itself. Strengthening the orders in the income distribution is a major theoretical job faced by Chinese scholars, which is of paramount importance in realizing the goals of "fruits shared by all" and "Chinese dream".

This book discuss and analyze the current situations, latent causes and potential consequences on the disorder phenomena existed in China from capital labor relations, economy with administrative power and recessive characteristics respectively. Literature reviewing, normative analyzing, field investigation and qualitative research are the main methods employed here. Corresponding feasible policy suggestions are also made upon the above analysis. The structure and principle conclusions of the book are as follows:

Chapter 1 Introduction

The introduction points out that the unreasonable income caused public discontent and intensified social contradictions can be concluded in three aspects. Firstly, the strong capital and weak labor result in primary distribution inequality. Secondly, the inappropriate intervention of public power in private rights distorts the distribution relationship to some extent. Thirdly, the recessive economy that people obtaining high incomes through some illegal means such as counterfeiting fraud, tax evasion or drug trafficking. The above three aspects are the themes of the chapter four to six and also the hearts of standardizing the order of income distribution.

Chapter 2 Current Situation Analysis

This chapter analyses the first and second income distribution after reviewing the history of income reforms since opening up in China. Labors' income share is relatively low from 1995 to 2010 while the effects of redistribution are somewhat weak. The income disparities between rural and urban, among regions and industries are on the widening track according to the calculations based on three national surveys.

Chapter 3　Qualitative Analysis

This chapter conducts a qualitative analysis from three aspects put forward in the Introduction. Firstly, we discuss the form of labor-capital relations between state-owned and non-state-owned enterprises and then compare the similarities and differences between them. Secondly, we discuss the relationship between public power and private rights, and mainly analyze how the observable improper interventions and the unobservable power for money influence residents' income distribution pattern. Finally, we explore the negative effects of recessive incomes on the order of income distribution and the intrinsic logic relation between them.

Chapter 4　Capital – Labor Relations

This chapter discusses the decisions for the salary of laborers, income shares in GDP and taxes on labor and capital gains through modeling and simulations, and then use Chinese data for relevant estimates. At the micro level, we analyze and discuss the wage formation mechanism in the enterprises from the two dimensions: the market deepening and heterogeneity of workers; At the macro level, we analyze the influences of the degree of marketization on labors' income share, and attempt to estimate the optimal proportion of the labors' income share of national income.

Chapter 5　Administrative Power Accrued Economy

This chapter conducts the analysis of potential influences of political capital and corruption on income disparities while utilizing the micro data from 2008 and 2010 carried out by our team. The results show that income inequality is greatly worsened by the corruption. Unreasonable income may come into being when administrative power acquires or intervenes the income allocation process through its monopoly status and privatizing the national policies for their own economic benefits.

Chapter 6　Recessive Economy

This chapter carries out the empirical analysis of factors contributing to the scale of recessive economy based on the measurement of the overall scale of recessive economy ranging from 1978 to 2010 in China and provincial recessive economy covering 1998 to 2009. The results show that tax burdens, residential incomes, unemployment rate, self-employment rate and regulations from governments are the principal contributing factors. The scale of recessive economy may raise substantially as tax and unemployment climbing up, while shrinks when citizens' income and governments' regulations enhancing. The overall effect of these factors jointly promotes the steady but slow growth of recessive economy.

Chapter 7　Causes Discussion

This chapter points out that in the process of economic transformation, the causes of Chinese income distribution disorder can be concluded as six aspects, which are converting of governments' functions, adjusting ownership structures, regulating the relationships between central and local governments, ameliorating the allocation principles, restraining of factors' mobility and the absence of the incentive and constraint mechanism on people. These six aspects are the underlying causes to generate the unreasonable labor-capital relations, the inundation of recessive income, the intervention of administrative power in the economy and corruption.

Chapter 8　Experiences Abroad

This chapter summarizes some experiences about normalizing income distribution from some developed countries: (1) adjust labor-capital relationships through introducing collective bargaining and the institutions of handing labor disputes; (2) restrict public power through perfecting legal system, emphasizing the civil society and the news media supervision; (3) govern underground economy by simplifying the tax systems, moderately take the underground economy into supervision and strengthen international cooperation; (4) build income monitoring system by perfecting the property reporting systems, perfecting social supervision and personal credit registry systems.

Chapter 9　Policy Recommendations

Based on the above analysis of the core problems on the income distribution disorder and experiences overseas, this chapter develops some policy suggestions from five aspects for normalizing, which are properly dealing with labor-capital relations, retrenching administrative powers and steadfastly eliminating, preventing and managing underground economy, regulating and developing the non-government sectors and inheriting and developing cultural.

目 录

Contents

Contents

第一章

导　论

第一节　问题的提出

自20世纪80年代以来，我国开始由计划经济体制向社会主义市场经济体制转型。与建立社会主义市场经济体制相适应，我国在收入分配领域引入了市场调节机制，改变了过去以政府为中心的极端平均主义的收入分配体制，实行“以按劳分配为主体、多种分配方式并存”、“允许劳动、资本、技术和管理等生产要素按贡献参与分配、把按劳分配和按生产要素分配结合起来”的收入分配制度。在我国居民收入水平不断提高，人民生活质量得到极大改善，收入分配体制改革取得积极进展的同时，由于新旧体制转轨、法制不健全、政府职能转变不足、行政权力干预市场和市场本身的缺陷等原因，在经济体制转型过程中出现了一些制度上的空缺和漏洞，导致收入分配秩序严重混乱。

2012年11月，中共十八大报告中明确提出：“提高居民收入在国民收入分配中的比重，提高劳动报酬在初次分配中的比重。初次分配和再分配都要兼顾效率和公平，再分配更加注重公平。”因此，人们迫切需要从理论上探求规范收入分配秩序的依据，在实践中寻求规范分配秩序的可行方法和对策。如何认识并有效规范我国的收入分配秩序，成为构建社会主义和谐社会面临的重大课题。

一、收入分配秩序问题日益突出

近年来，尽管政府采取了一系列的整治措施，但收入分配秩序问题仍日益突出，具体表现为：

（一）政府收入比重不断提升

1997~2008年，我国的国民收入分配一直在向企业和政府倾斜，企业的利润增长速度在30%~40%，政府的财政收入增长速度在20%~30%，而居民收入增长速度不到10%。据统计，2011年，全国财政收入103 740亿元，同比增长24.8%，其中，税收收入89 720亿元，增长22.6%；非税收入14 020亿元，增长41.7%[①]。2011年我国国内生产总值471 564亿元，按可比价格计算，比上年增长9.2%[②]，税收增速是GDP增速的近3倍[③]。2012年，全国财政收入117 210亿元，增长12.8%。财政支出125 712亿元，增长15.1%，赤字达8 502亿元。其中，中央财政收入56 133亿元，地方财政收入61 077亿元。税收收入100 601亿元，增长12.1%。不包括政府性基金收入在内，2012年财政收入占GDP比例为23%，为1994年分税制改革以来占比最高[④]。

（二）居民收入两极分化严重

2001年1月，国家统计局公布，我国的基尼系数已接近0.4，并得出结论说，"在实际经济生活中，确实产生了有天壤之别的两端：一端是人数不多且'富得冒油'的社会阶层，另一端是少量生活非常贫困的底层百姓"[⑤]。据2004年联合国人类发展报告的数据，中国的基尼系数已高达0.45~0.53，高于美国、法国、日本、波兰、印度的0.3~0.4，接近俄罗斯、伊朗的0.43~0.46，低于巴西和南非的0.59。

---

① 《2011年全国财政收入103 740亿元　同比增24.8%》，网易财经，2012年1月20日，http://www.cnr.cn/gundong/201201/t20120120_509083440.shtml。

② 《2011年国民经济继续保持平稳较快发展》，中华人民共和国统计局，2012年1月17日，http://www.stats.gov.cn/tjfx/jdfx/t20120117_402779443.html。

③ 《2011年财政收入突破10万亿元"减税"大幕已拉开》，南方都市报，2012年1月4日，http://nf.nfdaily.cn/nfdsb/content/2012-01/04/content_35947676.html。

④ 《2012年全国财政收入11.7万亿元占GDP比例创新高》，新京报，2013年1月23日 http://www.chinaacc.com/new/184_186_201301/23wa186754761.shtml。

⑤ 国家统计局，《从基尼系数看贫富差距》，载于《中国国情国力》2001年第1期。

2013 年 1 月国家统计局发布了 2003～2012 年为期十年的中国基尼系数，2003 年的基尼系数为 0.479，并且此后十年一直保持在 0.47～0.49 的高水平，最高值为 2008 年的 0.491，此后逐年递减，至 2012 年降到 0.474，但仍保持在 0.4 的警戒线以上①。

2012 年 12 月西南财经大学中国家庭金融调查报告显示，2010 年中国家庭的实际基尼系数为 0.61，大大高于 0.44 的全球平均水平，贫富差距世所罕见②。虽然该调查的抽样方法和数据收集受到很多学者的质疑，但是仍从一定程度上反映出，目前中国居民收入两极分化十分严重。

我国城乡居民人均收入之比，虽然在改革开放之初从 1978 年的 2.36 降至 1985 年的 1.85，但是从 1986 年至 2011 年，则一直是波动扩大的，2011 年达到 3.13。有学者指出，如果将城市职工的工资外的各种隐性收入计算在内，城乡居民收入之比大概在 5～6 之间。

（三）收入分配不规范、不透明

在企业领域，部分企业以不正当行为侵蚀国家和公众收益，以侵蚀品牌权和专利权、低价评估、降价转让或拍卖等形式，把国家所有的有形和无形资产转为企业或个人所有。在国有企业公司化改制中，因为产权制度改革不完全到位，对管理层个人的收入分配激励普遍超前。另外，国企职工容易获得一些制度外收入，特别是高层管理人员在获得远高于其他行业的收入之外，还享受着高水平的福利待遇和职务消费。而在外资企业和私营企业，设立多本账的现象非常普遍，将巨额应纳税款转为企业盈余，偷税、漏税、骗税等问题十分严重。

此外，非透明、非规范性收入不同程度地存在，使灰色收入等工资外收入的比重增大，导致实际收入差距比工资差距要大得多。中国改革基金会国民经济研究所副所长王小鲁主持的一项研究调查表明，2005 年非透明、非规范性收入大约有 4.8 万亿元，约占当年 GDP 的 26%③。

---

① 《国家统计局公布 Gini 系数称收入差距逐年回落》，新华网，2013 年 1 月 18 日 http：//news. qq. com/a/20130118/001899. htm。

② 《报告称中国家庭基尼系数达 0.61 贫富悬殊“世所少见”》，京华时报，2012 年 12 月 10 日 http：//news. qq. com/a/20121210/000069. htm。

③ 王小鲁：《灰色收入与国民收入分配》，2010 年 7 月 26 日，http：//www. wyzxsx. com/Article/Class4/201007/168527. html。

二、收入分配秩序成为社会关注的焦点

公平合理、规范有序的收入分配秩序是实现公平分配的重要保证，是维护经济社会安定有序的基础，“如果收入分配问题扩大和蔓延，就会极大地损害社会的正义价值理念”①。收入分配的不公平，尤其是权钱交易、贪污腐败、各种非法致富行为、特权和利益集团化对收入分配的影响，会使人民群众产生强烈的社会不公平感，在很大程度上威胁着社会的和谐与稳定。而稳定的社会环境是人们谋求发展的现实需要，所以，收入分配秩序问题是现阶段的焦点。

（一）收入分配秩序引起民众高度关注

目前，由于收入分配秩序混乱，导致在不同群体、不同阶层之间累积了诸多社会矛盾，当这种矛盾累积到一定程度，容易引发严重的社会问题。例如，近几年，我国群体性事件②发生的频率就呈上升趋势。统计显示，1993 年我国发生群体性事件 0.87 万起，2005 年上升为 8.7 万起，2006 年超过 9 万起，2010 年达到 10 万元以上，2011 年和 2012 年各地发生的群体性事件数量仍在上升。根据社会学家的预测，今后若干年内，至少到 2020 年，是我国社会群体性事件的频发期③。

2012 年“两会”前，人民网和人民日报政治文化部曾联合推出“2012 年你最关注的十大热点问题调查”，结果显示“收入分配”位列第二。回顾近年的两会调查，“收入分配”的关注度一直位于前五位，且呈上升趋势。

---

① 杨宜勇：《中国收入分配理论与政策研讨会综述》，载于《经济学动态》2005 年第 4 期。

② “群体性事件”是一个约定俗成的概念，鉴于研究内容的敏感性，学界并没有对这一概念进行深入分析。首先，群体性事件的基础是群体行为，这是群体性事件最典型的特征。到底多少人参与的事件才能算群体性事件，并没有明确的标准。公安部门一般把参与人数超过 15 人的事件称为群体性事件，而信访部门把超过 5 人的上访案件称为群访。其次，采取何种行为方式的事件才是群体性事件。事件参与者采取体制许可或者默认的表达方式与采取体制所禁止的表达方式性质完全不同。当前我们所谓的群体性事件到底属于以上哪种行为方式，官方的正式文件当中没有明确的表述。此外，意识形态与现实操作之间的模糊性也给群体行为带来“合法性困境”，影响到群体性事件的界定。本课题认为，“群体性事件”是由某些社会矛盾引发，特定群体及不特定人数临时聚合形成的偶合群体，为了表达一定诉求或主张，或为直接争取和维护自身利益，或为发泄不满、制造影响，通过没有合法依据的规模性聚集形式以引起广泛关注的群体性行为。近年来，社会影响较大的群体性事件有：2005 年 6 月安徽池州事件、2007 年 1 月四川达州事件、2007 年 6 月广东河源事件、2008 年 6 月贵州“瓮安事件”、2009 年 6 月湖北“石首事件”、2010 年 4 月“黑龙江富锦长春岭事件”、2010 年 6 月安徽马鞍山“6·11 事件”等。

③ 王晓东：《创新弱势群体利益诉求机制预防和化解群体性事件》，载于《中共太原市委党校学报》2006 年第 3 期，第 18 页。

（二）收入分配进入转折期

在收入差距变化关系的问题上，库兹涅茨倒“U”型曲线假说表示：在经济未充分发展、人均国民收入较低时，收入分配将随着经济发展而趋于不平等；其后，随着经济发展和人均国民收入水平提高，收入分配差距将逐步缩小，最终达到比较公平的收入分配状态。

《2012年中国劳动力市场报告》认为，虽然中国目前收入分配差距较大，但扩大的趋势在减缓，收入差距面临缩小拐点。该报告称，2010年城镇居民低、较低、中、较高和高收入组人均可支配收入分别比2005年增长89.3%、89.3%、87.4%、84%和79.7%；2010年农村居民低、中低、中等、中高和高收入组人均纯收入分别比2009年增长20.69%、16.43%、15.98%、15.04%和14.05%。这意味着城乡中低收入群体收入增长快于高收入群体，城镇内部和农村内部收入差距在缩小。

（三）收入分配秩序事关未来发展

实际上，目前这些严重的社会问题并非中国独有，其他国家在发展的过程中也曾经遇到过。例如，最近北非国家爆发的“茉莉花革命”[①]等抗议活动，都暴露出一些国家在经济、政治和社会领域中存在的诸多深层次问题。这些抗议活动无不与分配领域中的贫富分化、社会不公、腐败和较高的失业率等社会问题有关。这是因为一个国家的人均收入达到中等水平后，如果不能顺利实现经济发展方式的转变，导致经济增长动力不足，最终出现经济停滞的一种状态，即出现“中等收入陷阱”，使社会陷入动荡和不稳定。要顺利度过这个问题多发和矛盾凸显期，关键是要解决好收入分配领域中的各种问题。

三、中国政府一向致力于解决收入分配问题

邓小平指出：“社会主义制度就应该而且能够避免两极分化”[②]。共同富裕和社会公平是社会主义的本质特征，也是社会主义发展的最终目标，更是社会主义

---

① “茉莉花革命”：2010年12月17日，突尼斯南部西迪布吉德一名失业青年、街头小贩因不满城管暴力执法自焚，该事件最终导致了统治国家23年之久的政治强人、突尼斯总统本·阿里政权的终结。茉莉花是突尼斯国家的国花，因此，此次抗议和暴力冲突被西方媒体称为“茉莉花革命”。随后，“茉莉花革命”向中东其他地区扩散，引起了整个中东地区的恐慌，并引爆了席卷中东的“阿拉伯之春”。“茉莉花革命”的深层次原因是突尼斯居高不下的失业率和让人难以忍受的高通胀、贫富悬殊和政治腐败。

② 《邓小平文选》第3卷，人民出版社1994年版，第374页。

优越性的重要表现。构建社会主义和谐社会，必须实现收入公平分配，以确保在效率提高的同时，避免两极分化，实现全体人民的共同富裕。而实现公平分配的前提条件和基础就是保证收入分配秩序的规范。正是基于上述认识，近年来，规范收入分配秩序问题已引起党和政府的高度重视，被列入自中共十六届五中全会以来政策层面和学术界的重大“攻关项目”。

2006 年 5 月 26 日，中共中央政治局专门召开会议，研究改革收入分配制度和规范收入分配秩序问题。会议强调改革收入分配制度，规范收入分配秩序，构建科学合理、公平公正的社会收入分配体系。

2007 年 10 月，党的十七大指出：“创造条件让更多群众拥有财产性收入。保护合法收入，调节过高收入，取缔非法收入。扩大转移支付，强化税收调节，打破经营垄断，创造机会公平，整顿分配秩序，逐步扭转收入分配差距扩大趋势”①。

从 2007 年以来，每年的两会，收入分配问题成为人大代表热议的话题之首。2011 年的《中华人民共和国国民经济和社会发展十二五规划纲要》，把全面推进收入分配体制改革作为转变发展方式的重点。2011 年 12 月召开的中央经济工作会议提出，“2012 年扩大内需的重点是保障和改善民生、加快发展服务业、提高中等收入者比重”②，而实现这一任务需要深化收入分配制度改革。

2012 年 3 月 16 日，温家宝主持召开国务院常务会议，会议指出，2012 年要制定出收入分配体制改革的总体方案。同时，在 2012 年召开的两会答记者问上，温家宝表示在他任职的最后一年内，第一件事情就是要制定收入分配体制改革的总体方案③。2012 年 11 月，十八大报告中明确提出：“要坚持社会主义基本经济制度和分配制度，调整国民收入分配格局，加大再分配调节力度，着力解决收入分配差距较大问题，使发展成果更多更公平惠及全体人民，朝着共同富裕方向稳步前进。”

2013 年 2 月 5 日，国务院批转了发改委、财政部、人力资源社会保障部制定的《关于深化收入分配制度改革的若干意见》（简称《若干意见》），要求各地区、各部门认真贯彻执行。《若干意见》中强调，深化收入分配制度改革，要坚持共同发展、共享成果；同时指出，深化收入分配制度改革，是一项十分艰巨复杂的系统工程，不可能一蹴而就，必须从我国基本国情和发展阶段出发，立足

---

① 胡锦涛在中国共产党第十七次全国代表大会上的报告：《高举中国特色社会主义伟大旗帜　为夺取全面建设小康社会新胜利而奋斗》，2007 年 10 月 15 日。

② 《中央：保持经济物价稳定　提高中等收入者比重》，2011 年 12 月 14 日，http：//money.163.com/11/1214/12/7L81Q8OU00253B0H.html。

③ 《温家宝：今年一定制定收入分配体制改革总体方案》，2012 年 3 月 14 日，http：//www.china.com.cn/policy/txt/2012－03/14/content_24894722.html。

当前、着眼长远，克难攻坚、有序推进。《若干意见》共分七个部分：一、充分认识深化收入分配制度改革的重要性和艰巨性；二、准确把握深化收入分配制度改革的总体要求和主要目标；三、继续完善初次分配机制；四、加快健全再分配调节机制；五、建立健全促进农民收入较快增长的长效机制；六、推动形成公开透明、公正合理的收入分配秩序；七、加强深化收入分配制度改革的组织领导。

上述充分表明，规范收入分配秩序、改革收入分配制度已经摆上我国经济社会发展的突出位置，不仅成为我国宏观政策的一个重要目标，而且也成为党和政府构建社会主义和谐社会的重要内容。

第二节　相关概念界定

2006年5月26日，中共中央政治局召开会议，研究改革收入分配制度和规范收入分配秩序问题。自此之后，规范收入分配秩序问题开始成为各界高度关注的焦点话题。但究竟什么是收入分配秩序？无论是政府高层，还是理论界都没有给出具体的、明确的和统一的界定[①]。本课题认为，研究规范收入分配秩序问题应当首先对"收入分配秩序"的内涵进行明确，并选定本课题所采用的概念或者给出自己的定义，作为本课题研究的基础。

一、秩序与收入分配秩序

文明社会的运行，离不开一定的社会秩序。在古汉语中，"秩"、"序"二字和英文的"order"一样，都有"次序、常规"的含义。所谓秩序，又称"有序"，往往与混乱、无序相对应，它是指在一定环境中存在着的某种关系的稳定性、结构的有序性、行为的规则性、进程的连续性、事件的可预测性以及财产和心理的安全性的总和。也就是说，要有条理地、有组织地安排各构成部分以求达到正常地运转或良好的外观状态，它总是与一致性、连续性和确定性等特征相联

① 本课题组在研究中查阅了相当多的文献资料，但发现至今还没有学者直接对"什么是收入分配秩序"进行明确和具体的界定。从已有的文献看，仅仅查阅到两处文献对"分配秩序"进行过界定：一处是，"分配秩序是指分配过程中社会成员必须遵守的规定、原则、纪律、制度等的总称"。——王振中：《市场经济的分配理论研究》，社会科学文献出版社2004年版。另一处是，"所谓收入分配秩序是指分配过程中必须遵守的规定、原则、纪律、制度的总称。分配秩序主要是由相关的法律政策决定的，部分也是由社会习惯等因素决定"。——于海峰、崔迪：《规范收入分配秩序　推进收入分配改革》，载于《税务研究》2011年第3期。但从两处的表述看，对"分配秩序"的界定并没有本质区别。

系，表现为有序的状态。例如，人们常说的社会秩序，就是指人们在长期的社会交往过程中形成相对稳定的关系模式、结构和状态。从广义上讲，秩序是指在自然和社会现象及其发展变化中的规则性和条理性。

一般地，秩序可以从静态和动态两个方面进行考察：从静态上看，秩序是指人或物处于一定的位置，有条理、有规则、不紊乱，从而表现出结构的恒定性和一致性，形成一个统一的整体；就动态而言，秩序是指事物在发展变化的过程中表现出来的连续性、反复性和可预测性。一定的经济秩序，总是作为维系相应的经济利益格局而存在的。经济利益的任何调整和变动，都将导致秩序状态某种程度的变化。只有在确立合理的利益分配秩序的条件下，其他经济运行秩序才会有牢固的基础。秩序井然是社会经济发展保持良性运行的必要条件。

将上述秩序的含义运用到收入分配领域，即所谓的收入分配秩序。本课题将收入分配秩序的内涵界定为：收入分配秩序是指收入分配主体的分配行为及其结果所呈现的状态。收入分配秩序就是收入形成的机理、形成的渠道和形成的路径。

与理解上述“秩序”的概念一样，收入分配秩序也可以从静态和动态两个方面考察：从静态上看，收入分配秩序表现为收入分配格局，即分配主体之间的收入分配关系、收入分配结构和收入差距状况；从动态上看，收入分配秩序表现为收入的形成机理，即收入分配规则和分配过程是否规范、合理和有序。

研究规范收入分配秩序的关键在于，收入的形成机理是什么？收入分配过程出了什么问题？可以说，分配过程是问题研究的最根本内容，而分配格局是分配过程表现出来的结果或呈现出来的状态。当前，我国收入分配体制出现了系统性问题，它从制度安排和分配渠道上阻碍了收入向居民尤其是向中低收入群体正常流动，其实质是收入的形成机理出了问题①。

正常的收入分配秩序要求收入分配公平、正义、合理、各得其所。如果收入的形成过程违背了这样的要求，就会形成剥削，这样的收入分配就不公平、不合理。分配秩序混乱，主要表现为市场部门和公共部门的收入形成机制出现了严重的扭曲变形。正是由于收入的形成机理和形成过程出了问题，才导致收入分配格局呈现出不合理和不公平的状态。

二、收入分配格局

收入分配格局，是指各个分配主体在全部收入中所占有的份额以及由此形成的比例关系。

---

① 王振中（2004）关于“分配秩序”的定义强调了分配秩序的静态性，而没有突出其动态性。

（一）最初分配格局和最终分配格局

从收入分配过程来看，国民生产总值的分配包括初次分配和再分配[①]两个基本过程，相应地，分别形成了两种分配格局，即最初分配格局和最终分配格局。

首先，通过初次分配过程，形成国民总收入的最初分配格局。初次分配直接与生产过程相联系，把国民总收入分配给劳动和资本要素以及政府。居民个人因提供劳动要素和资本要素而获得就业收入和财产收入，两者之和构成个人的最初分配收入，它既包括本国居民向国内生产总值的生产提供劳动和资本要素所取得的报酬收入，也包括本国居民向国外的生产过程提供劳动和资本要素所取得的报酬收入。国家则利用国家权力在生产、销售或进口中对货物和服务的生产流通与消费活动征收生产税和进口税，从而形成国家的最初分配收入。国民总收入扣除个人最初分配收入和国家最初分配收入之后，剩下的余额即形成企业的最初分配收入，包括固定资产消耗和扣除个人财产收入后的净营业盈余。如果企业有赢利，营业盈余表现为正数；反之，则为负数。

其次，与初次分配不同，再分配是在初次分配结果的基础上，通过现金或实物转移所实现的收入分配，是单方向的收入转移，不存在交换基础。一般包括强制性的收入税、缴费、罚款以及社会义务性的捐赠、社会救济等。通过收入再分配，形成国家、企业、居民个人的可支配收入，也就是可用于最终消费、投资或储蓄的收入。居民个人在获得最初分配收入的基础上，在缴纳个人所得税、社会保障缴费和取得各种社会转移收入后，形成居民个人可支配收入。国家在获得最初分配收入的基础上，通过社会转移收入（包括各种非生产税）和社会转移支出（包括社会救济支出等）的分配调节之后，便得到国家最终的可支配收入。国民总收入扣除居民个人最终可支配收入和国家最终可支配收入后，剩下的余额即成为企业的最终可支配收入（包括扣除上缴国家的收入税和其他税收以及其他社会转移支出，加上从政府得到的补贴后所剩余的企业全部未分配利润）。居

---

① 初次分配，也称“第一次分配”，是指在生产领域，按照一定的原则，在市场机制的作用下，把国民收入分解为不同经济主体收入的过程，从而形成各经济主体的初始收入。具体包括劳动和资本取得的要素收入，以及政府从中得到的生产税净额（生产税减去价格补贴后的余额），即工资（包括奖金、津贴等）、利润、利息、租金等收入。经过初次分配，国民收入分解为劳动者个人收入、企业收入和国家收入。其中，劳动者个人收入在公有制经济中是通过按劳分配实现的。在初次分配过程中，应按照社会主义物质利益原则正确处理国家、企业和劳动者个人三者的利益关系。国民收入再分配，也称“第二次分配”，是指国民收入继初次分配之后在整个社会范围内进行的分配，即国家的各级政府以社会管理者的身份，主要通过税收和财政支出的形式参与国民收入分配的过程，这一分配过程由政府调控机制起作用。分配的最终结果，形成各经济主体调整后的可支配总收入。国民收入的再分配发挥两种基本职能：分配职能和调节职能。

民个人、企业、国家三者的最终可支配收入，便构成了国民总收入的最终分配格局。

初次分配格局可以反映国家、企业、居民个人三者之间的初次分配关系，但这还不是三者之间的最终分配关系，还不能反映三者最终可用于消费和投资的收入份额。因此，研究三者之间的分配关系，必须以最终分配格局为依据，分析三者通过初次分配和再分配后所形成的可支配收入及其比例关系。

（二）政府、企业、居民个人三者之间的分配关系

改革开放后，随着我国经济的迅速发展，国家、企业和居民个人的可支配收入都有了较大幅度的增加。从分配结构上看，三者之间的分配格局发生了显著变化：

一方面，近年来，居民收入占国民收入初次分配的比重出现下降趋势。在政府、企业和居民三大收入主体结构中，国民收入在不断向政府和企业倾斜，而城乡居民在国民收入分配中的比重连续下降。据统计，在 1995 ~ 2010 年间，考虑到非预算收入，政府在国民收入初次分配和再分配中所占比重由 24. 25% 上升到 30. 48%，企业所占比重由 9. 88% 上升到 15. 82%，而居民所占比重从 65. 87% 下降到 53. 35%[①]。财政收入、企业收入增长的速度远大于居民收入增加的速度。

另一方面，在初次分配领域，我国存在资本所有者所得畸高、普通劳动者收入偏低的现象。一般来说，衡量一国国民收入初次分配是否公平的主要指标是分配率，即劳动报酬总额占国内生产总值的比重，劳动者的报酬总额占 GDP 的比重越高，说明国民收入的初次分配越公平。

在市场经济成熟的国家，劳动报酬总额在国内生产总值中所占比重较高，如美国，劳动报酬占国内生产总值的 70%，其他国家多在 54% ~65% 之间。我国的情况则恰恰相反。据统计，从 1997 ~2007 年的 10 年间，劳动报酬占国内生产总值的比重从 53. 4% 下降到 39. 74%[②]。中国经济体制改革研究会的一份研究报告显示，2010 年中国最低工资是人均 GDP 的 25%，世界平均值为 58%；我国最低工资是平均工资的 21%，世界平均值则为 50%[③]。尽管这里面有统计口径变化的影响，但总体而言，我国“强资本、弱劳动”趋势不断强化，劳动报酬占

---

① 马晓河：《人民财评：增加中低收入者收入要过三道“坎”》，人民网，2011 年 12 月 23 日，http：//finance. people. com. cn/GB/16690226. html。

② 《分好“蛋糕”促和谐——怎么看分配不公》，《人民日报》，2010 年 7 月 9 日，第 15 版，http：//news. 163. com/10/0709/06/6B4OBDK7000146BC. html。

③ 《报告称内地公务员工资是最低工资 6 倍　国企高管达 98 倍》，中财网，2011 年 12 月 16 日，http：//economy. cfi. cn/p20111216000310. html。

比逐年呈现下降趋势。

（三）收入差距状况

在经济学上，用来反映收入分配公平程度的指标主要有基尼系数[①]，这是国际上常用的指标。从绝对水平和分布结构来看，改革开放以来，我国居民收入差距明显偏大，主要表现在：

1. 从绝对水平看，我国居民收入差距已排在世界前列

不同的研究机构和课题调查组测算了我国基尼系数的数值，如根据国家统计局的数据，我国 1981 年的基尼系数为 0.288，1990 年为 0.343，1999 年为 0.397，2003 年达到 0.479，2008 年达到 0.491，2012 年总体基尼系数为 0.474。据世界银行计算，我国基尼系数由改革开放之初的 0.28 上升到 2009 年的 0.47[②]。另据中国人民大学和香港科技大学的联合调查，我国内地的基尼系数已高达 0.53 或 0.54 左右[③]。这些数据不一定完全准确，但还是能从某个侧面反映我国贫富悬殊的严重状况。

2. 从分布结构看，收入差距扩大的现象广泛存在于社会经济的各个领域，城乡之间、地区之间、行业之间以及不同经济类型之间的收入差距正在扩大

第一，城乡收入差距。改革开放以来，城乡居民收入有了较快增长，2010 年我国农村居民人均纯收入 5 919 元，城镇居民全年人均可支配收入 19 109 元。从 1978 年到 2010 年，我国城乡居民的收入差距由 2.57 倍扩大到 3.23 倍[④]。这一年是自 1998 年以来农村居民收入实际增速第一次超过城镇的一年，但城乡收入差距依然比较大（自 2011 年来，农民收入保持较快增长，增速快于城镇居民，城乡收入差距呈缩小态势[⑤]，但是城乡差距仍是居民收入差距的主要来源）。如

---

① 有学者认为基尼系数不能作为衡量我国收入分配合理程度的标准。其理由是：第一，影响实际收入分配曲线的位置和基尼系数大小的因素较多。第二，从基尼系数的含义来看，它表现的只是收入的分布情况，而与收入的绝对量无关，基尼系数小在贫穷和富裕这两种国家都可能存在。第三，基尼系数含有把“收入均等化”看作衡量收入分配合理程度的标准。因此，严格来说，基尼系数标准不是很全面，但基本上可以反映一国居民的收入差距状况。

② 《党校专家称财税改革最急　建议按面积征房产税》，新浪财经，2010 年 6 月 24 日，http://finance.sina.com.cn。

③ 《共享改革发展成果　走共同富裕之路》，人民网，http://politics.people.com.cn/GB/8198/65833/65844/4474248.html。

④ 《中国居民收入稳定增长　低收入群体增长快》，新华网，2011 年 2 月 3 日，http://news.xinhuanet.com/politics/2011-02/03/c_121049745.html。

⑤ 《中国城乡居民收入差距连续三年呈缩小态势》，中国行业研究网，2012 年 11 月 15 日，http://www.chinairn.com/news/20121115/889095.html

果考虑到城镇居民享有的各种补贴、劳保福利和社会保障等隐性收入[①]，以及农民尚需从纯收入中扣除用于再生产的部分，我国的城乡居民收入实际差距约为4~6倍[②]。

在我国居民总收入差距中，大约64.45%是由城乡间居民收入差距造成的[③]。按国际劳工组织发表的1995年36个国家的资料，绝大多数国家的城乡人均收入比都小于1.6，只有三个国家超过了2，我国是其中之一。国际上最高在2倍左右。这表明，如果把医疗、教育、失业保障等非货币因素考虑进去，我国的城乡收入差距是世界上最高的。

第二，区域收入差距。从区域之间看，东、西部地区城镇和农村居民收入差距较大。例如，2010年，上海和贵州城镇居民人均可支配收入分别为31 838元和14 142.74元，农民人均纯收入分别是13 746元和3 471.93元[④]；从东、中、西、东北四大经济区域发展看，不仅中、西、东北与东部地区人均GDP差距不断扩大，GDP增长率的差距也没有出现明显的缩小，即绝对和相对差距仍在不断扩大之中。

第三，行业间收入差距。少数垄断行业收入过高。根据统计分析，电力、电信、金融、保险、水电气供应、烟草等行业职工的平均工资是其他行业职工平均工资的2~3倍，若再加上工资外收入和职工福利待遇上的差异，实际收入差距

---

① 从严格意义上说，隐性收入不等同于隐性经济。所谓隐性经济，是处于政府管理、监督之外，或者是背着政府进行的各种经济活动的统称。隐性经济的存在形式与公开的、正式的显性经济不同，体现在：在政府的各种统计中看不到它，它是隐藏在各种公开的统计数字背后的经济活动；其中相当一部分是作为受国家保护的合法的、公开的经济活动的对立面而存在的，是不合法、不公开、藏身于“地下”的经济行为；有些隐性经济活动，虽然被政府的现行法规和政策所允许，但不能真实地统计和显示，不能正式地加以规范和管理，所以它本身的透明度是很低的，人们尽管能够感到它们在社会经济生活中的存在，却不容易了解其中的奥秘。由于隐性收入是隐性经济的一种重要形式，因此，本课题有时也把隐性收入称为隐性经济，如本课题将隐性经济称地下经济、黑色经济、影子经济、未被观察经济。本课题研究的结果是，我国平均隐性经济规模（隐性经济占GDP的比重）介于10.5%~14.5%，呈逐年缓慢上升之势。隐性经济一方面对经济增长有一定积极作用，但另一方面，由于隐性经济存在一些不利影响，如使官方宏观经济统计数据不真实、使税基减少导致税收流失、影响政府提供公共商品和服务的能力等，因此，需要对隐性经济规模加以控制（参见杨灿明、孙群力：《中国各地区隐性经济的规模、原因和影响》，《经济研究》，2010年第4期）。

② 中国社会科学院：《城市蓝皮书：中国城市发展报告》，社会科学文献出版社2009年版。

③ 国家发改委宏观经济研究院：《促进形成合理的居民收入分配机制》，载于《宏观经济研究》2009年第5期。

④ 《去年贵州省GDP4 593亿元　城镇居民人均收入为14 142元》，2011年2月12日，http://news.xinhuanet.com/local/2011-02/12/c_121070403.htm。《2010年上海城市居民家庭人均可支配收入达31 838元》，2011年1月25日，http://news.163.com/11/0125/16/6R8QH6AO00014AEE.html。《上海农民增收工作会议：2010年上海市农村家庭人均可支配收入13 746元》，上海市政府网，2010年3月18日，http://www.hlj.gov.cn/zwdt/system/2011/03/18/010156820.shtml。

更大，最高的与最低的相差 15 倍左右[①]。在我国垄断企业中，“石油、电力、烟草等行业人员职工数占全国职工数不到 8%，而其工资却占全国职工工资总额的 60% 左右”[②]。

近年来，随着我国经济高速发展，土地、资源和资本要素发挥了巨大的财富调整力量，房地产、矿产、证券等成为“最赚钱”的暴利行业，少部分人借此一夜间站到了社会财富的顶端。例如，虽然 2011 年房地产行业受到一系列严控政策的影响，但根据 2011 年福布斯中国财富排行榜统计，涉足房地产行业的富豪表现依然醒目：在富豪榜单的前三十位中，有 15 位主要产业涉及了房地产业务，其中，前 7 位超级富豪中，房地产商占 3 名[③]。2012 年，这种现象仍然持续，前 10 位超级富豪中，房地产商占 5 名[④]。这说明了房地产行业已经成为我国财富的主要集中地。

第四，不同经济类型间收入差距。1990～2010 年，国有单位职工平均工资除少数几个年份外，其增长速度均快于集体单位和其他单位，并在近年来成为平均货币工资收入最高的经济类型。行业中不同群体间的收入差距也在迅速拉大，根据中国经济体制改革研究会的研究报告，“中国国企高管工资是最低工资的 98 倍，世界平均值为 5 倍；中国行业工资差高达 3 000%，世界平均值为 70%”[⑤]。

第五，收入两极分化严重。在经济转型期，由于市场改革的深化以及允许和鼓励资本、技术等生产要素参与收入分配，促使一部分人收入迅速增多，高低收入者出现明显的层次性，相伴而生的是高低收入阶层之间收入差距的扩大。

我国高收入群体主要集中在这样一部分人，包括著名的歌星、影星、时装模特、部分个体和私营企业主、外企和国际机构中的中高级雇员、金融机构管理人员、房地产部门的开发商与经理、部分企业承包者和技术入股者等，这些人不到总人数的 1%，家庭年总收入一般在 20 万元以上，他们居于高收入的最高层；而与之相反的弱势贫困群体，主要集中在农村中处于劣势的农民、城镇中的下岗职工、失业人员、提早退休或内定退休人员、停产或半停产企业职工、因疾病或

① 根据人力资源和社会保障部劳动工资研究所所长、中国劳动学会薪酬专业委员会会长苏海南的研究结果。

② 《报告称内地公务员工资是最低工资 6 倍　国企高管达 98 倍》，中财网，2011 年 12 月 16 日，http://economy.cfi.cn/p20111216000310.html。

③ 《2011 福布斯中国富豪榜发布　房地产商仍为造富主力军》，2011 年 9 月 8 日，http://finance.eastday.com/Business/m2/20110908/u1a6095602.html。

④ 《福布斯 2012 年度中国大陆富豪排行榜》，2012 年 2 月 12 日，http://news.51zjxm.com/bangdan/20120222/12308.html。

⑤ 《报告称内地公务员工资是最低工资 6 倍　国企高管达 98 倍》，中财网，2011 年 12 月 16 日，http://economy.cfi.cn/p20111216000310.html。

年老等领取最低生活保障者等。他们主要是由于文化程度低、社会地位低或其他多种原因而陷入生活贫困。

目前，高低收入阶层的分化程度还在不断加剧。一方面，高收入阶层财富增长较快，我国已成为世界第二大奢侈品消费国；另一方面，我国绝对贫困人口超过4 000万人，低收入群体还有2.7亿人①。2010年世界银行报告称，中国0.4%的人口掌握70%的财富，美国是5%的人口掌握60%的财富②。中国的财富集中度世界第一，成为世界两极分化最严重的国家。根据劳动和社会保障部的统计，社会上财富多的人（占城市居民的10%）占有全部城市财富的45%，财富少的人（占城市居民的10%）占有全部城市财富的1.4%③。

三、收入类型划分

收入是指个人在一年内通过各种途径所获得的收入总和，包括工资、租金收入、股利股息、社会福利等所取得的收入④。依据不同的标准，可以对收入进行不同的划分，见下表1－1。

表1－1　各类收入一览表

类型	细分类别	颜色	示例	特点	合法性	公开性
正常收入	工薪性收入	白色	正常的工资福利津贴、劳务报酬、经营管理报酬、技术报酬	按劳分配和按生产要素贡献分配获得的收入，并按规定登记申报纳税	合法	公开、显性
	财产性收入	金色	黄金、股票、期货等资本获得的收入、财产出租、购房增值等			
	经营性收入	白色	居民个人从事生产经营性活动所获得的收入			
	其他收入	白色	接受遗产、捐赠、正常的人情往来收入等	正常获得的其他各种收入，且已登记申报纳税		

① 《分好“蛋糕”促和谐——怎么看分配不公》，载于《人民日报》，2010年7月9日，第15版。

② 《全国地方党政部门、国家机关公职人员薪酬和家庭财产调查报告》，http：//www.fyjs.cn/viewarticle.php？id＝582738。

③ 赵兴罗：《促进收入公平分配的财政制度研究》，经济科学出版社2009年版，第134页。

④ 这里的收入是指个人收入，有别于企业收入和国家收入。

续表

类型	细分类别	颜色	示例	特点	合法性	公开性
非正常收入	工薪性收入	浅灰色	工资外乱发奖金、津贴；超标准的劳务报酬；国企高管过高的薪酬收入；超标准的技术报酬等	分配不规范、不合理的收入，违章违纪但不犯法的收入	准合法	公开、显性
			私企老板给职工发放的红包；教师兼职讲课、讲座等未登记申报、未纳税的收入			不公开、隐性
	财产性收入	浅灰色	获得的财产收入来历无问题但未登记、申报纳税的收入，如私人出租获得的财产收入	收入渠道正当，但缺乏监管		
		深灰色	各种凭借非法获得的财产而获得的收入	财产来历不明，收入渠道不正当，财产来源不合法，实际上是变相受贿，名灰实黑	非法	
	经营性收入	浅灰色	居民个人从事自主经营性活动获得的收入，如个人摆摊设点但没有纳税的收入	收入渠道正当，但未登记申报纳税	准合法	
	其他收入	浅灰色	接受遗产、捐赠、正常人情往来等未申报纳税的收入	正常获得的其他各种收入，但并未登记申报纳税		
		深灰色	带有不正当目的收取的各种婚丧嫁娶礼金、年节收礼等	非正常获得且未登记申报纳税	非法	
		黑色	走私、贩毒、制假售假、偷盗、抢劫、绑架等获得的收入*	违反法律规定获得的收入		
			贪污受贿、权力寻租等获得的收入	滥用公权力，依靠公权力获得的收入，即腐败收入		
		血色	如黑砖窑、黑煤矿主疏于安全防护，以工人生命为代价而获得的收入	以牺牲他人生命和用他人鲜血榨取的收入		

* 其中的走私贩毒、制假售假等获得的收入某种意义上也是经营性收入，但明显违法，故将其从经营性收入中分列出来。

（一）按照收入的来源或取得收入的渠道是否正当，可以将收入划分为正常收入和非正常收入

正常收入是指通过正常渠道获得的收入，或者是通过按劳分配和按生产要素的贡献分配，或者是通过接受捐赠和正常的人情往来等获得的收入，包括正常工薪收入、正常财产收入和正常的其他收入，这类收入的特点是收入来源渠道正当，并按规定登记申报纳税，属于合法、公开和显性收入。例如，正常的工资福利津贴、劳务报酬，经营管理报酬、财产出租、购房增值等。

非正常收入是指通过非正当的途径获得的收入，包括非正常工薪收入、非正常财产收入和非正常其他收入。这些收入中，由于违章违纪但没有触犯法律获得的收入，属于准合法、公开的显性收入；由于缺乏监管而没有登记申报纳税的收入，属于准合法、不公开的隐性收入；由于违反法律规定、滥用公权力或违反了人类道德底线而获得收入，属于非法、不公开的隐性收入。例如，走私、贩毒、制假售假、偷盗、抢劫、绑架等获得的收入等。

（二）按照收入是否合法，可以将收入划分为合法、非法和准合法收入

1. 合法收入是指公民在法律规定的范围内取得的收入。在我国，合法收入主要包括正常的工薪收入、正常的财产收入和正常的其他收入，例如，劳动所得（职工的工资、奖金；农民在承包经营中按规定提留和交税之外的收入，经营家庭副业的收入；个体劳动者合法的利润；稿费等），福利和社会保险收入（如福利费、退休费、退职费、补贴费、助学金、抚恤金等），接受赠送、继承遗产以及合法的租金、利益等，这些收入都是通过正常的合法途径取得的，且已登记申报纳税。我国宪法规定，国家保护公民合法收入的所有权①。

2. 非法收入是指单位或个人利用不正当的手段违反国家的法律和政策规定而取得的财物，例如，用非法倒卖物资、买空卖空、权钱交易、贪污受贿、偷税漏税、转包渔利、居间牟利、弄虚作假、骗钱牟利、坐地分赃等手段攫取的收入。非法收入大体相当于"五色收入"② 中的黑色收入、深灰色收入和血色收入

---

① 这里，需要注意的是"合法收入"与"合理收入"的区别。合理收入是符合社会公正原则的收入。例如，对于我国垄断行业的高收入，单纯从合法性来讲，目前，国家并没有法规明确禁止哪一行业的职工拥有高收入，所以，垄断行业的高收入至少在表面上并不违法。但是，当前许多垄断行业的服务水平较差，管理效益低下，在社会尚呈现"金字塔"形结构、低收入群体太多的情况下，其职工却享有着与贡献明显不匹配、与其他人明显不平衡的高收入，并且这样的高收入有通过高收费、粗放型管理等手段变相剥削其他社会公众、侵吞国家资产之嫌，违背了社会公正原则，因而是不合理的。换言之，垄断行业职工的收入过高，纵然是"合法收入"，但却不是"合理收入"，这也是使其他公众产生不满的重要原因。

② 有学者提出"五色收入说"用来概括当前形形色色的收入，即用"白色、黑色、灰色、血色、金色"五种颜色概括现实中存在的各类收入。具体地讲，"白色收入"指正常的工资、福利等合法收入。"黑色收入"是指通过贪污受贿、偷盗抢劫、欺诈贩毒等违法手段获得的非法收入。它既包括一部分人依靠权力获取的非法收入，也包括走私、贩毒、偷盗、抢劫、绑架等违法犯罪活动获得的收入。"灰色收入"指介于合法与非法之间的收入。"灰色收入"大致有两种情况：一是"浅灰色"的收入，这一部分本来应该归到"白色收入"里，因制度中没有明确规定，虽然渠道正当，但缺乏税务监管，属违章不犯法的收入；二是名为"灰"实为"黑"的"深灰色"收入，比如商业回扣、年节收礼、小金库私分、庆典礼品等，属变相受贿。"血色收入"指那些践踏人性与人类文明底线，以牺牲他人的生命和用鲜血榨取的收入，如黑砖窑、黑煤窑等。"金色收入"指利用黄金、股票、期货等资本获得的收入。"五色收入"既相对独立，也有交叉的地方。这种概括既依据了收入的合法性，又参考了社会道德标准，基本上概括了当前我国收入分配的主要渠道和方式，也是一种容易被人们接受的、形象化的描述当前收入状况的表达方式。

部分。从性质上看，非法收入是社会总收入中被一部分人以非法非正常手段占有的部分。正常收入的资料一般来源于官方公开出版的各类统计资料年鉴，但非法非正常收入由于居民不愿意也不敢公开，具有很强的隐蔽性，其数据资料的获取也只能通过非正常途径。所以，在关于收入分配方面的官方统计资料中，一般都没有考虑非法非正常收入。

3. 准合法收入，是指那些通过正常手段获得，但未登记申报纳税，或者违章违纪但不犯法的收入，介于合法与非法之间。例如，工资外乱发奖金、津贴，超标准的劳务报酬，国企高管过高的薪酬收入，下岗工人摆摊设点、教师兼职获得的课酬，接受遗产、捐赠、正常的人情往来等未申报纳税的收入，等等。对于这类收入，从来源渠道看，并不违法，如果相关部门加强监管，就会变成合法收入，它大体相当于灰色收入中的浅灰色部分。

灰色收入的概念较难定性。目前，学界对“灰色收入”的定义也不统一，有的学者把灰色收入定义为来路不明、没有记录在案、没有纳税、游离在收入申报之外的个人隐秘收入；有的学者认为灰色收入是指非法收入、违规违纪收入、按照社会公认的道德观念其合理性值得质疑的收入，以及其他来源不明的收入①；还有学者把灰色收入细分为程度不等的灰色②。本课题认为，灰色收入是指从国家现行法律法规政策规定的收入分配制度之外获得，且国家法律法规政策尚未明令禁止的那些收入，例如各种各样的好处费、差旅费、礼品礼金等，但不包括“寻租”、回扣和索贿受贿所得等非法收入。

灰色收入主要有两大类：第一类，法律法规没有明确界定其合法或非法的收入，包括那些违规违纪但不违法的收入，如某位官员的儿子结婚，收受了远高于普通人的结婚彩礼。第二类，实际上非法，但又没有明确的证据证明是非法的收入，例如，没有被相关部门查证的受贿所得。

灰色收入除了具有隐蔽性、多样性、普遍性等一般性特征之外，还呈现以下三大倾向：一是谋取对象公款化。灰色收入的主要源头是公款，主要渠道则是各种直接或变相的化公为私；二是谋取方式集团化。单位巧立名目滥发奖金、补贴，一般经领导班子集体研究，人人有份；三是存在氛围正当化。一些公务人员以各种理由和借口，使自己心安理得地接受灰色收入，特别是部分公务人员利用职权谋取灰色收入，聚敛不义之财，这也成为当前困扰党风廉政建设的突

① 王小鲁：《灰色收入拉大居民收入差距》，载于《中国改革》2007年第7期，第9页。

② 国家发展改革委员会宏观经济研究院教授常修泽认为，“灰色收入”主要有三种情况：一是“正灰色”的收入，即违章不犯法的收入；二是名为“灰”实为“黑”的收入，比如商业回扣、年节收礼、小金库私分、庆典礼品等，属变相受贿；三是“浅灰色”收入，这一部分本来应该归到“白色收入”里，但制度中没有明确规定，虽然渠道正当，但缺乏税务监管。

出问题。

目前，灰色收入已经渗透到了社会各行各业，并具有不断扩张趋势，诸如返点、好处费、感谢费、礼金等名目繁多，而且往往被官方统计遗漏掉。灰色收入的大量存在严重扭曲了国民收入分配，破坏了收入分配秩序。

（三）按照收入是否公开，可以将收入划分为显性收入和隐性收入

显性收入是指人们在日常生产、经营中通过定量劳动所获得的、公开的账面收入，包括账面上记载的或申报纳税的工资收入、实物收入、房租收入、金融资产收入、合法经营性收入等。通俗地讲，显性收入就是公众能够获知、相关部门能够准确计量、能反映在居民收入统计中的收入。

对于大多数依靠工资为生的人来说，显性收入是指工资单上的收入，一般表现为岗位工资、基本工资、书报费、交通补贴、通信费等收入项目。由于最广大劳动者的主体收入是工资收入，工资收入的分配客观上与他们的现实经济状况联系最为密切。一般来说，显性收入为正常收入以及非正常工薪收入中的浅灰色收入。目前，世界上绝大多数国家实行的都是显性收入体系，即劳动者的收入基本上是依靠正式的工资或薪金，而不是依靠其他途径获得收入。

隐性收入是指在工资、奖金、津贴、补助等正常渠道之外取得的非公开性收入，如兼职兼业收入，业余进行的经营收入、劳务报酬所得等，它与显性收入相对立，具有很大的潜伏性、突然性和不可测性。通常市场交易所产生的利润和收入，都能借助一定的标准准确衡量出来；而隐性收入则需透过正常的交易规则并运用非常态、非市场化理念才能发觉，且难以准确测量。因此，隐性收入通常被看作是市场经济中出现的非正常收入（除了非正常工薪收入中的浅灰色部分）。一般来说，隐性收入可以划分为工资外收入、单位外收入和非法收入三个层面：

1. 隐性收入的第一层次：工资外收入，即不是从正式工资中获得的单位内收入。在我国的收入体系中，一些单位内收入不是从正式工资中获得，而是来自于正式工资之外。正式工资与实际生活水平是两码事。我国现阶段只有外资企业、民营等“非体制内”用工单位实现了工资的市场价格体系，体制内单位的分配虽然已开始向市场价格体系转轨，但其货币形态的工资仍然不高。体制内单位很多重要收入，并没有完全用货币形式表现出来，比如医疗、子女上学、住房等，而干部在正式工资以外往往都会有较高的福利待遇。因此，体制内单位非货币分配为主的收入体系仍未得到完全转换，近几年公务员招考竞争的激烈程度也正好印证了这一点。

2. 隐性收入的第二层次：单位外收入。单位外收入是劳动者从自己“全时

劳动”的职位以外所获得的收入。由于我国单位内的正式工资较低，用工和收入体制紊乱，劳动者从单位外获得收入的现象普遍存在。当然，单位外收入还有纳税或逃税的区分，这是判别这种收入是否为灰色收入的主要标准。单位外收入仍属于劳动所得，只要依法纳税，仍属正当收入，而且八小时以外的劳动同样为社会创造了新价值，属于准合法收入。这种劳动和收入，也可以看作是对人浮于事、“劳”有余力的现行用工收入体制的一种调整。

3. 隐性收入的第三层次：非法收入。非法收入主要通过盗窃、抢劫、贩毒、受贿和贪污等腐败行为获得，来源极其复杂，它涉及法律问题，这种隐性收入是激化社会矛盾的最重要原因。

上述隐性收入的三个层次，第一和第二层次的隐性收入属于良性的隐性收入，对于这类收入，如果有关部门做好监管，这类收入就会变成显性收入；而第三类收入属于恶性隐性收入，这类收入的大量存在，成为收入分配秩序混乱背后的一个强力推手。对这类收入，应当坚决予以打击。

与收入分为显性收入和隐性收入相对应，居民收入差距可以分为显性收入差距和隐性收入差距。通常，我们在报纸、杂志、书籍等媒体上看到官方公布的有关某一时期居民收入分配的基尼系数，一般都要比非官方的学者、研究机构得出的基尼系数小一些。产生这种现象的原因，并不是统计调查方法或计算的错误，而在于统计调查很难取得高收入居民的真实收入数据。如果抛开计算方法的选择差别、考虑问题的角度不同等因素，应该说，官方公布的数据更多的是反映居民之间的显性收入差距，基本涉及不到隐性收入差距；而非官方得出的数据从某种程度上讲，它既反映了居民之间的显性收入差距，又反映了部分隐性收入差距。

四、收入的形成机理

收入的形成机理主要研究各类收入是如何形成的，其实质是，在收入分配中，分配的规则和分配的过程是否规范、合理、有序。本书认为，正常收入是依据按劳分配和按生产要素分配原则而获得的收入，其分配规则和分配过程是规范的、有序的和合理的；而非正常收入的形成则是由于收入分配制度变迁中的政府和市场秩序非规范化的结果，其分配规则和分配过程一般都是非规范、混乱无序和不合理的。这里，仅从总体上分析收入的形成机理，具体到各类收入如正常劳动收入、正常非劳动收入以及非正常收入的表现及形成原因，将在本书后面有关章节进行更为系统、更为全面的分析。

（一）正常收入的形成机理

分配制度是一个国家经济制度在分配领域的体现，收入分配制度就是一定条件下形成的收入分配体系，在收入分配制度中，体现了一定的分配原则，明确了具体的分配方式，反映了一定社会的收入分配结构、收入分配机制和收入分配体制①。在经济学上，评价一种收入分配制度的优劣主要是看能否有效地处理效率与公平的关系，即在公平与效率之间找到最佳的均衡点。也就是说，良好的收入分配制度必须符合两个条件：一是按照效率原则进行分配，消除收入均等化，能够充分调动劳动者的生产积极性。二是贯彻公平原则，使收入分配差距保持在适当的范围内，以维护社会稳定。现阶段，我国的收入分配制度是在公有制为主体、多种所有制经济共同发展的基础上，实行"以按劳分配为主体、多种分配方式并存相结合，把按劳分配与按生产要素分配相结合"，这种分配制度既有利于促进效率的提高又能促进社会公平的实现。在我国，基于按劳分配和按生产要素分配获得的收入就形成正常收入。

第一，按劳分配获得的收入。按照马克思对未来社会的设想，在我国社会主义经济制度建立起来以后，在公有制企业内部实行按劳分配制度。按劳分配的实质是"等量劳动领取等量产品"②。这种分配方式体现了劳动者在分配中权利平等的经济关系，它包括三个方面的内容：

一是生产资料所有权的平等。生产资料归全体社会成员所有，劳动者是社会生产资料的共同主人，它不承认阶级差别，因为每个人都和其他人一样只是劳动者，任何个人不得对公共财产享有特权，更不能侵吞公有财产。

二是劳动权利的平等。这是生产资料所有权平等关系的直接体现。每个有劳动能力的人都具有参加劳动的权利和义务，以生产主体的身份进入生产过程，劳动者有权自主选择职业与工作岗位，充分发挥劳动能力，最大限度地实现个人的劳动权利。

三是劳动交换的平等。按劳分配实行等量劳动获取等量产品的原则，劳动报酬的唯一尺度是劳动量，劳动收入的多少取决于劳动量的多少，与生产条件的优劣无关。因此，按劳分配虽然是按照平等原则进行消费资料分配，但它并不是主张实行满足需要上的平等或消费品分配数量上的平等，前者按需分配，后者按照平均主义方式进行分配。承认差别，承认消费资料分配的不均等性，是按劳分配的又一特征。正是由于按劳分配中的差别性，内在地生成并促进劳动者继续提高

① 常兴华：《共同富裕——全面建设小康中的收入差距》，中国水利水电出版社2004年版，第130页。

② 这种个人消费品的分配方式被列宁直截了当地称为按劳分配，后人沿用这一叫法。

劳动效率，以充分实现个人物质利益的激励机制，从而使供给数量增长，为实现向更高级的社会转变打好基础。

按劳分配把公平和效率有机统一起来。它坚持了社会主义公有制，消除了财产所有权的不平等，从而挖掉了损害公平和效率并使二者对立起来的经济基础；它把劳动者组织起来，结成劳动者联合体，使劳动者既是社会生产的承担者，又是生产资料和劳动产品的所有者和支配者；它把劳动者推上了主人翁的地位，使劳动者以主人翁的姿态参与企业生产经营的决策过程、民主管理过程和收入分配过程，使劳动者有机会充分发挥自己的才能。市场化的按劳分配，超越以往任何时代的任何一种分配方式，在体现劳动者未曾有过的平等的同时，推进了社会经济运行最大限度的效率，成为社会主义公平与效率结合的最佳实现方式。

第二，按生产要素分配获得的收入。生产要素按贡献参与分配既是市场经济条件下的收入分配方式，又是市场优化资源配置的反映，也是我国所有制实现形式多样化，特别是公有制实现形式多样化和明确保护私人财产的法律制度的结果。其分配的要点是：

一是投入什么要素相应取得什么报酬。劳动者提供了劳动要素，取得劳动报酬。同样，资本提供者获取红利、利息；土地出租者获取地租；经营管理者获取经营管理报酬；技术投入者获取技术报酬；政府税收则是政府在社会生产中提供了公共产品和公共服务而应得的报酬。

二是投入多少要素相应获取多少报酬。按照投入要素的数量和质量获取相应的报酬。一般地，投入生产要素的数量越多、质量越高，获得的报酬也越高。

三是各项要素的合理报酬，主要通过各要素市场来实现。比如，资本市场形成资本价格；劳动力市场形成劳动力价格，也就是工资。

四是各要素投入之间的报酬关系，由各要素所创造的收入在总收入中所占的比重来确定，即由各要素投入的边际生产力来确定。在总收入不变的情况下，各要素的报酬是此消彼长的相互制约关系，比如，资本和劳动两个要素，如果资本短缺，劳动力过剩，则资本价格会相对较高，劳动力价格相对下降；如果资本充裕，劳动力相对短缺，则资本价格会相对便宜，劳动力价格则相对提高。

生产要素按贡献参与分配在增进分配关系的合理、发挥分配对生产的促进作用、使分配制度更加适应市场经济的要求等方面都有积极作用。在市场经济条件下，这种分配方式能够形成一种在产权主体多元化体制下调动人们积极性的激励机制。由于各个要素所有者的收入分配与其投入要素的数量和质量密切相关，因而高收入是对高投入和高素质的回报。反过来，高收入又会刺激要素所有者进一步提高要素的质量、加大要素的投入。其结果，必然导致整个社会生产要素的素质不断提高，生产要素的投入不断增加，要素所有者的收入不断增多，从而有力地促进国民经济的增长和综合收入的提高。

（二）非正常收入的形成机理

非正常收入是违背了收入分配原则和收入分配制度而形成的收入。这部分收入是我国收入分配制度变迁中，政府秩序和市场秩序非规范化的结果，是由于分配过程中滥用公共权力、腐败、违法乱纪、垄断与不正当竞争等因素造成的。

新中国成立后，为了迅速摆脱经济落后的面貌，我国实行了高度集权的计划经济体制，与之相适应，在分配领域实行平均主义的分配方式。在城镇，实行等级工资制，在农村实行按人口和劳动配给产品的分配制度。这种平均主义的分配方式，主要依靠政府的指令和服从来维持经济运行的秩序，结果导致了经济的低效和产品的短缺。因此，计划经济时期实行的平均主义分配方式缺乏对劳动者的激励，自身存在着诸多弊端。

改革开放后，我国将市场因素逐渐引入经济发展，实行渐进式改革，从而生成了经济建设型的政府秩序，市场秩序也随之发生了很大变化。党的十二大提出“计划经济为主、市场调节为辅”的原则，党的十三大、十四大强调建立社会主义的市场体系。与建立市场经济体制相适应，在经济领域就需要构建政府调控下的市场微观价格秩序，为此，我国实行了价格双轨制；与此同时，在分配领域实行“以按劳分配为主体，其他分配方式为补充”的分配制度。但由于价格并没有完全放开，双轨制并存且相互摩擦，商品和要素市场发育缓慢，加上市场管理法规的不完善，导致市场机制内生的微观秩序即价格机制出现混乱，出现了利用权力进行商品差价寻租等非法收入。例如，根据当时学者的统计，仅 1988 年因价格双轨制而引起的租金总量为 3 569 亿元，占当年国民收入的 30%①。

1994 年我国实行分税制改革，分权引起了地方政府争夺资源的竞争。地方政府从其自身效用最大化出发，竞相向中央政府要政策、争项目，市场化改革随之演变成了地方政府主导型的改革。而在我国，对地方政府官员考核的主要指标就是 GDP 增长和招商引资，直接导致地方官员过度看重 GDP 的高增长，热衷于搞“政绩工程”，以便为自己的升迁铺路。为了实现所谓的政绩，地方政府必然放松对企业的限制和准入门槛。从市场秩序的中观层面看，企业正在逐渐成为自主经营、自负盈亏、自我约束和自我发展的独立市场主体；但同时，企业发展也对宏观层面的市场秩序诸如法治秩序、信用秩序、合作秩序和道德秩序等自发产生需求。为了提高企业经营和资源配置的效率，允许其他生产要素参与分配成为

① 钟祥财：《中国收入分配思想史》，上海社会科学院出版社 2005 年版，第 352 ~ 380 页。

必然的选择。党的十五大开始明确其他生产要素可以参与收入分配，提出“把按劳分配和按要素分配结合起来”；党的十六大提出了“确立劳动、资本、技术和管理等生产要素按贡献参与分配的原则，完善按劳分配为主体、多种分配方式并存的分配制度”；党的十七大则明确要“坚持和完善按劳分配为主体、多种分配方式并存的分配制度，健全劳动、资本、技术、管理等生产要素按贡献参与分配的制度”，党的十八大表示要“加快完善按劳分配为主体、多种分配方式并存的分配制度”，这标志着我国的收入分配制度伴随着市场经济的发展日益走向成熟。

但是，“按劳分配与按生产要素贡献相结合”的分配制度，必须依赖于规范的政府秩序和市场秩序。当地方政府过度追求 GDP 增长时，就必然利用权力扩张自身干预资源和要素的能力，淡化其市场监管、社会管理和公共服务的职能；同时，企业迫于保护自身的利益，对政府也产生了畸形依附，而这恰恰违背了市场竞争的公平法则，干扰了有效竞争的市场秩序。因而，正常的要素分配格局在失范的市场秩序下被严重地扭曲，突出表现就是在市场化进程中，产生了大量的隐性收入和非法收入等非正常收入。据学者统计，2005 年我国的隐性收入是 4.85 万亿元，到了 2008 年，“全国城乡居民的隐性收入高达 9.26 万亿元，占 GDP 的 30%……与钱权交易和垄断利益等密切相关的灰色收入高达 5.4 万亿元，城乡最高收入家庭与最低收入家庭的实际人均收入相差 65 倍”[①]。这些被官方统计遗漏掉的灰色收入，严重扰乱了我国的收入分配调节机制。

可见，我国的经济转型，一方面是市场自发力量的诉求，更主要的是政府的强制性制度变迁，这必然导致政府和市场的力量不对等，由于制度安排和权利界定有利于在力量上占支配地位的行为主体，因而政府秩序决定着市场秩序的走向。在发达成熟的市场经济国家，完善的市场制度和规范的经济秩序扩大了政府自身异常干预的机会成本，然而，在一个向市场经济转型的国家，政府依托权力干预市场是内生的自然趋势。因为政府扩张其行政垄断范围，边际成本低，但其产生的外部性和蝴蝶效应[②]则由社会埋单。从个人的收入分配来看，它取决于个人的禀赋、能力、努力程度和偏好等，但更大程度上取决于规范化的政府秩序和市场秩序所带来的公平环境。一般地，初次分配的差距源于市场竞争带来的激励，而政府的再分配政策会改善个人的收入差距。如果初次分配不公的主因来自于政府相关部门对市场主体的强势博弈，那么，再分配政策就必然招致引致性扭曲，增加收入分配的制度风险，从而阻碍向规范的市场

---

① 张棻：《隐性收入九万亿 中国人比想象中更有钱?》，载于《北京晚报》，2010 年 8 月 11 日。

② 蝴蝶效应：是指在一个动力系统中，初始条件下微小的变化能带动整个系统的长期的巨大的连锁反应。常用来说明，一个坏的微小的机制，如果不加以及时地引导和调节，将会给社会带来非常大的危害。

经济演化。

综上所述，我国非正常收入的形成机理，关键在于收入分配制度变迁中政府秩序和市场秩序非规范化的结果。由于政府拥有合法性的权力，其权力扩张的边际成本低，加上内生于政府的经济发展理念以及权力缺乏有效的激励相容机制，因而政府部门倾向于占有更多的社会资源，形成了政府对要素的垄断，出现了部门和行业垄断并形成既得利益集团，这就破坏了有效竞争的市场秩序，造成市场的不公正交易，引起初次分配的不合理差距，进而转向依赖政府的再分配政策。而政府官员的个人激励依赖于经济绩效的量化考核，势必追求短期的最优政府供给，这必然导致政府的再分配政策失灵，使初次分配和再分配领域都难以实现真正的效率和公平。这样，非规范的政府秩序和市场秩序最终导致按劳分配和生产要素按贡献分配消散于各种分配的潜规则之中，结果就形成了垄断收入、权力寻租、腐败收入等各种非正常收入。不仅如此，当政府掌控大量的市场化资源时，还将会形成以权力分配为中心的畸形秩序，导致人们对权力的投机，阻碍政府对真实信息的获取和处理。如果权力资源卷入市场交易，还将损害政府信用和社会的和谐价值观。

第三节　已有的研究成果

一、关于我国收入分配现状

（一）收入分配制度改革

关于我国收入分配制度的变迁，有不少学者对它进行了总结和归纳。刘承礼（2008）针对改革开放以来的实践，总结出公平与效率的组合模式经历了克服平均主义倾向，以提高经济效益为中心（1978～1984）；效率第一、公平第二（1984～1992）；兼顾效率与公平（1992～1993）；效率优先、兼顾公平（1993～2006）；初次分配和再分配都要处理好效率和公平的关系，再分配更加注重公平（2006 年至今）五个阶段。

赵人伟（2002）通过对我国收入分配改革的回顾，认为在我国经济转型时期，收入分配应遵循“按劳分配为主体，多种分配方式并存”、“先富带共富”以及“效率优先和兼顾公平”三个原则。谢旭人（2008）、郑新立

(2007) 对党的十七大以来我国的收入分配制度进行了论述。武力和温锐(2006) 的分析表明，新中国收入分配制度和演变主要经历了改革开放以前生产资料的公有化和生活资料占有的平均化，以及改革开放以来生产资料多样化和生活资料占有的差距扩大等两个阶段，并认为，收入的平均程度主要受到中国共产党的经济和社会发展观念、战略、政策发展变化以及不同时期积累与消费关系变动的制约。

（二）关于初次分配的已有研究成果

李稻葵等（2010）认为，初次分配作为一个社会的基础性份额，在很大程度上决定了一个社会最终收入分配的基本格局。关注国民收入初次分配中劳动份额的变化规律，对研究中国经济当前的形势和未来的走势具有非常现实的意义。李稻葵等（2009）通过分析我国国民收入初次分配中劳动份额的变化趋势及特点，并结合对跨国数据的计量分析，发现在经济的发展过程中，初次分配中劳动份额的变化呈现U型变化规律，即在经济发展的初期，劳动份额下降，但在经济发展的后期，劳动份额则不断提高。认为初次分配中劳动收入比重U型规律的基本原因是经济发展过程中摩擦工资因素，按照中国经济目前发展的态势，未来两年完全有可能出现劳动收入比重上升的趋势。

杨承训（2008）认为，初次分配是分配制度的主体，通过政府进行的再分配只能起一定的调节作用，居于补充的地位，收入分配制度改革的难点在初次分配，因此，要深化收入分配制度改革必须突出初次分配。李扬、殷剑峰（2007）研究发现，居民劳动报酬的相对减少，主要是由于企业部门支付的劳动报酬相对下降，且居民财产收入的下降和从企业获得的劳动报酬的相对减少，表明居民收入中的一个不可忽略的部分被转移为企业部门的利润和政府的收入。

徐现祥和王海港（2008）利用我国1978～2002年间居民在初次分配中的要素所得，采用核密度函数估计各省区市的收入分布，加总得到全国的收入分布，进而考察我国初次分配中的收入分布演进。研究发现，两极分化主要是由劳动贡献这个分配标准在产业间的差异造成的，要素贡献的其他差异对我国收入分布的扭曲程度在2%～15%之间。

刘树杰和王蕴（2009）的分析认为，农民工在非农就业者中的比重大幅提高以及工业化重化阶段资本要素比劳动要素投入的增速更快是劳动报酬在初次分配中所占比重大幅下降的主要原因。

（三）关于再分配的已有研究成果

安体富和蒋震（2009）利用1996～2005年的资金流量表，计算了我国国民收入初次分配和最终分配的基本格局，发现我国当前的国民收入分配格局是向政府和企业倾斜，居民最终分配比重不断下降。其原因是利润侵蚀了劳动报酬，政府税收收入的快速增长降低了居民收入分配所占比重，居民财产性收入增长微弱和转移性支出制度不完善。

国民收入分配格局是指企业、政府、居民等部门的可支配收入在国民收入分配中的比例关系（白重恩、钱震杰，2009），近十年来，我国国民收入分配格局发生了巨大的变化，居民部门的比重逐年下降，而企业和政府部门的占比逐年上升（李扬、殷剑峰，2007）。贝多广和骆峰（2006）对资金流量的发展和应用进行了分析，许宪春（2002）首次利用资金流量表计算了我国 1992 ~ 1997 年间的国民收入在企业、政府和居民间的分配。

常兴华和李伟（2009）通过对 1992 ~ 2007 年资金流量表的测算发现，在国民收入初次分配格局中，企业所得增长较快，政府所得次之，居民所得增长较慢；在再分配格局中，在考虑了各种制度外收入以及土地出让收入的基础上，发现政府所得份额上升明显，企业在再分配格局中居于弱势地位，居民所得继续呈下降趋势。并认为居民劳动报酬份额不断下降且会在较长时间内延续，居民部门内收入差距持续扩大。

白重恩和钱震杰（2009）研究发现，在 1992 ~ 2005 年期间，居民部门收入占全国可支配收入的比重在 1996 年达到最高，此后逐年降低；在初次分配阶段，居民部门收入占比呈下降趋势，而企业和政府部门的收入占比则呈上升趋势；在再分配阶段，居民和企业部门收入占比下降，政府部门的收入占比上升。

李扬和殷剑峰（2007）从收入分配和部门储蓄倾向两个方面对居民、企业和政府三个部门的储蓄率进行比较分析，发现在 1992 ~ 2003 年期间，居民部门获得的劳动报酬、财产收入和再分配收入均有所下降；通过初次分配和再分配，政府的可支配收入在国民收入的分配中占据了越来越大的份额，并指出在 1992 ~ 2003 年间，居民在全国可支配收入中比重下降的原因是初次分配阶段劳动收入份额和财产收入比重有所下降。

（四）居民收入差距

度量收入差距最常用的指标是基尼系数，也有不少研究采用城乡收入差距来度量收入不平等（陆铭、陈钊和万广华，2005；Wei 和 Wu，2001）。程永宏（2007）认为，目前多数研究关注的是城镇或农村内部的基尼系数，对全国总体的基尼系数研究则非常有限；对基尼系数的测算很多研究都只涉及少数年份（李实，赵人伟和张平，1998），改革开放以来连续时间序列的农村、城镇和全国总体基尼系数研究几乎是空白。

中国居民收入分配课题组 1988 年、1995 年和 2002 年住户抽样调查数据所估算的全国基尼系数分别为 0.382、0.45 和 0.47①。不同学者（洪兴建，2008；王祖祥等，2009）所估算的基尼系数的结果表明，我国整体的基尼系数都在增大，中国的收入分配差距在不断扩大。

李实和岳希明（2004）将全国的个人收入差距分解为城镇内部、农村内部和城乡之间收入差距三部分，研究发现，城乡之间收入差距对全国收入差距的贡献从 1995 年的 36% 提高到 2002 年的 43%，上升了 7 个百分点。世界银行（1997）的报告指出，城乡收入差距可以解释中国 1995 年总体收入差距的一半以上，而城乡收入差距的变动则可以解释 1984～1995 年间总体收入差距变动量的 75%。

在岳希明、李实和史泰丽（2010）的研究中，利用微观调查数据，将垄断行业高收入分解为合理和不合理两个部分，实证分析发现，垄断行业与竞争行业之间收入差距的 50% 以上是不合理的，且认为这主要是行政垄断造成的。陈钊、万广华和陆铭（2010）采用基于回归方程的收入差距分解发现，在 1988 年、1995 年和 2002 年，行业间收入不平等对中国城镇居民收入差距的贡献越来越大，而且这主要是由一些收入迅速提高的垄断行业造成的。

二、关于我国劳资关系的研究

劳资关系的研究重点在微观和宏观层面上存在一定的差异。在微观层面上，劳资关系中的重要部分即为企业中劳动者工资的决定过程。劳动者工资决定机制的合理性和有效性等，往往主导了特定时期内劳资关系的演进过程。在宏观层面上，则是劳动者收入份额占 GDP 的大小。目前的研究成果主要集中于微观层面上国有企业与非国有制企业中劳资关系两方面，以及宏观层面上市场制度与劳资关系和要素市场化与劳动收入份额两方面。

（一）国有企业中的劳资关系

国有企业劳动关系的基本状况和特征可以概括为两个方面：一是过渡性，二是复杂性（郭庆松，2001）。在计划经济体制下，国有企业劳动关系是放大的一体化模式：即高层次的组织有权向低层次的组织或个人发布指令，而低层次的组织或者个人要接受并服从来自高层次的指令（李琪，2003）。

国有企业中劳资关系的重要方面之一，在于劳资双方在生产经营中的相对地

---

① 李实、史泰丽、别雍．古斯塔夫森：《中国居民收入分配研究Ⅲ》，北京师范大学出版社 2008 年版，第 13 页。

位以及对生产经营过程的支配权如何分配。其中，人事雇佣[①]是国有企业中劳资关系发展的重要方面之一。在计划经济时代，虽然表面上不存在雇佣关系，工人是企业的“主人”，但是实际上劳动力仍然通过一种隐含的、强制的契约被出售给了国家，因为劳动力价格——工资的多少、工资变动的时间、工资变动的幅度都由国家统一规定，实际上是一种“国家雇佣劳动”的劳动关系模式（马艳、周扬波，2009）。在国有企业中，组织任命往往是经营者获得职位的主要途径（中国企业家调查系统，2003），这种经营者的产生方式，与市场基本规则存在一定程度上的冲突，这种模式也是“国家雇佣劳动”的具体体现。相对于市场微观主体中选拔机制而言，这种方式任命的经营者对企业绩效关注的可靠性相对较差，从而容易使得企业的经营效率低下。这种低下的效率，也导致了企业中可供分配的收入有限，进而影响职工的实际收入水平。一般而言，在企业管理者的年薪中，工资性收入约占年薪总额的30%，管理要素性收入则约占70%（刘方玉，2005）。

夏庆杰和李实（2012）研究了国有单位工资结构及其就业规模变化的收入分配效应，他们采用了分位数回归方法，发现国有企业就业份额大幅度下降导致中国城镇工资收入差距显著下降；然而国有企业减员增效改革完成以后，国有企业工资高于非国有企业的幅度及其不合理部分大幅度上升，其结果是城镇工资收入差距扩大。

（二）非国有企业中的劳资关系

在私营经济逐渐成为我国经济中重要组成部分的今天，其劳资关系的发展现状与趋势需要予以必要的关注。黄孟复和胡德平（2005）认为，总体而言，非国有制企业中劳动关系的总体状况不容乐观。在经济转型时期，非公有制企业中劳资双方力量的对比更有利于资方，劳资关系呈现不平等性、不稳定性、契约的不完全性和三方机制不健全四个方面的特征。

2004年，有8.5%的被调查职工回答单位发生过集体劳动争议，11.1%的企业职工回答单位发生过集体劳动争议（全总全国职工队伍状况调查办公室，2005）。在部分省区市，劳资关系在近年来出现了恶化的趋势，并导致了群体性

① 1949年7月，中华全国总工会在全国范围的会议上通过了《中华全国总工会关于劳资关系暂行处理办法》、《关于私营工商业劳资双方订立集体合同的暂行办法》和《劳动争议解决程序的暂行规定》这三个劳资关系方面的规定，为劳资关系规范化发展提供了较为有力的保障。1986年7月12日国务院颁布的《国营企业实行劳动合同制暂行规定》、《国营企业辞退违纪职工暂行规定》、1986年7月12日颁布的《国营企业招用工人暂行规定》以及1993年5月1日颁布的《国营企业职工待业保险暂行规定》这四个文件，在将用工权下放给企业的同时，对职工的基本权利也进行了必要的规范。

事件发生，如2010年在湖北发生的富士康和本田事件。根据湖北省的调查，导致富士康事件发生三个最主要的原因分别是：劳动付出与所获报酬严重失衡（62.7%）、劳动强度太大劳动时间太长（59.7%）和企业管理不当缺乏人文关怀（49.8%）（湖北省总工会课题组，2010）。

梁宏中（2012）基于我国外资企业劳资关系外源性、嵌入性的特点，深入分析了劳动力市场与外资企业劳资关系的演进机理，认为资方在资源占有、社会地位与政府关系等方面都优于劳动者，农村劳动力富裕、工会组织不完善更加强了劳资双方的不平等。

（三）市场制度与劳资关系

随着市场制度建设趋于完善，劳资双方就企业实现的全部价值的收入分配方案以及具有实施形式的讨价还价问题开始得到了全面的关注和探讨。劳资双方就劳动者工资水平的协商，具有典型的劳动力市场结构效应：低技能的劳动力市场中，这种协商是偶然和局部的。更多的情形是，低技能劳动者是市场工资的接受者。而在高技能的劳动力市场中，这种协商通常是必然和广泛的（Pissarides，2000；Mortensen，2003）。霍尔和克鲁格（Hall and Krueger，2010）提出相关的证据支持了这一判断。这种情形也是市场发展过程中劳动力市场内部分化的必然结果。值得指出的是，市场成熟不仅带来劳动者之间收入的差异，还使得劳动者在工作的选择上获得更多的相对自由，如拥有较多的工作选择机会、跳槽或者自愿性失业等。事实上，后几方面的提升才是市场成熟的真正标志。

默茨（Merz，1995）的传统，劳动力市场上的匹配过程中所可能具有的摩擦问题再次得到了相关学者的重视和研究（Shimer，2003；Pissarides，2011；Mortensen，2011），失业的问题也有了更多的见解（Diamond，2011；Card，2011）。霍西奥（Hosios，1990）在劳动力市场上存在外部性的假设下，提出劳动力市场将难以避免的产生过度就业或者就业不足的现象，从而导致实际工资与其能力错配。但是，他并未区分劳动者的异质性，而是将市场上的劳动者视为具有平均劳动技能和平均偏好的代表性劳动者。事实上，如果将劳动力市场细分，假设存在内生外部性的同时有多个厂商存在，那么由于厂商之间就工资水平的竞争，就会产生不对称的外部性，劳动者受雇用的实际工资能够逼近其在企业中创造的真实价值。这一点与金融危机之后长三角和珠三角的劳动力市场局面基本一致。埃利奥特（Elliott，2011）遵循这一思路进行分析，认为这种情形显著地改善了劳动者事前进入企业的讨价还价能力（bargaining power），在一定程度上能够就关系切身利益的事项同企业进行协商，消弭劳资之间潜在矛盾累积扩大的可能性。目前关于劳资双方讨价还价能力的度量还比较难以内生化，一般都采取了一种事后的测度方式，即根据劳资在最终的收入分配中所享有的绝对额和最优的份额之间比重来反推出其讨价还价的能力，如皮萨里德斯（Pissarides，2000）、布兰卡德和乔迪·盖里（Blanchard and Jordi Gali，2008）的研究。

此外，虽然效用函数的形态不断发生改进、多期的效用优化纳入考虑范围以及异质性条件下劳动者和企业双方的策略行动等方面不断予以完善，但是始终难以有效刻画市场深化过程中具有异质性的劳动力工资的变化方向和程度。事实上，随着市场的深化，异质性劳动者的选择集合更多，在此情况下也将面临更多的次优选择。此外，为了争取更有价值的劳动者，厂商也开始加入到竞争的行列中。换言之，劳动者工资的决定过程中也出现了厂商间的竞争（Mortensen，2009）。在这种情况下，劳资关系开始显现出更多的阶段性特征。

（四）要素市场化与劳动收入份额

目前，采用CES函数对最优劳动收入份额的估计得到了一定程度的重视。这种估计方式的核心思想，是将劳动和资本的市场化程度纳入到最优劳动收入份额估计中来。这种测度的指标，主要是CES函数中的劳动和资本替代率。自阿罗等（Arrow et al.，1961）导出了CES（Constant Elasticity Equation，CES）函数，经济增长的分析就开始具有了更为一般的形式。目前，由CES方程探索经济增长的过程，已经开始得到越来越多学者的重视（Mankiw et al.，1992；Kaas and von Thadden，2003；Barro and Sala-i-Martin，2004；Guo and Lansing，2009；McAdam et al.，2010）。在此思路下，替代率的变动导致经济增长的视角，在过去80年得到了相关研究者的重视（Solow，1956；Ventura，1997；Klump and Grandville，2000；Saam，2008）。索洛（Solow，1956）在其新古典模型中，通过假设加总的CES函数中存在大于1的替代率，从而得出了经济能够存在持续增长的结论。值得指出的是，这种较高的替代率隐含的假设，即便劳动力缺乏，也能够被资本替代。长期而言，资本的边际收益始终高于0。这种前提下获得的结论合理性受到了一定的质疑。曼昆等（Mankiw et al.，1992）发展了索洛（Solow，1956）的模型，但是其对各变量同质性的假定，受到了杜尔劳夫，阿图尔（Durlauf、Kourtellos and Artur，2001）的批评。近期，卡斯和冯塔登（Kaas and Von Thadden，2003）与郭和兰辛（Guo and Lansing，2009）分别指出，在替代率小于1的情形中，会产生多重的增长路径，并会出现全局或者局部的不确定性。越来越多的实证研究显示，替代率小于1在许多情形下都是存在的（David and Klundert，1965；Antras，2004）。但是大于1的证据也是广泛存在的（Duffy and Papageorgiou，2000；Berthold and Thode，2002）。总体而言，上述的结论都与其特定的研究环境和对象相关。也即，具有一种情景依赖性。

文图拉（Ventura，1997）考虑了一个存在劳动技术进步的 CES 生产函数。这种思路实际上早在 1965 年已经由大卫和克隆德特（David and Klundert，1965）提出。巴罗和萨拉伊马丁（Barro and Sala-i-Martin，2004）也采用了一个类似的 CES 函数分析经济增长中主要变量之间的关系。值得指出的是，巴罗等是以经济增长过程的视角处理 CES 中主要变量变化关系的。虽然其提出了进行收入差距测度以及收入演化分析的方法，但是没有就替代率对人均收入份额等进行一个一般的分析。克伦普和格威里（Klump and Grandville，2000）就假设存在技术进步的 CES 函数中，就替代率与人均收入增长提出过两个著名的公理，成为目前诸多此方面研究的重要参考。如果按照 CES 函数进行设定，那么目前许多以 CD 函数作为总量生产函数设定下得出的结论，将会在一定程度上得到修正。

（五）劳资关系处理

丁远杏（2005）认为，劳动力要素与资本等物的要素一样，也有所有权要求的收益权，劳动力不仅应获得工资以收回劳动力的成本，还应参与企业利润的分配。在企业内部，当资本利益严重侵占劳动要素利益并影响到和谐的社会收入分配形成时，需要明确界定劳动力产权并以法规制度建设保障劳动力收益权的实现，以形成和谐的劳资利益分配关系。争鸣和晓亮（2005）认为在当前我国经济转型期，市场机制还很不完善、很不健全，在多种所有制并存的情况下，社会必然存在各种各样的矛盾。我们应采取唯物主义态度，敢于实事求是地承认各种矛盾的存在，重新肯定公私兼顾劳资两利原则，处理和化解矛盾。仲大军（2007）认为中国劳资关系已经拉开新序幕，完善劳动权利，对于中国社会乃至整个经济发展模式都是一个挑战，它带来的改变不只是劳动者利益的变化，而且将改变我国的收入分配结构，进出口结构，财政消费与社会消费的结构。赵秀丽（2008）从市场化改革和政府改革两方面探讨了现阶段收入分配问题的深层次原因，提出在劳资关系中，全球化进程中资本和知识空前联合使劳动者处于弱势。

陈宇峰和陈国营（2009）从政府干预民营企业劳资关系的必要性入手，总结了中西方政府在劳资关系中的角色和职能差异，提出在构建和谐民营劳资关系中，应矫正我国政府在调节民营劳资关系中政府职能与角色的长期错位和干预不足。夏玲娟（2009）提出为了平衡劳资利益，政府应该对劳资双方建立奖惩明确的“软约束”机制。虞华君（2010）分析了劳资关系建设中的不和谐因素，提出政府在和谐劳资关系建设中应具有劳动者基本权利的保护者、集体谈判等劳资协商机制的促进者、劳动争议的调停者、和谐劳资关系的规划者等多重角色定位。李铁（2010）在《时代周报》撰文指出，劳资纠纷，政府只需要当好第三方。李炳安和向淑青（2010）指出转型时期政府在劳资关系中应扮演好九种角色①。陈微波（2010）通过分析计划经济体制和市场经济体制中政府、企业和工人之间的利益关系变化，总结出转型期国有企业劳动关系中政府、企业和工人之间的利益关系，从利益分析视角研究了转型期国有企业劳动关系的若干问题。年志远（2013）从产权视角分析了企业劳资关系冲突的主要特点、形成阶段及其主要原因，提出要积极防范企业劳资关系冲突，首先要认清企业劳资关系冲突的形成过程，然后积极有效地阻断企业劳资关系冲突的形成。

三、关于权力腐败与收入分配的研究

（一）腐败对收入不平等的影响

陈刚和李树（2010）利用2000～2007年我国30个省区市（不含西藏）的面板数据，研究了腐败对收入不平等的影响，分别用基尼系数、泰尔指数、变异系数以及对数收入变异系数作[illegible]量收入不平等的指标，采用人民检察院每年立案侦查贪污贿赂、渎职案件数与公职人员数之比以及涉案人数与公职人员数之比作为度量中国的腐败水平的指标，研究发现，腐败是造成城镇居民收入差距的最主要原因。陈宗胜和周云波（2001）通过测算非法非正常收入，并将这部分收入并入正常收入后，计算得到的基尼系数由0.403上升到0.493，收入不平等程度提高了22.49%，表明非法非正常收入拉大了收入差距。吴一平和朱江南（2012）通过利用中国县级横截面数据并采用夏普里值分解法发现腐败是解释中国县际收入差距的一个重要因素。

坦齐（Tanzi，1995）认为，腐败扭曲了政府的再分配职能，当腐败的相关收益被那些与政府官员联系紧密的群体所占有时，则这些群体大多是属于高收入阶层。布莱克本和福尔格－普乔（Blackburn and Forgues-Puccio，2007）的研究表明，腐败与收入差距之间的关系是正相关的，当高收入者向腐败官员行贿来逃避税收时，则政府税收的减少，从而使政府的再分配职能弱化；与此同时，高收入者与低收入者之间的收入差距大于非腐败环境中的收入差距。

梅赫拉等（Mehrara et al.，2011）通过对11个OPEC国家以及32个OECD

---

① 九种角色，即：劳工政策的制定者、劳工权利的保护者、劳工就业的促进者、劳动法制的践行人、劳动安全的守护神、人力资源的开发管理者、劳动基准实施的监督者、劳动争议的调停者和劳资和谐的倡导人。

国家2000～2007年面板数据的比较研究，发现腐败提高了OPEC国家的不平等程度，但是与OECD国家的不平等之间的关系是显著负相关的。古普塔（Gupta et al.，2002）采用1980～1997年间的跨国面板数据研究发现，腐败使收入差距扩大，加剧了贫困，腐败指数每提高一个标准差，基尼系数则增加4.4。还发现腐败抑制了经济增长、扭曲了税收制度和对穷人有利的公共计划、恶化了人力资本差距、增加了要素积累的不确定性等是腐败增加收入差距的主要原因，并认为，降低腐败可以有效地降低收入不平等和贫困。李等（Li et al.，2000）以及宗和卡尔德龙（Chong and Calderón，2000）研究发现，腐败与收入差距之间存在倒“U”型曲线关系，高收入国家的腐败同收入差距间存在正相关，而在低收入国家则存在负相关关系。布莱姆彭（Gymiah-Brempong，2002，2006）基于OECD、亚洲、非洲、拉美国家的数据以及格莱泽和萨克斯（Glaeser and Saks，2006）以及丁瑟和居纳尔普（Dincer and Gunalp，2008）基于美国数据的分析也都一致认为腐败是扩大收入差距的一个重要原因。奥拉赫和艾哈迈德（Ullah and Ahmad，2007）通过对71个发达国家和发展中国家1984～2002年的跨国面板的研究发现，腐败不仅影响收入增长，还影响收入分配，使收入不平等程度提高。

（二）行政权力腐败与收入分配秩序

陈宗胜和周立波（2001）研究了非法非正常收入对居民收入差别的影响，他们的实证分析结果表明：非法、非正常收入对居民收入差距的影响明显，非法、非正常收入是导致我国现阶段居民收入差距非正常扩大的根本原因，也是老百姓最为不满的社会关注的焦点之一。朱光磊（2001）的研究表明，“官”与“民”的分离，“管理”和“被管理”的分离，是千百年来各个国家普遍存在的腐败现象的总的社会历史根源；而微观经济和社会管理活动与社会的长期分离，政府职能的错位，是我国目前腐败现象蔓延的现实根源。因此，切实转变政府职能是从源头上治理腐败的关键。通过体制与政策创新，切实转变政府职能，把应由社会完成的微观经济和社会管理活动复归于社会，才能使腐败失去存在的社会基础。蒋宏坤（2005）提出应加快转变政府职能，从源头上预防腐败，建设“效率政府”、“法治政府”、“责任政府”和“人民满意政府”。许汶（2007）认为，政府职能的错位是腐败滋生的土壤，因此，反腐倡廉需要转变政府职能，从源头上治理腐败。郭梦舒（2007）认为，在现代社会中更为常见、更为高级的寻租方式，就是利用行政、法律的手段来维护既得的经济利益或是对既得利益进行再分配，因此，必须加快政府职能转变，有效遏制制度性腐败。江华锋（2007）认为，政府职能转变不足导致制度性腐败，因此，通过建立法治、规范政府职能领域，信息公开透明和对权力进行制约是通过政府职能转变，推进反腐倡廉的三条重要途径。王云（2008）认为，权贵阶层的兴起和权贵阶层对金钱的疯狂掠夺，是造成我国贫富悬殊和其他众多社会问题的原因，而权贵阶层得到最高权力也将是对我国国内的最大威胁。

来自中国经济网（2010）的消息表明，行政权力参与收入分配成为初次分配扭曲的一个重要因素，收入分配改革关键在于政府职能归位，解决收入分配领域中政府权力与市场边界模糊不清的问题。还有学者的研究表明，政府职能转变滞后是腐败现象泛滥的制度性原因，因此，必须通过重新界定政府职能，实行政企分开，让政府权力退出市场经营活动，精兵简政，改革政府机构等措施，保证政府的廉洁性。

四、关于隐性经济的研究

（一）隐性经济的度量方法

由于隐性经济活动的参与者总是不希望让人知晓，更不希望让人知道其从中所获得的收入，于是，对于官方统计部门和研究人员，要获取隐性经济活动的准确信息以及它们对商品和劳动力市场的影响程度是非常困难的。尽管度量隐性经济规模是困难的，但仍有很多学者在这方面作出了不懈努力，通过采用不同的度量方法，取得了很多有价值的成果。

度量隐性经济规模的方法通常可分为直接方法和间接方法。直接方法基于收集个人或企业未申报收入等直接信息来进行测算，信息的收集方式主要有税收审计和直接调查两类。间接方法则是根据在官方宏观经济统计资料中留下的痕迹来确定隐性经济规模，这些方法大致可归纳为六大类型：国民收入和支出差异法、官方统计和实际劳动力差异法、货币交易法、货币需求方法、物量投入或电力消耗法、结构方程模型方法或 MIMIC 方法（Dell' Anno et al.，2007）。它们各有其优缺点，施耐德和恩斯泰（Schneider and Enste，2000）以及施耐德（Schneider，2005）对这些方法作了一个非常全面的评论，在此不再赘述。目前，在间接方法中的货币需求方法和结构方程模型方法是最常用的两种。

度量隐性经济规模广泛采用的货币需求法，它最早由卡根（Cagan，1958）提出，并认为地下经济活动的提高将增加对货币的需求，并估算了美国 1919 ~ 1955 年的地下经济。坦齐（Tanzi，1983）进一步发展了卡根（1958）的方法。这种方法通常假设隐性经济仅通过现金交易，因为现金不会给监管部门留下任何踪迹。另外，他还假定税收负担是人们参与隐性交易的主要原因，因为这样人们至少可以在一定程度上逃避税收。因此，如果税基给定，税率提高或降低，将导致更多或更少的隐性经济活动，从而提高或减少对货币的需求（Pickhardt 和 Pons，2006）。

尽管采用货币需求法测算隐性经济规模在世界各国得到了广泛的应用，但也有不少研究者对该方法的假设提出了批评。如（1）税收是引致隐性经济的唯一原因；（2）隐性经济活动中只使用现金支付；（3）货币的流通速度在官方经济和隐性经济中是相等的；（4）在基准年份不存在隐性经济，如果放松这个假设，则意味着隐性经济规模要向上调整（Schneider，2005）。

针对上述批评不少研究者通过经验分析进行了证实。施耐德和恩斯泰（Schneider and Enste，2000）以及达拉诺等（Dell' Anno et al.，2007）认为，毫无疑问，税收负担是隐性经济活动存在的重要原因，但不是唯一原因。除此之外，政府规章、自我雇佣、失业率等因素也会对隐性经济产生影响；伊萨克森和斯特罗姆（Isachsen and Strom，1985）的调查结果表明，1980 年在挪威的隐性经济中采用现金支付的比例大约是 80%；阿乌马达（Ahumada et al.，2007）认为，只有当货币需求的收入弹性等于 1 的时候，官方经济和隐性经济中的货币流通速度才会相等。弗雷和波梅（Frey and Pommerehne，1984）以及托马斯（Thomas，1986）则认为坦齐（Tanzi，1983）的参数估计不稳定。

结构方程模型常被用于发现不可观测变量与可观察的指标和原因变量之间的关系，这类模型被广泛地用于几乎所有与社会学、市场销售和经济学等社会学科相关的研究。尽管泽尔纳（Zellner，1970）早已开始探讨结构方程模型，但 MIMIC 模型直到若雷和戈德伯格（Jöreskog and Goldberger，1975）的文章发表后才被人们接受。弗雷和韦克汉内曼（Frey and Weck-Hannemann，1984）第一个应用该模型将隐性经济作为一个不可观测的变量来估计隐性经济规模，在随后的研究中，有许多经济学家采用这种方法对隐性经济进行统计分析。代表性的研究有：洛艾萨（Loayza，1996）对拉丁美洲国家的研究，贾尔斯（Giles，1999）对新西兰的研究，巴雅达和施耐德（Bajada and Schneider，2005）对亚太国家的研究，阿拉尼翁和戈麦斯－安东尼奥（Alanon and Gomez-Antonio，2005）对西班牙的研究，达拉诺（Dell' Anno，2007）对葡萄牙的研究，达拉诺和所罗门（Dell' Anno and Solomon，2008）对美国的研究，施耐德（Schneider，2005）对 110 个国家的研究，Chaudhuri et al.（2006）对印度的研究，达拉诺等（Dell' Anno et al.，2007）对法国、希腊和西班牙三个地中海国家的研究。

由于不同研究者对问题的侧重不同，从而采用的方法也不同。施耐德和恩斯泰（Schneider and Enste，2000）、施耐德（Schneider，2005）对各种测算方法的优劣进行了详细的说明，因此，在判定一个国家的隐性经济规模到底有多大的时候，决策者应该采取谨慎的态度，可以多采用几种方法来进行测算并比较。

（二）影响隐性经济的原因

1. 税收负担

施耐德（Schneider，2005）、达拉诺和施耐德（Dell’Anno and Schneider，2003）、约翰逊（Johnson et al.，1998）研究了税收负担对隐性经济的影响，他们发现税收对隐性经济的影响是非常显著的，如奥地利隐性经济的主要推动力是直接税（包括社会保障缴款），其次是监管和复杂的税制。施耐德（Schneider，1986）对北欧三个国家（丹麦、挪威和瑞典）的研究也得到了类似的结果，即平均直接税率、平均总税率（包括直接税和间接税）、边际税率对隐性经济具有显著正的影响。

2. 政府管制

施耐德和恩斯泰（Schneider and Enste，2000）认为，影响隐性经济的原因是多方面的，其中税收与政府管制是两个主要的因素。艾格纳等（Aigner et al.，1998）认为，政府管制对隐性经济有很大的影响，约翰逊（Johnson et al.，1998）则认为，政府管制是测量隐性经济的关键因素，伊里格和莫（Ihrig and Moe，2004）的研究结果表明，税率和政府管制会影响隐性经济规模，贾尔斯和泰德（Giles and Tedds，2002）证实政府管制与隐性经济是正相关的关系，弗里德曼等（Friedman et al.，2000）的研究结果表明，监管指数（范围：1～5 点）每增加 1 点，隐性经济就增加 10%。此外，这些研究还发现隐性经济的存在会干扰政府政策的执行，并建议政府要提供更多的激励措施来代替各种规制和处罚，使人们远离隐性经济（Giles，1999）。

3. 失业率

隐性经济中劳动力的构成是多种多样的，一部分来自于官方经济中的从业人员，他们利用业余时间或工作时间的一部分来从事隐性经济活动，另一部分则是由部分退休人员、非法移民、未成年者或家庭妇女构成（Tanzi，1999）。坦齐（Tanzi，1999），贾尔斯和泰德（Giles and Tedds，2002）认为，由于失业人数的上升，致使他们有更多的时间从事隐性经济工作。巴雅达（Bajada，2005）对澳大利亚的研究表明，失业率与隐性经济之间的关系是正相关的。达拉诺和所罗门（Dell’Anno and Solomon，2008）的研究结果表明，在 1970～2004 年，美国的失业率与隐性经济之间的关系也是显著正相关的。

4. 自我就业

博尔迪尼翁和扎纳尔迪（Bordignon and Zanardi，1997）认为，自我就业者存在较大的逃避税收的可能性，从而导致税基减少并少报个人所得。此外，由于私营企业的内部管理和外部监督机制不完善，因此，它们比大公司更容易雇佣非正规工人。这意味着自我就业率越高，隐性经济规模越大，反之亦然。达拉诺和施耐德（Dell' Anno and Schneider，2003），达拉诺和戈麦斯－安东尼奥（Dell' Anno and Gómez-Antonio，2007）的研究发现，自我就业率与隐性经济显著正相关。随着个体和私营就业人数占总的劳动力人数比率的增长，提高了隐性收入的潜在机会。几项研究表明，自我就业所获取的收入在总收入中占有较高的比率，如英国为 35%（Pissarides 和 Weber，1989），加拿大在 12%～24% 之间（Schuetze，2002），且这些收入均未报告。施耐德和恩斯泰（Schneider and Enste，2000）对一些 OECD 国家的隐性经济劳动力规模以及隐性经济占 GDP 比重的研究进行了回顾。结果表明，在奥地利、丹麦、法国、德国和西班牙等国家的隐性劳动力规模与隐性经济规模是正相关的。

（三）隐性经济所导致的后果

1. 对官方经济的影响

关于隐性经济与官方 GDP 之间的关系，施耐德和克林梅尔（Schneider and Klingmair，2004）根据不同国家经济发展水平的不同阶段，发现在发达国家隐性经济与官方经济之间的关系是顺周期的，而在发展中国家则是反周期的。施耐德和恩斯泰（2000）的研究表明，隐性经济中 2/3 的收入会立即花费在官方经济中，因此，在一定程度上，隐性经济对官方经济也能产生积极影响，进而提高总的经济增长水平。

施耐德（2005）的实证结果表明，在发展中国家，隐性经济规模每提高 1 个百分点，官方 GDP 增长率下降 4.5%～5.7%，而在发达国家和转型经济国家，隐性经济规模每提高 1 个百分点，发达的工业化国家的经济增长率提高 7.7%，转型经济国家则提高 9.9%。

2. 对收入不平等的影响

研究隐性经济规模对收入不平等影响的文献甚少，罗瑟等（Rosser et al.，2000；2003）通过对转型经济国家的隐性经济与收入不平等关系的研究，发现隐性经济规模与收入不平等之间的关系是显著正相关的。由于隐性经济规模的提高将使税收减少，税收减少则削弱了政府在社会保障等方面的再分配的能力，进而导致不平等程度的提高；另一方面，收入不平等则进一步加剧了隐性经济活动。艾哈迈德等（Ahmed et al.，2004）对 66 个国家的研究表明，隐性经济规模每提高10%，将使基尼系数提高2%；反过来，基尼系数提高10个百分点，隐性经济规模则提高了6个百分点。瓦伦蒂尼（Valentini，2009）研究了意大利1995～1998年隐性经济对工资收入的影响，其结果表明，未观测经济规模与工资收入是负相关的。陆铭、陈钊和万广华（2005）的研究发现，经济增长、政府用于支持农业生产的财政支出比重和城市化显著地缩小了城乡收入差距，而经济开放则扩大城乡收入差距。

（四）隐性经济规模的度量结果

在早期，贾尔斯（Giles，1999）结合货币需求方法和结构方程模型的一种特殊形式，即多指标多原因模型方法（Multiple Indicator Multiple Causes，以下简称MIMIC），估算了新西兰1968～1994年的隐性经济规模，研究发现在此期间，新西兰的隐性经济占GDP的比重在6.8%～11.3%之间。

在近期的研究中，施耐德（2005）采用货币需求方法和MIMIC方法度量了110个国家1999～2000年的隐性经济规模，结果表明，隐性经济规模在发展中国家为41%、转型经济国家为38%、OECD国家为17%，其中，中国在1999～2000年的隐性经济规模为13.1%。巴雅达和施耐德（Bajada and Schneider，2005）对亚太地区17个国家的研究表明，这些国家的隐性经济规模呈不断上升的态势，17个国家的平均隐性经济规模从1989～1990年的21.2%上升到1994～1995年的23.1%，到2000～2001年为26.3%。其中，中国的隐性经济规模从1994～1995年的10.2%上升到2000～2001年为13.4%。

达拉诺和所罗门（2008）利用结构方程模型，针对美国1970～2004年的季度数据，估计了美国的隐性经济，结果显示其隐性经济占GDP的比重在1970～1983年期间为14%～19%，随后持续稳定下降到2004年的7%，研究发现，在美国，社会保障缴款占GDP的比重、失业率、自我就业率是隐性经济的主要决定因素，并且还得到一个不寻常的发现，即税收负担对隐性经济没有显著的影响。并通过对奥肯法则的扩展，估计了经济增长、隐性经济与失业率之间的关系，发现隐性经济与失业率之间的关系是显著正相关的。达拉诺等（2007）采用MIMIC方法研究了法国、西班牙和希腊三个地中海国家1968～2002年的隐性经济，发现失业率、税收负担以及自我就业率是这些国家隐性经济的主要原因。其中，法国的隐性经济占GDP的比重从1968年的36%下降到2002年的9%，而希腊的隐性经济占GDP的比重则从1980年的8%上升到2002年的28%，西班牙的隐性经济在1977年以前不显著，随后从9%上升到2002年的26%。达拉诺（2007）用结构方程方法研究了葡萄牙1977～2004年的隐性经济，发现隐性经济规模从1978年的29.6%下降到2004年的17.6%。

很多学者以货币需求模型为基础来度量隐性经济规模，取得了很多有价值的成果。在早期，坦齐（1983）采用货币需求方法，测算了美国 1930 ~ 1980 年的地下经济，发现 1980 年美国的地下经济占 GNP 的比重介于 4.5% ~6.1% 之间。施耐德（Schneider，1986）对丹麦的研究表明，税率对货币需求有显著的影响，利用不同的货币需求计算了丹麦 1952 ~ 1982 年的隐性经济规模，发现在 1977 年以前，隐性经济占 GNP 的比重为 10%，1978 ~ 1982 年，隐性经济规模在 7% ~ 10% 之间。巴塔查里（Bhattachary，1990）在坦齐（1983）的基础上，提出了另一种形式的货币需求方程，采用英国 1960 ~ 1984 年的季度数据，估算并检验了英国的隐性经济规模，研究结果显示，英国的隐性经济规模由 1960 年的 7.4% 逐年上升到 1977 年的 11.1%，随后逐年开始下降到 1984 年的 7.6%。

皮克哈特和庞斯（Pickhardt and Pons，2006）分别利用货币需求方法和结构方程方法以及两者相结合的新方法，研究了德国 1980 ~ 2001 年的地下经济规模，结果表明，无论采用何种方法，所估计的地下经济规模基本相近，且呈逐年上升的趋势，从 1980 年的 9.4% 上升至 2001 年的 15.27%。

希尔和卡比尔（Hill and Kabir，2000）在货币需求方程的基础上，通过采用向量自回归、协整分析、误差修正机制等方法分析了 1978 ~ 1990 年的数据，在考虑了边际直接税率的变化后，预测加拿大 1991 ~ 1995 年的地下经济占 GDP 的比重在 0.1% ~0.7% 之间。莫莱翁和萨尔达（Mauleon and Sarda，2000）则根据货币需求方程，在引入税收变量后，提出了一个非常简洁的地下经济估算模型，该方法不需要假设基准年份的隐性经济规模为零，也无须假设货币在地下经济与官方经济中流通速度相同。皮克哈特和庞斯（2006）采用莫莱翁和萨尔达（2000）所提出的方法，估算出德国 1980 ~ 2001 年的地下经济规模在 9.4% ~ 15.7% 之间。

乔杜里等（Chaudhuri et al.，2006）采用结构方程方法研究了印度 1974 ~ 1996 年 14 个州的隐性经济规模，结果表明，在此期间，其平均隐性经济规模从 13.1% 上升到 26.3%。奥尔维萨克等（Orviska et al.，2006）利用斯洛伐克和捷克 2002 年的截面调查数据，研究的结果表明，斯洛伐克和捷克 2002 年的隐性经济规模分别为 23.2% 和 21.8%。施耐德和萨瓦尚（Schneider and Savasan，2007）采用动态 MIMIC 模型估计了土耳其 1999 ~ 2005 年的隐性经济规模，发现直接税、间接税、人均 GDP、失业率等与隐性经济显著正相关，其隐性经济规模从 1999 年的 31.1% 上升到 2005 年的 35.1%。多布雷和亚历山德鲁（Dobre and Alexandru，2009）对日本的研究发现，在 1980 ~ 2008 年，日本的隐性经济规模为 8% ~11%，且税收负担对隐性经济具有显著的影响。

王等（Wang et al.，2006）采用 MIMIC 方法测算了我国台湾 1961 ~ 2003 年

地下经济规模，研究结果表明，在1998年以前，我国台湾的地下经济规模在11%～13.1%之间，从1989年开始到2003年，其地下经济规模在10.6%～11.8%之间。并发现实际政府消费支出的对数与通货膨胀对地下经济有显著正的影响，但税收负担在5%显著性水平下对地下经济具有负的影响，而失业率与犯罪率与地下经济之间的关系不显著。

国内有不少研究者采用不同的度量方法估算了我国未观测经济的规模，如徐蔼婷和李金昌（2007）以2004年我国首次经济普查的实际数据为依据估算了1985年以来未观测经济规模与GDP的比率。李建军（2008）采用基于国民账户均衡模型测算了我国未观测经济规模，结果表明，通过储蓄、信贷与国际收支之间的均衡关系模型，得到了两种口径的未观测经济规模占GDP比重介于10%～49%之间。夏南新（2004）采用货币需求方法，估测了我国1995～2001年地下经济规模在11%～17%之间。王小鲁（2007）在2005～2006年通过对全国几十个城市和县两千多名不同收入阶层的居民家庭收支调查，推算出全国城镇居民收入中没有统计到的隐性收入达到了4.8万亿元。王小鲁（2010）利用调查数据，采用“恩格尔系数法”推算出我国2008年的隐性收入为9.26万亿元，其中灰色收入为5.4万亿元。

五、关于如何规范收入分配秩序

专家学者在这方面的研究更多地集中在收入分配问题上，侧重于对“如何调节和缩小收入差距、如何完善收入分配制度、如何促进收入公平分配”等方面进行研究，而对如何规范收入分配秩序的研究往往包含在其中，或者较为零星地提出一些对策措施。概括起来，主要有以下几个方面：

（一）健全收入分配体制

尹艳林（2000）认为，规范收入分配秩序必须健全机制，加强对收入分配的监督，取消和规范不合理的收入，取缔非法收入，具体措施有：依法规范政府的分配行为，坚决制止“三乱”；深化国有企业改革，建立健全国有资产保值增值机制；健全工资分配机制，整顿不合理的高收入。赵振华（2007）认为，规范收入分配秩序需要建立完善的现代市场体系，这是规范分配秩序的基础。国家发展和改革委员会社会发展研究所杨宜勇（2010）认为，应将收入分配改革进行目标量化，设置一些硬性指标。比如城乡收入差距比、行业收入差距比、基尼系数等在未来5年或10年控制在什么水平。同时，还应积极规范收入分配秩序，增加收入分配的透明度（杨宜勇，2012）。王小鲁（2010）认为，灰色收入是扩大居民收入差距的主要原因，因此，改革政府管理体制是解决收入分配问题的关键。于海峰等（2011）认为，规范预算外资金的管理与监督，建立透明化的管理制度非常重要。各级政府应按照法律和政策规定，逐步将预算外资金纳入预算内资金管理，对暂时不能纳入预算内的，实行“财政专户储存”和“收支两条线”管理。马海涛（2011）认为，不同的政策目标对应着不同的政策手段，政策效果如何与实施政策的战略密切相关，建议政府从作用机理和作用条件等方面，进行缩小收入差距的政策战略选择。

（二）规范收入分配主体的分配行为

金莉莉和白书祥（2006）撰文，认为市场、企业、政府是社会主义市场经济条件下的三个收入分配主体，现实中这三个收入分配主体的分配行为均存在诸多不规范、不合理的因素，因此，应当采取措施分别规范市场、企业和政府的分配行为。

近年来，学者们开始注意到公权力在分配中的作用和影响，提出解决收入分配问题应从“权”字入手。郭之纯（2006）认为，收入分配不公的主要形成原因，是权力运作不规范，权利未能得到充分保障。所以，要有效解决这一问题，须从保障权利、规范权力入手。刘小玄（2007）认为，解决收入不公平，不是扩大政府分配资源的权力，而是要减少政府占有的资源份额，尽可能降低不必要的税费，尽可能扩大民间资源占有率，将垄断资源所有权分散化，形成多元化的市场格局。要着力从源头上解决，从权力交易机制的改革入手。高渊（2006）认为，改革现有收入分配制度，关键是要坚持真正的市场化道路，把资源配置的权力还给市场。

（三）完善初次分配领域的改革

1. 深化垄断行业收入分配制度改革

国有企业工资收入分配不合理的现象主要来自于自然垄断性和行政垄断性企业的存在，垄断性行业的高工资是造成我国工资水平差距过大的主要因素。要想缩小行业差距就必须解决国有垄断行业职工工资水平过高、增长过快的问题（卫超超，2012）。深化垄断行业收入分配制度改革，理顺生产要素价格，可以缩小部门之间、行业之间的收入差距。贾康（2010）认为，国企上缴红利比例应上调。林毅夫认为，加快推进收入分配改革，应当重视三个领域：金融领域、财富转移领域和垄断性领域。迟福林（2010）认为，要尽快出台《反垄断法》实施细则，降低垄断领域门槛、引入竞争，规范国有企业的投资领域；理顺资源性产品的分配格局，改变少数企业享受资源红利的状况；推行“职工持股计划”，使职工真正享受到企业增值红利。苏海南（2010）认为，收入分配改革的排头兵是国有企业，应当搞好企业内部分配，建立薪酬分配激励约束机制，正确处理企业高管、中层、一般职员和一线工人的薪酬分配关系。于海峰等（2011）认为，建立垄断行业工资控制标准，切断某些行业和企业与政府部门在利益上的联系，并从根本上消除行政垄断的体制基础，以加强对垄断行业收入分配的调节。

2. 改革公务员和事业单位的工资制度

魏石（2006）认为，规范分配秩序的重点是公务员工资制度改革，这也是规范收入分配秩序的重要契机。林彧（2006）认为，收入分配制度改革重点在于改革公务员工资制度和提高城市低保对象水平，提高优抚安置对象等人的生活标准等。赵振华（2007）认为，要进一步改革公务员收入分配体制；公务员收入分配制度的建立有助于在全社会形成示范效应；规范事业单位职工收入；完善社会保障制度。杨志勇（2012）认为公务员和事业单位人员工资收入标准偏低，导致一些权力部门利用所掌握的权力，为工作人员谋取住房以及其他实物福利。应该采取措施，让公务员和事业单位人员所获得的收入与人力资本基本相称。所有公务员和事业单位人员的工资都应该货币化。贾康（2008）则认为，需要有效规范公务员隐性收入，其途径是把预算外资金全部纳入政府预算控制，实行彻底的收支两条线，杜绝预算外资金，公务员收入由国家统一划拨。苏海南（2010）认为，解决收入分配问题还面临着一大阻力，即某些既得利益集团的掣肘。在改革开放过程中某些利益集团依靠行政权力、垄断地位、人员身份区分等手段获得了不合理、不公平收入，而且都处于社会有利地位，对政策的制定，舆论的宣传有很大的影响力。解决收入分配问题的对策，自然是如何与这些既得利益集团进行博弈。

（四）完善再分配领域的改革

贾康（2007）认为，政府在居民收入分配方面担当着“维护公正、兼顾公平、高端调低、低端托底”的责任。由于社会成员收入差异有不同的形成原因，因而，在收入再分配方面，政府应当根据收入的来源不同对收入差异进行分类调节。温来成（2011）建议，设置财政专项资金和转移支付促进农民工工资增长，完善进城务工、经商农民的各种服务体系。

赵人伟（2010）指出，要加大再分配力度，特别要在社保、医疗、教育等领域对贫困人群、农村地区和西部地区加大转移支付力度；推动分税制改革，将不动产税、增值税、消费税等更多地分配给地方，完善中央和地方财权与事权格局。苏海南（2010）认为，要健全收入分配宏观调控体系，如城乡居民最低生活保障制度、最低工资制度、失业保险制度、工资指导线制度、薪酬信息调查发布制度、垄断行业薪酬水平调控制度、个人所得税征管制度等。余斌（2010）认为，调整非生产税税制，扩展社会保障范围，增加向居民的经常转移。在政府支出调整环节，增加政府消费中的实物转移，增加公共服务供给。

迟福林（2010）认为，应加大对所得和财产的课税力度，主要包括适时开征遗产税、实行综合和分类相结合的个人所得税模式、开征社会保障税，将社会保障收支纳入国家预算。匡小平和杨得前（2011）认为，改进收入分配应将以流转税为主体的税制改为向流转税与所得税并重的税制发展；将部分需求弹性小的增值税税目纳入免税范围；扩大消费税的征收范围，调整消费税的税率结构。刘小兵（2011）认为，我国现行的财税政策对收入分配的调节已经出现了逆向调节的趋势，因而，要改善收入再分配效果应当压缩政府支出总规模；将税制改造成以个人所得税和财产税为主的模式。于海峰等（2011）认为，改革收入分配制度一是要加大税收调节的力度，按照简税制、宽税基、低税率的原则进行税收制度改革。二是优化税制结构，公平税收负担。主张提高我国直接税的比重，更好地发挥税收调节收入分配的作用。

雷欣（2012）建议，在再分配领域，针对收入变动的“亲富”倾向以及社会对收入再分配的较低偏好，政府应充分发挥税收和转移支付等再分配政策的调节作用，实现对收入分配不平等格局的动态调整，逐步改变低收入群体在收入分配中的不利地位。推进个人所得税制改革，同时开征房产税、遗产和赠与税等，控制高收入群体过高的收入增长和财富转移；构建完善的社会福利救济体系和社会保障制度，加大对低收入群体的财政补贴和转移支付力度，提高低收入居民的可支配收入水平。

（五）综合运用法律和多种手段

关于收入分配问题，多数学者认为收入分配改革是一个庞大的系统工程，需要利用经济、法律、市场、行政等多种手段，从多角度多方位破题。

吴敬琏（2004）认为，目前，我国的居民之间、城乡之间收入水平的差别已经扩大到引致社会不稳定的危险程度，国家要运用法律和政策手段切实防止在所有制结构调整过程中公共财产向少数人流失，避免出现财产初次占有的两极分化。苏海南（2010）认为，建立法律手段、经济手段、信息手段和行政手段等一揽子的调控体系，更好地打击非法收入，保护合法收入，规范灰色收入。王占阳（2010）认为，与以往一切改革不同，我国目前的分配制度改革取得成功的基本条件，就是必须有广泛、持续、有力的公众参与，而不是关起门来搞改革。要发动广大的群众参与，由人民代表大会制定有关市场经济、工会、最低工资、社会保障、社会保险等方面的法律制度。于海峰等（2011）认为，要制定法律制度，杜绝灰色收入，包括强化规范国家公务员和各级领导干部行为的法律制度建设；强化规范市场行为的法律法规建设，建立健全各项法律制度，提高腐败行为、寻租行为及其他非法行为的成本，维护正常的分配秩序。万广华（2012）通过分解腐败程度的变化，发现法制建设、财政分权和预算外收入等制度能在相当程度上抑制腐败程度。

岳颖（2010）将近年来学界对我国收入分配领域研究的热点问题进行了总结和梳理，概括性地总结了深化我国收入分配制度改革的十大对策建议，包括：调整国民收入分配结构，提高劳动者收入；深化垄断行业收入分配制度改革，缩小不合理的行业差距；调整个税起征点，减轻中等收入阶层税负；提高最低工资标准，保障低收入职工的基本生活；实施事业单位绩效工资；填平养老制度"双轨鸿沟"；切实提高农民收入，缩小城乡收入差距；严格规范收入分配秩序，扭转收入差距扩大的趋势；调整政府支出结构，加大对低收入群体的保障力度；极力推进第三次分配，发挥第三种力量的调节作用。

此外，一些学者也开始对第三部门进行研究，但目前的研究更多集中在第三部门的由来、特点、优势、内部组织管理以及与政府的关系上，而将第三部门与收入分配，尤其与规范收入分配秩序联系起来研究的并不多。这或许是学界今后研究规范收入分配秩序的一个新的视角。

第四节　本书的分析框架

一、本书的总体思路

本书的研究思路为：首先对收入分配秩序进行理论界定→从定性角度阐述当前中国收入分配秩序混乱的表现→通过大规模调查研究，在了解中国居民收入分配真实情况的基础上，分别从劳资关系、行政权力与隐性经济三个方面对中国居民收入分配秩序进行定量分析→基于经济转型的角度，从政府职能转变、所有制结构调整、中央与地方关系、分配原则改革、要素的可流动性、对人的激励与约束机制六个方面分析导致中国居民收入分配秩序不规范的原因→借鉴国外该领域的先进理念与做法→提出一个综合、可行的规范当前中国收入分配秩序的改革方案。

二、本书的分析框架

政府作为国家经济运行规则和收入再分配政策的制定者，对于收入分配的改进无疑具有重要的影响。在现代民主国家，政府首先要界定清楚自身与市场的边界，解决政府“越位”与“缺位”问题，然后通过公共政策的制定来协调和弥补市场分配的不足，并以此来达到社会、经济的和谐发展。

依据上述研究思路，构建了本书总体分析框架：通过大量的实证调查，掌握当前收入分配秩序紊乱的真实表现，并深入分析造成这一状况的深层原因，然后立足于我国的现实情况并结合国外的先进经验，从初次分配、再分配和第三次分配三个层面为收入分配的规范提出可行的、综合的改进方案。

具体来说：一是完善市场机制和宏观经济运行环境，如正确处理劳资关系、限制国有垄断行业的超分配、制定科学的公务员薪酬制度、建立统一规范的劳动力市场、抑制公共权力市场化、规范我国的财产性收入等等，以使收入分配达到规则公平；二是完善政府的再分配功能，缩减公共权力对市场与经济的干预，严厉清除各类行政腐败，并对隐性经济进行分类治理，以实现基本的结果公平；三是完善社会的第三次分配机制，鼓励第三部门和组织的发展，在对政府实行有效监督的基础上，通过非营利组织和公益组织提供多层次公共品的自觉行动，以达到收入分配的社会公平。

三、本书分析的技术路线

技术路线设计的总体原则是：集体设计、分组承担、系统综合、协调攻关。这一原则贯彻在如下的各项研究活动中：

（一）文献回顾、数据收集

为了避免低水平的重复研究，在前期资料收集的基础上，课题组成员分组、分工对重点文献资料进行了拉网式的收集整理，并且在学校图书馆、学院相关资料室确定专人为本项目研究提供资料收集和信息采集服务工作，在此基础上，加强对外文资料，包括国外主流的政府网站、学术网站上的资料的翻译工作。

（二）重大样本的一线调研

解决社会中存在的现实问题必须回到现实生活中进行实地调研，以便获得第一手可靠的资料。如果不进行大规模的、科学的实证调查，就无法真正了解现实中的收入分配情况，也就无法进行针对性的制度设计。实地调研的核心内容包括数据的获得、数据的处理、统计的分析以及提炼关键变量。本课题的特色之一就是分别派课题组成员赴新疆、北京、河南、湖北、浙江、广东、深圳、广西，以及沈阳地区进行了大量的实地调查研究，充分掌握了第一手资料；同时，对全国的居民收入状况进行了三次大规模、全方位的问卷调查。通过对全国各地的实地调研，尤其是对问卷调查所获得的数据进行深度分析与整理，得出了各事件间的实证联系。

（三）构建分析框架，深入研究核心专题

分析框架的确定体现了研究方法的科学与否，而课题中的核心专题是彻底解决问题的突破口，本课题组对研究中的核心专题组织优势力量进行协调攻关，尤其是对总报告的重点、难点问题以及分析框架进行了多次全面而深入的思考。就课题总报告撰写的提纲，课题组通过思考、讨论、修改、完善、再思考、再讨论、再修改、再完善和多方论证等程序，最终完成的课题总报告为大纲第十三稿、总报告第九稿的成果。

（四）实证检验

所有的政策建议都不能只满足于理论模型的推导，其是否科学、可行主要还得看能否通过实践的检验，所以本书所提出的政策方案都是尽可能通过实践检验的结果。就三次调查问卷而言，在遵循前后一致性和可比性的原则前提下，每一次调查问卷的修改和完善，都是以科学性、实用性、政策结论的可行性和社会反馈意见为基础进行的。

（五）对改革政策的反馈与调整

在对政策建议进行实证检验的同时，课题组收集了各部门、各方面对建议的反馈意见，并对反馈意见反复地进行分析、整理，在此基础上再次对政策建议进行适当的调整，以使政策建议更加具有有效性和可操作性。在上述规范收入分配秩序的总体框架下，本书研究的具体技术路线如图 1 – 1 所示。

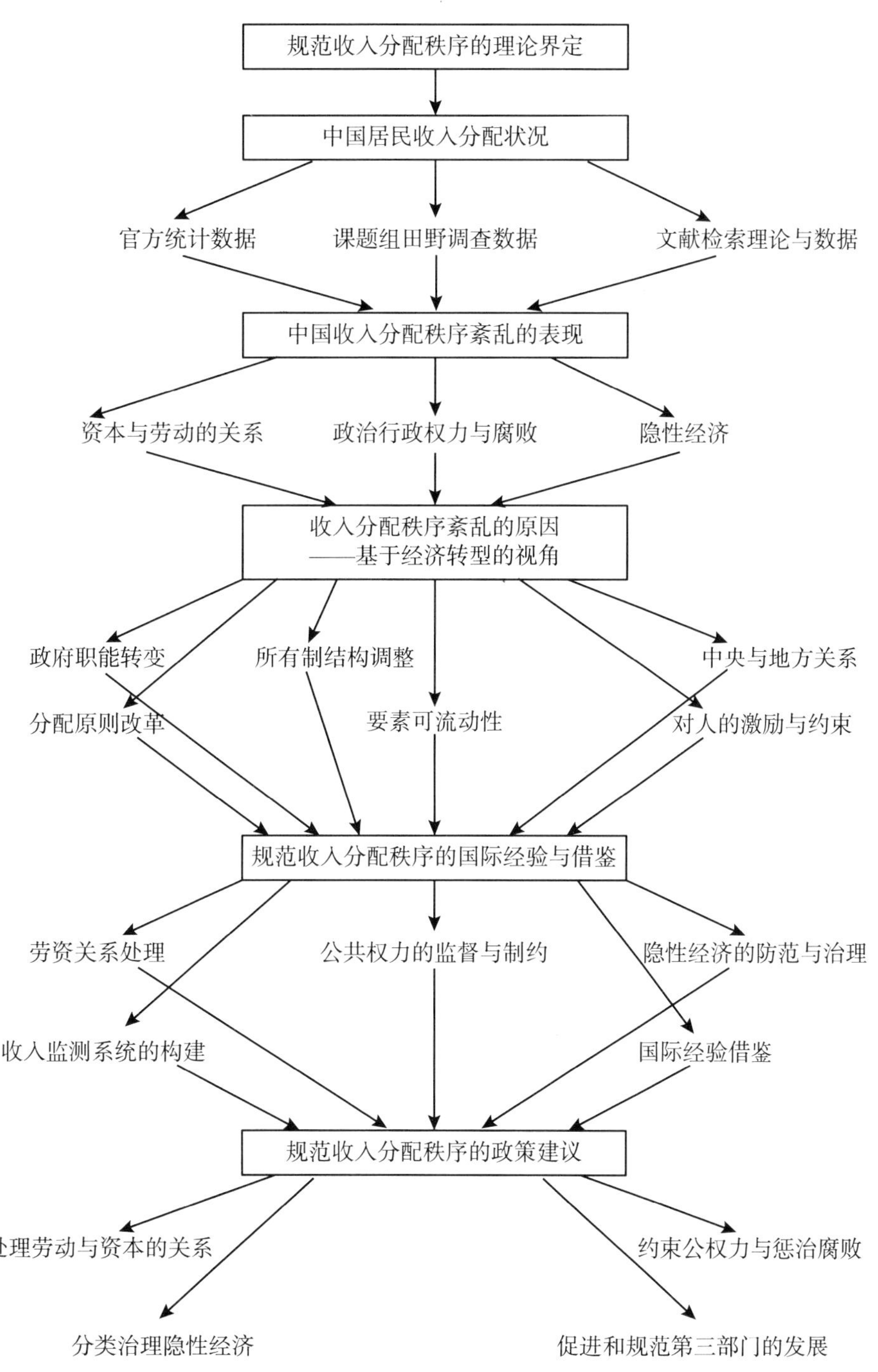

图 1－1　本书研究的技术路线

第五节　本书的研究重点与特色

一、研究重点

从我国当前的实际情况看，真正引起公众不满情绪，甚至激化社会矛盾的不合理收入，集中地表现在三个方面：一是强资本、弱劳动，导致初次分配不平等。劳资关系中的资强劳弱，导致劳资分配不合理和劳资冲突。二是公权力对私权利的不当干预在一定程度上扭曲了分配关系。一些政府部门或公职人员利用规则制定权或资源分配权进行权钱交易，通过公共权力参与市场分配获取不正当收入，更是导致分配秩序紊乱，并严重损毁党和政府的形象。三是隐性经济。隐性经济是目前收入分配秩序不规范的一个重要方面。有些隐性经济属于良性的，如下岗职工摆摊设点，虽无工商执照，也可能没有缴纳税收，但却是为了生计，一般来说，对社会危害不大；但一些群体通过制假造假、偷税漏税或走私贩毒等非法手段攫取社会财富，从侵害消费者权利中牟取高收入，这就属于恶性隐性经济了，对国家和社会危害极大。基于此，本书将规范收入分配秩序的核心和重点确定在三个方面，即劳资关系、权力经济和隐性经济。

二、研究方法上的特色

在研究方法上，本书主要采用了理论联系实际的系统分析方法、比较分析方法、问卷调查与访谈、计量经济分析和模型构建等方法，尤其突出实地调研和多学科综合研究方法。

（一）注重实地调研

本课题的研究不仅注重理论的挖掘与深化，而且还十分注重对中国收入分配秩序的现实进行实证研究，注重田野调查和第一手资料的搜集。本书的一个亮点就在于，课题研究是建立在课题组成员实地调研和三次大规模调查问卷的基础上，而且三次调查研究及其实证分析结果均得到了社会各界的高度评价，调研结果产生了较大的社会影响。

在2008年暑期，本书成员分别赴北京、新疆、广东等地开展了大量实地调查研究，并分别在2008年暑期、2010年春节和2011年春节期间，利用学生放假回家的机会，对31个省、自治区、直辖市的城市和农村居民收入情况进行了三次大规模的问卷调查。调查涉及全国城市和农村居民各种来源的收入状况，多次的实地调研，对于摸清全国居民收入分配状况具有重要作用。同时，本书对收回的有效调查问卷进行细致的数据处理与统计分析。问卷调查的计量与模型分析及其结果得到了全国人大、财政部、国家税务总局、中科院、湖北省等各级领导和学者、专家们的高度赞誉，产生了良好的社会影响。

（二）多学科综合研究

本课题属于跨学科、跨学校、跨领域的研究。课题通过问卷调查与统计数据分析，围绕劳资关系、公私权力、隐性与显性经济三大板块研究收入分配秩序问题。研究内容涉及经济学、政治学、法学、社会学以及文化等领域，研究方法上综合运用了多学科的知识，从经济学、政治学、社会学、文化学、伦理学等角度，对居民收入分配的起点公平、过程公平、结果公平和规则公平、程序公平、社会公平等展开了深入而系统的研究。由于课题研究采用的方法适合本课题的需要，使得本课题的研究不仅仅局限于研究收入均等问题，真正转向了研究收入分配秩序。

三、主要创新观点

（一）对“收入”及“收入分配秩序”的内涵进行了理论界定

首先，对各种收入进行了清理和归类。学术界对收入的分类以“五色说”和“来源说”为代表，但这种分类存在交叉部分，略显粗糙。本书将收入分为正常收入和非正常收入两大类别，并对每一类收入进行细分，分别从每一种收入的细分类别、特点、是否合法、是否公开、所属颜色以及相应的示例等方面，详细地对收入进行了清理和归类。这种分类与学术界原有的分类相比，无疑更加具体、详细和严格，并且这种分类更加适合现实中的收入情况，也更吻合人们对各类收入的看法。

其次，对“收入分配秩序”的内涵进行了明确界定。从已有的研究来看，无论是理论界还是实务部门，都没有对“收入分配秩序”进行具体、明确和统一的界定。本书认为，收入分配秩序是指收入分配主体的分配行为及其结果所呈现的状态，即收入形成的机理、形成的渠道和形成的路径。

收入分配秩序可以从静态和动态两个方面考察：一是从静态上看，收入分配秩序表现为收入分配格局，即分配主体之间的收入分配关系、收入分配结构和收入差距状况；二是从动态上看，收入分配秩序表现为收入的形成机理，即收入分配规则和分配过程是否规范、合理和有序。研究规范收入分配秩序的关键在于，收入的形成机理是什么？收入分配过程出了什么问题？一个正常的收入分配秩序要求收入分配公平、正义、合理、各得其所。如果收入的形成过程违背了这样的要求，这样的收入分配就不公平、不合理。

我国当前的收入分配问题，直观上表现为居民收入差距过大，其实质则是由于收入分配秩序出了问题，即由于收入分配无规则、收入分配秩序紊乱，导致收入分配问题日趋严重。由于收入的形成机理出现了问题，导致收入分配格局不合理。具体表现在：由于资方与劳方博弈能力极不平等，导致劳资关系不合理；由于政府与市场的规则乱了（在中国具体表现在行政权力过分干预市场），导致权力经济、腐败、寻租等收入分配秩序不规范问题层出不穷；由于地下经济、隐性经济逃避了规则的约束与管制，导致地下经济和隐性经济泛滥。

因此，本书认为，在当前经济转型时期，劳资关系、行政权力干预经济、隐性经济这三个方面是导致中国收入分配秩序紊乱的关键。而且，这三个方面也使得与居民收入分配相关的出生、流动性、选择和努力等其他形成机理被扭曲。如果不存在这三方面导致的收入分配秩序紊乱问题，即使居民收入分配有差距，也只是经济发展过程的一种合理的、正常的差距。正是由于收入的形成机理和形成过程出了问题，才导致了收入分配的不公平，并使收入分配格局呈现出不合理的状态。

基于对收入分配秩序内涵的界定，本书在研究的过程中，着重从收入分配秩序的动态即收入的形成机理、形成渠道和形成路径进行研究，重点研究收入的形成过程而不是结果。

（二）对于某些传统的主流观点提出了质疑与挑战

传统主流的观点认为，市场经济必然带来两极分化，因而需要政府干预。本书却认为，从收入分配的角度来看，应当进行辩证的分析。市场机制并非必然比其他机制更容易导致两极分化，相反，政府干预也不一定必然会消除两极分化，这需要重新看待政府与市场在收入分配中的作用，重新界定政府干预的原则和边界。

事实上，在收入分配层面，市场只有一个资金门槛，而在政府干预的情况下，还会有除资金以外的其他门槛。如果门槛太多，穷人就无法脱贫致富，因此，从某种程度上来看，市场是有利于穷人的，即市场是穷人的朋友。虽然在马克思描述的真正的纯公有制条件下，收入分配差距不可能太大。但在纯私有制条件下，收入分配差距也不可能过大到难以持续。在当前资本主义国家，收入分配差距、产权分化、社会矛盾激化导致资本主义政府不断进行自我改良，以促进其发展。这些国家通过完善社会福利制度，扩大中产阶级的比重，进而缩小收入分配差距，较好地克服了资本主义社会存在的矛盾。

然而，在当前的中国，政府在收入分配上做了很多事情，但并不一定对缩小居民收入差距真正起作用。例如，政府在调节收入分配的过程中，通常使用的手段是税收调节，但我国的现实却是，税收对收入分配的调节在某些方面，反而出现了累退倾向。我们认为，中国的收入分配问题主要不是出在再分配领域，而是初次分配领域。这也说明完善市场机制是更为根本的选择。

（三）立足于新的视角，剖析收入分配秩序紊乱的原因，并自然导出规范收入分配秩序的解决对策

一方面，本书立足于经济转型的角度，从政府职能转变、所有制结构调整、中央与地方关系、分配原则改革、要素的可流动性、对人的激励与约束机制六个方面分别阐述了劳资关系、政治权力与腐败、隐性经济的形成等问题，全面分析了导致中国居民收入分配秩序不规范的原因，为研究收入分配秩序提供了一个分析问题的研究框架和独特视角。

另一方面，在深入剖析收入分配秩序紊乱原因的基础上，很自然地导出了规范收入分配秩序的对策建议。本书从多方面提出了正确处理劳资关系、制约与监督公共权力和对隐性经济进行分类治理的若干对策措施。同时，还提出了促进和规范第三部门的发展。在规范收入分配秩序的对策措施中，尤其要重视政治体制改革，加强民主政治建设，坚持改革开放，充分发挥市场机制的作用。

值得特别指出的是，本书是一种开创性研究。就收入分配秩序而言，许多问题当前并没有人展开过专门、系统和深入的研究，如腐败问题、政治权力问题、资本对劳动的剥削问题、隐性经济问题等。尽管对规范收入分配秩序问题的研究进行了一些初步的尝试，但肯定还存在不少问题和不足，今后还需要有更多的人参与进来。

第二章

我国居民收入分配现状分析

改革开放以来，在我国经济体制由计划经济向市场经济转型的过程中，我国经济快速增长，居民收入不断提高。与此同时，我国的收入分配制度也在探索中不断深化、创新和完善，国民收入分配格局发生了很大的变化，居民收入差距在城乡之间、地区之间、行业之间也在不断扩大。特别是近几年来，劳动者报酬占初次分配收入的比重以及居民可支配收入占国民收入的比重持续下降，收入差距不断扩大、行业垄断、权力寻租、收入分配秩序紊乱，国民收入向政府和企业集中，向城市和少数人集中问题已引起了社会各界的高度关注。因此，我们有必要对这些问题的现状、成因进行深入的分析。

本章首先回顾了我国收入分配制度改革的历程；随后分析了国民收入初次分配和再分配的格局；最后，结合我们 2008 年、2010 年和 2011 年对全国居民收入抽样问卷调查的相关数据，针对居民部门的城乡收入差距、地区差距和行业差距进行了分析。其目的是希望对照我国收入分配制度改革的要求，发现国民收入分配和居民收入分配中存在的问题，寻找解决问题的办法，从而进一步完善收入分配制度，规范收入分配秩序。

第一节 我国收入分配制度改革回顾

改革开放前，我国实行的是计划经济体制，收入分配不平等程度很低，收入分配具有很强的平均主义倾向，城市的基尼系数在0.16左右，农村的基尼系数略高，根据多数学者的估计，在0.21～0.24之间。尽管收入均等化程度很高，但收入平均主义思想严重阻碍了按劳分配原则的贯彻执行，不利于社会生产力的发展，从而导致经济增长缓慢和经济效率低下。为了打破平均主义，提高经济效率，推动经济增长，就必须对我国的收入分配制度进行改革，并实行差异化的个人收入分配，对经济参与主体实行有效的激励和约束。

纵观我国改革开放以来收入分配制度的变迁，在收入分配领域所采取的一系列改革措施，对调动广大人民群众的劳动积极性，促进社会生产力的快速发展具有非常重要的意义。本节我们根据1978年以来中国共产党历次全国代表大会所形成的重要文件，围绕收入分配原则以及效率与公平，对我国收入分配制度的变迁进行回顾和梳理。

一、按劳分配，让一部分人先富起来（1978～1984年）

1978年12月，党的十一届三中全会根据当时我国农村的收入分配状况，要求农村各级经济组织必须认真执行按劳分配的社会主义原则，按照劳动的数量和质量计算报酬，克服平均主义。随后在农村开始实行家庭联产承包责任制，打破大锅饭和平均主义的分配方式，调动了广大农民的劳动积极性，农民收入大幅提高。

1984年10月，党的十二届三中全会通过的《中共中央关于经济体制改革的决定》指出，要进一步贯彻落实按劳分配的社会主义原则，允许和鼓励一部分地区、一部分企业和一部分人依靠勤奋劳动先富起来，并由先富起来的人带动越来越多的人走向共同富裕。此外，企业可以根据经营状况自行决定职工奖金，使企业职工的工资和奖金与企业的经济效益挂钩。在企业内部，要扩大工资差距，拉开档次，以充分体现奖勤罚懒、奖优罚劣，充分体现多劳多得、少劳少得，充分体现脑力劳动和体力劳动、复杂劳动和简单劳动、熟练劳动和非熟练劳动、繁重劳动和非繁重劳动之间的差别。国家机关、事业单位也要改革工资制度，并遵循职工工资同本人肩负的责任密切联系起来的改革原则。

二、按劳分配为主体，其他分配方式为补充（1987～1992年）

1987年10月，党的十三大报告《沿着有中国特色的社会主义道路前进》指出，必须坚持“以按劳分配为主体，其他分配方式为补充”的原则，并强调“社会主义初级阶段的分配方式不可能是单一的”。改革开放以来，在坚持按劳分配原则的前提下，逐步放松了对其他分配方式的限制，除劳动报酬外，只要合法，就应当允许债权取得债息、股份获得红利、企业经营者获得风险报酬、私营业主获得部分非劳动收入等分配方式的存在。鼓励善于经营的企业和诚实劳动的个人先富起来，既要合理拉开收入差距，又要防止贫富悬殊，坚持共同富裕的方向，在促进效率提高的前提下体现社会公平。对个人的过高收入要进行有效调节，依法严厉制裁通过非法手段牟取暴利的行为。

1992 年 10 月，党的十四大报告《加快改革开放和现代化建设步伐，夺取有中国特色社会主义事业的更大胜利》指出："在分配制度上，以按劳分配为主体，其他分配方式为补充，兼顾效率与公平。运用包括市场在内的各种调节手段，既鼓励先进，促进效率，合理拉开收入差距，又防止两极分化，逐步实现共同富裕"。

三、按劳分配为主体，多种分配方式并存（1993 年至今）

改革开放以后推行按劳分配制度改革，对打破平均主义，拉开收入分配差距，调动广大劳动者的积极性发挥了很大的作用。但是，我国收入分配制度的根本改革，是在党的十四届三中全会提出建立社会主义市场经济体制以后。1993 年 11 月，党的十四届三中全会通过了《中共中央关于建立社会主义市场经济体制若干问题的决定》，指出"收入分配要坚持以按劳分配为主体、多种分配方式并存的制度"。在 1997 年 9 月党的十五大、2002 年 11 月党的十六大、2007 年 10 月党的十七大以及 2010 年 10 月党的十七届五中全会上，均提出了"坚持和完善按劳分配为主体、多种分配方式并存的分配制度"。"允许和鼓励资本、技术等生产要素参与收益分配，把按劳分配和按生产要素分配结合起来，并确立了劳动、资本、技术和管理等生产要素按贡献参与分配的原则。"

在收入分配改革中，必须处理好效率与公平的关系。从党的十四届三中全会首先提出的坚持"效率优先、兼顾公平"，到十六大报告提出的"初次分配注重效率，再分配注重公平"，特别是党的十七大以及十七届五中全会，进一步明确了"初次分配和再分配都要处理好效率和公平的关系，再分配更加注重公平"，这是进一步处理好效率与公平关系的重大举措。既要反对平均主义，又要防止收入悬殊和两极分化，使收入差距趋于合理。允许和鼓励一部分人通过诚实劳动和合法经营先富起来，提倡先富带动和帮助后富，扩大中等收入者比重，着力提高低收入者的收入水平，逐步实现共同富裕的目标。对于不是通过诚实劳动和合法经营，而是通过侵吞公有财产和偷税逃税、权钱交易等非法手段所牟取的非法收入和利益要坚决取缔，并依法惩处。

在党的十七大及十七届五中全会的报告中，针对我国居民收入占比以及劳动报酬占比逐年下降的现实，提出了要“提高居民收入在国民收入分配中的比重，提高劳动报酬在初次分配中的比重”，要创造条件增加居民财产性收入，并要求合理调整和规范国家、企业和个人三者之间的分配关系。在再分配领域，报告提出了要进一步加强政府对收入分配的调节职能，加强税收对收入分配的调节作用，完善个人所得税制，扩大转移支付，有效调节过高收入。要打破经营垄断，特别是对凭借行业垄断和某些特殊条件所获得的个人额外收入，必须纠正。针对收入分配秩序的不规范，提出了要规范和整顿分配秩序，保护合法收入，合理并有效调节少数垄断性行业的过高收入，取缔非法收入。逐步并努力扭转城乡、区域、行业和社会成员之间收入差距扩大的趋势。

2012 年 3 月召开的十一届全国人大五次会议的《政府工作报告》提出：“要抓紧制定收入分配体制改革总体方案。努力提高居民收入在国民收入分配中的比重，提高劳动报酬在初次分配中的比重。完善工资制度，建立工资正常增长机制，稳步提高最低工资标准。创造条件增加居民财产性收入。建立公共资源出让收益的全民共享机制。加大对高收入者的税收调节力度，严格规范国有企业、金融机构高管人员薪酬管理，扩大中等收入者比重，提高低收入者的收入，促进机会公平。规范收入分配秩序，有效保护合法收入，坚决取缔非法收入，尽快扭转收入差距扩大的趋势。”

2013 年 2 月，国务院同意发展改革委、财政部、人力资源社会保障部《关于深化收入分配制度改革的若干意见》，并进一步强调了“坚持按劳分配为主体、多种分配方式并存，坚持初次分配和再分配调节并重，继续完善劳动、资本、技术、管理等要素按贡献参与分配的初次分配机制，加快健全以税收、社会保障、转移支付为主要手段的再分配调节机制，以增加城乡居民收入、缩小收入分配差距、规范收入分配秩序为重点，努力实现居民收入增长和经济发展同步，劳动报酬增长和劳动生产率提高同步，逐步形成合理有序的收入分配格局，促进经济持续健康发展和社会和谐稳定”①。

四、我国收入分配制度改革的评价

我国的收入分配制度改革是经济体制改革的重要组成部分，并伴随着经济体制改革的深入而逐步展开。从 1978 年至今，我国的收入分配制度改革经历了不断探索、创新并逐渐趋于完善的过程。

---

① 参见国发［2013］6 号：《深化收入分配制度改革若干意见的通知》。

改革开放以来，我国的收入分配由单一的按劳分配到以按劳分配为主体，其他分配方式为补充，再到以按劳分配为主体，多种分配方式并存的转变，确立了劳动、资本、技术、管理等生产要素按贡献参与分配的收入分配制度。

在收入分配制度改革的过程中，进一步明确了效率与公平的关系，从效率优先，兼顾公平；到初次分配注重效率，再分配注重公平；再到初次分配和再分配都要处理好效率和公平的关系，再分配更加注重公平。允许和鼓励一部分人通过诚实劳动和合法经营先富起来，着力提高低收入者的收入水平，并逐步实现共同富裕。

这一系列的收入分配制度改革，与我国的经济体制改革是相适应的，也是发展我国经济的必然选择。通过收入分配制度的改革，从根本上打破了平均主义，调动了广大人民群众的劳动积极性，城乡居民收入不断提高，生活水平和生活质量得到了很大的改善和提高，优化了资源配置效率，提高了经济效率，促进了我国经济的快速增长。

但是，随着我国经济社会进入新的发展阶段，由于改革不彻底，制度不健全，调控不到位等多种因素的影响，当前收入分配领域暴露出了不少问题，成为社会各界关注的焦点：如国民收入分配格局在政府、企业和居民之间呈现出比例失衡，劳动者报酬和居民收入占 GDP 比重偏低且出现了持续下降的趋势；城乡、地区、行业和社会成员之间收入差距持续拉大；收入分配秩序不规范，投机行为盛行，腐败现象不断涌出，灰色收入和不法收入份额不断提高，恶化了收入分配关系。所有这些问题都是决策层以及社会各界关注的焦点问题，也是迫切需要研究和解决的问题。

第二节　我国国民收入分配格局分析

国民收入分配包括初次分配和再分配。国民收入经过初次分配，形成劳动者报酬、生产税净额以及资本所得。劳动者、政府和企业在国民收入中所分享的份额，便构成了国民收入初次分配格局。国民收入再分配是在收入初次分配的基础上，通过转移支付等形式对初次分配总收入进行再次分配。收入再分配的结果形成住户部门、政府部门和企业部门的可支配总收入，各部门的可支配总收入之和等于国民可支配总收入。

一、收入法 GDP 及其构成

在我国国民收入核算体系中，国民收入按要素被分为劳动者报酬、生产税净额、固定资产折旧和营业盈余四类。为了分析收入法 GDP 的构成，我们按收入法 GDP 构成汇总各省区市国内生产总值，得到全国的国内生产总值，并计算劳动者报酬、生产税净额、固定资产折旧和营业盈余占 GDP 的比重及其变化趋势。

从初次分配的统计定义出发，各省区收入法 GDP 的计算公式为：

GDP = 劳动者报酬 + 生产税净额 + 固定资产折旧 + 营业盈余

上式中，劳动者报酬是指劳动者因从事生产活动所获得的全部报酬，生产税净额是指生产税减生产补贴后的余额，是政府所得。固定资产折旧是指一定时期内为弥补固定资产损耗，按照规定的固定资产折旧率提取的固定资产折旧，或按国民经济核算统一规定的折旧率虚拟计算的固定资产折旧。营业盈余是指常住单位创造的增加值扣除劳动者报酬、生产税净额和固定资产折旧后的余额。固定资产折旧和营业盈余为资本的报酬。

我们通过汇总 1996 ~ 2012 年《中国统计年鉴》中的中国各省区市收入法 GDP 及其构成[①]，得到 1995 ~ 2011 年全国收入法 GDP 及其构成所占比重如表 2 - 1 所示。

表 2 - 1　　收入法 GDP 及其构成占 GDP 的比重

年份	GDP（亿元）	劳动者报酬		生产税净额		固定资产折旧		营业盈余	
		数值	比重	数值	比重	数值	比重	数值	比重
1995	45 383.69	23 235.82	51.20	5 406.88	11.91	6 184.75	13.63	10 556.24	23.26
1996	68 584.30	36 622.20	53.40	8 781.42	12.80	8 621.86	12.57	14 558.82	21.23
1997	76 956.61	40 628.24	52.79	10 486.41	13.63	10 124.99	13.16	15 716.97	20.42
1998	82 780.25	43 988.95	53.14	11 981.24	14.47	11 092.35	13.40	15 717.71	18.99
1999	85 496.67	44 873.34	52.49	12 808.51	14.98	11 575.26	13.54	16 239.56	18.99
2000	97 209.37	49 948.07	51.38	14 972.41	15.40	13 760.27	14.16	18 528.61	19.06
2001	106 766.26	54 934.65	51.45	16 779.28	15.72	15 027.36	14.08	20 024.97	18.76
2002	118 020.69	60 099.14	50.92	18 493.78	15.67	16 573.11	14.04	22 854.65	19.36
2003	135 539.14	67 260.69	49.62	21 551.46	15.90	19 362.42	14.29	27 364.57	20.19
2005	197 789.03	81 888.02	41.40	29 521.99	14.93	27 919.21	14.12	58 459.81	29.56
2006	231 053.34	93 822.83	40.61	32 726.66	14.16	33 641.84	14.56	70 862.02	30.67
2007	275 624.62	109 532.27	39.74	40 827.52	14.81	39 018.85	14.16	86 245.97	31.29
2009	365 303.69	170 299.71	46.62	55 531.11	15.20	49 369.64	13.51	90 103.24	24.67

① 在汇总时，我们发现 2005 年和 2009 年《中国统计年鉴》各地区收入法 GDP 数据分别为 2003 年和 2007 年的数据，因此，汇总表中缺 2004 年和 2008 年的相关汇总数据。

续表

年份	GDP（亿元）	劳动者报酬		生产税净额		固定资产折旧		营业盈余	
		数值	比重	数值	比重	数值	比重	数值	比重
2010	437 041.99	196 714.07	45.01	66 608.73	15.24	56 227.58	12.87	117 456.61	26.88
2011	521 441.11	234 310.26	44.94	81 399.26	15.61	67 344.51	12.92	138 387.09	26.54
增长率（%）	16.5	15.5		18.5		16.1		17.4	

资料来源：根据《中国统计年鉴》1996～2011年计算得到。

在表2-1中，劳动者报酬占GDP的比重从1996年的最高点53.4%逐年下降到2007年的最低点39.74%，下降了近14个百分点，在2009年劳动者报酬占比有所上升，达到了46.62%，但是，在2011年又下降到44.94%，下降了1.68个百分点；政府所得生产税净额占GDP的比重从1995年的11.91%上升到2011年的15.24%；企业所得（即资本的报酬，包括固定资产折旧和营业盈余）占GDP的比重由1996年的33.8%上升到2007年的39.45%，上升了近12个百分点；其中，企业的营业盈余在1995～1998年期间是下降的，由1995年的23.26%下降到1998年的18.99%，下降了4.27个百分点。然而，从1999年开始，企业的营业盈余逐年上升，到2007年达到了31.29%，上升了12.3个百分点。图2-1清晰地显示了劳动者、政府和企业在初次分配中所得占GDP比重的变化趋势，从图中我们的判断是劳动者所得占比呈下降趋势，政府和企业所得占比呈上升趋势。

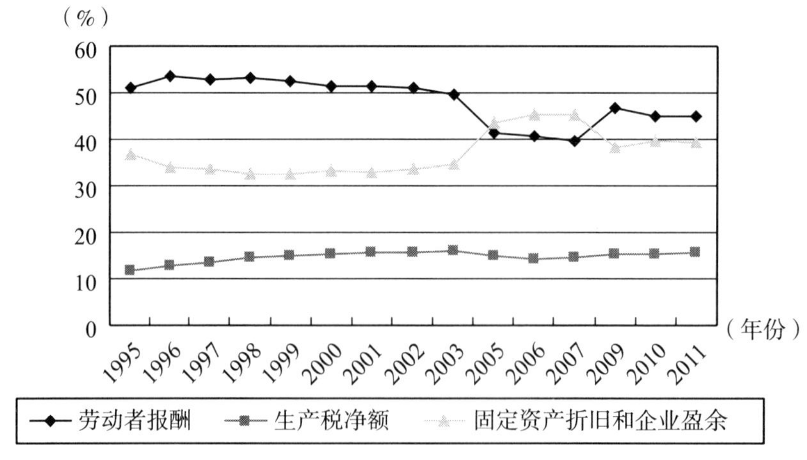

图2-1　1995～2011年中国收入法GDP构成的变化趋势

我们按当年价计算收入法GDP及其构成的年均增长率，发现在1995～2011

年期间，GDP 年均增长率为 16.5%，劳动者报酬的年均增长率为 15.5%，生产税净额的年均增长率为 18.5%，固定资产折旧和营业盈余的年均增长率分别为 16.1% 和 17.4%。通过比较，我们发现，劳动者报酬的年均增长率不仅低于 GDP 增速，也低于政府和企业所得的增速，其中政府所得增速最快。

二、居民、企业和政府收入初次分配

党的十七大明确提出："深化收入分配制度改革，增加城乡人民收入"，特别要求"初次分配和再分配都要处理好效率和公平的关系"，"提高劳动报酬在初次分配中的比重"，明确提出要"合理调整和规范国家、企业和个人三者之间的分配关系"。在党的十八大报告中提出了要"调整国民收入分配格局，加大再分配调节力度，着力解决收入分配差距较大问题"，提出了要"实现国内生产总值和城乡居民人均收入比 2010 年翻一番"的目标。可见，初次分配在国民收入分配中非常重要。以往人们关注初次分配的问题较少，其原因是，"效率优先，兼顾公平"的原则在起着主导作用。初次分配结构是初次分配问题研究的核心内容与重要方向，它反映了各种要素所有者在初次分配中的相对地位与作用。随着收入差距逐渐扩大，无论是投资还是消费，都与国民收入的初次分配格局密切相关。因此，无论是政策制定者还是研究人员，都越来越把初次分配作为关注的重点。

在经济学中，通常用资金流量核算①来描述经济总体和机构部门的收入分配、储蓄、非金融投资和金融投资情况。

表 2-2 和图 2-2 报告了 2000~2009 年我国国民总收入的部门构成情况②，其中的企业部门由非金融企业部门和金融机构部门组成。

在表 2-2 中，初次分配总收入从 2000 年的 98 000.5 亿元提高到 2009 年的 340 319.9 亿元，年均增长 14.8%。在 2000 年，居民、企业和政府三者收入初次分配的比例分别为 67.2%、19.7% 和 13.1%，到 2009 年，该分配比例变为 60.7%、24.7% 和 14.6%。在此期间，居民收入比重下降了 6.5 个百分点，企业收入比重上升了 5 个百分点，政府收入比重提高了 1.5 个百分点。

---

① 资金流量核算把我国所有常住单位构成的总体称为经济总体，把经济总体划分为四个国内机构部门，它们分别称为非金融企业部门、金融机构部门、政府部门和住户部门。

② 根据 2012 年《中国统计年鉴》，公布了 2000~2009 年的资金流量表。由于这次公布的数据根据财政部提供的全口径财政收支详细资料、国家外汇管理局修订后的国际收支平衡表数据，以及部分交易项目编制方法的调整，对 2000~2009 年实物交易资金流量表进行了系统的修订，而 1992~1999 年资金流量表还在修订之中，故我们只对 2000~2009 年的资金流量表进行了分析。

表 2－2　　居民、企业和政府初次分配结构

年份	初次分配总收入（亿元）	住户部门		企业部门		政府部门	
		数值（亿元）	百分比（%）	数值（亿元）	百分比（%）	数值（亿元）	百分比（%）
2000	98 000.5	65 811.0	67.2	19 324.3	19.7	12 865.2	13.1
2001	108 068.2	71 248.7	65.9	23 122.2	21.4	13 697.3	12.7
2002	119 095.7	76 801.6	64.5	25 694.2	21.6	16 600.0	13.9
2003	134 977.0	86 512.5	64.1	30 077.0	22.3	18 387.5	13.6
2004	159 453.6	97 489.7	61.1	40 051.2	25.1	21 912.7	13.7
2005	183 617.4	112 517.1	61.3	45 026.4	24.5	26 073.9	14.2
2006	215 904.4	131 114.9	60.7	53 416.4	24.7	31 373.0	14.5
2007	266 422.0	158 805.3	59.6	68 349.9	25.7	39 266.9	14.7
2008	316 030.3	185 395.4	58.7	84 085.8	26.6	46 549.1	14.7
2009	340 320.0	206 544.0	60.7	84 169.6	24.7	49 606.3	14.6
增长率（%）	14.8	13.6		17.8		16.2	

资料来源：根据《中国统计年鉴》2012 年中的“资金流量表（实物交易）”计算得到。

居民初次分配收入主要由劳动者报酬、营业盈余和财产性净收入构成。表 2－2 的结果表明，在 2000～2009 年期间，居民初次分配收入从 65 811.0 亿元上升到 206 544.0 亿元，年均增长 13.6%，比同期初次分配总收入增长慢 1.2 个百分点。其中，居民初次分配收入占比从 2000 年的 67.2% 快速回落到 2004 年的 61.1%，下降了 6.1 个百分点，从 2005 年开始，随后的年份居民初次分配收入占比变化相对比较平稳，在 60% 左右。

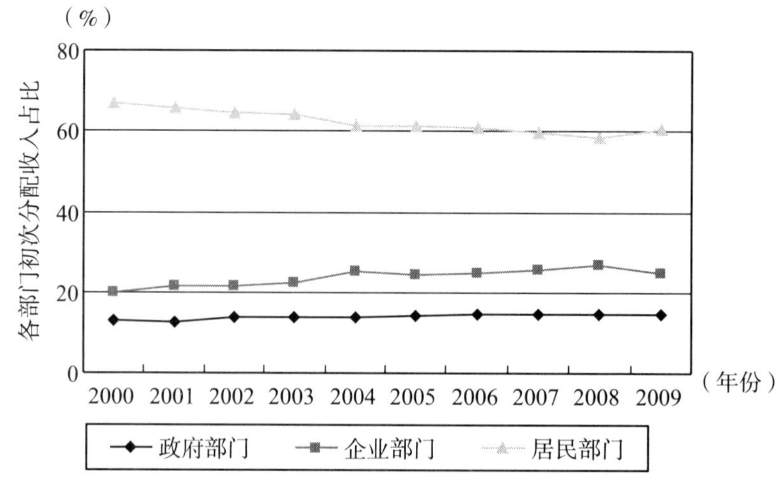

图 2－2　居民、企业和政府初次分配格局的变化趋势

企业初次分配收入由营业盈余总额和财产净收入构成。从 2000 年到 2009 年，企业初次分配收入由 19 324.3 亿元上升到 84 169.6 亿元，年均增长 17.8%，比同期初次分配总收入增长快 3 个百分点，从而使企业初次分配收入占初次分配总收入的比重从 2000 年的 19.7% 上升到 2009 年的 24.7%，提高了 5 个百分点。

政府初次分配收入由生产税净额、营业盈余总额以及财产净收入构成。在 2000~2009 年期间，政府初次分配收入从 2000 年的 12 865.2 亿元增加到 2009 年的 49 606.3 亿元，年均增长 16.2%，比同期初次分配总收入增长快 1.4 个百分点，政府初次分配收入占初次分配总收入的比重由 2000 年的 13.1% 上升到 2009 年的 14.6%，提高了 1.5 个百分点。

三、居民、企业和政府收入再分配

国民收入再分配是在初次分配的基础上通过经常转移的方式进行的。经常转移包括企业和个人向政府支付的所得税、企业和个人向社会保险部门支付的社会保险金、住户从社会保险部门得到的社会补助、投保人从保险公司得到的理赔等。

为了分析国民收入的再分配格局，我们仍然根据资金流量表进行分析。资金流量表分别报告了企业、政府和居民部门经过初次分配和再分配后取得的可支配收入。

表 2-3 报告了 2000~2009 年我国住户部门、政府部门和企业部门的可支配总收入构成情况。其中的企业部门由非金融企业部门和金融机构部门组成。

表 2-3　　国民可支配总收入的部门构成

年份	可支配总收入（亿元）	住户部门		企业部门		政府部门	
		数值（亿元）	百分比（%）	数值（亿元）	百分比（%）	数值（亿元）	百分比（%）
2000	98 523.0	66 538.7	67.6	17 670.3	17.9	14 314.1	14.5
2001	108 771.1	71 865.3	66.1	20 581.6	18.9	16 324.2	15.0
2002	120 170.4	77 423.3	64.4	23 241.2	19.3	19 505.9	16.2
2003	136 421.2	87 268.4	64.0	27 206.0	19.9	21 946.8	16.1
2004	161 348.8	98 508.9	61.1	36 322.3	22.5	26 517.6	16.4
2005	185 572.4	112 910.2	60.8	40 088.5	21.6	32 573.7	17.6
2006	218 141.8	131 426.4	60.2	46 990.5	21.5	39 724.9	18.2

续表

年份	可支配总收入（亿元）	住户部门		企业部门		政府部门	
		数值（亿元）	百分比（%）	数值（亿元）	百分比（%）	数值（亿元）	百分比（%）
2007	269 243.2	158 558.6	58.9	59 492.5	22.1	51 192.1	19.0
2008	319 027.5	185 926.3	58.3	72 557.1	22.7	60 544.1	19.0
2009	342 482.5	207 302.4	60.5	72 576.8	21.2	62 603.3	18.3
增长率（%）	14.8	13.5		17.0		17.8	

资料来源：根据《中国统计年鉴》2012 年中的“资金流量表（实物交易）”计算得到。

在表 2－3 中，国民可支配总收入从 2000 年的 98 523.0 亿元提高到 2009 年的 342 482.5 亿元，年均增长 14.8%。在 2000 年，居民、企业和政府三者可支配总收入的比例分别为 67.6%、17.9% 和 14.5%，到 2009 年，该分配比例变为 60.5%、21.2% 和 18.3%。在此期间，居民可支配收入比重下降了 7.1 个百分点，企业可支配收入比重上升了 3.3 个百分点，政府可支配收入占比上升了 3.8 个百分点。

居民可支配收入由初次分配收入以及经常性转移净收入构成，经常转移收入包括收入税、社会保险付款、社会补助以及其他收入，且经常转移收入（社会补助和其他收入）大于支出（收入税和社会保险付款），因此，居民可以从收入再分配中获得更多的收入，是收入再分配的受益者。表 2－3 的结果表明，在 2000～2009 年期间，居民可支配收入从 66 538.7 亿元上升到 207 302.4 亿元，年均增长 13.5%，比同期国民可支配收入增长慢 1.3 个百分点。居民可支配收入占国民可支配收入比重由 2000 年的 67.6% 下降到 2008 年的 58.3%，回落了 9.3 个百分点，到 2009 年才止跌回升到 60.5%（见图 2－3）。

企业可支配收入由企业初次分配收入与企业经常性净转移两部分构成，通常，企业部门的经常转移是支出大于收入。因此，通过收入再分配，企业部门的收入减少。从 2000 年到 2009 年，企业可支配收入由 17 670.3 亿元上升到 72 576.8 亿元，年均增长 17%，比同期国民可支配总收入增长快 2.2 个百分点，从而使企业可支配收入占国民可支配总收入的比重从 2000 年的 17.9% 上升到 2009 年的 21.2%，提高了 3.3 个百分点。

政府可支配收入由政府初次分配收入与政府经常性净转移两部分构成，通常，政府部门的经常转移是收入大于支出。因此，通过收入再分配，政府部门的收入增加。从 2000 年到 2009 年，政府可支配收入由 14 314.1 亿元上升到 62 603.3 亿元，年均增长 17.8%，比同期国民可支配总收入增长快 3 个百分点，从

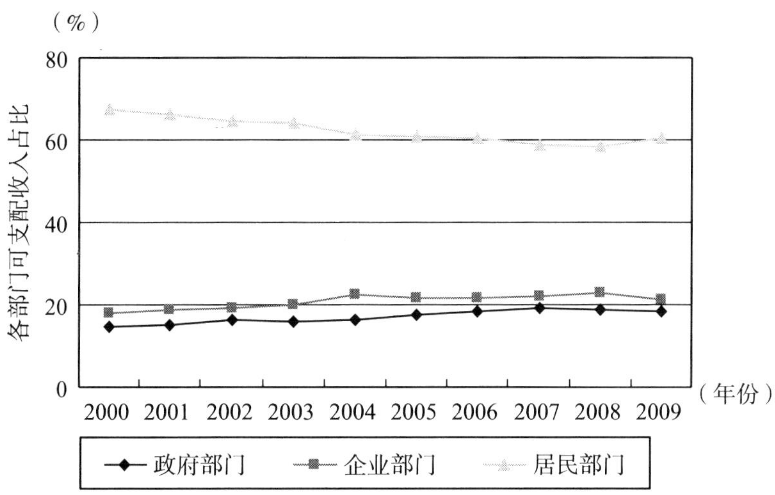

图2-3 居民、企业和政府再分配格局的变化趋势

而使政府可支配收入占国民可支配总收入的比重从2000年的14.5%上升到2009年的18.3%，上升了3.8个百分点。

比较居民、企业和政府部门的初次分配和再分配结果（表2-2和表2-3），我们发现，在2000~2009年期间，经过收入再分配，居民部门再分配收入占比与初次分配收入占比相比较，平均降低了0.2个百分点。由此可以认为，居民部门的收入状况不仅没有得到改善，反而有所下降；企业收入份额下降了2.8个百分点，而政府部门的收入份额则提高了3个百分点。这表明，收入调节表现为居民部门和企业部门收入向政府部门转移，且国民收入的再分配主要倾向于政府部门。

四、居民收入构成分析

为了进一步分析居民可支配收入构成及其变化趋势，我们根据资金流量表，居民可支配收入及其构成所占比重的计算结果如表2-4所示。

表2-4　　居民可支配收入及其构成

年份	居民可支配收入（亿元）	劳动者报酬		财产性净收入		转移性净收入		营业盈余	
		总额（亿元）	比重（%）	总额（亿元）	比重（%）	总额（亿元）	比重（%）	总额（亿元）	比重（%）
2000	66 538.7	52 242.9	78.5	1 948.8	2.9	727.7	1.1	11 619.3	17.5
2001	71 865.3	57 529.8	80.1	1 919.3	2.7	616.6	0.9	11 799.6	16.4
2002	77 423.3	64 501.5	83.3	2 041.2	2.6	621.8	0.8	10 258.9	13.3

续表

年份	居民可支配收入（亿元）	劳动者报酬		财产性净收入		转移性净收入		营业盈余	
		总额（亿元）	比重（%）	总额（亿元）	比重（%）	总额（亿元）	比重（%）	总额（亿元）	比重（%）
2003	87 268.4	71 735.7	82.2	2 245.0	2.6	756.0	0.9	12 531.8	14.4
2004	98 508.9	80 950.7	82.2	2 711.2	2.8	1 019.2	1.0	13 827.7	14.0
2005	112 910.2	93 148.0	82.5	3 267.1	2.9	393.1	0.3	16 102.0	14.3
2006	131 426.4	106 369.0	80.9	5 231.6	4.0	311.5	0.2	19 514.3	14.8
2007	158 558.6	127 918.9	80.7	7 138.3	4.5	-246.6	-0.2	23 748.1	15.0
2008	185 926.3	150 511.7	81.0	8 130.0	4.4	530.9	0.3	26 753.8	14.4
2009	207 302.4	166 957.9	80.5	7 864.0	3.8	758.3	0.4	31 722.1	15.3
增长率（%）	13.5	13.8		16.8		0.5		11.8	

资料来源：根据《中国统计年鉴》2012 年中的“资金流量表（实物交易）”计算得到。

在表 2-4 中，劳动者报酬是居民收入的主要来源，从 2000 年到 2009 年，劳动者报酬由 52 242.9 亿元增加到 166 957.9 亿元，年均增长 13.8%，占居民可支配收入的比重由 2000 年的 78.5% 上升到 2009 年的 80.5%，提高了 2 个百分点。

从图 2-4 可以看出，劳动者报酬占居民可支配收入比重的变化经历了一个先上升（2000～2002）、再下降（2003～2009）、平均在 81% 左右。

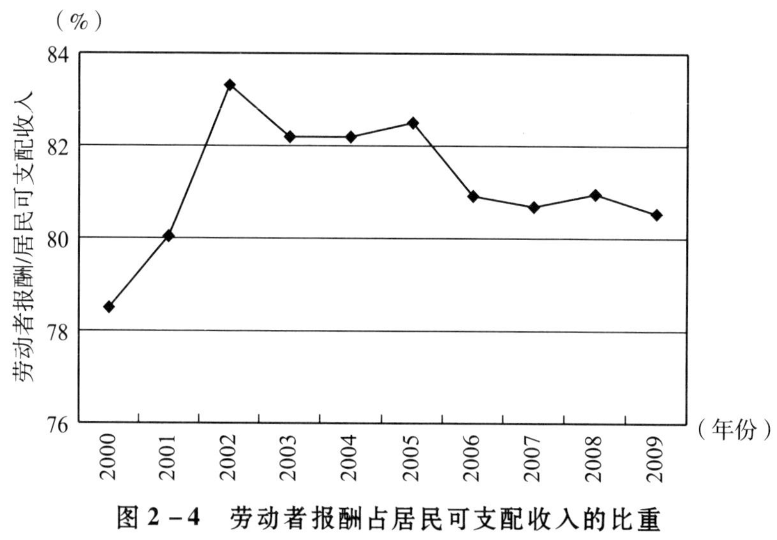

图 2-4　劳动者报酬占居民可支配收入的比重

财产性收入是居民收入的一个重要来源，表 2-4 的计算结果表明，财产性净收入从 2000 年的 1 948.8 亿元上升到 2009 年的 7 864 亿元，年均增长 16.8%。

财产性净收入占居民可支配收入的比重从2000年的2.9%逐年下降到2003年的2.6%，随后开始上升到2007年的4.5%，并逐渐回落到2009年的3.8%。图2－5呈现了财产性净收入占居民可支配收入比重的变化趋势。

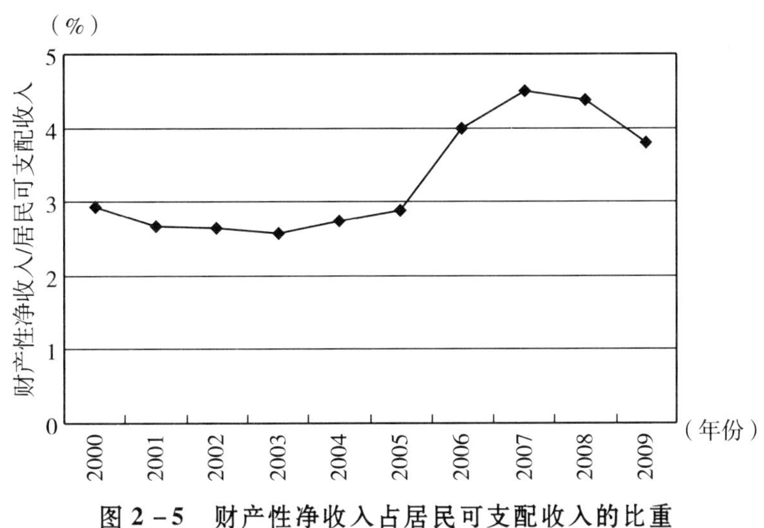

图2－5　财产性净收入占居民可支配收入的比重

表2－4的计算结果表明，转移性净收入从2000年的727.7亿元上升到2009年758.3亿元，年均增长0.5%，占居民可支配收入的比重则由2000年的1.1%下降到2007年的－0.2%，下降了1.3个百分点；随后逐年回升到2009年的0.4%，提高了0.5个百分点。我们从图2－6中可以清晰地看到转移性净收入占居民可支配收入比重的变化趋势。

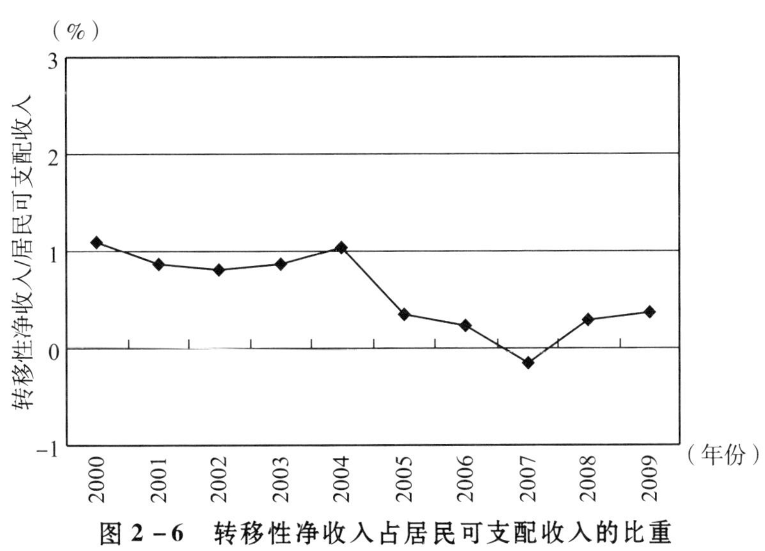

图2－6　转移性净收入占居民可支配收入的比重

目前，营业盈余[①]已成为居民收入的第二大收入来源，在2000～2009年期间，营业盈余从11 619.3亿元增加到2009年的31 722.1亿元，年均增长11.8%，占居民可支配收入的比重在2009年为15.3%，比2000年下降了2.2个百分点，其变化趋势如图2－7所示。

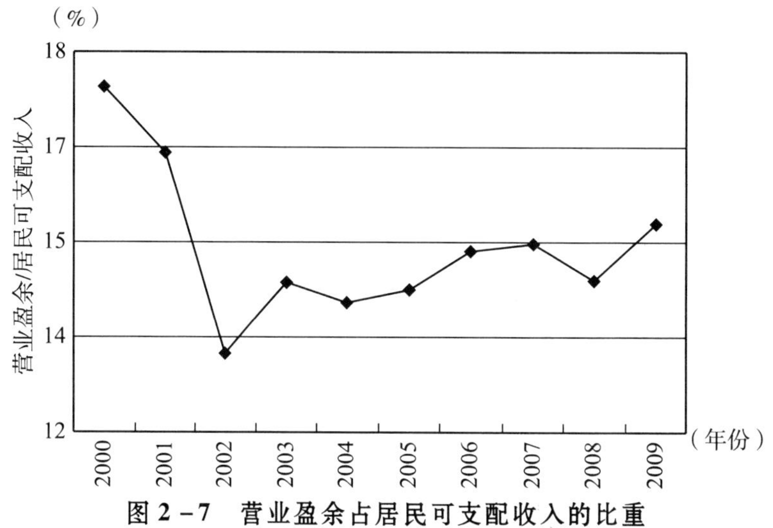

图2－7　营业盈余占居民可支配收入的比重

通过分析国民收入的初次分配和再分配格局，我们发现，劳动者报酬在初次分配中占比偏低且呈下降趋势，收入分配过多的向政府和企业集中，再分配对居民收入的调节尽管能起到一定的作用，但效果并不明显。

对居民可支配收入及其构成的分析结果表明，初次分配的劳动者报酬占整个居民收入的比重在81%左右，居民初次分配收入占居民可支配收入的比重在98%以上。我们认为，我国收入分配差距的大部分来自于初次分配领域，因此，要进一步深化收入分配制度改革，必须整顿和规范初次分配秩序。

第三节　居民收入差距分析

一、全国居民收入差距分析

目前我国居民收入差距到底有多大？这个问题长期以来都是广大民众、研究

① 居民可支配收入中的营业盈余主要来自农户和个体户的营业利润和固定资产折旧。

人员和政策制定者高度重视的问题。

衡量收入差距的一个重要指标是基尼系数。然而，国家统计局以往都是采取每年定期定点的调查方法，对城市和农村居民分别进行抽样调查，却没有实施过以全国居民为对象的住户调查，因而得不到用于计算全国基尼系数的原始数据。尽管这样，国内外仍有很多学者从不同角度、采用不同方法对全国的基尼系数进行了估算，且取得了很多有价值的成果。

图 2 - 8 显示了 1981 ~ 2001 年全国居民收入的基尼系数的变化情况[①]。如果不对城乡之间和地区之间居民生活费用进行调整，在改革开放初期的 1981 年，全国的基尼系数为 0.31，1993 年为 0.42，突破了 0.4 的国际警戒线，尽管在 1996 年略有降低，基尼系数为 0.4，但随后逐年开始上升到 2001 年的 0.45；但是，通过对生活费用差异进行调整后，1981 年的基尼系数为 0.28，2001 年的基尼系数为 0.39，尽管收入差距有所扩大，但并没有超过 0.4 的国际警戒线。

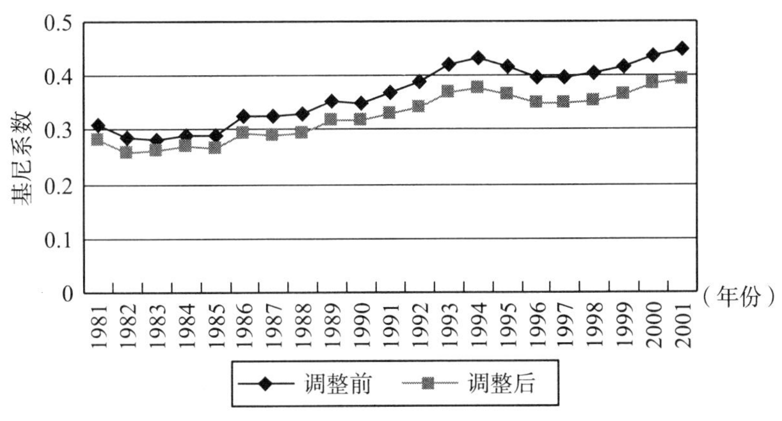

图 2 - 8　全国收入差距的基尼系数

2013 年 1 月，国家统计局公布了 2003 ~ 2012 年中国全国居民收入的基尼系数，它们分别为：2003 年是 0.479，2004 年是 0.473，2005 年是 0.485，2006 年是 0.487，2007 年是 0.484，2008 年是 0.491。然后逐步回落，2009 年是 0.490，2010 年是 0.481，2011 年是 0.477，2012 年是 0.474[②]。这个结果表明，尽管从 2008 年金融危机爆发以来，我国各级政府采取了一系列增加居民收入、缩小收入分配差距的强有力的措施，中国的基尼系数从 2008 年最高的 0.491 逐步回落到 2012 年的 0.474，但我国全国居民收入的基尼系数在 0.47 ~ 0.49 之间，仍然

---

① Ravallion, M. and Shaohua Chen, 2007, China's (uneven) progress against poverty, *Journal of Development Economics*, Vol. 82, pp. 1 - 42.

② 数据来自中国统计局网站 http://www.stats.gov.cn。

不算低。再就是西南财经大学中国家庭金融调查与研究中心的研究结果显示，2010 年中国家庭收入的基尼系数为 0.61，这些结果均表明了加快收入分配制度改革，缩小收入分配差距的紧迫性。

在本课题的研究中，我们分别于 2008 年、2010 年和 2011 年在全国范围内，调查了我国 2007 年、2009 年和 2010 年的居民收入，计算得到的基尼系数分别为 0.456、0.585 和 0.54，这个结果也充分说明目前我国居民收入差距已非常大。

二、城乡居民收入差距分析

（一）城乡居民收入状况分析

改革开放以来，我国城乡居民收入有了显著提高（见表 2－5）。其中，城镇居民人均可支配收入由 1978 年的 343.4 元上升到 2011 年的 21 809.8 元，年均增长 13.4%；农村居民家庭人均纯收入由 1978 年的 133.6 元上升到 2011 年的 6 977.3 元，年均增长 12.73%；在此期间，GDP 年均增长 15.89%[①]。

按 1978 年可比价计算[②]，城镇居民实际人均收入年均增长 7.54%，农村居民实际人均纯收入年均增长为 6.91%，GDP 实际年均增长率为 9.89%。也就是说，无论按现价还是按可比价计算，城乡居民收入增长低于 GDP 增长，而农村居民收入增长既低于城市居民收入增长，也低于 GDP 的增长。

表 2－5　　1978～2011 年城乡居民收入

年份	GDP（亿元）	城镇居民人均收入（元）	城镇人口（万人）	农村居民人均纯收入（元）	农村人口（万人）	居民总收入（亿元）	居民总收入占 GDP 的比重（%）	城乡收入比
1978	3 645.22	343.4	17 245	133.6	79 014	1 647.82	45.20	2.57
1979	4 062.58	387	18 495	160.2	79 047	1 982.09	48.79	2.42
1980	4 545.62	477.6	19 140	191.3	79 565	2 436.20	53.59	2.50

① 在此采用的是名义增长率。

② 在此我们用 1978 年为基年的 GDP 平减指数对 GDP、城乡居民人均收入统一进行平减，以得到实际 GDP 和实际城乡居民人均收入。

续表

年份	GDP（亿元）	城镇居民人均收入（元）	城镇人口（万人）	农村居民人均纯收入（元）	农村人口（万人）	居民总收入（亿元）	居民总收入占 GDP 的比重（%）	城乡收入比
1981	4 891.56	491.9	20 171	223.4	79 901	2 777.20	56.78	2.20
1982	5 323.35	526.6	21 480	270.1	80 174	3 296.64	61.93	1.95
1983	5 962.65	564	22 274	309.8	80 734	3 757.39	63.02	1.82
1984	7 208.05	651.2	24 017	355.3	80 340	4 418.47	61.30	1.83
1985	9 016.04	739.1	25 094	397.6	80 757	5 065.60	56.18	1.86
1986	10 275.18	899.6	26 366	423.8	81 141	5 810.64	56.55	2.12
1987	12 058.62	1 002.2	27 674	462.6	81 626	6 549.51	54.31	2.17
1988	15 042.82	1 181.4	28 661	544.9	82 365	7 874.08	52.34	2.17
1989	16 992.32	1 375.7	29 540	601.5	83 164	9 066.13	53.35	2.29
1990	18 667.82	1 510.2	30 195	686.3	84 138	10 334.44	55.36	2.20
1991	21 781.50	1 700.6	31 203	708.6	84 620	11 302.56	51.89	2.40
1992	26 923.48	2 026.6	32 175	784	84 996	13 184.27	48.97	2.58
1993	35 333.92	2 577.4	33 173	921.6	85 344	16 415.31	46.46	2.80
1994	48 197.86	3 496.2	34 169	1 221	85 681	22 407.82	46.49	2.86
1995	60 793.73	4 283	35 174	1 577.7	85 947	28 624.88	47.09	2.71
1996	71 176.59	4 838.9	37 304	1 926.1	85 085	34 439.25	48.39	2.51
1997	78 973.03	5 160.3	39 449	2 090.1	84 177	37 950.70	48.06	2.47
1998	84 402.28	5 425.1	41 608	2 162	83 153	40 550.43	48.04	2.51
1999	89 677.05	5 854.02	43 748	2 210.3	82 038	43 743.03	48.78	2.65
2000	99 214.55	6 280	45 906	2 253.4	80 837	47 044.78	47.42	2.79
2001	109 655.17	6 859.6	48 064	2 366.4	79 563	51 797.77	47.24	2.90
2002	120 332.69	7 702.8	50 212	2 475.6	78 241	58 046.64	48.24	3.11
2003	135 822.76	8 472.2	52 376	2 622.2	76 851	64 525.86	47.51	3.23
2004	159 878.34	9 421.6	54 283	2 936.4	75 705	73 373.29	45.89	3.21
2005	184 937.37	10 493	56 212	3 254.9	74 544	83 246.58	45.01	3.22
2006	216 314.43	11 759.5	58 288	3 587	73 160	94 786.27	43.82	3.28
2007	265 810.31	13 785.8	60 633	4 140.4	71 496	113 189.64	42.58	3.33
2008	314 045.43	15 780.76	62 403	4 760.62	70 399	131 990.97	42.03	3.31
2009	340 902.81	17 174.65	64 512	5 153.17	68 938	146 322.03	42.92	3.33
2010	401 202.03	19 109.4	66 978	5 919	67 113	167 715.39	41.80	3.23
2011	472 881.6	21 809.8	69 079	6 977.3	65 656	196 470.08	41.55	3.13

资料来源：根据《中国统计年鉴》相关年份计算得到。

进一步，我们用城镇居民人均收入和农村居民人均纯收入乘以相应人口数，得到全国居民总收入[①]。表2－5的结果表明，在1978～1983年，居民总收入占GDP的比重由45.2%上升到63.02%，随后开始逐年下降，到2008年，该比例为42.03%，比1983年下降了近21个百分点，到2009年，居民总收入占GDP的比重略有回升，为42.92%，但是，在2011年又下降到41.55%。

（二）城乡之间收入差距分析

尽管城乡居民人均收入有了很大提高，但一个不容忽视的事实是城乡居民人均收入差距在不断扩大。图2－9清晰地显示了1978～2011年我国城乡居民人均收入以及收入比的变化趋势。

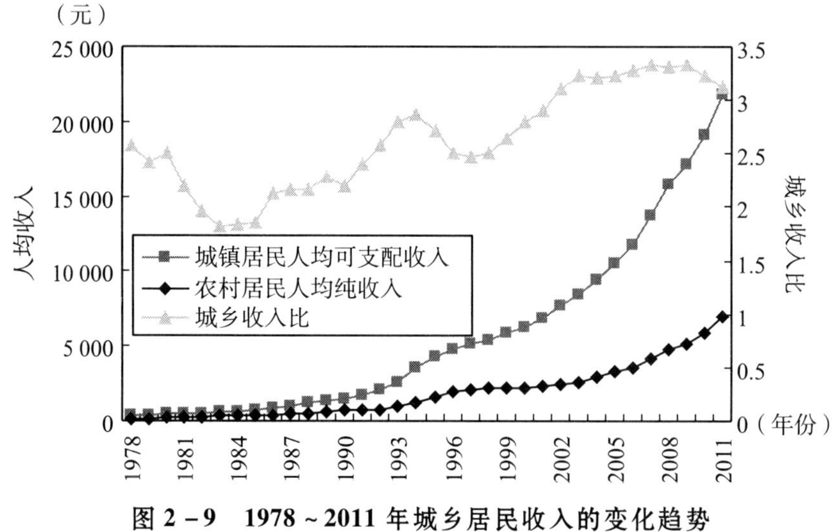

图2－9　1978～2011年城乡居民收入的变化趋势

在1978年，我国城乡居民人均收入比为2.57。由于我国的改革开放最先是从农村实行家庭联产承包制开始的，在1979～1985年期间，农村居民收入大幅提高，我国城乡居民收入差距不断缩小，到1985年，城乡居民收入比下降到1.86倍。在1985年以后，城市体制改革开始，并随着改革的不断深化，城市居民收入快速增长，城乡居民收入差距进一步扩大，在1994年，城乡居民收入比为2.86倍。20世纪90年代中期以后，由于在城市改革的过程中，大规模国有企业改革产生了大量的下岗和失业现象，城乡居民收入差距有所缩小，城乡居民

① 这里我们计算得到的全国居民可支配总收入与资金流量表的住户部门可支配总收入存在一定偏差，其主要原因是在城乡居民住户收入调查数据的样本中所涵盖的高收入群体不够，再就是被调查者存在低报实际收入的可能，从而使得调查所得到的居民收入低估。

收入比下降到1997年的2.47倍。随后，城乡收入差距进一步扩大，城乡居民收入比上升到2009年的3.33倍，2011年的城乡收入比相对于2009年，降低了0.2倍，为3.13倍。

然而，根据我们对全国城乡居民收入的抽样问卷调查，在2009年和2010年，城镇居民人均收入分别为46 182元和49 025元，农村居民人均收入分别为7 288元和9 296元。城乡收入比在2009年和2010年分别为6.34倍和5.27倍，相比2009年，2010年城乡居民收入差距有所缩小①。

图2-10显示了1978~2011年我国城乡居民收入占居民总收入比重的变化趋势。在1978年，城乡居民收入占居民总收入的比重分别为35.9%和64.1%，到1983年，城乡居民收入占居民总收入的比重分别为33.4%和66.6%，在此期间，城镇居民收入占居民总收入的比重下降了2.5个百分点，农村居民收入占居民总收入增加了2.5个百分点。1983年以后，农村居民收入占居民总收入的比重呈现逐年下降的趋势，从1983年的66.6%下降到2011年的23.3%，下降了43.3个百分点；与此同时，城镇居民收入占居民总收入的比重呈逐年上升的趋势，从1983年的33.4%上升到2011年的76.7%，上升了43.3个百分点。

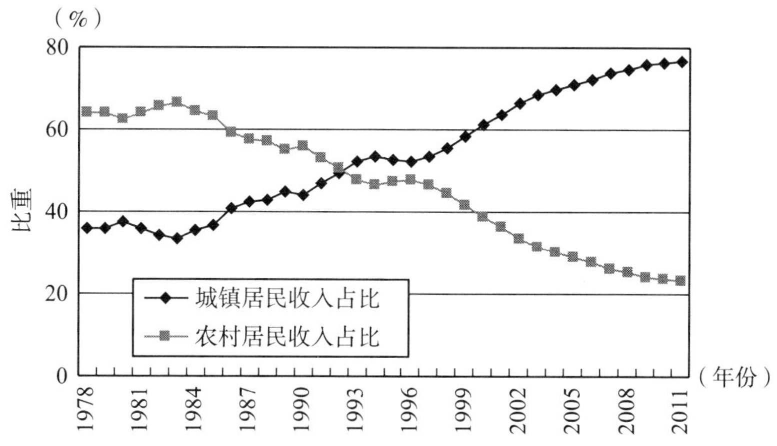

图2-10　1978~2011年城乡居民收入占居民总收入的比重

图2-11显示了城乡居民人均收入比与全国基尼系数的变化趋势，从中可以看出，全国居民收入差距的变动与城乡居民人均收入比的变动基本一致。另外，我们计算出城乡居民人均收入比与全国基尼系数在1978~2011年期间的相关系

① 杨灿明、孙群力：《2009年中国居民收入调查分析报告》，载于湖北财政与发展研究中心《成果要报》2010年7月第44期；杨灿明、孙群力：《2010年中国居民收入调查分析报告》，载于湖北财政与发展研究中心《成果要报》2011年5月第50期。

数为0.973，这表明全国的收入差距与城乡之间的收入差距存在非常强的相关性，可以认为，全国的收入差距在很大程度上来自于城乡之间的收入差距。

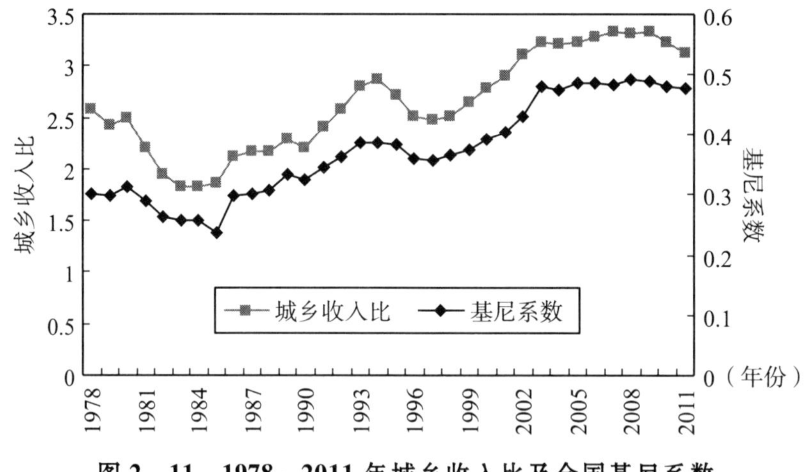

图2-11　1978~2011年城乡收入比及全国基尼系数

资料来源：1978~2002年的基尼系数来自王少国：《我国收入分配差距对经济效率的影响》，载刘树成、张连城、张平：《中国经济增长与经济周期（2009）》，北京：中国经济出版社2009年版；2003~2011年基尼系数来自中国统计局网站。城乡居民人均收入比根据《中国统计年鉴》相关年份计算得到。

（三）城镇内部收入差距分析

在城乡收入差距扩大的同时，城镇内部居民收入分配差距也在进一步扩大。在改革开放初期，我国城镇内部的收入差距并不大。1978~1984年期间，城镇基尼系数在0.15~0.16之间，这也反映了当时我国在收入分配上的平均主义。在1985年到1999年期间，基尼系数从0.19上升到0.3，提高了21个百分点，尽管收入差距有所扩大，但仍处于比较合理的范围之内①。到2002年，城镇基尼系数为0.33②。

通过对各省区市城镇居民收入数据进行调整，所测算得到的中国城镇居民收入差距基尼系数③如图2-12所示。从图2-12可以看出，在1978~1980年期间，城镇居民收入的基尼系数低于0.2；随后从1981年的0.21逐年上涨到1993

① 参见国家统计局：《从基尼系数看贫富差距》，载于《中国国情国力》2001年第1期。

② Ravallion, M. and Shaohua Chen, 2007, China's (uneven) progress against poverty, Journal of Development Economics, Vol. 82, pp. 1-42.

③ 马草原、李运达、宋树仁：《城镇居民收入差距变动轨迹的总体特征及分解分析：1988~2008》，载于《经济与管理研究》2010年第9期。

年的0.27，上涨了6个百分点；在1994～1997年期间，基尼系数在0.3左右上下波动；在1998～2005年期间，基尼系数上涨较快，从1998年的0.32上涨到2005年的0.4，提高了8个百分点；从2006年开始，基尼系数有所回落，到2008年基尼系数为0.38，下降了2个百分点。总体而言，从1978年到2008年，我国城镇居民收入差距呈现出逐年扩大的趋势。

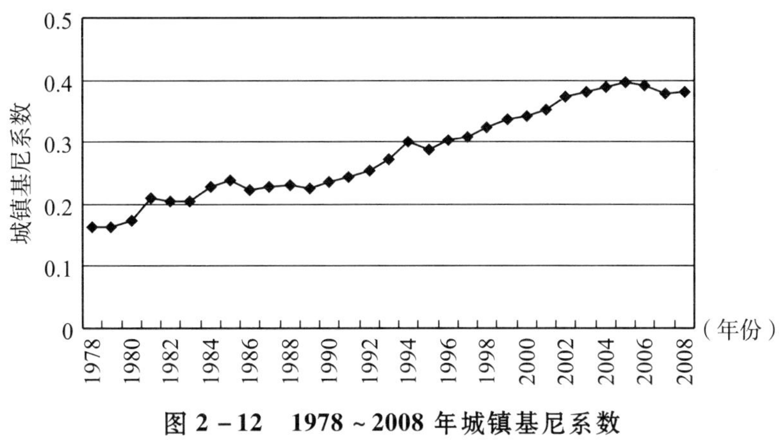

图2－12　1978～2008年城镇基尼系数

我们将城镇居民家庭人均可支配收入由低到高排序，并等分为五组[①]，2002～2010年各收入组家庭人均可支配收入如表2－6所示。

表2－6　城市居民五等分分组人均可支配收入　单位：元

年份	低收入户	中等偏下户	中等收入户	中等偏上户	高收入户	高收入/低收入
2002	3 020.63	4 931.96	6 656.81	8 869.51	15 318.19	5.07
2003	3 272.39	5 377.25	7 278.75	9 763.37	17 366.80	5.31
2004	3 631.10	6 024.10	8 166.54	11 050.89	20 069.07	5.53
2005	4 000.39	6 710.58	9 190.05	12 603.37	22 922.37	5.73
2006	4 539.28	7 554.16	10 269.70	14 049.17	25 410.73	5.60
2007	5 339.32	8 900.51	12 042.32	16 385.80	29 423.82	5.51
2008	6 049.91	10 974.63	15 054.73	20 784.19	34 727.38	5.74
2009	6 699.28	11 243.55	15 399.92	21 017.95	37 413.22	5.58

① 这里我们将最低收入户合并到低收入户，将最高收入户合并到高收入户，并根据相应各组户数、平均每户家庭人口和平均每人可支配收入计算低收入户和高收入户的人均可支配收入。

续表

年份	低收入户	中等偏下户	中等收入户	中等偏上户	高收入户	高收入/低收入
2010	7 593.69	12 702.08	17 224.01	23 188.90	41 034.56	5.40
2011	8 753.74	14 498.26	19 544.94	26 419.99	47 045.19	5.37
2011 年为 2002 年的倍数	2.90	2.94	2.94	2.98	3.07	
增长率（%）	12.6	12.7	12.7	12.9	13.3	

资料来源：《中国统计年鉴》2003～2012 年，并计算得到。

从表 2－6 中我们可以看出，收入越高，其收入增长速度越快，且高收入户与低收入户的差距不断扩大。其中，低收入户人均可支配收入从 2002 年的 3 020.63 元上升到 2011 年的 8 753.74 元，增长了 2.9 倍，年均增长率为 12.55%，比高收入户的年均增长率 13.28% 低 0.7 个百分点；高收入户人均可支配收入从 2002 年的 15 318.19 元上升到 2011 年的 47 045.19 元，增长了 3.07 倍。在 2002 年，高收入户的人均收入是低收入户的 5.07 倍，到 2011 年，达到了 5.37 倍。

表 2－7 报告了我们 2010 年城镇居民收入抽样调查数据按十等分分组的计算结果①。表 2－7 中的结果表明，在全国城镇，收入最低的 10% 人口的人均收入为 11 503 元，占总收入比重为 2.35%；收入最高的 10% 人口的人均收入为 176 052 元，占总收入比重为 35.91%；收入最高的 10% 人口的收入是收入最低的 10% 人口的 15.3 倍。

表 2－7　2010 年全国城镇居民人均收入十等分分组统计结果

组别	组内人均收入（元）	各组收入占总收入的百分比（%）	各组收入与最低收入组之比
1	11 503.38	2.35	1
2	18 328.19	3.74	1.59
3	23 243.16	4.74	2.02
4	27 046.21	5.52	2.35
5	31 466.91	6.42	2.74
6	36 608.83	7.47	3.18

① 杨灿明、孙群力：《2010 年中国居民收入调查分析报告》，载于湖北财政与发展研究中心：《成果要报》2011 年 5 月第 50 期。

续表

组别	组内人均收入（元）	各组收入占总收入的百分比（%）	各组收入与最低收入组之比
7	42 935. 65	8. 76	3. 73
8	52 812. 25	10. 77	4. 59
9	70 252. 98	14. 33	6. 11
10	176 052. 5	35. 91	15. 30

（四）农村内部收入差距分析

图 2 - 13 显示了 1978 ~ 2009 年农村居民收入差距基尼系数的变化情况①。

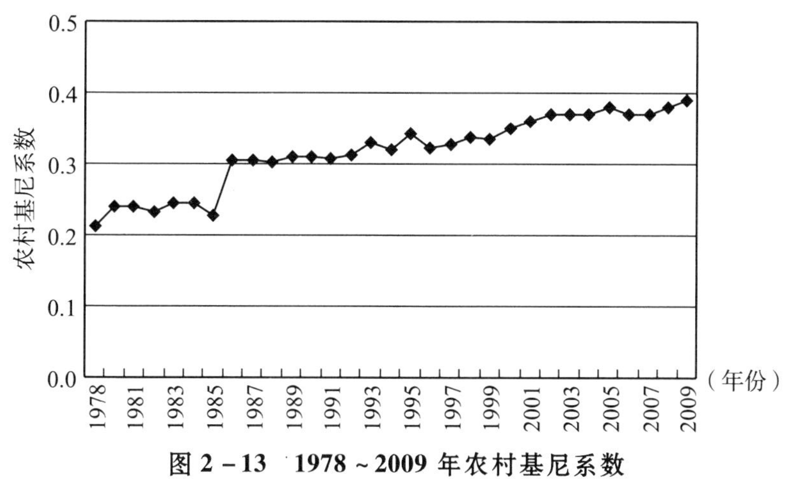

图 2 - 13　1978 ~ 2009 年农村基尼系数

从图 2 - 13 可以看出，改革开放初期，我国农村居民收入差距相对较小，在 1978 ~ 1985 年期间，基尼系数在 0. 21 ~ 0. 24 之间波动；从 1986 年开始，基尼系数从 0. 3 逐年上涨到 2009 年的 0. 39，提高了 9 个百分点，与 1978 年相比，2009 年的基尼系数提高了 18 个百分点，增长了 86%，最高年份的基尼系数为最低年份的 1. 86 倍。尽管目前基尼系数处在 0. 3 ~ 0. 4 这一相对合理区间，但基尼系数呈现逐年扩大的趋势，也就是说农村居民收入差距在逐年扩大，这应该引起我们的足够重视。

① 1978 ~ 1999 年的基尼系数来自国家统计局：《从基尼系数看贫富差距》，载于《中国国情国力》2001 年第 1 期；2000 ~ 2009 年基尼系数来自张东生：《中国居民收入分配年度报告（2010）》，北京：经济科学出版社 2010 年版。

农村居民人均纯收入五等分分组数据如表 2－8 所示，表 2－8 的结果表明，农村高收入户与低收入户的差距不断扩大。其中，农村低收入户人均纯收入从 2002 年的 857.13 元上升到 2011 年的 2 000.51 元，增长了 2.33 倍，年均增长率为 9.9%；高收入户人均纯收入从 2002 年的 5 895.63 元上升到 2011 年的 16 783.06 元，增长了 2.85 倍，年均增长率为 12.3%。高收入户人均纯收入与低收入户的收入比从 2002 年的 6.88 倍上升到 2011 年的 8.39 倍。尽管农村居民各收入组家庭人均纯收入增长速度较快，但低收入组和中低收入组的增速明显低于中高收入组和高收入组。

表 2－8　　农村居民五等分分组家庭人均纯收入　　单位：元

年份	低收入户	中低收入户	中等收入户	中高收入户	高收入户	高收入/低收入
2002	857.13	1 547.53	2 164.11	3 030.45	5 895.63	6.88
2003	865.90	1 606.53	2 273.13	3 206.79	6 346.86	7.33
2004	1 006.87	1 841.99	2 578.49	3 607.67	6 930.65	6.88
2005	1 067.22	2 018.31	2 850.95	4 003.33	7 747.35	7.26
2006	1 182.46	2 222.03	3 148.50	4 446.59	8 474.79	7.17
2007	1 346.89	2 581.75	3 658.83	5 129.78	9 790.68	7.27
2008	1 499.81	2 934.99	4 203.12	5 928.60	11 290.20	7.53
2009	1 549.30	3 110.10	4 502.08	6 467.56	12 319.05	7.95
2010	1 869.80	3 621.23	5 221.66	7 440.56	14 049.69	7.51
2011	2 000.51	4 255.75	6 207.68	8 893.59	16 783.06	8.39
2011 年为 2002 年的倍数	2.33	2.75	2.87	2.93	2.85	
增长率（%）	9.9	11.9	12.4	12.7	12.3	

资料来源：《中国统计年鉴》2003～2012 年，并计算得到。

表 2－9 报告了我们 2010 年农村居民收入抽样调查数据按十等分分组的计算结果[①]。表 2－9 中的结果表明，在全国农村，收入最低的 10% 人口的人均收入为 1 159 元，占总收入比重为 1.94%；收入最高的 10% 人口的人均收入为 16 577 元，占总收入比重为 27.72%；收入最高的 10% 人口的收入是收入最低的 10% 人口的 14.31 倍。

---

① 杨灿明、孙群力：《2010 年中国居民收入调查分析报告》，载于湖北财政与发展研究中心《成果要报》2011 年 5 月第 50 期。

表 2-9　2010 年全国农村居民人均收入十等分分组统计结果

组别	组内人均收入（元）	各组收入占总收入的百分比（%）	各组收入与最低收入组之比
1	1 158.77	1.94	1
2	2 219.95	3.71	1.92
3	3 046.68	5.09	2.63
4	3 774.12	6.31	3.26
5	4 575.99	7.65	3.95
6	5 395.16	9.02	4.66
7	6 392.22	10.69	5.52
8	7 461.15	12.48	6.44
9	9 203.64	15.39	7.94
10	16 576.65	27.72	14.31

通过对比表 2-6 和表 2-8 中城乡居民高收入户与低收入户的收入比，我们发现，在 2002～2010 年，农村内部的收入差距高于城镇内部的收入差距（见图 2-14）。

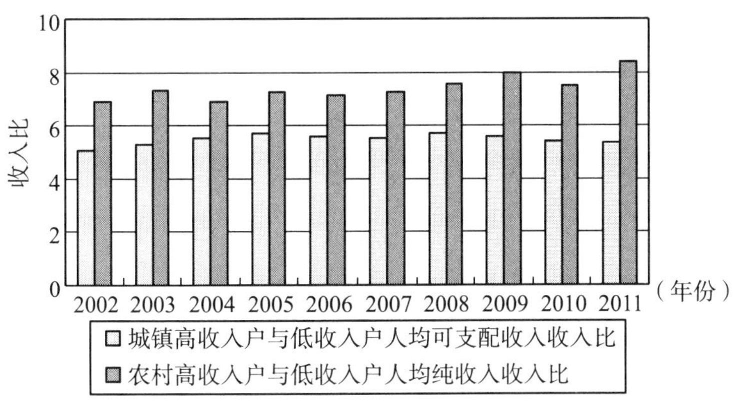

图 2-14　城乡居民高收入户与低收入户的收入比

（五）城乡收入差距的分解

我们利用本课题组 2009 年和 2010 年全国居民收入抽样问卷调查数据，采用广义熵指数分别度量全国、城镇和农村居民的收入差距，在此基础上，通过分解广义熵指数（GE 指数），估算城乡之间、城镇内部以及农村内部的收入差距对全国收入差距的贡献，分解结果如表 2－10 所示。

表 2－10　　全国居民收入差距的分解结果

收入差距	2009 年		2010 年	
	GE（0）	贡献度（%）	GE（0）	贡献度（%）
总收入差距	0.67	100	0.56	100
城乡之间差距	0.33	48.44	0.27	48.29
城乡内部差距	0.35	51.56	0.29	51.71
其中：城市内部差距	0.39	34.82	0.31	33.57
乡村内部差距	0.28	16.74	0.26	18.14

从表 2－10 所报告的结果中可以得知，在 2009 年，全国的 GE 指数为 0.67，2010 年为 0.56，这表明在 2010 年全国居民收入差距有所下降；与此相对应，城乡之间、城镇内部以及农村内部的收入差距与 2009 年相比，在 2010 年均有所下降；在 2009 年，城乡之间和城乡内部的 GE 指数分别为 0.33 和 0.35，在 2010 年，城乡之间和城乡内部的 GE 指数分别为 0.27 和 0.29，这表明城乡内部的收入差距略大于城乡之间的收入差距；GE 指数的分解结果表明，城乡之间收入差距与城乡内部的收入差距对全国收入差距的贡献在 2009 年分别为 48.44% 和 51.56%，在 2010 年对全国收入差距的贡献分别为 48.29% 和 51.71%。这个结果表明，我国的收入差距将近一半来自城乡之间。

三、地区收入差距分析

长期以来，中国各地区资源禀赋存在较大差异，且由于各地区经济发展不平衡，从而使居民收入存在很大差异。改革开放以来，国家在东部沿海地区实施了一系列优惠政策，政府经济政策向东部倾斜，吸引了大量外国资本，再加上技术和人才倾向于投入东部地区，从而推动了东部地区率先发展；再就是东部地区教育设施完善，教育资源丰富，居民受教育程度高；且东南沿海地区交通发达，具有中西部地区无法比拟的优势，从而使得东部地区居民收入显著高于中西部地区，导致地区之间收入差距扩大。

（一）东中部地区收入差距分析

我国地区之间居民收入差距主要表现为东部发达地区和中西部欠发达地区之

间的差距①。

1. 东中西部地区城镇居民收入差距

表 2－11 给出了东中西部地区 1997～2011 年城乡居民的人均可支配收入。在城镇，东部地区人均收入高于中、西部地区，而西部地区的人均可支配收入在 1997～2004 年略高于中部地区，从 2006 年开始，中部地区人均可支配收入略高于西部地区（见图 2－15）；东部地区的人均可支配收入由 1997 年的 6 382.47 元增至 2011 年的 25 906.47 元，年均增长 11.4%；中部地区的人均可支配收入由 1997 年的 4 364.79 元增至 2011 年的 17 994.21 元，年均增长 11.5%；西部地区的人均可支配收入由 1997 年的 4 610.7 元增至 2011 年的 18 112.86 元，年均增长 1.11%。东部和中部地区城镇居民人均可支配收入增长速度大致相当，但快于西部地区。

表 2－11　　东中西部地区城乡居民人均收入　　单位：元

年份	城镇					农村				
	东部	中部	西部	东部/西部	中部/西部	东部	中部	西部	东部/西部	中部/西部
1997	6 382.47	4 364.79	4 610.70	1.38	0.95	3 107.82	2 002.76	1 470.32	2.11	1.36
1998	6 679.13	4 509.48	4 913.42	1.36	0.92	3 261.45	2 063.43	1 580.09	2.06	1.31
1999	7 284.27	4 845.44	5 284.23	1.38	0.92	3 344.58	2 065.24	1 604.07	2.09	1.29
2000	7 849.88	5 169.21	5 647.88	1.39	0.92	3 475.72	2 074.72	1 632.31	2.13	1.27
2001	8 609.98	5 654.52	6 171.79	1.40	0.92	3 686.74	2 177.46	1 692.96	2.18	1.29
2002	9 355.67	6 369.45	6 674.90	1.40	0.95	3 916.27	2 292.22	1 791.73	2.19	1.28
2003	10 365.80	7 036.36	7 235.39	1.43	0.97	4 160.42	2 407.36	1 920.96	2.17	1.25
2004	11 522.87	7 828.80	7 996.08	1.44	0.98	4 564.78	2 770.18	2 135.78	2.14	1.30
2005	12 883.97	8 743.16	8 700.14	1.48	1.00	5 123.40	3 029.16	2 355.61	2.17	1.29
2006	14 482.57	9 803.10	9 545.11	1.52	1.03	5 656.43	3 359.14	2 575.73	2.20	1.30
2007	16 488.95	11 409.68	11 149.77	1.48	1.02	6 395.92	3 917.94	3 004.22	2.13	1.30

① 东部地区包括北京、天津、河北、辽宁、山东、江苏、上海、浙江、福建、广东和海南 11 个省市；中部地区包括河南、湖北、湖南、安徽、江西、山西、吉林和黑龙江 8 个省；西部地区包括内蒙古、云南、贵州、广西、四川、重庆、陕西、宁夏、甘肃、青海、新疆和西藏 12 个省市区。

续表

年份	城镇					农村				
	东部	中部	西部	东部/西部	中部/西部	东部	中部	西部	东部/西部	中部/西部
2008	18 788.17	12 948.96	12 741.78	1.47	1.02	7 238.78	4 551.04	3 481.26	2.08	1.31
2009	20 484.90	14 062.43	13 896.02	1.47	1.01	7 855.26	4 880.92	3 788.36	2.07	1.29
2010	22 789.9	15 592.41	15 389.2	1.48	1.01	8 925.87	5 654.51	4 392.42	2.03	1.29
2011	25 906.47	17 994.21	18 112.86	1.43	0.99	9 291.12	6 655.27	5 276.92	1.76	1.26
平均	13 325.00	9 088.80	9 204.62	1.45	0.99	5 333.64	3 326.76	2 580.18	2.07	1.29
增长率	11.4	11.5	11.1			8.8	9.7	10.3		

资料来源：根据《中国统计年鉴》相关年份计算得到。

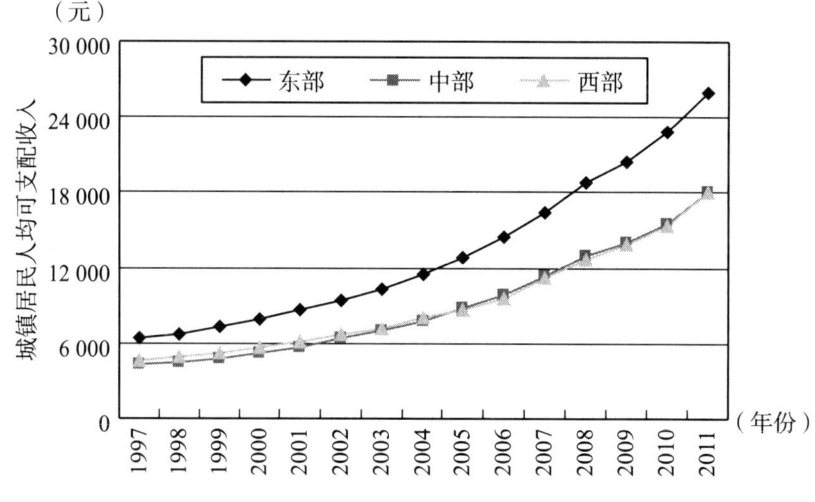

图 2-15　东中西部地区城镇居民人均收入变化趋势

我们以西部地区城镇居民人均可支配收入为基准，东西部地区城镇居民人均收入比从 1997 年的 1.38 倍逐年上升到 2006 年的 1.52 倍，随后逐年有所降低，到 2011 年为 1.43 倍。中西部地区城镇居民收入比在 1997～2011 年期间，围绕 1 上下波动，其波动幅度很小。

2. 东中部地区农村居民收入差距

在农村，东部地区人均纯收入最高，中部地区次之、西部地区最低（见图 2-16）。东部地区的人均纯收入由 1997 年的 3 107.82 元增至 2011 年的 9 291.12 元，年均增长 8.8%；中部地区的人均纯收入由 1997 年的 2 002.76 元增至 2011 年的 6 655.27 元，年均增长 9.7%；西部地区的人均纯收入由 1997 年的

1 470.32 元增至 2011 年的 5 276.92 元，年均增长 10.3%（见表 2－11）；比较东中西部地区农村居民人均纯收入的增长速度，我们发现，西部地区增长速度最快，中部地区次之，东部地区增长速度最慢。

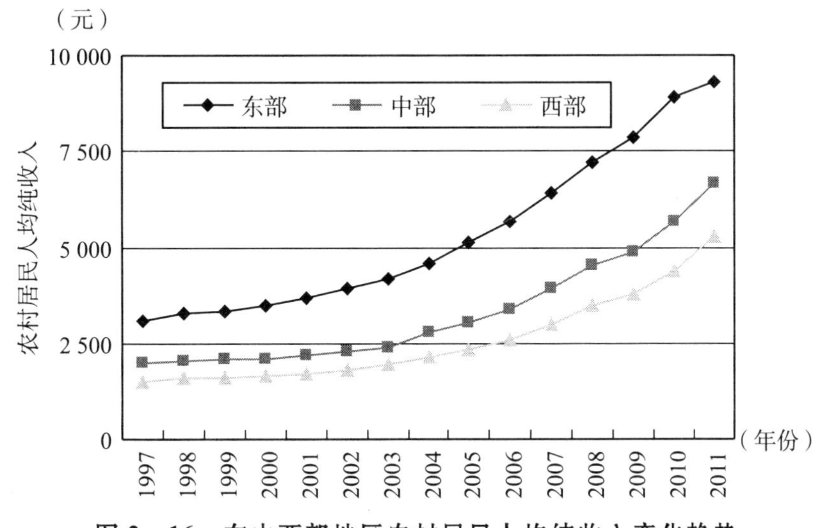

图 2－16　东中西部地区农村居民人均纯收入变化趋势

同样，我们以西部地区农村居民人均纯收入为基准，在 1997～2011 年期间，东西部地区农村居民人均收入比为 2.1 至 2.2 倍，变化较小；中西部地区农村居民收入比为 1.3 倍左右。这表明在 1997～2011 年期间，东中西部地区农村居民人均纯收入差距变化相对稳定。

进一步，我们分地区比较了东中西部地区城乡收入差距（见图 2－17），在 1997～2011 年期间，东部地区城乡收入比由 2.05 倍上升到 2.79 倍；中部地区城

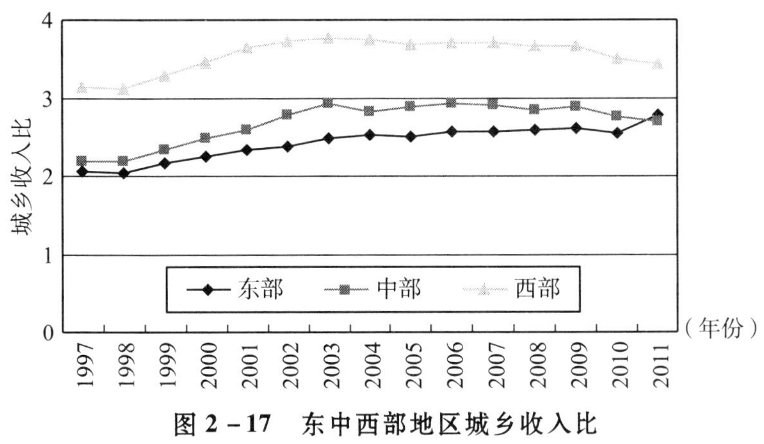

图 2－17　东中西部地区城乡收入比

乡收入比由1997年的2.18倍上升到2003年的2.92倍，随后略有下降，到2011年为2.70倍；西部地区城乡收入比由1997年的3.14倍上升到2003年的3.77倍，从2004年开始略有下降，到2011年为3.43倍。我们发现，东部地区城乡收入差距最小，中部地区次之，西部地区城乡收入差距最大。也就是说，在经济越发达的地区，人均收入越高，其城乡收入差距越小，反之亦然。

（二）各省区市收入差距

东中西部地区居民收入存在较大的差异，同样，我国各省区市之间城乡居民收入差距也很大。

1. 各省区市城镇居民人均可支配收入差距

表2－12报告了1997～2011年我国城镇居民人均可支配收入最高省区市与最低省区市的收入差距。

表2－12　各省区市城镇居民人均可支配收入差距

年份	最高收入		最低收入		最高收入/最低收入	变异系数
	省区市	人均收入（元）	省区市	人均收入（元）		
1997	广东	8 561.71	甘肃	3 592.43	2.38	0.260
1998	广东	8 839.70	甘肃	4 009.60	2.20	0.264
1999	上海	10 931.6	山西	4 342.60	2.52	0.278
2000	上海	11 718.01	山西	4 724.11	2.48	0.285
2001	上海	12 883.46	河南	5 267.42	2.45	0.289
2002	上海	13 249.80	贵州	5 944.08	2.23	0.267
2003	上海	14 867.49	宁夏	6 530.48	2.28	0.277
2004	上海	16 682.82	宁夏	7 217.87	2.31	0.281
2005	上海	18 645.00	新疆	7 990.20	2.33	0.287
2006	上海	20 667.91	新疆	8 871.27	2.33	0.290
2007	上海	23 622.73	甘肃	10 012.34	2.36	0.272
2008	上海	26 674.90	甘肃	10 969.41	2.43	0.267
2009	上海	28 837.78	甘肃	11 929.78	2.42	0.266
2010	上海	31 838.08	甘肃	13 188.55	2.41	0.262
2011	上海	36 230.48	甘肃	14 988.68	2.42	0.260

资料来源：根据《中国统计年鉴》相关年份计算得到。

从表2－12可以看出，在1997年，广东省的人均可支配收入最高，为

8 561.71 元，甘肃最低，仅为 3 592.43 元，两者相差 4 969.28 元，广东的人均可支配收入是甘肃的 2.38 倍。从 1999 年到 2011 年，上海的人均可支配收入最高，而收入最低的省区市一般都在西部地区，如宁夏、新疆和甘肃等省区市。在 2011 年，上海的人均可支配收入为 36 230.48 元，甘肃为 14 988.68 元，两者相差 21 241.8 元，上海的人均可支配收入是甘肃的 2.42 倍。

在 1997～2011 年，我国城镇居民人均可支配收入最高省区市与最低省区市的收入比在 2.2～2.5 之间，表明我国各省区市之间城镇居民收入分配差距很明显。

通过计算 1997～2011 年各省区市城镇居民人均可支配收入的变异系数，如图 2－18 所示，可以看出，变异系数的变化经历两个阶段，第一阶段是 1997～2002 年，在此期间，变异系数从 1997 年的 0.26 上升到 2001 年的 0.289，再降到 2002 年的 0.267；第二阶段是 2002 年到 2011 年，在此期间，变异系数从 2002 年的 0.267 上升到 2006 年的 0.29，随后开始逐年回落，到 2011 年降为 0.260。这表明我国城镇地区人均可支配收入差距经历两轮变化，即从收入差距的扩大到快速缩小，再扩大再到缓慢缩小的过程。也表明，在最近几年，城镇居民人均可支配收入快速增长的同时，地区之间收入的相对差距有所缩小。

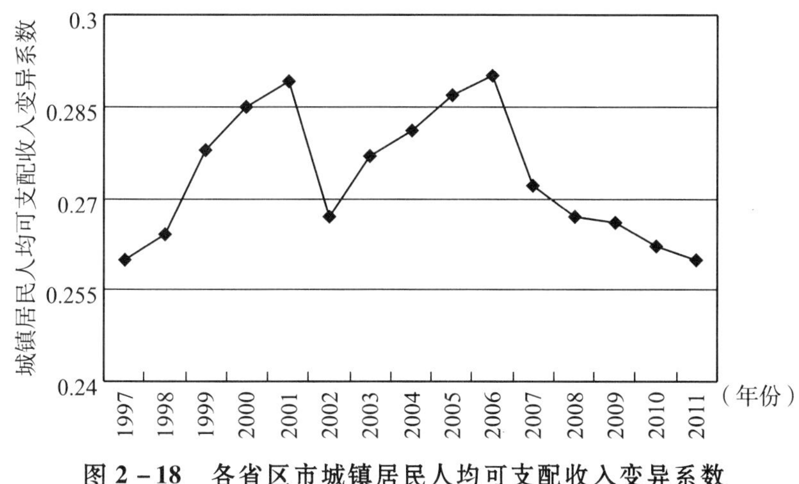

图 2－18　各省区市城镇居民人均可支配收入变异系数

2. 各省区市农村居民人均纯收入差距

表 2－13 报告了 1997～2011 年我国农村居民人均纯收入最高省区市与最低省区市的收入差距，从表中可以看出，从 1997 年到 2011 年，上海的人均纯收入最高，而收入最低的省区市均在西部地区，如甘肃、西藏和贵州等省区市。在 1997 年，上海的人均纯收入为 5 277.02 元，甘肃最低，仅为 1 185.07 元，两者相差 4 091.95 元，上海的人均纯收入是甘肃的 4.45 倍。在 2011 年，上海的人均

纯收入为 16 053.79 元，甘肃为 3 909.37 元，两者相差 12 144.42 元，上海的人均可支配收入是甘肃的 4.11 倍。

表 2－13　　各省区市农村居民人均纯收入差距

年份	最高收入		最低收入		最高收入/最低收入	变异系数
	省区市	人均收入（元）	省区市	人均收入（元）		
1997	上海	5 277.02	甘肃	1 185.07	4.45	0.423
1998	上海	5 406.80	甘肃	1 231.50	4.39	0.411
1999	上海	5 409.10	西藏	1 309.50	4.13	0.416
2000	上海	5 596.37	西藏	1 330.81	4.21	0.434
2001	上海	5 870.87	西藏	1 404.01	4.18	0.444
2002	上海	6 223.55	西藏	1 462.27	4.26	0.448
2003	上海	6 653.92	贵州	1 564.66	4.25	0.448
2004	上海	7 066.33	贵州	1 721.55	4.10	0.431
2005	上海	8 247.77	贵州	1 876.96	4.39	0.456
2006	上海	9 138.65	贵州	1 984.62	4.60	0.462
2007	上海	10 144.62	甘肃	2 328.92	4.36	0.444
2008	上海	11 440.26	甘肃	2 723.79	4.20	0.430
2009	上海	12 482.94	甘肃	2 980.10	4.19	0.434
2010	上海	13 977.96	甘肃	3 424.65	4.08	0.422
2011	上海	16 053.79	甘肃	3 909.37	4.11	0.406

资料来源：根据《中国统计年鉴》相关年份计算得到。

在 1997～2011 年，我国农村居民人均纯收入最高省区市与最低省区市的收入比在 4.1～4.6 之间，表明我国各省区市之间农村居民收入分配差距非常显著。

我们计算了 1997～2011 年各省区市农村居民人均纯收入的变异系数，如图 2－19 所示。从图 2－19 可以看出，农村居民人均纯收入的变异系数的波动较大，在此期间，变异系数从 1997 年的 0.423 下降到 1998 年的 0.411，随后逐年上升到 2003 年的 0.448，2004 年降到 0.431，2006 年达到 0.462 的最高值，随后三年有所下降，到 2011 年为 0.406。

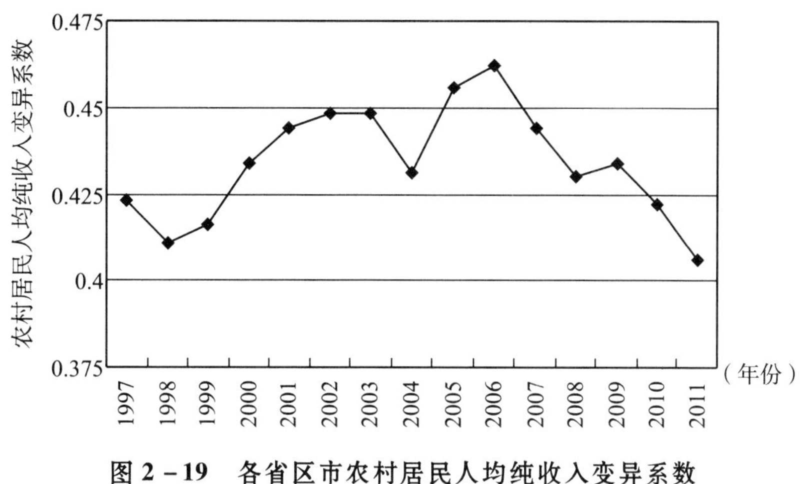

图 2－19　各省区市农村居民人均纯收入变异系数

（三）收入差距的地区分解

我们利用本课题组 2007 年、2009 年和 2010 年全国居民收入抽样问卷调查数据，采用广义熵指数分别度量全国、地区之间和地区内部居民的收入差距，在此基础上，通过分解广义熵指数，估算地区之间、地区内部的收入差距对全国收入差距的贡献，分解结果如表 2－14 所示。

表 2－14　　地区收入差距的分解结果

收入差距	2007 年		2009 年		2010 年	
	GE（0）	贡献度（%）	GE（0）	贡献度（%）	GE（0）	贡献度（%）
总收入差距	0.36350	100	0.67313	100	0.56355	100
地区之间差距	0.00704	1.94	0.00912	1.35	0.00715	1.27
地区内部差距	0.35647	98.06	0.66400	98.65	0.5564	98.73
其中：东部地区内部差距	0.37529	27.49	0.67931	24.15	0.60708	27.74
中部地区内部差距	0.37248	57.63	0.64896	53.26	0.48994	38.99
西部地区内部差距	0.27469	12.95	0.68632	21.24	0.6134	32.00

从表 2－14 所示的地区收入差距的分解结果可知，我国的收入差距主要来自地区内部，在 2007 年、2009 年以及 2010 年，地区内部的收入差距对全国总收入差距的贡献均在 98% 以上。地区内部的收入差距主要来自中部地区的收入差距，中部地区收入差距对地区内部收入差距的贡献最大。其中，中部地区的收入

差距对地区内部收入差距的贡献由 2007 年的 57.63% 下降到 2010 年的 38.99%，下降了近 18 个百分点。与此相对应，西部地区的收入差距对地区内部收入差距的贡献则由 2007 年的 12.95% 上升到 2010 年的 32%，上升了 19 个百分点；东部地区收入差距对地区内部收入差距的贡献变化不大，其贡献率在 24% ~28% 之间。

四、行业收入差距分析

（一）职工平均工资最高行业与最低行业比较

在我国，人们普遍认为，行业之间存在较大的收入差距，而垄断行业的过高收入则认为是收入不公的重要表现。国有垄断行业拥有丰富的资源优势，且由于不同行业存在产业分割以及垄断行业的利益保护，其垄断收益和利润很容易转化为行业内部职工的收入和福利，从而使得垄断行业的工资水平、福利待遇以及工作的稳定性均高于竞争性行业，导致行业之间收入差距不断扩大（Knight 和 Li，2005）。

表 2 - 15 报告了改革开放以来，我国职工平均工资最高的行业与最低的行业的收入差距。

表 2 - 15　　各行业职工平均工资差距

年份	职工平均工资最低的行业		职工平均工资最高的行业		最高/最低
	行业名称	平均工资	行业名称	平均工资	
1978	社会服务业	392	电力、煤气及水的生产和供应业	850	2.17
1979	社会服务业	421	电力、煤气及水的生产和供应业	941	2.24
1980	社会服务业	475	电力、煤气及水的生产和供应业	1 035	2.18
1981	社会服务业	478	电力、煤气及水的生产和供应业	1 045	2.19
1982	社会服务业	484	电力、煤气及水的生产和供应业	1 067	2.20
1983	社会服务业	508	电力、煤气及水的生产和供应业	1 104	2.17
1984	社会服务业	588	电力、煤气及水的生产和供应业	1 321	2.25
1985	社会服务业	777	地质勘查业水利管理业	1 406	1.81
1986	社会服务业	980	地质勘查业水利管理业	1 604	1.64
1987	社会服务业	1 085	地质勘查业水利管理业	1 768	1.63

续表

年份	职工平均工资最低的行业		职工平均工资最高的行业		最高/最低
	行业名称	平均工资	行业名称	平均工资	
1988	农、林、牧、渔业	1 280	地质勘查业水利管理业	2 025	1.58
1989	农、林、牧、渔业	1 389	采掘业	2 378	1.71
1990	农、林、牧、渔业	1 541	采掘业	2 718	1.76
1991	农、林、牧、渔业	1 652	采掘业	2 942	1.78
1992	农、林、牧、渔业	1 828	电力、煤气及水的生产和供应业	3 392	1.86
1993	农、林、牧、渔业	2 042	房地产业	4 320	2.12
1994	农、林、牧、渔业	2 819	金融、保险业	6 712	2.38
1995	农、林、牧、渔业	3 522	电力、煤气及水的生产和供应业	7 843	2.23
1996	农、林、牧、渔业	4 050	电力、煤气及水的生产和供应业	8 816	2.18
1997	农、林、牧、渔业	4 311	金融、保险业	9 734	2.26
1998	农、林、牧、渔业	4 528	金融、保险业	10 633	2.35
1999	农、林、牧、渔业	4 832	金融、保险业	12 046	2.49
2000	农、林、牧、渔业	5 184	科学研究和综合技术服务业	13 620	2.63
2001	农、林、牧、渔业	5 741	科学研究和综合技术服务业	16 437	2.86
2002	农、林、牧、渔业	6 398	金融、保险业	19 135	2.99
2003	农、林、牧、渔业	6 969	信息传输、计算机服务和软件业	32 244	4.63
2004	农、林、牧、渔业	7 611	信息传输、计算机服务和软件业	34 988	4.60
2005	农、林、牧、渔业	8 309	信息传输、计算机服务和软件业	40 558	4.88
2006	农、林、牧、渔业	9 430	信息传输、计算机服务和软件业	44 763	4.75
2007	农、林、牧、渔业	11 086	金融业	49 435	4.46
2008	农、林、牧、渔业	12 958	金融业	61 841	4.77
2009	农、林、牧、渔业	14 356	金融业	60 398	4.21
2010	农、林、牧、渔业	16 717	金融业	70 146	4.20
2011	农、林、牧、渔业	19 469	金融业	81 109	4.17

资料来源：根据《中国统计年鉴》相关年份计算得到。

从表 2－15 可以看出，从 1978 年到 1987 年的 10 年间，社会服务业①的职工平均工资是最低的，从 1988 年到 2011 年的 24 年期间，农、林、牧、渔业的职

① 2003 年以后，我国对行业划分进行了调整，将原来的 16 个行业调整为 19 个行业，调整以后原来的社会服务业不再保留。

工平均工资最低。在 1978 ~ 2011 年，职工平均工资最高的行业变化较大，改革开放初期，从 1978 ~ 1984 年，职工平均工资最高的行业是电力、煤气及水的生产和供应业；1985 ~ 1988 年，职工平均工资最高的行业是地质勘查业水利管理业；到 1989 年，采掘业成为职工平均工资最高的行业；1994 年以后，电力、煤气及水的生产和供应业仍然是高收入行业，但金融、保险业，科学研究和综合技术服务业开始进入到高收入行业。2003 年通过对行业划分的重新调整，信息传输、计算机服务和软件业，金融业成为职工平均工资最高的行业。通过以上分析，我们发现，我国的高收入行业多集中在垄断行业以及资本密集型、技术密集型和新兴产业，而资本含量少、技术含量低、劳动密集型、竞争充分的行业，其收入相对较低。

通过比较不同行业职工平均工资的最高值和最低值的比值（见图 2 – 20），我们发现，我国行业收入差距不断扩大，两极分化的趋势越来越明显。在 1978 ~ 1984 年期间，行业收入差距在 2. 2 倍左右；从 1985 年的 1. 8 倍开始有所回落，到 1988 年的最低点 1. 58 倍；随后从 1989 年开始，我国行业收入差距逐年扩大，在 2002 年达到近 3 倍；2003 年经过行业划分的调整，当年行业收入差距急剧扩大到 4. 63 倍，2005 年达到最高，为 4. 88 倍；随后两年有所回落，到 2008 年，行业收入差距为 4. 77 倍。在 2009 年和 2010 年，行业收入差距下降到 4. 20 倍左右，到 2011 年为 4. 17 倍。

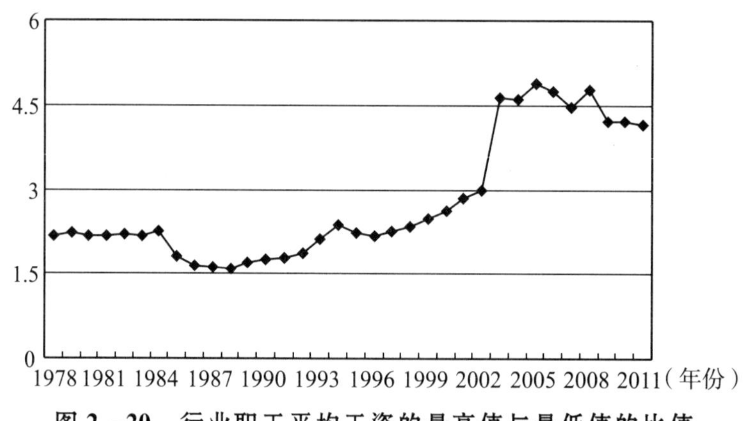

图 2 – 20　行业职工平均工资的最高值与最低值的比值

（二）垄断行业与竞争性行业职工平均工资差距

尽管目前信息传输、计算机服务及软件业等高科技行业属于高收入行业，但其中的信息传输业包括了我国传统的邮电通信业，属于垄断行业。我国的行业收入差距主要是由电力、电信、金融等垄断行业与竞争性行业之间的收入差距所导致的。因此，垄断行业与竞争性行业职工平均工资差距的变化尤其值得引起重视。

在图 2－21 中，我们比较了金融、电力以及信息传输业与制造业之间职工平均工资的收入差距。我们将制造业职工平均工资作为参照基准，计算出金融、电力以及信息传输业职工平均工资与制造业职工平均工资的比值，从图 2－21 中我们看出，在 1978～1991 年，金融业与制造业职工平均工资基本相当，信息传输业职工平均工资是制造业的 1.14 倍左右，电力行业职工平均工资是制造业的 1.3 倍左右。从 1992 年开始，垄断行业与制造业的职工平均工资差距逐渐有所扩大，其中，金融行业与制造业的职工平均工资差距由 1993 年的 1.12 倍上升到 2011 年的 2.21 倍；信息传输业与制造业的职工平均工资差距由 1993 年的 1.18 倍上升到 2002 年的 1.46 倍，在 2003 年急剧扩大到 2.44 倍，随后下降到 2011 年的 1.93 倍；电力行业与制造业的职工平均工资差距由 1992 年的 1.29 倍缓慢上升到 2008 年的 1.62 倍，在随后的两年有所下降，到 2011 年为 1.44 倍，其职工平均工资差距的变化幅度较小。

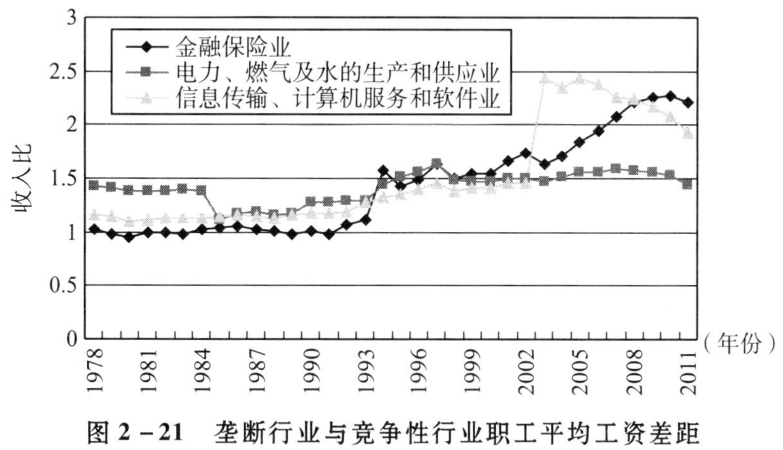

图 2－21　垄断行业与竞争性行业职工平均工资差距

（三）行业收入差距分解

我们利用本课题组 2007 年和 2009 年全国居民收入抽样问卷调查数据，采用广义熵指数分别度量全国、行业之间和行业内部居民的收入差距，在此基础上，通过分解广义熵指数，估算行业之间、行业内部的收入差距对行业收入差距的贡献，分解结果如表 2－16 所示。

表 2 - 16　　行业收入差距的分解结果

总收入差距	2007 年		2009 年	
	GE（0）	贡献度（%）	GE（0）	贡献度（%）
总收入差距	0.36350	100	0.38872	100
行业之间差距	0.01202	3.31	0.00488	1.25
行业内部差距	0.35148	96.69	0.38384	98.75
其中：垄断行业内部差距	0.52407	12.28	0.36838	11.85
竞争性行业内部差距	0.33563	84.47	0.38605	86.90

表 2 - 16 报告了用 GE（0）指数表示垄断行业和竞争性行业的收入差距，从中发现，在 2007 年和 2009 年，行业内部的收入差距有所扩大，GE（0）指数分别为 0.35 和 0.38，且行业内部的收入差距大于行业之间，行业收入差距主要来自行业内部。行业内部收入差距对收入不平等的贡献在 2007 年为 96.69%，2009 年为 98.75%；其中，竞争性行业内部的收入差距对行业内部收入不平等的贡献从 2007 年的 84.47% 上升到 2009 年的 86.9%，垄断行业内部的收入差距对行业内部收入不平等的贡献则从 2007 年的 12.28% 下降到 2009 年的 11.85%。

进一步，我们利用本课题组 2010 年居民收入抽样问卷调查数据，根据奥克萨卡（Oaxaca，1973）和布兰德尔（Blinder，1973）所提出的分解方法，分别对全国以及东中西部地区垄断行业与竞争性行业的收入差距进行分解，分解结果如表 2 - 17 所示，全国样本的分解结果表明，在垄断行业与竞争性行业的收入差距中，无论是标准分解还是反向分解，不可解释部分都超过了 50%，即行业收入差距中不合理的部分超过了 50%；从东中西部地区分解的结果来看，在各地区垄断行业与竞争性行业的收入差距中，不合理的部分也超过或接近 50%。也就是说，在我国行业收入差距的 50% 是无法解释的，也是不合理的。无法解释的部分往往被理解为是由部门分割、歧视等因素所造成的（李实等，2008）。

表 2 - 17　　垄断行业和竞争行业收入差距的分解结果　　单位：%

解释程度	全国		东部		中部		西部	
	标准分解	反向分解	标准分解	反向分解	标准分解	反向分解	标准分解	反向分解
可解释部分	41.7	44.5	35.3	50.2	51.2	34.8	36.5	40.2
不可解释部分	58.3	55.5	64.7	49.8	48.8	65.2	63.5	59.8
合计	100	100	100	100	100	100	100	100

第四节 本章小结

本章回顾了我国改革开放以来收入分配制度的改革历程，在此基础上进一步分析了国民收入初次分配和再分配的分配格局；针对居民收入分配差距，并结合我们三次全国居民收入抽样问卷的调查数据，我们系统全面地分析了城乡收入差距、城镇内部、农村内部的收入差距、地区收入差距和行业收入差距。

通过对收入法 GDP 构成的分析，我们发现，在 1995 ~ 2011 年期间，劳动者报酬占 GDP 的比重呈下降趋势，政府和企业所得占 GDP 的比重呈上升趋势。且劳动者报酬年均增速不仅低于 GDP 年均增长率，也低于政府和企业所得的增速，其中政府所得增速最快。通过对 1992 ~ 2009 年资金流量表的分析，我们发现，在政府、企业和居民部门之间，无论是初次分配还是再分配，政府和企业所占收入比重在上升，居民收入所占比重在下降。再分配主要表现为企业部门收入向居民和政府部门转移，且主要倾向于政府部门分配，对居民部门的收入状况尽管有一定的改善，但效果并不十分显著。此外，居民财产性净收入和转移性净收入占居民可支配收入的比重呈下降趋势。

反映居民收入差距的基尼系数测算结果表明，无论是城镇内部还是农村内部，居民收入差距都在不断扩大，且农村内部的收入差距大于城镇内部。并表现为收入越高，其收入增长速度越快；反之，收入增长速度越慢。

我国城乡之间、地区之间和行业之间的收入差距不断扩大。首先，城乡居民人均收入比不断提高，农村居民收入占居民总收入的比重不断下降，而城镇居民收入占居民总收入的比重不断上升；城乡收入差距的分解结果表明，我国的收入差距有将近一半来自于城乡之间的收入差距。其次，分地区的分析结果表明，东部地区城乡收入差距最小，中部地区次之，西部地区城乡收入差距最大。即地区经济越发达，人均收入越高，其城乡收入差距越小；反之，在欠发达或落后地区，人均收入越低，其城乡收入差距越大。最后，行业收入差距的分析结果表明，在我国，社会服务业和农林牧渔业职工平均工资最低，而电力、通信、金融保险业等垄断行业的收入最高，且不同行业职工平均最高值与最低值的比值仍在继续扩大。在垄断行业与竞争行业的收入差距中，其不合理部分超过了 50%。

通过对国民收入初次分配和再分配的分析，以及居民收入分配的分析，我们认为，目前我国的收入分配还存在如下问题：

一是居民、企业和政府部门的收入分配格局不尽合理；二是政府调节收入再分配的力度不够，效果不显著；三是居民收入差距过大，以上这些问题是与我国收入分配制度改革的要求不相适应的。因此，在本书随后的章节中，我们将以规范收入分配秩序为主线，针对收入分配中不规范的部分，重点针对劳资关系、隐性收入、权力收入等问题开展深入研究。

第三章

我国收入分配秩序紊乱的定性分析

收入分配问题实为经济发展过程中一个重要伴生问题①。在我国经济转型背景下，它既体现为经济成果的分配方式和公平性，又直接或间接地影响经济增长的动力、持续性与社会和谐。由于其涉及主体广泛、来源多样、数量差异以及发展失衡，一直是经济社会发展过程中的核心问题之一。2011 年 2 月 ~2013 年 4 月，《人民日报》相继刊发了关于收入分配制度、行业差距、分配价值观以及收入增加下资金聚集流动过程等 50 余篇文章②，再次将收入分配问题推至社会关注的焦点。目前，我国分配关系不合理，表现在“两降四大一不顺，四低一慢两并存”；分配秩序紊乱，表现为“侵权、不公、无序、繁多、失范、非法”③。如何切实有效规范收入分配秩序，成为新时期提高城乡居民收入、缩小

---

① 这里主要是指收入分化是伴随经济发展而逐渐产生的，二者之间存在密切的内在联系。

② 分别为《警惕不合理收入差距和由此带来的不公》等 50 余篇。

③ “两降四大一不顺”，其中“两降”是居民收入在国民收入这个大蛋糕中的比重持续下降、劳动报酬在初次分配中比重下降，“四大”城乡间、地区间、行业间和群体间的收入差距偏大，“一不顺”就是组织层级之间分配关系没理顺。“四低一慢两并存”，其中“四低”是农民、城乡贫困居民、部分退休人员和企业普通劳动者的收入低，“一慢”是劳动者工资增长率慢，“两并存”是许多低端岗位工资偏低和某些低端岗位工资不低并存和部分高管工资偏高与少数高管工资不高并存。分配秩序的“侵权、不公、无序、繁多、失范、非法”主要为欠薪逃逸拖欠工资、同工不同酬、特殊情况工资支付无序、部分用人单位制度外收入多、要素市场收入分配失范以及非法收入占相当比重。详见苏海南：《当前我国收入分配问题及改革思路和政策措施》，载于《中国工人》2011 年第 8 期，第 14 ~22 页。

收入分配差距的重要方面[①]。

在实践层面，我国城乡居民收入自改革开放以来呈典型分化趋势[②]。2008年，我国城镇居民名义可支配收入和农村居民名义纯收入的基尼系数已分别达到0.509和0.454，远高于此前的0.45。全国居民收入分配的格局也不容乐观：2009年我国基尼系数已达到0.585，城镇和农村分别为0.479与0.402[③]。2010年，全国居民收入基尼系数虽有一定程度下降，但仍高达0.54[④]。西南财经大学中国家庭金融调研中心指出，2010年中国家庭收入的基尼系数达到0.61，为世所罕见[⑤]。2013年1月18日，国家统计局正式公布了中国全国居民2003~2012年收入的基尼系数[⑥]，也显示2003年以来我国居民收入分配形势堪忧。

在理论层面，收入总量分配不但是一个经济问题，而且还是一个社会问题。深入认识收入分配问题客观上需要运用批判性思维对收入分配有全面深入的认识。迄今为止的研究多倾向于关注收入分配的价值观研究、制度分析、形势判断、原因和对策分析，而对劳资关系、政治权力以及隐性经济等对收入分配秩序紊乱的研究则相对比较薄弱。当然也有部分学者对此进行了一定研究，将调整收入分配格局、规范收入分配秩序的总体思路确立为：通过创建良好制度，强化税

---

① 对此，国务院于2013年2月9日批转了《深化收入分配制度改革若干意见的通知》，为完善收入分配结构和制度、增加城乡居民收入、缩小收入分配差距和规范收入分配秩序提供了一个纲领性文件。其中，规范收入分配秩序作为第六部分单列，并规定了从如下七个方面予以完善：加快收入分配相关领域立法、维护劳动者合法权益、清理规范工资外收入、加强领导干部收入管理、严格规范非税收入、打击和取缔非法收入和健全现代支付和收入监测体系。国家发展改革委员会2013年3月9日在《关于2012年国民经济和社会发展计划执行情况与2013年国民经济和社会发展计划草案的报告》中，也将规范收入分配秩序作为深化收入分配制度改革的重点之一。

② 1978~2010年，城镇居民人均可支配收入和农村居民家庭人均纯收入的年均增长率分别为5.45%和5.15%，城镇居民可支配收入的增长率一直稳定高于农村居民纯收入的增长率。就城乡居民的工资收入而言，1990~2011年间，我国城镇居民平均工资性收入增长了11.9倍，而经营净收入和财产性收入增速分别为76.2和33.4倍。2011年，工资性收入占城镇居民收入的比重为64%，较2010年增加12.4%，剔除价格因素后的增速为6.7%。同年，农村居民工资性收入在纯收入中的比重为43%，增速为21.9%，剔除物价因素后的增速为15.4%。

③ 杨灿明、孙群力：《2009年中国居民收入调查分析报告》，载于《湖北省财政与发展研究中心成果要报》，2010年。

④ 杨灿明、孙群力：《中国居民收入差距与不平等的分解——基于2010年问卷调查数据的分析》，载于《财贸经济》2011年第11期。

⑤ 该数据的真实性在学界和社会均引起了较大争议，如取样方式和对最低收入群体收入估计的准确性方面存在诸多疑点，详见李实和岳希明就此问题与甘犁的学术论争。虽然具体数值有待验证，但是上述几项研究均仍不同程度地指出，2000年以来我国居民收入分配格局确实不容乐观。详见甘犁、尹志超等：《中国家庭金融调查报告·2012》，西南财经大学出版社2012年版。

⑥ 具体数值分别为2003年是0.479，2004年是0.473，2005年是0.485，2006年是0.487，2007年是0.484，2008年是0.491。然后逐步回落，2009年是0.490，2010年是0.481，2011年是0.477，2012年是0.474。详见《统计局发布2003至2012年内地基尼系数》，2013年1月18日。

收对收入再分配的作用，从体制上限制垄断行业高收入，推动事业单位薪酬改革，提高就业率，完善离退休人员工资制度以及“低保”制度，实现在城市就业农民工的稳定转移等，逐步实现“中间大、两头小”的“橄榄型”收入分配格局[①]。

在初次分配、再分配以及第三次分配过程中，初次分配的基础性作用不容小视，因此更值得关注。初次分配中收入分配秩序失范以及“潜规则”替代“正式规则”导致我国社会居民收入存在较大下行风险[②]，这也是顶层设计过程中需要注意的重点和亟待解决的难点。只有初次分配的形成机理具有一定合理性并能够包容各群体对这种收入形成的诉求，在此基础上进行的再分配才能更为有效地促进社会公正。

在此背景下，本章将集中关注收入分配领域特别是初次分配领域中存在的造成我国收入分配秩序紊乱的三大主要问题，即：劳动和资本分配关系的失衡、公权力干预私权利以及隐性经济的广泛存在。在初次分配中，劳资关系是收入分配过程中各收入阶层都难以回避的问题之一。第一节结合我国实际情况，按照国有制和非国有制类型，具体论述其表现形式。两种所有制的劳资关系在转轨过程中既具有某种相似性，又存在较多差异性[③]。第二节探讨公权力与私权利的关系。主要是分析显性的不当干预和隐性的权钱交易。第三节侧重于探讨显性经济和隐性经济。隐性经济自新中国成立以来即已存在，并随时代变迁而有所发展。由于其一直存在于工资制度安排中，并主要体现在工资组成部分的变更上。较之于显性经济，由于隐性经济存在合法但不合理的某些形式，而其可比标准存在一定缺失，细分其具体内涵也甚为复杂，所以隐性经济的特征颇难归纳。这里主要按照SNA（1993）对我国的隐性经济进行归纳和概括，以说明此种类型的经济形式在收入分配中所具有的潜在负面影响。

第一节　劳资关系失衡与收入分配秩序紊乱

在一定程度上说，劳资关系恶化与收入分配秩序紊乱存在较为密切的内在联系：当社会正常收入分配秩序出现紊乱时，通常意味着分配的基本价值观出现了

① 杨灿明、郭慧芳、赵颖：《论经济发展方式与收入分配秩序》，载于《财贸经济》2010年第5期。

② 余斌：《国民收入分配：困境与出路2011》，中国发展出版社2011年版。

③ 由于政策贯彻过程中存在信息集受限以及行为的非一致性等原因，劳资关系在两类企业中出现各自演进特点。

一定程度的扭曲，而它具体到劳动者收入形成过程中则表现为劳动和资本分配的不公。不仅如此，劳资关系的恶化具有示范效应，容易从单一行业扩展到多个行业，尤其是在违法成本较低之时更是如此。在此过程中，收入分配秩序的破坏势必从局部逐步蔓延到整体，最终导致社会整体收入分配秩序紊乱。在此意义上，劳资关系失衡对收入分配秩序存在较大的负面影响。从整体来看，我国劳资关系的发展呈现出阶段性、地域性和多样性等特点，劳资关系的具体情形难以被完整地论述。因此，本章将从时间①和所有制两个方面对新中国成立以来我国非国有企业和国有企业的劳资关系作对比说明，以期为目前现状分析和政策制定提供相应的事实基础②。首先在第一部分明确劳资关系中的四个利益主体，然后在第二部分和第三部分，分别从非国有企业和国有企业的环境中论述劳动者和资方的利益冲突，分析劳资矛盾产生的根源，归纳其特色，并探讨改革开放后劳资关系的发展趋势。在此基础上，第四部分将依据这些特点，分析劳资关系失衡如何导致收入分配秩序趋向紊乱。

一、利益攸关者

恩格斯曾指出："资本和劳动的关系，是我们现代全部社会体系所赖以旋转的轴心。"劳动和资本关系是经济社会发展过程中的基础性关系之一，也是我国收入分配制度改革中需要调整的三组重大关系之一③。伴随我国经济的迅速发展，劳动和资本要素分配过程中涉及的主体日趋多元化。在这种环境中，劳资关系也逐渐呈现出多阶段和动态性特点，我国劳资关系呈现"整体向好、局部亦忧，制度渐备、运行欠佳"的基本局面④。目前，我国劳资关系中的利益主体主要有如下四大类：劳动供给者、资本所有者、生产经营者和政府。其中的劳动供给者即为适龄、有工作能力、愿意工作且有工作的群体。随着公司治理结构的变化以及股份制改革的实施，资本所有者已从简单的出资方逐渐演变为复杂分散的

---

① 这里分析的时间将主要集中于改革开放之后。1978 年之后，我国的劳资关系开始呈现新的变化趋势。这里，将主要通过劳动者对劳资关系的利益相关者、非国有企业和国有企业中劳资关系的利益冲突以及传导机制这四个方面分别进行描述。

② 由于第二章中已经对劳资关系的现状从宏观层面进行了说明。为避免重复，本节主要从微观层面关注劳资关系的失衡对收入分配秩序紊乱的影响。

③ 国务院于 2013 年 2 月 9 日批转了《深化收入分配制度改革若干意见的通知》中指出：处理好劳动与资本、城市与农村、政府与市场等重大关系，是深化收入分配制度改革、推动相关领域改革向纵深发展，是完善社会主义市场经济体制的重要内容。

④ 全国总工会课题组：《"十二五"时期我国劳动关系影响因素及发展趋势》，载于《工运研究》2012 年第 16 期。

股权所有者。生产经营者实为企业管理者，他们在不同所有制类型中具有差别化的选拔和任命方式。这三类主体虽在遵循市场规则前提下进行各自利益最大化活动，但仍难避免引发个体理性与集体理性间的冲突。因此，政府介入以弥补市场过程中可能存在的不足成为必需。因此，本节所分析的劳资关系，主要围绕上述四个主体在劳动者工资形成过程中的互动关系展开探讨。

（一）劳动供给者

近年来劳资关系已开始出现多样化发展趋势。伴随劳资双方相对关系的变化，劳动供给者（下文简称劳动者）对自身在劳资关系中的评价[①]开始出现了一定程度的下降。在劳资纠纷数量逐渐增多的同时，劳动者单方胜诉率逐渐下降。这既说明劳动者通过法律途径解决自身问题的意识明显增强，又体现出劳动者基本法律知识的匮乏。而劳动者对工会的信心不足以及实际寻求帮助的次数有限，在一定程度上说明目前劳资关系中劳动者利益的捍卫者——工会已在某些环节出现执行力危机，甚至是信任危机。如果劳动这种弱势群体的声音被忽视，那么中国社会将会逐渐失去互信并开始变得暴戾[②]。这显然不利于以市场化、契约化、法制化和有效监管为核心[③]的和谐劳资关系构建。

在劳动者身份转变过程中，一个重要的社会现象是转型期劳动者权利的缺失，即计划经济时代的劳动者权利（如稳定的就业、工资和福利待遇等）已不复存在，但市场经济下应有的权利如社会保障、工会代表和集体协商、集体行动等权利却还没有到位，劳动者的权利出现真空地带[④]。这就直接导致劳动者基本劳动权利难以实现[⑤]。这是我国经济转型期特有的情况之一，也是劳资关系中较为脆弱的部分。此方面冲突的解决与否不仅关系到具体劳动者切身利益能否维护，更关系到我国市场经济体制建设是否能够按照既定目标平稳有序地推进。

---

① 目前，职工已经出现了职业间的分层认识差异。就工作的稳定性而言，管理者是最高的。就保障性而言，蓝领和白领显得更为脆弱。这里，三类员工的安全性都有较高的保障，但是成长空间显得相对缺乏。至于管理者的政治身份分布情况，与蓝领的政治身份分布情形恰好相反。详细的数据分析见全总全国职工队伍状况调查办公室：《2002 年第五次职工队伍调查统计数据分析报告》，《第五次中国职工状况调查》，中国工人出版社 2006 年版。

② 高原至：《畅通维权渠道，维护法律尊严》，载于《半月谈》2013 年第 2 期。

③ 中国工运研究所课题组：《“十二五”时期我国劳动关系发展走势与应对之策》，载于《现代财经（天津财经大学学报）》2012 年第 5 期。

④ 常凯：《论市场经济下劳动就业权的性质及其实现方式——兼论就业方式转变中的劳动就业权保障》，载于《中国劳动》2004 年第 6 期。

⑤ 自 2003 年温总理帮助重庆农民工熊德明讨薪至 2013 年，由于追讨成本过高，中国许多农民工仍难以摆脱欠薪的宿命。详见张墨宁：《农民工讨薪：十年的权利困境》，载于《南风窗》2013 年第 3 期。

伴随着劳动者根据经济资源贡献应得的收入部分地被管理者所剥夺①，劳动者和管理者之间出现较为显著的分层。就劳动者对劳资关系的总体认识而言，不同职业和所有制企业的员工认识已有一定分化。这种分化在一定程度上与社会分层的变化是一致的②。如此为生产而生产的方式实际落入发展的误区。马克思对经济发展异化曾作过如下论断：如果劳动者变为纯粹的生产工具，那么生产的产品越多，劳动者的相对社会地位越低③。

就宏观层面而言，和劳动者收入份额占 GDP 的演进趋势基本一致，劳动者工资占 GDP 的份额自 1978 年以来呈现先上升后下降的趋势。1982 年该比重达到峰值 53.6%，随之保持下降的趋势，1995 年为 51.4%，到 2007 年仅为 45.4%④。而 1995 年，美国、日本和韩国的该项数据分别为 62.2%、66.1%、74.3%，2007 年上述三国工资占 GDP 的比重为 61.7%、58.5%、67.6%（ILO）。随着劳动者学历⑤结构不断优化，虽然世界范围内劳动者工资份额在 GDP 中的比重均不同程度地出现了一定的下降趋势，但作为发展中国家的我国该项数据逐渐降低至 45% 左右，是一个难以回避的重要现实问题。诸多因素导致了这种问题的出现，其中较为主要的是 1997 年金融危机过后，除采矿业和金融业劳动者工资增速较高以外，我国部分行业劳动者的实际工资水平基本出现了低增长、无增长甚至负增长的局面，较大程度上制约了劳动者工资份额在 GDP 中比重的上升。

---

① 陆学艺：《当代中国社会阶层研究报告》，社会科学文献出版社 2002 年版，第 157 页。

② 详细数据分析见全总全国职工队伍状况调查办公室：《第五次全国职工队伍状况调查统计数据分析报告》，载于《工运研究》2005 年第 2 期。

③ 中国（海南）改革发展研究院：《直谏中国改革：理论篇》，中国经济出版社 2011 年版，第 83 页。

④ Molero S. R.，2011，“Functional Distribution of Income and Economic Growth in the Chinese Economy，1978 - 2007”，School of Oriental and African Studies Working Papers，No. 168.

⑤ 如果将具有高中以上学历劳动者视为高技能劳动者，那么我国 1990 年和 2010 年高技能劳动者在全社会劳动者中的比重分别为 10.60% 和 23.98%，二十多年间比重上升了一倍有余，年均增速约 7%。如果将具有专科以上学历劳动者视为高技能劳动者，具有初中和高中劳动者教育程度的劳动者为中等技能劳动者，而仅受过初中以下教育劳动者为低技能劳动者。那么我国 1990 年和 2010 年高技能劳动者在全社会劳动者中的比重分别为 1.6% 和 10.09%，十多年间比重上升了八倍有余，年均增速约 15.35%。我国 1990 年和 2010 年中技能劳动者在全社会劳动者中的比重分别为 62.9% 和 27.27%，十多年间比重下降了 60%，年均减少约 -6.96%。我国 1990 年和 2010 年高技能劳动者在全社会劳动者中的比重分别为 35.5% 和 62.64%，十多年间比重上升近一倍，年均增速约 4.73%。在此意义上，过去二十多年教育较为显著的变化之一即为具有初中以下学历劳动者在全部劳动者中占比持续下降，以及具有初中以上技能劳动者特别是具有专科以上学历劳动者占全体劳动者比重的显著上升。

（二）资本所有者

在劳动者内部出现分化之际，资本所有者的内涵也发生了较大变化。这里首先分析资本所有者主体，然后分析我国资本所有者所带有的原罪，以便后文探讨劳资关系冲突。

1. 资本所有者主体

在股份制改革后，国有企业中劳资双方具体身份开始发生重要转变。首先，本企业员工的持股使得部分持股劳动者也成为国有企业的资方，也享有企业的剩余索取权[①]。这是国有企业改革中出现的新问题之一，导致国有企业内部劳资关系的变化。因此，劳资关系的冲突和协调在一定程度上更加集中于企业工会和企业经营管理层之间。作为职工的代表，工会也享有对企业部分股权的间接控制。在此情形下，工会既是劳方的代表又是资方的代表。其次，股份制改革中积极引进外资也扩大了企业中资方的概念范围。就此而论，国有企业的资方代表包括国家、虚位企业家、外资投资者、劳动者、其他独立的法人和个体等。对单一企业而言，资方组成结构虽存在一定差异，但伴随着国有企业改革的深化，资方多元化遂成必然趋势。

2. 资本的原罪

事实上，资本原罪并非一个新概念。一般而论，大多数人的贫穷和少数人的富有即是从此种原罪开始的：前者无论怎样劳动，除了自己本身以外仍然没有可出卖的东西，而后者虽然早就不再劳动，但他们的财富却不断增加[②]。就资本主义国家中资本的原罪概念而言，它是其早期发展过程中对其他地区人民生命财产权漠视下的直接剥夺，也即剥削[③]。这种资本的原始积累所带有的原罪显而易见。按照当今对颜色收入的划分，如此所取得的收入可归于黑色收入和血色收入的范畴。正是在这种掠夺式资本原始积累之上，社会分工被快速推进，将越来越多的劳动者卷入到生产过程中，才普遍出现了一般意义上的剥削关系。

---

① 此方面出台的政策包括1993年3月16日，国家体改委召开部分省市关于加强内部职工持股管理工作的会议。同年7月3日，国家体改委颁发了《定向募集股份有限公司内部职工持股管理规定》，就内部职工持股的范围和转让等事项进行了规定。随着经济环境的变化，国家体改委于1994年6月19日出台了《关于立即停止审批定向募集股份有限公司并重申停止审批和发行内部职工股的通知》。

② 马克思：《资本论》（第一卷），人民出版社1975年版，第78页。

③ 剥削即为劳动和资本得其非所与未得其所共存的状态。在此意义上，剥削决定了收入分配的不公，特别是初次分配过程的失当。如果初次分配决定机制存在问题，那么会使得再分配的调节效果也大打折扣。因此，我们认为，一个合理有效的初次分配制度，是收入分配秩序为社会认可和接受的重要制度性前提。

在资本深化（资本替代劳动）过程中，资本的增值能力逐渐增强，在一定程度上导致劳动者收入在初次分配中的比重不断下降。提高劳动者报酬的考量虽在一定程度上有助于改善这种局面，但这是在认可资本和劳动合法前提下进行的，其本身即赋予了一个强有力的假设前提。资本有机构成的提升势必带来劳动者工资水平的上升，只不过不一定必然保证两者的上升速度存在一致性。资本逐利的规模效应促使资本所有者朝着更多获利行业转变，带有原罪的资本即为此过程加速实现的必要载体。该前提在这里将受到质疑。此部分将从资本积累过程中所具有的原罪来分析分工演化过程中劳动者收入的形成过程。在我国，资本的形成具有特定的历史阶段性特征。欲更好的分析两种所有制下的劳资关系，客观上需要引入并分析两种所有制企业中资本的原罪。

在我国，国有资本参股的企业以及其他类型的企业中都可能存在着资本积累的原罪问题。这里的原罪，除了涉及强势资本对劳动剩余产品支配权的滥用以外，还包括由于这种支配权而产生的衍生利益[①]。就原罪的识别而言，一般存在收入和支出两种视角。但由于部分原罪资本获得后，退出了流通领域并被窖藏，难以全面地反映在支出中。因此从收入角度识别原罪问题更为合理。在此情形下，可以将违背市场经济规则、超出法律条文规定或挑战社会道德伦理所获得的收入，定义为具有原罪的收入。

原罪的特征主要包括如下方面：一是隐蔽程度高。由于涉及可能妨害社会市场上的基本竞争原则，此类活动难以为公开的统计所观察。二是法制监管弱。由于存在法律监管层面上的空白或疏忽以及技术上的原因，早期资本积累中的原罪问题难以得到深究。这既对之前资本积累手段的默许，又对今后资本积累者利用一国或者多国法律方面的缺陷进行资本积累产生了一种引导。三是社会引导强。因为强调了使用市场之外的力量实现微观主体的盈利，这种示范效应的影响通常是负面的。四是潜在危害大。通过此种方式产生的资本积累，是对社会财富分配公正性的挑战，容易对不同层级收入人群甚至社会基本收入分配正义观产生潜在影响。此外，该过程中产生的暴富阶层由于文化素质相对较低，容易激发收入阶层之间的矛盾，并导致社会上仇富心理认同的提升。

在上述基本特征之外，国有资本参股的企业和其他类型的企业中原罪产生机理和表现形式又存在一定的区别。国有资本在发展过程中对劳动力价值的低估属于人民内部积累和消费之间的权衡失当。而资本家对劳动力的剥削则是少数人对多数人利益的直接侵占。前者具有一定的阶段性，会伴随国有资本的发展不断地进行调整和规范。而后者则是一个内生问题，存在于资本主义生产方式的各个发

① 按照目前五种收入颜色划分，部分灰色和所有的黑色与黑色收入，均可以归入此类。

展阶段中[1]。

具体而言，国有企业资本积累对收入分配秩序的负面影响主要体现在如下三方面：

首先，改革开放之前，在我国国有资本的运营过程中也存在较为严重的低工资制度，劳动力价值被人为低估。1978 年以来，此低估现象仍在一定范围内继续存在，只是形式上转为职工基本福利制度的残缺。

其次，我国国有资本更多的是新中国成立以后开始产生和积累的。在一个相当长的时期内，我国实行了计划经济管理模式，国有资本的运营更多带有长官意志。如此主观对资源的配置难免与市场对资源的需求存在一定冲突。其引发的严重后果之一就是价格双轨制导致投机行为盛行。

最后，国有资本的劳动者基本上是城镇居民。在全社会资本在实现保值和增值过程中，农村居民未能被纳入到此生产过程之中，难以平等分享其中的福利。因此，国有资本使用了全社会的资源，更多地服务于城镇居民，客观上对农村居民个体收入提升具有一定的抑制作用。

比较而言，由于分配原则在实践过程中为能够得到全面有效的贯彻，私营企业等其他类型机构的资本积累过程中存在的原罪更为常见。在其诸多特征中，最为显著的即为个体资本所有者对劳动者报酬的侵蚀带有个体营利动机。改革开放以来，非国有制企业中的原罪主要体现为如下三个方面：

一是经济快速发展与制度控制之间的冲突所致的“原罪”。其中大部分是在市场化快速发展过程中，现存制度因沿袭了陈旧体制导致新旧模式不兼容。此种原罪具有其特定的历史阶段性。

二是私营企业为了快速实现自身的壮大发展，不断侵蚀劳动者的基本利益，刻意忽视相关福利政策的贯彻执行。这种情形的出现，也与我国过去 30 年间劳动力资源相对丰富而资本相对缺乏的现实约束有关。此种利益分配格局的存续，也可以被视为是积累和消费问题处理失当在微观层面上的具体体现。

三是转轨时期的跟进违法。在体制转换过程中，非国有资本的原罪体现得尤为明显，如在价格双轨制时期、对企业放权让利时期以及 2000 年以来股份制改造时期等。最为典型的莫过于对员工工资的拖欠和相关福利的漠视。而五种颜色收入形态中的黑色收入与血色收入也大多与此类非国有资本的逐利过程紧密相连。如果这类资本和政治权力相联系并由此产生收入利益链，那么由此滋生的原罪也不容忽视。

---

① 法国的巴师夏和美国的凯里在给定经济和谐原则前提下，论述资本主义私有制条件下各阶级不存在根本性的利益冲突，本质上是和谐的。马克思从客观经济事实出发，对此进行了扬弃，深刻揭示了利益冲突显著存在于阶级对立中。

可以说，明确资本原罪有助于进一步探讨国有企业和非国有企业中劳资关系的具体形成及其历史演变过程，本部分将在对劳资关系现状进行简要描述和评价基础上对非国有制企业和国有制企业中的劳资关系分别进行分析。

（三）生产经营者

在我国经济形式中，国有经济占据主导地位，同时也存在大量非国有经济。在此两种所有制企业中，生产经营管理者的身份和角色存在一定差异。

20 世纪 90 年代初，我国开始出现国营企业股份制改革的论争。90 年代国营企业的承包制和企业代理人（即虚位企业家）在一定程度上推动了企业的粗放型增长。对多数企业而言，承包制下国家任务的达标和企业职工福利的改善更多的是通过价格和产量的调整来实现的，而非源自产品的技术升级和管理结构的优化。换言之，数量化的改变成为调整的主要手段。这与国营企业委托者提升企业经营效率的初衷存在一定程度的背离。

此外，剩余索取权的下放并未伴随细化方案的补充而实施，这使得所有者和代理者在具体问题的职能定位上出现模糊化倾向，导致生产经营过程中最终责任人不够明晰。而在私营企业中，生产经营管理者往往即为资本所有者，同时履行占有权和支配权。因此，他们直接控制着剩余索取权。

（四）政府

在经济发展过程中，逐利可谓市场中的永恒主题。而司马迁有关“天下熙熙，皆为利来；天下攘攘，皆为利往”[①] 的论述充分证明了这一点。事实上，市场对微观主体虽具有较好的引导作用，但对部分领域也难以实施有效调节。为弥补市场作用的局限性，政府适当进行引导在一定程度上遂成为必需。同时，相对资本所有者而言，劳动者处于弱势地位，劳资关系的调节也需要政府在其中发挥应有的作用。此二者均体现出政府介入的客观必要性。

在具体调整劳资关系过程中，确立一般性规范并推动此类规则的有效落实为政府的重要职责之一。如果出现劳资纠纷或其他可能产生破坏劳资关系的问题，政府应调解矛盾或提供仲裁服务。

此外，由于我国国有经济占主导地位，政府兼具双重身份。政府能否在进行国有资产保值增值过程中秉持公正原则处理劳资关系成为国有企业发展中的重要内容之一。也正是在此意义上，政府在劳动关系中的角色可被定义为：（1）劳工基本权利的保护者；（2）集体谈判与雇员参与的促进者；（3）劳动争议的调

① 司马迁：《史记·货殖列传》。

停者；（4）就业保障与人力资源的规划者；（5）公共部门的雇用者[①]。

二、利益冲突Ⅰ：非国有企业的劳资关系

在明确劳资关系利益主体的前提下，首先需要考察的是非国有企业中的劳资关系失序问题。厘清私营经济中劳资关系紊乱的制度性原因，有助于正确理解国有经济中收入分配秩序紊乱的根源。

在非国有经济逐渐成为我国经济重要组成部分的今天，这种状况更加不容忽视。在部分省份，劳资关系在近年来出现一些问题，并导致一系列群体性事件发生。

因此，分析和归纳非国有制企业中劳资关系的特点，对正确认识非国有制企业中的收入分配秩序乃至全国范围各所有制行业内的收入分配秩序，均具有一定借鉴意义。下文将从工资制度、社会保障、劳动合同和工会制度四个方面就改革开放后非国有经济中劳资关系的特点作一具体归纳。

（一）工资制度

工资形成机制以及增长水平是企业中劳资关系的核心问题。改革开放后非国有企业工资水平的调整既是在利润一定情况下的补偿性调整[②]，又是在公私合营背景下的政策性调整。由于两种调整基本同时进行，此期间行业内以及行业间的工资水平遂成为劳资关系的核心问题。工资水平在劳资双方间协商的情况直接决定了双方在生产经营过程中的实际关系。

1978 年以来，非国有企业中的劳资关系与其收入获得形式密切相关，特别是对劳动密集型非国有企业而言。需要指出的是，20 世纪 90 年代以前，我国非国有经济主要集中于农村。此期非国有企业中的劳资关系是简单的雇佣生产，并未累积形成错综复杂的劳资关系。由于数量有限，此类企业中的劳资关系影响范围较小。可以说，这一时期的非国有企业中劳资关系总体上处于一种受限制状态。

伴随改革开放不断走向深化，非国有企业也获得更多发展空间，出现了快速发展的趋势。20 世纪 90 年代以来，非国有制企业中的劳资关系在此过程中呈现出多样化和矛盾尖锐化趋势。特别是随着要素参与收入的分配，管理者所获得的

---

① 程延园：《劳动关系》，中国人民大学出版社 2007 年版，第 140 ~ 141 页。

② 补偿性调整是指在劳动者主人翁地位确立以后，非国有企业对之前剥削劳动者的较低的工资水平，进行超过正常增长率的上调。

收益是企业利润的部分，是单纯的成本补偿收益所难以比拟的[①]。

概括起来，非国有企业劳资关系中工资问题的核心集中在以下三个方面：工资水平相对较低、工资发放拖延克扣以及加班现象普遍存在。

1. 工资水平相对较低

通常而言，非国有制企业中的工资待遇较低。特别是劳动密集型行业中的劳动者，工资整体水平普遍偏低。这种低工资水平是我国劳动力资源丰富条件下的现实情况[②]，此现象广泛存在于劳动力输出省份之中[③]。但是，根据黄孟复（2011）的调查结果[④]，似乎和具体省份的实际情况存有一定差别。这种差别既可能是由于样本数较少所致也可能与样本如何选择相关。如依据其分析结果，目前的劳资关系不至于出现如此复杂的局面。

由于企业主违法的低成本和监管机构的高成本形成鲜明反差，这种较低工资水平广泛存在于全国各地。这种现实悖论的极端形式直接导致劳动者因权益无法实现而挑起群体性事件。因此，非国有制企业中低工资水平的存续在一定程度上对其自身经营发展乃至社会和谐稳定均具有负面影响。由于缺乏国有企业中丰富的调节手段，这种非和谐劳资关系的化解只能借助于间接手段。因此，非国有制企业中劳资关系的演进与社会的可持续发展密切相连。

2. 工资发放拖延克扣

近年来，非国有制企业中劳动者工资发放拖延和克扣的情形时有发生，且有的已发展成为劳资冲突。事实上，现实社会中诸多劳资纠纷和群体性事件与此密切相关。这种工资拖延发放克扣的负面影响具体有三个：企业主在经济层面上获得了劳动者的无息贷款；在法律层面上侵犯了劳动者劳动权；在社会层面上破坏了分配的基本公平正义观[⑤]。此现象还带有明显的地域特征。由于缺乏一种“人情型”的管理模式，近年来珠三角劳资纠纷导致的极端事件比长三角更多[⑥]。为

---

① 刘玉方：《分化与协调——国有企业各职工群体及其利益关系》，社会科学文献出版社2005年版，第293页。

② 详细数据分析见陕西省总工会企业劳动关系课题组：《非公有制企业劳动关系和谐度研究》，载于《工运研究》2007年第5期。

③ 详细数据分析见湖北省总工会课题组：《关于非公企业劳动关系及工会工作状况的调研报告》，载于《工运研究》2011年第16期。

④ 他的调查结果显示，2010年度，中型企业和小型企业按照高于最低工资水平确定工资的比重分别为85.3%和83.2%。详见黄孟复：《中国中小企业职工工资状况调查》，社会科学文献出版社2011年版，第28页。

⑤ 2011年1~7月，全国工会系统配合相关部门开展农民工工资支付专项检查，为105.8万职工追回被拖欠工资24.5亿元，其中，为93.4万农民工追回被拖欠工资22.6亿元。详见降蕴彰：《93.4万农民工追回被拖欠工资22.6亿元》，经济观察网，2011年8月18日。

⑥ 刘林平、雍昕、舒玢玢：《劳动权益的地区差异——基于对珠三角和长三角地区外来工的问卷调查》，载于《中国社会科学》2011年第2期。

规范这种情形，中华全国总工会于2010年初发出《关于进一步推动解决农民工工资拖欠问题的通知》，进一步保证农民工能够及时拿到工资。国务院于2013年2月9日批转的《深化收入分配制度改革若干意见的通知》中也规定：健全工资支付保障机制，将拖欠工资问题突出的领域和容易发生拖欠的行业纳入重点监控范围，完善与企业信用等级挂钩的差别化工资保证金缴纳办法；落实清偿欠薪的工程总承包企业负责制、行政司法联动打击恶意欠薪制度、保障工资支付属地政府负责制度。

3. 加班现象普遍存在

在部分劳动密集型行业中，劳动强度大且工作时间过长，工人难以享受休假权。此种情形长期存在于我国主要劳动力输出和输入省份。随着时间推移，这一情形不但没有得到有效改善，反而出现更为广泛和更长时间的超额劳动现象。这实际上是对劳动者劳动权的侵犯。更进一步说，这种超负荷工作事实上是对工人价值的榨取性使用。

2010年，这种现象在诸多行业中依旧存在，特别是代工生产企业、纺织和服装加工以及一些服务行业。如部分纺织企业劳动强度大、三班倒上夜班的现象很普遍[①]。使用低水平劳动力从事低附加值的劳动，而劳动者的收入权利难以得到有效保障，他们获得改善自身收入的机会相对较少。这使得该类行业中劳资关系变得脆弱和敏感，群体性事件日趋频繁。

（二）社会保障

从理论上而言，社会保障与劳动者切身利益息息相关。目前，由于保费缴纳不足、认识欠缺以及监管不力等原因，非国有制企业中社会保障的参保率较低。

就五项保险[②]的参保率而言，非国有企业的各项数据最低。这和近些年来社会上劳动者，特别是非国有企业劳动者与雇主纠纷不断上升的现象有关[③]。就具体结构而言，不同类型的保障参保存在较大差异。一般而言，养老和失业参保率较高[④]，其他类型保障参与度相对较低，如湖北2010~2011年的情形[⑤]。在全球

① 详细数据分析见湖北省总工会课题组：《关于非公企业劳动关系及工会工作状况的调研报告》，载于《工运研究》2010年第16期。

② 分别为养老、生育、工伤、医疗和失业保险。

③ 全总全国职工队伍状况调查办公室：《2002年第五次职工队伍调查统计数据分析报告》，中国工人出版社2006年版。

④ 详细数据分析见湖北省总工会课题组：《关于非公企业劳动关系及工会工作状况的调研报告》，载于《工运研究》2010年第16期。

⑤ 详细数据分析见“中国私营企业研究”课题组：《2011中国私营企业调查报告实践报告》，2011年。

金融危机背景下，社会保障经费成为国家调节企业负担的手段之一[①]。这种做法虽在一定程度上缓解了非国有企业的生存压力，但也为这种依赖低廉劳动力成本生存的企业提供了更多的发展空间，损害了劳动者的基本利益，产业的升级换代过程也始终难以开展[②]。对此，国家发展改革委员会提出，2013 年，力争城镇基本养老、失业、工伤保险和新农保的参保人数分别增长 3.1%、1%、2.7% 和 3.7%[③]。

（三）劳动合同

这主要是指由于劳动合同在订立与执行方面存在问题导致劳资关系失序[④]。在各具体行业中，此种情形更为普遍。全国总工会 2007 年开展的第六次全国职工队伍状况调查[⑤]结果显示：我国企业协调劳动关系和维护职工权益的机制还很不健全，集体合同制度的建制率、开展工资集体协商的比例较低[⑥]。与国有企业相比，非国有企业中劳动合同的覆盖面较低[⑦]。此外，员工使用期间的劳动报酬发放也存在诸多不合规情形，主要包括数量少和种类有限两方面[⑧]。2010 年，部分劳动密集型中小企业及非公企业劳动合同签订率仍然偏低，部分已签的劳动合同内容不规范、履行不到位，一些地方对企业用工和劳动合同签订情况底数不清

---

① 详见人力资源和社会保障部、财政部、国家税务总局：《关于采取积极措施减轻企业负担稳定就业局势有关问题的通知》，人社部发［2008］117 号。

② 王一江教授认为，依赖低廉劳动力实现中小企业的快速发展，是中国实现结构调整及持续增长的重要方面。其中这种对劳动者利益的侵害，是发展过程中的阶段性问题。伴随着劳动者自身技能的提升，其能够获得的收入水平也会相应地改善，无须政府过多干预。但是，这种观点是值得商榷的。劳动者积攒了一定的工作经验后，是否能够真正实现其自身技能的提升，在子女读书的约束条件下是否愿意更换工作单位，以及是否能够实现灵活就业等，在中国都还是有待证实的命题。此外，我国城乡和地域分割的事实，（如社会保障的地域间有限对接）也使得这种逻辑在我国缺乏现实基础。在发展过程中，政府对中小企业的干预是必要和应该的。虽然总体趋势是应该逐步降低中小企业的负担，但并非意味着对这些粗放型的中小企业采取制度上的倾斜。目前的劳动力资源和倾斜政策，应该更多地为具有创新性的中小企业多享受，以实现产业结构的升级换代。详见王一江：《民富论　关于发展与分配问题的探讨》，中信出版社 2010 年版。

③ 新华社：《关于 2012 年国民经济和社会发展计划执行情况与 2013 年国民经济和社会发展计划草案的报告》，2013 年 3 月 9 日。

④ 2011 年，在私营企业中签了合同的员工仅为 64%。详见“中国私营企业研究”课题组：《2011 中国私营企业调查报告实践报告》，2011 年。

⑤ 该调查是全国总工会迄今为止最新的一次调查。

⑥ 中华全国总工会研究室课题组：《全面建设小康社会新征程中的中国职工队伍——第六次全国职工队伍状况调查总报告》，载于《工运研究》2008 年第 16 期。

⑦ 详细数据分析见中华全国工商业联合会，中国民（私）营经济研究会：《中国私营经济年鉴：2008.6－2010.6》，中华工商联合出版社 2011 年版。

⑧ 详细数据分析见湖北省总工会课题组：《关于非公企业劳动关系及工会工作状况的调研报告》，载于《工运研究》2010 年第 16 期。

的问题仍没有很好解决[①]。

从理论上说，劳动合同实乃维护职工合法权益的一项基础性契约制度。但目前的情形是很多劳动合同并不完善，甚至连劳动者的基本工资也未明确说明。一些用人单位在签订劳动合同时采取欺诈、胁迫等手段设置不合理条款，严重侵犯农民工的合法权益，最常见的有以下四种情况：一是签订生死合同，二是签订霸王合同，三是签订押金合同，四是签订卖身合同[②]。

（四）工会制度

工会制度在新时期非国有企业中具有重要的作用。这既因为工会制度本身具有较广的覆盖性和凝聚力，又因为新生代劳动力维权意识及法律意识逐渐上升。具体地说，工会组织兼具两方面职责：一要代表工人的利益，为维护和提高工人的工资与福利待遇努力工作，二要促进劳资合作，努力构建和谐的劳资关系，鼓励工人更好地参与企业的建设与发展[③]。

目前，我国非国有制企业中工会建设存在覆盖面窄、工会独立性相对较差、小型非公企业中工会执行乏力等缺陷，一定程度上影响着劳资关系的和谐发展。

1. 工会覆盖面曲折提升

我国非国有企业中工会制度的建立经历了从无到有的过程。工会覆盖面的上升是提高劳动者同资本所有者议价能力的重要方面之一。1979 年出台的《中华人民共和国中外合资经营企业法》并未明确赋予工人相关权利。1992 年颁布的《工会法》才正式明确私营企业中工会制度的设立和发展事项。

根据相关统计数据，可以看出工会覆盖面曲折提升的趋势较为明显[④]。非公企业中工会制度的建设[⑤]是这种变化的主要推动力量。这既是中国劳动者保护的具体措施之一，又是促进社会趋向和谐的题中之意。

就具体省份而言，工会制度建设还存在差异[⑥]。工会组建率在全国范围内虽不断提升，但不容忽视的是省际差别却逐渐显现出来。前者是平均数据，主要体

---

① 全国人大常委会执法检查组：《劳动合同法执法检查报告》，2010 年 10 月 24 日。

② 陕西省总工会课题组：《关于构建企业和谐劳动关系的研究报告》，载于《工运研究》2006 年第 6 期。

③ 胡建国：《劳资关系治理与工会绩效：基于中国私营企业研究》，社会科学文献出版社 2011 年版。

④ 详细数据分析见中华全国总工会：《2005 年中国工会维护职工合法权益蓝皮书》，中国工人出版社 2006 年版。

⑤ 详细数据分析见中华全国总工会研究室：《2010 年工会组织和工会工作发展状况统计公报》，载于《工运研究》2011 年第 13 期。

⑥ 详细数据分析见陕西省总工会课题组：《关于构建企业和谐劳动关系的研究报告》，载于《工运研究》2006 年第 6 期。

现的是一定时期内的度量数据。而后者则是样本数据，展现的是空间范围内的数据。事实上，只有两个数据均有所提升，工会制度的建设才能说出现了向好的发展趋势。

2. 工会独立性相对较差

在非国有制企业中，工会独立性相对较差。在这里，劳动者难以像国有制企业中劳动者那样较好协调两种身份之间的矛盾，而更多地体现为一种独立劳动者对雇主的劳动从属关系。工会独立性不强的原因甚多，其中最主要的包括工会主席的产生与工人脱节、工会主席兼职过多、维权意识不强等。这些情形在诸多省份多有存在。工会缺乏独立性直接导致工会在维护职工基本权益方面能力弱化。因此，在此种类型企业中，工会的有效运作对劳动者的积极意义远大于国有企业。这是因为务工者主要是灵活就业者，来源较为广泛。同时，由于劳动者权益受到侵害的事件时有发生，而维护起来通常较为困难①。工会如能就此逐渐解决累积的劳资冲突，对企业的长远发展和职工的切身利益均有较大帮助。

3. 小型非公企业工会的执行力较差

由于缺乏独立性，工会工作的开展出现了一定障碍，不够顺畅。在工人组织方面，中国工会在坚持党的领导的同时，未能在民主化和群众化、成为劳动者自己的组织方面迈出更大步伐。不仅如此，在现有非国有企业工会中，雇主介入和控制工会的现象非常严重②。这直接限制了工会维护劳动者利益的能力。如果非国有制企业将工会主席或者副主席任命为企业的实际负责人或者企业管理人员，势必出现一种两难局面：一方面是工会的领导人具有管理者身份，有助于代表职工同资方管理者进行协商。另一方面是工会领导者还需从其企业管理者角度对企业政策进行宣传。这两种角色相互冲突，很难断言工会在具体问题上的立场和态度偏向于哪一方。可以说，企业对工会独立性的干预势必使工会潜在的立场偏差有可能转变为现实。而且，由于小型非国企中正规制度化建设意识相对较为薄弱，工会在职责范围内的权利往往也难以有效的得以实现③。

如果在小型非国有企业中劳动者的利益难以通过工会得到解决，他们可能逐渐失去对工会的信任和归属感，转而寻求非正式的制度以解决自身的利益诉求。这也是劳动者议价能力较弱的具体体现之一。

---

① 详细数据分析见“新生代农民工基本情况研究”课题组：《直面新生代农民工》，载于《调研世界》2011 年第 3 期。

② 2007 年，沈阳市总工会对 88 家非公企业工会状况进行了调查。结果是 88 家企业的工会主席全部为兼职，其中由企业副职兼任的有 11 人，由企业中层干部兼任的有 77 人。而工会职能行政化，“围着经营转，跟着老板干”成为非公企业工会的主要工作内容。

③ 详细数据分析见山西省总工会：《关于企业工会发挥作用情况的调研报告》，载于《工运研究》2010 年第 14 期。

三、利益冲突Ⅱ：国有企业中的劳资关系

国有企业和非国有企业劳资关系在特定时间维度上和空间维度上不仅具有相似之处，更具有各自的差异。国有企业中劳资关系在两个阶段中的区别较为明显。1949～1977 年，国有企业劳资关系主要集中于调整已有的劳资关系和改造公私合营企业中的劳资关系。在此期间，工会的工作也是围绕着力解决这两个问题而展开。由于劳资关系调整方向明确、措施连贯，劳资关系未出现较多的反复。事实上，国有企业中劳资关系真正的变革体现在自 1978 年以来迄今为止的历史时期[①]，具体情形颇值得深入研究。这里，主要从工资制度、社会保障和工会制度三个方面对其发展做简要分析。

（一）工资制度

从理论上而言，政府对国有企业劳资关系的干预主要表现为调整工资制度和提升社会保障制度的覆盖范围等方面。所谓工资制度的调整主要体现为对工资形成总额规定的变化。其中工资的来源形式逐渐多元化，这也成为后来隐性收入产生的制度性原因。而社会保障面的提升则使更多职工获得了保障资格。但在具体执行层面，实际问题仍旧较多。

就我国国有企业而言，平均主义现象长期存在，表现较为突出。改革开放后，国有企业中工资制度的问题主要体现为如下四个方面：分配量化标准模糊、最低工资制度脱离国情、工资改革的平均主义以及奖金调解制度混乱。

1. 分配量化标准模糊

改革开放后，按要素分配逐渐成为我国收入分配中的原则之一[②]，工资制度也作出了相应调整[③]。但是，对于哪些要素能够参与分配以及分配过程中具体的定量方式如何确定，始终缺乏统一的认识。如此状况导致在执行过程中存在量化标准朦胧乃至缺失。在此环境中，要素市场化程度不足与要素过度市场化的情形并存，在一定程度上偏离了按要素贡献度分配政策的初衷。由于这种原因，目前还较难根据某类或某项具体标准断言技术、管理和资本要素的最优分配额与现实

---

① 这主要是就分配原则从一元向多元转变而言的。

② 1991 年 2 月召开的全国经济体制改革工作会议、1992 年 10 月 12 日召开的中国共产党第十四次全国代表大会和 1993 年的十四届三中全会，基本上完成了这种政策上升到国家意志的过程。

③ 在 1992 年之前工资改革的基础上，针对国有企业员工中普遍存在的铁饭碗思想，劳动部、国务院生产办、国家体改委、人事部、全国总工会联合出台了《关于深化企业劳动人事、工资分配、社会保险制度改革的意见》（劳政字［1992］2 号）。

中的差异。一般而言，在企业管理者的年薪中，工资性收入约占年薪总额的30%，管理要素性收入则约占70%①。由于居民收入中劳动收入不平等程度一般大大低于资本收入不平等程度，要素收入分配向劳动倾斜将有助于缩小居民收入分配差距②。

2. 最低工资制度脱离国情

最低工资的存在与否以及金额高低在一定程度上与一国的剩余劳动力水平密切相连。截止到2010年，中国香港仍没有最低工资制度，中国台湾和韩国也基本上是在剩余劳动力转移完成后大幅度提高了最低工资水平。因此，我国最低工资制度的建设需要同剩余劳动力规模的实际大小联系起来。目前，推动政府积极完善其自身所应该履行的社会保障职能应成为首要议题，而非将工资调整的压力推向企业和社会。

由于我国市场经济制度尚处于完善过程中，劳动者在部分企业中总难获得与劳动付出相称的回报。因此，我国最低工资制度③的建设在一定程度上旨在弥补这种市场进程中之不足。然而，部分非国有制企业和小型国有企业却按照最低工资线制定劳动者工资水平绝对额。可以说，最低工资制度建设的迟缓客观上使劳资矛盾的解决在违法成本较低的市场中处于抑制性状态。但是，如果仅论及最低工资制度的改革，而忽视政府在社会保障方面应履行的职责，那么，这种逻辑下得出的判断难免有失偏颇。

作为与劳动者自身密切相关的《工资条例》，自2008年纳入到相关部门议事日程后，其细则却一直未曾公布，具体出台时间可能在2013年年内出台。至于全面贯彻实施更是有待时日。不过，在全球金融危机背景下，江苏省已于2010年率先在全国范围内提高了最低工资水平，掀开了全国范围内诸多省份最低工资水平调整的序幕④。此外，一些省市还尝试建立最低工资和物价水平联动机制，这意味着最低工资标准调整的频率还可能更高更快⑤。2012年1月，深圳

---

① 刘方玉：《分化与协调：国有企业各职工群体及其利益关系》，社会科学文献出版社2005年版。

② 郭庆旺，吕冰洋，2012：《论要素收入分配对居民收入分配的影响》，载于《中国社会科学》第12期。

③ 为保障企业员工的基本权利，1993年颁布了《企业最低工资规定》，要求各地建立最低工资保障制度。1994年7月5日颁布的《劳动法》，以及2004年3月劳动部颁布的《最低工资规定》取代了1993年的规定都是此方面的制度建设。

④ 2010年全国共有30个省份调整了最低工资标准，月最低工资标准平均增长幅度为22.8%；全国29个省份发布了工资指导线，上线平均增长幅度比上年提高3%左右，基准线平均增长幅度比上年提高2%左右。详见《30省份调整最低工资标准　平均增长幅度为22.8%》，人民网，2011年1月26日。

⑤ 《最低工资上调为何不能多一点》，《人民日报》，2010年6月7日。

的最低工资标准也上调15%[①]。应该看到，最低工资水平的提升[②]固然有一定作用，但其潜在的弊端也需高度警惕[③]。

3. 工资改革的平均主义

新中国成立以来，我国国有企业基本延续着平均主义分配方式，且持续了相当长的一段时间，1985年之后才真正实现制度层面的突破[④]。由于这一时期中对平均主义的改革细则并未明确，行业间工资的改善水平也存在一定差异。随着分配原则多样化，工资制度改革出现了诸多标准的模糊化，这在一定程度上体现出工资平均主义改革的不全面性和不彻底性，遗留问题较多。

4. 奖金调节制度混乱

改革开放后，国家也开始对职工的奖金税进行调节，但调节措施变更较快[⑤]。标准的频繁调整既说明收入问题急需政策的引导和调节，也反映出具体调节方案的制定在平衡各方利益方面存在较大的难度。

1985年，八级工资制开始向十五级工资制转变。一般而言，八级工资制和十五级工资制在理论上都是以技术等级为基础的，但事实上并非如此。1979年后，工资调整因未经完善的技术评价在一定程度上冲击了经济责任制，使得收入分配状况开始出现局部失衡。随着20世纪90年代工资制度的再次改革，奖金制度开始呈现出名目繁多的新特点。由于诸多奖金没有纳入监管范围，奖金发放的数量比较混乱，其实际效率也难以评估。

---

① 陈琛：《深圳拟明年上调最低工资标准15%预计将超1 500元》，新华网，2011年11月26日。

② 我国与世界上大多数国家的最低工资水平差距还是较大的。按照OECD2005年的标准，我国大部分省份的最低工资水平仍低于欧洲欠发达经济体的水平。就劳资关系的规范和解决而言，主要是依靠法律和协商的途径。除新西兰以外，基本实现了较大范围的覆盖和国家级的统筹。

③ 为了规范最低工资水平，切实保护劳动者的基本劳动权益并促进社会收入分配秩序的合理化改革，国务院2013年2月9日批转的《深化收入分配制度改革若干意见的通知》中指出，完善工资指导线制度，建立统一规范的企业薪酬调查和信息发布制度。根据经济发展、物价变动等因素，适时调整最低工资标准，到2015年绝大多数地区最低工资标准达到当地城镇从业人员平均工资的40%以上。

④ 1982年2月25日，国务院颁布了《经济体制改革的总体规划》，提出了改革平均主义的分配制度。1985年1月5日，国务院正式要求实行职工工资总额同企业经济效益按比例浮动的办法，具体浮动比例由国家核定。1985年2月5日~14日全国经济工作会议，再次强调了上述的改革措施。1985年，劳动合同制也开始在部分地区推广试行。1983年4月24日颁布的《关于国营企业利改税试行办法》中，也对国有企业的留利和职工分配的比例进行了限制。这些措施实际上从企业优先发展角度进行了企业职工间收入分配调整，对该时期内国有企业的快速发展过程，具有一定的正面意义。

⑤ 主要包括1984年6月28日，国务院就全年超过两个半月的标准工资的部分开始征收奖金税。1985年7月3日，起征点变更为四个月标准工资。具体为四级累进税制，税率为30%~300%。1985年9月20日，起征点再次调整。这次调整的突出特色是调节范围从国有企业扩展到所有类型的企业，企业和事业单位间也开始出现非对称的变化。就企业单位而言，起征点重新调整为三个月基本工资。而事业单位的起征点则为一个半月至二个月基本工资。

（二）社会保障

新中国成立以来至20世纪90年代左右，我国国有企业中职工基本保障制度建设仍存有缺陷，其中最突出的是职工“五险一金”规范化制度的建立和实施严重滞后。在我国，保障面覆盖的缺失，既有制度层面推进速度上的欠缺，又有微观主体参与意愿不足的原因[①]。这意味着长期以来国有企业中职工收入分配存在大量的制度性空缺，有可能导致内部分配出现紊乱。

职工保障是工资之外重要的收入流之一。对多数生活困难的职工而言，职工福利也是收入获得的重要形式之一[②]。1993年4月12日，《国有企业职工待业保险规定》由国务院正式颁布。医疗建设则主要从1994年开始[③]。1999年1月22日国务院颁发《失业保险条例》和《社会保险费征缴暂行条例》。对企业中的困难职工，国家从1996年开始出台相关的文件予以照顾[④]。2013年3月20日，广东省开始着手统一城乡居民社会养老保险[⑤]。

实际享受保障困难同样涉及两方面：一是制度本身运行的效率问题；二是保障主体资格的有效性问题。前者包括制度本身的信息管理及其行政效率，后者则主要指参保人是否及时足额缴纳保障资金。

目前，制度本身运行的效率问题比较突出。2009年人力资源和社会保障部等四部委联合颁布的《关于妥善解决关闭破产国有企业退休人员等医疗保障有关问题的通知》中指出，统筹解决包括关闭破产集体企业退休人员和困难企业职工在内的其他各类城镇人员医疗保障问题，城镇集体企业参照执行。但在实际

---

① 详细数据分析见中国财贸轻纺烟草工会，中华全国手工业合作总社：《关于城镇集体企业职工养老、医疗保险状况的调研报告》，载于《工运研究》2011年第10期。

② 主要的制度性安排如下：早在1950年的政务院颁布的工资总额规定中，就对职工的福利进行了规定。1990年之后的工资确定方法，进一步细化了此项。1991年开始，此项制度建设正式开始。1991年6月26日国务院颁布了《关于企业职工养老保险制度改革的决定》、1995年3月17日国务院颁布的《关于深化企业职工养老保险制度改革的通知》、1997年3月国务院出台《关于深化企业职工养老保险制度改革的通知》、1997年7月16日国务院再次出台的《关于建立统一的企业职工基本养老保险制度的决定》、2000年2月3日国务院办公厅发出《关于继续做好确保国有企业下岗职工基本生活费和企业离退休人员养老金发放的通知》、2005年10月19日国务院常务会议上讨论并通过《国务院关于完善职工基本养老保险制度的决定》。

③ 主要制度建设包括1994年4月，国家体改委、财政部、劳动部、卫生部联合发布了《关于职工医疗制度改革的试点意见》和1998年12月14日国务院颁发的《国务院关于建立城镇职工基本医疗保险制度的决定》。

④ 主要包括1996年10月，中共中央办公厅、国务院发出的《关于进一步解决部分企业职工生活困难问题的通知》以及1997年5月22日，劳动部、国家计委、国家经贸委、国家体改委、财政部、人事部、公安部、中国人民银行、国家税务总局、国家工商局、中共中央办公厅、国务院办公厅信访局、全国总工会发出《关于进一步做好企业职工解困和再就业工作的通知》。

⑤ 邓圩：《广东统一城乡居民社会养老保险》，《人民日报》，2013年3月21日。

执行过程中，往往与政策意图存在较大差异。

同时，保障主体资格的有效性问题也在一定范围内存在。具体而言，在社会保障执行过程中，保费缴纳与保障利益难以有效统一。具体地说，缴纳保费的劳动者在需要保障时往往遇到保障程序性困难。造成此局面的主要原因是个人或单位欠缴保费导致虚假保障。这种情形在小型国有企业与非国有企业中均一定程度地存在。2010 年，在城镇集体企业中，职工即使已参保，但真正能够享受应有保障的却少之又少。在抽样调查的 121 家企业中，有 115 家欠缴保费，比例高达 95%①。

（三）工会制度

一般而言，工会承担者双重角色：既是工人利益的代表者，又是资方的代言人。在国有企业中，工人既拥有“主人翁”的身份，又充当着劳动者的角色。如何在两种身份间进行协调可谓工会的重要职责之一。

改革开放以后，我国工会制度建设迟缓不仅导致在劳资矛盾中难以有效地为劳动者争取利益，反而在一定程度上促使劳资矛盾的累积扩大。我国国有企业中工会制度建设的新时期是从 1992 年《工会法》的颁布开始的②。而更多对职工工会权力的界定则散见于诸多国有企业的立法中，包括《全民所有制工业企业厂长工作条例》、《全民所有制工业企业职工代表大会条例》、《国营企业实行劳动合同制暂行规定》、《全民所有制工业企业转换经营机制条例》等。2002 年 1 月 13 日，尉健行在全总第十三届第四次执委会上指出，着力加强工会在调整劳动关系机制方面的作用，并争取实现“五突破一加强”③。

目前，我国国有企业中工会制度建设的主要问题包括工会制度建设中的曲折

① 中国财贸轻纺烟草工会，中华全国手工业合作总社：《关于城镇集体企业职工养老、医疗保险状况的调研报告》，载于《工运研究》2011 年第 10 期。

② 1992 年的《工会法》颁布以后，由于缺乏相应的执行细则，导致了工会职能定位缺失的现象。该情形直到 2001 年《工会法》修订后才得到一定的改善。但是，新修改的《工会法》对诸多方面并未给予更加细化的规定，致使在执行过程中模糊地带仍然不少。1996 年 4 月 1 日，全国总工会、国家经贸委、国家体改委颁布了《关于国务院确定的百家现代企业制度试点中工会工作和职工民主管理的实施意见》，规定企业改组中不得以任何借口撤销工会组织或合并到其他部门。试点中要切实加强、完善工会工作和职工民主管理制度。

③ “五突破一加强”是尉健行在全总十三届二次执委会议提出的。“五突破”是实现协助党政做好下岗职工基本生活保障工作，深入实施送温暖工程，对特困职工承担“第一责任人”职责的工作的突破；实现平等协商和签订集体合同工作的突破；实现职工民主管理工作的突破；实现国有独资和国有控股公司的董事会、监事会都要有职工代表参加的工作的突破；实现最大限度地把新建企业的职工组织到工会中来工作的突破。“一加强”是加强各级工会领导机关自身的改革和建设。详见《尉健行在全总十三届二次执委会上指出充分发挥工人阶级主力军作用》，载于《人民日报》1999 年 12 月 18 日第 5 版。

性、工会立场的错位以及工会联动机制建设缓慢等。

1. 工会制度建设中的曲折性

伴随我国国有企业的改制进程，工会数量出现阶段性变化，尤其是1989年之后表现得更为明显。工会制度建设的缓慢使得广大职工在参与率以及维权能力等方面存在较多局限性，难以实现自身的权利。

1989年至20世纪末，职工代表大会的数量在各地出现不同程度下降[①]。随着市场经济制度建设的深化，工会的组建率在不同年份间和不同类型单位间虽存在一定波动性，但总体形势向好[②]。如果工会制度覆盖缺失，那么，劳动者利益的保护就较难得到工会制度性维护。这种利益的保障对微观劳动者的意义显然是不言而喻的。

2. 工会立场的错位

尽管需要对工人负责，行政化工会直接负责的对象却是上级，这就导致在劳资纠纷中工会立场的缺失或偏离。由于《工会法》中明确规定应该遵循平等原则进行协商，这使得在实际工作中某些企业根据工会主席与企业领导的行政职务来进行相关协调，反而导致不平等出现。2005年的马瑞兴事件在一定程度上反映出这一点[③]。

工会组织在建立后如不能正常开展工作，未能很好履行维护职工权益的职责，势必难以发挥协调劳动关系、维护社会稳定的作用，失去其存在的意义[④]。

3. 工会联动机制改善缓慢

我国劳动力存在地域间大规模流动，而工会在行业间和地域间存在“各自为政”的情形，这导致其协调能力存在一定程度的不足，直接影响劳动者的维权和其人身安全。如果地域间的工会在处理劳资争议上难以信息共享并联合行动，解决流动劳动者维护基本劳动权的问题势必存在诸多现实障碍。

目前我国虽已开始这方面建设，但成效依旧有限。四川省在此方面的建设经验较为丰富[⑤]。即便如此，全国范围内工会的联动机制尚未建立，诸多省份内劳

---

① 1989年年末，全国职工代表大会总数为371 228个，组建率下降至63%，出现了自1981年以来的首次负增长。1990年，职工代表大会总数虽有一定程度的上升，但组建率进一步下降至61.7%。1997年，全国建立职工代表大会制度的基层单位总数为286 263个，组建率继续下降至56.11%。中华全国总工会：《中国工会统计年鉴》(1998)，中国统计出版社1999年版，第184页。

② 详细数据分析见中华全国总工会研究室：《2010年工会组织和工会工作发展状况统计公报》，载于《工运研究》2011年第13期。

③ 马瑞兴事件主要是关于企业内部职工内退过程中，单位的工会主席兼任单位办公室主任，并与马瑞兴对簿公堂的事件。在该案例中，工会主席的立场出现了异化的现象。

④ 欧阳骏：《当前劳动关系形势与工会应对的思考》，载于《工运研究》2011年第2期。

⑤ 详细数据分析见全总联合课题组：《工会维权联动机制情况调研报告》，载于《工运研究》2011年第6期。

动者以及跨省劳动力维护自身权利的制度完善尚需时日。

四、传导机制

在对劳资关系的利益主体以及两种所有制企业中劳资关系紊乱对其收入分配的影响进行分析后，欲厘清劳资关系紊乱与社会收入分配秩序的内在关联，客观上需要考察二者之间的传导机制。结合亚当·斯密的四个分析逻辑[①]，这里从道德、法律、制度和经济层面对这种传导机制作分析。一般而言，道德是法律和制度的基础，法律是市场经济的前提，制度是经济的保障。经济的发展，也会对前三者的建设产生影响。也正是在此意义上，这四个方面的分析能够有机地统一起来。

（一）道德层面

一般而言，道德的产生和维系与一定的物质生产条件相适应。人们按照自己的物质生产率建立相应的社会关系，正是这些人又按照自己的社会关系创造了相应的原理、观念和范畴[②]。在我国目前经济发展水平下，国有企业和非国有企业中劳资关系的冲突，借由道德传导至社会收入分配秩序层面。这突出体现在企业社会责任和市场诚信两方面。

1. 企业社会责任

由于我国劳动力资源丰富，劳动者的工资水平长期处于较低水平。这种依赖侵蚀劳动者利益的发展观既是市场微观主体理性选择的结果，也是企业社会责任缺失的具体体现。恩格斯认为每一既定社会的经济关系首先表现为利益。但“支配其他一切原则的基本原则”是公平而非利益[③]。因此，强调企业的社会责任是全面理解马克思主义、切实落实科学发展观，实现社会经济和谐发展的重要议题。2008 年国务院国资委颁布《关于中央企业履行社会责任的指导意见》，对中央企业的社会责任进行了四个方面的规定，涉及职工、消费者和社区居民等多主体的利益，对引导中央企业以及非公企业明确和贯彻自身社会责任具有重要意义。

企业社会责任是经济发展过程中市场精神对企业的现实要求，也是企业在自

---

① 在亚当·斯密的授课内容中，完整的顺序是关于宗教、道德、法律和经济的内容，这也是他分析问题的四个维度。

② 马克思：《哲学的贫困》（1847 年上半年），《马克思恩格斯文集》（第一卷），人民出版社 2009 年版。

③ 恩格斯：《论住宅问题》，《马克思恩格斯文集》（第三卷），人民出版社 2009 年版。

身发展过程中实现与社会和谐发展的重要方式之一。企业社会责任不仅涉及企业与消费者，还涵盖企业与环境、劳动者和社区居民等方面内容。其中，企业积极承担并履行其对所雇佣劳动者的社会责任，遵守国家基本法律法规，落实劳动者的工资及福利制度，是有效缓解劳资矛盾，构建和谐劳动生产关系，理顺收入分配秩序的重要途径之一。

2. 市场诚信

从理论上而言，有效化解劳资矛盾有赖于劳动者、工会以及企业家三方互信。其中，劳动者和工会间、劳动者和企业间以及工会和企业间互信机制的建立是新时期劳资关系发展的必经之路。如果缺乏互信或破坏互信，固有矛盾容易累积扩大，有碍于劳资关系的和谐发展与生产经营的有序进行，收入分配微观秩序难免受到一定破坏。

需要指出的是，这里的互信也体现了市场环境的内在需要。事实上，互信的产生和维持的基础是市场基本规则和国家的基本法律法规。目前我国劳资纠纷中包括劳动工资的拖欠等问题在一定程度上与互信机制的匮乏有关。在建设社会主义精神文明过程中，市场诚信以及劳资双方间的互信是企业实现可持续发展的重要环节之一。

（二）法律层面

在现代社会中，法律为社会发展提供基本规范和指导原则，法制建设的完善与否直接影响到建构性制度对人的行为方式是否具有积极引导作用。虽然我国关于劳资关系的法制建设一直处于不断完善过程中[①]，但立法层级较低，具体规范较为模糊，可执行性较差，法律归责不明，惩罚力度有限等都影响到经济发展过程中劳资关系的调节，一定程度上也导致了收入分配秩序的紊乱。

所谓立法层级较低主要是相关规范更多的是部门规章或法规，适用的区域和群体较为有限，未能上升至法律层面。改革开放以来，邓小平[②]、陈云[③]和李先念[④]分别阐述了劳资关系发展的基本内涵。迄今为止，我国共颁布了《劳动法》

① 新中国成立初期，我国在《共同纲领》中对劳资关系进行了规定，以规范和约束新中国成立后企业中劳动者资本所有者双方的关系。这事实上是将劳资和谐发展的基本原则写进了临时宪法中，对新中国成立之后的劳资关系发展具有重要的意义。

② 邓小平曾对此发表过三次重要讲话，分别为《研究新情况，解决新问题》（1987 年 12 月 13 日）、《中国式的现代化，必须从中国的特点出发》（1979 年 3 月 30 日）和《农业劳动力转移的必由之路》（1987 年 3 月 27 日）。

③ 这次讲话为《一要吃饭，二要建设》（1981 年 6 月）。

④ 这次讲话为 1979 年 4 月 5 日李先念在中央工作会议上的讲话，题目为《坚持统筹兼顾的方针，解决好劳动力安排问题》。

的法律1条，司法解释1条，部门规章18条。这些法律法规的制定和修改基本上都处于20世纪90年代。直至2008年，我国才正式出台《劳动合同法》，与此次相关的部门规章共9条。2009年，《全国人民代表大会财政经济委员会关于第十一届全国人民代表大会第二次会议主席团交付审议的代表提出的议案审议结果的报告》正式提出：企业职工同公务员、事业单位职工工资差距较大，建议尽快出台工资法，规范和调整国民收入再分配和劳资关系[①]。这也是明确需要在法律层面对工资分配进行规范的建议。但是，直到2011年，刑法修正案中才开始对拖欠工资的情形进行关注，并将恶意拖欠工资罪在《刑法》中作了具体规定。

比较而言，在相关法律中，具体规范较为模糊，可执行性较差也颇为明显。如《劳动合同法》既缺乏对劳务派遣工操作流程的具体规定，又缺乏对流动劳动者维护自身权益可供借鉴的法律范本。这一方面易致企业用工程序失范，另一方面也导致劳动者维权法律门槛过高，限制其使用法律规范切实维护自身合法权益。自2010年以来，这种局面才逐渐在部分省市有所转变。2010年7月12日通过的《最高人民法院关于审理劳动争议案件适用法律若干问题的解释（三）》[②]开始对此法律适用细节进行了完善规定。2010年12月，湖北省颁布了《湖北省企业工会条例》，对工资调整机制和具体方式作了规定。在此基础上，湖北省于2011年4月颁布了《湖北省企业工资集体协商工作标准》，为集体协商提供了可以遵循的标准，还提供了12个不同合同范本，帮助劳动者明确谈判过程中涉及自身的诸项权利，以最大程度争取自身的利益。

不仅如此，法律归责不明，惩罚力度有限也是不容忽视的问题。自1994年颁布《劳动法》以来，仅在2009年8月修订过该法的第九十二条。其虽对劳动者劳动安全方面进行了规定，但仅对“发生重大事故，造成劳动者生命和财产损失的，对责任人员比照刑法第一百八十七条的规定追究刑事责任”。而在其他情形中，仅规定了劳动行政部门或有关部门可责令其整改、处以罚款以及停产整顿，而执行的具体标准尚未明确。这客观上给执行主体以足够的自由裁量权，引发诸多现实问题。我国的劳动法律体系依然不够完备，有关劳动工资、集体合同、民主管理、社会保险等重大问题还未立法，许多劳动法律法规存在原则性要求多、刚性罚责少、操作性不强等问题，加之劳动执法监察力量薄弱，许多劳动

---

① 《全国人民代表大会财政经济委员会关于第十一届全国人民代表大会第二次会议主席团交付审议的代表提出的议案审议结果的报告》，2009年10月31日第十一届全国人民代表大会常务委员会第十一次会议通过。

② 2010年7月12日，《最高人民法院关于审理劳动争议案件适用法律若干问题的解释（三）》于最高人民法院审判委员会第1489次会议通过，自2010年9月14日起施行。

侵权问题没有得到及时有效查处[①]。

（三）制度层面

在分配领域中，制度正义性可谓分配公正的起点。如果收入分配在制度安排上存有缺陷，那么收入分配正义秩序势必难以建立和维持。在我国，制度层面的问题主要包括矛盾解决的非制度化、制度执行不到位、纠纷的市场化解决机制滞后、利益表达渠道阻塞、监督主体单一化和身份多元化下利益协调的困境等方面。

1. 矛盾解决的非制度化

在不同所有制企业中，工会建设速度存在较为明显的差异[②]。在社会主义法制不断完善的过程中，工会覆盖面的差异导致了不同所有制企业中职工权益的保障机制出现特定行业与特定企业中的新问题。如果企业主违法成本较低，那么职工的合法权益更易受到侵犯。在缺乏合理有效的调解制度的背景下，极容易导致劳资双方的对立。

目前，相当数量的劳资关系纠纷是依靠朋友或熟人帮忙解决的，而正式制度在这类问题的解决中往往仅占有限的比重。这一方面反映出劳动者通过正规制度维护自身正当利益的意识较为淡薄，另一方面也反映出正规制度的建设和完善任重而道远。只有制度化的规范在解决此类问题中占有主导性地位，才能更有效解决此类问题。

无论是否建立工会，工会均非劳动者获得帮助的主要途径，而非正规途径的亲友或同乡则解决了他们的绝大部分问题[③]。这既反映出劳动者通过工会获得帮助的意识和能力有待提升，也说明工会在一些涉及劳动者切身利益的问题上积极作用并不显著。如果工会难以在劳资纠纷中有效地发挥协调作用，那么，劳资间的对立势必会累积并加剧，从而影响到企业和社会的和谐。对此，国务院在2013年2月9日批转的《深化收入分配制度改革若干意见的通知》中指出，落实清偿欠薪的工程总承包企业负责制、行政司法联动打击恶意欠薪制度、保障工资支付属地政府负责制度。完善劳动争议处理机制，加大劳动保障监察执法力度。为从制度上解决这一问题提供了改革的指导思想。

---

① 湖北省总工会课题组：《关于非公企业劳动关系及工会工作状况的调研报告》，载于《工运研究》2010年第16期。

② 详细数据分析见全总全国职工队伍状况调查办公室：《第五次全国职工队伍状况调查统计数据分析报告》，载于《工运研究》2005年第2期。

③ 全总全国职工队伍状况调查办公室：《第五次全国职工队伍状况调查统计数据分析报告》，载于《工运研究》2005年第2期。

2. 制度执行缺位

无论是国有企业还是非国有企业，近年来都存在社会保障制度的缺失。这一方面是微观个体保费缴纳意识的欠缺，另一方面也说明社会保障制度的强制性不足，导致出现保障不足和保障缺位的现象。

上述矛盾解决的非制度化在一定程度上反映出目前劳动保障监察存在诸多局限性。由于存在政府部门直接参与经营，劳务派遣人员工资偏低问题难以从根本上获得解决[①]。

这种制度执行得不到位主要源于道德上和法律上的双重软约束，使执行主体在行为取舍过程中倾向于投机行为而非合法行为。这使得制度的预设目的没有达到，收入分配秩序也因此出现显性或隐性的破坏。

3. 纠纷的市场化解决机制滞后

集体协商机制的建立是劳动者在工会组织下切实有效维护自身权利的重要方式之一。但是，2010 年，非国有制企业中建立工资协商机制的比重为 59.61%。[②] 一般而言，在实行工资协商机制的企业中，职工工资普遍比同行业未实行该机制的企业高 10% ~15%[③]。由于工会在履行自身职责过程中存在种种缺位以及工资协商制度本身建立迟缓，它在缓解劳资矛盾方面的作用颇为有限。此外，这种协商机制长期的缺失导致职工在与资方议价能力上一直处于弱势地位，难以有效维护自身的利益。

2008 年全球金融危机以来，这种情形在全国部分省份逐渐得到改善。中华全国总工会 2011 年 1 月提出，从 2011 年起用 3 年时间，到 2013 年底已建工会组织的企业 80% 以上建立工资集体协商制度，基本实现已建工会企业普遍开展工资集体协商[④]。

4. 利益表达渠道阻塞

利益表达渠道受阻实际上是劳动者报酬保障制度建设不完善的重要表现之一。在我国，由于工会制度本身的局限性以及三方协调机制建设相对迟缓[⑤]，劳动者自身话语权不断弱化，其利益诉求往往难以通过合适的方式得以解决。当他们遇到具体问题需要解决时，无论是否建立工会，人脉或交情是其寻求帮助的主

---

① 全国人大财经委专题调研组：《国民收入分配若干问题研究》，中国财政经济出版社 2010 年版。

② 中华全国工商业联合会，中国民（私）营经济研究会：《中国私营经济年鉴：2008.6 - 2010.6》，中华工商联合出版社 2011 年版。

③ 《“最期待”涨工资　集体协商助工资平均涨 15%》，人民网，2008 年 10 月 9 日。

④ 《中华全国总工会 2011 ~2013 年深入推进工资集体协商工作规划》，总工发［2011］4 号，2011 年 1 月 18 日。

⑤ 2001 年，国家才开始成立三方协调机制。2001 年到 2011 年 6 月，国家层面仅召开过 15 次不定期会议。2006 年成立了五个咨询委员会，但这些委员会发挥的作用较为有限。

要渠道。这说明在劳资关系和谐发展过程中正规性制度的公信力尚未得到普遍认可，更未成为劳动者寻求解决问题的主要方式。

由于正规渠道利益诉求机制受阻，群体性事件数量遂呈逐年上升趋势①。2010年群体性事件的特点是：具体诉求以涨薪为主，而实际手段则以停工、罢工为主，类型以自发为主扩展速度快、范围广②。这种群体性事件一方面体现出劳动者权利意识的觉醒，另一方面也对社会稳定造成一定危害。因此，群体性事件的频发以及可能带来的社会问题是长期以来劳动者利益表达渠道阻塞所致。此类性质事件的出现，实际上也是自下而上要求改变利益的现实诉求。

此外，在这种群体性事件中职工潜在参与率也较高。当企业发生集体劳动争议导致群体性事件发生时，有61%的职工表示有参加的倾向性③，在此意义上，无论是群体性事件的产生还是解决方式，其示范效应都不容忽视④。

在劳资矛盾解决思路中，“疏”比“堵”更富有成效，同时更需要魄力。压制只会激发劳工阶级偏向激进主义，而宽松的政治气氛以及允许自由集体协商则有助于改革主义的形成⑤。当前的情形是，在我国近年来暴力性群体性事件发生之前，一些来自公权力的暴力行为提前发生，并出现群体性事件从暴力引发暴力，再以权制暴的处理方式⑥。在此情况下，公权力的使用反而成为底层居民维护自身利益的最大障碍。公权力的使用不仅没有对社会的公平正义起到促进作用，反而侵害了这部分群体维护自身基本分配权利的诉求。

5. 监督主体单一化

监督主体的单一化带来两方面问题：一是监督的公正性通常难以保证，二是监督的有效性也存在一定不足。我国对劳资关系调整的监督主体主要是中华全国总工会及其下辖的各分会。如果按照上述国有以及非国有企业中工会难以为劳动者谋求应有福利的分析，那么这种监督是相当有限的。如果出现劳资纠纷，而监督机构却难以有效进行调节以缓解劳资双方的矛盾，那么公正的收入分配秩序在劳资分配中势必难以真正体现出来。

---

① 详细数据分析见胡鞍钢等：《关于我国社会不稳定因素变化态势的实证分析》，载于《探索》2007年第6期。

② 欧阳骏：《当前劳动关系形势与工会应对的思考》，载于《工运研究》2011年第2期，第20～23页。

③ 全总研究室“劳动关系状况”课题组：《我国企事业劳动关系状况及劳动关系调整机制建设研究》，载于《工运研究》2008年第16期。

④ 吴忠民：《中国改革进程中的重大社会矛盾问题》，中共中央党校出版社2011年版。

⑤ 单光鼐：《尽快开启越来越逼近的制度出口——2009年群体事件全解析》，载于《南方周末》2010年2月4日，第31版。

⑥ 邢少文，《暴力事件的演变轨迹》，载于《南风窗》2011年第24期。

6. 身份多元化下利益协调的困境

在我国，政府既是市场微观主体国有企业的最终控制者，又是市场宏观规则的主要制定者，这两种身份在国有企业内部存在一定程度上的统一。因此，相对非国有制企业而言，国有企业中劳资关系的处理带有更多行政化特征。

就非国有企业中劳资关系的调整而言，规则调整与利益分配间存在一定困境。非国有企业中劳资关系的处理方式比照国有企业的做法，在我国目前的经济环境中尚存一定难度。但是，如果非国有企业在处理这方面问题时，离既定标准相去太远，则易造成社会对公平和正义观的质疑。因此，非国有企业中劳资关系的处理通常是在既定法律法规允许范围内，根据市场手段进行规范，一般没有国有企业中调节劳资关系的多样化手段。

在此过程中，政府作为规制者与雇主的身份经常交织在一起，特别是行政性垄断行业的产生和维持，在一定程度上与这种多元身份的频繁转换有关。如此转换的后果之一就是造成公共领域产权边界的模糊化，难以对既定劳资调整政策寻找到合理有效的标准。如果缺乏对权力的有效监督与制约，分配制度的改革就难以推进，甚至发生扭曲[①]。如果政府难以真正成为劳资关系中独立的第三方，那么，由这种劳资关系失衡造成的收入分配秩序紊乱将在一定范围内始终存在。

7. 仲裁制度建设滞后

劳动仲裁制度是劳资纠纷重要的事后解决方式，也是影响劳资矛盾能否有效解决的重要方面之一。

我国仲裁制度立法进展较为有限，对其细则的更新速度较为缓慢。目前，调整劳资关系生效的法律仅有两部[②]，分别为 1994 年 8 月 31 日颁布的《中华人民共和国仲裁法》和 2007 年 12 月 29 日颁布的《中华人民共和国劳动争议调解仲裁法》。

总体而言，我国劳动仲裁制度直到近年来才开始出现实质性发展，但建设水平存在较大地域差异性。此外，在实际运行中，人员编制、经费和工作场所因未纳入人力资源和社会保障部的渠道加以解决，仲裁委员会作用虚化，三方性原则贯彻不到位[③]。2008 年 1 月 1 日实行的《劳动合同法》以及同年 5 月 1 日生效的《中华人民共和国劳动争议调解仲裁法》可以对劳动争议的仲裁等问题提供原则性指导。2008 年之后，我国劳动仲裁的主要特点是数量上升快和劳动者败诉率

---

① 余斌：《国民收入分配困境与出路（2011）》，中国发展出版社 2011 年版。

② 事实上，新中国成立初期也颁布过对仲裁机构的相关规定，如 1949 年 7 月 15 日，中共中央颁布《关于私营企业中劳资纠纷问题的指示》，将劳动局的职能定位于劳资争议中的唯一仲裁机构，并就相关的劳资争议手续进行了规定。

③ 劳动人事争议处理专业委员会课题组：《＜劳动争议仲裁法＞实施跟踪研究》，载于《中国劳动》2011 年第 6 期。

高。这两个特点都与仲裁取消了案件受理成本有关。这一方面说明劳动者维权意识的逐渐提升，另一方面也表明劳动者的法制知识也应相应提升。

2011 年 11 月 30 日，在《中华人民共和国劳动争议调解仲裁法》生效三年后，人力资源和社会保障部才正式颁布《企业劳动争议协商调解规定》[①]，为前述法提供了一个可供执行的制度规范。其中，该规定就仲裁的受理时间长度以及时间的计算作了明确限制。

（四）经济层面

经济层面的传导机制是劳资关系失衡影响收入分配秩序紊乱最为直接的方式[②]。转轨时期，由于主体身份不断发生变化，利益诉求呈现多维度倾向。在我国，这种传导渠道主要包括制度转型中利益分化但形态模糊，抑制性劳资矛盾的集中爆发，非对称的要素市场化与管理者的腐败四个方面。

1. 制度转型中利益分化但形态模糊

利益分化是滋生诸多劳资矛盾的重要原因之一。在中国社会经济转型背景下，由于涉及主体多元性、制度兼容性、法制规范化以及机会主义倾向等问题，利益分化的原因和形式颇为复杂。而收入分配秩序调整的有效性也因此受到掣肘。在此复杂局面中，利益形态模糊化使得相关解决渠道阻力重重。其原因更多的源于新旧制度环境下对利益表达的机制以及对利益的诉求程度等方面存在一定区别。在这种转型过程中，劳动者往往被认为是弱势利益群体的代表。

这种形态的模糊也与分化的劳动者对劳资关系的认识有关。根据 2002 年中国城市居民社会观念调查，劳资冲突很小或没有冲突的人群比重接近 75.5%。这种感知和现实的差距较为显著，特别是那些具体涉及劳资纠纷的群体。

2. 抑制性劳资矛盾的集中爆发

在我国经济发展的不同过程中，劳资矛盾累积扩大的问题均在一定程度内存在，其中抑制性劳资关系问题的积累更值得关注。日本学者笠原清志认为：在社会主义国家，由于工人阶级利益的一致性，官方工会组织的存在抑制了劳动争议的显性化，同时也推迟了建立法制解决劳动争议的进程。即使出现劳动争议也被

① 该规定的正式生效时间为 2012 年 1 月 1 日。

② Acemoglu 和 Robinson（2000b，2001b）指出，经济不平等是政治不平等的决定性因素。这个观点需要辩证地看待。经济不平等是不平等最为外在和最直观的表现形式。但仅仅将政治不平等之间视为经济不平等的单向度结果，存在一定的偏颇。在市场经济环境中，如果微观个体收入的全体难以有效实现，那么必然导致经济上的不平等。因此，它们之间应该具有双向度的关系。在处理具体问题时，更加需要谨慎对待。

认为是组织干部的素质和领导问题，不承认不同社会群体之间的利益差异[①]。

我国现阶段的劳资关系既存在新问题频现又存在旧问题集中凸显。其中，许多新问题都与旧问题或多或少的带有某些共性。因此，劳资关系的调整，如处理新旧问题的方式过于简单，或忽视两者间可能存在的联系，则会造成劳资关系发展的新阻碍，不利于社会整体收入分配秩序的改善。

3. 非对称的要素市场化

1979～2013年分配制度最为显著的变化是要素参与分配[②]开始逐渐被认可，并不断得以完善，逐渐成为按劳分配的重要补充之一。要素参与分配在多种分配方式中占有重要地位。要素的分配份额既与要素的初始数量有关，也与要素的所有权划分密切相连。其中，除统计口径因素的影响，劳动要素获得体面和相称的回报是增加劳动收入占国民收入比重的重要方面。在多元化分配价值观下，要素权利的划分深刻而全面的影响着其所有者收入的稳定性或持续性。继续推动资源要素价格体制改革，作为一项重要的配套措施也日益凸显其重要性。但是，从市场结构上来看，暴利机会和不合理的高收入主要出现在生产要素市场中的交易过程中[③]。这导致在要素市场化过程中，收入分配秩序出现了一定程度的紊乱，影响了居民的实际收入水平。

市场体系改革不彻底，要素价格扭曲和市场主体扭曲导致资源错配，使劳动者地位相对恶化[④]。1971年以来，劳动、资本和技术所有者的收入状况开始分化[⑤]。从全国整体情况看，自1983年后，税前和税后劳动分配份额呈长期下降趋势；自1983年至1994年分税制改革前，税前和税后资本分配份额呈长期上升趋势，之后上升趋势变缓[⑥]。如果这种收入分化是在要素权利正当实现基础之上产生的，那么可以通过二次分配予以调节。如果这种差距更多的是因分配秩序紊乱或分配标准缺失所致，那么，在初次分配领域中规范秩序完善标准则势在必行。

---

① 笠原清志：《社会主义意识形态与劳动争议的“不存在性”——关于劳动关系与劳资关系的概念》，载于《工会理论研究》1999年第1期。

② 在现实中，按要素分配经常会招致存在剥削的批评。事实上，这更多的是一种认识问题的角度之争：如果要素所有权的获得带有原罪并根据这种所有权形式进行收入的分配过程，那么这种过程中的非劳动收入是具有剥削成分的。但如果没有原罪的生产要素按照对生产的贡献参与分配过程，并获得相应的回报，那么这种非劳动收入就不存在剥削。第二种观点的主要代表有蔡继明和杨灿明。应该说，后一种观点是得到了官方认可的。中共十五大指出：在社会主义的初级阶段，要坚持按劳分配为主体、多种分配方式并存的制度，把按劳分配与按生产要素分配结合起来。

③ 李实、赵人伟：《市场化改革与收入差距扩大》，第71次中国改革国际论坛会议论文。

④ 余斌：《国民收入分配：困境与出路（2011）》，中国发展出版社2011年版。

⑤ 详细数据分析见陈秀梅：《要素参与收入分配问题研究——收入分配中的劳动和资本》，经济科学出版社2010年版。

⑥ 吕冰洋、郭庆旺：《中国要素收入分配的测算》，载于《经济研究》2012年第10期。

4. 管理者的腐败

在现实社会经济领域中，管理者的腐败也与劳资关系的恶化存在一定内在联系。这在一定程度上是对分配过程中管理要素参与分配原则的异化，侵害了职工和企业的长远发展。于建嵘曾经对200余起国企工人抗争的原因作了分析，其中国企领导腐败问题占6%[①]。究其原因，主要与权力的使用和监督方式有关，详见第二节的分析。

第二节 公权力干预私权利与收入分配秩序紊乱

在现实社会经济中，公权力对私权利的干预比较广泛。其特征甚多，其中最主要的是它具有历史延续性、空间多样性和特定情境性。一般而言，在市场经济中，市场经济权力应具有主导性，而政治干预应作为补充形态而存在。凯恩斯学派以及新古典综合学派主张政府应实施积极干预以平滑经济波动并将经济带向均衡点。此学说确实为20世纪直至今日的政府干预市场行为提供了必要的“理论依据”。然而，无论是对经济整体还是对微观个体而言，其所带有的负面影响在一定程度上表现得相当明显。就我国而言，公权力对经济市场的干预在很大程度上延续了计划经济的管理特色。其间虽发生过职能定位的转换，但效果仍然有限[②]。而近一段时期内迭次发生的国内外经济危机客观上促使政府不断强化对经济市场的干预，使得淘汰落后企业和升级产业结构一再滞后。此外，公权力对私权利的过度干预也在一定程度上恶化了劳资关系，不利于居民收入的提升，直接或间接造成社会收入分配秩序的紊乱。因此，关注公权力对私权利的干预成为把握收入分配秩序紊乱根源的应有之义。

在我国，行政性行业垄断与城乡户籍分割管理可谓造成初次分配失衡的两大基本因素，也是影响再分配调节效果的重要因素[③]。事实上，公权力干预私权利的内涵甚多，其中最主要的包括显性的不当干预和隐性的权钱交易。从一定意义上而言，此两种干预都不同程度地导致现存收入分配秩序趋向紊乱，影响居民收

① 详见于建嵘：《转型期中国的社会冲突和秩序重建》，中国改革论坛网，2010年5月14日。

② 2013年3月10日全国人民代表大会上通过的《国务院机构改革和职能转变方案》，对规范我国政府同市场和社会的定位进行了探索性的规定。2013年3月28日国务院颁布了《国办关于实施〈国务院机构改革和职能转变方案〉任务分工的通知》，目标是用3至5年时间，加快建设职能科学、结构优化、廉洁高效、人民满意的服务型政府。在实施步骤上，该文件对2013～2017年每年需要完成的主要改革任务也进行了量化规定。这是数年来对政府职能转变较为细致的规定，但探索性改革的结果仍有待观察。

③ 宋晓梧：《未来十年的改革——国民收入分配改革研究》，中国财政经济出版社2011年版。

入的实际增长。具体地说，显性的不当干预主要包括以GDP为导向的政绩考核机制、行政因素导致垄断企业收入、干预地域土地市场化、延续平均主义、国有企业改革中利润分配失当、制度上隐性收入扩大、再分配过程中的户籍限制以及税制改革中非对称受益八个方面。而隐性的权钱交易则突出表现为部分政府官员自利性行为的泛化以及政府官员源于潜规则和信息优势获得收入两方面。

一、显性的不当干预

一般而论，显性的不当干预主要是指政府使用公权力对市场中其他微观主体的过度调整①。如此直接损害市场经济基本规则的做法体现的是权利的权力化②。这种权力化的权利所致的收入可被视为权力经济。具体地说，权力经济是权力渗透至经济领域中的异化形式，主要包括三个层次：决策导致资源错误配置，通过权力获取灰色收入与权力导致腐败③。受此影响，原来设想的社会主义市场经济很有可能演变为一种“权贵资本主义”④。在我国现存收入分配领域中，政府的不当干预覆盖收入分配的初次分配和再分配领域两个主要阶段，对居民收入的形成和变动产生多重影响。

（一）初次分配领域

在初次分配中，政府的不当干预可谓名目繁多，其中最主要的体现在宏观和微观两个层面。

1. 宏观层面

政府在宏观层面的不当干预，主要包括政治主导型的GDP、行政性垄断以及干预土地的市场化三方面。

（1）以GDP为导向的政绩观。

由于GDP总量和增速在我国官员政绩中占有重要地位，因此，GDP总量和

---

① 在我国，公权力对私权利的干预涉及诸多层级的政府。其中，县级政府滥用权力的情形，已经日益为社会所关注。为谋求改变这种现状，继2010年9月12日湖北省出台了《县委书记岗位风险预警防控办法》后，中共中央纪委、中共中央组织部于2011年11月18日印发了《关于开展县委权力公开透明运行试点工作的意见》，以规范基层政府的权力使用。

② 权利权力化，是崔建华（2010）提出的观点。他认为，这种权力异化的主要特征是公权力的私有化，并存在谋取私人利益的动机与结果。在我国，权利权力化的实质是权力主体维护资方不合理的利益而损害劳方合理利益。详见崔建华：《我国国民收入分配中政府公权力干预不规范问题研究》，载于《经济问题》2010年第11期。

③ 戴维·毕瑟姆：《官僚制》，吉林人民出版社2005年版。

④ 吴敬琏：《市场经济应防止陷入“权贵资本主义”》，载于《决策与信息》2004年第1期。

增速的高低成为官员谋求自身发展追求的重要目标。作为迅速崛起的发展中国家，GDP 的较高增速具有一定合理性。而居民收入长期未能与 GDP 同步增长则在一定程度上反映出居民受益程度的有限性，如此体现的积累与消费比例失调客观上导致了我国内需增速缓慢。而导致此局面出现的主因是执政党地位的稳固与发展不是依靠对其意识形态的说教和宣传，而是依靠其政治和经济绩效而产生的合法性基础[①]。如果 GDP 的快速增长脱离了多数人福利的增长，那么，如此推动发展经济不仅与科学发展观相背离，而且还加大了经济发展的潜在社会风险[②]。

2008 年全球金融危机以来，我国这种“重增长轻分配”的经济发展模式再次体现出来，由抑制性分配而滋生的民生矛盾日渐突出。由于全体居民从经济增长中受益程度比较有限，且渠道不对称，他们的生活水平和幸福感呈下降趋势。

总体而言，我国财政支出的总量和增速在 GDP 增长中具有重要作用。2010 年全国 31 个省区市中财政支出增速的平均值为 22.06%，远高于同期 GDP 的增速，也显著高于城乡居民收入的增速。从地域角度而言，其增速由东部至中部再至西部呈逐渐递增态势。就 GDP 增速与城乡居民收入增速而言，前者高于后者的情形在各省均较为普遍，其中中部省份更加突出。1992～2013 年，这种增长的差异在全国各省始终存在。可以说，政府对 GDP 的追逐和高额财政支出的增长导致人民的实际收入及消费能力提升甚为有限。同时，社会经济结构不仅未能在适当时机进行升级调整，反而出现了以国家为主导的市场转换过程，政府进一步增强了对微观经济的控制力。

（2）政府行政性垄断。

在《反垄断法》中，垄断主体的定义界定较为完整，考虑到了国家执行机构以及权力代理机构存在的潜在行政性垄断行为。由于反垄断机构未能获得相应执法权，此项法律在执行过程中出现诸多障碍。在适用对象上，除上述规定的两类外，代表主权国家行使行政职权的中央政府则不受此法律制约。

总体而言，垄断行业收入的形成及其对收入分配秩序的影响甚多，其中体现为四个方面：

一是利润分享群体人为锁定。这主要体现为全民资产收益更多地为企业内部人员所获得，而外部人员受益较少，尤其是 1994 年后国有企业较少或不再向国家上缴利润导致行业间收入差距迅速分化。

二是收入分配主观色彩浓厚。由于我国居民收入形成过程缺乏相应社会监管，具体收入分配带有更多主观性。这突出体现为利润分享的群体性差异以及

---

① 王文利：《当代中国个人收入分配制度的变迁——从权力角度的分析》，西北大学 2004 年博士学位论文，第 121 页。

② 中国（海南）改革发展研究院：《直谏中国改革：理论篇》，中国经济出版社 2011 年版，第 220 页。

对既定劳动和既定投入回报程度的差异上，如对人力资本在某种程度上的低估。

三是垄断性福利的逐渐泛化。除直接导致供需二维空间上产品定价及销售所产生的损失外，垄断企业所造成的社会福利损失还包括该类企业通过极低代价获得社会公共产品及服务。这种形式的损失也被称为“垄断福利”，是加剧社会上收入分化的重要因素之一，是引起分化焦虑心态的重要原因。

四是虚位企业家只管理国有资产。从理论上而言，这类企业管理者虽对企业具有自主经营权、自负盈亏，但他们通常并非遵循市场原则而产生，更多地体现为直接任命或空调。这在一定程度上使他们对企业的责任感较少受到市场的约束，更多的遵循一种政治和道义上的责任。这种责任的形成和维系很难像市场中其他竞争性主体那样更多的追求企业经营的绩效，而往往是谋求既定发展水平下个人利益的最大化。

事实上，有关垄断行业集中度以及造成福利损失的分析可从两种不同角度作出客观评价。首先，垄断企业特别是行政性垄断企业是计划经济时期遗留至今并产生一定变异的管理体制的外在体现，通过行政权力的运用从准入、行业标准、监管等多方面干预市场微观经济活动，借重组和兼并等活动扩大行业内部分企业的规模和市场份额。其次，垄断企业并非孤立的存续，而是与整个产业甚至诸多行业以及国民经济整体发展密切相关。垄断企业所具有的规模效应和发展示范效应对行业内外，均具有小型微观企业难以企及的影响。关于垄断企业所产生的福利损失也是一种相对于理想状态的损失，应与该类企业所推动和所创造的技术创新活动等结合起来，特别在技术扩散的涓滴效应和引导效应对整个行业以及其他行业的影响，方能全面考察此类企业在市场经济活动中的定位与价值。

（3）干预土地市场化。

迄今为止建立的市场经济体制还有待进一步完善，其中一个方面就是各级政府握有支配土地等重要经济资源的巨大权力①。中国农村与城市土地制度仍维持着二元态势，国家垄断城市土地一级市场等六个方面②可谓我国目前土地政策所面临的主要问题。

自 1950 年以来，我国出台过诸多法律和法规对政府的征地行为和方式等进

---

① 张剑荆，斯方吾：《寻租膨胀无以复加　改革需要顶层设计》，载于《中国改革》2011 年第 12 期。

② 这六个方面分别是农村与城市土地制度仍然维持着二元性、国家垄断城市土地的一级市场、强制征地和补偿措施存在不公平性、农民的土地权利很弱；地方政府对土地转让收益及土地相关融资过度依赖、降低农地流失率困难和土地法律框架不完整。详见中国土地政策改革课题组：《中国土地政策改革：一个整体性行动框架》，载于《改革》2006 年第 2 期。

行规定[①]。1986 年出台的《土地管理法》使政府获得了土地的有偿使用和行政划拨的法理依据，其中有偿使用部分始终未能得到较好履行。1988、1998[②] 和 2004 年分别对该法进行了修订。2011 年 4 月，修订工作重新启动[③]。2011 年 11 月，中央巡视机构和国家土地督察机构协作配合机制正式进入机制化协作实施阶段，成为构建“党政同责”监督机制，遏制目前土地矿产领域突出问题的重要举措[④]。在土地征收和使用制度完善过程中，例外的规定也不断增加[⑤]。由于这些例外的行政审批权究竟该如何监督缺乏相应的规范性文件，这也容易导致权力泛化。

在制度完善和例外规定不断增加的双重影响下，政府主导的土地市场仍在诸多方面对居民正常私权利的实现产生较大的负面影响。这主要体现为如下三方面：政府官员涉腐案件逐渐增多、金额逐渐增大，政府在土地利益的分配上实行城乡差别对待和对私人财产的侵犯。

同时，在具体土地利益分配上，政府更多地实行城乡差别对待。具体土地利益虽未被城乡居民直接获得，但是通过政府对土地权力[⑥]的行使，城乡间居民的受益程度成非对称态势。由于制度方面原因，农村土地在大部分地区仍难实现自由流转，土地仅为农民谋生手段的主要工具之一。而城镇土地经由政府部门征收后能实现商品化交易或实现城镇福利水平提升，土地增值收益也能转换为现金流成为城乡居民收入分化的重要原因之一。2004 年，只有 20% ~30% 的土地增值收益留在农村，其中农民的补偿款仅占 5% ~10%，地方政府和开发商的增值收

---

① 主要的法律和法规包括 1950 年颁布的《城市郊区土地改革条例》、1954 年颁布的《中华人民共和国宪法》、1958 年的《国家建设征用土地办法》、1982 年的《国家建设征用条例》、1986 年的《土地管理法》和 2011 年的《国有土地上房屋征收与补偿条例》。

② 然而，1998 年的修订仍然在一定程度上沿用了计划经济时期的安置办法，导致征地矛盾从 1998 年开始累积扩大。

③ 目前使用的修订后的法案中，土地的权属变更主要包括以下四种：（1）依法征用和划拨土地；（2）依法出让、转让土地使用权；（3）依法买卖、继承、交换、分割土地使用权；（4）土地使用权机关权利的变更。

④ 《中央巡视与土地督察协作机制化》，载于《北京商报》2011 年 11 月 30 日。

⑤ 从 2001 年 10 月 28 日到 2010 年 7 月 4 日，国务院办公厅出台过行政审批方面的法规 15 项，其中对行政审批保留方面出台过两项法规和一项修改，分别为：（1）2004 年 6 月 29 日颁布的《国务院对确需保留的行政审批项目设定行政许可的决定》；（2）2004 年 8 月 2 日颁布的《国务院办公厅关于保留部分非行政许可审批项目的通知》；（3）2009 年 1 月 29 日颁布的《国务院关于修改〈国务院对确需保留的行政审批项目设定行政许可的决定〉的决定（2009）》。其中，第一个法规中就规定 500 个行政审批机关实行“需保留的行政审批项目设定行政许可的目录”，第二个法规中保留了 211 项非行政许可审批项目。

⑥ 政府对土地权力行使的依据主要来源于《中华人民共和国宪法》、《房地产管理法》和《土地管理法》等。在我国，法定的土地分配和转让方式主要有 7 种，分别为划拨、出让、租赁、作价出资（入股）、授权经营、转让和出租。

益分别为 20% ~30% 和 40% ~50%[①]。2013 年，全国工商联在一项统计研究中指出，整个房价当中有 61% 被政府拿走了[②]。

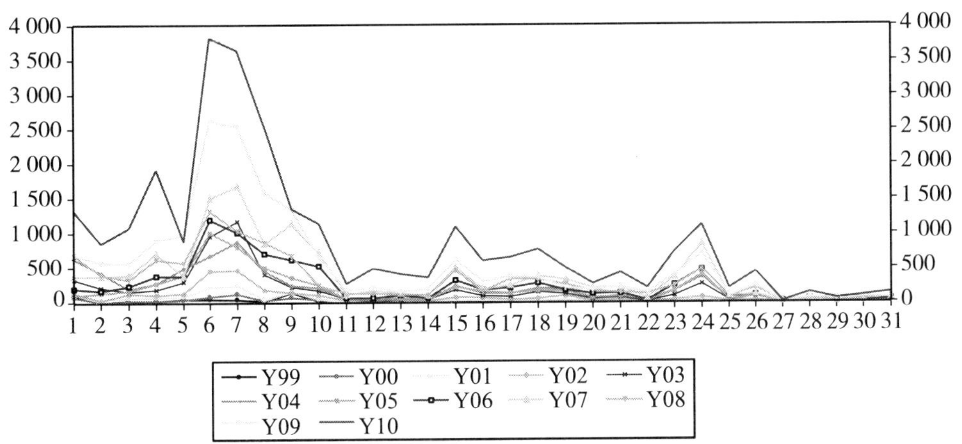

图 3-1　1999~2010 年全国 31 个省区市土地出让金绝对数

注：Y99、Y00、Y01、Y03、Y04、Y05、Y06、Y07、Y08、Y09 和 Y10 分别代表 1999、2000、2001、2002、2003、2004、2005、2006、2007、2008、2009 和 2010 年。1~31 分别代表下列各省、自治区和直辖市：北京（1）、天津（2）、河北（3）、辽宁（4）、上海（5）、江苏（6）、浙江（7）、山东（8）、广东（9）、福建（10）、山西（11）、内蒙古（12）、吉林（13）、黑龙江（14）、安徽（15）、江西（16）、河南（17）、湖北（18）、湖南（19）、陕西（20）、广西（21）、海南（22）、重庆（23）、四川（24）、贵州（25）、云南（26）、西藏（27）、甘肃（28）、青海（29）、宁夏（30）、新疆（31）。其中，（1）~（10）、（11）~（20）、（21）~（31）分别为东部地区、中部地区和西部地区各省。上述数据全部按照当年价计算，单位为亿元。

资料来源：《国土资源统计年鉴》2000~2011 年。

这种分化可从土地出让金总额以及使用方向上得到一定证明。1999~2010 年，2010 年的土地出让金在大多数省区市是最高的[③]（见图 3-1）。这一年全国土地出让金按当年价计的绝对数为 2.75 亿元，占 GDP 的比重从 1999 年的 0.57% 上升至 2010 年的 6.84%。2007 年，此数据仅为 4.6%。不难看出，就 1999~2010 年的总量而言，土地出让金的地域分化比较显著，其中江苏和浙江

---

① 2006 年开始，《农村经济绿皮书》不再对农村生产要素市场与市场化程度化单列章节进行分析，因此 2006 年及之后的分配格局不得而知。数据来源于中国社会科学院农村发展研究所，国家统计局农村社会经济调查总队：《2004~2005 年：中国农村经济形势分析与预测》，社会科学文献出版社 2005 年版。

② 《全国工商联统计称房价中 61% 被政府拿走》，中国广播网，2013 年 4 月 1 日。

③ 1999~2011 年，全国土地出让金总额约为 12.75 万亿元。其中纯收益过半，但支出方向鲜有对公众披露。详见刘展超：《全国土地收入 13 年近 13 万亿　资金去向鲜有对外公布》，《第一财经日报》，2012 年 2 月 24 日。

2010年的土地出让金为1999年各自金额的86.4倍和98.1倍。2007年，东部各省区市的出让金占全国总额的72.47%，而该区域的人口比重仅为全国的38.35%。整体而言，西部的出让金在全国的占比为11.62%。10年间，西部地区四川的出让金最高。2013年第一季度，全国306个城市土地出让金达5 939亿元，同比上涨84%，其中北京土地出让金480为亿元，同比上涨396%[①]。

这些经过完整程序实现的土地出让金收益往往主要用于城市的基础设施改造而非居民收入水平的改善。2006～2009年，土地出让金对城市公共投资的贡献全国平均值为36%，北京、上海、天津和重庆的数值分别为55%、55%、56%和30%。在此期间，全国土地出让金的主要支出方向为城市公共投资、工业用地开发投资、土地储备投资和保障性住房投资，平均支出金额为3 744亿元、2 808亿元、1 872亿元和936亿元。可见，此期土地出让金更多的用于城镇经济的开发（城市公共投资和工业用地开发投资占比达70%）、10%的城镇居民福利改善以及20%左右的土地调整。此外，土地出让金刺激了房地产业，地方政府因此还获得了近10%的税费收入[②]。由于土地出让金在三大地域间和内部均存在较大差别，而区位因素往往在很大程度上决定了土地的价值。就土地发展模式而言，地域的相关性确实在近些年有了显著提升。

2. 微观层面

在现实社会中，政府在微观层面的干预破坏了公平分配规则直接影响了居民的收入。具体地说，这主要包括国有企业中平均主义延续、利润分配失当以及隐性收入扩大等方面。

（1）平均主义延续。

在我国大多数垄断企业中，劳动者学历层次间的工资总额差较小直接导致人力资本相对贬值，阻碍了人力资本的深化[③]。劳动者工资待遇并未随学历以及技能的提升而得到持续显著的改善，说明人力资本尚未得到应有的回报，客观上导致现有人力资源的浪费以及未来劳动力资源深化过程的扭曲。这里论及的垄断行业内部效率层面的损失正是针对这种偏离最优工资制度所导致的人力资本回报的低下以及由此造成的行业内部分配中的诸多矛盾而言的。

在劳动者的实际收入中，基于身份的收入来源较多。在这类企业中，劳动者存在较为严重的收入分化，在较大程度上与职务和级别挂钩的福利性收入存在较

---

① 张达：《一季度全国土地收入同比增84%北京翻两番》，《证券时报》，2013年4月2日。

② 白宏炜、张宇：《土地短缺背后》，中金公司报告，2010年5月26日。

③ 苏海南2001年曾指出，多属国有企业以及机关、事业单位、群众团体内部工资收入分配差距偏小。按行政职务的收入分配差距过小，按技术职务的收入分配差距更小。详见苏海南：《加快形成我国城镇居民收入分配新格局》，载于《劳动保障通讯》2001年第7期，第27～30页。

大差异有关。不难看出，工资和福利在劳动者收入中比重失调实际表明按劳分配原则的具体贯彻与实施一直存在较严重的扭曲，而基于身份的收入成为他们收入的重要组成部分。

（2）利润分配失当。

所谓利润分配失当，主要是指国有企业所获得的利润未能因改革而为全社会居民所享有，这造成1994～2011年间国有企业上缴的利润微乎其微[①]。此举虽旨在做大做强国有企业，但因此类财富的增长及分配很少公开面向社会，使得巨额国有资本保值增值的财富长期以来为企业内部劳动者所享有，而社会其他成员难以分享，导致利润分享边界的锁定。在这部分企业中的劳动者在一定程度上出现了按要素分配原则过度进行分配的情形。可以说，这类要素甚多，其中最主要的是根据自然资源占有、行政资源掌握和身份制度维持等。因此，行业间，特别是区分所有制类型的行业间，员工的收入状况逐渐出现明显的分化趋势，在2000年后此类矛盾日趋凸显，成为社会关注的焦点。

中国改革发展研究院2010年改革调查问卷统计结果显示，62.99%的专家认为，在改革和完善收入分配制度途径中，规范垄断行业收入尤其是对国有企业进行“分红收租”最为重要[②]。使用这部分收入有助于促进从物的发展转向人的发展，是有效实现国富转向民富的重要方式之一。

---

① 主要的制度建设包括：在1979年开始的国有企业产权改革试点中，国有企业可以从完成国家规定的合同、其他合同中分别提取5%和3%的企业基金，部分资源垄断性的国有企业还可以从超额利润中提取一定比例的企业基金。1980年1月22日和1981年11月11日，国务院分别在《关于国营工业企业利润留成》和《关于实行工业生产经济责任制若干问题的暂行规定》中对企业留利比进行了40%的规定。相比1979年的试点而言，留利比提升了近30%，这事实上放开了企业对剩余利润的支配权，国有企业职工的收入状况也基本上从这一期开始逐渐改善。1982年，首钢开始实行上缴利润递增包干的试点，在利润总额40%以内进行职工福利基金和个人消费基金分配的同时，职工的工资总额与利润的比例按照0.8∶1的系数进行调整。可以看出，这一工资调整系数是相当高的，实际上进一步提升了国有企业职工的待遇。为了及时控制住这种情形，1983年开始了较为重要的利改税过程，但是这一过程以失败告终。1983年4月4日，国务院办公厅转发四川省人民政府转报的《关于贯彻落实中央指示搞好重庆市综合改革试点的报告》，其中提及：重庆的以税代利改革，自今年全面推开，全市所有盈利的国营大中型企业，按实现利润的55%征收所得税，企业实行浮动工资制。同月24日，国务院批转财政部《关于全国利改税工作会议的报告》和《关于国营企业利改税试行办法》的通知，指出有盈利的国营大中型企业，按照55%征税。有盈利的国营小型企业，应当根据实现的利润，按8级超额累进税率交纳所得税；企业交纳所得税后的利润。该办法自当年6月1日生效。对大型和小型国有企业进行分类调控的做法，对国有企业中留利和各自内部职工的收入分配具有较强的针对性。1993年12月15日，国务院颁布了《关于实行分税制财政管理体制的决定》，指出1994年1月1日起，企业按照33%的税率缴纳所得税。考虑到部分企业利润上交水平较低的现状，作为过渡办法，增设27%和18%两档照顾税率。这是利改税之后对企业纳税行为的一次重大规范过程。但是，该决定中同时提出：近期可根据具体情况，对1993年以前注册的多数国有全资老企业实行税后利润不上交的办法。很大程度上因为这句话对时间和适用范围规定的朦胧性，导致1994～2009年国有企业税后利润缴纳微乎其微，与其营业利润反差一直较大。

② 中国（海南）改革发展研究院：《直谏中国改革：理论篇》，中国经济出版社2011年版。

（二）再分配领域

政府在第二次分配中的不当干预主要体现在再分配的户籍化和税制改革的影响两个方面。

1. 再分配的户籍化

所谓分配的户籍特色，并非是指再分配过程中按居民户籍进行收入所得的再次优化过程，而是指在城乡二元户籍制度下，外出务工人员的再分配利益难以得到有效保证。在我国，大量流动农民在低福利甚至无福利的劳动环境下为经济发展做出了巨大贡献，有的甚至在极端情况下连工资也无法正常获得。在农民工的流动实践中，户籍制度体现了国家自上而下的干预策略和权力意志，而国家通过户籍制度拒绝中国农民在城市中实现合法的身份转换，实现以城市为中心的社会控制、资源垄断和利益重新分配①。

作为再分配主要对象，农村居民中的大部分为有效增加自身收入而积极向城镇流动。他们在制度框架内缺乏获得应有的劳动报偿和社会再分配的机会，足以说明现行制度运行存在重大疏漏。

事实上，我国诸项社会福利政策绝大多数是按照户籍而非人口所在地加以实施的。流动人口因非居住地户籍而难以享受应有的社会福利和社会保障。国家后来虽然规定对养老金实施最低 15 年缴费年限后可以结转，但仍旧给流动劳动力带来巨大不便。如果流动劳动力未能在其工作地区缴满最低 15 年养老金，他们流动到新工作地后，已缴纳的养老金费用不再结转，而在新地区重新按照 15 年的最低缴费年限开始计算。此举实际上是在鼓励此部分劳动力流动的同时，也变相限制了他们的流动。特别是在区域经济迅速发展的今天，这项政策虽考虑到地方政府财政压力，但也在一定程度上剥夺了劳动者自由选择就业地的权利。这种对劳动权的侵犯实际降低了劳动者借充分流动以享有经济增长益处的机会，导致群体间收入差距逐渐扩大。2010 年来，这种局面正在逐渐改善②。

2. 税制改革的影响

税收制度的运行及其维系既体现政府作为社会资源的组织者和公共品的提供者统筹规划的能力，又承载着经济社会发展过程中普通大众的价值追求和道德理

---

① 潘泽泉：《中国农民工社会政策调整的实践逻辑——秩序理性、结构性不平等与政策转型》，载于《经济社会体制比较》2011 年第 5 期。

② 2013 年 3 月 6 日，我国公安部副部长黄明表示，中国户籍制度改革的步伐已经明显加快，力度明显加大。2010 年至 2012 年，中国共办理户口“农转非”2 500 多万人，为前三年的 2.2 倍。2012 年中国非农业户口人口所占比重已经达到 35.29%。详见孙铁翔、华晔迪、高洁：《户籍改革明显加快　三年 2 500 万人农转非》，新华网，2013 年 3 月 6 日。

想。需要指出的是，税收更多的是对既定收入的事后调节。其具体内涵涉及对初次分配领域收入进行平滑的过程，调节的有效性主要依赖于调节的基础、方式以及执行力三个方面。其中，所谓调节的基础亦即微观主体收入的初始形态，在较大程度上决定着调节的现实效果。在注重税收调节效果的同时，明确税收调节的既定环境很有必要，否则，容易出现舍本逐末现象。如果忽略市场机会的公平性，仅将调节收入分配差距的主要责任划归为二次分配的观点是需要警惕的①。

对大多数市场经济的微观主体而言，税收是作为收入第二次分配形态而存在的。税收对初次分配“抑高调低”的作用能在一定程度上解决市场过程中回报差异悬殊的问题。对部分事业单位而言，税收虽也能实现二次分配的调节，但该类单位的资金来源于国家，或通过当下税收收入，或通过未来收入的变现形式——借债收入，或是前期以及前数期财富的一次变现，其中最主要的资金来源仍是税收收入。因此，对国有事业单位，税收既是资金获得的主要渠道，也同时可以对该类行业中从业者的收入进行调节。这里将主要对作为二次分配形态的税收对城乡居民收入的影响做一分析。

从总体来看，政府在税制改革方面的不当干预主要体现在如下三个方面：

一是税收总量增长过快。1985～2012年间，我国税收在绝大部分时间增速高于10%，1990～2012年间平均增速更高达17%左右。过快的税收增长虽保证了政府的财政收入，但在较大程度上挤占了居民和企业的可支配收入。

二是强化流转税在税收总额中的比重。1985年，三税的比重仅为25.27%，而1993年达到73.53%的峰值。此后出现缓慢下降，2011年的比重仍达50.01%。考虑到经济总量以及税收总额的超速增长，税种间的实际非对称演进也相当显著。就理论和现实而言，流转税在居民收入中具有较强累退性。1995～2006年间，我国增值税和营业税两种流转税的累退性对收入分配具有恶化作用，但这一负面影响有逐年降低的趋势②。在此意义上，逐渐强化流转税在税收中的比重确实保证了政府的收入。但相对于直接税而言，这也在一定程度上控制了监管成本，对居民收入的演化产生了负面影响。

在这里，简单说明更多依赖于1994～2009年间主要税种在居民收入不平等中的贡献程度，因为它们在1994～2009年间占税收收入的比重均在80%左右，占财政收入的比重均在66%以上，基本能代表税收收入的整体情况。

---

① 此类观点具有一定的合理性，但是模糊了基本的公平取向性问题。我们认为，公平应该更多意义上是机会层面上的，而非结果层面上的。如果市场经济环境中初始的机会不平等，则第二次分配也难以发挥其应有的作用。在此意义上，机会平等比结果平等更为重要，而非如徐滇庆等（2011）仅仅根据税收的调节水平不足而断言二次分配应该成为缩小贫富差距的主要阶段。详见徐滇庆，李昕：《看懂中国贫富差距》，机械工业出版社2011年版。

② 刘怡、聂海峰：《间接税负担对收入分配的影响分析》，载于《经济研究》2004年第5期。

1989~2009年间，税收对城乡居民间收入的调节能力较为有限。如果赋予穷人更高的权重，那么，逆向调节的趋势就较为明显（见表3-1）。2000年以来，城镇居民税后的基尼系数较税前有所提升，而农村则基本保持稳定。2009年，各税种的总体效应是扩大了城镇居民的收入差距，稍微减少了农村的基尼系数。这种微弱的调控能力与各税种所有不同的调控能力密切相关。

表3-1　　　　1989~2009年税收前后基尼系数

年份	v=2		v=3		城镇		农村	
	税前	税后	税前	税后	税前	税后	税前	税后
1989	0.4867	0.4865	0.6243	0.6254	0.4223	0.4229	0.5141	0.5150
1991	0.4348	0.4354	0.5810	0.5847	0.3308	0.3313	0.4574	0.4578
1993	0.4782	0.4833	0.6290	0.6363	0.4054	0.4081	0.5048	0.5077
1997	0.4644	0.4669	0.6189	0.6234	0.4018	0.4017	0.4883	0.4866
2000	0.4710	0.4782	0.6278	0.6372	0.3859	0.3869	0.5001	0.4986
2004	0.5046	0.5131	0.6687	0.6782	0.3850	0.3867	0.5459	0.5452
2006	0.5146	0.5211	0.6709	0.6786	0.4241	0.4234	0.5482	0.5482
2009	0.4943	0.5006	0.6369	0.6445	0.4210	0.4213	0.5209	0.5208

注：v为广义基尼系数中的参数。v越大，表示赋予穷人的比重越大。
数据来源：CHNS。

需要指出的是，旨在进行收入有效调节的个人所得税并未按预期设想缓解城镇居民收入的分化，反而在更大程度上恶化了收入分配现状。此外，0.21%的残差解释项实际包含了上述变量中所难以解释的部分。

事实上，分解基尼系数可更直观地将这种分化展现出来。从表3-2中不难看出，1989~2009年间税收对居民的总体调节效应是负数，平均为-0.9316%。随着时间的推移，负向调节程度逐步加深。而从城乡角度来看，其内部演进又存在非对称趋势。1993年，城乡各自内部的再分配率达到谷值。之后，农村内部的再分配率一直呈正向调节，而城镇内部的调节则有较大年度波动性，2009年为-1.2745%。如果赋予贫困群体更高权重，那么，这种负向调节的程度显示得更为清楚。这说明税收对城镇居民收入的调节效果在过去20年间在逐渐削弱，并且影响的方向也存在重大变换。

三是直接税在一定范围内开始出现累退性。个人所得税是直接影响居民收入，特别是城镇居民收入的税种之一。这里主要选取个人所得税对收入的调节问题做一分析。1994~2005年个人所得税均实行800元的扣除限额。在此期间，居民消费价格指数上涨了36.87%。这实际上降低了扣除限额的标准，将更多群体纳入征税范围。2001～2008年间全国范围内的税收调节系数可谓一目了然[①]。

表3－2　　1989～2009年再分配率　　单位：%

年份	v＝2			v＝3
	全国	城镇	农村	
1989	0.0411	－0.1421	－0.1751	－0.1762
1991	－0.1380	－0.1511	－0.0875	－0.6368
1993	－1.0665	－0.6660	－0.5745	－1.1606
1997	－0.5383	0.0249	0.3481	－0.7271
2000	－1.5287	－0.2591	0.2999	－1.4973
2004	－1.6845	－0.4416	0.1282	－1.4207
2006	－1.2631	0.1651	0.0000	－1.1477
2009	－1.2745	－0.0713	0.0192	－1.1933

注：该指标是根据日本总理府统计局的方法，基于税收调节前后的视角，有如下的再分配率公式：再分配率＝（最初所得的基尼系数－纳税后的基尼系数）/最初所得的基尼系数。事实上，此方法的分子即为马斯格雷夫—辛恩（MT）指数。这同时也被视作衡量税收是否以及多大程度上存在收入逆向调节的参考指标之一。

资料来源：CHNS。

总体而言，东部地区的正向调节作用较为显著，而中部地区的负向调节比较突出，而西部地区的调节作用在近年也存在一定的正向调节。需要指出的是，这里仅对总体趋势作一勾勒，其中的结构性因素在这里没有进行考察。

2000～2008年，山东省个人所得税对城镇居民收入的正向调节作用最为明显，8年间的均值为4.84%。相对而言，安徽的最低，8年间均值为－1.81%。在东部地区，除上海2006年、2008年和广东2006年的数值在0以下外，其他9省在8年间的再分配系数均基本为正值。山西、内蒙古、吉林和黑龙江的再分配系数虽低，但呈现稳定的逐年上升趋势。江西是中部11省中数值最高的省份，改善的趋势和程度也最为明显。在西部地区中，广西的税收调节系数从2001年的－1.23%提升到2007年的2.99%，是改善程度最大的省份。其余西部各省份的调节系数微高于0[②]。

而从1994～2009年城乡居民收入不平等的分解中，增值税、消费税和企业

① 这里的税收调节系数，并非严格按照马斯格雷夫——辛恩指数计算的，我们采用的是一种仿基尼系数的计算方法。即便这样，也能在一定程度上反映我们所关注的问题。

② 根据《中国价格及城镇居民家庭收支调查统计年鉴》2001年、2003～2005年，《中国城市（镇）生活与价格年鉴》2006～2009年计算得出。

所得税对过去16年间农村居民纯收入的改善作用再次被证实。其中，与城镇居民不同的是，这里的增值税对农村居民纯收入的改善程度远胜于消费税和企业所得税的贡献，虽然后两者的改善作用也较为明显。在这里，营业税对收入分配的恶化作用被突出显示出来。个人所得税也贡献了25.49%的收入分化程度，这一指标在绝对数额上比城镇居民的系数约低40个百分点。

总体而言，增值税、消费税和企业所得税对城镇居民可支配收入不平等具有改善作用，其中对企业所得税的改善作用最为明显。而营业税和个人所得税则贡献了近137.05%的差异值，其中营业税的贡献程度达70.76%。

二、隐性的不当干预

从一定意义上而言，权力在很大程度上影响着人们获取收入的机会、能力、成本和要素价格，影响着收入分配的基本秩序和社会收入分配的状况[①]。这里所说的隐性权钱交易，是财产来源的合法性存在问题且未纳入监管范围的形式，容易产生浅灰色的收入。灰色收入的一个重要来源，就是围绕权力产生的贪污、渎职、寻租等腐败行为[②]。“浅灰”与“正灰”之间的区边界在于：浅灰色在法定层面上能够寻找到或然的依据，存在可能违规但不违法的情形。而正灰色则基本上抑或游离于法律的准许范围之外，抑或直接与法律相背离[③]。但是，即便是能够在法律上获得一定支持的浅灰色收入，事实上也会因为市场的欠缺和有限理性的主体在市场过程中逐利的动机与行为所扭曲，致使一种体制内或者规则内的预定收入形态发生了情境性的变化，并在应然获得、法定获得与实然获得层面之间产生了似是而非的内在逻辑。

由于具有手段的朦胧性，研究对象也同样具有一定模糊性。此类干预行为的特点是将公权力与收入流的形成紧密联系在一起，并且具有一定隐蔽性。这种形式的权力也被称为隐权力[④]。主要包括权力衍生的腐败以及与此相联系的隐性收

---

① 这种影响主要是通过改变社会宏观运行规范实现的，包括收入分配基本原则的变更和市场经济制度建设的决定等。此外，权力对微观层面的影响也始终存在，特别是权力的具体使用者在经济活动中使用审批权等权力对市场主体进行引导和控制，以其他主体可能获得利益为代价，实现特定共容集团和分利集团的利益。

② 王小鲁：《灰色收入与国民收入分配》，载于《比较》2010年第48期。

③ 这个观点和王小鲁（2010）的观点基本一致，他如下定义了灰色收入的两种形式：第一是法律法规没有明确界定其合法或非法的收入，也包括那些违规违纪但不违法的收入，类似于我们这里的“浅灰色收入”。第二是实际上非法，但没有明确证据证明非法的收入，近似于这里的“深灰色收入”。

④ 吴钩（2011）指出，除了行政权与司法权的一元化，权力的任意性、随机性也会放纵隐权力的恣肆妄为。详见吴钩，《隐权力2——中国传统社会的运行游戏》，复旦大学出版社2011年版。

入，而权力期权化也是此类收入新的表现形式之一[①]。这里从政府的自利性行为入手，从两个角度探讨其起源及其演变，在此基础之上对这种自利性行为的具体表现形式作具体分析。

（一）自利性行为的泛化

从一定意义上而言，将政府约化为简单的原子式个体并赋予其充分的公共服务动机是一种对历史遗忘的简单行为。在此过程中，伴随政府职能的膨胀，其规模扩大化过程中的异质性被严重忽视。否则，难以解释伴生出现于政府内部和外部的诸多监督和民意机构。暂且抛开政府公权力的获得及运用，由各原子式个体构成的政府集团作为一个特殊团体，事实上有充分的理由为自身获取利益而积极去创造各种各样的机会，也即今日所熟知的寻租或腐败[②]等等。这个原因和任何一个其他普通利益集团的动机基本相同，如历史上德国的汉萨同盟。利益集团的形成事实上也是一种正向筛选和负向筛选相结合的动态过程，正向过程在此主要体现为一种"集聚作用"，而负向筛选则主要是"排除作用"。这两种过程既能对成员的流动产生影响，又会对其利益的集聚点的存在性和协调性产生显著作用，此过程也在某个短期内存在停滞或逆转的可能性，但相反的张力始终存在于"人以群分"的利益集团中。这里将从政府自利性的产生来分析权位收入的产生过程。

霍布斯在其经典著作《利维坦》中曾指出，由于自然法仅在道德层面对人的行为产生约束作用[③]。因此，有必要让渡部分个人权利以契约形式形成难以分割的、具有绝对权力的政府，以此突破简单丛林法则般的生活方式。具有绝对权

---

① 2011年6月22日，在中央外宣办举行的发布会上中纪委副书记吴玉良提出了"权力期权化"问题，并表示将从制度完善、对领导干部的日常管理和监督以及对违纪事件的严肃处理三个方面对此进行防治。

② 2013年3月10日，最高人民法院院长王胜俊在报告中指出，过去5年审结贪污贿赂、渎职犯罪案件13.8万件，判处罪犯14.3万人。其中，重特大渎职侵权案17 745件。2013年人民法院将依法严惩贪污、贿赂、渎职犯罪，推动反腐败斗争深入开展。最高人民检察院检察长曹建明的报告中也显示，过去5年检察机关共立案侦查各类职务犯罪案件165 787件218 639人，其中县处级以上国家工作人员13 173人（含厅局级950人、省部级以上30人），对19 003名行贿人依法追究刑事责任。

③ 霍布斯指出，自然法对人的约束主要是通过如下五个方面实现的：第一是以和平为目的，采取任何必要的方式保护自己。第二，提出了权利交换的基本准则雏形，即对等交换。第三，强调对已签订合约的执行。第四，道德层面上，对从他人那里得到的帮助，应该心存感激。第五，强调团队协作精神。上述五项基本内容中，既缺乏明确的执行保证机构，条文的规定仍远未从学术上的理论上升到一种社会意志，也未对违反的情形进行逆向惩罚性的规定。在较早前信息相对封闭和不对称的社会环境中，僭越的行为能够在另外一个环境中被宽恕或根本不为人所知，使得这一违反的成本相对较低。换言之，这是一种道义论意义上的共同体。也即在此意义上，霍布斯将这样一种生活方式中人与人之间的关系仍然称作是一种丛林法则。《利维坦》的写作目的是揭露和反对教皇的绝对权威，希望建立以契约方式成立的社会组织，超越自然的国家和基督教的国家。

威的政府最初便被赋予了对抗超越世俗权力的宗教帝国主义，亦即所言的利维坦。事实上，霍布斯在这部著作中也或多或少的提出了这样一种观点：绝对权利都存在导致权力僭越的潜在可能性。“意志对意志的关系”是一个意志间相互认肯的过程，而这个意志间相互认肯的过程通过契约的方式来实现[①]。这也就是通常所言的政府权力膨胀的一个理论基础。

所谓政府自利性行为主要是指政府的成员作为逐利个体产生合法收入之外的收入流，包括寻租和特权行为。由于这种收入形式和政府的权力密切相连，因此，也可被称为是权位收入。权位收入，通常也可被理解为基于权力因素所引致的收入，在这里更多的是指存在以公谋私的主观动机、具有隐性的交易方式、导致公共资源发生错配后果且由此产生具有直接或间接联系的收入流。其特点具有较强情境性而非制度性约束。通俗地讲，此即为权钱交易和身份制度所带来的收入流。转型期中国收入分配变迁的路径就是权力因素决定要素分配、个人收入分配以及收入流动的过程，其实质是“市场型”按要素分配在尚非完善的市场经济条件下“变异”为权力与市场错位并相互交织下“权力型”要素分配以及个人收入分配的格局[②]。

一般而言，政府具有经济主体和法律主体双重身份。前者是形而下的，而后者则是形而上的。事实上，权位收入的产生也是公权力异化所致，在一定程度上可以说是政府的自利性未能受到公意有效的约束。这种自利性的膨胀是通过政府中的分利集团和共容集团一起推动的。整体而论，这种收入的产生主要是由于理论上公共服务主体和现实中的经济主体角色上的背离。形而下的主体定义和利益诉求扭曲了形而上的公权力的使用可谓权力异化的具体外现。

事实上，市场上一般利益集团中所存在的理性个体与非理性社会的内生矛盾在政府行为中也同样存在。应该指出，这种先验地赋予个人以及政府自利的动机的方式是一种带有强烈价值判断的分析范式，其内在的排除了其他注重价值判断的可能性，并将此牢固地树立为分析问题的唯一范式。马克思在批判边沁的观点时曾详细地论述了这一点。

就权力的形成和使用而言，权位收入的形成主要是由于权力归属主体与执行主体在权力分配上的不对等，以及政府职能转变过程中权力结构未能逐渐细分，导致相互制约的平衡的权力结构未能形成，并进一步引致权利权力化带来的收入

---

① 黑格尔：《法哲学原理》，商务印书馆 1982 年版。

② 权衡：《政府权力、收入流动性与收入分配——一个理论分析框架与中国经验》，载于《社会科学》2005 年第 5 期。

流。更重要的还在于集权所带来的魅权型（Enchantment）[①] 权力崇拜。集权过程中对权力的绝对控制导致权力出现维度上的无限性。而分权则相对容易明细权力的边界，形成相对有限的权力使用范围。此外，与市场经济分工能提升市场效率的逻辑类似，政治权力和行政权力的分工有助于解决实践层面权力的监管动机和监督效率问题。在我国，治理权力虽最终属于人民，但需要通过权力代理机构的具体行使来实现。只有当权力的最终归属权和行使权实现良性互动，形成相互制约的利益平衡，才能有效地推动权力的规范化形式。即，权力的使用需要具有正当性与平衡性。只有在此条件约束下，包括收入分配规则在内的基本制度才能得到有效的推行和维护，并进一步完善市场经济制度建设。

事实上，政府的自利性历史可从两个方面分别予以解释：首先是时间维度的历史。此解释着重于政府机构的产生及其演变过程，侧重于一个从无到有的分析范式的沿袭。如此角度的分析能以人类文明发展史为背景对这一问题作出组织社会学意义的回答。其次是从语言维度进行解释，或在某种程度上是尝试在一种宏大叙事空间内部的解释。这主要涉及对政府及其相关团体的词源内涵进行初步界定，遵循其演变过程，尝试对其内涵的扩大或缩小给出一种新的研究路径。

1. 时间维度

根据西欧的历史，政府的出现与条顿传统（泛日耳曼民族）、盎格鲁——撒克逊传统和基督教传统在各自不同时期的支配地位所产生的影响，以及上述传统在变动过程中所可能带来的冲击密切相连。其中，宗教世俗化和私人财产神圣化的出现直接推动了政府的形成。此过程更直接地体现为世俗政权和宗教权利的斗争过程。就历史演变而言，英国从最初向民主的抗争到基本实现社会民主化[②]花费了近 128 年的时间，而法国则经过了 165 年的时间。最初民主设立过程中出现了糅合人民意愿的政府，到今日仍未停止对其自身权利权力化的尝试。三权交易[③]是目前最为典型的权利权力化方式。

伴随此类运动特别是宗教改革的推动，各种类型的个人主义开始不断涌现，并受到不同程度的推崇，其中包括政治个人主义、经济个人主义、宗教个人主义和伦理个人主义等。在个人主义观在社会中获得广泛认知的同时，政府机构也逐渐开始作为一个独立的主体获得了自身的认知。较之前此方面的建构认知，这种认知的差异更为明显：这样一种自下而上的认知和认知推动过程将全体居民对其

---

① 魅权型的权力结构在一定程度上类似于个人崇拜下的权力结构。一般而言，前者中还包括神秘主义形式的崇拜。自马克思·韦伯以来，倡导政治结构中的去魅（disenchantment）已经开始成为一种政治改革的方向，也是目前诸多宪政主义者实现政治诉求的愿望之一。

② 这里的标志性事件是英国参议院和众议院的分别形成。这一事件的完成，可以被认为是民主政府框架构建及其职能发挥正常化的直接表现。

③ 即为权钱交易、权色交易和权权交易。

政治和道德要求内生化、固定化和常态化进而合法化。宗教改革在某种程度上使得经营国家的政府机构开始获得符合其自身身份的“主权”观。需要指出的是，最初这种主权观的赋予是与社会的公共福祉联系在一起的。

事实上，将政府作为一种抽象的个体在某种程度上也能被认为是一种道德层面的进步和文明程度的发展。这种抽象既存在于理论中又存在于观念里。在此过程中，私的利益逐渐被抽象成为各种各样的政治理想和诉求。然而，这样一个过程并非一帆风顺。在英国与法国，政府机构公共性的历史论争受到强烈的质疑已有较长一段时间。直至出现了与这一制度相互补充的官僚制度，该问题才逐步得到解决。即便在当今，政府虽在某种程度上垄断了“公共利益”的代言者角色，但这种认同感也存在衰微的发展趋势。

从上述角度来看，政府的自利性似乎比较容易理解：作为社会上各种利益团体的折中混合体[①]，当基本民主障碍被扫除之后，共容利益团体和分利团体的利益在政府内部和市场上基本一样，不断推进其权力边界的外延。在此过程中，分利集团为实现其利益诉求，逐渐将公权力的边界予以泛化并逐渐扩大，使得原有公权力领域诸多清晰的事件变得模糊[②]，同时，这又使得公权力的概念空间得以进一步拓展。在这两种力量推动下，分利集团的利益诉求表现为一种整体上的对公权力的逐渐异化和侵蚀的过程，具体表现为正向收入流的产生。

2. 词源维度

事实上，日常生活中语言以及语言的运用深刻地影响着人们思考问题的方式和表述内容理解半径的可及性[③]。词源学角度的历史探索能在一定程度上帮助理解当时词语运用背景下使用者所赋予词语的内涵边界，以及理想诉求等诸多隐含的信息。

政府一词最早来自于希腊语“kubernan”，意为船的掌舵人。中世纪的拉丁语“gubernare”也存在类似意思。在欧洲，拉丁语吉贝塔斯在15世纪之前较长时期内代表着一种政治社会。大约在15世纪左右，由身份或地位（status）演变而来的国家（state）逐渐得到更多群体的认同。作为一个独立政治个体，它们更希望将权利作为实现自身理想的工具。

---

① 这里的折中混合体，主要包含两个层面的意思：一方面是政府本身需要对社会上的自理性行为按照原则性的规范进行调整，另一方面是政府也需要对自身内部不同利益导向的团体进行调节。前一方面是就政府作为社会协调者而言的，后一方面是就政府作为共容集团和分利集团的综合形式体而言的。

② 政府自身出现了一种强烈的泛化趋势，使得对其的认识甚至在某种程度上出现了较大的分歧。这种分歧很有可能同样是各种利益抗争的具体体现。

③ 语言的使用和传播仅限于具有共同约定俗成交流或者具有共同价值观的人类共同体。那么，这种交流以及共同价值观从核心区与地域上所能够达到的最大距离，即为表述理解的半径和可及性。

在我国，政府机构的词源演变其实始于关于公与私的辨识[①]。随着“公”之概念的演化，在我国传统思想演进过程中，“公”被强烈地赋予了天命的传统，如《老子》、《庄子》中所提出的天命观。此后，伴随时空的演变和叙事环境的变迁，逐渐融合到封建体制的皇帝身上，即天命所归的对象。因此，“公”的概念在我国历史上通过这样的方式与封建皇权紧密地联系在一起。

（二）自利性行为产生的收入

政府的自利性行为表现在经济领域就是具体化为由此而产生的收入。30 多年来我国贫富差距的扩大和两极分化趋势的形成，财产关系中的化公为私，财富积累迅速集中于少数私人可谓最根本的原因之一[②]。这里拟分别从潜规则收入和基于信息优势的收入两方面分别进行诠释。

1. 潜规则收入

潜规则也可被认为是各分利集团在实现集团或自身利益最大化过程中具有普遍行为特点以及独特思考逻辑的一种价值判断。这种关乎价值的判断也可被认为是一种相对正式约束[③]而言的非正式约束，其来源于所流传下来的信息以及被称之为文化的部分遗产[④]。在静态意义上，潜规则既可被界定为未被察觉或不具备正当性的规则，又可指不按明文规则或违背公认、应然理念的行为或行为倾向，导致社会多元规则的并存与名实分离的出现[⑤]。这种名实分离的必然性在于我国传统文化中存在的审美秩序先于逻辑秩序[⑥]的固有思维方式，秩序正当性的标准也由此表现为实质正当先于形式正当、动机先于程序的特征[⑦]。

事实上，潜规则作为亚文化中的一部分，是相对于正式的规则或“元规则”

---

① 《书经》、《诗经》等中提及的“公”更多的是对他人的一种尊称。事实上，我国历史上对公与私的区分典籍并没有如此早。《荀子》已初步提出了关于私的价值判断，而后汉许慎的《说文解字》中最早提及了“公者平分也”。根据它提供的解释，“公”的上半部分“八”在最初代表着背离、相反的意思，而下半部分的“厶”则代表私人。从构词法角度而言，“公”即被赋予了与私人利益截然相反的内涵。在该作品中，许慎将“私”含义表达为“私者奸邪也”。经过甲骨文和金文的演变以及汉字形式的变化，其内涵边界也在特定政治经济环境中发生不断变化。

② 刘国光：《谈谈国富与民富、先富与共富的一些问题》，《中国社会科学报》，2011 年 11 月 25 日。

③ 正式的约束是指确定生产、交换和分配基础的一整套政治、社会和法的基本规则。详见 David & North, Institutional Change and Economic Growth. London: Cambridge University Press, 1971, P. 18.

④ 道格拉斯·诺斯：《制度、制度变迁与经济绩效》，上海三联书店 1994 年版。

⑤ 汪新建、吕小康：《作为惯习的潜规则——潜规则盛行的文化心理学分析框架》，载于《南开学报（哲学社会科学版）》2009 年第 4 期。

⑥ 审美秩序和逻辑秩序这两个概念是相互背离的。审美秩序指向特殊性和个性，逻辑秩序则趋向于一般性和可替代性。详见郝大维、安乐哲：《通过孔子而思》，北京大学出版社 2005 年版。

⑦ 汪新建、吕小康：《名实分离的传统秩序观：潜规则盛行的文化心理学基质》，载于《社会科学战线》2009 年第 4 期。

而言的，是一种未约定俗成但得到诸多参与者默认，且实际边界与元规则存在较大张力的行为或组织安排。对内产生无形而强有力的约束，并存在特有的高压边界，带有不容触犯的特征。对外则显现出一种在正式规则下循规蹈矩的行为方式。事实上，这种所谓的内生矛盾性高度统一于利益的聚点。与“理性的人与理性的规则”一般正式规则相比，这种规则的显著特点是理性的人和逐利的规则，并具有特殊的情境性①。

作为分利集团成员规则的参与者，在其利益与公共利益发生潜在错配时，便会通过寻租方式转移原本应该或可能配置到公共领域的资源以实现特定的目的。而寻租的过程往往伴随货币化形式，此即产生了源于潜规则的收入。

2. 信息优势的收入

源于信息优势的收入，在正常市场边界、法律制度和伦理道德范围内，是市场行为的基本方式之一。政府自利性行为中源于信息优势的收入包括两方面，即“多取”和“少予”的部分。具体而言，一是在当期进行有利于自身的分配而获得的当期收益，二是利用知晓规划发展方面的信息而获得预期收益。

通过信息的掌握获得当期收益是较为常见的形式。即便是公平市场上达成交易的买方和卖方也存在信息把握的失衡。如果恶意利用信息不对称，为谋求小型利益集团或私利导致法律和伦理边界受到挑战、市场正常交易秩序遭到破坏、交易主体利益由于蒙骗而受到损失，那么，这样的收入就属于非常态收入。此类收入广泛存在于国民生活的方方面面，如引起目前高度关注的食品安全问题、公司绩效问题以及内幕交易问题等，都涉及不对称信息导致的收入流形成。这里所指的就是这些超越了正常范围的收入获得。这种形式的收入主要是利用了市场上一般微观主体的适应性预期，以虚假或直接隐蔽信息的方式诱使处于信息劣势的群体作出错误决定或阻碍他们进行正当决策、维护自身利益的行为。此类收入通常应受到政府的管制和约束。如英国“南海泡沫事件”（South Sea Bubble）直接推动了《1720年泡沫法》（Bubble Act of 1720）的颁布。

目前，通过掌握规划信息获得预期收入也呈现出逐渐增加的趋势。这主要体现为政府集团在进行土地拆迁工作中，对实际补偿款项以及未来增值部分的低估。土地重新规划后，土地的使用价值往往会得到一定程度的提升，但增值收益通常难以被客观有效的估算。这部分政府“少予”的部分，也可以被视为源于信息优势的收入。如果政府将动机重新定位为“公共服务”，秉持公开透明以及

---

① 需要指出的是，由于公务员群体的津贴补贴以及其他单位福利支出金额难以统计且很少对社会公布，也属于收入中不规范的部分。

不与民争利的原则处理此类纷争，适当的将此类收入分配给居民，那么将有助于实现民富和经济的持续增长。

规范权力运行框架内的货币化与非货币化超额衍生福利的重要举措即为推广官员财产申报[①]和成立独立的第三方监督机构，从制度和经济环境两方面促进此类收入的规范，从而遏制该类收入的过度膨胀。此外，通过制度设计预防权力滥用也具有重要意义。2013 年，广东省建立了省一级和 21 个地级以上市全部设立了预防腐败局，在全国率先实现了省、市预防腐败机构的全覆盖[②]。

目前，我国的权位收入主要在于垄断部门中权力的集中及其滥用，如 2010 年民航局华北局原局长黄登科的腐败落马案，国家发改委交通运输司民航处原处长匡新、民航局原副局长宇仁录及首都机场原常务副总经理黄刚、南航 9 名高层管理人员的被调查；地方政府在城市规划和建设中也可能存在违规操作，如地方擅自改变已决定的城市规划[③]、变更土地的使用性质以及对司法程序的干预等，都会为当事主体预留下权位收入的滋生空间。

据相关资料显示，在土地征收和出让过程中，政府官员涉腐案件逐渐增多、金额逐渐增大。2007 年前，土地出让收入既未纳入到预算内管理，又未纳入到预算外管理，难以受到有效监督。在这种政府主导的土地逐步市场化过程中，腐败案件频发且涉案金额逐渐增多[④]，2009 年以来开始出现集中查处现象[⑤]。2011 年 5 月，杭州原副市长许迈永被查出在任杭州市西湖区区长、区委书记期间，徇私舞弊滥用职权，违规退还有关公司土地出让金 7 100 万余元[⑥]。2011 年 6 月，国土资源部原副部长李元也因涉嫌违纪被“双开”。虽然我国 2006 年颁布了《关于建立国家土地督察制度有关问题的通知》（国办发［2006］50 号），但是直到 2011 年，该项制度仍未实质性开展，无法实现为土地政策的有效实施提供辅助性监督的既定政策目标。

就利益产生的逻辑而言，权位收入的产生更多是由于在私人利益与公共利益

---

① 此方面，美国的部分做法值得我们借鉴。陈一鸣：《美国收礼超过 50 美元须申报》，《人民日报》，2013 年 3 月 19 日。

② 吴冰：《广东地级以上全部设预防腐败局》，《人民日报》，2013 年 3 月 21 日。

③ 城市规划的变更是改变土地使用性质的间接手段，从而实现特定的经济或者政治目的。由于这种方式具有程序合法性，因此也是较为常用的手段。

④ 2009～2010 年，土地建筑领域 30 起腐败案中人均敛财 870 万元。2010 年落马的 11 个省部级高官，人均涉案金额在 500 万元以上。《记者统计土地腐败案人均敛财超 870 万》，《法制日报》，2011 年 1 月 31 日。

⑤ 2010 年石家庄国土系统腐败窝案中，8 官员侵吞了 6 000 多万元。详见《石家庄国土系统曝腐败窝案 8 官员侵吞 6 000 多万》，《新京报》，2010 年 12 月 14 日。

⑥ 《受贿 1.45 亿元贪污 5 300 万元违规退还土地出让金 7 100 万元　杭州原副市长许迈永被判死刑》，《京华时报》，2011 年 5 月 13 日。

发生一定程度的偏差或方向上出现较为严重分歧时为自身利益而采取铤而走险的行为模式。此即是说，将自身在此方式下获得的收入寄希望于或许可能存在的不确定性，按照一种短期利益取向和一种莫须有的安全感而暗中行事。事实上，此过程挑战的是组织和国家监督机制的完善性、法律条款的完备性以及司法程序操作的公允性等诸多体制因素。

在乡村或县城中，此种基于身份制度的收入差距也较为明显。在具体问卷调查中，担任乡镇干部和村干部的家庭人均收入分别为 9 447 元和 9 053 元，而普通农民家庭的人均收入为 7 087 元。在保护正常身份收入的同时，防范公权力私有化和期权化已刻不容缓。

第三节　隐性收入与收入分配秩序的紊乱

在引发收入分配秩序紊乱的三大问题中，各群体间获得的差异性隐性收入可谓其中的重要组成部分①。一般而言，隐性收入通常与未被观测到的经济活动②相联系，其具体数额一般较难核算或估计。有关研究显示，2008 年隐性收入广泛地存在于中等以上收入阶层。收入组别越高，隐性收入的总额越大。巨额隐性收入的存在，导致研究者难以正确判断我国居民收入分配中的真实情况，并以此提出相应的改善对策。国务院于 2013 年 2 月 9 日批转了《深化收入分配制度改革若干意见的通知》，指出需要大力推进薪酬支付工资化、货币化、电子化，加快现代支付结算体系建设，落实金融账户实名制，推广持卡消费，规范现金管理。本节拟对我国隐性收入与收入分配秩序紊乱的内在关联作初步探讨。

---

① 未被观测的经济也称隐性经济。王小鲁 2010 年的报告中估算了隐性收入的规模。我国居民收入中，最低收入、低收入和中低收入组居民的统计收入略低于推算收入，但差异不太大。从中等收入组往上，统计收入与推算收入的差距逐级增大。差距最大的是占城镇居民家庭 10% 的最高收入组。修正后的数据为，2008 年中国最高收入的 10% 家庭人均可支配年收入为 13.9 万元。其中的差距源于官方难以对居民隐性收入的数额进行统计。中国城镇 10% 最高收入家庭的隐性收入占城镇居民隐性收入总量的 63%。而 20% 的高收入家庭居民的“隐性收入”，占全部城镇居民“隐性收入”总量的 80% 以上。王小鲁：《灰色收入与国民收入分配》，载于《比较》2010 年第 48 期。

② OECD（2002）指出，只要是未纳入官方核算范围的经济，全部可以统称为未被观测的经济（Non-Obsversed Economy，NOE）。我们这里所说的隐性经济，也大致可以归入此类。

一、隐性收入的类型

前文的分析中已经指出，显性收入和隐性收入[①]的主要区别在于是否纳入统计口径。显性正常收入包括白色、金色、其他类型正常收入以及部分灰色收入。显性的灰色收入，主要包括存在有争议但不违法的收入，如名目繁多的津贴补助、高额的劳务报酬[②]以及各种职务消费等。需要指出的是，这部分灰色收入原则上应该纳入统计范围，但是由于种种原因导致统计信息失真或者统计遗漏。也即，这部分灰色收入的产生，更多的是由于操作层面的原因而非技术层面的原因。如果此类型的灰色收入能够纳入到监管范围或者获得主体主动履行纳税义务，那么就有可能转变为正常收入。在这里，我们将其定义为准合法的隐性收入。除此之外的其他灰色收入[③]以及全部黑色和血色收入，均为非法的隐性收入。

根据收入获取的主观动机和收入来源形式两方面，可以进一步将隐性收入[④]划分为准合法收入和违法收入[⑤]。如果具有善意的主观动机并经过诚实合法经营或者具有其他来源正当的收入，即为准合法的收入。由于主观上具有善意，且对社会秩序的正常进行负面影响较小，因此具有一定程度的合理性。这种收入的表现形式主要包括自谋生计的小规模无证经营。但是，由于未经工商部门登记注册

① 隐性收入仅仅意味着收入未被正规部门所观测，是从监管的技术性角度而言的，其本身不具有或褒或贬的内涵。但是，由于我国的隐性经济性式多样并存在广泛，并在一定的范围内引发了诸多的社会矛盾。这些矛盾长期未能够得到有效解决，反而逐渐演变为一种潜规则，因此逐渐被赋予了一定的主观色彩。

② 医生在为病人治疗过程中收取的红包，不属于劳务报酬，而属于因职务之便获得的收入。通常情况下，这种收入违纪但不违法。在特定的情形下，此种收入也会转变为违法收入。

③ 正如我们这里所指出的，灰色收入并非等于隐性收入，这和王小鲁（2010）年的观点存在一定的区别。灰色收入是收入来源视角的概念。隐性收入是收入监管视角的概念。两者的概念范畴存在一定的交叉，但并非等价。部分灰色收入是公开的，如工资制度中超额滥发的奖金等。

④ 隐性收入产生于隐性经济中。SNA（1993）指出，隐性经济的经济形式被划分为四类：地下经济、非法经济、非正规部门经济和居民用于自己消费的生产行为。这里所说的隐性收入正是在这几种经济形式中产生的。其中，地下经济是指具有一定生产性行为、遵守大部分法律法规，但故意脱离公共机构监管的经济形式。（SNA6.34）在学术界，何为非法经济活动，缺乏统一的学理定义，这主要是由于各国的认定差异所致。为统计便利，只要符合交易原则，所有的非法经济均应被视为合法经济进行核算。（SNA3.54）第15届国际劳工统计国际会议（International Conference of Labour Statisticians）中对非正规部门作了具体界定：非正规部门是指那些小规模、组织结构简单、缺乏劳动和资本明确分工的部门，其目的是为相关人员提供就业和收入。居民自用的生产不属于非正规生产部门，而是作为未被观测经济的独立部分存在。这种类型的生产包括自用的农林牧副渔等、初级产品的加工、农作物的简单加工以及包括缝纫在内的简单加工服务等。（SNA6.24）

⑤ 由于隐性经济的划分与国情联系紧密，隐性经济的具体形式主要通过合法程度来划分。这种划分的标准与我国市场经济建设过程中的阶段性密切相连。

并在税务部门进行登记纳税，此种收入形式目前尚属不合法。如果此类收入能够纳入监管范围，那么该类收入就可以在一定程度上转变为正常收入。但是，现实中存在诸多执行困难，这种设想仅在理论层面具有一定的意义。

私人的财产性收入、接受的捐赠以及礼品往来，也能够在一定程度上划归为准合法的收入。2011 年，我国礼品经济的市场份额近 8 000 亿元人民币[①]。如果受益者这些礼品按照标价的六折出售，那么私人在礼品方面获得的隐性收入将达到近 5 000 亿元人民币[②]。此外，如果还将诸多现金层面的馈赠纳入到考虑范围之内，那么私人 2011 年获得的隐性收入将会更多。需要指出的是，这种类型收入获得的群体特征，既与财富大小有关，又与接近权力中心的远近相联系，还同人脉资源密不可分。因此，各阶层中均有部分群体获得此种类型的收入。就群体的分布密度而言，主要集中于前两种类型[③]。此种收入形式，在一定的约束条件下，不为法律所禁止，但是其界限也较容易突破。其中最为明显的即为权力权利化导致的收入，如贪腐收入以及其他类型的寻租收入。在此，可以将此种类型的灰色收入看作是在非法方向上的异化。

此外，黑色收入和血色收入属于非法收入[④]。这两种类型收入形式不仅破坏了市场经济运行的基本规则，挑战了社会的道德底线，更藐视了法律的内在权威，具有较为恶劣的社会影响，容易产生和积累社会矛盾，并将经济领域内的问题社会化和政治化，影响社会的安定团结，妨碍和谐社会的建设。在规范收入分配秩序过程中，需要重点对上述类型的收入进行监督、管理、控制和处罚。由于此部分的收入难以有效统计，目前学者对此的估算较少[⑤]，也难以有效测度此方面收入对居民收入分配整体的影响程度。即便如此，本书认为，规范收入分配秩序，应该着重对这两方面的收入获得的渠道、数量、对象和技术等进行有效监测，并及时向社会公布相关情况。只有权力的所有者和执行者通力配合，才能够逐步规范初次分配过程中种种不规范的收入分配秩序，促进社会的良性发展，从而推动构建和谐社会。

综上所述，隐性收入可以归纳为如下两个部分：准合法的灰色收入和非法的

---

① 姚冬琴：《送礼大业》，载于《中国经济周刊》2012 年第 3 期。

② 由于部分礼品接受者更倾向于将礼品打折出售以获取现金，因此这里保守的按照六折价出售进行估计。

③ 全国 10% ~15% 的最富裕阶层，通过各种途径取得的“非法非正常收入”，使他们的正常收入大约增加 10%。详见《中国基尼系数之惑》，《中国经济时报》，2012 年 2 月 20 日。

④ 前文的分析中已经指出，灰色收入中贪腐收入等以及黑色、血色收入，一并构成了非法的隐性收入。

⑤ 陈宗胜等（2004）在此方面进行过尝试。陈宗胜、黎德福：《内生农业技术进步的二元经济增长模型——对“东亚奇迹”和中国经济的再解释》，载于《经济研究》2004 年第 11 期。

黑色和血色收入。下面将结合 SNA（1993）的分类方法，结合我国的实际情形，分别分析这两部分隐性收入的特征，并概括其具体体现形式。

二、准合法的隐性收入

2000 年以来，我国垄断行业劳动者和公务员群体的待遇水平依然高于其他行业劳动者收入的平均水平。这一方面是由于经营状况和行政性开支提升所致，另一方面也与垄断行业和公务员中的财产不透明有密切关系。除非引入外部监督主体，否则这种福利的产生和存在就难以受到合理性规范。

在隐性经济中，部分合法形式的收入也不乏一定程度的存在。根据 SNA 的分类，在我国主要体现为地下经济[①]、非正规经济以及居民用于自身的消费行为。具体而言，包括部分非恶意经济、弱势群体的无证经营以及其他未经登记的合法形式。这部分群体在收入的获取能力、维权能力以及意愿上的表达能力等方面均处于相对或绝对劣势地位。他们所从事的正常经营如摆摊设点等因触及城市的治安管理问题往往演化成为一种游击性经营形式。按照 SNA（1993），这在一定程度上也可被划归为地下经济。但是，这种地下经济更类似于一种自给自足的经济形式。由于规模较小、为规避烦琐行政手续以及名目繁多的税费等原因，这种经济的发展未受到相关机构的监管。同时，这也对该类人群的生活维持以及社会稳定具有一定的积极作用。

就低收入者而言，其主要经济形式为自谋生计的小规模无证经营。无证经营事实上是自发从事经济活动的方式之一。由于未被纳入到工商部门的监测系统，他们通过诚实经营和劳动的所得仍属于隐性收入的范畴。对于无证经营，这里不包括那些具有非法动机而进行的无证经营，而主要是指低收入者从事的谋生方式。当然，这仅仅是无证经营诸多形式中较小的一个领域。这种经营方式虽对社会经济秩序具有一定冲击，但其主观动机和客观行为是出于维持生计和持续发展的需要，并且具有合法劳动的付出，仅对监管成本具有一定要求，因此，不具有较大社会危害性，影响程度较小。这种无证经营也在一定程度上弥补了政府社会救济范围和程度上的不足。需要指出的是，王小鲁在 2010 年的报告中计算了各层级居民隐性收入的大小，此部分最低收入群体隐性收入的估算值仅为 0.4%，而最高收入为 62.5%。按照 SNA（1993）的标准。此部分群体的隐性收入可不

① 在我国，也有过关于地下经济的定义：地下经济指官方控制不到的经济活动，这类经济活动不被纳入官方统计的国内生产总值之内，不向政府申报和纳税。它一般可分为以下两种类型：对外不公开的非法经济活动以及通过合法经营单位取得非法收入的经济活动。详见马洪、孙尚清：《经济与管理大辞典》（续编），中国发展出版社 1989 年版。

进行过多的核算，但对高收入者的隐性收入应进行必要的核算。这不但是适应SNA核算的需要，而且是正确评估我国收入分配现状并谋求解决之道的重要举措。

三、非法的隐性收入

非法的隐性收入的产生通常与非法生产相关。根据SNA（1993）第6.30款，非法生产[①]可划分为以下两类：一类是非法从事商品和服务的生产、销售和占有，如毒品生产和销售、走私活动、卖淫服务等。另一类生产活动是由未经授权或注册的生产商进行的合法活动，如无许可证的生产单位所从事的生产活动、非法行医等。具体而言，非法经济的主要形式包括生产和销售非法货物、提供非法服务、未授权机构或个体从事的合法行为、生产和销售侵权商品、走私、销赃和洗钱[②]。

在我国，非法的隐性收入包括浅灰色和深灰色收入中的一部分，以及黑色和血色收入。其中，前两部分收入的获得，通常产生于制度外。需要指出的是，高收入者非法隐性经济的形式更为多样，主要包括逃税漏税、跨境贸易、以货易货和资本外逃等。逃税漏税也是取得隐性收入的形式之一，近年来在税收方面不诚实纳税而致富的群体逐渐增多。由于税收没有对此部分群体进行有效调节，中产阶层的收入因流转税而受到侵蚀，社会整体收入分配秩序逐步恶化。资本外逃是近几年较为普遍的隐性经济形式，包括国内资本和国外资本的外逃。特别是近年来我国福布斯榜单上年度的变化较大，许多上榜人员的资产转移现象较为普遍。

从理论上而言，非法隐性收入的内涵在一定程度上较非法收入更大[③]。目前，我国的非法收入主要包括灰色收入、黑色收入和血色收入。灰色收入即为违纪但不违法的收入。黑色收入既包括一部分人依靠权力获取的非法收入，也包括

---

① 在明确非法经济的前提下，我国的部分学者也尝试对非法收入进行了定义：非法收入是指侵吞公有财产和用偷税逃税、行贿受贿、权钱交易等非法手段牟取的利益。杨天赐：《党的十五大报告经济词语解释》，中国财政经济出版社1997年版。

② Blades, D. W., 1983, Crime: What Should Be Included in the National Accounts and What Difference Would it Make, Organization for Economic Cooperation and Development, Paris.

③ 从逻辑上而言，“非法”意指不合法的行为，是对合法的否定。“违法”则意味着行为与法律相抵触。“非法”与“合法”构成完整的指称集合，而“违法”仅为“非法”中的子集合而已。因此，存在“非法”但不“违法”的行为。此种行为，既非法律所允许，又非法律所禁止。感谢日本岛根县立大学张忠任教授指出这点！

走私[1]、贩毒、偷盗、抢劫、绑架等违法犯罪活动获得的收入。血色收入是指那些突破人类文明底线，以牺牲他人生命和用鲜血榨取的收入[2]。两种收入形式皆是对现有合理的社会规则和普遍接受的道德底线的恶意突破。

在界定非法收入过程中，收入来源方式以及收入性质的合法性应成为判断收入是否非法的重要依据。非法收入是在特定经济社会环境下而言的，具有历史阶段性，也是一个相对概念。

（一）黑色收入

根据SNA（1993）的相关定义，黑色收入的范围包括地下经济、非法抢夺以及贪污腐败等。较之隐性经济，黑色收入带有更深的法律忤逆性，包含公开、半公开以及未公开的种种形式。黑色经济的具体形式较难列举，这里主要分析黑色收入的特点：

第一，法制外与法制内形式的交叉。黑色收入属于个人或利益集团实现自我社会价值的一种畸变形态，更多的是建立在对更为广泛群体核心利益的侵蚀与剥夺基础之上。在法律尚未明文规定的范畴或行为领域中，黑色收入的获取渠道便获得了一种似是而非的行为空间。而在法律明文规定的范畴和行为领域中，黑色收入的获取形式仍旧五花八门。

第二，利益集团核心带的广泛交叉以及利益主体的绑定。在这种收入形式中，由于利益的广泛关联性和层级性，利益交叉是较为普遍的现象。

第三，获取的隐蔽性。虽然存在外在显性的黑色收入获得形态，但从更为广泛和一般角度而言，特别是从该收入获取利益链的关系和组织的隐蔽性来看，更为巨额的黑色收入仍旧是以隐性方式获取的。这种隐性不仅包括了获取方式本身的藏匿性，更包括了一种庇护伞下的隐藏性。而后者往往对社会大众以及社会规则产生着更为严重冲击。

第四，广泛的社会危害性。这种危害既包括既有的黑色收入对社会经济形态、司法监督以及法律制度的损害和践踏，又包括对社会道德层面的主流文化与核心价值观的侵蚀和误导。

---

① 根据《最高人民法院关于执行〈中华人民共和国刑法〉确定罪名的规定》和《最高人民检察院关于适用刑法分则规定的犯罪罪名的意见》规定，走私罪共有12个罪名，分别是：走私武器、弹药罪；走私核材料罪；走私假币罪；走私文物罪；走私贵重金属罪；走私珍贵动物、珍贵动物制品罪；走私珍稀植物、珍稀植物制品罪；走私淫秽物品罪；走私普通货物、物品罪；走私固体废物罪；走私毒品罪；走私制毒物品罪。全国人大常委会2002年12月28日通过的《刑法修正案（四）》第二条将走私固体废物罪修改为“走私废物罪”。资料来源：中国海关总署。

② 新华社调研小分队：《我国贫富差距正在逼近社会容忍“红线”》，《经济参考报》，2010年5月10日。

第五，黑色收入导致社会总财富的减少。由于黑色收入的来源具有非法性，使得该类收入的存量管理和流量使用方面均较为特殊。为规避法律和正义的伸张，这类资本通常会向引渡条例尚未建立或健全的地方以形形色色的形态流出国内，导致社会整体财富的减少。

具体而言，我国的黑色收入主要包括诈骗、贩毒、贪污受贿和替考等形式获得的收入。诈骗破坏了市场诚信的基本规则，侵害了消费者的基本权益。通常而言，包括生产领域内产品质量的欺诈以及非生产领域内网络和电信诈骗等①。

走私和贩卖毒品是对我国基本市场制度和法律秩序的漠视，其经济形式属于经济犯罪。由于获得形式的非正当性，其所得也通常会由于窖藏等原因减少社会总财富②。其经济层面的暴利性、社会层面的危害性、法律层面的忤逆性以及道德层面的异化性，均对社会经济的健康和良性发展具有较大的负面影响。

这里的贪污受贿既包括由于权利权力化导致的收入流动，又包括社会上企业以及事业单位中更为一般形式的贪污受贿。这种收入获得方式直接冲击了我国的基本分配原则，并导致潜规则的形成与维持。

非法集资是地下金融的重要部分之一。由于正规融资渠道受限，而支出存在刚性需求，地下借贷也是不可忽视的方面之一。此外，还包括边境地区的地下汇兑等诸多形式③。这里可以通过简单计算来估计这种资金运营方式每年将产生的利润额。按照月利率 4% 计算，资金周转率为 12，如果经济形势向好，那么一年将产生的利润将达到 300.52 亿元左右，并且本利将会以更快速度实现翻倍。

替考是我国考试经济下的一种异化产物，且由来已久。高考替考行为不仅是对相关法律法规的蔑视，也是对正常教育秩序和人才选拔机制的破坏，剥夺了部分弱势群体通过受教育改变自身命运的基本权利。其参与者由此获得的收入流在一定程度上是对正常收入秩序的破坏。

（二）血色收入

按照是否具有生产性，血色收入也可划分为生产性领域的血色收入以及非生产性领域的血色收入。前者主要是包括在生产经营过程中漠视劳动者的基本生命

---

① 2010 年假冒和虚假产品的投诉案件达到 24 131 件。同年，我国共有 4 500 万网民遭受网络欺诈，损失金额达 76 亿元。数据来源于中国互联网络信息中心。

② 国家禁毒委员会办公室公布《2010 中国禁毒报告》，报告显示，2009 年共破获毒品犯罪案件 7.7 万起，抓获毒品犯罪嫌疑人 9.1 万名，缴获海洛因 5.8 吨、鸦片 1.3 吨、冰毒 6.6 吨、氯胺酮 5.3 吨、摇头丸 106.2 万粒、大麻 8.7 吨。

③ 根据人民银行温州中心支行的监测数据，2010 年 10 月份的民间借贷平均利率已经达到 39.19%，2011 年 4 月最高更飙升至 180%。《温州地下借贷　最高年息 180%》，http://www.edai.net/mjjd/52187_2.html。

安全等形式，后者则涵盖社会上危害公民生命财产安全等违法行为。从更广义角度而论，只要是对公民基本生命财产安全造成伤害而产生的收入流均可纳入到血色收入的范畴。这种生存权既包括基本生命财产安全方面又包括生活环境方面。在部分资源富裕的省份，这两种现象均较为显著。由于煤炭开采，山西省该行业的部分劳动者不仅长年难以维护自身的基本劳动权和生命安全，甚至连基本的生活环境也被破坏殆尽①。

1. 生产领域

在我国，生产经营过程中血色收入来源形式多样，其中最为典型的包括资源开采点主牟利过程中不安全生产所造成劳动者劳动过程中的健康甚至生命受到威胁、假冒伪劣产品导致的消费者生命安全受到危害以及其他种种安全生产事故等。在上述几种类型的血色收入形式中，资源开采中导致血色收入的问题，严重威胁了劳动者的生命安全，因此受到了社会的广泛关注②。

此外，还包括来自于血汗工厂的收入。新生代农民工受教育程度明显高于老一代，他们大部分接受过九年义务教育，受过高中教育的要多于受过初中教育的，小学文化和文盲比例低，受过初中教育的占33.7%，受过高中教育的（中专/中技）占44.9%③。

企业中血色收入的形成原因主要包括如下三个方面：

第一，我国劳动力资源相对丰富，并且劳动力结构较为初级。这两方面的共同影响，相对较低的劳动成本导致劳动力过度使用，而部分行业劳动力工作的条件和环境比较恶劣。此即是说，丰富的劳动力资源客观上导致对劳动价值甚至是对劳动力生命价值的贬低。这种极为错误的逻辑和思考方式长期广泛存在于中国经济快速发展的三十年中，直到今天矛盾集中凸显后才引起社会大众应有的重视和反思。

目前关于我国劳动力存在"刘易斯拐点"的观点，实际上在产业升级和转移背景下出现的。随着我国的劳动力使用成本逐年提升，国内和外商投资的劳动密集型产业开始向更为廉价的国家和地区转移。但国内的产业升级速度相对较慢，且具有高技能的劳动力仍显偏少，因此出现了严重的劳动力分层现象。伴随

---

① 2011年，山西省被采空面积已达到一个台湾省的大小，并且"不适合人类居住的村庄"在山西已超过700个。详见高勤荣：《血色黑洞——山西煤炭采空区调查》，载于《新民周刊》2011年第43期。

② 2010年1月1日至2010年12月31日，我国全国范围内发生矿难161起，共造成1 461人死亡。此即2010年每起矿难发生的频率为2.27天。其中3月28日王家岭重大矿难事故中，死亡37人。2010年最大的矿难事故为6月21日河南平顶山市卫东区兴东二矿的事故，共造成46人死亡。这里的数据全部来自于国家安全生产监督管理总局。

③ 深圳市总工会，深圳大学劳动法和社会保障法研究所：《深圳新生代农民工生存状况调查报告》，http：//acftu.people.com.cn/GB/67582/12154737.html.2011年3月29日访问。

着产业的地区间转移，低端劳动力市场的分布更加分散，而高端劳动力市场则逐渐开始集中。劳动者地区上的分散导致了沿海地区实际劳动者数量的减少。这也可以被视为是产业转移的必然结果。因此，总体劳动力过剩与局部劳动力贫乏的现象会在今后一段时间内继续存在。

第二，劳动力自身的知识结构和技能水平较低。一般而言，工作与个人的知识和技能存在较大的正相关关系，后两者的提升使得个人对于前者的选择空间更为广泛。在老一代农民工中，受过初中教育的有40.4%，其次是受过高中教育的有38.2%[①]。仅受过初中和高中教育的人数占78.6%。有理由相信，高中以下受教育程度的群体应该超过80%。这样一种劳动力结构在工作的选择、劳资谈判以及维权能力方面实在令人担忧。

第三，工会组织的失灵。工会是工人权益的捍卫者与守护者，也是抑制企业暴力潜能转换为现实的重要组织。需要指出的是，我国的工会隶属于政府，并非拥有独立的地位，因此经常出现亲企业的选择。

2010年5月29日，中华全国总工会发出《关于进一步做好职工队伍和社会稳定工作的意见》，正式将"有尊严的生活和体面的劳动"首次作为工会的工作方针。此前对此方面的忽视和漠然也在一定程度上导致此类事件不断发生。在上半年劳资问题凸显的背景下，2010年7月26日闭幕的全国总工会第十五届执委会第四次会议形成的《中华全国总工会关于进一步加强企业工会工作、充分发挥企业工会作用的决定》的文件也将进一步推动工资集体协商制度的完善。

2. 非生产领域

非生产领域的血色收入主要是指通过威胁他人生命财产安全获得的非法收入。这种形式的血色收入破坏了正常交易秩序并且践踏了社会基本道德。如果此种形式的收入犯罪成本较低，则更加容易形成一种引致效应，导致更多此种类型收入的产生。一般而言，此种形式的收入主要分为有组织和无组织两种类型。

有组织的此类血色收入主要见于影响恶劣的集团犯罪。在此种形式中，由于活动本身的隐蔽性，对此评估较难实施。目前的估算基本上是按照发生的案件以及对侦破案件的推测。这种形式的收入是对社会基本交易规则的破坏，并导致异常的大规模资金流动。此外，诸多流通资金从国内流通市场上退出变成窖藏资金或直接在国外流通，减少了国内的财富总额。而无组织的此类收入主要包括小型团体实施威胁他人的犯罪行为。由于具有随机性，这种类型的收入形式在一般的犯罪案件中更为常见。

---

① 深圳市总工会，深圳大学劳动法和社会保障法研究所：《深圳新生代农民工生存状况调查报告》，http://acftu.people.com.cn/GB/67582/12154737.html. 2011年3月29日访问。

此外，未成年人也会由于心态狭隘或观点偏激产生过激、非法行为获取此种类型的血色收入。相对于上述血色收入，这种收入获得的主体是未成年人，造成的社会危害性更值得关注。

非生产领域内的血色收入具有严重的社会危害性。对此进行控制和调整既是规范收入分配秩序的内在要求，又是维护社会基本规范的必要举措。

第四节　本章小结

在我国现阶段，收入分配秩序紊乱的原因甚多，其中最主要的应归结于"秩序"本身的泛化和异化。具体而言，主要包括劳资关系失衡、公权力对私权利的干预以及隐性收入增加等问题。

劳资关系失衡与收入分配秩序紊乱具有辩证关系。前者可以被视为后者的具体体现，也能够通过示范效应强化后者的失序。将资本的原罪引入分析的过程，能够更好地揭示劳资关系冲突的原因。在国有企业和非国有企业中，劳资关系的发展存在各自的差异，需要进行分类分析。

自从世俗的政治国家产生以来，政治权力对经济权利的干预几乎一直没有中断过。事实上，前者对后者的干预在一定程度上是必要的，也是现代国家成熟的标志之一。干预过度或以公谋私从而导致部分群体因接近权力而获得不正常高收入，一般难为社会所接受和容忍。这里的分析主要是从政府本身的自利性为切入点的。规范收入分配秩序对政府公权力的使用也应提出相应要求，需要对其自利性行为加以引导和控制。

此外，隐性收入对收入分配秩序的紊乱也具有较为重大的影响。一般而言，隐性收入来源于隐性经济。即便根据国际上的国民经济核算体系，隐性经济的定义和内容仍难明确。本章根据 SNA（1993）的分类标准，结合国内的隐性经济相关研究成果，对其性质、数量和影响等方面进行了初步分析，我们将在第六章中对隐性经济规模进行测度以及深入的探讨。

第四章

劳资关系与劳动者工资

伴随着劳动和资本要素的市场化过程，劳资关系逐渐得以产生和发展。在市场经济制度完善过程中，劳动和资本要素所有者的利益关系呈现出多元、动态和不确定的特点。在这种复杂的利益关系演进中，市场、法律和其他制度安排，将在较大程度上影响劳资双方利益关系的发展。

市场层面上观察劳资关系，可以从微观和宏观两个层面分别进行。在这两个层面上，劳资关系的核心命题存在一定的差别：微观层面上，企业中劳动者工资决定及其相关福利的发放是劳资关系的重点；宏观层面上，劳动者收入份额占国民收入的比重即为关键。此外，政府对劳动和资本所得的税收，也将影响到劳动和资本间的收入分配状况。上述分析实际上给出了劳资关系中市场和政府两个角度及三个具体方面。

本章将分别对上述三个方面的问题进行模型的构建和仿真，并使用我国的数据进行相关估算。在微观层面上，我们将从市场深化和劳动者异质性两个维度对企业中劳动者工资的决定机制进行分析，并对其影响因素进行探讨；在宏观层面上，我们将在劳动和资本要素市场化的过程中分析市场化程度对劳动者收入份额的影响，并尝试估算我国劳动者收入份额在国民收入份额中的最优比重。鉴于我国经济发展具有空间和时间上的不一致性，因此在区分这两个方面的前提下分别估算了分时间段内各省劳动收入份额的最优值。至于政府如何征收最优的劳动和资本所得税，我们将在第三节中展开。

由于本章设定分析的市场环境是劳动和资本要素的市场化过程，因此在第二节和第三节中将探讨这两种要素市场化过程中劳动和资本的最优份额及其最优税率。在第一节中，我们则通过市场紧度的设定间接地刻画这种进程。这种设定，也在一定程度上契合了我国市场经济制度建设过程中的现实情况。

第一节 劳动者工资的决定[①]

劳动者与企业之间就工资水平的谈判，应该是多种均衡之间的选择或者转换[②]。换言之，理想的状态是，通过谈判实现更高的均衡水平。如果处于唯一的均衡，那么由于信息的缺失导致改善目前状态的谈判策略将是无效率的。如果由于主体的异质性、信息不对称以及集体行动困难等问题导致现实中不存在真正意义上的均衡，那么工资水平的选择将是一种次优均衡的选择。事实上，多重均衡的存在，不仅是工资谈判的前提，也是此过程中可置信的威胁：即是否朝一种帕累托有效的方向进行调整。

然而，在我国的劳动力市场上，存在诸如自由进入这样的约束条件，导致次优均衡的选择成为一种广泛的现象。这种限制通常施加于劳动者一方，具体体现为部分行业或者企业的进入门槛较高。由于这种非对称的劳动力流动障碍，事实上也减少了决策集合中的数量。这种现实约束还同时减少了劳动者受雇前的讨价还价能力，导致出现无效率的匹配。这在一定程度上类似霍西奥（Hosios）的研究背景。

此外，虽然效用函数的形态不断发生改进、多期的效用优化纳入考虑范围以及异质性条件下劳动者和企业双方的策略行动等方面不断予以完善，但是始终难以有效刻画市场深化过程中具有异质性的劳动者的工资的变化方向和程度。事实上，随着市场的深化，异质性劳动者的选择集合更多，在此情况下也将面临更多的次优选择。此外，为了争取更有价值的劳动者，厂商也开始加入到竞争的行列中。换言之，劳动者工资的决定过程中也出现了厂商间的竞争。在这种情况下，劳资关系开始显现出更多的阶段性特征。

由于经典文献的研究背景和研究角度与我国的现实还是存在一定的差距，比如我国市场经济成熟过程中劳动者异质性的存在，导致了具有明显阶段性特征的劳动者收入水平。这一点较少在相关的文献中论及和分析。因此，在前人的研究

---

① 该节也被收录于《规范收入分配秩序研究："收入分配理论与政策国际研讨会"论文集》，经济科学出版社 2012 年版。

② 选择强调的是从一种较差的状态向均衡点中的任何一种情形的转轨。转换则侧重于从目前的一种均衡向另一种更高水平均衡的并轨。

基础之上，本章将从市场深化和劳动者异质性两个维度，对劳动者收入最终将按照何种方式进行分配以最大化各自效用的过程和方式进行探讨，并就其产生机制进行一定的分析。前者更加注重市场发展的阶段性特征，属于时间的范畴。而后者将主要集中于更加微观层面的劳动力市场细分过程，属于主体的范畴。

本节从劳动者跨期效用和当期效用两个角度，结合劳动者的异质性，分别对市场逐步发展过程中劳动者工资水平的决定问题进行分析。具体的结构安排如下：第一部分介绍一个基本的跨期模型，其中包含了劳资双方的讨价还价能力。在第二部分中，我们将引入劳动者工资的上限，研究自由市场上劳资双方收入分配的份额大小。在市场机制不断深化和完善的过程中，劳动者的工资水平会随着企业数量的增加和劳动力市场的细分而逐渐发生变化，从而影响具有技能差异的劳动者工资水平的高低。相关的分析将在第三部分展开，在市场的完善过程中，劳动者所具有的异质性也逐渐开始对劳动者所能够获得的工资产生多维的影响。因此，我们也将在此讨论企业在什么样的条件下会拒绝向劳动者支付社会保障的比例部分，以及劳动者在何种程度上会接受这一出价。我们会看到，由于劳动者异质性的存在，个体偏好的变化如何影响其所能够获得的实际工资水平。

一、跨期的模型

在此我们考虑一个包含有人力资本、劳资双方讨价还价能力的跨期模型。在最终的收入决定过程中，资方的讨价还价能力对劳动者跨期替代效用将产生正面的影响。对于自由市场上劳资双方收入水平的分配方案，将在下一节中展开。

（一）厂商

罗默（Romer）定义了劳动力中具有人力资本的劳动用于最终产品的生产。但是，其将人力资本作为厂商生产过程的唯一投入，在一定程度上有悖于目前的经济环境。因此，我们在其基础之上将资本引入，厂商的生产函数具有如下形式：

$$Y(t)=AK^{\alpha}L^{\beta}H_{Y}^{\gamma},\ \alpha+\beta+\gamma=1 \tag{4.1}$$

其中，L 为社会上的全部劳动力，K 是社会上可以用来投入到生产中的总资本，H_Y 代表用于最终产品生产的人力资本。

存在税收的经济环境中，企业的利润、劳动者和资方的回报由如下等式决定：

$$\sum_{t=0}^{\infty}\pi_t=\sum_{t=0}^{\infty}\left[(1-\tau_y)AK_t^{\alpha}L_t^{\beta}H_{Yt}^{\gamma}-(1+\tau_k)rK_t-(1-\tau_n)wL_t\right] \tag{4.2}$$

（二）政府

政府对劳动力市场的影响主要是通过税收实现的。社会上的税收主要归为四类，即对收入、消费、劳动和资本所得的课税。因此，政府的收入为：

$$\sum_{t=0}^{\infty} T_t = \sum_{t=0}^{\infty} (\tau_y Y_t + \tau_w wL + \tau_k rK_t + \tau_c C_t) \tag{4.3}$$

$\{\tau_{ct}, \tau_{it}, \tau_{kt}, \tau_{nt}\}_{t=0}^{\infty}$分别代表对消费、投资、资本和劳动的税收。由于对资本的征税通常会使得资本的价格上升，对劳动的征税效应则相反，这和税收的转嫁效应是相符合的。因此，我们在此倾向于接受资本是一种价外税，劳动的税收是一种价内税。霍赛和克莱诺（Hsieh and Klenow, 2007）采用了与此类似的方法分析了税收存在条件下美、中、印三国的全要素生产率（TFP）的扭曲程度。

（三）家庭

由于现实中劳资双方存在有差异的讨价还价能力，因此最终的收入并非会按照最优的原则进行分配。因此，我们引入各自的讨价还价系数 ϕ_1 和 ϕ_2。根据霍尔（Hall）的思路，在税收的约束条件下，居民的约束条件为：

$$\begin{aligned}\sum_{t=0}^{\infty} q_t[(1+\tau_{ct})c_t] \leqslant & \sum_{t=0}^{\infty}(1-\tau_{nt})\phi_1 w_t n_t - \sum_{t=0}^{\infty} q_t \tau_{ht} \\ & + \sum_{t=0}^{\infty}\{r_t\phi_2(1-\tau_{kt}) + \phi_3[q_t(1-\tau_{it})(1-\delta) \\ & - q_{t-1}(1-\tau_{i,t-1})]\}k_t + [r_0(1-\tau_{k0}) \\ & + q_t(1-\tau_{i0})(1-\delta)]k_0\end{aligned} \tag{4.4}$$

q，r 是要素的税前价格和无风险资产的利率。δ 为资本折旧系数，n 为人均劳动力供给数量。ϕ_1 和 ϕ_2 则是再分配过程中劳资双方讨价还价能力的系数，这种系数的存在导致了最终的分配并非是按照企业零利润的最优水平决定的。换言之，这里的系数也在一定程度上刻画了企业收入分配中的结构性效应。由于资本的分配份额在讨价还价中发生了改变，居民的投资额也会发生相应的变化，这种变化用 ϕ_3 体现。

（四）均衡条件

在经典的工资决定模型中，有效工资率通常等于劳动的边际产出。这样一种研究，是基于社会保障制度外生于企业生产经营过程的视角。而在我国，企业需要部分负担正式职工的诸多社会保障职责，因此最优工资的决定应该是劳动者的工资、企业为劳动者按比例提供的社会保险以及其他各项福利性收入的加总。这种分析我们将在第四部分中展开。

$$w=(1-\alpha)\frac{1-\tau_y}{1-\tau_n}\frac{Y}{L} \tag{4.5}$$

$$r=\alpha\frac{1-\tau_y}{1+\tau_k}\frac{Y}{K} \tag{4.6}$$

一般而言，对劳动者的工资征税，虽然在一定程度上可以调节劳动者内部之间的工资差距，但是对企业高收入者与劳动者之间收入的调节，则较为有限。这主要是因为高管收入的形式是资本性质的，属于资本课税的范畴。但是，资本对于税收的转嫁能力和避税能力相对于劳动收入而言更强，因此高收入劳动者受劳动所得和资本所得课税的影响程度均较小。在此意义上，税收事实上降低了劳动者的收入，特别是社会上高技能劳动者和低技能劳动者之间的收入差距。

根据等式（4.5）和（4.6），可以进一步求出：

$$L=\left[\left(\frac{\alpha}{r}\right)^{\alpha}\left(\frac{\beta}{w}\right)^{1-\alpha}\frac{1}{(1+\tau_k)^{\alpha}(1-\tau_n)^{1-\alpha}}H_Y^{\gamma}\right]^{\frac{1}{1-(\alpha+\beta)}} \tag{4.7}$$

$$K=\left[\left(\frac{\alpha}{r}\right)^{1-\beta}\left(\frac{\beta}{w}\right)^{\beta}\frac{1}{(1+\tau_k)^{1-\beta}(1-\tau_n)^{\beta}}H_Y^{\gamma}\right]^{\frac{1}{1-(\alpha+\beta)}} \tag{4.8}$$

在这里，可以明显看出：最终用于生产的人力资本对厂商的生产中所雇用的劳动力具有正面的影响。对资本和劳动开征的税收都减少了两者的供给。

（4.7）式和（4.8）式难以求出资本和劳动份额的显示解，因此只能根据两者的工资率和供给总量去逼近。但是，也并非是全部的供给总量都能够得到使用，也即存在劳动力市场的失业和资本的摩擦问题。

图4－1显示，丰富的劳动力会导致劳动整体收入份额保持在较低的水平。根据等式（4.7），这主要是由劳动生产率、资本回报率、税收以及人力资本的份额共同决定的。随着市场经济的完善，劳动力数量的减少和技能的提升两个过程同时进行。在上述等式中表现为生产率水平的提升。事实上，劳动力供给者生产率的非对称提升，是市场深化对劳动者细化的必然要求。在此过程中，高技能劳动者逐渐获得更多的工资，而低技能劳动者则可能在这种工资的分化中处于劣势。

在最优劳动力和资本的决定方程中，没有出现劳资双方讨价还价能力的变量。目前关于劳资双方讨价还价能力的度量还比较难以内生化，如布兰查德等一般都采取了一种事后的测度方式，即根据劳资在最终的收入分配中所享有的绝对额和最优的份额之比重来反推出其讨价还价的能力。但是，我们可以通过霍尔的无套利原则导出劳动者讨价还价能力对其跨期效用的影响。

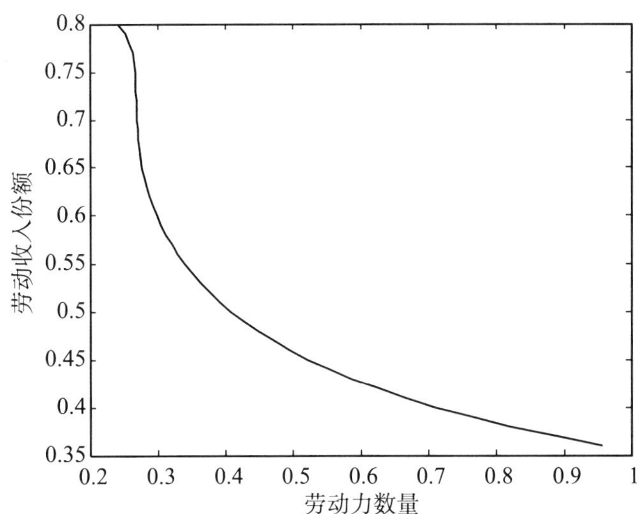

图 4－1　劳动力数量与劳动收入份额

注：这里 $\gamma = 0.15$，$\tau_k = 0.2$，$\tau_n = 0.1$。

命题 1：讨价还价能力的引入，使得资方的跨期替代效用发生了变化。这种变化的影响方向是正面的，但是影响程度难以确定。

霍尔和乔根森（Hall and Jorgenson，1967）根据（4.6）式，提出通过无套利的原则推导出资金使用的成本条件。

$$r_{t+1} = \frac{\phi_3}{\phi_2}\frac{1}{1-\tau_{k,t+1}}\left[q_t(1-\tau_{i,t}) - q_{t+1}(1-\tau_{i,t+1})(1-\delta)\right] \tag{4.9}$$

这里，ϕ_3 代表了存在讨价还价能力下，经济主体的投资倾向。

可以进一步地将劳动者的跨期效用表示为如下的差分方程：

$$u'(c_t) = \beta u'(c_{t+1})\frac{1+\tau_{c.t+1}}{1+\tau_{c.t}}\left[(1-\delta)\frac{1-\tau_{i.t+1}}{1-\tau_{i.t}} + \frac{\phi_2^2}{\phi_3}f'(k_{t+1})\frac{1-\tau_{k.t+1}}{1-\tau_{k.t}}\right] \tag{4.10}$$

与霍尔（1971）的结果相比，利率决定部分多出了 ϕ_2^2/ϕ_3 项。如果 $\phi_3 < (\geq)\phi_2^2$，意味着在包含资方议价能力的情形下，劳动者更加注重当期（下一期）的效用。换言之，此时的劳动者主观贴现率较高（较低）。相对于以后工资水平的提升，劳动者更希望现在（以后）使用议价能力，在当期增加收入份额，从而提升自身的效用水平。即便是在确定性的某一期，我们也无法断言 ϕ_2 和 ϕ_3 是一个鞅过程，因为两个变量都会具有其各自的运动条件。我们在这里只能肯定比值为正，但是这两个参数变化的具体程度是比较难以模拟的。

命题 2：ϕ_2 事实上大于资本在最优状态下应该取得的份额。这也在一定程度上说明劳动者注重当前的收入，而远期内收入提升的可能性对其影响较为有限。在我们的分析中，对于劳动者而言，临近两期的效用函数之比，除了取决于对于劳动、资本和消费的税收之外，还受到 ϕ_2^2/ϕ_3 的影响。这种影响的方向是正面的，但是具体的影响程度却难以确定。

二、自由市场与劳动者工资

比较合适的自由市场发展模式应该是个体行动的理性与制度构建的非理性过程。这里的“非理性”指制度的演化与发展较少的受到理性主义构建的影响，也即社会分工制度具有一定程度上的独立性。更重要的在于，此种思维路径强调的是社会演化的内生必然性和自然性，这一进程总体上难以为逻辑等人类的意愿所影响或左右。作为一种客观规律性的历史体现，非理性过程毫无疑问促进了我国经济社会过程中的失序发展。并且，由于缺乏必要的内在权威和典范的维系，这种非理性的过程似乎逐渐侵蚀了市场主体积极的行为精神和准则。

命题 2：在非对称的信息条件下，若不存在其他的调节力量，允许劳资存在就企业创造的收入分配结构进行讨价还价，那么资方的收入将高于其均衡模型中的最优水平，劳动者的收入会低于其最优水平。

证明：这里，我们首先证明劳动者收入分配份额的下降，再证明资本收入份额的上升。由于存在其他的外生冲击条件，劳动份额的下降并非必然伴随着资本收入份额的上升。为了更为一般的说明这种收入分配额的相对变化趋势，我们将从模型中参数的变化来证明命题。

（一）劳动者收入份额

首先，我们引入确定性经济环境中劳动者工资收入的上限。失业率变化的方式由下式决定：

$$\dot{u} = \delta(1-u) - \lambda u \tag{4.11}$$

其中，u 为失业率，δ 为失去工作的概率（job destruction rate），λ 为新工作到达的概率（offer arrival rate），也可以被理解为跳槽的概率。如果将跳槽的概率定义为泊松分布的话，则跳槽的一般形式为 $\lambda[1-F(w)]$。$F(w)$ 在此代表新工资的分布。事实上，可以有下面更为一般的形式：

$$u_{t+1} = \delta(1-u_t) + (1-\lambda)u_t \tag{4.12}$$

该式也是海罗特（Hairault，2010）所使用的失业模型。

我们假定市场中存在自由进入。在失业变动率为 0 的前提下，容易得出下述均衡条件：

$$\frac{u}{1-u} = \frac{\delta}{\lambda} \tag{4.13}$$

通过刻画市场上劳动者的工资分布函数，可以求出劳动者的最高工资：

$$\overline{w}=\left[1-\left(\frac{\delta}{\delta+\lambda}\right)^{2}\right]p+\left(\frac{\delta}{\delta+\lambda}\right)^{2}z \tag{4.14}$$

p 是劳动者就业后在企业实现的边际产出，z 为劳动者的保留工资，是劳动者未就业状态下的收入，通常即为从失业保险计划中获得的收入。最高工资决定方程第二项中的平方项，事实上就是社会失业率。在此意义上，就业工人的最高工资是其边际产出和保留工资的加权值，权重即为失业率的二次方。

根据之前的分析，我们有如下关系式：

$$\phi_1\leqslant\frac{(1-u^2)p+u^2z}{\overline{w}}<(1-u^2)+u^2\frac{z}{w_r}=1-u^2\left(1-\frac{z}{w_r}\right)<1 \tag{4.15}$$

w_r 为劳动者实际获得的工资。第一个严格不等式中使用到的 p 是劳动的边际产出概念。这种等价是最为理想的情形，现实中一般较难以实现。此外，实际工资水平也往往与劳动者能够获得的最高工资水平相等。因此，出现了绝对的包含关系。

$z/w_r<1$，这也是劳动者选择被雇佣的紧的约束条件。换言之，只有当被雇佣的工资严格高于自给自足时的回报，劳动者才会选择进入到分工过程中。除此之外，劳动者要么维持自给自足的生活，要么对于两者之间的选择感到无差异。在市场经济较为成熟的环境中，多个劳动者和多个厂商之间都会存在竞争：劳动者竞争就业机会，厂商竞争劳动者的加入。因此，工资水平会不断逼近劳动者理想状态下的工资上限，主观保留效用和实际工资的比重也会逐渐下降。但如果劳动者的保留效用随着市场经济环境的成熟而逐渐提升，那么两者之间的比值变化趋势则取决于两者的绝对演进速度。此外，失业率上升时，劳动者的收入份额进一步下降。这些结论都是与现实相符合的。

（二）资本的收入份额

为了分析的方便，我们在这里引入简单的 C－D 函数作为产出方程。

$$Y=AK^{\alpha}L^{\beta} \tag{4.16}$$

容易证明，α，β 分别为资本和劳动在总收入中的比重。

就资本获得的收入份额而言，存在以下条件：

$$\phi_2=\frac{y-\phi_1w_tn_t}{rk}>\frac{y-w_tn_t}{rk}=\alpha \tag{4.17}$$

由于 z 对于资本是容易观测的，特别是在低端劳动力市场上。主要包括解雇、聘用以及岗位工资的削减等方式。在这三种方式中，厂商总可以根据自己或者市场上的合意雇佣数量来了解劳动者的保留工资。因此，即便存在劳动力的讨价还价能力，他们获得来自自由市场上的收入份额仍将偏离最优值。只要资方在最终的分配中扣除不超过劳动者保留工资的部分进行分配，对资方而言就是最优的，而劳动者也会好于自给自足状态下的情形。因此，资本的份额在此条件下会出现上升，上升的具体程度由劳动者的保留工资的大小决定。命题 2 得证。

三、市场深化与劳动者工资

自由市场上企业对劳动者工资的侵蚀，一方面是由资本的强势地位决定的，另一方面也是由于劳动力需求方在市场的早期缺乏必要的竞争所导致的。按照一般的趋势，市场会从一般的自由情形中产生深化的过程，从而推动市场规模的渐次扩大。市场的深化程度主要体现在如下几方面：企业数量的增加、劳动力市场的进一步细分、职工的社会保障制度健全以及相关的法律法规完善等。制度完善的主要目的在于为经济主体提供可以辨析的产权边界以及能够预见的违约成本，从正向和逆向两个角度引导主体的最优行动选择。这里，我们暂不就制度对劳资关系的影响进行探讨，而仅仅集中于前三个问题。

（一）企业数量的增加

在经典的匹配模型（matching function）中，市场紧度的刻画方式有两种，但是均为线性的刻度。这种描述方式能够刻画在某一具体环境中的市场上寻找到工作的机会，特别是伴随着市场发展的过程。但是，这种刻度实际上也缺乏一个对离散时间段上的市场紧度的特征进行描述的性质。换言之，这种市场紧度未能够有效地考虑到它在发展过程中的某些特性，比如市场紧度的实际变化速度将随着经济体的成熟而逐渐放缓。为此，我们在这里将从传统的匹配模型出发，通过构造一个凸的市场紧度函数，来刻画在此环境中劳动者的工资变化情况。

沿袭黛蒙德、莫滕森（Diamond、Mortensen，2000）和皮萨里德斯（Pissarides，2001）的传统，我们这样定义企业在空余职位匹配劳动力和岗位空缺两种状态下的期望效用为：

$$J = p - w + \beta[\delta V + (1-\delta)J] \tag{4.18}$$

$$V = -c + \beta\{q(\theta)J + [1-q(\theta)]V\} \tag{4.19}$$

β 为贴现因子，定义为 $\beta = (1+r)^{-1}$。$q(\theta)$ 代表空缺职位成功雇佣劳动力的概率，是依赖于市场紧度的变量。

同时，劳动者在就业 E 和失业 U 状态下的期望效用为：

$$E = w + \beta[\delta U + (1-\delta)E] \tag{4.20}$$

$$U = z + \beta\{\theta q(\theta)E + [1-\theta q(\theta)]U\} \tag{4.21}$$

在这里，$\theta = (v/u)^{0.5}$，刻画的是市场紧度（Market tightness）。我们进一步

假定 θ 是二阶可微的，即 $\theta_v>0$，$\theta_{vv}<0$，$\theta_u>0$，$\theta_{uu}<0$。经济的发展通常会伴随着结构性失业的产生和存续。由于新的就业机会被制造出，而能够匹配的劳动力数量较为有限，导致出现“有岗无位”的局面。在这种情况下，v 会出现一定程度的上升。但是，在发达的市场经济体中，除非存在较大的内部震荡或者外生冲击，失业率能够保持在较低的稳定值附近。在此意义上，θ 越大，意味着市场经济体越成熟。美国的经验数据表明，工人寻找到工作的机会是市场紧度的增函数。换言之，在市场越完善的经济体中，劳动者具有越多的就业和择业机会。

此外，Burdett-Mortensen 模型中指出，可以将劳动者和企业的议价能力通过如下形式决定：

$$\max_{(E-U),\,J}(E-U)^{\kappa}J^{1-\kappa} \tag{4.22}$$

$$s.t.\quad S=E-U+J \tag{4.23}$$

S 为匹配过程的社会福利净额。

这里，κ 即为劳动者的议价能力。劳资双方收入的相对份额可以表示为：

$$E-U=\frac{\kappa}{1-\kappa}J \tag{4.24}$$

由此可以求出：

$$w=\frac{r}{1+r}U+\kappa\left(p-\frac{r}{1+r}U\right) \tag{4.25}$$

$$\frac{r}{1+r}U=z+\frac{\kappa\theta c}{1-\kappa} \tag{4.26}$$

上述两式进行合并，得到匹配方程中劳动者工资的决定方程：

$$w-z=\kappa(p-z+\theta c) \tag{4.27}$$

劳动者在就业状态下比失业状态下多获得的收益，与就业后厂商的生产能力、市场紧度和厂商弥补空缺岗位的成本正相关。市场紧度在一定程度上可以被理解为劳动者找到工作的概率。市场发展的深化，必然伴随着微观厂商创造更多的就业机会，或是创造了更多的低端劳动力市场就业机会，或是在创造更多高端劳动力市场就业机会的同时破坏了大量的低端就业机会，或是市场上稳定创造出的高端就业机会在产业部门之间存在替代性。前者对应的情形是市场发展的初级阶段，也即劳动密集型产业的集中加速发展过程。第二种情形对应的是发展阶段的转轨过程。产业结构的提升必然引致就业职位的结构性变动。最后一种情形则是稳定的市场经济发展过程中的就业变动。高低端劳动力市场的就业情形将不再发生显著的变化，而高端劳动力市场中由于夕阳产业的衰败和新兴产业的不断涌现，高技能的工作岗位将出现产业间的非对称演化趋势。这三种情形通常是在时间维度展开的，就具体的国家而言并非带有普适性。换言之，并非所有的国家都会经历这样的发展过程。在市场深化过程中，市场紧度为递增的凸函数，因此劳动者的工资也会呈现一种先加速增长后缓慢增长的变化过程（见图4－2）。

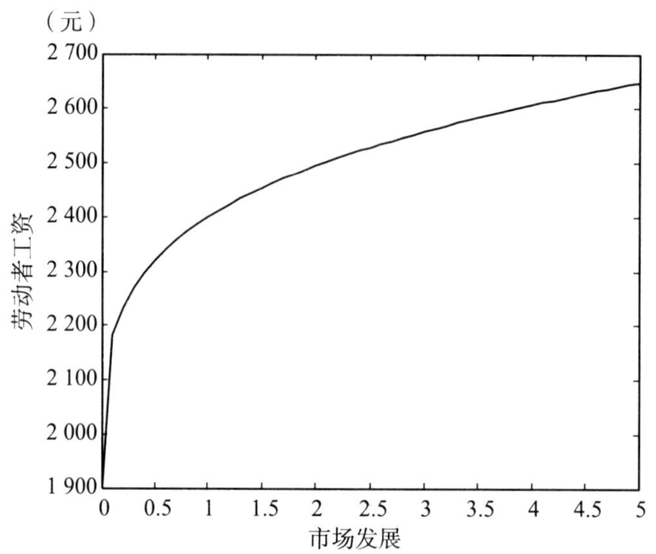

图4－2　市场发展与劳动者工资

注：市场紧度的刻画是市场发展的开方。其中，c＝1 000，y＝3 000，z＝800，phi＝0.5。

劳动者就业的实际工资与失业补助也是密切相关的，这一点也是比较容易理解的。因为劳动者在工资和失业补助中进行选择，实际上也是最优化自身行为的过程之一。如果社会保障制度健全和完善，但是工资对于其自身的溢价过低，如低于其对自身闲暇的效用，或者低于其对自身懒惰的效用，那么劳动者很有可能选择失业而非就业。这种情形更多的出现于北欧的高福利国家中。

（二）劳动力市场细化

企业数量增加的过程，也会伴随着劳动力市场不断发生细化或者分层。劳动力市场的细化，更多的是与经济发展和分工演进过程中劳动力参与生产过程深度相联系的一个概念。具体指的是市场在逐渐成熟的过程中，由于技能和分工卷入程度的差异，导致形成和出现的高技能劳动力和低技能劳动力市场。一般而言，由于高技能劳动者创造的边际产品量更大，因此能够在正常情况下获得比社会平均劳动者更高的收入份额。

命题3：在区分高技能劳动者的市场上，低技能劳动者为市场成熟所付出的成本相对高技能劳动者而言相对较小，其收入份额在市场制度完善过程中并非总是处于劣势，劳动力市场内部的劳动者收入差距趋于减少。相比市场不成熟的时间段，这一时期的劳资关系更为成熟和稳定。

证明：如果在劳动力市场中按照技能水平的高低，进一步细分出比例为 a 的高技能劳动力和比例为 $1-a$ 的低技能劳动力，则可以得到两种类型劳动力在市场上的最优工资水平。石寿永（2003）给出了具体的形式：

$$w_h = p\frac{a\theta[\phi + e^{-(1-a)\theta}]}{e^{a\theta}-1} \tag{4.28}$$

$$w_l = p\frac{(1-a)\theta}{e^{(1-a)\theta}-1} \tag{4.29}$$

w_h 和 w_l 分别代表高技能和低技能劳动者的最优工资水平。ϕ 代表高技能劳动者每单位时间内比低技能劳动者生产率的高出部分。θ 为市场的紧度，定义为平均每家企业所雇佣的劳动者数量。为了便于分析，我们在这里将社会上全部可用于生产的劳动力单位化为1，并假设劳动力数量是恒定的。在此情形下，市场紧度的变化，将全部归因于企业数量的变化。

石寿永（2003）并未对两种技能劳动者工资的绝对水平和相对水平进行分析。也没有对市场制度完善过程中高低技能劳动者所负担的改革成本进行探讨。命题2的结论事实上是建立在对其工资上限的进一步分析和相关假设的变更过程基础上。

计算两种技能劳动者工资上限的绝对额和相对额对市场紧度的一阶导数：

$$\frac{\partial w_h}{\partial\theta} = \frac{ape^{\theta(a-1)}(a-1)}{e^{a\theta}-1} - \frac{a^2pe^{a\theta}(\phi + e^{\theta(a-1)})}{(e^{a\theta}-1)^2}\theta + \frac{ap(\phi + e^{\theta(a-1)})}{e^{a\theta}-1} < 0 \tag{4.30}$$

$$\frac{\partial w_l}{\partial\theta} = \frac{p(a-1) - p(a-1)(a\theta - \theta + 1)}{e^{\theta(a-1)^2}(1/e^{\theta(a-1)} - 1)} < 0 \tag{4.31}$$

$$\begin{aligned}\frac{\partial(w_h/w_l)}{\partial\theta} &= \frac{a(e^{\theta(a-1)}-1)}{e^{a\theta}-1} + \frac{a(\phi + e^{\theta(a-1)})}{e^{\theta(a-1)}(e^{a\theta}-1)} \\ &\quad + (a^2e^{a\theta})(\frac{1}{e^{\theta(a-1)}} - 1)(\phi + e^{\theta(a-1)})/((a-1)(e^{a\theta}-1)^2) < 0\end{aligned} \tag{4.32}$$

这种结果是比较容易理解的。在劳动力给定的情况下，或者劳动力净增速小于企业的净增速时，此时市场上的企业数目的增加，使得两种技能的劳动者选择机会更多。这对于劳动者带来两方面的效应：一是由于工作机会的丰富引致失业率的相对下降，二是劳动者的议价能力上升[①]。两种影响的结果是劳动者工资水平的逐渐上升。反之亦然。

就两者的相对工资而言，其对于市场紧度的一阶导数也小于0。由于存在劳动技能差异导致的工资分化，市场上企业数量的增加将缩小两种类型劳动者之间的工资差距。这主要是由于市场上存在厂商和劳动力供给者的双边竞争。我们在

① 这两方面的效应均可以从模型中得出。

此假设了高技能劳动者仅占全部劳动力人口中的小部分。和低技能劳动者收入降低的趋势一样，他们的收入也会有一定的下降，差别仅在于程度更大。在此过程中，高技能劳动者所具有的人力资本能够得到市场的认可并形成收入流。由于市场成熟度的提升，其工资水平逐渐向下逼近其边际劳动产品量。这种高低技能间的收入差距，也会在一定程度上激励低技能劳动者提升自身的人力资本含量，以追求更为可观的收入。那么，在提升低技能劳动者工资绝对额和引导其提升人力资本含量的意义上，市场的完善是益贫的。

图 4－3 显示，在市场发展的初级阶段，高低技能劳动者间存在较为显著的收入差距。随着市场制度的逐渐完善，低技能劳动者工资下降的程度较为有限。市场紧度为 0.95 时的工资上限比 0.5 时的工资上限大约低 25% 左右，而高技能劳动者降低了约 66.7% 左右。这种高低劳动力之间收入的差异可以被看做是低技能劳动者在市场制度完善中所付出的成本。但是，伴随着这一过程，社会保障制度特别是其社会福利部分，也会得到相应的发展。因此，低技能劳动者所负担的成本可能将低于工资差距扩大的实际水平。由于高技能劳动者工资水平仍高于低技能劳动者——特别是劳动力市场结构和生产率差异两个关键假设改变之后，这种差异将更为显著——市场上仍然会产生低技能劳动者向高技能提升的激励机制。

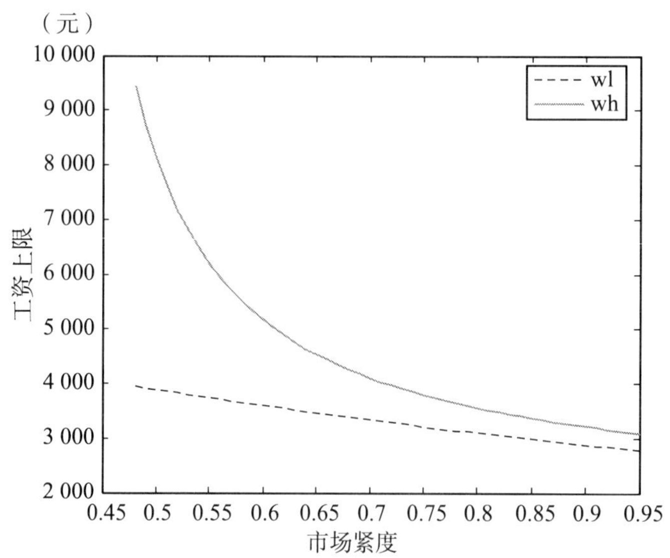

图 4－3　市场紧度与两种技能劳动者工资上限的变化

注：$\alpha=0.05$，$p=5\ 000$，$\phi=0.165$。市场紧度能够在一定程度上代表劳动者找到工作的机会。wh 和 wl 分别代表高技能劳动者和低技能劳动者的工资上限。从左向右看，是经济体逐渐成熟过程中市场细分的具体体现。从右向左看，代表的则是经济体倒退中市场厚度（market thickness）增加的过程。

但是，这个模型并未考虑市场完善过程中劳动力结构的变动效应，而是维持着高技能劳动力占总劳动力人口的比重以及比低技能劳动力生产率的超出部分是恒定不变的。这两个假设都和现实存在一定的差距。如果考虑到劳动力供给者中的结构效应和技能产出的递增效应，那么这种高技能劳动者工资上限加速下降的趋势很有可能会改善。这样一种可以预见的改善，可以放大成熟市场中高技能劳动者对于低技能劳动者合理的工资差距，从而形成市场内部提升劳动者技能结构的激励效应。命题 3 得证。

值得指出的是，在技术进步的经济体中，存在劳动与资本间的正和关系。这种新的关系中，资本会与劳动者收入份额下降的趋势产生张力，共同决定劳动者的具体收入额。

总体而言，在市场成熟的过程中，相对高技能劳动者负担的成本而言，低技能劳动者的整体负担还是相对较小的。为了更好地实现此过程，市场制度建设的完善过程，需要宏观层面相应的社会保障和收入分配等配套制度的完善。在微观层面，劳资双方的关系也应该根据最优的分配原则进行有限度的调整，特别是劳动者的工资性收入数量。事实上，劳动者收入在经济意义上和社会意义上的合理化过程，是发展和谐的劳资关系、提升劳动者幸福指数的核心。

（三）劳动者的异质性

劳动者的异质性对于其可能获得的工资具有一定的影响，竞争市场上异质性的劳动力在寻找工作中会产生工资分化。这部分，我们将在市场深化的研究基础之上，进一步就劳动力供给者所具有的异质性进行研究和分析。由于劳动力的异质性涵盖面较为广泛，我们这里主要采用劳动者的主观贴现率和风险厌恶程度来描述这种异质性。前者刻画的是劳动者对收入和消费的跨期偏好程度。这种偏好程度的形成具有刚性，即一旦产生就难以逆转。比较常见的情形是抽烟习惯的形成和突发事件导致的支出流显著增加。后者则主要刻画了劳动者对劳动力市场上更高工资水平的偏好程度。如果偏好更高的工作机会，就需要付出更多的搜寻、等待和谈判成本。在此期间，将无法取得收入流。这段时间越长，成本也就越高，风险也就越大。在此意义上，对于劳动者而言是一种风险。

为了更好地说明这种异质性在劳动者工资决定以及劳资关系中的影响，我们在这里结合劳动者可能从企业中获得的社会保险数量和福利进行分析。

社会保障对劳动者收入的影响主要体现在各期之间的收入平滑上，进而通过预算约束间接地改变各期之间的消费决策行为。

我们在这里定义劳动者的 CRRA 效用函数①:

$$U=\frac{c^{1-\sigma}-1}{1-\sigma} \tag{4.33}$$

其中，σ 为相对风险厌恶系数。c 是其消费水平。在每一个离散的时间中，劳动者获得的效用都需要贴现。因此引入贴现因子 $e^{-\rho t}$，其中 ρ 为主观贴现率，t 为时间项。

我们在这里通过主观贴现率的变动，来说明企业如何具有降低劳动者福利的现实可能性，从而导致劳资关系的紧张。这里只考察一个劳动者对收入的折现和风险厌恶程度在既定时期发生变化时的效用。

在上述假设下，我们有:

$$U_{1,\rho}=\frac{c_1^{1-\sigma}-1}{1-\sigma}e^{-\rho t},\ U_{2,\rho+\Delta}=\frac{c_2^{1-\sigma}-1}{1-\sigma}e^{-(\rho-\Delta)t} \tag{4.34}$$

$U_{1,\rho}$ 和 $U_{2,\rho+\Delta}$ 分别代表在主观贴现率较低和主观贴现率较高的情形下劳动者的效用函数。Δ 描述了主观贴现率改变的程度。c_1 是劳动者在任意期应该产生的社会平均消费水平。由于主观贴现率的改变，劳动者的效用函数发生了变化，需要消费产生相应的变化。这种因为变量变化而需要维持之前效用不变的补偿性消费由 c_2 刻画。

劳动者受到以下的约束条件:

$$c_t+a_{t+1}=w_t l_t+(1+r)a_t+v_t \tag{4.35}$$

a_t 为时间 t 的资产，会以 r 的速度产生收益。v_t 是企业提供给劳动者的各种劳动保障和津贴。在其他项不变的情况下，消费路径的变化就是 v_t 的变化。因此，我们通过对 v_t 的描述，事实上间接研究了 v_t 的改变对于劳动者效用的影响。

我们在此按照补偿性消费的研究思路，对两种贴现率下消费折现路径间的最大值进行探讨。我们将说明，企业在最大程度上扣除此部分的收入流，仍可以找到该种类型的工人，因此是企业在纯经济意义上的最优行为。但同时，这种对劳动者工资侵蚀的行为，会导致劳资关系的恶化。

虽然主观贴现率发生变化，但是我们假设两者之间的效用函数不存在差异。这需要满足:

$$\frac{U_{1,\rho}}{U_{2,\rho+\Delta}}=\frac{c_1^{1-\sigma}-1}{c_2^{1-\sigma}-1}e^{-\Delta t}=1 \tag{4.36}$$

由此可以导出 c_2 与 c_1 间的数量关系:

$$c_2=\left[e^{-\Delta t}(c_1^{1-\sigma}-1)+1\right]^{\frac{1}{1-\sigma}} \tag{4.37}$$

---

① 事实上，CRRA 效用函数与 CARA 效用函数在刻画劳动者行为方面具有某些相似之处。Shimer (2005) 曾经在研究劳动者行为和保险关系时指出过这一点。

进一步的，我们通过两者之间的比值进行这种变化的描述：

$$Z = c_2/c_1 = [e^{-\Delta t}(c_1^{1-\sigma} - 1) + 1]^{\frac{1}{1-\sigma}}/c_1 = [e^{-\Delta t}(1 - c_1^{\sigma-1}) + c_1^{\sigma-1}]^{\frac{1}{1-\sigma}} \quad (4.38)$$

下面，我们将从主观贴现率和风险厌恶系数两方面的变动来研究消费路径的变化，进而分析企业提供给劳动者工资水平的差异。

(1) 主观贴现率的变化。

由于，我们得出了补偿性消费变化的程度。我们在此通过数值模拟将这种差距显现出来。

命题4：主观贴现率上升，使得低端市场的劳动者更倾向于接受低工资、无福利、工作环境相对较差的工作。且外生冲击导致的贴现率变化越快，工资越低。

证明：在（4.38）式中，Z 是 Δ 的减函数。通过对该式求导可得，

$$\frac{\partial Z}{\partial \Delta} > 0$$

即函数下降的速度逐渐变快。命题4得证。

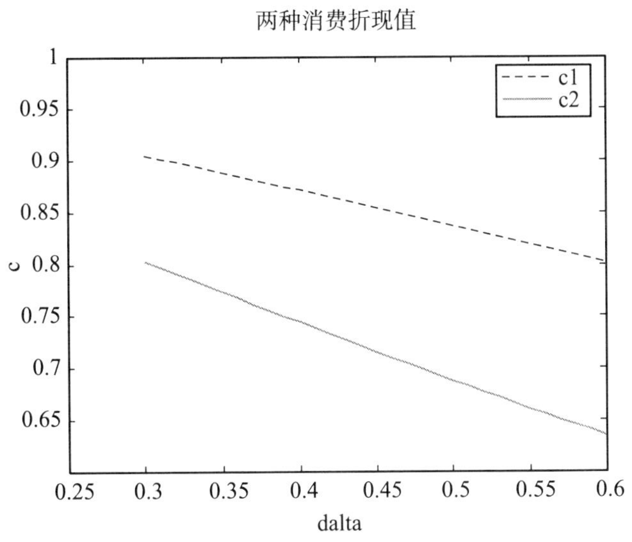

图4-4 主观贴现率改变下消费的折现值差异

注：c1、c2分别代表两种初始消费水平下主观折现率变动的数值。c1比c2消费的初始值要高。$\rho = 0.1$，$\sigma = 0.2$。

图4-4表明，主观贴现率的变化程度越大，初始消费水平较高的劳动者消费的折现值的变动水平也越大。这意味着，存在更加注重当期消费的习惯，或者由于可预见的事项需要在较短时间内赚更多钱，或者因为外生冲击导致当期消费水平突然提升的劳动者，其消费的折现值水平都会出现更大程度的下降。对于这

些劳动者而言，由于存在严格的借贷约束和风险厌恶倾向，确定性的低工资比潜在的平均工资水平更加容易满足他们的现期消费需要。这也意味着，在企业观察到劳动者的主观折现率后，能够就市场上一般劳动者主观折现率和应聘劳动者主观折现率的消费路径差异的最低值给予工资，就能够使其为企业创造价值。在此意义上，低端劳动力市场劳动者的工资水平和其他各项社会福利的水平也相对较低。

这种情形下，低端劳动力市场的劳动力供给者更类似处于一种为了生活而慌不择业的窘境当中。即便如此，按照他们在此情况下所能够接受的最低工资水平进行报酬的支付，也是对劳动者实际工资水平的一种侵犯。虽然劳动者在名义上接受了这样的工资水平，但是随着劳动者工资水平的改善，其主观贴现率也会逐渐改变，对工资也会逐渐提出更高的要求。在一定程度上，此种意义上的低工资，事实上是产生了一种隐性和抑制性的劳资矛盾。伴随着工资发放过程的迟缓或者可以拖延，这样一种矛盾很容易从潜在的危险转变为现实利益的抗争。在缺乏适当的维权途径以及可接受的维权成本下，抗争的方式也将逐渐带有激烈的倾向。

（2）风险厌恶系数的变化。

命题5：劳动者对风险越偏好，越能够得到接近市场平均水平的工资。

证明：通过对（4.38）式求导可得，

$$\frac{\partial Z}{\partial \sigma}<0$$

即函数上升的速度也逐渐放慢。命题5得证。

一般而言，企业是风险中性或者风险偏好型的。在劳动者主观风险厌恶系数给定的条件下，风险厌恶系数显著提升后，劳动者工资的折现值也显著上升（见图4-5）。在风险厌恶系数达到7左右时，工资水平的折现值基本达到0.94左右。也即，风险偏好型的低端市场劳动者总能够获得与市场平均工资水平相当的收入。但是，需要为实现此工作之前存在的概率付出大量的搜寻成本和等待成本。对于较为脆弱的这部分劳动者而言，这显然不是个较为现实的假设。即便是在发达国家，学者们也倾向于采用劳动者是风险厌恶的假说。

如果企业能够为劳动者提供社会保障的比例部分，则有利于劳动者提升对于外生冲击的抵抗能力，缓解其收入的脆弱性，其风险厌恶系数也会相应地朝风险中性改善。这个过程还会伴随着劳动者对工资诉求的进一步提升。在缺乏外在强制性力量和内在道德规范的环境中，这种难以为企业家实现利益最大化的方案显然存在实施的困难。因此，市场上的企业存在使得劳动力供给者的风险厌恶系数偏离中性的动力：要么风险厌恶系数过低，要么过高。降低风险厌恶系数的方式

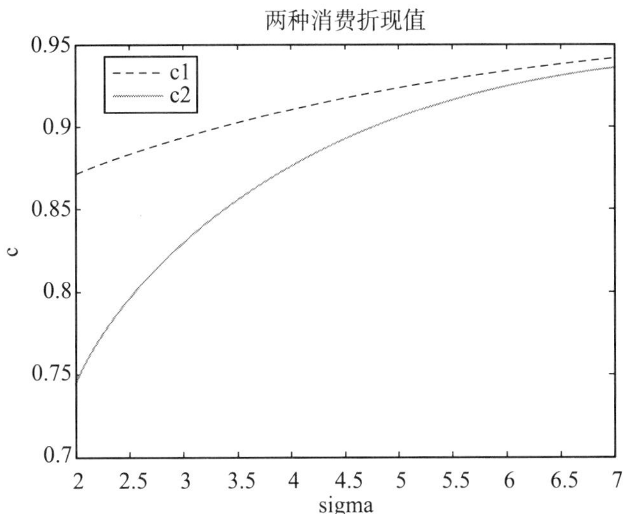

图 4－5　风险厌恶系数改变下消费的折现值差异

注：c1、c2 分别代表两种初始消费水平下主观折现率变动的数值。c1 比 c2 消费的初始值要高。$\rho=0.1$，$\Delta=0.4$。

相对于企业来说较为现实和简单。这主要是因为劳动者有强烈的自利性倾向，导致集体行动也存在困境。企业通过诸如开除这样的威胁，容易使得劳动者提升或者夸大行动风险的后果，接受工作现状。相关的实证研究也支持这一结论。

过低的风险厌恶系数能够接受更低的实际工资水平。市场上的低端劳动者基本上大部分属于这类风险厌恶系数较低的群体。因此，企业也能够在此意义上维持较低的劳动力使用成本。除了向劳动力密集型的地区进行产业转移外，这也是企业降低生产经营中可变资本使用成本的选择之一。值得指出的是，较高的风险厌恶系数实际上也会降低市场上劳动者的平均工资水平。

在此意义上，提升劳动者的实际工资水平需要完善相关的市场制度建设，包括社会保障制度和再就业制度等等，使得劳动者保持较为合适的风险厌恶系数，逼近其应该获得的工资水平，从而缓解劳资双方之间的矛盾。

第二节　最优劳动者收入份额

劳动者工资决定机制仅仅说明了个体劳动者收入获得的合理性以及公平性。但是，由于整体劳动者数据获得的便利性以及代表性，我们通常更为关心社会上全部劳动者收入的数量，以此综合判断劳动者收入在国民收入分配中的合理性。他们获得的收入是否存在被资本侵蚀的现象呢？这种判断的标准又是怎样的呢？在我国市场经济建设的过程中，是否存在一个或者多个劳动所得占国民收入中的最优份额？这种最优份额是否会随着经济发展而不断发生变化？本节将在 CES 的生产函数下，对上述问题进行分析，并试图解决宏观层面上最优劳动收入份额的相关问题。

对 CES 函数①的分析已经得到了诸多学者的重视，特别是劳动和资本替代率对收入的变动方向及程度。但是目前的研究尚未能够对中国劳动和资本替代率的状况进行研究，也未能关注中国劳动和资本替代率对收入增长的影响。本节试图从此思路出发，分析劳动和资本间的替代率变动对人均收入以及劳动收入份额变动的影响方向及程度。并联系我国的实际情况，进行参数的估计，以检验我们分析的合理性。

本节的结构安排如下：第一部分将介绍区分劳动力技术进步和资本技术进步的人均收入增长模型。第二部分中将对模型中的核心变量：劳动和资本的替代率进行估计。在估计值的基础之上，变量变动对人均收入变化的模拟分析将在第三部分中展开。

一、模型的设定

在目前研究成果的基础之上，本节将首先对 CES 模型的基本形式进行介绍，并在此基础上引入一个存在劳动和资本技术变动的 CES 方程。在建构分析的过程中，我们将从总量和结构两个视角对劳动者的收入进行分析。总量的视角即为替代率变动导致的人均总收入的变化过程，结构的视角则是替代率变动导致劳动

---

① CES 方程是 CD（Cobb-Douglas）函数的一般化形式，并且其可以通过假定，具有更多参数间非线性的关系。因此，能够通过相关参数的控制，更好地将之从 CD 函数中得到的结论一般化。更重要的是，CD 函数中还存在人为设定替代率的情况，即隐含的假设了替代率为 1。如果在一般性的研究环境中，替代率不再与设定的 1 相等，那么就有可能高估或者低估收入对冲击的反应程度。其具体机制为：当替代率偏离 1 时，在劳动和资本的最优一阶条件中会包含生产函数中的一个交叉项，该项与资本的生产技术相关。如果资本的生产技术不再为线性过程，并且在替代率不为 1 的情形下，劳动和资本的一阶最优条件将不再是 CD 函数中的形式。也正是在此意义上，CD 函数在更为一般的经济环境中存在估计上的误差。因此，使用 CD 函数在一定程度上类似于哈罗德模型中"刀锋增长"需要满足的条件。一旦特殊化的条件不再满足，就会导致理论和实际上的偏差。罗杰（Farmer Roger E. A.，1997）曾表达过类似的观点。本章第一节中采用 CD 函数，主要是因为计算上便利性的需要。正如刚刚所指出的，这种函数的使用在最优化的过程中存在一定的误差。由于第一节的主要任务是对劳动者工资决定机制的一般过程进行模拟，因此这种误差带来的影响将是有限的。本节以及下一节中涉及对最优劳动所得份额、最优劳动和资本所得税率的估计，因此使用更为一般的 CES 函数。

收入占总收入中比重的分析。我们将指出，劳动和资本技术的相对变动比例，将在一定程度上决定人均总收入的变动过程。

我们在此分别采用阿罗等（Arrow et al，1961）的方法进行参数估计。需要说明的是，虽然他们在其文章中给出了 CES 函数的具体形式，但是我们这里采用的并非是其推导出来的 CES 方程，而是其等价形式，即 CD 函数。正是从方程形式，阿罗等（1961）导出了 CES 函数的一般形式。根据 CD 函数中的参数，我们同样能够导出所关心的替代率。

阿罗等（1961）给出了其导出 CES 函数的 CD 方程：

$$y = aw^{b} \tag{4.39}$$

其中，y 为人均产出，w 为工资率。a 和 b 为待估参数。容易证明，这里的 b 即为我们所关心的 σ。σ 的定义在 20 世纪 30 年代由希克斯和罗宾逊分别独立提出。虽然希克斯试图证明两者具有等价性，但是后者的形式被证明更具有一般性。这是其形式被广泛采用的原因之一。因此，我们在此也采用罗宾逊所定义的替代率：

$$\sigma = -\frac{\mathrm{dlog}(K/L)}{\mathrm{dlog}(P^K/P^L)} \tag{4.40}$$

其中，P^K 和 P^L 为资本和劳动的价格，也即我们一般所使用的 r 和 w。

$\sigma > 1$，意味着资本回报高与劳动者的回报低，其中一种可能性即为强资本弱劳动的局面。$\sigma < 1$，则情形恰好相反。但是，总回报份额的高低是一方面，是否根据其边际产出获得其收入是另外一方面。也即，总份额的高低与收入是否合理是两个不同的问题，需要予以区别对待。

根据阿罗等（1961）的定义，得到如下关于劳动收入份额与 a 之间的数量关系①：

$$\alpha = a^{-1/b} \tag{4.41}$$

因此，方程（4.40）中两参数的估计，不但能够求出我们所关心的劳动和资本的替代率，而且能计算出劳动者收入份额的最优值。在这里，我们将主要关注省份之间的替代率实际值及其变动趋势。劳动者收入份额的最优值，我们将放在下一节中予以讨论。

此外，我们还可从中导出人均收入的最优形式。根据阿罗等（1961）的方法，我们同时考虑可能存在劳动和资本技术进步的 CES 方程。首先，我们给出

① 当这里的替代率等于 1 的时候，则（4.41）式即为一般 CD 函数下劳动者收入的决定形式。其中，而劳动收入份额与 a 之间，存在如下数量关系：$\alpha = 1 - \frac{1}{a}$

一个总量的 CES 函数①：

$$Y = [\alpha(AK)^{-\rho} + \beta(BL)^{-\rho}]^{-1/\rho} \qquad (4.42)$$

其中，α 和 β 分别代表资本和劳动在最终总收入中的分配比重，在一定程度上类似于阿罗等所言的分配系数。K 和 L 是资本与劳动数量，Y 为总产出水平。A 和 B 为资本和劳动的技术变化过程。这两个过程可能是线性的，也可能是非线性的。这里暂不给定其具体形式，是为了分析的方便。在后文中，为了分析的需要，会采用非线性的技术变化过程，分析主要变量变化对人均总收入的影响。$\rho = 1 - 1/\sigma$，其中 σ 为替代率。

在后文的分析中，我们将指出，我国劳动和资本替代率变化的主要原因在于劳动和资本价格的变化。其人均形式为：

$$y = [\alpha k^{-\rho} + \beta]^{-1/\rho} \qquad (4.43)$$

根据索罗模型中的最优增长的条件②，资本的变化满足如下约束：

$$\dot{k} = sy - (n + g + \delta)k \qquad (4.44)$$

在稳态，可以由（4.44）式得出资本的决定方程。代入式（4.43），可以求出人均收入的参数形式：

$$y = \left[\frac{1}{\beta} - \frac{\alpha}{\beta}\left(\frac{s}{n + g + \delta}\right)^{-\rho}\right]^{1/\rho} \qquad (4.45)$$

按照上述思路，我们在下一节中首先对我国的劳动和资本替代率情况进行估计，分析时间维度和空间维度上替代率差异存在的客观性。在此基础上我们将在第四节中开始，分别对劳动和资本技术对人均总收入的影响进行模拟和分析，以动态地揭示变量冲击对人均总收入的影响方向和程度。

二、劳动资本替代率的估计

上一部分的分析指出，替代率的变动对人均收入的变化具有较大的影响，甚

---

① 这里，我们需要论证（4.42）式在估算过程中具有一般性，对我们结论的分析没有重大的影响。这种 CD 函数，既可以被认为是不包含技术进步 CES 函数的导出方程，又可以被视为包含技术进步的导出形式，区分的关键在于求解微分方程过程中对常数项的赋值技巧上。当常数项为（$\ln\beta$）$/\rho$ 时，即可导出 $Y = [\beta K^{-\rho} + \alpha L^{-\rho}]^{-1/\rho}$ 式；当常数项为（$\ln\beta$）$/\rho + \ln(B/A)$ 时，即可导出 $Y = [\alpha(AK)^{\rho} + \beta(BL)^{\rho}]^{1/\rho}$ 式；当常数项为（$\ln\beta$）$/\rho + \ln(B/A)/\rho$ 时，即可导出如下形式的 CES 函数：$Y = [\alpha AK^{-\rho} + \beta BL^{-\rho}]^{-1/\rho}$。值得指出的是，上述三种不同形式的 CES 方程中，ρ 的具体表达式也会相应地发生变化。如果把上述方程中 ρ 的形式进行一定的变化，仍可以导出（4.42）式的估计方程。因此，（4.42）式可以被视为具有一般性的 CES 方程导出形式。正是在此意义上，估计（4.42）式以研究 CES 中替代率是可行并且有意义的。

② 索罗模型中最优资本存量条件的推导，与具体的生产函数形式无关，仅从人均资本量方程和资本变化方程即可推导出。因此，能够在此用于 CES 函数的分析。

至在一定程度上决定人均收入变动的方向和程度。因此，劳动和资本替代率是人均收入变动的核心变量。也正是在此意义上，在我们进行模拟分析之前，首先需要对我国劳动和资本的实际数值进行有效地测算。只有对该数值在我国的实际情况进行合理性的分析，才存在使用 CES 函数分析我国人均收入变动的合理性。在本节估计结果的基础之上，我们将在下一节中就替代率变动对居民收入的影响进行模拟分析。

我们首先介绍估计的方法和数据来源，并对估计的结果进行简单的分析。

（一）估计方法

对替代率的估计，即为对（4.39）式中参数的测算。其中，b 就是我们所关心的替代率。在此基础上，我们通过（4.41）和（4.45）式分别计算出劳动收入份额和人均收入数量。

（二）数据的选取

这里，我们使用 1999～2010 年全国及各省区市的数据[①]进行劳动和资本替代率的估计。囿于数据的可及性，我们在此无法获得 30 个省区市 2004 年和 2008 年劳动者报酬数据。因此该年度各省区市劳动和资本替代率的数据无法估计。为了保证样本的连续性，我们使用各地区 1999～2003 年劳动报酬的平均增长率估算了各地 2004 年和 2008 年劳动者报酬的数量，并据此估算劳动资本替代率，并分析其变动趋势。如未加说明，这里使用的数据全部来自于历年《中国统计年鉴》。

（三）估计结果

1999～2010 年间，东部地区的劳动资本替代率集中于 0.8428～1.2010 之间，与 1 之间存在一定的波动（见表 4－1）。这一时期中，替代率高于 1 的省份为江苏和浙江。1999～2010 年间，2/3 中部省份和 37.5% 的西部省份的劳动和资本替代率高于 1。

在这一时期，替代率高于 1 的省区市主要集中于中西部地区。根据我们对替代率的理解，这里的估计结果说明中西部地区中存在较为明显的强资本弱劳动局面，与实际情况基本相符。但是，两个字区间的估算结果显示，这种情形在不同的年份之间，存在较大的波动。

由于在上述地区中劳动和资本的技术进步较为有限，我们将在下一节的模拟

① 加入 2011 年数据后的分析结论，与这里得到的结论差异有限。

中指出，$\sigma<1$ 的时候更容易接近劳动和资本替代率边际变动的峰值，从而使得人均收入以最优的方式增长，也即以最快的速度增长。如果能够实现这种转变，那么中西部地区居民的收入水平将能够实现人均收入最合理的增长方式。

表 4-1 的分析实际上指出，1999～2010 年，各省区市的劳动和资本替代率基本上在 1 附近，但没有任一省区市的替代率等于 1。根据这样的估计结果，我们可以断言，使用 CD 函数进行劳动者报酬的分析存在一定的局限性。这种局限主要体现为劳动和资本一阶最优化条件下交叉项的遗漏，而可能对目标变量的研究方向和程度产生影响。

表 4-1　1999～2010 年全国及 30 个省区市劳动资本替代率

省区市	替代率	拟合度	省区市	替代率	拟合度	省区市	替代率	拟合度
全国	0.9333	0.9275						
北京	0.6696	0.8784	山西	0.9012	0.8440	四川	1.3719	0.8995
天津	0.9359	0.8518	内蒙古	0.9331	0.8486	贵州	0.9188	0.8812
河北	0.8059	0.8354	吉林	1.4310	0.9217	云南	0.9311	0.9528
辽宁	0.8660	0.9101	黑龙江	1.1652	0.8822	西藏	0.8943	0.8648
上海	0.8428	0.9572	安徽	0.9915	0.9306	陕西	1.0115	0.8903
江苏	1.0669	0.9051	江西	1.1715	0.9174	甘肃	0.9069	0.9131
浙江	1.2010	0.9719	河南	1.0269	0.8731	青海	1.0539	0.8872
福建	0.9001	0.9010	湖北	1.2409	0.7915	宁夏	0.8802	0.9087
山东	0.9847	0.8730	湖南	1.0707	0.8986	新疆	0.9224	0.9073
广东	0.9038	0.9136				海南	0.9795	0.8342
广西	0.9184	0.8812						

注：上述各替代率估计值均在 5% 的水平上显著。

替代率的这种降低过程是劳动和资本实现优化配置过程中的一个阶段，会随着时间的推移，根据劳动力和资本各自以及相对的技术变化进行调整，很难一般性地判断究竟替代率大于 1 还是小于 1 是最优的。即替代率的最优值不但与劳动和资本的数量有关，也与同期技术变化的过程相联系。这是我们分析劳动者报酬最优份额时应该注重的方面之一。下一节的模拟分析，会进一步对此问题进行分析。

三、模拟结果分析

根据上一部分中对模型的理论分析，本书将在此部分对区分技术变动情况的环境中、相关变量变动下人均总收入的变化进行数值模拟和分析。人均收入的变化需要关注两个方面：一是总量上的变化，即劳动者和资本所有者整体收入的变化情况。二是结构上的变化，即劳动者和资本所有者各自收入的演进趋势。人均收入的变化，关注的即为前一方面。劳动者收入份额的变化，关注的即为后一方面。因此，只有把两者联系起来分析，才能够得到人均收入的变动较为全面和客观的结论。

这里分别就替代率和劳动收入份额对人均收入的变动进行模拟分析。人均收入的变动，在较大程度上与这两个变量存在密切的关系。在区分技术变化的过程中，上述两个方面的变化既有其相似之处，又有其各自的特色。

（一）替代率的变化

图 4－6 和图 4－7 给出的是参数方程中，人均收入及其边际变动随替代率变化的运动轨迹。在 $\sigma\in[0,\ 2]$ 的区间内，替代率的上升具有边际收益递增的趋势，具体体现为人均总收入的加速增加。这在一定程度上也被克朗普等称为替代率推动经济增长的过程。此后这一数值开始降低，但始终为正。这说明，即便替代率对人均总收入的引致作用存在逐渐递减的趋势，但是始终能够带来总收入的增加。

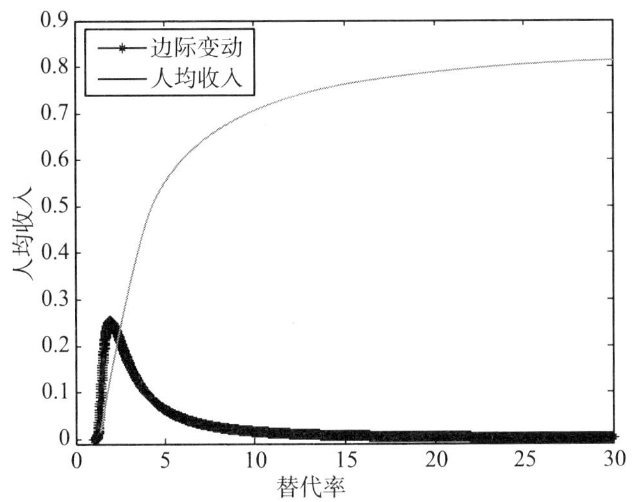

图 4－6　替代率变化与人均收入 I

图 4－7 显示出这样一个事实：替代率的变化会引致人均收入一定程度的下降，但是存在极限值。对（4.44）式求导，我们可以得到如下的等式：

$$y_{\lim}=-\frac{(\log M)\times M^{\frac{1}{\rho}}}{(\sigma-1)^{2}}-\frac{\left(\frac{\alpha(\log N)M^{\frac{1}{\sigma-1}}}{\beta}\right)-N^{\rho}}{\beta\sigma(\sigma-1)} \tag{4.46}$$

其中，$M=\frac{1}{\beta}-\frac{\alpha}{\beta}\left(\frac{s}{n+g+\delta}\right)^{\rho}$，$N=\frac{s}{n+g+\delta}$。

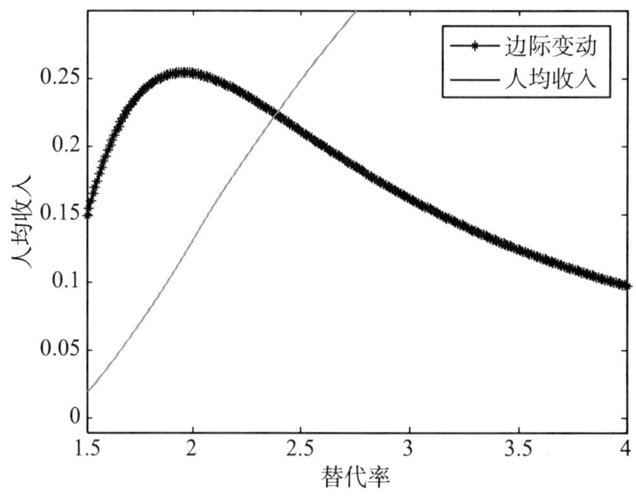

图 4－7　替代率变化与人均收入 II

对（4.46）式进行适当的赋值，就能够求出理论上人均总收入变化的上界。这里，通过对参数的具体数值进行校准和验证能够求出这样一种增长的上界，但这并非我们的重点。我们仅在此一般性地指出，替代率对人均总收入的促进作用将是有限的，其作用应该避免被过度夸大化。但是，如果劳动和资本间的相对技术能够发生不断的变化，那么人均总收入持续的增长过程还是能够得以维持的。换言之，劳动和资本的相对技术变化率在更大程度上决定了人均总收入的增长过程。这种依赖于技术进步而非仅仅对替代率赋值的分析，能够在一定程度上被视为将索罗的结论一般化了。

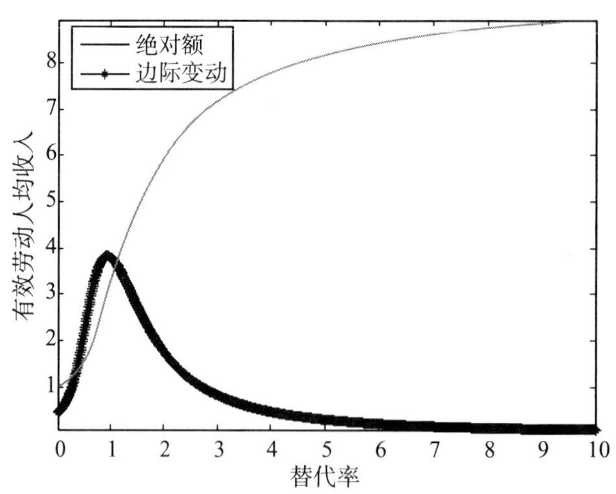

图 4－8　资本技术进步、替代率与收入 I

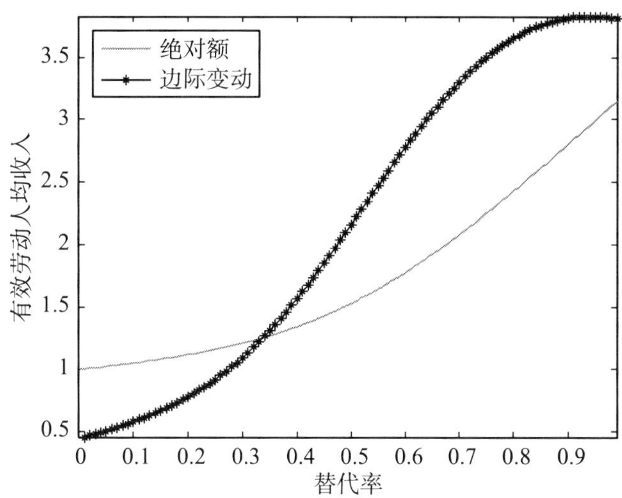

图 4－9　资本技术进步、替代率与收入 II

类似的变化也出现在资本技术变动的经济中（见图 4－8 和图 4－9）。值得指出的是，在相同的假设下，资本技术变动环境中人均总收入的绝对量低于劳动技术变动环境中人均总收入的绝对量。但是，这里的替代率最优值为 1，高于劳动技术进步环境中的最优替代率水平。

这说明，在劳动和资本技术进步的环境中，最优劳动和资本替代率存在较强的技术依赖性。在此意义上，通过促进技术进步，并在市场化的环境中引导替代率达到边际峰值，就能够在一定程度上实现人均收入的最优增长。

（二）劳动收入份额

在一定的劳动和资本替代率下，劳动者收入的最优份额也是被决定的。在劳动和资本技术变化的环境中，简单的恒等变化就会得到包含劳动和资本替代率的劳动收入份额方程。

丰富的劳动力会导致劳动整体收入份额保持在较低的水平。这主要是由于劳动生产率、资本回报率、税收以及人力资本的份额共同决定的。随着市场经济的完善，劳动力数量的减少和技能的提升两个过程同时进行。在上述等式中表现为生产率水平的提升。事实上，劳动力供给者生产率的非对称提升，是市场深化对劳动者细化的必然要求。在此过程中，高技能劳动者逐渐获得更多的工资，而低技能劳动者则可能在这种工资的分化中处于劣势。

在标准化的 CES 函数中，无论是在劳动技术变化还是在资本技术变化的环境中，劳动和资本份额之和为 1。在此意义上，劳动收入份额的上升，将引致资本收入份额相对应的下降。图 4－10 和图 4－11 分别描绘了两种技术变化环境中人均总收入的变化轨迹。

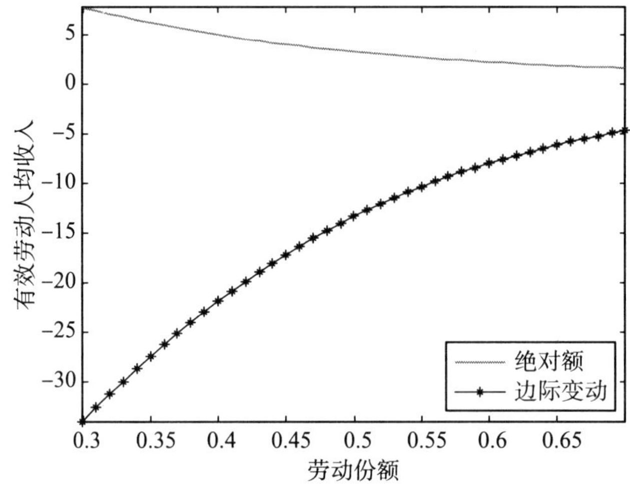

图 4－10　劳动力增加下劳动份额变化

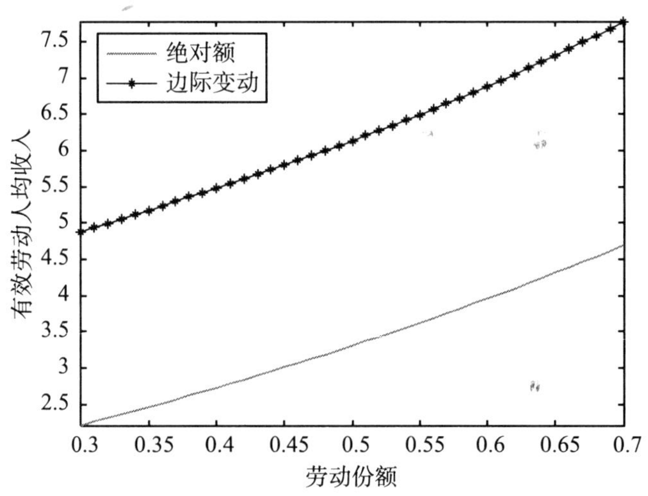

图 4－11　资本增加下劳动份额变化

可以看出，存在资本技术进步的环境中，人均总收入的绝对额上升较为迅速，并且上升的趋势也较为明显。相比之下，劳动技术的进步会导致人均总收入在一定范围内的下降。与公式（4.45）和公式（4.46）相比，这里解释了这样一个含义：虽然在劳动技术改善的环境中，人均总收入能够得到一定程度的提升，但是如果人为地改变劳动和资本的收入份额比，反而会使得应该增加的人均总收入出现下降。而资本基数变动环境中的趋势恰好相反，这说明了这种干预更适合在资本技术变动而非劳动技术变动的环境中采用。失当的干预，反而会使得人均总收入朝相反的方向变化。

表 4－2　1999～2010 年全国及 30 个省区市的分配系数劳动收入份额

省区市	分配系数 I	实际劳动收入份额	分配系数 II	理论偏误	实际差距 I	实际差距 II
全国	0.4118	0.4935	0.6240	21.22	－8.1671	13.0564
北京	0.1501	0.3646	0.7774	62.72	－21.4480	41.2755
天津	0.2986	0.4473	0.8197	52.11	－14.8689	37.2442
河北	0.3479	0.5216	0.6736	32.57	－17.3715	15.1964
辽宁	0.3403	0.4532	0.6865	34.62	－11.2892	23.3332
上海	0.2199	0.3349	0.7778	55.79	－11.4996	44.2859
江苏	0.4611	0.4971	0.6975	23.64	－3.5971	20.0435
浙江	0.5232	0.4646	0.6192	9.60	5.8583	15.4602
福建	0.4009	0.5065	0.6571	25.62	－10.5573	15.0594
山东	0.3854	0.4858	0.7136	32.82	－10.0418	22.7777
广东	0.3399	0.4317	0.7194	37.95	－9.1806	28.7723
广西	0.5115	0.6438	0.5240	1.25	－13.2275	－11.9775
海南	0.4780	0.5647	0.6035	12.56	－8.6720	3.8839
山西	0.3290	0.4531	0.7019	37.28	－12.4070	24.8744
内蒙古	0.3626	0.5782	0.7328	37.02	－21.5539	15.4673
吉林	0.6785	0.6036	0.5738	－10.47	7.4932	－2.9776
黑龙江	0.4718	0.4795	0.6788	20.70	－0.7792	19.9257
安徽	0.4701	0.5379	0.5542	8.41	－6.7774	1.6284
江西	0.5150	0.5866	0.5928	7.78	－7.1612	0.6219
河南	0.4852	0.6153	0.5929	10.77	－13.0102	－2.2395
湖北	0.5907	0.6584	0.6173	2.66	－6.7623	－4.1045
湖南	0.5263	0.6325	0.5689	4.26	－10.6152	－6.3555
四川	0.4352	0.5824	0.6821	24.69	－14.7214	9.9683
贵州	0.4789	0.5673	0.4692	－0.97	－8.8374	－9.8074
云南	0.4316	0.4505	0.5427	11.11	－1.8904	9.2216
西藏	0.5337	0.6404	0.5115	－2.22	－10.6693	－12.8886
陕西	0.4101	0.5335	0.6505	24.04	－12.3418	11.6991
甘肃	0.4352	0.5106	0.5502	11.51	－7.5443	3.9608

续表

省区市	分配系数 I	实际劳动收入份额	分配系数 II	理论偏误	实际差距 I	实际差距 II
青海	0.5123	0.6055	0.5855	7.33	-9.3242	-1.9958
宁夏	0.4158	0.5327	0.5983	18.25	-11.6898	6.5617
新疆	0.4318	0.5238	0.6400	20.82	-9.2000	11.6216

注：表中的分配系数 I 和分配系数 II，分别是指替代率不等于 1（CES 函数形式）时理论上劳动报酬的最优比重以及替代率等于 1 时（CD 函数形式）理论上劳动报酬的最优比重。在替代率发生变化时，我们使用了 2005 ~ 2010 年的劳动和资本替代率进行计算。理论偏误代表分配系数 2 偏离分配系数 1 的百分比，计算公式为：100% ×（分配系数 II - 分配系数 1）/分配系数 I。实际差距 I 是指由目前的劳动收入分配比重向最优的劳动收入比重演进，需要变化的百分比。计算公式为：100% ×（分配系数 I - 实际劳动收入份额）。实际差距 II 是指理论偏误和实际差距之和，即为实际劳动收入份额与替代率等于 1 是最优劳动收入份额的提升空间。在上述估计中，西藏的数据存在一定的问题，需要单独考虑。

在劳动力技术进步的环境中，单方面的提升劳动者收入的份额，反而会导致其实际收入的下降。这主要是因为劳资之间的有效替代率被扭曲，出现了资源的错配。而在资本技术进步的环境中，适当地强调劳动者收入份额的上升，反而能在资本深化的过程中兼顾对劳动分配的公平性问题。

根据表 4 - 2，我们可以初步判断最优劳动者收入比重与实际劳动者收入比重下劳动力数量的差异。如果 a 在 2 以上，则说明这种体现在劳动力数量上的差异就较为显著。换言之，现实中劳动力存在过度配置，从而降低了市场上劳动者的工资水平。这也是我国目前低成本劳动力使用的现状。

根据第二节中的估计，我们整理了 30 个省区市既定劳动和资本替代率的条件下，最优劳动收入份额的比重，整理到表 4 - 2 中。值得指出的是，这里测算的最优劳动者收入比重，没有包含劳动或者资本的技术进步。

我们结合表 4 - 2 中的分析结果进一步论证上述结论的合理性。可以看出，劳动者报酬的提升，存在其最优水平。而且，全国 30 个省区市存在着较大的差异，很难以一个统一的标准断言劳动报酬的合理性。部分省区市中还出现了局部范围内劳动收入占比过高的情形。就 1999 ~ 2010 年的拟合结果而言，北京的最优分配比重为 15.01%，但是湖南和贵州却为 50% 左右。在此意义上，在劳动力数量与劳动力份额变动趋势既定的情形下，劳动力报酬的最优分配份额，是存在着较大的地域差异的。此外，北京在 1999 ~ 2010 年间劳动力报酬的最优份额，也存在时间维度上的变化。无论是空间维度还是时间维度上劳动者报酬最优值的差异，都与劳动力的实际参与率，即劳动力的技术变化相联系[①]。根据图 4－12 的分析，如果存在劳动力技术的进步，人为失当等对劳动者低收入份额进行干预，反而会使得其收入下降，与政策的既定目标也背道而驰。

需要指出的是，表 4－2 中分配系数的估计，虽然在估计方程中没有明确劳动和资本的技术变化，但是这种估计结果已经包含了这种技术变化。也即，这种估计可以被理解为对有效劳动力工资水平的非线性估计。就这种技术变化对劳动者收入份额与最优份额之间缺口的动态影响，本文在此未作进一步的估算。但是，我们可以通过这种缺口值在东中西三个地域中的大小来初步验证这种分析的合理性。不难看出，东部缺口最大，西部次之，中部最小。这与现实中劳动和资本的技术扩散路径是基本一致的。东部地区的劳动和资本往往具有比中部和西部更高的水平，因此，技术变化具体形式的数值，对其的影响程度也高于中部和西部。也即，东部地区劳动者的收入，是具有较高人力资本的劳动者所获得的收入，技术变化对他们的影响更为显著。

表 4－2 中，也给出了 CD 函数形式下最优劳动收入份额的估计数。可以看出，估计误差是相当明显的。东部地区、中部地区和西部地区偏误的平均值为 13.71%、－4.09%和 1.52%。就实际差距 I 而言，这里的变动为负。这主要是由于替代率本身估计的局限性所致。由于替代率需要进行非线性估计[②]，这里的估算区分了 1999～2010 年间替代率是否出现变化，与实际的情况可能存在一定的偏差[③]。在替代率不变的情况下，我国各省区市最有劳动收入份额仍存在较大的提升空间。我国一直存在“强资本弱劳动”的格局，导致此情形下的劳动和资本替代率中存在市场势力（Market mark-up）的影响。但是，如果替代率在较短的期间内变化，结果则出现了较大的逆转。

2008 年金融危机以来，我国劳动力和资本要素的相对价格变化较为显著，但是较短的时间难以对替代率进行有效的估计，因此在这里较难以反映出来。这里的实际差距，更多的是 1999～2010 年间劳动份额理论趋势与实际平均水平的差异，是发展过程中的阶段性变动差异。虽然在此背景下对劳动力收入份额的干预效果难以有效实现，但是可以在提升资本技术的环境中调节劳动者收入占总产出的比重。在此情形下，适当的干预将有效提升劳动者所能够获得的实际收入。

① 按照同样的思路，这里实际上也估算了子区间内最优劳动收入比重。但是，由于估计时间相对较短，结果仅具有一定程度上的参考价值。

② Hicks（1932）给出的替代率计算公式，实际上是一种理论的推导。而 Robinson（1933）的公式中，劳动和资本的价格难以有效的计算。因此，只能够使用 Arrow et al（1961）的方式进行非参数估计。

③ 目前，部分学者使用简单的 CD 函数对我国劳动和资本的收入份额进行了估计，其中劳动收入份额基本在 0.5～0.75 之间。需要指出的是，这种估算中部分模型没有包含政府部门。此外，劳动和资本替代率等于 1 的假设，也难以为事实所支持。

从表 4-2 实际上也可以看出，若替代率发生变化，全国 30 个省区市劳动者报酬的实际值与最优值上存在较大的提升空间。如果能够在技术进步的环境中，逐步使劳动和资本替代率变化到合理的区间，那么这样环境下的劳动力收入调控政策，将会更有效。

在上述背景下，对劳动者收入比重的调节，应该注重其技术环境。如果市场强调或者政府引导劳动力技术的进步，应该适当减少政府对收入分配格局的干预。如果市场强调或者政府引导资本技术进步，那么政府可以也应该对收入分配格局进行直接的干预和调整。这种调整的思路，应该遵循以调整劳动和资本之间的替代率为主，避免对分配过程的过度干预。换言之，应该以促进劳动和资本之间配置效率的优化为主，而非直接干预配置过程。

如果政府进行调节，有效的手段之一即为对劳动和资本的所得进行征税。但是，应该按照什么样的规则对此进行征税？在各省区市最优劳动和资本所得存在差异的前提下，该如何确定最合适的劳动和资本所得税？在理论上，这种最优的所得税率，是具有时齐性还是具有时变性？这方面的探讨，我们将在第三节中展开。

第三节　最优劳动和资本所得税

第一节和第二节分别从微观和宏观两个层面对劳动者收入的核心命题，即劳动者收入的微观决定机制和宏观收入份额进行了分析，并对我国劳动者收入占国民收入比重的最优值进行了尝试性估算。这种分析视角仅局限于市场本身，政府对市场的引导作用并未得到相应的分析。在现实中，政府对劳资关系的干预和引导在一定程度上是必要的。政府可以通过调整针对要素收入的税率，同时改变两种收入分配状况[①]。这种干预，一般是作为市场失灵的补充方式而存在。就政府干预和引导的手段而言，主要是对劳动和资本的所得进行征税或者实施补贴，调整初次分配过程中已经形成的分配格局，促进社会实现效率和公平的统一。

本节将主要对政府就劳动和资本所得的最优税率进行估算[②]和分析，并分析这种最优税率在理论上是否会随着时间的变化而变化。由于我国经济存在空间和

① 郭庆旺，吕冰洋，2012：《论要素收入分配对居民收入分配的影响》，载于《中国社会科学》第 12 期。

② 下文将指出，这里的估计依赖于劳动和资本替代率的变化，而替代率估计采用的是区间估计，而非每年都能够估计出替代率。因此，这里的最优值，实际上也是一种近似估计。

时间上较大的差异性，因此这里沿袭第二节中的分析思路，按照地域和时间的划分，分别对最优税率进行测算。

一、模型的设定

如果工人努力是工资唯一的决定因素，那么效率工资水平就应该为1。在更为一般的环境中，阿吉亚尔（Aguiar，2011）给出了上述结论的另外一种证明方式。

$$F_n(k_t, n_t) = (1 + \tau_n^t) w_t \tag{4.47}$$

其中，$F_n(k_t, n_t)$ 是劳动的边际产量，τ_n^t 为 t 期的劳动所得税。根据阿吉亚尔（2011）的设定以及最优劳动税率为0的结论①，我们可以容易得到 $w_t = 1$②。实际上，这个条件还意味着，劳动收入的正效用在长期等于消费的负效用。而这一点，经常为一般的研究所忽视。

按照如下方式定义劳动所得的最优税率：

$$\tau_n = \frac{F_l(k_t, l_t) u_c(c_t, l_t)}{-u_n(c_t, l_t)} - 1 \tag{4.48}$$

根据上述结论，我们不难得到工资率和税收两者之间具有如下线性关系：

$$w = 1 + \tau \tag{4.49}$$

如果存在偏离最优份额的情形，那么政府应该通过税收进行调整。当工资率按照效率工资的水平决定时，政府对劳动的最优税率为0。卡纳萨和阿吉亚尔（Conesa and Aguiar，2011）的研究结论均支持这一设定形式③。这种形式的关系说明，税率的大小需要以工资水平是否有效率为标准进行调节，以实现劳动力配置的最优化。

根据CES函数的设定，得出在此条件下最优劳动和资本税率的参数形式：

$$\tau = (1 - \alpha) B^{-\rho} [\alpha A^{-\rho} k^{-\rho} + (1 - \alpha) B^{-\rho}]^{-1/\rho - 1} - 1 \tag{4.50}$$

其中，k 为每劳动者的人均资本量。在我们的最优税率形式中，更多的因素能够影响其变动，如劳动和资本的技术比率，劳动收入份额以及劳动和资本的替代率等等。因此，在我们的估算中，可能存在劳动最优税率和阿吉亚尔（2011）结论有所区别的情形。

---

① 实际上，最优劳动税率为0的结论，近年来已经得到一些学者在理论上的支持。

② 如果不存在工资粘性，也容易证明最优工资率等于1。

③ Aguiar（2011）指出，在长期，劳动的最优税率确实为0，而资本的最优税率则不为0。此外，Jones（Jones et al.，1997）也指出，如果劳动具有资本的某些特征，如人力资本可以累积，那么最优的劳动税率也应该为0。

在第二节CES生产函数的基础之上，给定如下资源约束条件：

$$C_t + K_t + G_t = Y_t \tag{4.51}$$

其中，C_t、K_t 和 G_t 分别代表社会中当期的消费、当期的资本①和当期的政府支出水平。Y 为社会总产出。

$$G_t = \theta_t r_t K_t + \tau_t w_t L_t \tag{4.52}$$

政府的支出主要由劳动和资本的所得税组成。θ_t 和 τ_t 分别为对资本所得和对劳动所得的税率。这两个税率并非会始终大于0。如果税率为正数，那么意味着政府对要素的征税；如果为负数，则意味着政府对要素的补贴。我们将在后面的分析中指出，随着影响最优劳动和资本所得税率各因素的变化，两者的最优税率水平也会出现结构性的变动。r_t 和 w_t 为两者的回报率。

假定在有限期的经济中，资本在最后一期被全部消耗②。将（4.52）和（4.53）代入（4.54），容易得到资本的最优税率：

$$\theta = \frac{G}{Y}\left[1 + \frac{1-\alpha}{\alpha}\left(\frac{B}{A}\right)^{-\rho}\left(\frac{1}{k}\right)^{-\rho}\right] - \frac{1-\alpha}{\alpha}\left(\frac{B}{A}\right)^{-\rho}\left(\frac{1}{k}\right)^{-\rho}\tau \tag{4.53}$$

如果考虑劳动和资本的技术进步率，并且以劳动的技术进步率为基准，将资本的技术进步率表示为劳动技术进步率的齐次函数，那么技术变动对劳动所得税收的影响主要是通过改变实际人均资本量实现的。如果 $A > B$，则这种资本技术变化率实际上提升了实际人均资本存量，分析的过程和人均资本绝对量提升的分析过程基本是一致。反之亦然。

就技术进步对最优资本所得税的变化而言，劳动和资本技术变化的影响与上面的分析刚好相反。

二、模拟分析

此部分，我们将根据最优劳动和资本的所得税率估算方式，进行模型中相关变量间关系的模拟分析。这种模拟，将为下一部分中的估算提供一个直观和有效的判断基础。

这种模拟主要是从三个方面展开的，分别为替代率、人均资本量以及劳动收入份额变动下的模拟。为了更加有效地进行对比分析，我们将同时对劳动和资本的最优税率进行模拟。

① 这里，我们实际上隐含假定了资本的折旧率为100%。

② 这里主要使用了逆向推导法的方式。

（一）替代率变动

图 4－12 和图 4－13 分别指出，在替代率不变的情形中，随着人均资本量的上升，最优的劳动所得税率会上升，而最优资本所得税率会下降。

图 4－12 显示，替代率上升的过程中，存在劳动税率的单一峰值，此后税率不断下降。这里的负数意味着政府应该对劳动力进行补贴，而非征税。此外，随着人均资本量的逐渐改善，劳动税率的峰值也在替代率的演进过程中不断向右偏移，说明在人均资本量改善的情形下，对劳动所得最优税率也有逐渐上升的趋势。即便替代率为 1.5，这时的劳动所得税率也仍高于 0。

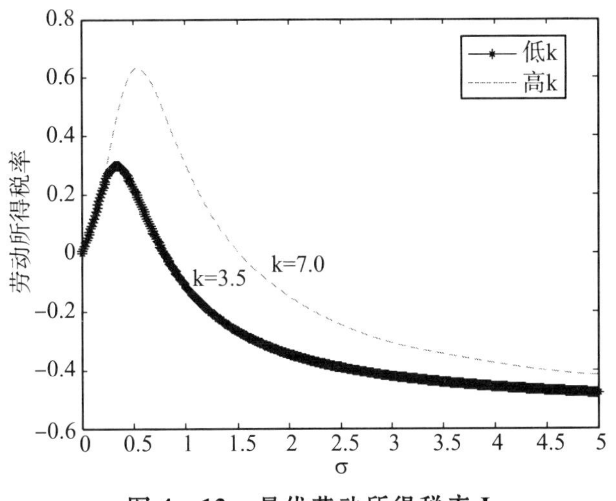

图 4－12　最优劳动所得税率 I

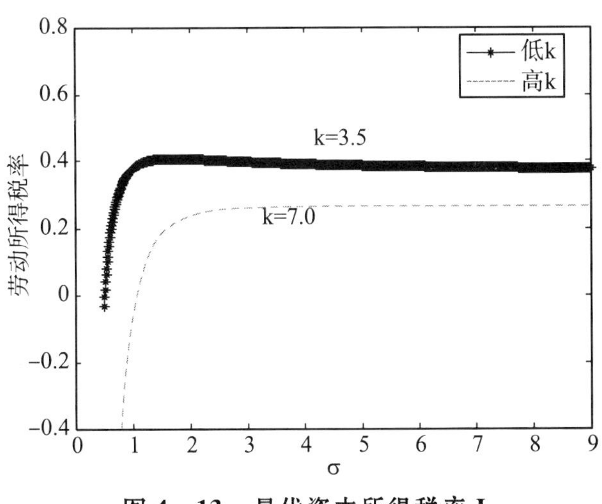

图 4－13　最优资本所得税率 I

如果人均资本量较低，那么劳动在这一时期具有成本上的比较优势，而资本所得则应该给予一定的补贴，以鼓励投资的扩大。这种情形和劳动密集型国家在发展初期阶段的选择基本一致，即向劳动征税以补贴资本。换言之，这种基本逻辑即为重资本轻劳动。

随着资本存量的逐渐上升，这种补贴会逐渐减少，并开始出现对资本所得的征税。（图 4－13）在替代率小于 1 的变化中，这种税率变动尤为明显。根据我国 1999～2010 年 30 个省、自治区和直辖市的替代率估计结果，替代率的分布区间大致在 0.84～1.24 之间。这一区间恰好是资本所得税率变动最为迅速的区间。在给定其他情形的条件下，人均资本量的提升，将会对应更低的资本最优税率。当劳动和资本替代率从 0.6 变动到 1，人均资本量为 3.5 的时候，资本所得税率变动区间为 0～40%，并且存在快速上升的趋势。但是，这种税率的上升存在极限。随着人均资本量的上升，这种极限值也会不断下移。就提升变化的速度而言，是慢于人均资本量的改善速度的。

（二）人均资本变动

在经济发展的过程中，人均资本量的变化对劳动和资本税收的影响是显而易见的。在替代率变化的过程中，这种影响也呈现出较强的情境性。

但是，在给定人均资本量变动的情形下，替代率的变化对最优劳动税率变动的影响机制与给定替代率变动下人均资本量的变动存在一定的差异（见图 4－14）。替代率的上升，会使得既定人均资本量的最优劳动税率曲线右偏，降低了劳动所得

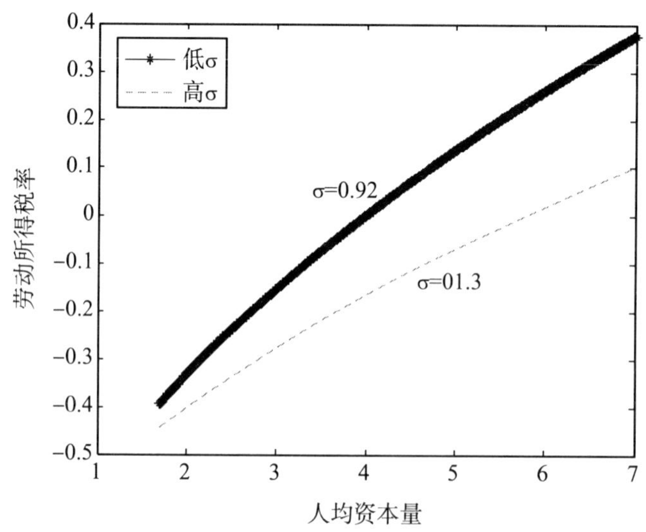

图 4－14　最优劳动所得税率 II

的实际税率，同时提升了政府的补贴水平。也即，如果在人均资本量不断增加的前提下，能够进一步的推动要素替代率的合理化，那么对劳动所得的课税是可以逐渐减少的。这一过程，也即市场深化的具体体现。

同图4－14类似，在既定的人均资本量下，替代率变动对最优资本所得税率的变化（见图4－15）与给定替代率的情形下，人均资本量变动对最优资本所得税率影响（见图4－15）的机制不尽相同。在这种情形中，替代率的上升使得最优资本所得税率的曲线更为平缓。在人均资本量较少的时候，税率更低；在人均资本量逐渐改善的时候，税率更高。

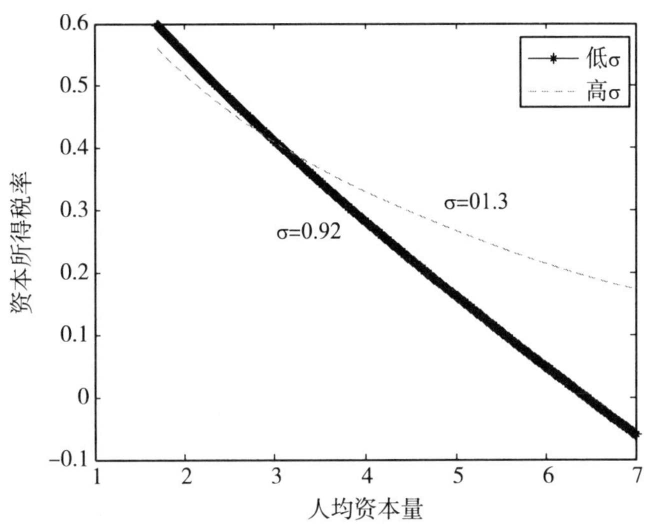

图4－15　最优资本所得税率Ⅱ

（三）劳动收入份额

图4－16显示，在给定劳动者收入份额的前提下，人均资本量的提升将显著的提高最优劳动所得税率。这一点是比较好理解的。理论上，（4.52）式说明劳动所得税率是人均资本量的增函数。实际上，这也是税收源泉扣缴的应有情形。

一般而言，提升人均资本量的过程，会伴随着劳动所得税率的提升。但是，如果能够在这一过程中，逐步改善劳动和资本的替代率，实现人均资本量和替代率的联动，那么这种上升和下降的效应能在一定程度上抵消。换言之，能够在人均资本量上升的过程中，逐步控制劳动所得税率的增加，劳动者收入不断改善的同时，其负担的实际税率不至于过重。

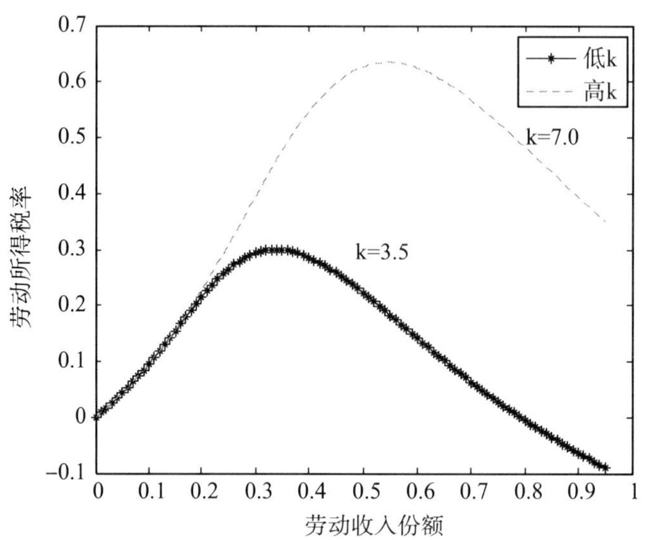

图 4-16　最优劳动所得税率Ⅲ

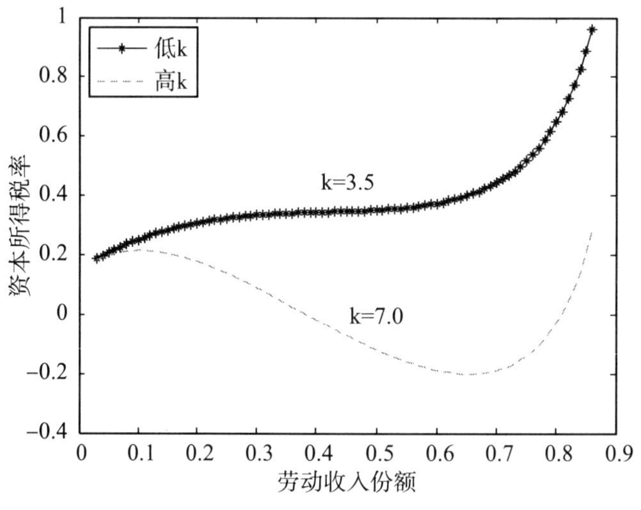

图 4-17　最优资本所得税率Ⅲ

在给定劳动者收入份额的条件下，人均资本量的改善，将对最优资本税率的变动产生结构性的影响。较低的人均资本量，会使得最优税率在劳动份额上升的过程中，出现对劳动征税而对资本的补贴。如果人均资本量上升一倍，则对资本正的最优税率是较为明显的。此外，这一税率的变化也较为稳定。劳动者收入份额从 20% 上升到 70%，这一最优税率的取值在 20% ~30% 之间。这里描述的情形，和现实是基本一致的。

三、最优税率的估算

在前一部分中直观判断的基础之上，现在我们开始使用我国的数据对理论上的最优劳动和资本税率进行估算。我们在这里将采用整体估算和区间估算。前者主要使用1999～2010年间不变的劳动和资本替代率，后者则使用1999～2003年以及2005～2010年两个子区间的劳动和资本替代率进行估计。相对整体估算而言，区间估算充分考虑了2008年金融危机以来我国劳动力和资本要素价格变化对两者回报所产生的影响。这两种估计方式，为替代率如何影响劳动和资本的最优税率提供了一种数值上的分析。

（一）估算方法及数据

我们首先介绍所使用的估算方法，并简单地对数据来源进行描述。

1. 估算方法

主要是根据马尔科夫劳动和资本最优税率的参数形式进行估算。值得指出的是，由于我国经济存在地域上的差异，劳动和资本技术演化的相对速度是存在区别的。相对中部和西部而言，东部地区的资本较为丰富，其技术变动程度低于劳动的技术变动程度。在西部，这种情形恰好相反。由于技术变动本身可能是线性或者是非线性的，其变化方式和水平存在着不确定性。在这里，我们不对劳动和资本的技术进步率进行估算，而是一般性的根据其特征在三大地域间赋值，来说明在特定的劳动和资本替代率、技术变化以及劳动收入份额变化下的最优劳动和资本税率。

值得指出的是，中部地区内各省区市存在较大差异。就人均资本量而言，江西和内蒙古更接近东部，安徽更接近西部。因此，上述三个省区市在劳动和资本技术赋值的过程中，依据特征归类的原则而非地域划分的原则。此外，东部地区中天津的人均资本量显著高于全国人均的水平，因此其资本技术变动率也相对较低。

2. 数据来源

在此条件下，我们可以尝试估算1999～2010年全国以及30个省区市①的最优劳动和资本税收。这里使用的是前一部分中国1999～2010年劳动和资本的数据估计参数。依据估算的时间长短，我们分别得到了总体和区间内劳动和资本替代率的估计结果。因此，在进行最优劳动和资本所得税率进行估算的时候，也相

---

① 加入2011年数据后的分析结论，与这里得到的结论差异有限。

应的按照时间段进行划分，从总体和区间分别进行估计。

资本存量的数据来源于张军。由于其仅给出了到 2008 年全国 30 个省区市的资本存量，我们根据 1995～2008 年的平均增长率，估计出 2009 和 2010 年的资本存量水平。

（二）最优劳动所得税率

表 4－3 根据 1999～2010 年间的整体替代率水平，估算了该时间内全国的最优劳动所得税率。估计结果显示：虽然在部分年份中存在下降的情形，但劳动的最优税率的总体趋势是不断上升的。1999～2010 年，全国范围内最优劳动税率为 6.41%。在控制了其他因素的条件下，这种变化的主要原因是由人均资本量的增加引起的。这和图 4－14 中分析的人均资本量增加引起最优劳动所得税率增加的趋势是一致的。

表 4－3　　　　1999～2010 年最优劳动所得税率

年份	税率 I	税率 II
1999～2003	－0.2027	0.0414
2004～2010	0.1300	0.3120
1999～2010	－0.0166	0.0641

注：税率 I 和税率 II 分别根据 σ 是否变化计算的。考虑到 2008 年金融危机以来的影响，税率 II 中因为考虑了这种冲击，因此结果较税率 I 更为可信。此外，就劳动和资本的技术进步率而言，税率 I 中的参数值低于税率 II 中的参数值。这主要是由资本深化过程引致的。具体而言，由于这里税率是人均资本量的增函数，随着人均资本量在时间维度上的递增，最优劳动所得税率也会因此而出现上升。

就 1999～2010 年全国的替代率而言，计算出的劳动税率是不断上升的①。在替代率不变的情形中，全国 2004～2010 年最优的劳动所得税率为 13.00%；替代率变化时，这一税率为 31.20%。这并非意味着最优劳动税率会随着时间的变化单调上升。这种上升，更多是由于人均资本量上升所导致的。在经济发展过程中，劳动和资本的相对价格会不断发生变化，并且劳动收入份额以及两者的技术也会在年度间存在波动。而最优劳动税率的大小，是上述多方面因素共同作用的结果，并非由其中任意变量所决定。特别是在替代率变化时，最优劳动税率的

① 如果按照此思路从劳动供给的角度对最优劳动税率进行估计，在现有文献的赋值范围之内进行数值选取，也能够得到最优劳动税率从 0 到 1 的提升过程。由于与本节的估算方法存在一定的差异，在此不给出详细的分析过程。

曲率会改变，从而导致其轨迹发生较大的变化。在此意义上，替代率的变化在一定程度上对最优劳动税率的形成和变动具有重要的影响。

2008年以来的金融危机对我国劳动和资本要素的相对价格产生了重要的影响，其中劳动力价格上升是显而易见的。因此，这种变化的现实情形也需要得到一定的考虑。事实上，区间替代率的分别估计能够将此种影响纳入到我们的估计过程中。这里，我们使用前一部分中分区间估算的劳动和资本替代率，并结合劳动最优税率决定方式，对我国各省区市的最优劳动和资本所得税率进行估算。

由于替代率在2005~2010年间较1999~2003年间出现了一定程度的下降，较前一阶段内的最优劳动所得税率也出现了一定的差异。这一时期，由于金融危机导致了劳动力和资本相对价格发生了较大的变化，特别是劳动力价格上升，降低了劳动和资本的替代率。但是，如果假定劳动和资本替代率不变，那么就可能出现对劳动的过度征税。

这种最优劳动税率上升的原因，主要有两方面：一是由于我国劳动力的使用成本逐渐上升，在劳动力实际供给量以及使用价格同时变动的情况下，两者变化对替代率的影响呈现出相反的变化趋势。替代率的大小，在一定程度上取决于两方面影响的相对大小。二是由于我国人均资本量处于积累和上升时期，特别是对于劳动者而言。在最优劳动所得税率的公式中，人均资本量的上升也往往会引致最优劳动所得税率的上升。因此，在这两种原因的综合影响下，最优劳动所得税率呈现出分区域、分时间段以及分发展阶段的变化。

（三）最优资本所得税率

无论替代率是否变化，2004~2010年间，全国最优资本所得税率是逐渐减少的，并趋向于0。这和贾德（Judd，1985）以及钱利（Chamley，1986）的结论是类似的[①]。在替代率变动的环境中，最优资本税率趋向于0的速度快于替代率不变环境中的速度（见表4-4）。在替代率变动时，随着人均资本量的上升，最优资本税率的上限会逐渐下降。就其自身变动的轨迹而言，长期的趋势也是收敛于0。

在全国1999~2010年最优资本税率的估计结果中，最优资本税率在全国范围内是逐渐降低的。这种情形的出现，可以较好地用图4-17进行分析。即便替代率不发生变动，随着人均资本量的上升，最优资本税率也会逐渐下降。而在1999~2010年间，我国各省区市的人均资本存量确实经历了较为显著的上升过程。

① 他们指出，资本的最优税率在长期趋于0。

表 4-4　　1999~2010 年最优资本所得税率

年份	税率 I	税率 II
1999~2003	0.3540	0.1492
2004~2010	0.1364	0.0231
1999~2010	0.3481	0.2451

注：税率 I 和税率 II 分别根据 σ 是否变化计算的。考虑到 2008 年金融危机以来的影响，税率 II 中因为考虑了这种冲击，因此结果较税率 I 更为可信。此外，就劳动和资本的技术进步率而言，税率 I 中的参数值低于税率 II 中的参数值。这主要是由资本深化过程引致的。具体而言，最优资本税率是人均资本量的减函数，随着人均资本量在时间维度上的递增，最优资本所得税率也会因此而出现上升。

第四节　劳资关系与劳动者工资的实证检验

劳动者工资增长的影响因素涉及资本存量大小、工会数量变化、劳动者纠纷状况以及劳动保障等诸多方面。本章第一节中从劳动者议价能力和劳动者自身的异质性等方面对微观层面上劳动者工资的变化状况进行了分析。但是这种分析是否符合劳动者工资变化的实际情况？是否存在影响因素的省域特征？如果按照经济区域进行划分，传导机制是否存在新的特点？本节将利用我国宏观经济数据，构造相关指标并对上述问题进行实证检验。

一、实证模型

在本节中，我们主要使用如下模型进行实证分析：

$$y_{it} = \alpha_i + \beta_1 Unio_{it} + \beta_2 Insu_{it} + \beta_3 Conf_{it} + \beta_4 Incr_{it} + \beta_5 Mark_{it} + \varepsilon_{it} \qquad (4.54)$$

其中，被解释变量 y_{it} 表示 t 年第 i 省的劳动者工资增长率，解释变量包括 $Unio_{it}$、$Insu_{it}$、$Conf_{it}$、$Incr_{it}$ 和 $Mark_{it}$，分别表示 t 年第 i 省工会会员数量与全部劳动者的比重、参加保险的劳动者比率、劳动报酬纠纷人数占全体劳动者人数的比重、增长指标和市场化指标。参保率主要包括五个方面，也即工伤保险、失业保险、生育保险、养老保险和医疗保险的参保率情况。β_i 分别为上述各解释变量对劳动者工资变化率的影响程度。ε_{it} 为误差项。

二、变量和数据来源

这里主要采用了五类共计十种指标。按主要类别分，包括工资指标、增长指标、保障指标、纠纷指标和市场化程度指标。下面分别予以阐述。

（一）工资指标

这里的工资指标，采用的是全社会企业劳动者工资增长率。在经济保持较高速度增长的同时，劳动者收入应该在多大程度上增长才能够使其充分享受经济增长的所带来的成果，是比劳动者收入存量大小更加值得关注的问题。我们在这里采用工资指标的增速，能较好地分析各解释变量变化如何影响工资增长。

实际上，工资增长率即劳动者收入改善的可能性，也即劳动者收入向上流动的可能性。工资增速越快，和劳动者收入向上流动的机会越大，事实上是同一个意思。更高的收入流动性，能够使得劳动者较快改善自身经济地位，提高自己消费能力。

（二）增长指标

劳动者工资的增长是在经济不断发展的环境中产生的。因此，需要构建增长指标以解释劳动者工资变化的趋势。该指标的构建，需要较好的分析资本与劳动的分配关系，并就其是否对劳动所得具有直接的侵蚀进行检验。

我们这里构造的增长指标主要包括资本存量增速。这里的资本存量采用张军的数据，按照 1995 ~ 2008 年的平均增长率估算了 2009 年全国各省的资本存量水平，并根据这种资本存量计算了资本存量年度的增速。

（三）保障指标

保障指标主要是指与劳动者自身息息相关的指标。这里，我们选取的保障指标包括两个层次上的：一是经济层面上的职工社会基本保险参保率；二是组织层面上的工会覆盖率。就职工的基本保险参保率而言，主要包括分地区 2001 ~ 2009 年的工伤保险、失业保险、生育保险、养老保险和医疗保险的参保率。该指标是为了反映社会保障对职工的覆盖面大小。在长期看来，该项指标存在渐稳的趋势。但在我们所选取的时间段内，五项保险的参保率波动幅度较大，年度增速有正有负，显示出社会保障覆盖面在年度间的扩大和缩小现象均在一定程度上存在。

就工会覆盖率而言，我们通过构建每个工会会员占劳动就业者人数的比重来间接刻画劳动者议价能力的变化。一般而言，随着工会覆盖程度的提升，劳动者的议价能力也会出现一定程度的上升[①]。

① 2000 年以来，非国有企业中的工会组建工作开始呈现加速的趋势。这一时期，该类企业中劳动者对劳动报偿权的诉求能力也开始出现了一定程度的上升。

（四）纠纷指标

在衡量劳动者纠纷方面，我们选择了劳动报酬纠纷人数占总劳动人数的比重。该项指标实际上是两项指标的乘积，即劳动报酬纠纷案件数占当期受理案件数的比重与当期受理案件涉案人数占总劳动人数比重的乘积。该指标越大，说明劳动者在收入权利实现过程中的阻力越大，劳资关系也会更加紧张。在此意义上，该项指标主要体现了劳资关系发展的和谐程度。

（五）市场化程度

市场的发展阶段，对劳动者参加工会机会和权利实现的途径具有重要的影响。在我们分析劳资关系的影响因素中，市场化程度对劳动者收入也具有较大影响。这里选取市场化年度变化率而非实际市场化评分，是基于下面两个原因：一是上述解释变量都使用的是相对数，因此这里采取计算各省2001～2009年的增速作为解释变量；二是市场化程度本身就是一个动态的过程，既有可能逐步深化，又有可能出现倒退。因此，关注市场化的变化程度，比关注其本身在某一年度的静态值，更有意义。这里，我们使用樊纲等（2011）公布的市场化指数计算年度增长率，作为模型的解释变量之一。

具体而言，本文的数据来源于2000～2010年①各年度的《中国劳动统计年鉴》和樊纲的《中国市场化指数2011》。表4－5对所使用的数据进行了描述。

表4－5　　　　主要变量描述性统计

指标	变量	均值	标准差	最小值	最大值
工资增速	工资增长率	0.1461	0.0510	－0.0623	0.4626
资本存量	资本存量增速	0.2667	1.0008	－0.7725	15.5845
工伤保险	工伤保险参保率	0.4682	0.5789	0.0000	3.9150
失业保险	失业保险参保率	0.5846	0.4230	0.0108	2.3660
生育保险	生育保险参保率	0.3286	0.3345	0.0000	2.5498
养老保险	养老保险参保率	0.8882	0.7298	0.0070	4.3666
医疗保险	医疗保险参保率	0.9670	0.9505	0.0097	7.3437
工会覆盖	工会会员占就业者比重	1.1409	0.4970	0.0000	6.8161
劳动纠纷	每万人劳动报酬纠纷人数	6.8319	9.0053	0.4719	54.8571
市场化	市场化指数增速	0.0794	0.3039	－0.8065	4.6207

① 加入2011年数据后的分析结果，与这里所得到的分析结论差异较小。

三、实证分析

在分析我国劳资关系的影响因素过程中，需要同时注意到我国劳资关系整体和局部两个层面分析的必要性。前者可以在全国范围较好地分析各影响因素对劳资关系总体的作用机制，后者则能够就特定经济区划内的影响机制进行分析，并同全国范围内的实证结果进行比较分析。这一方面能够在一定程度上对模型的基本参数进行稳健性检验，另一方面也能够就特定解释变量①在全国范围内和区域中的各自特色进行分析。具体而言，全国范围内的分析主要是使用总量数据进行面板数据分析，局部分析主要是按照行业性质和地域两个层面对劳资关系的影响因素进行分析。

（一）全国范围内的实证分析

在表4－6的四个模型中，把控制了资本存量增速和市场化指数增速作为实证模型的基准。模型（4.54）的回归结果显示，资本存量增速、工会会员占就业者比重、养老保险参保率、每万人劳动报酬纠纷人数和市场化指数增速均对劳动者工资的增长率具有显著影响。

表4－6　面板模型回归结果

变量	(1)	(2)	(3)	(4)
资本存量增速	－0.008***	－0.005*	－0.005*	－0.006**
	(0.003)	(0.003)	(0.003)	(0.003)
工伤保险参保率		0.009	0.021	0.036
		(0.023)	(0.022)	(0.023)
失业保险参保率		－0.142***	－0.094**	－0.085*
		(0.045)	(0.044)	(0.044)
生育保险参保率		0.061*	0.061*	0.056*
		(0.035)	(0.033)	(0.033)
养老保险参保率		0.042*	－0.013	－0.016
		(0.022)	(0.024)	(0.024)

① 主要是指加入区域虚拟变量后的解释变量。

续表

变量	(1)	(2)	(3)	(4)
医疗保险参保率		-0.021** (0.009)	-0.009 (0.009)	-0.010 (0.009)
工会会员占就业者比重			0.032*** (0.007)	0.036*** (0.007)
每万人劳动报酬纠纷人数				-0.001** (0.001)
市场化指数增速	0.078*** (0.010)	0.084*** (0.009)	0.083*** (0.009)	0.087*** (0.009)
常数	0.142*** (0.003)	0.182*** (0.022)	0.150*** (0.022)	0.146*** (0.022)

注：*p<0.1，**p<0.05，***p<0.01；下同。

在全国范围内，资本存量增速对劳动者收入增速具有一定的负面影响，约为-0.8%～-0.5%。在此意义上，存在一定程度资本对劳动所得的侵蚀，但是程度较为有限。资本所得对劳动所得的挤占，主要是由资本对剩余产品的控制实现的。资本存量的快速增长，能够使资本更多的获取这种能力，从而进一步强化其对产品分配的主导权，导致劳动者收入增速的放缓。

工会会员占总就业人数的比重和市场化指数增速对劳动者工资的提升具有正面意义，影响程度在3.2%～3.6%之间。说明工会覆盖程度的提升以及市场化的不断完善能够有效地提升劳动者工资的增长。工会所具有的这种正面影响，主要在于提升了劳动者的组织性和议价能力，能够较好地同资方协商，为劳动者争取应有的权利。此外，工会所具有的提升劳动者技能等方面，也是促进劳动者收入提升的有效路径。

在劳资关系的诸多影响因素中，市场化程度的影响更为显著，影响程度约为7.8%～8.7%。更加成熟的市场经济环境，为劳动者提供了更多的工会机会，减少社会空职率和失业率的比重，让更多的劳动者加入到生产过程中，享受增长带来的收入增长。此外，还可以增加主张自身权利的途径，保证劳动者收入权利有效实现。在此意义上，促进工会覆盖面提升和积极推进市场化过程，是提高劳动者工资水平的有效路径。

在模型（4.54）中，每万人劳动报酬纠纷人数对劳动者工资的变化率也具有一定的负面影响。这主要是由劳资纠纷对劳动者直接和间接影响带来的。直接影响是劳动者参加工会机会的可能性会由此变小，间接影响为劳动者劳动积极性的下降。由于该指标也在一定程度上刻画了劳资关系的和谐程度，这种负面影响也说明了劳资关系冲突会导致劳动者工资增速下降。这种负面影响程度较小，主要是因为这里仅就全社会的平均工资增速作为被解释变量，而忽略了不同所有制企业之间所存在的差异。

但是，工伤保险、养老保险和医疗保险参保率对劳动者工资的增长率并不总是具有显著的影响。在模型（4.54）的基础上，通过引入工会覆盖面指标，发现失业保险参保率对劳动者工资增长率的提高具有显著的负面影响。失业保险参保率变动一个百分点，会导致劳动者工资增速下降9.4%～14.2%。随着每万人劳动报酬纠纷人数变量的加入，这种下降的百分比减小为8.5%，但仍具有显著意义。这说明，控制劳资纠纷指标后，能够更好地解释劳动者工资变化率，但不会改变失业保险参保率对劳动者工资变化所具有的负面影响。

生育保险的参保率对劳动者工资的增长具有显著的正面影响，影响程度为5.6%～6.1%之间。该项保险主要是针对女职工的，因此对全样本的解释力是较为有限的。但是，这至少也在一定程度上反映生育保险参保率的提升，对劳动者工资的提升具有一定的意义。这种正面意义的产生，主要是保护了女性职工继续从事劳动的意愿和能力。

（二）分企业性质的作用机理

我国存在国有企业、集体所有制企业和其他类型的企业。这三种不同所有制企业类型中，各解释变量对劳动者工资增速是否各具特色？表4－7给出了具体的回归结果。

资本存量增速对国有企业和集体所有制企业中劳动者工资的增速具有一定的负面影响，程度约为－0.5%～－1.4%。其中，集体所有制企业中的负面影响大于国有企业中的负面影响。这种结果的出现，主要有如下两种原因：一是国有企业的资本存量高于集体所有制企业，资本增加对劳动者收入产生挤占效应存在逐渐下降的趋势。二是国有企业中的资本并非完全用于扩大再生产，部分资本进入了其他领域或者其他行业，由此也导致了对劳动者收入的增速的影响较小。

养老保险参保率对国有企业和集体企业劳动者工资增速具有正面的影响，分别约为4.9%和7.5%。这种结果是比较容易理解的。养老保险参保率对收入的影响较大，主要体现在两个方面：一是参加养老保险提高了长期内持久收入水平；二是提高了劳动者的工作积极性。在国有企业和集体企业中，该项政策落实的较为全面，能够将大部分职工纳入保险范围内。但是，在其他所有制企业中，此政策落实的程度和覆盖的人群较为有限，因此难以对劳动者工资水平的提升产生显著和持久的影响。其他所有制企业中养老保险参保率对劳动者收入的正面影响有限，说明养老保险在该种类型企业中的推广还任重而道远。医疗保险参保率会负面影响国有企业中劳动者工资的增速，影响程度约为 -1.3%。

需要指出的是，其他所有制企业中五项保险对劳动者收入的变化影响程度并非显著。导致这种情况出现的原因有许多种，其中最为主要的是大部分非国有制企业中，劳动者的保险参保率相对较低，并且存在保险和工作机会难以兼得的情形。参加五项保险，会增加企业的用工成本，随之也会降低劳动者就业的机会，阻碍其收入水平通过工作来提升。这种情况的出现，既说明了经济转型中市场制度建设的缺失，又说明了劳动者特别是低技能劳动者的议价能力较为有限，难以维护自身的合法权利。

每万人劳动报酬纠纷人数对劳动者工资的影响程度出现了一定程度的分化，在国有和集体企业中，这种负面影响和表 4-8 中的分析结果基本一致。但是，其他所有制企业中，此项因素却对劳动者工资的增速具有正面的促进意义，约为 0.4%。导致这种局面出现的原因，主要在于其他类型企业在执行国家相关保护劳动者基本劳动权益方面存在较大缺失，劳动者需要主动采取劳动仲裁等方式维护自身的合法权益。而在国有企业中，由于对国家相关政策法规的执行较为到位，劳资关系的冲突对劳动者收入的增长并不具有显著的作用，甚至还具有轻微的负面影响。这种局面的出现，也在一定程度上说明了我国市场经济制度建设过程中非国有企业劳动保护执行力有待进一步提升，同时国有企业中的劳动关系也需进一步理顺。

表 4-7　　分行业性质分析结果

变量	国有企业		集体企业		其他企业	
	(1)	(2)	(3)	(4)	(5)	(6)
资本存量增速	-0.005*	-0.007**	-0.013***	-0.014***	-0.007	0.001
	(0.003)	(0.003)	(0.005)	(0.005)	(0.010)	(0.010)
工伤保险参保率	0.013	0.046*	-0.006	0.017	-0.020	-0.082
	(0.027)	(0.026)	(0.037)	(0.039)	(0.080)	(0.082)
失业保险参保率	-0.212***	-0.145***	-0.175**	-0.118	-0.086	-0.108
	(0.051)	(0.050)	(0.072)	(0.073)	(0.153)	(0.156)
生育保险参保率	0.036	0.028	0.092*	0.088	0.047	0.083
	(0.040)	(0.038)	(0.056)	(0.056)	(0.119)	(0.118)
养老保险参保率	0.049*	-0.021	0.075**	0.017	0.107	0.067
	(0.025)	(0.027)	(0.035)	(0.040)	(0.074)	(0.085)
医疗保险参保率	-0.018*	-0.004	-0.017	-0.005	-0.025	-0.009
	(0.010)	(0.010)	(0.014)	(0.015)	(0.030)	(0.031)

续表

变量	国有企业		集体企业		其他企业	
	(1)	(2)	(3)	(4)	(5)	(6)
工会会员占就业者比重		0.042*** (0.008)		0.036*** (0.011)		0.010 (0.024)
每万人劳动报酬纠纷人数		-0.002*** (0.001)		-0.001 (0.001)		0.007*** (0.002)
市场化指数增速	0.082*** (0.010)	0.085*** (0.010)	-0.012 (0.015)	-0.012 (0.015)	0.079** (0.031)	0.061** (0.031)
常数	0.228*** (0.025)	0.188*** (0.025)	0.174*** (0.035)	0.137*** (0.037)	0.102 (0.076)	0.093 (0.078)

市场化指数在三种所有制企业中的影响程度具有较大的差异性。在国有企业和其他所有制企业中，对劳动者工资的增长具有正面作用。其中，国有企业中的促进作用大于其他所有制企业中的促进作用。这种局面的出现，说明了国有企业和其他企业都在积极地加入到市场分工过程中，并由此对劳动者的收入状况产生了积极的影响。但是，集体所有制企业中市场化的逐渐完善，却会在一定程度上导致劳动者工资增速的放缓。在此意义上，集体所有制企业应该在合理的范围内积极参与社会分工，从而切实提升该类企业中劳动者的收入水平。

（三）三大区域的影响机制

这里的三大区域，主要是指传统的按照地域分布划分的三大区域：东部、中部和西部。这种划分方式，贯穿南北，在一定程度上忽视了随着经济发展过程中邻近省区市之间的内在联系，仅仅是地域上的关联。这里，我们对行政区划下劳动者收入增长的影响因素进行定量分析。

东部地区资本对劳动者收入增长的负面影响程度高于表4-8中的平均水平，达到-12.6%左右。也即，资本存量增速每提高1个百分点，劳动者收入的增速就下降12.6%。但是，中部地区资本增速的负面影响并不显著。产生这种局面的原因，可能在于中部地区的资本仍旧相对稀缺，资本存量的增加虽然对劳动者工资变化具有一定的负面影响，但是由于资本存量增加引致的增长效应使得劳动者仍具有收入提升的可能性。

表 4-8　　　　三大地域分析结果

变量	东部		中部		西部	
	(1)	(2)	(3)	(4)	(5)	(6)
资本存量增速	-0.137*** (0.032)	-0.132*** (0.033)	-0.013 (0.033)	-0.025 (0.033)	-0.008** (0.003)	-0.005* (0.003)
工伤保险参保率	-0.018 (0.012)	-0.007 (0.014)	0.092 (0.058)	0.064 (0.057)	0.232 (0.149)	0.303** (0.127)
失业保险参保率	-0.032 (0.025)	-0.010 (0.027)	-0.013 (0.030)	0.046 (0.038)	-0.018 (0.053)	0.040 (0.052)
生育保险参保率	0.006 (0.022)	-0.000 (0.023)	-0.035 (0.043)	-0.051 (0.042)	-0.157 (0.129)	-0.129 (0.109)
养老保险参保率	0.015 (0.017)	-0.014 (0.023)	0.007 (0.035)	-0.045 (0.038)	0.062 (0.045)	-0.065 (0.049)
医疗保险参保率	0.016 (0.010)	0.023** (0.010)	-0.022 (0.014)	-0.003 (0.015)	-0.055* (0.029)	-0.030 (0.026)
工会会员占就业者比重		0.023* (0.013)		0.060*** (0.020)		0.038*** (0.008)
每万人劳动报酬纠纷人数		-0.000 (0.000)		-0.001 (0.004)		-0.002*** (0.001)
市场化指数增速	0.125** (0.061)	0.130** (0.061)	-0.077 (0.093)	-0.111 (0.090)	0.073*** (0.010)	0.090*** (0.010)
常数	0.155*** (0.009)	0.135*** (0.016)	0.163*** (0.020)	0.104*** (0.028)	0.132*** (0.010)	0.103*** (0.014)

工伤保险在东部和中部地区具有的影响恰好相反。在东部，工伤保险参保率的提升，会导致劳动者收入增速出现微弱的下降，约下降 2.3% 左右。但是在中部地区，这种参保率的增加，使得劳动者工资增速能够提升 9.5% ~10.3% 之间。出现这种局面的原因，主要是因为东部地区拥有大量的流动劳动力，劳动力市场中的竞争程度较高，劳动者的替代性较强。因此，对低技能劳动者而言，其议价能力也相对较低，往往容易处于不安全的生产环境中。对生产环境的要求，可能使得此类劳动者难以获得工作机会，从而阻碍其改善自身收入。中部地区的资本相对较少，对剩余所得的支配权也不如东部那么大。这具体体现为资本对劳动的替代程度有限。为了实现资本的盈利，资本所有者需要保证资本和劳动两种

生产要素中保持一定的比例。在该比例之上，资本可以实现对劳动的替换。但是一旦低于该比例，资本对劳动的替换就会产生劳动生产布局的局面，阻碍资本获得最优份额的利润。这个劳动和资本的比例，在中部要高于东部。

失业保险、生育保险和养老保险的参保率对劳动者收入增速的影响均不显著，说明这三类保险在劳动者收入改善过程中的地域效应较为有限。医疗保险在东部地区具有较为显著的收入促进作用，为1.7%左右。但是，中部地区则不具备显著的影响。这种局面的出现可能具有两方面的原因：一是东部地区的劳动者更具有权利意识，也更希望在实现收入增长的同时，保持自身作为劳动力供给者的长期劳动供给能力。二是东部地区具有许多劳动密集型的工作，这些机会对劳动者的健康具有显著的影响。为劳动者参加医疗保险，能够在心理和生理两个层面上提高劳动者的积极性，实现企业利润和劳动者收入的同时提升。

在东部，医疗保险的参保率和工伤保险的参保率对劳动者工资变化的影响存在较大的差异：东部地区医疗保险参保率的提升有助于劳动者收入的增长，而工伤参保率的提升却在一定程度上会导致劳动者收入增速的下降。导致这种局面出现的原因，主要是包括参保人群的差异。医疗保险的主要参保人群为企事业单位的正式职工，而工伤保险的参保人群主要为流动劳动力。由于后者的议价能力相对有限，因此多数用工单位往往会忽视该部分劳动者在此方面的诉求，并以此作为提供工作机会的条件。在此情况下，参加工伤保险与获得工作机会之间，就出现了一种替代关系而非互补关系。

工会覆盖面的大小，即工会会员数量占劳动者数量的比重高低，在东部和中部均对劳动者收入的增长具有显著的正面作用。这种影响程度在东部约为1.4%~2.2%，在中部约为3.3%~3.4%。这种促进作用，主要是由于工会覆盖面的提升，提高了劳动者的议价能力，保护了劳动者的基本权益，提升了劳动者的工作积极性。中部地区的影响程度要高于东部，说明了该地区工会覆盖面较东部小，正面影响劳动者收入增速提升的机制也尚未完全发挥出来。

劳动报酬纠纷人数在全体劳动者中的比重并未显著影响三大区域内劳动者收入增速。直辖市也并未对劳动者收入具有显著的影响。但是，市场成熟度对劳动者收入的增长具有显著的正面意义。这再次说明了“市场是穷人的朋友”这一道理。更加成熟的市场经济环境，为劳动者提供了更多的工会机会和主张自身权利的途径，能够保证收入权利有效实现。总体而言，该因素对劳动者收入增速的影响程度约为7.5%~7.8%。在上述影响因素中，市场成熟度的影响程度不但是较高的，而且是更为显著和持久的。

（四）企业性质下的地域影响

在上述分析中，我们可以看到国有企业、集体企业和其他企业中各因素对劳动者收入的增长具有不同的影响。按照市场成熟度对劳动者收入的影响，国有企业和其他所有制企业能够提升劳动者的收入增速。那么，这两类企业中影响劳动者收入的因素，是否具有典型的地域特征呢？表4－9对此进行了归纳。

表4－9　　　　不同企业性质下的区域回归结果

变量	国有企业			其他企业		
	东部	中部	西部	东部	中部	西部
资本存量增速	-0.122*** (0.041)	-0.028 (0.033)	-0.006** (0.003)	-0.122*** (0.039)	-0.017 (0.049)	-0.003 (0.014)
工伤保险参保率	0.001 (0.017)	0.104* (0.058)	0.337** (0.134)	-0.023 (0.016)	-0.032 (0.085)	0.217 (0.651)
失业保险参保率	-0.021 (0.035)	0.026 (0.039)	0.059 (0.055)	-0.052 (0.033)	0.069 (0.056)	0.035 (0.266)
生育保险参保率	0.005 (0.030)	-0.017 (0.043)	-0.121 (0.116)	0.005 (0.028)	-0.140** (0.062)	-0.250 (0.562)
养老保险参保率	-0.000 (0.029)	-0.043 (0.039)	-0.085* (0.052)	0.019 (0.028)	-0.030 (0.057)	0.013 (0.251)
医疗保险参保率	0.008 (0.013)	-0.015 (0.016)	-0.036 (0.027)	0.027** (0.013)	0.035 (0.023)	-0.014 (0.132)
工会会员占就业者比重	0.030* (0.016)	0.061*** (0.020)	0.043*** (0.009)	0.021 (0.015)	0.074** (0.030)	0.019 (0.042)
每万人劳动报酬纠纷人数	-0.000 (0.001)	-0.002 (0.004)	-0.002*** (0.001)	0.000 (0.001)	0.004 (0.005)	0.009*** (0.003)
市场化指数增速	0.203*** (0.078)	-0.153* (0.092)	0.089*** (0.010)	0.014 (0.074)	0.090 (0.134)	0.033 (0.051)
常数	0.137*** (0.021)	0.111*** (0.028)	0.100*** (0.014)	0.115*** (0.020)	0.032 (0.041)	0.072 (0.070)

资本仍旧对劳动所得的增速具有负面影响，其中东部的影响程度最大，达到－12.2%。西部的影响程度较小，仅为－0.6%。这主要是由于西部的资本相对匮乏，生产过程中劳动资本的比例要高于东部。如果资本对劳动所得过度侵蚀，则容易导致生产的难以为继。但是，资本存量增速在中部地区对劳动者收入的影响不再显著。在其他企业中，资本对劳动收入的负面影响程度与国有企业在东部地区的负面影响程度一样。负面影响的意义较容易理解，即资本对剩余产品的控制导致了劳动者收入增速的放缓。两者数值上的相等，更多的是一种巧合。

工伤保险参保率在中部和西部的国有企业中对劳动者收入具有正面的意义。这主要是因为中部和西部地区具有大量的资源型企业和重工业，劳动者参加工伤保险的平均水平要高于东部。东部地区拥有大量的流动劳动力，劳动力市场中的竞争程度较高，劳动者的替代性较强。因此，对低技能劳动者而言，其议价能力也相对较低，往往容易处于不安全的生产环境中。对生产环境的要求，可能使得此类劳动者难以获得工作机会，从而阻碍其改善自身收入。中部地区的资本相对较少，对剩余所得的支配权也不如东部那么大。这具体体现为资本对劳动的替代程度有限。为了实现资本的盈利，资本所有者需要保证资本和劳动两种生产要素中保持一定的比例。在该比例之上，资本可以实现对劳动的替换。但是一旦低于该比例，资本对劳动的替换就会产生劳动生产布局的局面，阻碍资本获得最优份额的利润。这个劳动和资本的比例，在中部要高于东部。在其他企业中，有与劳动者的流动性比国有企业更强，因此企业主为劳动者参加此类保险的积极性较低，导致此项对劳动者收入的增长意义不大。

养老保险参保率在西部地区的国有企业中对劳动收入的增长具有一定的负面影响。这主要是因为西部地区劳动者技能结构相对较低，更多的劳动者参与养老保险，在一定程度上加重了企业负担，从而影响在职劳动者的实际收入水平。养老保险作为参保率较高、对劳动收入影响程度较大的保险种类之一，对他们的收入增长具有负面影响或者不具有影响，都是在构建和谐劳资关系中需要进行一定的考量。

医疗保险参保率对东部地区其他企业劳动者的收入具有正面影响。这种结果是比较容易理解的：东部地区的市场和法制环境更为成熟，劳动者对自身的健康状况也更为重视，因此该区域内其他企业为员工参加医疗保险的水平要高于中部和西部。医疗保险参保率对劳动者收入影响在地域范围内和程度上均较为有限，一方面是由于健康具有潜在收益，有投资性的特征，并非能够直接转换为收入，因此劳动者的重视程度尚不充分。另一方面，劳动者在健康方面的议价能力相对较弱，也难以有效实现维护自身健康的愿望。由于华东地区经济环境相对成熟，无论是对健康的重视程度还是劳动者的议价能力，都较其他区域更具有优势，因此对收入改善具有一定正面的影响。

市场的进一步成熟对三大区域内国有企业中劳动者收入水平的影响程度存在一定的差异。东部和西部地区能够促进劳动者收入的改善，但是中部地区劳动者收入反而会出现增速放缓的趋势。这种局面的出现，主要是由于市场成熟过程中相关制度配套建设的差异性造成的。市场本身的完善，需要相关制度建设、组织保障和法律规范。如果脱离了这些方面的共同发展，就容易造成市场化不充分或者过度市场化，从而偏离市场经济建设的基本要求。在中部地区，国有企业可能存在这种制度配套建设滞后导致的劳动者收入增长机制缓慢。但是，其他企业中，市场日益成熟并未使得劳动者收入显著上升。这说明该类企业虽然存在于市场经济中，但是企业的生产和分配过程并未完全按照市场的基本规则予以进行，导致了劳动者收入长期过低。

每万人劳动报酬纠纷人数分别均对西部地区国有企业和非国有企业劳动者收入具有显著影响。前者在一定程度上降低了劳动者收入的增速，后者在一定程度上提高了劳动收入的增速。需要指出的是，由于使用的是所有制类型劳动者的全部平均收入，因此这种影响难免存在被低估的可能性。

第五节　本章小结

本章结合了我国市场经济发展的若干阶段性特征研究了劳资关系中的核心问题，即劳动者工资是如何决定的。我们分别从市场和政府两个角度在三个方面进行了分析。

就微观层面而言，我们在一般的自由市场上得出了劳资双方的实际收入份额在一定程度上都存在偏离最优份额的趋势，特别是资方有充分的激励去实施这样的行动。但是，随着市场的深化，企业的数量不断增加，劳动者竞争加深，企业进行生产的局面发生了一定程度的变化：这一时期，企业也开始为了招募到更多合适的劳动者而竞争。因此，这一时期的就业机会开始增多。

与此相伴的过程是，劳动力市场也开始出现高低两个层次的子市场。由于技能水平的差异，两个子市场中劳动者的工资水平差异会在一定范围内和一定程度上日趋扩大。在一定程度上，这会导致劳动力市场的分割，从而出现多厂商、多层次劳动者竞争的经济环境。在这种企业数量增加、劳动者技能分化的环境中，劳动者对所得的份额讨价还价能力逐渐增强，同时其异质性也开始逐渐显现。由于习惯、预期和外生冲击导致的刚性消费，以及由于风险厌恶程度上的差异，使得他们中的部分群体更加注重现期的收入状况。在引入劳资双方议价能力的条件后，劳动者跨期效用变化的程度开始凸显。

在分层的劳动力市场中，还有一个较为重要的事实是：尽管劳动力市场总体是风险厌恶型的，但高端劳动力市场的风险厌恶系数还是相对高于低端劳动力市场。这就导致了低端劳动力市场的劳动者在寻找工作机会时，既缺乏相关的有效信息，又缺乏必要的成本承受能力，导致接受的工作往往较差，收入水平也因此较低。由于企业也认识到这一点，并且发现低端劳动力市场劳动者的保留工资易于观察，因此倾向于制造环境，使他们保持偏离最优风险厌恶系数的较低的水平，并按照他们保留工资的水平进行报酬的支付。劳动者仅能在非常有限的程度内就其工资水平与资方进行谈判和协商，这就导致了低端市场劳动者更容易对目前的环境产生不满。由于现实的维权途径有限，维权成本过高，这种不满往往难以得到有效的解决，从而形成了矛盾累积扩大的基础。近年来群体性事件的发生与此有着一定的联系。

就宏观层面而言，在 CES 函数的分析框架下，在区分劳动和资本技术变化的环境中，就两者替代率变动对收入总量和结构的变化机制进行了分析。在劳动和资本存在非对称技术变化的条件下，替代率对人均收入总量增长的影响机制存在一定的差异。

在人均收入总量方面，劳动和资本替代率对收入增加的边际效应存在先增加后减少的趋势，但是边际贡献始终大于 0。因此，存在最优的劳动和资本替代率水平。由于技术进步存在演进相对速度上的差异，最优的劳动和资本替代率水平也不是唯一的，但是存在上界。

在人均收入结构方面，在劳动力和资本存在技术变化的环境中，劳动和资本的替代率对收入变动的影响机制是非对称的。如果为了实现社会的公平和正义，而对劳动者收入的份额进行人为的干预，那么存在资本技术进步环境中的干预往往比劳动技术进步环境中的干预更为有效。

分配秩序的调整也是重要的方面之一。如果能够实现分配秩序的规范合理，那么收入获得上的差异就更多的归结于收入上的公平权利是否能够有效实现、个人能力的差异以及机遇等方面。其中，收入权利能否有效实现，往往比个人能力和其他因素更能够影响收入获得公平和正义。收入的获得实际上是收入权利在市场过程中的外化[①]。收入获得中最为重要的问题并不在于收入数量分配方向的失衡，而在于收入权利是否能够得到有效的实现。换言之，微观主体收入份额的获得，是否是因为其权利的正当实现产生的。若非如此，那么就是收入分配秩序的紊乱，而且是在权利结构上的紊乱。这样的权利配置，显然对居民改善自身收入、提升生活水平愿望的实现不利，也与社会公平正义观背道而驰。

劳资关系具体体现为劳动者的收入的影响方面。本章对 2001 ~ 2009 年国有企业、集体企业和其他企业影响劳动者收入增长的因素进行了实证分析，回归结果基本证实了第一节从理论层面上提出的影响劳资关系的诸多方面。目前，市场化程度对劳动者收入的增长具有一定的正面意义，但是由于所有制的

① 该观点来自于日本岛根县里大学张忠任教授在 2011 年 10 月 15 ~ 16 日在中南财经政法大学举办的“收入分配理论与政策国际研讨会”上的发言。感谢张忠任教授的启发性观点！

不同而存在一定的差异。五项保险在其他企业中对劳动者的正面影响仍旧有限，但工会覆盖面的提升对三类企业劳动者的收入具有显著的正面影响。劳资纠纷数量在一定程度上了影响劳动者的收入增长。从长期看来，劳动者收入的可持续增长需要市场制度和工会覆盖面的同时提升。此外，相关制度的配套建设也具有重要意义。

第五章

公共权力与收入分配

我国现行的收入分配制度是以按劳分配为主体，多种分配方式并存，是按资本、劳动、技术和管理等生产要素的贡献参与分配的。很显然，权力并不是在进行收入分配时所需要考量的一个指标。然而，当公职人员利用所掌握的公共权力干预分配，特别是当权力拥有者将权力资本化，将所控制的公共资源参与市场交易的时候，必将影响资源的配置效率，从而改变利益分配格局，对收入分配也将产生重大影响。

因此，在本章的研究中，将通过分析我国公职人员的工资状况，在此基础上，采用相关统计年鉴的数据资料研究腐败对我国居民收入不平等的影响。

第一节　公务员工资标准及变化趋势

一、公务员工资标准

改革开放以来，我国各级国家机关干部工资收入差距呈缩小趋势。从 1985 ~ 1989 年，最高级首长的工资是最低级工作人员工资的 10.2 倍，在随后的 1993 年，该比例为6.1倍，1997年为5.6倍，2003年为6.6倍[①]。

根据《国务院关于改革公务员工资制度的通知》（国发［2006］22号），在公务员工资制度改革方案中，我国公务员的基本工资由职务工资和级别工资两项构成，取消了原有的基础工资和工龄工资。其中，职务工资主要体现公务员的工作职责大小，一个职务对应一个工资标准，领导职务和相当职务层次的非领导职务对应不同的工资标准（见表5－1）；而级别工资主要体现公务员的工作实绩和资历，公务员的级别由原来的15个调整为27个，每一职务层次对应若干个级别，每一级别设若干个工资档次（见表5－2）。

表5－1　　公务员职务对应级别及职务工资标准表　　单位：元/月

职务	对应级别	工资标准	
		领导职务	非领导职务
国家级正职	1	4 000	
国家级副职	2～4	3 200	
省部级正职	4～8	2 510	
省部级副职	6～10	1 900	
厅局级正职	8～13	1 410	1 290
厅局级副职	10～15	1 080	990
县处级正职	12～18	830	760
县处级副职	14～20	640	590
乡科级正职	16～22	510	480
乡科级副职	17～24	430	410
科员	18～26		380
办事员	19～27		340

从表5－1和表5－2中得知，我国公务员职务工资与级别工资两项之和（不含地区津贴），最高工资标准为7 820元，最低工资标准为630元，最高工资标准是最低工资标准的12.4倍。该比例相对于2003年，有了大幅提高，表明不同级别的公务员的工资差距有所扩大。

① 马海军：《转型期中国腐败问题比较研究》，知识产权出版社2008年版，第85页。

表 5-2　　公务员级别工资标准表　　单位：元/月

级别	档次													
	1	2	3	4	5	6	7	8	9	10	11	12	13	14
一	3 020	3 180	3 340	3 500	3 660	3 820								
二	2 770	2 915	3 060	3 205	3 350	3 495	3 640							
三	2 530	2 670	2 810	2 950	3 090	3 230	3 370	3 510						
四	2 290	2 426	2 562	2 698	2 834	2 970	3 106	3 242	3 378					
五	2 070	2 202	2 334	2 466	2 598	2 730	2 862	2 994	3 126	3 258				
六	1 870	1 996	2 122	2 248	2 374	2 500	2 626	2 752	2 878	3 004	3 130			
七	1 700	1 818	1 936	2 054	2 172	2 290	2 408	2 526	2 644	2 762	2 880			
八	1 560	1 669	1 778	1 887	1 996	2 105	2 214	2 323	2 432	2 541	2 650			
九	1 438	1 538	1 638	1 738	1 838	1 938	2 038	2 138	2 238	2 338	2 438			
十	1 324	1 416	1 508	1 600	1 692	1 784	1 876	1 968	2 060	2 152	2 244			
十一	1 217	1 302	1 387	1 472	1 557	1 642	1 727	1 812	1 897	1 982	2 067	2 152		
十二	1 117	1 196	1 275	1 354	1 433	1 512	1 591	1 670	1 749	1 828	1 907	1 986	2 065	
十三	1 024	1 098	1 172	1 246	1 320	1 394	1 468	1 542	1 616	1 690	1 764	1 838	1 912	1 986
十四	938	1 007	1 076	1 145	1 214	1 283	1 352	1 421	1 490	1 559	1 628	1 697	1 766	1 835
十五	859	924	989	1 054	1 119	1 184	1 249	1 314	1 379	1 444	1 509	1 574	1 639	1 704
十六	786	847	908	969	1 030	1 091	1 152	1 213	1 274	1 335	1 396	1 457	1 518	1 579
十七	719	776	833	890	947	1 004	1 061	1 118	1 175	1 232	1 289	1 346	1 403	
十八	658	711	764	817	870	923	976	1 029	1 082	1 135	1 188	1 241	1 294	
十九	602	651	700	749	798	847	896	945	994	1 043	1 092	1 141		
二十	551	596	641	686	731	776	821	866	911	956	1 001			
二十一	504	545	586	627	668	709	750	791	832	873				
二十二	461	498	535	572	609	646	683	720	757					
二十三	422	455	488	521	554	587	620	653						
二十四	386	416	446	476	506	536	566	596						
二十五	352	380	408	436	464	492	520							
二十六	320	347	374	401	428	455								
二十七	290	316	342	368	394	420								

二、公务员工资的变动趋势

表 5－3 报告了 1978～2010 年我国公务员工资总额、平均工资、平均工资行业的排名等情况。

从表 5－3 可以看出，无论是公务员的工资总额还是平均工资，从 1978～2010 年，都有较大幅度的提高。但是，公务员平均工资在各行业的排位居于中间稍靠后的位置，只是略高于各行业职工的平均工资，从 1978～1996 年，公务员平均工资相对于人均 GDP 的比率呈不断下降的趋势，随后有所上升。然而，公务员工资总额占全国城镇职工的工资总额呈上升趋势，占 GDP 的比重也呈上升趋势。

表 5－3　　　　公务员工资变动趋势

年份	公务员工资总额（亿元）	公务员平均工资（元）	公务员人均工资行业排名	公务员平均工资/全国城镇职工平均工资（倍）	公务员平均工资/全国人均GDP（倍）	公务员工资总额/全国城镇工资总额的比重（%）	公务员工资总额/GDP（%）	公务员人数/全国城镇职工人数（%）
1978	27.0	655	7	1.07	1.72	4.75	0.74	4.53
1979	30.5	684	7	1.02	1.63	4.72	0.75	4.70
1980	37.9	800	7	1.05	1.73	4.91	0.83	4.69
1981	40.9	815	7	1.06	1.66	4.99	0.84	4.75
1982	45.8	821	8	1.03	1.56	5.19	0.86	5.11
1983	53.6	923	5	1.12	1.58	5.74	0.90	5.13
1984	62.6	989	7	1.02	1.42	5.52	0.87	5.63
1985	78.7	1 127	9	0.98	1.31	5.69	0.87	5.81
1986	101.5	1 356	7	1.02	1.41	6.12	0.99	6.01
1987	116.0	1 468	7	1.01	1.32	6.17	0.96	6.09
1988	140.4	1 707	13	0.98	1.25	6.06	0.93	6.19
1989	163.3	1 874	12	0.97	1.23	6.24	0.96	6.44
1990	192.9	2 113	11	0.99	1.29	6.54	1.03	6.61
1991	217.5	2 275	11	0.97	1.20	6.54	1.00	6.71
1992	272.3	2 768	11	1.02	1.20	6.91	1.01	6.73

续表

年份	公务员工资总额（亿元）	公务员平均工资（元）	公务员人均工资行业排名	公务员平均工资/全国城镇职工平均工资（倍）	公务员平均工资/全国人均GDP（倍）	公务员工资总额/全国城镇工资总额的比重（%）	公务员工资总额/GDP（%）	公务员人数/全国城镇职工人数（%）
1993	357.7	3 505	10	1.04	1.17	7.28	1.01	6.94
1994	500.2	4 962	9	1.09	1.23	7.51	1.04	6.85
1995	559.5	5 526	11	1.00	1.10	6.91	0.92	6.89
1996	672.1	6 340	10	1.02	1.08	7.40	0.94	7.24
1997	744.0	6 981	9	1.08	1.09	7.91	0.94	7.36
1998	835.4	7 773	9	1.04	1.14	8.99	0.99	8.79
1999	971.0	8 978	8	1.08	1.25	9.83	1.08	9.24
2000	1 090.4	10 043	8	1.07	1.28	10.23	1.10	9.69
2001	1 317.7	12 142	7	1.12	1.41	11.14	1.20	10.08
2002	1 474.0	13 975	7	1.13	1.49	11.20	1.22	10.00
2003	1 787.6	15 355	10	1.10	1.46	11.66	1.32	10.67
2004	2 072.7	17 372	10	1.09	1.41	11.77	1.30	10.80
2005	2 489.6	20 234	11	1.11	1.43	12.07	1.35	10.88
2006	2 839.7	22 546	10	1.08	1.37	11.70	1.31	10.80
2007	3 553.8	27 731	9	1.12	1.37	12.06	1.34	10.74
2008	4 276.0	32 296	7	1.12	1.36	12.12	1.36	10.95
2009	4 896.8	35 326	9	1.10	1.38	12.15	1.44	11.09
2010	5 428.8	38 242	11	1.05	1.28	11.48	1.35	10.94
2011	6 118.1	42 062	8	1.01	1.20	10.20	1.29	10.18

资料来源：根据《中国统计年鉴》2003 年和《中国统计年鉴》2012 年计算得到。

改革开放以来，我国公务员①人数不断增加，从 1978 年的 430 万人上升到 2011 年的 1 467.6 万人，增加了 1 037.6 万人。公务员人数占全国职工人数的比重由 1978 年的 4.53% 上升到 2011 年的 10.18%，提高了 5.65 个百分点（见图 5－1）。

① 在此，我们将 2003 年以前在国家机关、党政机关和社会团体中工作的人员、2003 年及以后在公共管理和社会组织中工作的人员视为公务员。

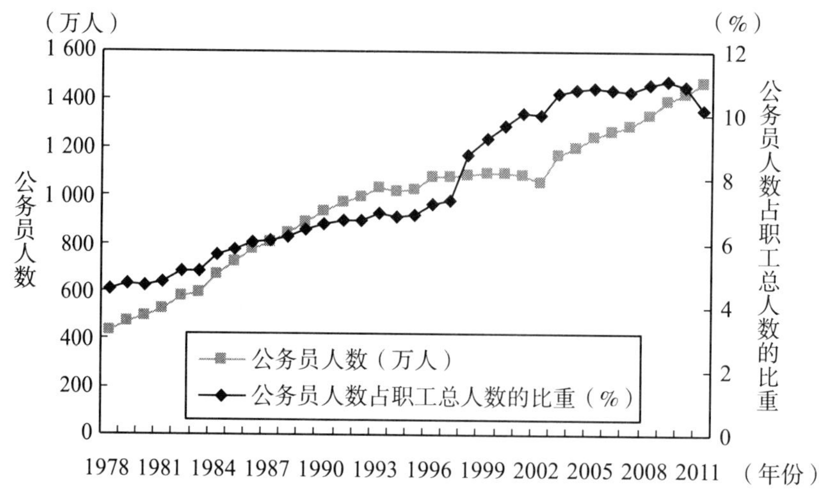

图5-1　公务员人数及其占职工人数比重的变动趋势

随着公务员人数的增加，其工资总额由1978年的27亿元上升到2011年的6 118.1亿元，占全国城镇职工工资总额的比重由1978年的4.75%上升到2011年的10.2%；占GDP的比重则由1978年的0.74%上升到2011年的1.29%（见图5-2）。与此同时，全国城镇职工工资总额占GDP的比重则呈现下降趋势，从1978年的15.61%下降到2011年的12.68%。

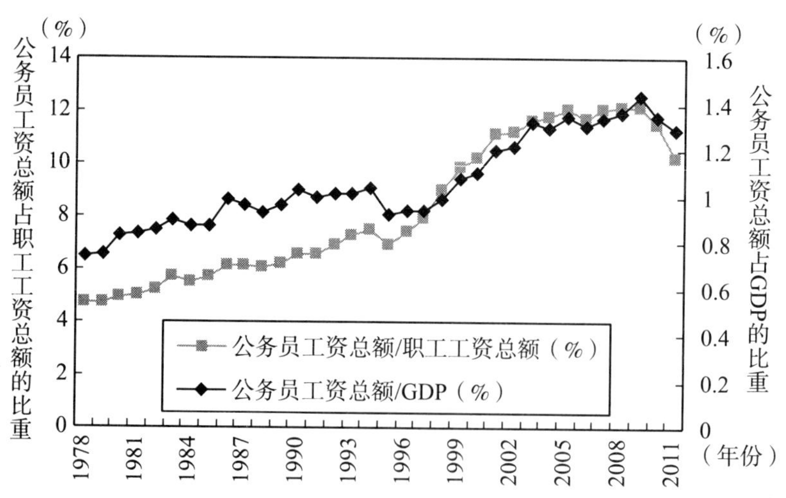

图5-2　公务员工资总额占全国城镇职工工资总额以及GDP比重的变动趋势

公务员的人均工资由1978年的655元上升到2011年的42 062元，在1978～2011年期间，公务员平均工资大约是全国城镇职工平均工资的1.05倍，且变化不大；与此同时，在1978年，公务员人均工资是全国人均GDP的1.72倍，随后开始下降到1996年最低点的1.08倍，再逐渐上升到2002年的1.49倍，并缓慢下降到2011年的1.20倍（见图5-3）。

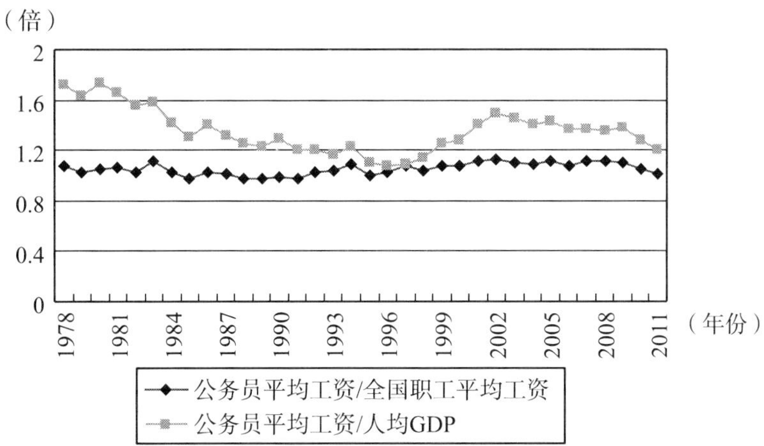

图5-3　公务员平均工资占全国城镇职工平均工资以及人均GDP比重的变动趋势

最后，我们来分析公务员人均工资的行业[①]排名。从图5-4可以看出，1978年，公务员平均工资水平在16个行业中排名第7，排名最靠前的年份是1983年，该年排名第5，排名最靠后的年份是1988年，该年降到了第13名，随后排名逐年有所靠前，到2002年排名为第7名。在2003~2011年期间，公务员人均工资水平在19个行业中的排名在第7名至第11名波动。

通过上面的分析，我们发现，在1978~2011年期间，尽管公务员人数以及公务员占职工人数的比重、公务员工资总额分别占职工工资总额和GDP的比重呈上升趋势，且公务员的平均工资水平略高于全国各行业的平均工资。但是，通过对各行业平均工资的排名比较，我国公务员的平均工资水平的排名大体属于居中的位置。

① 2003年以前，我国的行业分为：农、林、牧、渔业，采掘业，制造业，电力、煤气及水的生产和供应业，建筑业，地质勘查业水利管理业，交通运输仓储和邮电通信业，批发零售贸易和餐饮业，金融、保险业，房地产业，社会服务业，卫生体育和社会福利业，教育、文化艺术和广播电影电视业，科学研究和综合技术服务业，国家机关、政党机关和社会团体，其他等16个行业。2002年以后，我国的行业分为：制造业，电力、燃气及水的生产和供应业，建筑业，交通运输、仓储和邮政业，信息传输、计算机服务和软件业，批发和零售业，住宿和餐饮业，金融业，房地产业，租赁和商务服务业，科学研究、技术服务和地质勘查业，水利、环境和公共设施管理业，居民服务和其他服务业，教育，卫生、社会保障和社会福利业，文化、体育和娱乐业，公共管理和社会组织等19个行业。

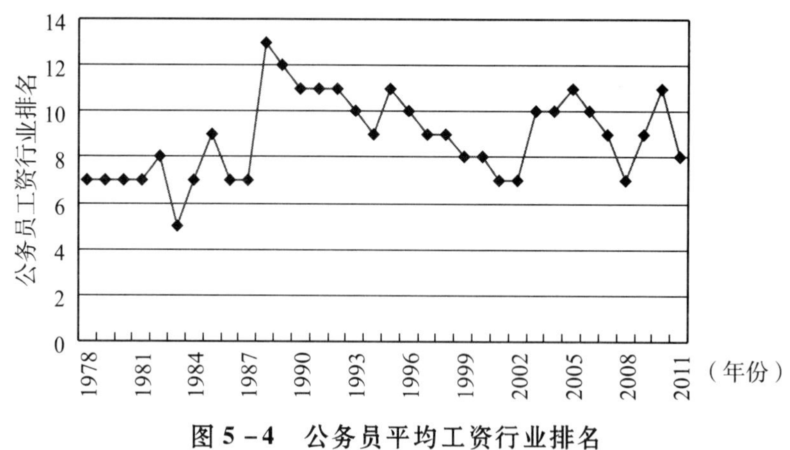

图5-4　公务员平均工资行业排名

由于公务员的名义工资偏低，且不同层次公务员之间的工资差距较小，不能充分反映各层次公务员的能力、作用及其所作出的贡献。加之公务员平均工资在各行业中并不具有明显的优势，由此可能导致一些不良的后果。如政府机关人才流失或无法吸引优秀人才，从而使政府服务质量下降。可事实上全国各地的公务员招录吸引了大量的报名申请者，为了能进入公务员队伍，甚至在某些地方和部门还出现了弄虚作假的行为。从理性人的角度来看，尽管公务员名义工资不高，但其工作稳定，享有良好的福利待遇和退休保障，这说明名义工资收入只是公务员总收入中的一部分，甚至只是一小部分。更为严重的是，部分公务员在利用所掌握的行政权力参与收入分配，垄断某些要素资源，设租、寻租，通过各种途径获取大量非正式收入，从而扭曲收入分配，拉大收入差距。并且，这也是腐败行为产生的根源。

接下来将分析权力腐败对收入分配的扭曲，我们将利用城镇居民收入调查数据和相关公开资料来进行分析。

第二节　权力腐败与收入分配

一、权力与权力腐败

（一）公共权力与公共资源

权力表现为人类社会一种特殊的社会关系，是权力拥有者依据自身所掌握的各种资源和能力来影响、支配与控制他人思想和行为的力量[①]。公共权力则是指选民通过投票选举等方式赋予政府的各种权力，这些权力包括决策权、管理权、执法权等，且它们在实际运行中衍生出审批权、处罚权等具体的权力类型[②]。

要维持国家机器的正常运转，维护公共秩序与社会稳定，管理和调节社会经济生活，政府必须要掌握一定的权力。并且，政府还必须要把公共权力通过分解并委托给一些部门和公职人员[③]，然后通过这些部门和公职人员来处理公共事物、履行公共职能、实现公共管理目标，从而就形成了不同部门和公职人员所拥有的权力。与此同时，在履行公共职能、实现公共管理目标的过程中，为了实现对经济的宏观调控，调节供需，平衡各种利益关系，政府还必须掌握一定的经济资源和社会资源。也就是说，政府执政必须拥有权力并控制一定的资源。

在我国，公共权力既包括各级党政领导所掌握的决策权，还包括由各级管理者所掌握的日常行政管理权。公共资源则由物质资源（如土地、公共工程等）和社会资源（如行政审批等）两部分构成，无论是经济资源还是社会资源，都是稀缺的。由于资源的稀缺性，必将导致资源供给不足并引起对稀缺资源的激励竞争，从而产生供需矛盾。因此，无论是在改革开放初期的价格双轨制，还是在由计划经济体制向市场经济转型的过程中，稀缺的公共资源对于需求者而言均具有极高的价值，且随着经济的发展、公共政策的不断调整，在一定程度上使资源的稀缺性进一步提高，其相对价格进一步上涨。尽管体制内资源价格在上涨，但是，相对市场而言，其价格仍然偏低。于是，需求者若能通过一定的途径获得价格相对低于市场的稀缺资源，无疑将获得极大的经济利益。

（二）权力腐败

权力腐败是我国腐败现象中最严重的腐败，是公职人员滥用自身所拥有的公共权力谋取私人利益的行为。其中，权力腐败的主体是国家公职人员，这里的公职人员主要指的是在各级党、国家和其他社会公共机构中担任领导职务的工作人员，以及国有企业的领导干部，还包括公职人员个人及其所属单位、部门和行业。权力腐败的实质和主观动机是追逐私利，既包括个人利益，还包括

---

① 郝文清：《当代中国衍生性权力腐败研究》，安徽大学出版社2011年版，第24页。

② 程文浩：《预防腐败》，清华大学出版社2011年版，第10页。

③ 本章我们将公务员和公职人员同等对待，但公务员和公职人员还是有区别的。其中，公务员是指国家依法定方式任用的，在中央和地方各级国家行政机关中工作的，依法行使国家行政权、执行国家公务的人员。公职人员主要指的是各级行政机关、事业单位、党群机关、人大、政协机关、审判机关、检察机关的工作人员，以及国有企业的领导人员。

单位利益、地方利益和部门利益。实施权力腐败的手段是滥用公共权力和公共资源，即通过利用职务上的便利，法定权利实现个体或局部的利益。权力腐败的后果势必造成危害社会、侵犯公共利益，从而导致国家公共利益和公众利益遭受损失。

长期以来，我国公职人员工资水平在各行业中相对不高，其工资的增长与其他社会阶层，特别是新富起来的社会阶层相比较明显偏慢。考虑公职人员的整体素质高于企业职工这个因素，那么，公职人员的工资收入并没有充分体现其责任和工作量，激励机制严重扭曲。在这种情况下，公职人员就会有寻求工资外收入的激励。为了获得非正式的工资外收入，某些部门的部分公职人员就可能利用自身所掌握的公共权力和公共资源进行寻租活动。

当权力拥有者行使资源的配置权力，并选择性地与拥有资本的资源需求者相结合的时候，就为公职人员以权谋私提供了契机。特别是当公职人员滥用自身的法定职权，或人为扩张权力，或越权借用他人权力或资源，或通过施加个人影响间接左右他人权力的行使和资源分配，为自身或利益相关者谋取利益的时候，公共权力不再服务于公共利益，公共权力的性质发生了改变，并逐步被私有化、商品化和资本化，于是权力腐败就产生了。

（三）权力腐败的分类及形成途径

1. 腐败的分类

由计划经济向市场经济转型的过程中，由于经济体制发生了一系列的重大变化，出现了许多新的经济行为主体和经济现象。当行政权力干预市场交易活动时，权力必将带来财富和超额收入，于是就有一部分人利用公共权力谋取私利；再加上由于改革不彻底、市场不规范、制度不健全，政治体制改革相对滞后，思想道德滑坡等多种原因，从而导致各种腐败现象不断滋长、蔓延。

从经济的角度，腐败可分为如下几种形式①：

（1）寻租性腐败。寻租性腐败公职人员将所控制的稀缺资源进行权钱交易、谋取私利的腐败行为。在我国寻租性腐败有四种表现形式：价格双轨制；权利双重标准，特权和经济垄断权；贸易自由化双轨制，进口高关税和进口配额；政策双轨制，政府对某些地区或集团的“优惠政策”。

（2）地下经济腐败。地下经济腐败是指未向政府申报和纳税，政府未能控制和管理，其产值和收入未能纳入国民生产总值的所有经济活动。包括有三类：一是非法的地下经济活动，如走私贩私、毒品生产等；二是合法经营取得非法收

① 胡鞍钢：《腐败：中国最大的社会污染》，载于《中国改革》2001年第4期。

入的经济活动，如部分或全部收入隐匿不报、逃避税收等；三是未统计的地下经济活动，如家务劳动、家教服务、私下交易等。

（3）税收流失性腐败。指通过贿赂、分赃等方式收买、勾结海关、税收等部门官员而引起的海关税收和其他税收流失的腐败行为。

（4）公共投资与公共支出性腐败。主要涉及政府出资或援助的公共投资中的腐败行为，在中国还包括国有经济投资中的腐败行为；政府采购合同中的腐败行为，政府其他公共支出中的腐败行为，还包括由政府资助的机构支出中的腐败行为。中国许多重大的腐败行为常常发生于这些领域。

以上四种类型的腐败，并不是所有的地下经济、非法经济、寻租、税收流失、公共支出与公共投资损失都属于腐败，只是那些滥用公共权力为其个人或少数利益集团或利益相关者谋取私利的活动才能被视为腐败。

此外，根据不同标准从不同角度，腐败行为可分为如下 8 种不同类型[①]：

（1）根据腐败行为主体的性质和数量，腐败可分为个体腐败和群体腐败；

（2）根据腐败行为主体的层级分布状况，腐败可分为高层腐败（省部级以上官员）、中层腐败（县处级以上）和基层腐败或低层腐败；

（3）根据腐败行为发生的领域或部门，腐败可分为政治和行政领域的腐败、经济领域的腐败和社会领域的腐败；

（4）根据腐败行为动机的不同，腐败可分为逐利型腐败、徇私型腐败和因公型腐败；

（5）根据不同形式腐败的制度性成因的差异，腐败可分为传统型腐败、过渡型腐败和现代型腐败；

（6）根据腐败交易中各参与方的得失情况，腐败可分为互惠型腐败（或交易型腐败）和勒索型腐败；

（7）根据腐败行为违法违纪程度和直接危害程度，腐败可分为轻微腐败、一般腐败和腐败犯罪，后者又可细分为普通腐败犯罪和严重腐败犯罪；

（8）根据领导层、官员和民众对各种腐败行为的宽容程度排序，并参照美国学者海登海默（Heidenheimer）的分类法，可以将腐败分为白色腐败、灰色腐败和黑色腐败[②]。

---

① 何增科：《中国转型期腐败和反腐败问题研究（上篇）》，载于《经济社会体制比较》2003 年第 1 期。

② Heidenheimer（1989）根据不同社会群体的不同态度将腐败划分为三类，黑色腐败：大部分上层人物和大众都一致谴责的行为，希望在原则的基础上对其予以惩罚；灰色腐败：有些人，尤其是上层阶级希望惩罚某项行为，其他人不希望，大众则可能是模棱两可的；白色腐败：上层和大众的多数人可能都不积极支持惩罚的腐败行为，认为是可以容忍的。详见 Heidenheimer，A. J.，Johnston M. and Levine，V.，*Political Corruption：A handbook*，New Brunswick，NJ：Transaction，1989。

2. 权力腐败的形成机制

当公共权力与资本相结合，一旦腐败机会出现，且公职人员具有腐败动机的时候，腐败就有可能产生。

我们通过对历年所查处的腐败案件中的涉案人员的分析，发现涉案人员所掌控的公共权力资源越多，公共权力运作的空间越大，腐败的几率就越大。且腐败案件和涉案人员分布于各省区市，涉及从中央到地方，从党政部门到司法机关，再到垄断性国有企业等各个系统，几乎涵盖所有公共权力领域。并表现为各级官员腐败数量不断增加，涉案金额不断提高。

表 5 -4 归纳了在我国经济转轨的过程中，腐败的形成途径。

从表 5 -4 可以看出，在我国经济的转型过程中，腐败的形成机制主要包括经济自由化、分权化、非公有化和经济全球化四个方面。

在经济自由化的过程中，在改革的初期，由于价格双轨制，公职人员将计划经济体系中资源转移到市场，以牟取价格暴利；再就是公职人员通过控制市场准入，在行政审批过程中收取甚至索取贿赂。

分权化包括财政分权和行政分权。通过财政分权，地方政府部门采取乱收费、乱集资和乱罚款等手段来弥补财政缺口，设立小金库，方便了贪污和挪用等腐败行为；通过行政拨款审批、利用减免税的权力，获取贿赂。通过行政分权，地方政府的人事任命权和事权扩大，地方党政部门的当权者在干部任免、升迁、调动工作，政府采购、公共工程项目招标，甚至利用权力干预司法和行政执法、庇护经济犯罪等方面收取贿赂。

在国有资产的非公有化以及国有企业产权制度的改革过程中，出现了通过行贿侵吞国有资产，为了公司上市融资通过行贿获得上市资格；随着私营经济的发展，新经济主体的出现，私营业主通过行贿以获得资源和政治上保护；再就是在国有资产出售的过程中，尤其是在土地批租和开发的过程中，商人通过行贿使国有资产价值低估，从而低价购买，使国有资产流失，或通过行贿以低价获得土地、违规经营，获取暴利。在非国有化的过程中，腐败机会有了很大提高。

随着经济全球化，中国经济与世界经济的关系日益密切，同时也吸引了大量的外国投资，一方面，相关部门的某些公职人员利用行政审批吃、拿、卡、要；另一方面，外商为了获得更多的优惠政策而行贿政府官员。在国际贸易往来中，国内企业通过行贿以获得减免税、出口退税和进出口配额，更有甚者，通过行贿以达到走私贩私，牟取暴利的目的。此外，经济全球化使得赃款转移、贪官外逃更加容易和隐蔽，这也为反腐败增加了难度。

表 5 – 4　　腐败的形成机制

类型	改革	结果	对腐败供给的影响（针对公职人员）	对腐败需求的影响（针对行贿者）	产生腐败的领域
经济自由化	价格双轨制		将计划经济体系中的资源转移到市场	拿到指标，通过倒买倒卖牟利	行政审批（紧缺物质、贷款、外汇等）、利益冲突（投机倒把）
	市场准入		行政审批，控制市场准入	为了进入市场而行贿	行政审批（经营权）、亲属经商
分权化	财政分权化	国家财政收入总体下降	通过乱收费、乱集资、乱罚款等手段弥补财政缺口，建立“小金库”		小腐败（“三乱”）、设立“小金库”
		行政拨款	行政审批，掌握拨款权限	通过行贿获得拨款	行政审批（拨款）
		税收征管权力下放	掌握减免税的权力	寻求税收优惠或逃税	税收减免
	行政分权化	地方政府人事任命权增大	在提拔和安排工作中受贿	为提拔和安排工作中行贿	人事提拔和任命、纵容下属
		地方政府事权增加	在政府采购，特别是工程项目招标中腐败	通过行贿获得政府采购合同	政府采购（工程项目发包、物品采购）、行政审批（渎职）
		部门之间权力划分	对司法和行政执法进行干预	通过行贿来干扰司法和行政执法	干扰司法和行政执法
		企业放权让利	企业负责人决策权加大，缺乏有效监管	为了获得资源以提高效益，企业行贿动机增加	贪污、挪用
非公有化	产权制度改革	国有资产非公有化	利用行贿侵占国有资产	行政审批（出售国有资产）	
		国有企业改革		通过行贿联系业务	联系业务
		公司上市	行政审批	为了上市融资而行贿获得上市资格	行政审批（股份制改革和公司上市）

续表

类型	改革	结果	对腐败供给的影响（针对公职人员）	对腐败需求的影响（针对行贿者）	产生腐败的领域
非公有化	私营经济发展	新经济主体出现		作为政治上的弱势群体，希望利用行贿获得资源和保护	利益冲突（官商勾结，支持企业非法活动）
	国有资源出售		土地批租、开发	通过行贿获得土地、违规经营，牟取暴利	行政审批（土地）
经济全球化	外商投资		利用行政审批吃、拿、卡、要	行贿以获得优惠政策	行政审批（外商投资）
	进出口贸易		行政审批	行贿以获得减免税、进出口配额	行政审批（外贸、进出口配额）
		走私	支持走私贩私	通过走私牟取暴利	支持走私贩私
	国际人员交往有限制放开		出境审批	希望通过非法渠道办理手续出境定居	行政审批（赴港单程证、护照）

注：本表引自过勇：《经济转轨、制度与腐败》，社会科学文献出版社 2007 年版，第 168 ~ 170 页。

二、权力腐败现状分析

（一）腐败的客观指标

腐败行为的发生是非常隐秘的且难以直接观察。因此，要真实准确地度量腐败程度非常困难。但是，我们仍然可以从纪检监察机关、检察机关和审判机关每年公布的党政机关干部违法违纪、涉嫌犯罪的贪污贿赂渎职以及审判腐败的案件数、涉案人数、涉案金额等数据来加以分析，并在一定程度上能反映我国腐败的现状。

在此，我们仅根据最高人民检察院历年工作报告以及中国统计年鉴中所披露的相关数据，来分析我国改革开放以来腐败的变动趋势。

表 5 - 5 报告了 1980 ~ 2012 年全国检察机关立案查处的贪污贿赂等案件的立案件数、涉案人数以及挽回的经济损失等数据。

表 5－5　　全国检察机关查处贪污贿赂案件情况表

年份	查处案件数（件）	大案数（件）	查处总人数（人）	县处级以上人数（人）	挽回损失（亿元）
1980	7 000	89（贪污）			
1981	31 000				
1982	32 605	2 512	24 636		
1983					
1984	22 000	2 100	15 000		0.9
1985	28 000	6 200	19 000		2.68
1986	49 577	13 888	7 219（自首）	700	8
1987					
1983～1987	155 000	30 651		1 500	16.3
1988	21 100	2 900	19 083	194/4（地市级）/0（省部级）（下同）	4.23
1989	58 926	13 507	19 406	875/70/2	4.82
1990	51 373	11 295	23 344	1 188/－/－	8.1
1991	46 219	11 894	24 176	924/34/1	4.65
1992	36 700	9 526	9 809	1 452/65/2	3.64
1988～1992	214 318			4 629	
1993	56 491	27 914	19 357	1 037/64/1	22
1994	60 312	28 626	39 802	1 915/88/－	34
1995	63 953	29 419	12 835	2 262/137/2	49
1996	61 099	34 879	13 530	2 699/143/5	67.8
1997	53 533	48 066		2 903/265/7	56.3
1993～1997	387 352	168 904	54 805		229.2
1998	35 084	1 733（50 万元以上）	40 162	1 714/103/3	43.8
1999	38 382	13 969		2 200/136/3	40.9
2000	45 113	18 086		2 871/184/7	47
2001	36 447	1 319（百万元以上）	40 195	2 670/－/6	41
1998～2002	207 103	5 541（百万元以上）		12 830/－/－	220
2003	39 562	18 515	43 490	2 728/167/4	43
2004	37 786	1 275（百万元以上）	43 757	2 960/198/11	45.6

续表

年份	查处案件数（件）	大案数（件）	查处总人数（人）	县处级以上人数（人）	挽回损失（亿元）
2005	35 028		41 447	2 799/196/8	74
2006	33 668	18 241	40 041	2 736/202/6	
2003～2007	179 696	35 255	209 487	13 929/930/35	244.8
2008	33 546	17 594	41 179	2 687/181/4	
2009	32 439	18 191	41 531	2 670/204/8	71.2
2010	32 909	18 224	44 085	2 723/188/6	74
2011	32 567	18 464	44 506	2 524/198/7	77.9
2008～2012	165 787		218 639	13 173/950/30	553

资料来源：1980～2012 年数据来自最高人民检察院网站 http：//www.spp.gov.cn 的最高人民检察院工作报告 1980～2013 年。表中无数字的空格表示原报告中缺乏相关数据。贪污贿赂立案标准在 20 世纪 90 年代中期从 2 000 元提高到 5 000 元，贪污贿赂大案要案标准从 1 万元提高到 5 万元以上，挪用公款标准则提高到 10 万元以上。

表 5－5 的结果表明，我国查处的贪污贿赂案件数由 1980 年的 7 000 件逐年增加到 1995 年的 63 953 件，随后开始有所减少，到 2011 年为 32 567 件。在此期间的大案数从 1980 年的 89 件增加到 1997 年的 48 066 件，到 2011 年降低到 18 464 件。表 5－5 的统计结果还表明，在 1980～2012 年期间，查办涉嫌犯罪的县处级以上国家工作人员近 6 万人，其中厅局级官员近 4 000 人，省部级官员近 100 人。所挽回的经济损失在 1983～1987 年为 16.3 亿元、1993～1997 年为 229.2 亿元、1998～2002 年为 220 亿元、2003～2007 年为 244.8 亿元，2008～2012 年为 530 亿元。

图 5－5 显示了 1980～2010 年检察机关立案的腐败案件数量的周期变化趋势，从中可以看出，腐败案件数量的变化趋势经历了五个周期。其中，在 1990 年以前，腐败案件数的变化较大，在 1990～1998 年期间，是我国腐败发生的高峰期，从 1999 年开始，腐败案件数有所下降，且其变化趋势相对平稳。

各周期腐败案件数的具体情况为：1980～1984 年为第一个周期，1980 年立案的案件数量为 7 000 件，随后快速上升到 1982 年的 32 605 件，再回落到 1984 年的 22 000 件。在此期间，1980 年的大案要案只有 89 件，1982 年上升到 2 512 件，到 1984 年回落到 2 100 件。1985～1988 年为第二个周期，腐败案件立案数由 1985 年的 28 000 件急剧上升到 1986 年的 49 577 件，随后下降到 1988 年的 21 100件。在此期间的大案要案数也大幅增加，其中 1985 年的大案要案件数为 6 200 件。1989～1992 年为第三个周期，腐败案件数由 1989 年的 58 926 件下降到 1992 年的 36 700 件，同期的大案要案数由 1989 年的 13 507 下降到 1992 年的 9 526 件。1990～1998 年为第四个周期，在此期间，腐败案件数由 1990 年的 51 373 件逐年增加到 1995 年的 63 953 件，随后逐年下降到 1998 年的 35 084 件；大案要案数则呈现出典型的上升趋势，由 1990 年 11 295 件增加到 1997 年的 48 066 件。1999～2012 年为第五个周期，在此期间，腐败案件数从 1999 年的 38 382 件提高到 2002 年的 52 077 件[①]，随后开始逐年下降，到 2012 年为 34 326 件；大案要案数则由 1999 年 13 969 件上升到 2011 年的 18 464 件。

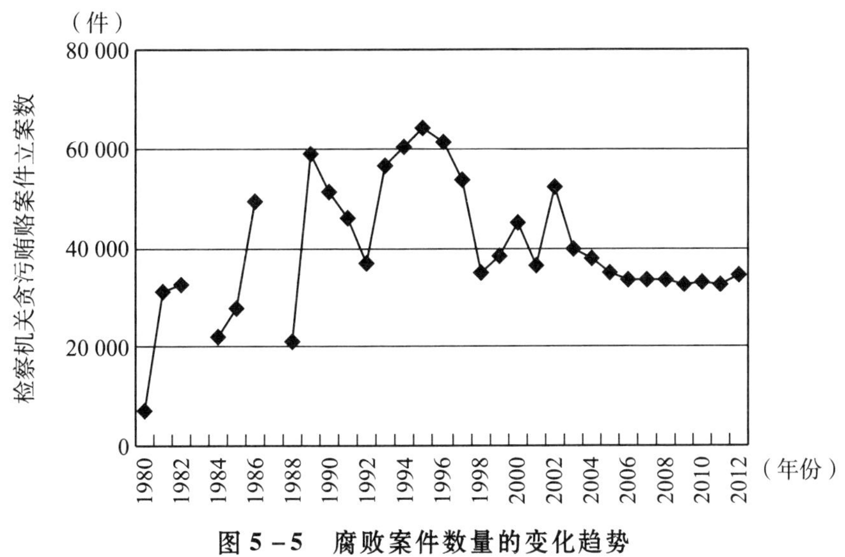

图 5－5　腐败案件数量的变化趋势

图 5－6 报告了 1988～2010 年腐败案件中涉案的县处级及以上人数的变化趋势。可以看出，涉案的县处级以上人数由 1988 年的 194 人逐年上升到 1997 年 2 903 人，1998 年下降到 1 714 人，随后又开始逐年上升，到 2002 年达到最高的 3 375 人[②]，2002 年以后，涉案的县处级以上的人数有所降低，且趋于平稳，到 2012 年为 2 569 人。

进一步我们给出了 1998～2011 年腐败案件中贪污贿赂案件以及渎职案件的案件数、大案要案数以及涉案人数（见表 5－6）。

① 这里 2002 年的腐败案件数是由 1998～2002 年的合计数减去 1998～2001 年的腐败案件数得到的。

② 这里 2002 年的县处级以上人数是由 1998～2002 年的合计数减去 1998～2001 年的县处级人数得到的。

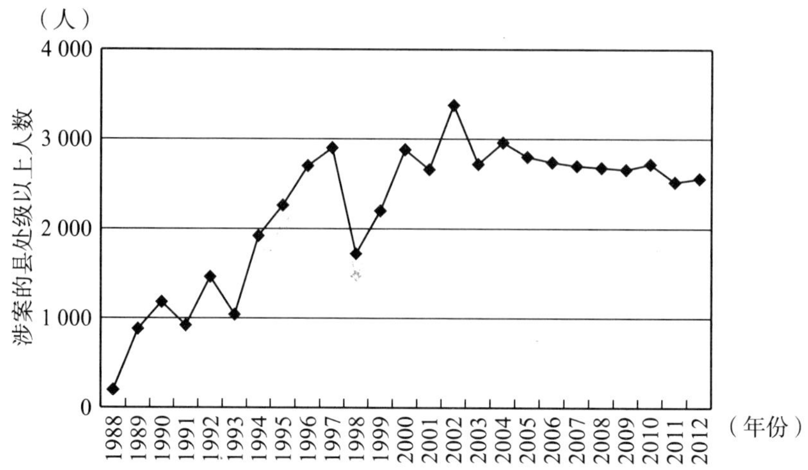

图 5-6　腐败案件中涉案的县处级以上人数的变动趋势

从表 5-6 可以看出，贪污贿赂案件数从 1998 年的 30 670 件上升到 2000 年的 37 183 件，随后逐年下降到 2011 年的 25 212 件，其中，大案件数从 1998 年的 9 715 件逐年上升到 2011 年为 18 464 件。涉案人数由 1998 年的 34 405 人增加到 2000 年的 41 337 人，随后呈现下降的趋势，到 2011 年，涉案人数为 33 921 人，其中，要案人数从 1998 年的 1 674 人增加到 2001 年的 2 670 人，随后逐年有所减少，到 2011 年为 2 216 人（见图 5-7）。

表 5-6　　贪污、贿赂和渎职案件数及涉案人数

年份	贪污贿赂案件				渎职案件			
	立案件数（件）	其中：大案件数	立案人数（人）	其中：要案人数	立案件数（件）	其中：大案件数	立案人数（人）	其中：要案人数
1998	30 670	9 715	34 405	1 674	4 414		5 757	146
1999	32 911	13 059	36 703	2 019	5 471		6 830	181
2000	37 183	16 121	41 377	2 556	7 930	2 163	9 407	316
2001	36 447	16 627	40 195	2 670	8 819	2 367	10 097	343
2002	34 716	16 826	38 022	2 546	8 542	1 914	9 677	379
2003	31 953		34 922	2 389	7 609		8 568	339
2004	30 548		35 031	2 626	7 238		8 726	334
2005	28 322		33 366	2 503	6 706		8 081	296
2006	27 119		31 949	2 435	6 549		8 092	301
2007	26 780		32 210	2 380	6 871		8 543	326

续表

年份	贪污贿赂案件				渎职案件			
	立案件数（件）	其中：大案件数	立案人数（人）	其中：要案人数	立案件数（件）	其中：大案件数	立案人数（人）	其中：要案人数
2008	26 306	17 594	32 240	2 380	7 240	3 211	8 939	307
2009	25 408	18 191	32 176	2 364	7 031	3 175	9 355	306
2010	25 560	18 224	33 858	2 387	7 349	3 508	10 227	336
2011	25 212	18 464	33 921	2 216	7 355	3 667	10 585	308

注：本表数据来自《中国统计年鉴》，中国统计出版社 1999～2012 年版。其中，贪污贿赂案件包括：贪污、贿赂、挪用公款、集体私分、巨额财产来源不明和其他等案件，渎职案件包括：滥用职权、玩忽职守、徇私舞弊和其他等案件。

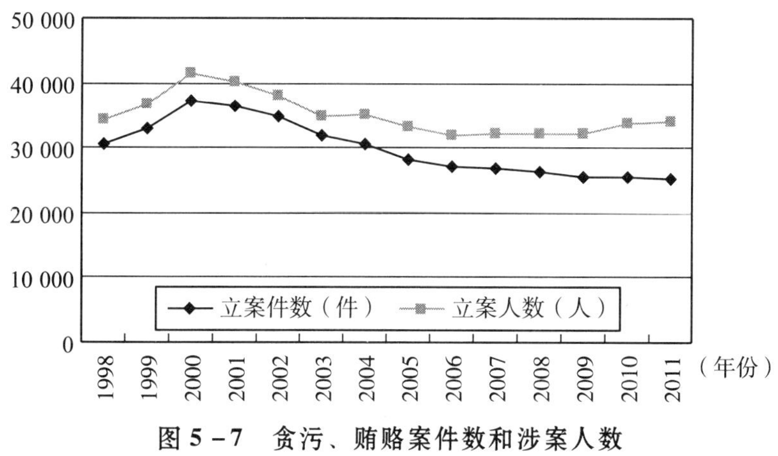

图 5－7　贪污、贿赂案件数和涉案人数

图 5－8 给出了 1998～2011 年渎职案件数及涉案人数的变化趋势，从中可以看出，渎职案件数从 1998 年的 4 414 件上升到 2001 年的 8 819 件，随后逐年下降到 2006 年的 6 549 件，再上升到 2011 年的 7 355 件；其中，大案件数从 2000 年的 2 163 件上升到 2011 年为 3 667 件。涉案人数由 1998 年的 5 757 人逐年增加到 2001 年的 10 097 人，随后下降到 2005 年为 8 081 人，到 2011 年为 10 585 人；其中，要案人数从 1998 年的 146 人增加到 2002 年的 379 人，随后逐年有所减少，到 2011 年为 308 人。

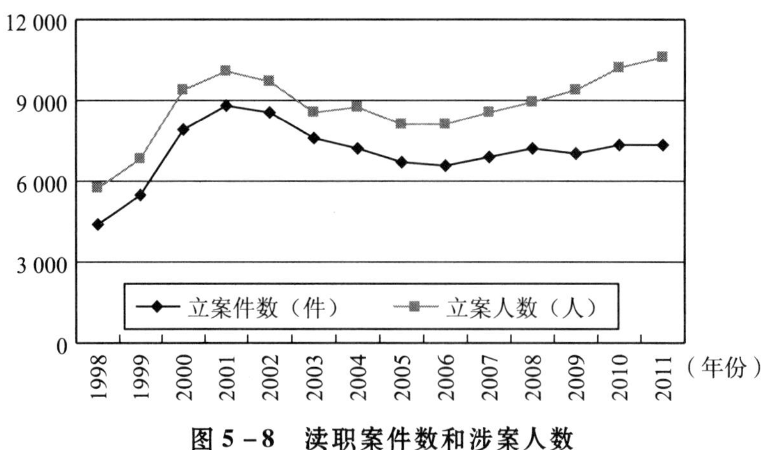

图5－8　渎职案件数和涉案人数

（二）腐败的主观指标

以上我们采用客观指标分析了我国的腐败程度，下面我们将采用主观指标进行分析。度量一国腐败程度的客观指标，最具影响和代表性的是透明国际（Transparency International，TI）从1995年开始每年发布的腐败感知指数（Corruption Perception Index，CPI），该指数也称之为清廉指数。此外，透明国际还发布了行贿者指数（Bribe Payers Index，BPI）。还有其他的一些国际组织也发布了一些度量腐败程度的客观指标，如世界银行的腐败控制指标，世界经济论坛的贿赂和腐败指标、透明度指标，全球竞争力报告指标、瑞士国际管理发展学院的非法支付、司法腐败、贿赂与回扣指标，国际商务组织指标和国际国家风险指标等。本章采用透明国际的腐败感知指数来进行分析。

透明国际以企业家、风险分析家以及一般民众为主要调查对象，根据调查对象对贪污腐败的感知程度和经验进行计量分析，并按照0～10分进行评分，得分越高，表示清廉程度越高，而得分越低，表明腐败程度越高。通常以CPI得分为5分作为一个临界值，具体是，当CPI在8～10之间，认为是清廉国家，当CPI在5～8之间，认为是比较清廉的国家，当CPI在2.5～5之间，认为是腐败比较严重的国家，当CPI小于2.5时，则认为该国极端腐败。

表5－7给出了1978～2012年中国的CPI指数以及国际排名①。表中结果表明，在1978～1985年期间，我国的CPI在5～6之间，说明在此期间我国是比较清廉的国家，从1986年开始，CPI指数从4.96逐年降低，到1995年达到

① 透明国际的CPI指数从1995年开始发布，至于1995年以前我国的腐败程度，透明国际给出了1980～1996年分阶段的CPI指数，其中，1980～1985年为5.13分，1988～1992年为4.73分，1993～1996年为2.43分。腐败指数＝10－CPI。

最低为2.16，在当年参评的41个国家排名第40位，表明我国的腐败程度呈现加剧的趋势。随后，CPI指数从1996年的2.43逐年上升到1998年3.5，在1999~2011年期间，CPI指数的值变化不大，平均为3.43，表明在此期间，我国的腐败程度有所降低，但仍然属于比较腐败的国家，在2012年180个国家的腐败程度排名第80位，得分为39分[①]。图5-9显示了1978~2011年CPI的变化趋势。

表5-7　中国的CPI指数及国际排名

年份	CPI	腐败指数	排名	国家数	年份	CPI	腐败指数	排名	国家数
1978	5.78	4.22			1996	2.43	7.57	50	64
1979	5.77	4.23			1997	2.88	7.12	41	52
1980	5.73	4.27			1998	3.5	6.5	52	85
1981	5.66	4.34			1999	3.4	6.6	59	99
1982	5.57	4.43			2000	3.1	6.9	63	90
1983	5.45	4.55			2001	3.5	6.5	58	91
1984	5.3	4.7			2002	3.5	6.5	59	102
1985	5.14	4.86			2003	3.4	6.6	66	133
1986	4.96	5.04			2004	3.4	6.6	71	146
1987	4.77	5.23			2005	3.2	6.8	78	158
1988	4.57	5.43			2006	3.3	6.7	70	163
1989	4.35	5.65			2007	3.5	6.5	72	179
1990	4.3	5.7			2008	3.6	6.4	72	180
1991	3.94	6.06			2009	3.6	6.4	79	180
1992	3.58	6.42			2010	3.5	6.5	78	178
1993	3.03	6.97			2011	3.6	6.4	75	183
1994	2.46	7.54			2012	3.9	6.1	80	176
1995	2.16	7.84	40	41					

注：本表1978~1994年的CPI数据引自过勇：《经济转轨、制度与腐败》，社会科学文献出版社2007年版，第223页。1995~2012年的CPI数据来自透明国际网站（www.transparency.org）。

① 2012年的腐败感知指数的统计和计算方法采用百分制，比以往的10分制更能精确地反映出每一个国家或地区得分的变化。

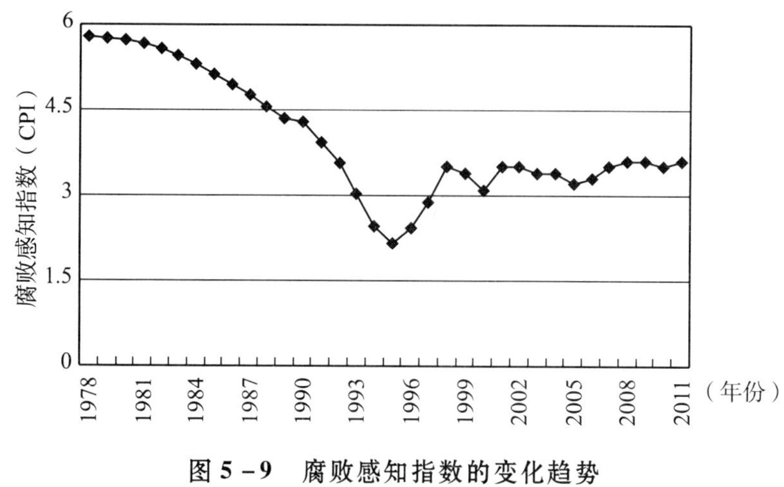

图 5－9　腐败感知指数的变化趋势

由于腐败的隐秘性，并不是所有的腐败都能够被发现和查处，再加上信息不对称，要想发现和查处所有的腐败活动几乎是不可能的。因此，官方公布的腐败案件数、涉案人数等数据，只是实际腐败的一小部分，并不能准确地反映实际的腐败程度，即存在“腐败黑数”。[①]

此外，尽管 CPI 的发布加深了人们对腐败的认识，为研究腐败提供了数据基础，使腐败程度的跨国比较和年度变化比较成为可能。但是，由于 CPI 衡量的是人们对腐败的主观感知印象，再加上不同的受访者对腐败的理解、认识、评价不同，因此，对腐败的主观感知并不等于客观现实中的腐败。

三、权力腐败对收入不平等的影响

改革开放以来，尽管我国居民收入有了很大提高，人民生活水平有了很大改善，但是，居民收入差距无论是在城乡之间、地区之间、行业之间、还是社会各阶层之间都在不断扩大[②]。与此同时，权力腐败行为在各级政府的某些部门也经常发生，且涉及各个行业和领域，表现为涉案人员不断增加且涉案金额越来越大，其危害也越来越大。

当公职人员利用所掌握的权力干预市场，并将权力和公共资源参与市场交易

① “腐败黑数”衡量的是从事或涉及腐败公务员中没有受到查处的比例。是指确已发生，但由于各种原因未被发现，或虽经调查但未被惩处，因而没有计算到腐败案件统计中的腐败公务员数量占所有腐败公务员总数的比例。通常用百分比表示“腐败黑数”的大小，即有多大比例的腐败公务员没有被统计到。详见胡鞍钢、过勇：《公务员腐败成本—收益的经济学分析》，载于《经济社会体制比较》2002 年第 4 期。

② 详见本报告第一章的相关内容。

时，权力必将获得超额收入，而所获得的超额收入是以损害社会公众利益为代价的。这实际也表明了，腐败与利益分配有关，但它又不同于一般意义上的利益分配，这种分配是以特权阶层凭借公权力参与经济资源配置，通过非法或非规范运作的方式来实现的，是极不公平、严重违背社会正义的分配方式。因此，权力腐败影响资源配置和收入分配，当这两者共同作用时，将使利益分配的差距扩大，并使分配秩序紊乱。

腐败导致机会不平等，降低了经济增长率、减少了社会福利支出、降低了贫困阶层受教育的机会，加重了贫困，使贫困阶层获得收入的机会和潜力降低。因此，收入差距中的相当一部分是由腐败造成的，腐败拉大了收入差距。再就是，在以往的研究中，大多忽视了经济增长对收入不平等的影响，且有一些学者认为，追求高效率的经济增长拉大了收入差距。那么，在实际中，腐败和经济增长对收入不平等的影响到底如何，我们通过下面的实证分析来予以回答。

为了分析腐败对收入不平等的影响，本书建立如（5.1）式所示的计量模型：

$$Inequality_t = \beta_0 + \beta_1 Corruption_t + \beta_2 GDPRate + \beta_3 X_t + \varepsilon_t \quad (5.1)$$

在（5.1）式中，t 表示时间，Inequality 为不平等指标，是被解释变量，我们分别用基尼系数、实际城乡收入比来表示；Corruption 表示腐败，是主要的解释变量，我们用透明国际的腐败感知指数来表示，GDPRate 表示实际经济增长率。X 为一组控制变量，我们分别用贸易依存度（open）、政府支出占 GDP 的比重（govsize）、非国有化程度[①]（Reform）等指标来表示。ε 为随机误差项。表 5－8 给出了变量的描述性统计结果。

表 5－8　　数据的描述性统计结果

变量名	观测值	均值	标准差	最小值	最大值	变量说明
gini[②]	31	0.37	0.07	0.24	0.46	基尼系数
Inequality	33	2.62	0.48	1.82	3.33	城乡居民收入比
corruption[③]	33	5.99	1.07	4.22	7.84	腐败：10－CPI
gdprate	32	0.10	0.03	0.04	0.15	实际 GDP 增长率
govsize	33	0.19	0.05	0.11	0.32	政府规模：财政支出总额/GDP
open	33	0.34	0.16	0.10	0.65	贸易依存度：进出口总额/GDP
reform	33	0.85	0.04	0.81	0.92	非国有化程度

① 我们用非国有经济职工人数占职工总人数的比重来表示非国有化程度。

② 全国的基尼系数引自王少国：《我国收入分配差距对经济效率的影响》，载刘树成、张连城、张平：《中国经济增长与经济周期（2009）》，中国经济出版社 2009 年版。

③ 腐败指数来自于本节表 5－13。

计量分析所采用的GDP、人口数、非国有经济职工人数、职工总人数、进出口总额、城镇居民人均可支配收入、农村居民家庭人均纯收入、预算内财政支出等数据来自于《中国统计年鉴》相关年份。

（5.1）式的计量模型的估计结果如表5-9所示。表中的估计结果表明，无论是采用基尼系数还是城乡收入比作为不平等的度量指标，当我们控制了政府规模、对外开放程度以及私有化等指标以后，腐败对收入不平等的影响在1%统计水平下均显著为正，也就是说，腐败导致收入不平等程度提高。经济增长与收入不平等的关系是显著负相关的，这个结果充分说明了随着经济的发展，收入水平的提高，有利于缩小收入差距。

表5-9　　　　腐败对收入不平等影响的估计结果

解释变量	被解释变量为全国基尼系数			被解释变量为实际城乡收入比		
	(1)	(2)	(3)	(4)	(5)	(6)
corruption	0.092 (8.22)***	0.042 (3.74)***	0.039 (3.48)***	0.546 (10.24)***	0.337 (4.89)***	0.321 (4.38)***
gdprate	-0.305 (1.43)	-0.413 (2.89)***	-0.314 (2.11)**	-1.379 (1.18)	-1.926 (2.01)*	-1.629 (1.55)
govsize	1.070 (4.39)***	0.460 (2.38)**	0.347 (1.77)*	11.742 (10.32)***	9.325 (8.37)***	8.886 (6.94)***
open		0.252 (5.82)***	0.149 (2.08)**		1.125 (3.90)***	0.847 (1.75)*
reform			0.443 (1.75)*			1.244 (0.72)
常数项	-0.351 (3.32)***	-0.017 (0.19)	-0.327 (1.65)	-3.290 (6.56)***	-1.924 (3.58)***	-2.739 (2.18)**
观测值	30	30	30	32	32	32
R^2	0.79	0.91	0.92	0.81	0.88	0.88
F统计值	32.42***	63.48***	55.55***	38.97***	47.89***	37.73***

注：***、**、*分别表示1%、5%、10%显著性水平，圆括号内的数字为t统计值的绝对值。

此外，从估计结果中还看到，政府支出、对外开放以及非国有化等指标与收入不平等之间的关系正相关，也就是说，这些因素在一定程度上拉大了收入分配差距。

我们的实证检验结果表明，我国的收入差距扩大并不是由于强调效率优先所造成的，相反，经济的快速增长起到了缩小收入差距的作用。由于腐败导致机会不平等，影响了社会公平与正义，因此，腐败是引起收入差距扩大的一个重要原因。

第三节　本章小结

本章我们分析了 1978～2011 年以来我国公职人员的工资水平及其变化趋势；在此基础上，分析了我国权力腐败的形成机制、权力腐败的现状以及腐败对收入不平等的影响。

研究发现，改革开放以来，我国公职人员的公职水平在各行业中居于中等偏下的水平。

本章的实证结果表明，腐败显著提高了收入不平等程度，而经济增长则有利于缩小收入差距。我们认为，当权力参与收入分配或干预市场机制，通过权力垄断某些要素资源，利用国家政策为自己的经济利益服务时，则会因权力寻租和腐败等行为而形成不合理收入，必将使按生产要素贡献分配的原则产生扭曲，从而降低资源配置效率。

因此，预防和惩治腐败，并减少行政权力对经济和社会资源的垄断，降低行政权力对市场的干预力度，逐步推进政治体制改革，加强对行政权力的民主监督；同时，继续深化市场化改革，加快经济发展，提高居民收入占国民收入的比重，是规范收入分配秩序、缩小收入分配差距的关键。

第六章

隐性经济与收入分配

隐性经济活动在我们生活的周围无处不在，且它的存在由来已久。影响隐性经济的原因是多方面的，既有制度的原因，也有经济的原因。在制度层面上，它与国家法律、政府管制、税制、收入分配制度等密切相关；在经济层面上，则与经济发展水平紧密相关。至于隐性经济对官方经济的影响，长期以来一直是有争议的。一方面，隐性经济使国家或地区之间的竞争发生扭曲，导致商品和劳动力市场效率低下；也会使官方宏观经济统计数据（如税收、个人收入、劳动力、失业率、消费等）失真，而根据不可靠的数据所制定的政策和措施很可能不切实际。显然，隐性经济对经济体制具有负面影响；然而，另一方面，隐性经济能为官方经济带来额外的增加值。有研究表明，隐性经济中2/3的收入会立即花费在官方经济中，因此，在一定程度上，隐性经济对官方经济也能产生积极影响，进而提高总的经济增长。

本章的研究目的主要有两个：一是采用改进后的货币需求方法度量中国在1978～2010年期间总的隐性经济规模，并在此基础上分析隐性经济对收入不平等的影响；二是采用结构方程模型度量中国30个省区市（不含西藏）的隐性经济规模，并在此基础上分析隐性经济对经济增长的影响。

第一节　隐性经济的度量方法

一、隐性经济的定义及其分类

（一）隐性经济的定义

隐性经济也称地下经济、黑色经济、影子经济、未被观察经济等。要度量隐性经济占 GDP 的比重，首先要面对的问题是对隐性经济进行定义并界定其范围。

关于隐性经济的定义，不同学者从其所研究的视角、目的出发，提出了他们对隐性经济的理解，但至今为止也没有一个统一的，完全为人们所接受的定义。人们通常采用的定义是：所有当前对官方计算的国民生产总值作出贡献但未登记的经济活动[①]。

史密斯（Smith）的定义为：逃避官方 GDP 估计的以市场为基础的所有合法和非法的商品和服务的生产[②]。

施耐德（Schneider）提出的一种狭义定义是：所有基于市场的商品和服务的合法生产，这种生产因为以下原因故意逃避公共官方机构的监管：（1）为了逃避所得税、增值税或者其他税种；（2）为了逃避社会保障缴费；（3）为了逃避遵照某些法律标准，如最低工资、最大工作时间标准以及安全保障标准等；（4）为了逃避遵守某些行政管理程序，如填写统计调查表或其他行政管理报表等[③]。

更为宽泛的定义是：所有规避或以其他方式逃避政府规章、税收或者监测的

① Feige, E. L., 1994, "The underground economy and the currency enigma", *Supplement to Public Finance/Finances Publiques*, Vol. 49, pp. 119 – 136; Frey, B. S., Pommerehne, W. W., 1984, "The hidden economy: state and prospect for measurement", *Review of Income and Wealth*, Vol. 30, pp. 1 – 23.

② Smith, P., 1994, "Assessing the size of the underground economy, the Canadian statistical perspectives", *Canadian Economic Observer*, Vol. 11, pp. 16 – 33.

③ Schneider, F., 2005, "Shadow economies around the world: what do we really know?", *European Journal of Political Economy*, Vol. 21, pp. 598 – 642.

经济活动以及由此产生的收入①。

我们对隐性经济的理解是：所有规避或逃避政府规章、税收或监管的基于市场或非市场的、合法或非法的经济活动以及由此产生的收入。并认为，在度量隐性经济的模型中，除了合法的隐性经济活动之外，极有可能将非法生产和家庭生产也纳入其中，这将对隐性经济规模的估计结果产生影响。

表 6-1 所示的内容有助于我们更好地理解隐性经济。

表 6-1　　地下经济活动分类

活动类型	货币交易		非货币交易	
非法活动	盗窃物品交易；毒品生产与销售；色情、赌博、走私、欺诈等		毒品、走私、偷盗物品等易货交易；供自己使用的毒品生产和盗窃行为	
合法活动	逃税	避税	逃税	避税
	从自我雇佣中获取的未申报收入；从未申报的合法服务和商品中获得的工资、薪水和财产	雇员折扣、附加福利	合法服务和商品的易货交易	所有自己动手的工作和邻里帮助

资料来源：利珀特和沃克（Lippert and Walker，1997）。

（二）隐性经济的分类

根据 1993 年版的 SNA，隐性经济被划分为四类：地下经济、非法经济、非正规部门经济和居民用于自己消费的生产行为。

1. 地下经济

地下经济是指具有一定生产性行为、遵守大部分法律法规，但故意脱离公共机构监管的经济形式②。由于这些经济形式所产生的实际收入难以被观测到，其被归属于地下经济的原因如下：

（1）为了逃避支付所得税、增值税及其他税收；

（2）为了避免社会保障缴款的支付；

（3）为了逃避遵循某些法律标准，如最低工资制度、最长工作时间标准以

① Thomas，J. J.，1999.，“Quantifying the black economy：‘measurement without theory’ yet again?”，*Economic Journal*，Vol. 109，pp. 381 - 389；Fleming，M. H.，Roman，J.，Farrel，G.，2000.，“The shadow economy”，*Journal of International Affairs*，Vol. 53，pp. 64 - 89.

② Commission of the European Communities，International Monetary Fund，Organization for Eeonomic Cooperation and Development，United Nations，World Bank，1993，“SystemofNationalAeeounts”，New York.

及安全保障标准等；

（4）为了逃避遵守某些行政管理程序，如填写统计调查表或其他行政管理报表等。

2. 非法经济

由于不同国家对非法经济的认定还存在差异，因此，目前还没有对非法经济的明确定义。但按照1993年版SNA的分类原则，非法经济可分为以下两类：

（1）法律禁止销售、分配或持有的商品和服务的生产；

（2）未经授权或注册的生产商所进行的合法活动。

3. 非正规部门经济

1993年版的SNA中没有给出非正规部门的明确定义，而是一般性的指出需要各国根据实际情况进行区分。但是，第15届国际劳工统计国际会议（International Conference of Labour Statisticians）中对非正规部门作了具体界定：非正规部门是指那些小规模、组织结构简单、缺乏劳动和资本明确分工的部门，其目的是为相关人员提供就业和收入。非正规部门具有如下性质：

（1）生产单位的所有权归住户部门中的部分住户所有；

（2）生产单位不具备一套完整的会计账户；

（3）生产的产品中至少有一部分用于市场交换；

（4）生产规模较小，就业人数一般少于登记企业的最低限度；

（5）生产单位一般未登记。

那么，非正规部门经济就包括了所有货物生产（不管用于市场出售还是自用）和部分服务生产，同时排除所有非经济生产。

4. 用于自身消费的生产行为

居民自用的生产不属于非正规生产部门，而是作为未被观测经济的独立部分存在。这种类型的生产包括自己消费的农林牧副渔等、初级产品的加工、农作物的简单加工及简单服务等。

二、隐性经济的度量方法

在本章的研究中，我们需要度量出中国总的隐性经济规模以及各省市区的隐性经济规模，因此，我们将分别采用货币需求方法和结构方程模型方法来进行估计，并在已有相关模型的基础上，针对中国的实际，加以改进。

（一）货币需求方法

为了度量1978～2010年全国总的隐性经济规模，样本数只有33个，用结构方程模型方法来估算并不十分合适。因为，在采用结构方程模型分析时，如果样本数低于100个，则参数估计结果不可靠（Kline，2004）。因此，我们采用货币需求方法来估算中国1978～2010年的隐性经济规模。

通过对已有研究的分析发现，利用坦齐（Tanzi，1983）模型测算隐性经济规模，大多数研究都是基于前述假设开展的，针对中国的研究更是如此；此外，尽管国内对收入不平等的研究很多，但针对隐性经济对收入不平等影响的研究却甚少。因此，在本章的研究中，我们试图尝试放松货币流通速度在官方经济和隐性经济中相等以及在基准年份不存在隐性经济这两个假设，对坦齐（1983）的货币需求方程加以改进，提出一个改进后的货币需求模型，并希望所测算的中国的隐性经济规模更为真实。在此基础上，利用所测算的隐性经济规模来分析其对收入不平等的影响。

首先，从基本的货币需求方程开始，在模型中除了常规的收入、价格水平、利率等指标外，还引入了税收负担和政府管制等因素。根据莫雷昂和萨尔达（Mauleon and Sarda，2000）和贾尔斯（Giles，1999）的做法，给出如（6.1）式所示的经改进后的货币需求方程[①]：

$$\mathrm{Ln}(M_t)=\beta_0+\beta_1\mathrm{Ln}(Y_{Rt})+\beta_2\mathrm{Ln}(P_t)+\beta_3\mathrm{Ln}(R_t)+\beta_4\mathrm{Tax}Size_t+\beta_5\mathrm{Gov}Size_t+\varepsilon_t \tag{6.1}$$

这里，M表示货币需求，Y_R为可观测经济，用GDP来表示；P为价格水平，用环比商品零售价格指数来表示；R为一年期定期存款利率；TaxSize为税收规模[①]，用税收总额占GDP的比重来表示；GovSize为政府规模，用政府消费占GDP的比重来表示，用来度量政府对市场的干预程度以及对货币需求的影响。$\beta_0\sim\beta_5$为待估计的参数，ε为误差项。求（6.1）式的反函数，得到：

$$M_t=\beta'_0\cdot Y_{R?t}^{\beta_1}\cdot P_t^{\beta_2}\cdot R_t^{\beta_3}\cdot\exp(\beta_4\mathrm{Tax}Size_t+\beta_5\mathrm{Gov}Size_t+\varepsilon_t) \tag{6.2}$$

由于税率变化是导致隐性经济对货币需求波动的原因，因而可断定对货币的需求可归咎于总收入，包括可观察经济Y_R收入和隐性经济Y_H收入。假设在不存在税收的情况下，货币需求方程为：

$$M_t=\beta'_0\cdot(Y_{Rt}+Y_{Ht})^{\beta_1}\cdot P_t^{\beta_2}\cdot R_t^{\beta_3}\cdot\exp(\beta_5\mathrm{Gov}Size_t+\varepsilon_t) \tag{6.3}$$

将（6.2）式除以（6.1）式，得到：

$$Y_{Rt}^{\beta_1}\cdot\exp(\beta_4\mathrm{Tax}Size_t)=(Y_{Rt}+Y_{Ht})^{\beta_1} \tag{6.4}$$

由（6.4）式，我们得到隐性经济Y_H占官方经济Y_R的比重，即隐性经济规模为：

---

① 在Mauleon和Sarda（2000）的研究中，采用的是税收总额，而不是税收占GDP的比重，也没有考虑政府对市场的干预。

$$\frac{Y_{Ht}}{Y_{Rt}} = \exp\left(\frac{\beta_4 \text{Tax}Size_t}{\beta_1}\right) - 1 \tag{6.5}$$

（6.5）式表明，隐性经济是税收总额占 GDP 比重的函数。通过对（6.1）式的估计，我们可以由（6.5）式计算出全国的隐性经济规模。

通过对货币需求方程的推导，我们得到了一个改进后的货币需求方程。（6.5）式表明，在测算隐性经济规模时，不再要求货币在隐性经济部门与正规经济部门具有相同的流通速度，也不需要假定基准年份的隐性经济规模为零。此外，如果在货币需求模型中还引入其他控制变量，也不必假定这些变量对隐性经济和官方经济有相同的影响。通过放松这些假设，我们认为，所测算出的隐性经济规模应该更为真实，这也是我们提出对货币需求方法进行改进以更真实的度量出全国隐性经济规模的出发点。

（二）结构方程模型度量方法

本章我们不仅要度量出全国的隐性经济规模，还需要了解我国各省区市的隐性经济规模到底有多大，这也是我们需要解决的问题。由于我国没有公布各省区市的货币数据，且货币需求方法认为税收是影响隐性经济活动的唯一原因。很显然，不能用货币需求方法来度量各省区市的隐性经济规模。因此，为了分析多种因素对隐性经济规模的影响，本书采用结构方程模型的一种特殊形式，即多指标多原因模型（MIMIC）来度量我国各省区市的隐性经济规模。该模型把不可观测的隐性经济规模与可观测的因素和指标联系起来，前者是鼓励或者阻碍隐性经济活动的原因，而后者则被认为是隐性经济活动对其的影响。

根据弗雷和威克·汉尼曼（Frey and Weck - Hannemann，1984）和贾尔斯（Giles，1999）的研究，按照结构方程的构成，将表示隐性经济与导致产生隐性经济原因变量的方程称为结构模型，而用于表示指标变量与隐性经济变量之间关系的方程称为测量模型。因此，多指标多原因模型 MIMIC 由结构模型和测量模型两部分构成。

测量模型：

$$y_1 = \lambda_1 \eta + \varepsilon_1,\ y_2 = \lambda_2 \eta + \varepsilon_2,\ \cdots,\ y_q = \lambda_q \eta + \varepsilon_q \tag{6.6}$$

其中，y_1，y_2，…，y_q 表示与隐性经济有关的一组可观测指标变量，η 表示隐性经济，λ_1，λ_2，…，λ_q 为测量模型的结构参数，ε 为测量误差向量。

结构模型：

$$\eta = \gamma_1 x_1 + \gamma_2 x_2 + \gamma_3 x_3 + \cdots + \gamma_p x_p + \xi \tag{6.7}$$

其中，η 为隐性经济，x_1，x_2，…，x_p 表示一组可观测的原因变量，γ_1，γ_2，…，γ_p 表示结构模型的参数，ξ 表示随机扰动项。

将（6.6）式和（6.7）式重新写为：

$$y = \lambda\eta + \varepsilon \tag{6.8}$$

$$\eta = \gamma' x + \xi \tag{6.9}$$

这里我们假定测量误差 ε 和随机扰动项 ξ 的均值为 0，且相互独立，ε 与 η 之间不相关。即：$E(\xi\varepsilon') = 0'$，并定义 $E(\xi\xi) = \sigma^2$，$E(\varepsilon\varepsilon') = \Theta^2$，这里 Θ 为测量误差的协方差对角矩阵。

为了求解模型，将结构模型（6.9）式代入测量模型（6.8）式，则 MIMIC 模型可表示为如下多元回归方程形式：

$$y = \lambda(\gamma' x + \xi) + \varepsilon = \prod x + \nu \tag{6.10}$$

其中，$\prod = \lambda\gamma'$ 为系数矩阵，$\nu = \lambda\xi + \varepsilon$ 为扰动向量。

因此，我们得到下面的误差协方差矩阵：

$$\hat{\sum} = E(\nu\nu') = E[(\lambda\xi + \varepsilon)(\lambda\xi + \varepsilon)'] = \sigma^2\lambda\lambda' + \Theta^2$$

（6.10）式的 q 阶多元回归方程的系数矩阵 $\prod$ 的秩为 1，且误差协方差矩阵 $cov(\nu)$ 也是受限的。因此，在对（6.10）式估计之前需要事先将向量 λ 的某一个元素预设一个值后进行标准化。即 MIMIC 模型的估计需要构建一个尺度指标，如设 $\lambda_i = 1$，则有 $y_i = \eta_i + \varepsilon_i$。在大多数的研究中通常将产出指标作为尺度指标。如果模型正确，且能被识别，采用最大似然比方法估计系数矩阵 $\prod$，可以得到参数向量 λ 和 γ'。接下来，设随机扰动项 ξ 的均值为 0，则由（6.9）式计算得到隐变量 η 的序数值。然而，所获得的 η 的序数值必须转换为基数值，故需要以某个样本点的基数值作为 η 的参考值，这一点非常重要。通常的做法是采用其他估计方法（如货币需求法等）来得到 η 的基数值或基准值。

第二节　中国隐性经济规模与收入不平等

一、中国的隐性经济规模

为了测量全国的隐性经济规模，在（6.1）式的基础上，本节还引入了一个反映税制改革的虚拟变量 Dum94，最后所建立的回归方程如（6.11）式所示：

$$\mathrm{Ln}(M_t) = \beta_0 + \beta_1 \mathrm{Ln}(GDP_t) + \beta_2 \mathrm{Ln}(RPI_t) + \beta_3 \mathrm{Ln}(Rate_t) + \beta_4 \mathrm{Tax}Size_t + \beta_5 \mathrm{Gov}Size_t + \beta_6 Dum94_t + \varepsilon_t \quad (6.11)$$

在（6.11）式中，M 为货币需求，分别用 M_0、M_1 和 M_2 表示。GDP 为名义国内生产总值，RPI 为环比商品零售价格指数，Rate 为居民一年期存款年均利率，TaxSize 为税收总额占 GDP 的比重，GovSize 为政府消费占 GDP 的比重，Dum94 用来刻画分税制改革以来对货币需求的影响。以上变量所需数据均来自于《中国统计年鉴》相关年份，其中，1978～1989 年的 M_0 来自《中国金融年鉴》相关年份、1978～1989 年的 M_1 和 M_2 引自王曦（2001）。

本节分别以 M_0、M_1 和 M_2 的自然对数作为被解释变量，根据（6.11）式的回归结果如表 6－2 所示。

表 6－2　　　　货币需求方程的回归结果

解释变量	被解释变量分别为 M_0、M_1 和 M_2 的自然对数			
	LnM_0	LnM_1	LnM_2	LnM_1
	模型 1	模型 2	模型 3	模型 4
GDP 的对数 (LnGDP)	1.228 (28.85)***	1.174 (54.01)***	1.392 (56.67)***	1.133 (88.61)***
商品零售价格指数的对数 (LnRPI)	0.547 (0.85)	0.163 (0.50)	-0.496 (1.34)	-0.092 (0.23)
一年期存款利率的对数 (LnRate)	0.229 (2.90)***	-0.068 (1.68)	0.097 (2.14)**	-0.055 (1.16)
税收总额/GDP（TaxSize）	0.674 (0.56)	1.220 (1.99)*	0.875 (1.26)	1.017 (1.78)*
政府消费/GDP (GovSize)	15.260 (4.44)***	6.409 (3.65)***	9.389 (4.74)***	
虚拟变量（年份 ≥ 1994 为 1）Dum94	-0.201 (1.46)	-0.108 (1.54)	-0.097 (1.22)	
常数项	-8.586 (2.66)**	-4.667 (2.82)***	-3.049 (1.63)	-2.104 (1.10)
观测值	33	33	33	33
Adj. R^2	0.993	0.998	0.998	0.997
F 统计值	734.19***	3 048.86***	3 241.08***	2 930.43***

注：***、**、* 分别表示 1%、5%、10% 显著性水平，圆括号内的数字为 t 统计值的绝对值。

从表6-2中可以知道，在模型1~模型3中，当控制了政府管制以及税制改革的因素后，经济发展显著提高了对货币的需求，M_0、M_1 和 M_2 的 GDP 弹性系数分别为1.23、1.17和1.39；在模型2中，税收规模在5%的水平下对 M_1 有显著正的影响，但在模型1和模型3中，税收规模对 M_0 和 M_2 的影响均不显著；政府规模在1%的水平下对 M_0、M_1 和 M_2 的影响均显著为正；价格变动和利率变化对不同货币的影响不尽相同；Dum94 显著为负。

进一步，在回归中我们不考虑政府管制和分税制改革对货币需求的影响，回归结果如表6-3的模型4所示。在模型4中，M_1 的 GDP 弹性系数为1.13，税收规模在10%的水平下对 M_1 显著为正。根据回归结果，我们选择模型2和模型4作为货币需求方程，分别利用（6.5）式计算出的全国隐性规模结果如表6-3所示。

表6-3　1978~2010年全国隐性经济规模　单位：%

年份	模型2测算结果	模型4测算结果	年份	模型2测算结果	模型4测算结果
1978	15.96	14.93	1995	10.87	10.19
1979	14.75	13.81	1996	10.61	9.95
1980	13.96	13.08	1997	11.44	10.72
1981	14.32	13.41	1998	12.08	11.32
1982	14.64	13.71	1999	13.18	12.34
1983	14.47	13.55	2000	14.09	13.19
1984	14.63	13.70	2001	15.60	14.61
1985	26.52	24.75	2002	16.45	15.40
1986	23.55	21.99	2003	16.55	15.49
1987	20.26	18.94	2004	17.01	15.91
1988	17.96	16.80	2005	17.55	16.42
1989	18.15	16.98	2006	18.20	17.02
1990	17.01	15.92	2007	19.53	18.26
1991	15.33	14.35	2008	19.65	18.38
1992	13.57	12.71	2009	19.89	18.60
1993	13.33	12.49	2010	20.88	19.52
1994	11.69	10.95			

表6-3中模型2的测算结果表明，我国的隐性经济规模介于10.61%~26.52%之间。其中，在1978年为15.96%，在随后的几年略微有所下降，到

1984 年为 14.63%；在 1985 年隐性经济规模急剧上升到 26.52%，从 1986 年开始，隐性经济规模从 23.55% 下降到 1996 年的最低点 10.61%，10 年下降了近 13 个百分点；随后隐性经济规模从 1997 年的 11.44% 逐年稳步上升，在 2010 年达到了 20.88%，13 年上升了 9 个百分点。模型 4 测算的隐性经济规模与模型 2 的测算结果具有一致的变化趋势，通过比较发现，当不考虑政府管制和分税制改革这两个因素后，隐性经济规模有所下降，其下降幅度在 1 个百分点左右。

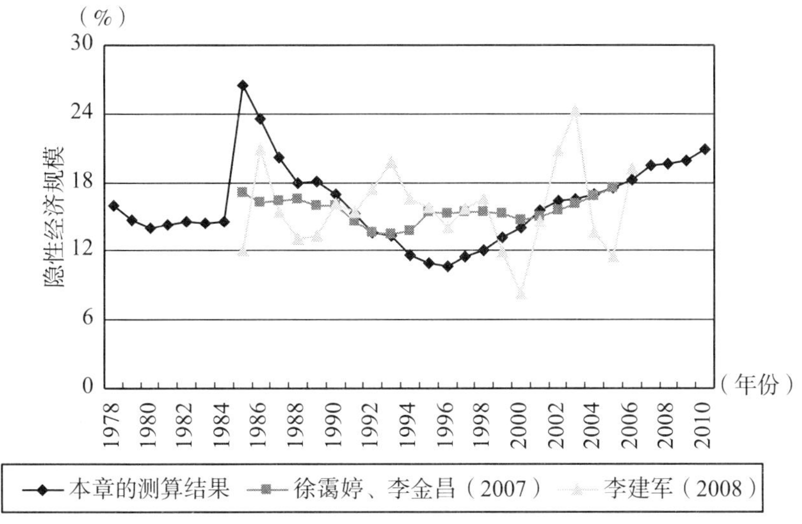

图 6-1　不同方法测算的隐性经济规模

图 6-1 比较了三种代表性方法所测算的隐性经济规模。其中，徐蔼婷和李金昌（2007）采用 MIMIC 模型方法测算的未观测经济规模在 1985～2005 年介于 13.45%～17.53% 之间，李建军（2008）采用基于国民账户均衡模型测算的我国小口径未观测经济规模在 1985～2006 年介于 8.31%～24.27% 之间，本章采用改进的货币需求方法测算的隐性经济规模在 1978～2010 年期间介于 10.61%～26.52% 之间。三种不同方法测算的结果存在一定差异，但不是很大。这里要说明的是，尽管测算隐性经济的方法很多，但不存在所谓“最佳”的测算方法，且无论哪种方法都不可能精确地度量隐性经济的真实规模。

二、隐性经济与收入不平等

改革开放以来，我国经济高速增长，个人收入大幅提高，同时也伴随着收入差距的不断扩大和收入不平等程度的不断上升。本书采用调查数据计算出我国 2008 年的基尼系数为 0.456，这一结果从国际比较来看，已达到了一个相对较高的水平。不断扩大的收入分配差距引起了社会各界的广泛关注，对经济的持续增长、社会公正与稳定都提出了挑战。本书认为，影响收入分配不平等的原因有很多，不仅与经济发展、所有制结构、市场结构、地域环境等因素密切相关，还与隐性经济规模紧密相关。对中国收入分配及不平等的研究文献甚多，中国的经济体制改革在为经济高速增长提供有效制度保障的同时，也意味着激励机制和分配制度的改变，其结果是中国居民收入分配格局的演变和收入差距的扩大。

为了分析隐性经济规模对收入不平等的影响，建立（6.12）式所示的回归方程：

$$Inequality_t = Inequality_{t-1} + HeSize_{t-1} + IncomeGDP_t + UnempRate_t + ArgExp_t + Open_t + Urban_t + \mathrm{Reform}_t + \varepsilon_t \quad (6.12)$$

在（6.12）式中，Inequality 表示收入不平等，是被解释变量。解释变量包括滞后一期的收入不平等指标、滞后一期的隐性经济规模（HeSize）、居民收入占 GDP 的比重（IncomeGDP）、城镇登记失业率（UnempRate）、财政支农支出占财政支出的比重（ArgExp）、对外开放程度（Open）、城市化水平（Urban）、非国有化程度（Reform），ε 为随机误差项。

由于不能获得 1978 ~ 2010 年各年完整的全国总体的基尼系数，故本章采用城镇实际人均可支配收入与农村实际人均纯收入（1978 年为基年）之比来度量中国收入的不平等。

由于隐性经济的发展在一定程度上将导致税收减少，而税收的减少则会降低公共产品和服务的提供能力，从而影响收入的再分配，在此，本书推断隐性经济将会扩大收入差距。

随着经济的发展，居民收入总额[①]占国内生产总值份额提高（IncomeGDP），则会缩小收入差距；而失业率（UnempRate）的提高则会使收入差距扩大；政府通过加大对农业（ArgExp）的支持力度，增加农民收入，则会缩小城乡差距。

为了进一步分析收入差距的影响因素，在本书的回归方程中，还考虑了反映中国经济结构变革的三个变量，分别是用城镇人口占全部人口比重的城市化水平（Urban）、用进出口贸易总额占 GDP 比重的对外开放程度（Open）、用非国有经济职工人数占职工总人数比重表示的非国有化程度（Reform）。至于这三个变量对收入差距的影响，本书认为，通过提高城市化水平，有利于改善农村劳动力结构并使农民收入提高，进而缩小收入差距；由于大部分进出口贸易的加工、生产、运输、销售等多个环节大多发生在城市，城镇居民从中受益更多，故对外开放程度将使收入差距扩大；至于非国有化程度对收入差距的影响，本书认为，由

① 居民收入总额 = 城镇居民人均可支配收入 × 城镇人口 + 农村居民人均纯收入 × 乡村人口。

于城镇国有企业的改制、重组，提高了企业效率，增加了工人收入。而在这个产权变迁过程中，也导致了部分工人的失业、下岗，给他们的生活带来了困难。同时，乡镇企业的迅速发展，吸纳了部分农村劳动力，使农民收入提高。陆铭和陈钊（2004）认为，非国有化导致城乡劳动力市场的配置重构，因此，非国有化对收入差距的影响是不确定的。在此，将通过实证来进行估计。

回归方程（6.12）式中隐性经济规模（HeSize）数据来自本章表6－3，其他各变量所需数据来自《中国统计年鉴》相关年份，（6.12）式的估计结果如表6－4所示。

表6－4　隐性经济对收入差距影响的估计结果（1978～2010年）

变量	被解释变量为城乡居民人均收入比				
	(1)	(2)	(3)	(4)	(5)
收入不平等（$Inequality_{-1}$）	0.815 (17.12)***	0.640 (6.56)***	0.833 (18.91)***	0.694 (7.38)***	0.627 (7.15)***
隐性经济规模（$HeSize_{-1}$）	0.678 (1.63)	0.911 (2.22)**	0.920 (2.35)**	1.070 (2.75)**	0.875 (2.82)***
居民收入/GDP（IncomeG-DP）	-1.649 (5.22)***	-1.647 (5.49)***	-1.711 (5.91)***	-1.701 (6.06)***	-0.982 (2.47)**
城镇登记失业率（UnempRate）		0.075 (2.02)*		0.059 (1.66)	0.055 (1.53)
财政支农支出、财政支出（ArgExp）			-3.495 (2.56)**	-3.037 (2.25)**	
城市化水平（Urban）					-1.344 (1.97)*
对外开放程度（Open）					0.155 (0.89)
非国有化程度（Reform）					4.083 (2.90)***
常数项	1.097 (4.71)***	1.171 (5.23)***	1.272 (5.69)***	1.306 (6.01)***	-2.190 (2.32)**
观测值	32	32	32	32	32
Adj. R^2	0.953	0.958	0.961	0.963	0.978
F统计值	210.95***	176.62***	191.25***	163.52***	201.47***

注：***、**、*分别表示1%、5%、10%显著性水平，圆括号内的数字为t统计值的绝对值。

从表6-4中我们可以得出如下估计结果：首先，隐性经济规模对收入差距的影响是显著正相关的，隐性经济规模提高10%，不平等程度则提高7%～10%，即隐性经济扩大了收入差距。其次，而随着经济的发展，居民收入占GDP比重的提高、城市化水平的提高、财政支农支出比重的提高，将显著缩小收入差距。最后，失业率、对外开放以及非国有化程度的提高则扩大了收入差距。

第三节　中国各地区隐性经济的规模、原因与后果

一、隐性经济的原因变量

理论和实证研究的结果表明，采用结构方程模型估算隐性经济规模，其中非常关键的一点是如何正确地选择影响隐性经济的原因变量以及相应的指标变量。在大多数的研究中，采用的原因变量有税收负担、政府管制、失业率、自我就业率等。而对于税收负担，为了反映不同税种对隐性经济的影响，通常将税收总额分为直接税、间接税。指标变量通常选用经济发展水平、劳动力参与率以及货币数据①等指标。

结合第二节的结构方程模型以及涉及影响隐性经济的原因变量和指标变量，给出本章的MIMIC模型的路径图，如图6-2所示。

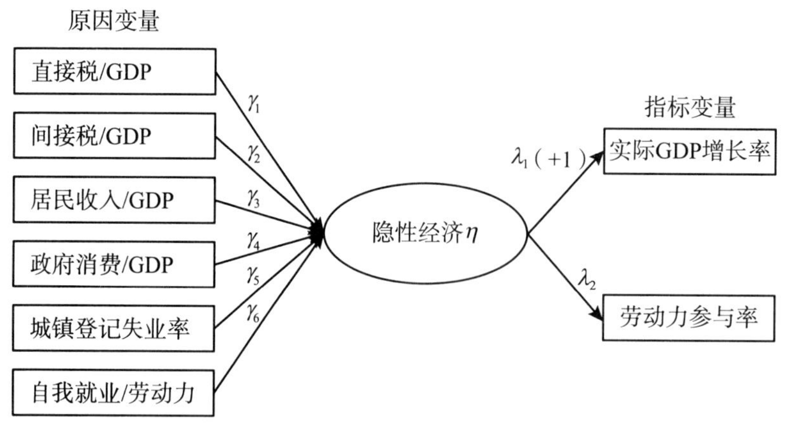

图6-2　多指标多原因模型路径

① 由于我国没有公布各省市区的货币数据（M_0，M_1，M_2），因此，本章没有考虑货币指标。

（一）税收负担

几乎在所有关于隐性经济的研究中，都把税收负担和社会保障缴款作为影响隐性经济的最重要的决定因素。通常认为，税收影响劳动和休闲的选择，也影响成本和效益。如果在正规经济中劳动力总成本与税后所得存在较大差额，这为劳动者进入非正规经济部门工作提供了强有力的激励，其目的是通过逃避税收使这个差额得到补偿。因此，较高的税率或税负，提高了劳动力在隐性经济中的供给，从而导致隐性经济增长。

在计量分析时，税收负担用税收总额占 GDP 的比重来表示，为了衡量不同税种对隐性经济的影响，通常将税收总额分解成直接税和间接税，并用它们分别占 GDP 的比重来进行测算。我们预期税收负担对隐性经济具有正的影响。并假设：

假设 1：税收负担越重，隐性经济规模越大。

（二）居民收入

新中国成立后，我们实行的是计划经济体制，并选择了重工业优先发展的战略。与此相适应，政府采用了偏低的收入分配模式，包括初次分配中劳动收入的比重偏低和国民收入分配中居民收入的比重偏低。即使是改革开放以后，尽管经济增长取得了举世瞩目的成就，人们的收入水平有了较大的提高，但“两个比重”偏低的问题依然存在。在由计划经济向市场经济转型的过程中，我国的社会经济迅速发展，市场供应日渐丰富，而同时鼓励一部分人先富起来，人们的消费理念也发生了变化，大都有着增加收入的强烈冲动。于是，在希望增加更多的收入与现实中偏低的收入（包括初次分配收入和再分配收入）水平之间就产生了差距。为了缩小或弥补希望与现实之间的收入差距，于是，部分组织、企业和个人采取诸如寻租、权钱交易、偷税漏税、从事第二职业等各种不同的方式来获取额外收入，即隐性收入。这其中既有“合法”部分，也有非法部分，且它们都有一个共同的特征，就是逃避政府法律和规章的监管、逃避税收，且这些收入都没有包含在官方的统计数字中。

本章用城镇居民人均可支配收入与城镇人口数或非农业人口数的乘积加上农村居民人均可支配收入与农村人口数或农业人口数的乘积占 GDP 的比重来表示居民收入份额，并以此来分析居民收入对隐性经济的影响，并假设：

假设 2：居民收入的份额越低，隐性经济规模越高。

（三）失业率

在我国由计划经济向市场经济转型的过程中，出现了大量的下岗失业人员，他们在国家政策的鼓励下，采取不同的方式自谋生路，自主就业。因此，本书认为，隐性经济的从业者还有部分来自于失业人员，即隐性就业。

本章采用城镇登记失业率作为失业率的衡量指标，并假设：

假设3：失业率越高，隐性经济规模越大。

（四）自我就业率

自我就业人数占劳动力比率被认为是影响隐性经济的一个重要因素。从已有的研究结果来看，随着参与到隐性经济中的劳动力增加，隐性经济规模相应提高。改革开放以来，我国的私营和个体经济得到了很大的发展，一方面活跃了经济，提供了就业机会，但也为从事隐性经济活动提供了较大的空间。本章用城乡私营和个体就业人数之和占就业总人数的比率来度量自我就业率。并假设：

假设4：自我就业率越高，隐性经济规模越大。

（五）政府管制与公共服务

从理论角度来看，政府管制是隐性经济存在的原因之一，但政府管制与隐性经济规模之间的关系是不确定的。一方面，由于过度的监管（如许可证制度、贸易壁垒等）提高了准入成本，再加上公共服务水平的低效率、烦琐的审批程序等，提高了投资者公开登记的交易费用，从而使部分企业和个人由原来寄希望从事的正规经济转而进入地下经济，进而推升隐性经济规模；另一方面，如果政府在某些特定领域加强监管并完善法律法规，则能避免腐败行为，同时，对偷逃税动机和行为起到威慑作用；此外，通过提高服务效率和办事水平，降低交易成本，在一定程度上可以降低隐性经济水平。

我国的政府管制由计划经济时期的过度管制到现阶段的逐步放松，给隐性经济的发展提供了一定的空间。但政府也在不断提高办事效率和管理水平，在某些领域加强监管，对隐性经济的发展起到了疏导和抑制作用。人们试图采用某种指标来度量政府管制的程度，如公务员人数占总就业人数的比值，或政府消费占GDP的比重等。本章采用政府消费占GDP的比重来度量政府管制程度。并假设：

假设5：政府管制越多，隐性经济规模越小。

二、隐性经济的指标变量

（一）经济增长

隐性经济与官方经济之间的关系是不确定的。一方面，由于隐性经济规模的提高可能导致生产要素（如劳动力和资本）从官方经济向隐性经济转移，从而使官方 GDP 增长率下降。因此，隐性经济规模与官方经济之间的关系是负相关的。另一方面，一些研究者认为，在经济周期的扩张阶段，随着官方经济增长率的提高，隐性经济的相对规模也随之提高，因为它满足了官方经济不能涉及的部分商品和服务需求。而在经济的衰退期，由于官方经济增长率的降低，导致了隐性经济规模的降低。

在由计划经济向市场经济转型的过程中，我国经济快速增长，与此同时，我国的隐性经济规模也呈现增长的趋势。因此，本章用实际 GDP 增长率来衡量经济增长率，结合中国的实际情况，假设：

假设 6：隐性经济规模与经济增长正相关。

（二）劳动力参与率

隐性经济相对规模的提高通常反映了官方劳动力参与率①的降低，随着在隐性经济部门工作的人数增多，在官方经济中工作的人数就会减少，且还会减少在正规经济中的工作时间。本章用就业总人数占经济活动人口数（15～64 岁的人口数）的比率来度量劳动力参与率，并假设：

假设 7：隐性经济规模越大，官方劳动力参与率越低。

三、数据及实证结果

（一）数据及变量说明

本书将隐性经济规模（隐性经济占 GDP 的比重）作为隐变量，并充分考虑

① 由于各年《中国统计年鉴》没有公布各省市区的经济活动人口数，但公布了 15～64 岁的抽样调查数据的劳动人口数（人）。因此，本章的劳动力参与率 = 就业人数（万人）/［抽样调查样本数据中 15～64 岁的劳动人口数（人）/人口数（人）× 年底总人数（万人）］。

影响隐性经济的原因变量，如税收负担（直接税和间接税）、居民收入、政府管制、失业率、自我就业率等因素；并以实际 GDP 增长率、劳动力参与率作为指标变量，建立 MIMIC 模型，通过计量方法测算隐性经济的规模。

模型中的原因变量和指标变量所需数据均来自于《中国统计年鉴》、《中国人口统计年鉴》1998～2010 年①。各变量的表示及含义如表 6－5 所示。

表 6－5　　　　原因变量和指标变量描述性统计结果

变量名称	观测值	均值	标准差	最小值	最大值	变量说明
ttaxgdp	360	0.0611	0.0248	0.0186	0.1683	税收总额/GDP
itaxgdp	360	0.0379	0.0140	0.0112	0.0918	间接税/GDP
dtaxgdp	360	0.0232	0.0120	0.0074	0.0811	直接税/GDP
incomegdp	360	0.4267	0.0905	0.2416	0.7540	居民收入/GDP
unemprate	360	0.0359	0.0078	0.0060	0.0650	城镇登记失业率
gcongdp	360	0.1516	0.0397	0.0821	0.3027	政府消费/GDP
selfrate	360	0.1128	0.0646	0.0326	0.3913	自我就业率
gdprate	360	0.1067	0.0223	0.0497	0.2135	实际 GDP 增长率
labrate	360	0.7089	0.1058	0.4971	0.9836	劳动力参与率

在检验时，为了区分不同税种对隐性经济的不同影响，我们将税收总额分为直接税和间接税两部分，由于各省区市的增值税和营业税从 1998 年才开始公布，因此，我们所选取的数据区间为 1998～2009 年。此外，由于各省没有关税和消费税，故各省市区的间接税为增值税、营业税、资源税与城市建设维护税之和（国家税务总局税收科学研究所课题组，2005），直接税则由税收总额减去间接税得到；政府管制采用政府消费占 GDP 的比重来表示；自我就业率用城乡私营和个体就业人数之和与劳动力之比来表示。

指标变量包括反映生产市场的实际 GDP 年度增长率和反映劳动力市场的劳动力参与率两个变量。

① 截止到 2011 年年末，无论是 2011 年的《中国统计年鉴》、还是各省市区 2011 年的统计年鉴，以及第六次全国人口普查数据，我们都不能从中获得完整的各省市区的城镇和农村人口数据，从而难以算出各省市区城乡居民收入占 GDP 的比重。因此，本章所测算的是 1998～2009 年期间各省市区的隐性经济规模。

（二）MIMIC 模型的估计结果

模型的识别和选取的依据是：从模型的最一般形式开始，逐步剔除统计不显著的结构变量，并根据卡方检验的概率值，近似误差均方根（RMSEA），调整后的拟合优度指标（AGFI）、标准化残差均方根（SRMR）等检验值，综合考虑并确定模型。此外，还可以通过增删原因变量来调整模型并比较模型的拟合度，如果简单模型与复杂模型的拟合度差不多，则选用简单模型，而不是参数越多越好。

表 6 – 6　　结构方程模型 MIMIC 估计结果（样本数 =360）

	M_{6-1-2}	M_{5-1-2A}	M_{5-1-2B}	M_{4-1-2A}	M_{4-1-2B}	M_{3-1-2A}	M_{3-1-2B}
原因变量							
ttaxgdp							0.123*** (2.743)
itaxgdp	0.279*** (2.999)	0.218** (2.506)	0.277*** (2.758)	0.248*** (2.756)	0.230** (2.453)	0.261*** (2.704)	
dtaxgdp	–0.340*** (–3.131)	–0.300*** (–2.826)	–0.532*** (–4.729)	–0.461*** (–4.243)	–0.493*** (–4.533)	–0.617*** (–5.547)	
incomegdp	–0.142*** (–11.621)	–0.143*** (–11.549)	–0.128*** (–11.795)	–0.136*** (–10.338)	–0.130*** (–12.015)	–0.128*** (–11.081)	
unemprate	0.623*** (6.456)	0.601*** (6.262)	0.602*** (5.988)		0.588*** (5.945)		0.910*** (6.231)
gcongdp	–0.035** (–1.941)		–0.027 (0.163)				–0.078*** (–2.861)
selfrate	–0.070*** (–4.407)	–0.065*** (–4.211)		–0.051*** (–3.241)			
指标变量							
gdprate	1.000	1.000	1.000	1.000	1.000	1.000	1.000
labrate	–3.674*** (–6.723)	–3.774*** (–6.735)	–3.084*** (–6.195)	–4.063*** (–6.322)	–3.173*** (–6.189)	–3.469*** (–5.988)	–1.251* (–1.669)

续表

	M_{6-1-2}	M_{5-1-2A}	M_{5-1-2B}	M_{4-1-2A}	M_{4-1-2B}	M_{3-1-2A}	M_{3-1-2B}
模型拟合度指标							
卡方[a]（χ^2）	36.421 p = 0.000	26.184 p = 0.000	9.304 p = 0.232	24.383 p = 0.000	14.154 p = 0.015	0.042 p = 0.979	6.565 p = 0.161
df（自由度）	10	6	7	3	5	2	4
AGFI[b]	0.914	0.908	0.972	0.850	0.947	1.000	0.972
RMSEA[c]	0.086	0.097	0.030	0.141	0.071	0.000	0.042
SRMR[d]	0.0484	0.0411	0.0282	0.0434	0.0535	0.0027	0.0333

注：圆括号中的数据是 z 统计值，*、**、*** 分别表示 z 统计值满足 10%、5%、1% 的显著性水平。

a. 卡方值越小，p 值越大，说明模型的拟合程度越高。一般认为，如果结构方程模型正确，则样本协方差矩阵 S 与假设模型隐含的协方差矩阵 $\sum(\theta)$ 之差很小，表示假设模型与实际数据有较好的拟合度。

b. AGFI 为调整后的拟合优度指数，其取值在 0～1 之间，通常要求 AGFI > 0.9。

c. RMSEA 为近似误差均方根，其取值在 0～1 之间，一般认为，RMSEA 在 0.05～0.08 之间，模型拟合不错。

d. SRMR 为标准化残差均方根，其取值在 0～1 之间，一般认为，SRMR < 0.05，模型拟合效果可以接受。

表 6－6 是利用 Amos7.0 软件所估计的 MIMIC 模型的结果。结果表明，无论采用哪种估计形式，表中各变量的估计系数都具有统计显著性，且符合理论预期。税收负担、失业率与隐性经济显著正相关，居民收入、政府管制、自我就业率与隐性经济显著负相关，这证实了前面提出的假设 1～假设 4，但假设 5 不成立。从估计结果还可以看出，隐性经济与劳动力参与率显著负相关，这表明随着隐性经济增长，劳动力参与率显著下降，证实了前面的假设 7。

按照前述的模型识别以及选取依据，并比较检验结果中的拟合度指标，本章选取 M3－1－2B 模型，该模型的卡方值 χ^2 为 6.565（p = 0.161）、RMSEA 为 0.042、SRMR 为 0.0333、AGFI 为 0.972，这表明，样本协方差矩阵 S 与假设模型隐含的协方差矩阵 $\sum(\theta)$ 的拟合效果非常理想。在该模型中，包含税收总额占 GDP 的比重（ttaxgdp）、政府消费占 GDP 的比重（gcongdp）、失业率（unemprate）三个原因变量，以及实际 GDP 增长率和劳动力参与率两个指标变量。根据原因变量的估计系数，得到（6.13）式所示的结构方程：

$$\hat{\eta}_{i,t}=0.123\times ttaxgdp_{i,t}-0.078\times gcongdp_{i,t}+0.910\times unemprate_{i,t} \quad (6.13)$$

由（6－13）式，可以计算出各省市区1998～2007年的隐性经济指数。

（三）计算隐性经济规模

由于采用MIMIC模型计算出来的只是隐性经济指数，我们需要通过某种方法来校准，将它转换为隐性经济占GDP的比率。通常的做法是以某年为基准年份，并通过其他估算方法（如货币需求法）来得到基准年份的隐性经济规模。但由于我国各省区市的货币数据（如M_0、M_1和M_2）不可得，故不能采用货币需求方法来求得。如果利用我国2004年经济普查前后各省市区GDP的差额与普查前GDP的比值作为基准年份的隐性经济规模，是否可行呢？通过比较普查前后的数据，我们发现有些省份[①]普查后的GDP与普查前的GDP差额为负。很显然，隐性经济不可能为负，因此，我们不能通过普查前后的GDP数据来获得基准年份的隐性经济规模。

为了得到基准年份各省市的隐性经济规模，本章借鉴了李金昌和徐蔼婷（2005）所提出的居民消费储蓄边际倾向—弹性系数估算法，计算出各省区市（不含西藏）以2000年为基准年份的隐性经济规模（见表6－7中的第4列）。

在得到了基准年份各省区市的隐性经济规模后，我们利用贾尔斯和特迪（Giles and Tedds，2002）提出的方法，计算出各省区市1998～2009年的隐性经济规模。

$$\frac{\eta_{i,t}}{GDP_{i,t}}=hesize^{*}_{i,2000}\times\left(\frac{\hat{\eta}_{i,t}}{\hat{\eta}_{i,2000}}\right) \quad (6.14)$$

这里，$\eta_{i,t}/GDP_{i,t}$为第i个省区市第t年隐性经济占GDP的比重，$hesize^{*}_{i,2000}$是采用居民消费储蓄边际倾向—弹性系数估算法计算得到的各省市区2000年的隐性经济规模，$\hat{\eta}_{i,t}$是根据（6.13）式计算得到的第i个省区市第t年的隐性经济规模的指数。

结合（6.13）式和（6.14）式，我们计算出1998～2009年30个省区市的隐性经济规模，如表6－7所示。

---

① 这些省份包括河北、黑龙江、江苏、安徽、福建、山东、河南、湖北、四川。参见《中国经济普查年鉴》2004年。

表 6-7　　各地区 1998~2009 年隐性经济规模　　单位：%

省区市	1998	1999	2000	2001	2002	2003	2004	2005	2006	2007	2008	2009
北京	14.92	15.03	15.99	20.27	20.25	18.97	18.68	25.16	23.77	22.91	21.74	16.84
天津	5.44	11.18	12.50	14.61	15.13	14.36	14.81	14.81	14.50	14.87	15.09	14.97
河北	7.36	8.22	8.99	10.40	11.56	12.37	12.82	12.53	12.10	12.23	13.01	13.34
辽宁	10.07	10.72	11.17	9.41	21.02	21.22	21.85	18.89	17.44	15.53	14.32	14.28
上海	9.21	11.24	11.48	13.65	15.40	15.94	15.22	14.73	14.37	14.56	14.22	14.25
江苏	8.93	9.86	11.53	13.06	15.04	14.72	13.42	13.09	12.40	11.74	11.91	11.66
浙江	13.56	14.76	14.76	15.68	18.10	18.38	18.52	16.99	16.20	15.44	16.83	16.24
福建	8.91	9.97	12.47	19.86	21.28	20.48	20.14	21.33	21.79	22.52	22.41	22.83
山东	10.38	10.81	11.28	11.65	12.21	11.81	10.84	11.08	11.09	10.69	12.52	12.65
广东	9.04	10.25	9.96	11.83	12.16	10.81	10.52	11.37	11.75	11.92	12.08	12.68
海南	17.13	17.53	17.11	18.22	16.00	17.92	17.68	18.41	18.68	18.42	20.53	20.49
东部	10.45	11.78	12.48	14.42	16.2	16.09	15.86	16.22	15.82	15.53	15.88	15.47
山西	8.72	7.30	7.77	10.22	15.09	13.10	14.81	14.48	15.92	16.79	17.33	19.60
吉林	6.94	7.50	7.89	5.87	7.13	8.98	8.88	9.10	9.22	8.42	8.56	8.59
黑龙江	3.85	4.31	6.15	9.07	9.35	7.72	8.21	8.50	8.11	7.74	7.47	7.15
安徽	11.36	11.36	11.54	12.97	13.72	14.03	14.70	15.51	15.17	15.04	14.70	15.05
江西	10.26	11.17	14.30	16.90	17.37	19.52	20.15	19.12	19.84	18.20	19.98	20.77
河南	10.92	11.00	10.75	11.15	11.18	12.41	14.28	14.45	14.75	15.27	15.64	16.07
湖北	13.68	14.03	14.81	17.04	17.92	17.55	17.26	17.94	16.70	17.28	16.96	17.13
湖南	10.13	10.14	9.23	10.13	9.83	9.16	11.35	11.81	12.00	11.94	11.89	12.34
中部	9.48	9.6	10.31	11.67	12.7	12.81	13.7	13.86	13.96	13.84	14.07	14.59
内蒙古	12.71	13.29	14.08	14.92	17.99	20.04	21.03	18.43	18.09	17.47	18.19	16.96
广西	6.28	7.09	6.31	7.03	7.70	7.38	9.15	10.21	10.07	9.33	9.83	10.07
重庆	4.68	4.70	6.33	5.36	5.35	5.30	5.54	5.85	5.74	5.94	5.84	6.16
四川	8.83	9.11	8.79	10.18	10.60	10.39	10.38	11.11	11.04	10.57	11.50	11.36
贵州	15.56	17.33	16.20	16.23	16.65	16.31	16.69	17.31	17.16	17.07	17.99	17.45
云南	6.21	7.68	6.28	7.89	10.73	11.43	12.25	11.90	12.07	12.60	13.81	13.64
陕西	14.46	13.64	15.26	19.41	20.36	21.91	24.44	26.32	25.99	26.26	25.37	22.49
甘肃	17.27	15.09	14.38	12.57	17.65	19.02	17.73	15.86	17.77	15.88	13.54	13.70
青海	17.17	17.68	15.43	23.51	23.47	24.91	22.82	23.47	21.20	20.10	23.70	27.82
宁夏	18.07	17.03	16.01	13.01	12.86	13.76	15.21	15.81	15.20	15.73	17.32	19.24
新疆	10.90	10.19	9.05	9.45	9.44	8.40	8.50	10.78	9.39	8.94	8.69	10.13
西部	12.01	12.08	11.65	12.69	13.89	14.44	14.89	15.19	14.88	14.54	15.07	15.36
全国	10.65	11.15	11.48	12.93	14.26	14.45	14.82	15.09	14.89	14.64	15.01	15.14

由表6－7可知，1998～2009年全国平均隐性经济规模介于10.65%～15.14%之间[①]，且呈现逐年缓慢上升的趋势。此外，为了比较不同地区隐性经济规模的差异，表6－7还给出了东、中、西部地区的平均隐性经济规模，我们发现，东部地区的隐性经济规模在10.45%～16.22%之间，中部地区的隐性经济规模在9.48%～14.59%之间，西部地区的隐性经济规模在11.65%～15.36%之间；且东中西部地区隐性经济规模呈现相同的变化趋势，如图6－3所示。

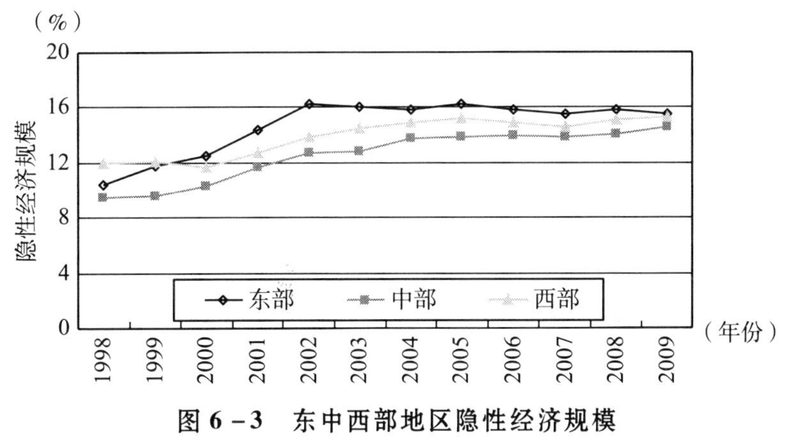

图6－3　东中西部地区隐性经济规模

（四）隐性经济对经济增长的影响

为了检验假设6是否成立，本书构建如（6.15）式所示的回归模型：

$$pergdprate_{i,t} = \beta_0 + \beta_1 hesize_{i,t} + \beta_2 invrate_{i,t} + \beta_3 labrate_{i,t} + \beta_4 dum04_{i,t} + \varepsilon_{i,t} \tag{6.15}$$

这里，i表示第i个省区市、t表示年份。pergdprate为实际人均GDP增长率，是被解释变量。hesize为隐性经济规模，是主要的解释变量。invrate为投资率，我们用固定资本形成总额占GDP的比重来表示，labrate为劳动力参与率，我们用就业人数占15～64岁人数的比重来表示，虚拟变量dum04用来表示我国在2004年首次进行的经济普查，ε为随机误差项。

表6－8报告了隐性经济对经济增长影响的回归结果。Hausman检验的结果表明，全国样本、东部和中部地区的样本拒绝接受随机效应，西部地区的样本则不能拒绝接受随机效应。

① 由于各地区代中央征收的关税和消费税没有体现在各地区的税收收入中，因此，我们所测算的各地区隐性经济规模可能比实际水平会有所偏低。我们认为，尽管关税和消费税属于中央税，但在各地区均实际存在偷逃关税和消费税行为，由此而产生的隐性收入必然反映在各地区实际的隐性经济规模中。

投资率和劳动力参与率的回归系数无论是全国样本还是东中西部地区样本在1%显著性水平下均为正，符合理论预期，这说明投资和劳动力依然是全国以及各地区经济增长的主要动力。虚拟变量dum04回归系数的符号在1%水平下显著为正，说明通过经济普查，使一部分原来没有在官方统计中的GDP得到了反映，从而使实际人均GDP增长率有所提高。

表6-8　隐性经济对经济增长的影响检验结果（1998～2009年）

变量	全国样本	东部地区	中部地区	西部地区
	(1)	(2)	(3)	(4)
隐性经济规模（hesize）	0.292 (5.63)***	0.217 (3.09)***	0.471 (3.75)***	0.233 (2.90)***
投资率（invrate）	0.134 (9.50)***	0.103 (3.81)***	0.086 (3.27)***	0.170 (7.53)***
劳动力参与率（labrate）	0.137 (4.38)***	0.051 (1.24)	0.243 (2.71)***	0.167 (3.84)***
虚拟变量（1994 = 1）（dum04）	0.016 (3.74)***	0.018 (2.82)***	0.018 (2.08)**	0.012 (1.75)*
常数项	-0.095 (4.22)***	-0.011 (0.34)	-0.156 (2.50)**	-0.138 (4.10)***
观测值	360	132	96	132
截面数	30	11	8	11
R^2	0.44	0.27	0.47	0.58
Hausman检验χ^2值	550.64***	9.38*	11.96**	-3.48
检验方法	FE	FE	FE	RE

注：*、**、***分别表示10%、5%、1%的显著性水平，圆括号中的数字表示t统计值的绝对值。FE（Fixed Effect）为固定效应模型，RE（Random Effect）为随机效应模型。

表6-8中全国样本的回归结果表明，隐性经济规模hesize的回归系数在1%显著性水平下为正，这说明隐性经济对官方经济有一定的促进作用。进一步我们将全国样本分为东、中、西部三个区域，分别检验了隐性经济对各地区经济增长的影响，结果表明，在东、中、西部地区，hesize的回归系数在1%水平下显著为正。从隐性经济对经济增长的整体影响来看，我们认为隐性经济与官方经济在一定程度上是同步增长的，从而证实了假设6是成立的。

第四节　本章小结

在本章中，我们通过改进两种度量隐性经济规模的方法，分别度量了全国1978～2010年的隐性经济规模以及1998～2009年全国30个省市区的隐性经济规模。

在本章的研究中，我们采用改进的货币需求方法，放松了原有模型的假设，不再要求货币在官方经济和隐性经济中具有相同的流通速度，也无须假定在基准年份隐性经济规模为零。在改进的模型中考虑了税制改革以及政府对市场的干预程度等因素，通过实证分析，度量出全国1978～2010年的隐性经济规模，并分析了隐性经济对收入不平等的影响。

通过研究发现，在1978～2010年间，我国的隐性经济规模介于10.61%～26.52%之间，在一个适度宽松的政策环境中，当不考虑政府管制和分税制改革这两个因素后，隐性经济规模有所下降，其下降幅度在1个百分点左右。税收负担是影响隐性经济的主要因素，税负水平越高，隐性经济规模越大，反之亦然；这也说明了随着税收负担的提高，企业和个人逃避税收的意愿更加强烈，进而导致隐性经济规模急剧上升。税收负担对狭义货币M_1有显著正的影响，但对M_0和M_2的影响不显著；由此可以推断，目前在隐性经济中的交易不完全是通过现金支付来完成的，随着银行服务的改进和互联网的迅速发展，隐性经济中的一部分交易支付是通过银行转账实现的。本书还发现，隐性经济规模对收入差距的影响显著为正，即隐性经济规模越大，收入差距越大；失业率、对外开放以及非国有化程度对收入差距具有显著正的影响。而居民收入占GDP比重、城市化水平以及财政支农支出占政府支出的比重则与收入差距显著负相关。

通过采用MIMIC模型方法，我们度量了中国30个省区市1998～2009年的隐性经济规模，分析了隐性经济的原因，重点分析了隐性经济对经济增长的影响。隐性经济的度量结果表明，1998～2009年全国平均隐性经济规模介于10.65%～15.14%之间，且呈现逐年缓慢上升的趋势。经过分地区的比较，我们还发现，东部地区的隐性经济规模在10.45%～16.22%之间，中部地区的隐性经济规模在9.48%～14.59%之间，西部地区的隐性经济规模在11.65%～15.36%之间，且东中西部地区隐性经济规模具有相同的变化趋势。

本书的研究结果表明，税收负担、居民收入、失业率、自我就业率以及政府管制是影响隐性经济的主要因素，且随着税负的增加、失业率的上升，隐性经济规模显著提高；而提高居民收入、加强政府管制，则对隐性经济规模有显著的抑制作用。我们认为，是这些因素的共同作用致使隐性经济规模逐年缓慢上升。

本书还发现，尽管影响经济增长的因素有很多，但投资和劳动力依然是经济增长的主要动力，且隐性经济对全国样本以及东部地区的经济增长也具有一定的积极作用，但隐性经济对中西部地区经济增长的影响尽管为正，但不显著。再就是隐性经济对官方劳动力参与率具有显著负的影响，即隐性经济的发展减少了官方经济的从业人数。

第七章

中国收入分配秩序混乱的原因分析

——基于经济转型的视角[①]

中国经济改革的成就举世公认，但是，在当前这么有利的条件下，为什么收入分配差距依然这么大？这必须引起我们的高度重视和深入思考。中国由计划经济向市场经济转型的过程中，导致收入分配秩序不当的原因很多，立足于中国经济转型的视角，本书主要从政府职能转变、所有制结构调整、中央与地方政府间关系、分配原则改革、要素可流动性、对人的激励与约束机制等角度对劳资关系、行政权力与腐败以及隐性经济三大影响收入分配秩序的因素展开分析。

第一节　基于政府职能转变的角度

改革开放以来，我国政府职能有了很大变化。但是，从总体上看，政府职能转变滞后，使得政府对市场干预过度和失当的现象，制约着经济改革的继续深入，影响着民主政治建设进程，也导致了居民收入分配秩序失当和腐败现象的滋生。

① 本章大部分观点均来自杨灿明、郭慧芳：《论经济转型与收入分配》，载于《财政研究》2009 年第 9 期。

一、政府职能转变与收入分配秩序

我国收入分配秩序失调与政府职能转变过程中的职责划分不清、职能“越位”和缺位现象有着较大的关系。中国在由计划经济转向市场经济的过程中，必然要求政府职能也发生转变。一部分政府的权力要让位给市场，而与此同时，市场的发展又要求政府承担一些新的职责，这是转型过程中一个必然的趋势。

一方面，从政府把一部分权力让渡给市场来看，哪些权力先让，哪些后让？让还是不让？“明让”还是“暗让”？这是有弹性的；另一方面，市场发展带来了哪些新的问题？哪些问题需要政府承担管理职责？哪些问题其实跟政府没有关系？需要政府承担管理职责的，什么时候开始承担？如何来承担这一管理职责？这也是有弹性的。以上两个方面的弹性，就可能导致收入分配秩序的不规范和不合理收入的形成，有一些收入就是通过这两方面的弹性产生的。在政府把权力让位给市场的过程中，由于政府与市场的定位不明确，会产生很多模糊的东西，容易导致政府“明放暗管”和包括“设租”、“寻租”等在内的问题产生。伴随着市场发展的需要，政府在承担一些新的管理职责的时候，也会出现一些问题。如政府将自身职责扩大化，甚至自觉不自觉地与经济利益挂钩，于是一些不合理的收入就产生了。在转型过程中，从政府与市场的关系来看，政府职能转变会导致中国收入分配秩序的不规范，并可能延缓市场化的进程。

二、政府职能转变与劳资关系

劳资关系是最基本的社会关系，正如恩格斯指出的，资本和劳动的关系是现代全部社会体系所依以旋转的轴心。在中国经济转型的过程中，政府在劳资关系中扮演的角色和职能对于劳资纠纷的处理、劳资矛盾的调节和利益关系的平衡举足轻重，政府的政策取向及其有效实施是实现整个社会劳资关系和谐、稳定、平等的关键因素之一。因此，劳资冲突备受全国各界关注，尤其是处于弱势地位的劳动者权益保障更是当前社会民生问题的重点。

（一）政府在劳资关系中的角色定位

国内外专家学者将政府在劳资关系中扮演的角色概括为 5 种，简称为“5P”角色，即劳动者基本权利的保护者（Protector）、集体谈判与雇员参与的促进者（Promoter）、劳动争议的调停者（Peace - maker）、就业保障与人力资源的规划者（Planner）和公共部门的雇佣者（Public sector employer）①。

从劳资关系发展的历史看，政府的角色在不同经济发展时期也不一样。但在过去相当长的历史时期，政府在劳资关系中偏袒资方，导致劳资矛盾更加尖锐，劳工运动迭起。自由资本主义时期，受“夜警”理论的影响，反对政府干预劳资关系，主张依靠市场这只“无形的手”来调节和引导劳资关系，政府在劳资关系上的角色是“守夜人”。进入垄断资本主义时期后，资本主义矛盾日益尖锐，形成干预主义的政府职能论，强调政府对劳资关系进行全面干预，以保证劳动市场秩序和劳动者的合法权利，并在收入及分配领域采取一系列福利措施。当代西方国家的政府职能，在劳资关系上呈现出如下特点：政府通过吸收工人参与管理，以缓和劳资矛盾、改善劳资关系，即政府职能中保持社会稳定的调节职能趋于加强，政府综合协调劳资关系职能的强化与行政职能的社会化同步进行。

从中国的劳资关系来看，改革开放前，中国实行计划经济体制，没有真正意义上的现代企业，劳动者与企业的关系附属于劳动者与国家的关系，企业只扮演一个代理人的中介角色。因此，我国严格意义上的劳资关系是改革开放后的产物。随着市场经济体制逐步确立，行政化的劳资关系被新型的市场化的劳资关系所取代，过去处于“主人翁”地位的劳动者，开始以劳动力的所有者身份进入到劳动力市场。但是，由于受我国转型经济体制的约束，在劳资关系领域存在着严重的“政府监管失灵”现象。一方面，保护劳动者的法律法规不完善、社会保障体系不健全，在不健全的社会保障体系下，劳动者因为担心丢失工作、失去生活保障而在与资方谈判的过程中难以捍卫自己的权益；另一方面，政府部门监管不到位，劳动行政部门、劳动仲裁机构直至司法机关，在处理劳动纠纷事件时，办事程序复杂，没有从保护劳动者的角度，为劳动者提供及时、公正、优质的社会服务，使劳动者在依法维权时十分困难。加上政府倾向于效率这一价值选择，加剧了劳方的弱势地位。当前，我国正处于政治、经济和社会的急剧转型期，法治还不完善，加之政府目标、政策和导向的偏斜，使得市场经济下的劳动者，在这特定的社会转型时期，尚未享有与资本相对应的权利，导致劳资问题日渐突出，劳资利益关系失衡，劳资关系矛盾凸显。

（二）政府介入劳资关系的必然性

按照市场经济的一般逻辑，在劳动力市场非常健全和完善的情况下，政府并不需要介入，劳动力市场的竞争自然会趋向大致的均衡状态。但是，由于中国劳

① 陈宇峰、陈国营：《政府在构建和谐民营劳资关系中的职能与角色》，载于《商业经济与管理》2009年第12期。

动力市场的特殊属性，仅靠市场调节无法调和劳资双方之间的利益冲突和矛盾，完全竞争的市场机制会导致收入分配的两极分化。

在现实生活中，劳动力市场不是一个完全竞争的市场。与资方相比，劳方处于天然弱势的地位，尤其是在劳动力资源相对充足的社会里，资方总是处于强势的地位，决定了双方并不是完全平等的关系。在经济全球化的今天，具有强烈逐利性和快速流动性的稀缺资本可以在全球布局，追逐利益；相对于资本而言，劳动力则要充裕得多，且缺乏流动性。跨国之间更是如此。虽然也有少量的跨国劳务输入输出，但成本高，壁垒多，这些壁垒既有政治和经济方面的，也有语言和文化方面的。由于劳动者人数众多，导致雇佣者一方很容易陷入集体行动的困境。按照奥尔森的集体行动理论逻辑，一个群体人数规模越大，越难以组织集体行动来维护其群体利益。因为人数越多，规模越大，达成集体一致性行动的成本就越高，导致个人维护权益行动的投入与其个人收益不一致，个人便会存在搭便车的心理和机会主义倾向，其结果就是没有个人愿意为集体利益采取行动，除非采取强制手段，否则该群体利益将得不到有效保护。这一集体行动理论在现代社会的劳资关系中得到了充分印证。一般来说，资方不仅可以采取收买分化瓦解手段离间劳方，而且就算劳方不会被收买，也很难组织诸如罢工、集体与资方谈判等集体行动，难以达成一个共识性的行动纲领，以要求改善工作条件，提高工资福利待遇，但资方却可以轻易解雇肇事者。因此，需要政府公权介入，建立集体谈判制度，赋予工会集体谈判权，增强劳方谈判权力；制定劳动保护法，强制改善劳动环境，减少和防止职业性损害；推行强制性带薪休假等保护制度。而且，劳资关系一旦破裂，造成集体性的大罢工，对社会的消极影响非常大，生产将面临大规模停滞，城市和社会甚至都有可能陷入瘫痪状态，其利益范围牵涉到整个社会的方方面面，远远超出劳资双方，政府也绝对不能置身事外。

由于中国劳资关系自身的特殊性，再加之改革初期劳动力供过于求的总体格局，劳资关系更不可能依靠市场机制得到调适，需要政府进行干预，矫正失衡的劳资关系。但是，在处理劳资关系中，政府的介入产生了职能和角色的缺位和错位，反而进一步加剧了劳资矛盾，使劳工处于更加不利的社会境地。

（三）政府职能转变与劳资关系的变化——以国有企业劳资关系为例

在当前的中国，调整劳资关系的法律法规滞后；政府对劳动者集体谈判权的重视不够；劳资协调机制建设滞后；户籍制度依然损害农民工和外来务工者的基本权益；劳资纠纷处理机制失灵，劳动监察执法不力。同时，大量非国有企业还没有工会组织或工会组织只是流于形式，而国有企业工会仅作为企业“职能部门”，在维护职工利益方面往往受到企业管理层的掣肘，劳资矛盾协调机制严重缺位，使得劳动要素在参与分配过程中始终处于弱势地位，用工单位则处于强势的买方地位，在工资决定中发挥着关键作用。

本书以国有企业劳资关系为例，来分析中国经济转型过程中政府职能转变与劳资关系的变化。在计划经济条件下，国有企业的劳资关系是一种利益高度一体性的模式，在这种模式中，企业利益和工人利益都被包容到国家利益中。国家是唯一的“雇主”，它构成了劳资关系中的一极；而国有企业的经营者和工人在社会地位、身份、收入等方面基本相同，即工人阶级内部并没有出现阶层之间的分化，他们共同构成了劳资关系中的另一极。就身份地位而言，企业经营者和工人都是国家职工，是国家的主人；就收入而言，企业经营者与工人之间并不存在明显的差距，甚至某些技术工人的工资还高于企业的经营者[①]。就利益诉求的对象而言，由于政府掌握了利益资源的分配权，国有企业的经营者和工人的利益诉求对象都指向了政府。因此，在计划经济条件下，由于国有企业的经营者与工人两者之间在利益诸要素上存在相同性，他们之间的利益关系是一种同一性利益关系。

从计划经济到市场经济，国有企业劳动关系中各利益主体都形成了独立的利益形态，出现了独立的利益诉求，在利益结构出现分化的背景下，国有企业利益一体型的劳资关系模式逐渐被利益分化型的劳资关系模式所替代。经济转型时期，在国有企业劳资关系中，政府与企业、工人之间的利益关系实际上包含两个层面：首先，作为雇主，政府必然追求利益最大化，这势必与工人的利益产生冲突，两者之间是一种对抗性利益关系。当然，由于政府是一个“隐性”的雇主，政府与工人利益关系的形成需要经过企业经营者这个中间环节，由于企业经营者的利益与资本的利益密切相关，作为雇主的政府与企业经营者在利益诉求上具有某种程度上的重合性。其次，作为非雇主的政府，其所对应的利益形态是公共利益。在这种利益框架下，政府与工人的利益具有一致性，在工人利益受到企业侵犯时，政府通过出台劳动法律、政策来保护处于劳资关系弱势一方的工人利益；政府与企业之间的利益则体现为一种互补性利益关系与对抗性利益关系的融合。一方面，作为一种经济组织，企业的发展促进了社会生产力的提高，促进了社会和谐发展和公共利益实现，在这一点上，企业与政府的利益目标具有一致性，二者之间是一种互补性利益关系；另一方面，企业和政府之间也存在对抗性利益关

---

① 工人访谈资料：“据一位退休的老工人（前劳模）说，从50年代末他从上海来北京支援B厂新厂建设开始，他这个8级技工的工资就一直是全厂最高的，即使是当初的厂长和书记，工资水平也不如他高。直到改革开放以后，在多次调整工资以后，厂级干部和部分技术人员的工资水平才逐渐提上来。”——悫小雄：《构建新的认同：市场转型期国有企业的劳动控制》，社会科学文献出版社2007年版，第97页。

系。企业希望政府提供更多有利于自己经济利益实现的社会公共产品，或者至少不希望自己的经济利益受损；政府则希望企业采取有助于其向社会提供最大化公共利益的合作行为，或者至少希望企业在政府追求公共利益最大化的框架下实现其经济利益行为①。在这种对抗性利益关系模式下，政府和企业在这种各自利益主导下进行利益博弈，企业追求经济利益最大化可能会不利于政府社会公共利益的实现。例如，企业为了压缩经营成本，可能会采取侵害工人利益的行为。

不同的利益取向形成了政府的不同角色定位，而政府不同的角色定位必然会影响到企业经营者和工人的利益。在以公共利益为主导的角色定位下，政府在处理劳资关系问题时，必然会加强对工人利益的保护，监督和纠正企业经营者的违法行为，通过制定成熟、科学的劳动政策来协调劳资关系中的各种利益；在以政府利益为主导的角色定位下，政府可能会偏重于对经济利益的追求，忽视对社会公共利益的保护，劳资利益失衡的格局将不会得到纠正。可以说，实践中国有企业劳资关系所表现出的种种问题，相当一部分是源于政府利益的自我膨胀，是政府片面追求 GDP 的结果。

三、政府职能转变与行政权力腐败

中国从计划经济转向社会主义市场经济，由于政府职能转变不足，行政权力扩大，政府承担了大量的社会、经济管理职能，存在着大量的政府职能“越位”、“缺位”、“错位”的现象，容易导致寻租活动制度基础扩大，使腐败现象滋生。

（一）政府职能转变不足的主要表现

1. 政府权力领域过宽

政府行政权力过大表现为政府在社会管理和公共服务领域大包大揽的同时，还将这种作风延伸到经济领域，导致行政权力过多干预经济，“越位”行使了许多市场的职能。我国经济体制至今仍具有很强的过渡性色彩，政府对经济领域的过多干预行为，各级政府都有不同程度的表现。国有企业与政府管理部门藕断丝连，党政机关及其工作人员的腐败现象大都与企业存在着直接或间接联系，导致有些政府官员利用对企业的控制权谋取私利，“权力寻租”成为滋生腐败的温床。包括：一是利用各种名目向企业乱收费、乱摊派、乱罚款，加重企业负担；二是政府对经济的管理多是依靠行政审批制度来实现的，甚至由于利益驱动，一些部门和地方又在法律之外创设审批，这样既限制了企业作为经济活动主体的竞

① 王山：《政府与企业之间利益关系分析》，载于《郑州航空工业管理学院学报》2009 年第 12 期。

争，也增加了经济活动中的制度成本；三是利用掌握的计划、项目、贷款、紧俏原材料、进出口许可证、土地划拨与批租等权力，进行“吃、拿、卡、要”，占用企业钱物，索贿受贿，甚至将私人消费拿到企业报销；四是工商、税收、治安、环保等行政执法部门利用执法权对企业横加干预，逼企业就范等。

中国在经济转型过程中，政府权力过大是个不争的事实。从政府收入与支出的角度来看，2010 年，中国政府全部收入已经达到 GDP 的 34% 左右，政府收入中公务开支比例很大，2010 年行政事业单位工资、医疗、退休、公车、公务招待、公出和办公经费等行政公务支出比例占全部政府支出的比例高达 38% 左右①，其中“三公”支出是一个重要的成因。从世界范围来看，中国政府开支占财政收入的 29%，而美国为 9%，欧洲为 5%，日本仅占 4%。而日本行政公务开支占全部预算比例大体在 2.5% 左右，美国在 15% 左右②，从纳税人承担的行政公务花费上讲，中国政府可能是世界各国中比较昂贵的一个。“政府存款”项目下的资金额从 1999 年的 1 785 亿元一路上升到 2008 年的 16 963.84 亿元，猛增了 9.5 倍③。然而，2009 年全国财政收入约有 6.85 万亿元，其中医疗、教育、社保就业三项支出所占比重仅为 14.9%，而美国这三项开支相当于联邦政府总开支的 61.9%④。通过扩大政府权力来干预市场，并不能改善老百姓的生活，只有逐步压低包括社保、行政收费和土地出让等在内的全部政府收入，并最终控制在占 GDP 总量 25% 的范围内；将政府的行政公务开支逐步压低并限制在财政收入 15% 的范围内，不断增加居民尤其是中低收入居民的收入，才能提高社会整体的福利水平。

2. 直接干预仍然存在

由于职能转变滞后，各级政府及其职能部门仍对微观经济活动的各个方面进行直接干预，政府直接参与市场活动，使得政府扮演着“运动员”和“裁判员”的双重角色。由于各级政府经济职能部门掌握着许多重要的生产要素和稀缺资源，诸如投融资等许多经济制度仍然实行行政审批，市场化程度不足，市场在经济运行、资源配置中所起的作用受到很大制约。这样，能够分配生产要素、干预微观经济活动的政府部门及其工作人员，就成为利益主体重点买通的对象。

① 转引自田磊、石野樵：《政府收入占 GDP 比例达 34% 行政成本改革刻不容缓》，凤凰网资讯，南风窗，2011 年 9 月 1 日，http://news.ifeng.com/shendu/nfc/detail_2011_09/01/8852635_0.shtml。

② 转引自《中央党校周天勇谈新一轮改革：十年内须完成》，载于《东方早报》，2010 年 6 月 28 日。

③ 转引自《新华社研究员：中国基尼系数实已超 0.5 可能导致社会动乱》，载于《经济参考报》，2010 年 5 月 21 日。

④ 转引自人民网，强国社区，强国论坛，http://bbs1.people.com.cn/postDetail.do?id=107782901，2011 年 3 月 6 日。

中国的政府官员们都知道，整个政府以经济增长为中心，而中国经济大多数时间依靠投资推动，可见投资是实现 GDP 快速增长的捷径。由于企业投资及经营业绩可以直接计入本地 GDP，并成为某些地方政府官员的政绩，导致地方政府在推动经济增长时以招商引资为中心，决定了政府必然在劳工、市民与企业中的“亲企业”态度，民众、劳工的权利和利益也因此被忽视甚至牺牲。中国的二元经济结构决定了廉价劳动力的供应近乎无限，这并不意味着劳动力价格可以被长期抑制在非常低下的水平。假如劳工的权利能够得到政府的公平保障，进入现代经济部门的劳工就可以通过某些合法手段，迫使企业提高其工资水平。但是，一心追求增长业绩的某些地方政府，在执行法律的时候却不一定是公平的，当工人主张自己的诉求与雇主发生冲突的时候，某些地方政府通常不向作为外来人口的工人提供行政与司法救济。这种权利匮乏，导致工人丧失与雇主讨价还价的能力，其工资上涨缺乏有力保障，工作条件也无法得到改善。

3. 政府机构体系庞大

庞大的政府机构体系导致部门林立，机构重叠，政出多门，职能交叉，行政效率低下，造成社会资源较大浪费。各种腐败行为，严重败坏了政府的形象和执政能力，使政府失信于民的同时，也动摇了社会根基。改革开放以后，伴随着经济市场化，政府不但没有小型化，反而越来越庞大，从三级政府演变成了五级政府，政府行政层级过多，政府部门叠床架屋，职能重复。为此，我国政府进行了多次精简机构和裁减人员的行政管理体制改革，然而，在每一次精简机构的改革之后，有些表面上机构的数量减少了，但机构内部职能部门的数量却在增加，大大抵消了改革的效率，人员甚至会进一步增加，使得改革的收效甚微，陷入一个“精简、膨胀、再精简、再膨胀”的改革怪圈。

4. 经济集团垄断特权

在我国现今市场经济体制下，政府部门仍然处于强势地位，一些政府部门拥有进行政治统治的垄断权。这种垄断权一方面使其获得了一种对经济活动进行有效干预的权力，另一方面，也使一些政府部门或一些政府官员拥有了一种进行随意干预的权力，对市场行为进行着强有力的干预，严重阻碍了企业正常的生产经营活动，不利于我国经济的健康发展。一些国有垄断企业凭借行政手段兼并重组，削弱竞争；一些国有垄断企业享有违反公平竞争原则、法律未能限制的经济特许权，阻碍着生产要素在不同产业、不同部门之间的自由流动，如行业经营限制，即只允许少数企业垄断经营某些行业，不允许其他企业自由进入和参与竞争，以获得垄断利润，形成特殊利益集团；控制进出口配额和批件、实行外贸专营，官商得利；一些政府部门对某些地区和集团的特殊优惠政策，相当于为这些地方和集团提供了一种垄断，以此获取利益；等等。行政垄断的加强，使社会财富从竞争性企业向垄断性企业更大规模的转移，成为后者的垄断租金，从而拉大两者之间的收入差距。依赖行政权力形成的垄断企业获利的机制不同于一般市场经济竞争下形成的市场垄断，其行业垄断地位的形成得力于主导改革进程的一些权力主体的授权，这些垄断企业依据自己的市场垄断地位，通过某些政府部门认可的垄断高价，获得垄断利益。垄断行业职工畸高的收入不仅来源于高工资性收入，还有名目繁多的各种补贴等也是其重要组成部分。由于行政性垄断行业较高的工资福利形成了巨大的收入分配效应，使社会各行业职工的收入差距拉大不可避免。而且，垄断国企偏好资本密集性的重化企业和基础设施项目，垄断的加强使得企业吸纳的劳动力减少，进一步加剧社会收入的不平等。

（二）政府职能转变与权力寻租

寻租活动与政府对市场的过度干预紧密相关，没有政府部门的过度干预，没有这一干预所提供的特殊垄断地位，租金便无从寻求。在我国向市场经济转型的过程中，政府职能转变严重滞后，政府体制现代化改革尚未完成，存在许多过度干预经济的误区。这些过度干预为寻租活动提供机会，许多寻租者也很方便地从政府政策和制度规定中找到合法寻租的依据。这就是当今中国社会腐败产生的现实经济基础。

1. 政企不分是滋生权力寻租的温床

我国传统的经济体制实行高度集中的指令性计划经济，政企不分，政府直接干预企业的生产经营活动。在传统计划经济体制向社会主义市场经济体制转轨之际，由于政府职能未真正转变，政企仍未真正分开，以权谋私、权钱交易等腐败现象不断滋生蔓延。权力寻租得以产生的首要前提是权力过分集中，政府对企业进行无限的管制。因此，在转型时期，政府职能转变不到位，甚至仍然维持计划经济时期的政企关系，这种旧的职能和旧的关系就成为滋生权力寻租的温床。

2. 价格双轨制是产生权力寻租的重要原因

改革开放之初，我国的做法之一就是通过计划价格和市场价格的“双轨制”来实现从计划经济向社会主义市场经济的过渡。由于价格双轨制的存在，国家的物资分配有计划内和计划外之分，价格调控有平价和特价之别，这就为权力寻租提供了诱因和条件。市场价格与计划价格（官方价格）之间的差价等于经济租金，从 20 世纪 80 年代利用产品“双轨”价差牟利，到 90 年代要素市场化中的“寻租”，人们不难观察到大量权力寻租的现象。

在市场经济转型过程中，政府虽然明文取消了计划内与计划外、平价与特价的价格双轨制，但在实际的经济运行过程中，这种狭义的价格双轨制逐渐演变成了广义上的价格双轨制。这里的价格是指广义上的价格，包括商品价格、资本价格（利率）、土地价格、外汇价格（汇率）、进口商品价格（限额及批件）等。只要存在价格双轨制，就会产生经济租金，激励拥有权力的官员和拥有金钱的寻租人共同参与分享经济租金。这些部门的政府官员与寻租商共同参与分享经济租金的过程，实际上就是权力寻租形成的过程。经济租金愈高，寻租激励就愈大，权力寻租就愈严重。

直到今天，这种价格双轨制下权力寻租带来的影响依然存在，在城市改造拆迁和土地转让、资金信贷以及资本市场“圈钱”等领域，各种权力寻租现象仍旧层出不穷。比如，某些地方政府利用行政权力，低价从农民手中征用土地，然后再高价卖出去，从而获得土地的差价收益，形成这些地方政府的土地财政收入。在当今一些政府机构中，个别拥有资金、土地或项目审批权或决定权的官员往往成为“资金租金”、“土地租金”和“项目租金”的吃租者，他们创造“资金”、“土地”与“项目”的双重价格，与资金、土地或项目寻租人（即资金、土地或项目的获得者）共享“资金租金”、“土地租金”和“项目租金”。

3. 政府职能转变不足是产生权力腐败的内在诱因

我国在走向社会主义市场经济的过程中，政府职能已经发生了重要转变，但相对于经济市场化进程而言，政府职能转变严重不足。计划经济向市场经济转型中，新体制因素主要通过传统体制外的“增量”方式发展，体制内的变动相对滞后。一方面，“体制外增量”的长足发展奠定了市场化资源配置的基础，并日益向“体制内”渗透和拓展；另一方面，“体制内”国有企业、国有银行和政府之间的关系盘根错节，政府还难以“超然”于市场之外。这意味着体制转型中，市场主体“身份”在一些领域常常是模糊的，市场主体地位不平等以及交易过程中非经济因素的影响，往往对竞争的结果具有重要的作用，也是权力腐败产生的决定性因素。在政府依然介入市场较深的情况下，必然制约政府在维护市场主体平等权利、保证公平竞争方面职能的发挥，同时也影响到政府再分配职能和公共政策对社会收入分配的有效调节。目前，中国社会中贫富差距被不正常拉大的主要原因是机会不平等，也就是由于某些政府部门有过大的支配资源的权力，能够接近这种权力的人就可以凭借这种权力靠寻租活动暴富。

我国在体制转轨中虽然大幅度减少了行政性资源配置，但行政性资源配置不仅在国有经济部门中依然普遍存在，而且近年来已经出现向非国有部门渗透的迹象。在市场机制发挥作用的条件下，行政性资源配置的权力具有了“价格”意义，因而“客观上”存在着权力市场化的可能。行政性资源配置中的权力市场化是社会财富占有和分配不公的最主要因素，其负面影响要远远大于市场调节机制本身的缺陷和社会调节机制的不完善，而且还使后者产生严重扭曲。权力市场化导致了许多领域仍然是血缘和裙带关系盛行，抑制了基于素质和个人能力的公平竞争，市场运行中的优胜劣汰机制往往演变为逆向淘汰。在转型期体制不完善的情况下，权力运行缺乏有效的体制性制约机制，少部分掌握公共资源配置权力的人甚至可以左右逢源，利用权力来交换、攫取自身利益。任何公权力，都应在一种公开、透明的环境下运行。但是，在政治权力的角逐场上，博弈让很多权力的运行走向"地下"，从而为权力腐败提供了滋生的土壤，权力腐败之癌细胞逐步向政治肌体转移渗透，变成更多、更难根治的腐败顽疾。

（三）行政权力腐败的严重后果

在公共权力不受制约的条件下搞市场经济，权力势必会进入市场交换领域，权力寻租作为一种非理性及超越制度规范的行为，严重影响了社会的良性运行和协调发展，对社会发展的影响遍及社会生活的各个方面。

1. "官本位"思想难以被扭转阻碍了文明进步

权力的滥用和腐化使权力不再服从于公众的利益，而是效命于金钱，蜕变成为掌权者谋取个人私利的得力工具，从而使权力的本质有了根本改变，权力逐步被私有化、商品化、资本化。在这种情势下，升官和发财之间似乎便有了内在的因果联系。掌权者为攫取更多的物质利益而拼命地积攒权力，尽量使自己的官职越来越高，权力越来越大，即进行着类似资本积累的"权力积累"。有些民众则视"入仕为官"是发家致富的捷径，于是为谋一官半职的目标，几乎不惜一切代价的去努力。近年来公务员报考空前火热的状况，一定程度上也可以说明"官本位"思想仍根深蒂固，不利于政治空气的净化和社会文明的进步。

2. 导致社会资源的浪费和给社会带来无形的效率损失

在寻租时，人们为了获取个人利益，往往不是通过扩大生产、降低成本的方式来增加利润，而是把大量的人、财、物力用于争取政府的种种优惠上，如获取政府的垄断许可、平价物资、低息贷款、减免税收和无偿投资等。这些活动都耗费了大量稀缺的社会资源，降低了全社会的经济福利。政府官员愈是拖延办事，对企业和个人所造成的潜在损失愈大。企业和个人为了避免更大损失，就需支付更多的租金给政府官员，以促使他们尽快办理。这样，政府官员在日常工作中往往不是致力于努力提高工作效率，而是绞尽脑汁拖延办事，给企业和个人施加压力，进行寻租活动。另一方面，由于凡有权参与审批的政府机关和官员都可从中得到好处，于是相干不相干的机关和官员便争取挤入，遍设关卡，迫使办事的企业或个人付出更多的疏通成本。腐败活动使竞争性市场难以建立，也给社会资源配置造成潜在的效率损失。

3. 造成社会分配不公和引起社会不稳定

腐败并不创造财富，而是对既有的社会财富进行再分配，是社会财富的转移支付。租金的存在，使得部分掌握权力或与权力有某种机缘的人能够凭借特殊权力取得租金，在短时期内暴富。从居民收入分配的角度来看，由于权力寻租行为的存在，产生了大量的腐败经济和权力部门及当权者的不正常收入，从而引起居民收入分配差距的进一步扩大。这种非法、非正常收入，一方面扩大了居民收入分配的差距；另一方面，这种差距也是人们所不能接受的，它还是引起社会不稳定因素的一个最重要方面。

人类政治生活史表明，无论哪种社会，只要听任腐败泛滥，必将导致政府合法性丧失殆尽，最终导致政府的垮台。从某种意义上讲，腐败是政府的掘墓人，结合中共十八大召开以后，对腐败官员的严肃处理案例，说明党和政府领导人也充分意识到这一点，并已经付诸了富有震慑力的实践。

四、政府职能转变与隐性经济

在社会变革与经济转轨过程中，必然会产生种种问题，其中，有的问题比较明显，可以从公布的统计数字中反映出来；有的比较隐蔽，很难获得准确数字，甚至完全游离于统计之外。大量的经济资源被吸纳进这个无法统计的“黑洞”，对计划和市场都产生强大的作用力，从而形成隐性经济。在政府职能转变过程中，由隐性经济所带来的大量“灰色收入”和非法收入，拉大了居民收入分配差距，扰乱了收入分配秩序。

（一）政府意志与隐性经济

在国际社会，隐性经济行为大都是与政府的意志相背离，被法律法规所禁止和限制，藏匿于政府的管理和监督之外的一种经济形式。因此，隐性经济通常是一种专指“不光彩”的、“不正当”的、“不规范”的“地下经济”或“非法经济”的代名词。然而，在中国情况却大不一样。一些隐性经济现象不仅与政府意志和行为相容，恰恰是由于政府制定的法规和政策以及日常管理措施不完善所衍生出的怪胎。大量隐性就业者的存在，就是一个典型的例证。我国政府长期推行统统包下来的就业政策，以行政手段把新生劳动力硬性分配给企业和各种单位，日积月累，造成了大量“在职失业”和体制外就业，这种体制外就业是隐性收入的来源之一，而这种隐性就业的出现，也是政府长期推行统包统配的劳动就业政策的直接后果。还有其他隐性收入等也都是这样，比如在我国，行政垄断下的“垄断福利”作为隐性收入的形式长期存在。政府常常用行政命令控制价格，用补贴手段压物价，导致隐性通货膨胀……所有这些，都与政府政策有关，都是政府过度干预的结果，这也是我国的隐性经济与资本主义国家隐性经济最显著的区别之一。

（二）政府职能转变与隐性收入的产生

大量现象说明，隐性经济与隐性收入的产生与政府职能转变密切相关。一方面，隐性收入是来自凭借权力实现的聚敛财富、来自公共资金的流失、来自缺乏健全制度和管理的公共资源，或者来自对市场、对资源的垄断所产生的收益；另一方面却是政府职能转变过程中，一部分本该属于合法的显性收入，由于政府职能的“缺位”，不得已却变成了一种准合法的隐性收入。

在经济转型中，市场经济体制代替了过去由自上而下的权力主导的、缺乏效率和活力的计划经济体制，社会经济活动不再以行政命令为驱动力，而全面转向以经济利益为驱动力。过去那种靠自上而下管理、缺乏社会公众监督的权力结构，自然也会加入追逐经济利益的潮流，使用其手中的权力谋取自身利益，原本应该为社会服务的权力蜕变为某些人用来掠夺社会的工具，带来了经济利益对权力的侵蚀，造成腐败、钱权结合，产生既得利益集团。当前社会大量存在的隐性收入，与中国在过去三十多年主要精力放在经济体制改革上，而忽视政治体制改革不无关系，使得权力缺乏有力约束，存在大量监管漏洞，最终导致国民收入分配发生严重扭曲。权力一旦与资本相结合，就将逐步取代自由竞争的市场经济，演变为垄断性的权贵资本主义，导致越来越不公平的收入和财富分配、越来越低的经济效率、越来越尖锐的社会冲突。中共十八大报告中指出政治体制改革是我国全面改革的主要组成部分，而建立健全权力运行和监督体系则是政治体制改革的重要方面。

收入分配问题远远不限于工资水平的问题。失业多、下岗多、社会保障落后、政府公共服务不到位等都可能进一步促使隐性经济和隐性收入泛滥，而这些都与政府职能转变有关。比如，在当今社会，为什么会有那么多无证经营、不合法的各种摆摊设点？一是由于失业多、下岗多；二是社会保障落后；三是政府公共服务不到位，或成本太高；四是政府的心思更多地放在大项目、大企业，对这些涉及民生的摆摊设点不太重视，或者反而认为是问题，于是简单地通过城管来解决，这些都与政府的职能转变有关。在政府无法解决就业和提供完善的社会保障情况下，一部分失业、下岗的居民必须要为自己和家庭寻找经济来源，而登记、注册时又面临种种不便或无法承担高昂的公共服务成本，这时，他们只能通过无证经营、摆摊设点等隐性经济活动，为自己和家人带来赖以生存的各种隐性收入。

（三）权力寻租与隐性经济

在我国向市场经济转型的过程中，政府职能转变严重滞后，在某些领域还存在着许多过度干预经济的误区。从逻辑上看，政府的过度干预造成市场扭曲，市场扭曲产生经济租金，租金的存在就必然出现寻租活动；这些过度干预，也导致许多寻租者很方便地从政府政策和制度规定中找到寻租的依据，腐败由此产生。而且，政府的过度干预程度越大，市场扭曲就会越显著，经济租金就会越高，寻租活动也就会越呈现恶性循环的趋势。

在收入分配领域，当前社会中更常见、更为高级的寻租方式就是利用行政、法律的手段来维护利益集团的既得经济利益，或是对既得利益进行再分配。寻租活动在掌握政治权力的人和拥有财富的人之间架起了一座桥梁，一方用政治权力换取金钱，另一方则用金钱换取政治权力，以谋求更大私利，出现了“经济人”追求利益最大化行为的异化表现。某些地方的政府官员在寻租活动的过程中，不仅仅只是扮演一个被动的、被利用的角色，还往往会主动地进行“政治创租”和“抽租”①。“权力寻租”在隐性经济活动中占有特殊地位，它使部分政府官员的行为处在更为复杂隐蔽的交易中，进入了隐性经济的范围。

收入分配问题从来就不是一个纯经济问题，它同时也是重大的政治问题和社会问题。腐败是参与腐败交易的人，在追求个人利益最大化的自利动机驱使下，经过成本和收益的计算后所做出的一种合乎理性的选择。一些政府官员、国企管理者利用体制转轨进程中的种种漏洞，用国有资产进行各种隐性交易牟取私利品；一些拥有各种行政权力的部分党员干部受贿、贪污，是隐性经济活动屡禁不绝的重要原因。虽然属于政治和社会问题的权力寻租、贪污腐败，并不直接归属于收入分配范畴，但它却渗透到收入分配领域且严重影响收入分配格局。转型期公职人员的腐败，已成为一种实现个人利益或收入最大化的捷径。凡隐性经济公开、半公开的地方，一般都是贿赂和腐败盛行的地方。因此，只要有权力寻租或贿赂、腐败等钱权交易，隐性经济和隐性收入必然泛滥，收入分配也就无法做到“阳光”。

第二节　基于所有制结构调整的角度

马克思指出：“生产条件的分配决定生产成果的分配”，所以，在真正比较单一的公有制条件下，可能经济不发达，可能人们都不富裕，但居民的收入分配差距不会很大。在真正的私有制条件下，虽然收入分配差距会比较大，但是，第

① 政治创租是指政府官员利用行政干预的方法来增加私人企业的利润，人为创造租，诱使私人企业向他们进贡作为得到这种租的条件；抽租是指政府官员故意提出某项会使私人企业利益受损的政策作为威胁，迫使私人企业割舍一部分既得利益与政府官员分享。

一，私有制的发展本身受大生产要求的影响，产权越来越分化，股份制替代单一制和合伙制，中产阶级越来越多，会制约收入差距的扩大；第二，资产阶级社会的矛盾会使政府加强调控，主动控制收入分配的差距，像福利国家、宏观经济政策都属于这个问题；第三，越是发达的资本主义国家，它们的第三部门也越发达，第三部门的发展也会弥补收入分配差距扩大带来的部分问题。然而，中国当前正处于经济转型过程中，不能再搞单一的公有制，也不能搞资产阶级国家那样的私有制，而是“以公有制为主体，多种经济成分并存”，在所有制结构调整过程中的各种漏洞，势必导致收入分配秩序的失当。

一、所有制结构调整与收入分配秩序

（一）所有制结构调整的现状

改革开放以来，我国非公有制经济迅猛发展。到 2010 年，全国规模以上工业企业工业总产值中，内资企业、外商企业和中国港、澳、台商企业生产的比重分别为 73%、18% 和 9%；而在内资企业中，传统的公有制企业生产比重只占 13%，其余为各种新生长起来的企业类型所生产；公有制企业的资产总计占全部企业资产的 14.4%，占内资企业的 19.2%[①]。

从职工就业来看，非国有部门已经成为我国当前就业的主渠道，而且，国有单位的就业人数不断萎缩，非国有部门已经是就业和新增就业的主体部门。1996～2005 年，国有单位就业人员减少了 4 756 万人，10 年中年均减少 475.6 万人。相反，同期非国有部门的就业人员增加了 12 165 万人，10 年中年均增加 1 216.5 万人。而且，这一减一增的趋势还在发展。2005～2008 年，仅政策性破产就涉及 2 167 户国有企业和 366 万名国有企业职工，还有 200 多万职工拟通过“主辅分离”政策进行分流安置，这两部分共计 566 万人以上[②]。另外，事业单位一部分人因为“国资将逐步退出公立医院”等各类公益性单位和“减员增效”等各式各样的“改革”，失去现在国有单位的身份或岗位。失业人员和分流部分职工如果再就业，多数又是非公有制单位或非国有企业，进一步增加非国有部门的就业人员。2010 年，在全国规模以上工业企业中[③]，由国有、集体企业组成的纯公

① 根据《2011 中国统计年鉴》相关数据，自行整理、计算所得。

② 转引自《国务院常务会议提出国企改革要维护职工合法权益》，新华社 2006 年 11 月 9 日。

③ 注：据统计年鉴规定，规模以上工业企业为年主营业务收入在 500 万元以上的企业。

有制企业就业人员占全部企业就业人员的比重下降到仅为8.7%[①]。很显然，当今的中国，与改革之初公有制经济占统治地位的情况相比，所有制类型多元化格局已经形成。

（二）所有制结构调整对收入分配秩序的影响

由计划经济转向市场经济，要求所有制结构进行调整，由过去的“一大二公”转为“以公有制为主体，多种经济成分并存”。但是如何转呢？非公经济究竟是如何产生、形成的？是在“公有制”的旁边发展“非公”的所有制，还是把“公”的所有制变为“非公”的所有制？在现实中两种情况都有。一方面，在公有制发展的同时，非公有制经济迅速发展起来了；另一方面，一部分公有制经济通过变卖等方式，转为了非公有制经济。

公有制和其他所有制的关系，与前述的政府与市场的关系是分不开的。在公有制旁边，改革开放几十年来非公有制经济得到了迅速发展，这些非公有制经济，能够在公有制的旁边这么迅速地发展起来，与政府权力密不可分。如一些做大生意、大买卖等非公有制大公司的发展，往往与政府权力密切相关，有些本身就是有权力背景的。有些人本身可能就是从权力部门转移出来的。还有某些权贵子弟利用权力网络从掌握资源的政府部门拿到批文，倒卖紧缺的生产资料和进口商品。在短缺经济及价格落差巨大的环境下，他们拿到批文就等于拿到了钱，这些暴富者不是真正的企业家，尽管他们也混迹于商界，表面上也在进行交易，但他们的主要交易对象是权力，他们的财富来自于这种腐败的权力，其真实身份是“官倒”。可见，我国“非公有制”本身的发展，具有明显的转型经济特点，这与发达市场经济国家的情形有很大不同。

另外，我国的一部分公有制经济，通过拍卖等方式变为了非公有制，这一部分公有制经济的“非公化”，表面上都经过了一定程序，但是，有些可能程序本身有问题，有些程序只是徒有其名，使得公有制经济在转换为非公有制经济的过程中，出现大量的国有资产流失。在拍卖、企业改制的过程中，实际上大量的公共资源成为某些私人获得利益的源泉，公共资源成为一部分人取得巨额私人收入的来源。这里又可以分为两种情况：一种是公有经济彻底变为非公有经济，实际上就是对国有资产产权进行市场化转让，在这一过程中如果国有资产估价过低、卖价便宜，便会造成大量国有资产流失，从而肥了不少私人。另一种“非公化”实质上就是改制，把原来的公有经济变为了所谓的现代企业治理结构，在国有企业的产权改革过程中，一些国有企业改制之后，以前大量的公共资源实际上已经

① 根据《2011中国统计年鉴》相关数据，自行整理、计算所得。

不再是公共资源，出现了内部人交易、内部人控制问题。一些国有企业的管理层在买通某些政府官员之后，以极低的定价把企业资产出售给自己；或是某些雄心勃勃的私人企业家，作为“资本运营”高手，他们与政府主管部门及国有企业管理层合谋，压低定价，凭空获得巨额收益。这样，公共资源在某种程度上成为私人谋利的一个条件、一个渠道。此外，一些国有垄断企业的负责人和职工的高收入也是这样形成的。

农村经济也是如此，集体所有制不像全民所有制，全民所有制是说得清楚的，这个物品是全民所有，那就是人人都有；世界上最早发明集体所有制的是苏联，最早退出集体所有制的也是俄罗斯。由于政府对集体经济事实上的支配权，使政府、集体经济负责人可以联合起来对集体经济施加影响，农民土地的征用就是一个例证。现在，地方政府征收农民的土地，不需要跟农民“一对一”地谈判，只需要把村干部、村支书找过来，乡镇干部跟他们谈一谈，方案就定了，因为是集体所有，是集体经济。政府想要 GDP 和税费，开发商想要利润，集体经济的负责人又只是集体产权的代表，自己在其中所占份额很小，所以，在行政压力和经济利益的诱惑下他们会倾向于政府一边，于是，一部分农民的利益就被转移了。

在缺乏合理制度框架下进行的土地与国有企业产权交易，变成了一个十分明显的逆向财富再分配过程，即原来掌握权力或者接近权力、因而本来就享有较多实物福利的人，不仅将自己的福利货币化，更进一步地把不平等的交易条款强加于人，从而占有了那些实物资产资本化所带来的全部溢价。事实上，这些资产的溢价早就被市场发现了，他们并不是因为发现了这些资产的价值而享有这些溢价。他们享有这些溢价的唯一依据是他们接近权力，他们依此驱赶了原来法律上的所有者，强占了本来应当属于他人的初始交易权。

上述说明，非公经济的发展本身要依托权力，公有经济在变为非公或改制的过程中，也要执行这样的安排，由于权力经济的干预，所有制结构的变化可能带来收入分配的不规范。可见，中国和其他从计划经济转向市场经济的国家，在全面的公有财产制度转向部分私有财产制度的过程中，私有产权的发展程度也是导致居民收入分配差距扩大、收入分配秩序不合理的一个重要因素。

二、所有制结构调整与劳资关系

在巩固和发展公有制经济的同时，非公有制经济在政府的鼓励、支持和引导下迅速成长起来。随着改革的深化，原有的计划经济体制逐渐被具有中国特色的社会主义市场经济体制所取代，市场成为一种资源配置的手段。然而，伴随着市场机制的不断强化，资本作为较为短缺的关键要素，力量及影响也逐步地提升和扩大。资本强化、资本强权、资本主导地位获得了特定的历史形成途径。与此同时，劳动却不断弱化，在劳资契约关系的制定方面、在生产领域、在分配领域，劳动者都处于弱势地位。

（一）国有企业劳资关系改革

在以国有企业为主体的企业制度改革中，劳动者以劳动合同的形式与企业建立关系，使他们从计划经济体制下的“单位人”变成了“合同工”。从理论上讲，这份关于劳动力要素的交易契约，是劳资双方依法协商达成的有关双方权利和义务的协议。但是，在中国企业改制过程中，签订的劳动合同对劳方极为不利。随着资本的个人自由支配和利润的快速增值，资本逐渐渗透到各种社会经济关系中，并在主导整合社会资源时进一步渗透到政治领域，通过与政治结盟，形成强势团体来影响政府政策的制定，为自身增值和扩张创造更有利条件。当资本开始成为主导社会发展的力量时，劳动（力）不仅没能赶上它发展的步伐，反而随着改革的推进，其相对价值及所有者地位却呈现出下降的趋势。过去劳动者进入国有企业就等于拥有了“铁饭碗”，不存在失业问题，生老病死也一切由企业负责。市场化改革以后，劳动力市场逐步建立起来，劳动者与企业之间成为一种合同关系，劳动者的“铁饭碗”变成了“泥饭碗”，随时都有可能被“摔坏”或被“摔碎”。

改革开放三十多年来，资本与劳动的分化愈益明显。资本要素所有者凭借其经济实力、社会地位等各方面的优势，使自己的资本不断强化、不断增值。而资本的强化增值又使其所有者的力量进一步提高，影响范围进一步扩大，甚至使国家政策的公正性都面临着考验。以房地产行业为例，“……因为，资本总是流向利润更高的领域，在人多地少的中国，资本增值最多最快的必然是房地产市场，又因为只有国家才拥有土地所有权，只有政府才拥有征收和买卖土地的权力。其结果必然是，资本极力与政府权力结盟，把风险和不确定性转嫁给了庞大的弱势群体。”① 在这种背景下，劳动者很难通过自身努力来摆脱相对贫困的生活和落后的地位，限制了劳动者自身的发展。同时，随着私营企业主收入水平的不断提高与国有企业改制的进行，国企高管人员逐步通过高额年薪制、期权制等方式实现收入迅速增长。身为资方代表的收入水平不断提升，劳方在收入分配中却依然处于明显的弱势地位。随着我国社会地位与经济实力的进一步增强，资本要素与

① 郭台辉：《劳动与资本的关系变迁：对我国改革历程的一种解释》，载于《岭南学刊》2006 年第 4 期，第 12 页。

劳动力要素之间的“马太效应”凸显：资本要素所有者由于其在社会与经济方面优势的不断积累而愈发居于强势地位，成为社会经济变迁的主导力量，而劳动者的弱势地位也更加明显。作为不同要素的所有者，社会成员之间贫富差距拉大。

（二）民营企业劳资关系变化

中国经济转轨的实践中，在公有制企业里，劳动者能获得工资、一定数量的奖金、养老医疗等保险。虽然有关制度明文规定公有制企业的利润由国家所有，但劳动者还是获得了该由企业利润支付的社会保障等收入，所以，公有制企业的劳动力产权并没有完全实现。而在非公有制企业，资本利益严重侵蚀劳动者的利益，具体表现在：资本方（企业主）尽量压低劳动力的工资或拖欠工资；企业收取被雇用劳动者的所谓押金；延长劳动时间；不为劳动者缴纳各种保险费用；除了科技型和管理型劳动者参与了一部分利润的分配外，一般劳动者无权参与企业利润分享。在非公有制企业里，不用说劳动力产权的实现，就是劳动力价值的补偿或成本的收回，有时都不能实现。在民营经济发展的初期，我国民营企业基本奉行市场化分配制度，由企业自主分配，企业主单方面决定劳动者的工资。随着公有制企业改革的不断深化，公有制企业工资竞争力和工资模板作用日益削弱，民营企业工资问题逐渐暴露出来。21 世纪以来，我国政府实施集体合同制度，即在企业单位推行由劳资双方共同协商确定工资标准的制度，但工资协商谈判制度的推行存在种种困难，实际推行的效果不尽如人意，劳资协调机制发育滞后，企业仍存在比较普遍的雇主单方决策工资的现象。除平等协商确定工资难以推行外，民营企业其他工资违法问题，如低于最低工资标准支付工资，随意克扣职工工资，利用劳动者弱势地位盘剥工人等案例并不鲜见。与劳动者合法权益受到侵害现象相对应，私营企业的利润高速增长，这些利润中也包含了雇员在低工资、欠薪、违法加班、无社会保障、生产安全条件恶劣等方面损失的份额，也就是说包含了雇员合法权益受损失的部分。这一部分所得，按马克思的剩余价值理论和萨缪尔森早年在《经济学》中所说的观点，都属于雇主对于雇员的剥削。

另外，大批在企业劳动的农民工处于一种低工资、无社保的状态。这种低工资、无社保现象加剧了劳动力市场的无序竞争，也冲击了越来越多的城里人、大学生。农民工在村里留有承担社会保障功能的土地和房屋，然而，大多数城里的年轻人和大学生没有房屋和土地充当生存底线，这些每年为非国有企业所吸纳的数百万新生代雇员，其生存状况甚至还不如农民工。由于私营部门劳动力权益状况差，工人收入水平低，就业质量低下，侵害劳动者合法权益的现象比较普遍，伴随着非国有部门就业的人数剧增，这种社会矛盾和社会冲突必将继续扩展，社会不稳定的潜在风险也会进一步增加。

伴随着中国经济转型和所有制结构调整，无论是国有企业还是民营企业，劳资关系协调滞后，“强资弱劳”的矛盾突显。长期的劳资矛盾、劳资利益的失衡容易影响社会稳定，也阻碍了经济发展。劳动者收入偏低直接遏制了内需的增长；收入偏低、劳动强度过大、劳动环境恶劣也损害了劳动者的身心健康；疲劳、超长时间劳动和低收入更使劳动者没有多余的时间、金钱、精力进行技能培训和钻研技术，因而也丧失了获取更高收入的机会。

（三）所有制结构调整对劳资关系的影响

在我国由计划经济向市场经济的转型过程中，国家尚未建立起一套与市场经济和企业发展相适应的劳资关系体制，导致了劳资关系方面的种种问题。

在国有经济部门，由于投资主体一元化或者国有资本“一股独大”的产权结构没有根本改变，大型国有企业股份制改革以及垄断行业的管理体制改革进展缓慢，劳资关系也很难缓解。在没有进行股份制改革的大型国有企业中，政企不分、政资不分的现象仍然比较严重；而在已经进行了股份制改造的企业中，法人治理结构不完善，股东大会、董事会、监事会形同虚设，没有发挥出其应有的作用。伴随着所有制结构的调整，公司管理层挪用企业资产、以权谋私（或化公为私）、高管普遍高年薪以及收入分配不合理等现象大量存在，劳资关系进一步恶化。

为了补充公有制经济的不足，吸引民间资金和外资发展工业化，我国在极为特殊的历史条件下恢复和发展了民营经济。但是，民营企业并没有摆脱与传统公有制企业相适应的行政控制式劳动关系制度框架，民营企业所需要的市场化的、劳资双方自治的劳资关系体制并未建立起来，工会和雇主组织都表现出行政化控制的特点。由于意识形态、制度惯性等原因，民营企业的劳资关系制度建设具有浓厚的自由放任色彩；而且，受占社会主体地位的公有制经济管理制度的极大影响，民营企业劳资关系主要依靠个体化的劳动合同，与其相关的法律制度大都规定一些劳动标准，而劳动标准的执行主要依赖企业的自觉和劳动监察部门的监察。在实践中，由于民营企业规模、分布等原因，各级监察部门往往鞭长莫及，形成了民营企业劳资关系中雇主独大、为所欲为的特点。另外，非公有经济发展的体制性障碍尚未真正解决，各类所有制企业公平竞争的机制也没有完全建立起来，使我国民营企业的劳资关系出现严重失衡，劳工权利容易受到侵犯，劳资争议容易发生。

在所有制结构进一步调整和完善的过程中，如果工人的基本收入不能得到有效保障，职工收入与经济增长速度严重不成比例，势必导致劳资收入差距日渐扩大，劳资争议案件逐步增多，政府管理部门的负担日益繁重，也对一些劳动者的生活和社会安定产生严重影响，最终影响到整个社会的稳定和经济发展。

三、所有制结构调整与政治行政权力

（一）中国的市场化改革与国有化浪潮

市场化改革的基本内容就是放松政府对资源的控制，向私人资本开放原来由国有企业垄断的市场，经济体制转轨的总体方向就是让私人企业成为经济活动的主体。中国经济过去三十多年奇迹般增长的根本基础，就是因为政府放松管制，个人获得一定的活动空间，国人被抑制的创业精神爆发性地释放出来。个人运用自己私人积累的相对自由的资本，进入越来越广泛的市场领域，以远高于国有企业的效率，为资本的持有人自给，同时也为整个社会创造财富。

到 20 世纪 90 年代中期，中国改革在宏观经济体系建立和所有制结构调整两个方面都取得了重大进展，原来国有经济一统天下的局面发生了改变，国有经济在国民经济中所占比重有了较大的下降。虽然国有经济在 GDP 中所占的比重不到一半，但政府和国有企业仍然是稀缺经济资源的主要支配者。如国有部门占用了 70% 以上的信贷资金资源①，电力、电信、石油、金融、保险、水电气供应、烟草等国有行业的职工不足全国职工总数的 8%，但工资和工资外收入总额却相当于全国职工工资总额的 55%②。由于政府和国有企业在国民经济中的领导地位，使适合市场经济的金融、财税等体系难以健全，国有企业反而呈现了相当明显而强烈的“再国有化”趋势。一是有些领域在已对民营企业进入发放“许可证”的情况下，又往后退缩，不让民营企业继续经营；二是一些国有独资和国有绝对控股的公司对民营中小企业展开了收购兼并，使这类企业的垄断地位进一步强化。

尽管市场化已经成为整个社会的政治共识，但在经济领域，社会上又出现了被媒体称为“再国有化”或“新国有化”的现象。国有企业的市场份额在不断扩大，国有企业的利润持续大幅度增长，利润尤其向中央企业集中，这种趋势对民营企业产生了一定“挤出”效应。事实上，国有企业的发展壮大在相当大程

---

① 转引自吴敬琏：《“国进民退”，改革进入艰难的攻坚战》，《中国未来 30 年》，中央编译出版社 2011 年版，第 90 页。

② 转引自丛亚平、李长久：《收入分配失衡带来经济社会风险 权力资本在扩大》，《经济参考报》，2010-05-21，http://finance.sina.com.cn/roll/20100521/02277976554.shtml。

度上与倾斜性政策是密不可分的。经济领域很多法律、政策带有比较强烈的倾向性，如要求企业在高起点上进入；或者即使看似公平，如提高单个企业规模、提高产业集中度，似乎可以推动整个行业提高生产效率和技术水平，但其实却是有利于国有企业扩张，从而挤压民营企业的生存环境。因为在中国很多行业，具有规模的很多是由国家主导甚至是不计成本地投资形成的国有企业。而民营资本在进入之初，当然不可能有较大规模；即使已经进入若干年，由于政府政策多变，企业融资存在难题，其规模也不可能迅速膨胀。因而，强调规模和技术水平的实际效果使民营企业几乎不可能进入很多重要行业。

一些大型国有垄断企业常常能促使政府的产业政策向自己倾斜，主要是因为国有垄断企业与政府有着直接的利益关系。国有企业垄断经济安全、能源安全、航空安全、装备安全、电信安全，而垄断企业的利益一旦与国家安全利益捆绑在一起，其说服力便所向披靡。行业主管部门或者相关领域的政府监管部门与这些垄断企业有千丝万缕的联系，这些部门的政绩也与其所主管和监管的企业业绩有着直接关系，于是，这些企业就在政府内部拥有自己的利益代言人，使得很多产业政策几乎是为垄断企业量身定做。相比之下，民营企业对政府的游说能力和渠道却非常欠缺。民营企业缺乏真正的自治，因而没有能力形成共同的诉求；即使形成一定诉求，也无法有效地进入政府的立法与决策过程中。经济学理论及20世纪东西方各国的历史均已证明，国有企业的效率不可能与私人企业、民营企业相提并论。通过对民营企业开放市场，经济的整体效率将大幅度提高；如果民营企业在某些领域退却，导致竞争削弱，必将导致社会的整体资源利用效率下降。

当然，还因为赶超心理和“现代化崇拜”等逻辑让政府容易接受国有企业的游说，倾向于维护部分国有企业的垄断地位，在某些特定环境下，强化其垄断地位。新中国成立以来，面对西方的强大，中国人始终有一种赶超心理，而政府始终认为，最高效的赶超主体就是国有企业。赶超心理在20世纪50年代中期达到顶峰，于是，政府采取全面计划体制，通过单一的国有企业，实现经济增长。计划经济也确实创造过增长的奇迹，但那是一种不可持续的体制。伴随着计划体制的崩溃，大量国有企业在80年代之后破产倒闭，国有企业成为淘汰和改革的对象，但国有经济在政治上比私营经济更重要的意识形态始终没有改变。90年代中期，中国经济的实力开始增强，逐渐融入国际经济体系中，人们开始关注国际竞争，在决策者那里逐渐形成了一种“现代化崇拜”。一些部门官员推崇、扩大企业规模，期望做大做强，政府开始强调组建大型企业集团，使得企业规模不断扩张。尤其是近几年来，在资源性行业、基础性行业，身处现有体制夹缝中的民营企业只能从小规模、低水平起步，自然地遭到各级政府的排斥。各级政府采取了很多措施鼓励合资企业发展，也采取不少措施保护某些企业的垄断；而鼓励民营企业发展的政策措施，最终多数落空。

有研究表明，基于政府“掠夺之手”和“扶持之手”理论，相对于其他政治关系，董事长政府背景与地方国有企业超额雇员正相关。政府干预在诸多领域降低了社会资源的配置效率，政府“掠夺之手”对企业的损害很明显，政府“扶持之手”则对企业的正面效应相当微弱。

（二）国有垄断与外资企业夹缝中民营（私人）企业发展的困境

近年来，电信、石油、金融等行业的大量国有垄断企业纷纷改制并到境外上市，改制上市进一步强化了相关行业的垄断，产生了一种绑架监管者的效应。这些公司享有强有力的垄断地位，在境外投资者对这些公司股票的估价中占有相当高的权重，决策者明白，任何可能削弱这些公司垄断地位的政策措施，都会引起其股价的急剧下跌。把决策者置于一种既要考虑中国概念在外国投资者心目中的形象，又要考虑公司承受力的困难境地，在这种情况下，决策部门理性的选择就是继续维护这些公司的垄断地位。近几年来，电信部门的市场化没有任何进展，石油行业甚至倒退了，垄断企业利用产业政策挤垮了很多民营企业，出现了一个“再国有化”过程。国有商业银行到境外、境内上市确实可以获得大量资本，也让中国银行业有点市场化的外表，但是在一种特殊机制下，表面的市场化可能排除了真正的市场化，民间商业银行可能丧失了市场进入的权利。民间资本最多只能在某些情况下参股国有资本控股的银行，为其输送资源，而难以获得独立成长的空间。

很多人以“非公经济”比例来衡量市场化程度。由于近几年严重依赖外资的经济增长模式，在地方政府为增长而展开的竞争中，经济发展大力依赖外商投资企业，因而“非公经济”大部分是外商投资企业。外商投资的涌入并非完全由自然禀赋所吸引，在很大程度上是政府刻意激励的结果。某些地方政府为吸引外商投资，采取了系统的“亲商、安商、富商”政策，这里的“商”特指外商。外商投资企业确实是民营企业，但由于地方政府常常赋予它们一些特殊政策待遇，使得它们变成了扭曲市场秩序的一种力量。在这种特殊待遇之下，当内资私人企业难以通过公平竞争而健全发育。比如：相对于外商投资企业，当地同一市场上的内资民营企业在土地、所得税、关税及监管等方面都受到了非公平政策待遇，而处于极为不利的地位。一些地方政府为了吸引跨国公司到本地投资，出台种种优惠政策，比如跨国公司可以低廉价格方便地获得土地，而当地民营企业则面临着这种资源约束。外商投资企业获得这种优惠政策，就意味着民营企业被排挤，市场秩序遭到扭曲。在长江三角洲的大部分地区，包括上海，经济增长速度十分喜人，但当地内资民营企业的生长发育却显著滞后，不仅滞后于临近的浙江，甚至不如中西部地区。可见，GDP增长丝毫无助于体制转轨和所有制结构调整，甚至恰恰相反。

总之，在经济转型的过程中，中国经济形成了一个相当明显的双层市场结构：上层是享有特权的外商投资企业和政府关系企业，下层是遭到制度性歧视的内资私人企业，这两类企业生存在大不相同的政治、法律、监管、财税环境下。

（三）城市化进程中土地市场化交易的悖论

进入20世纪90年代，原来由国家控制的实物资产开始了资本化进程，其中最重要的是土地买卖。经济学家将实物资产特别是土地的资本化过程，视为是市场化的进步，毕竟，土地可以交易了，只有进行交易，资产才有市场价值。然而在中国，现有的《土地管理法》将土地区分为农用地、建设用地和未利用地三大类，土地的用途直接由国家管制。政府严格限制农用地转为建设用地，这样，中国事实上存在两类权利不同的土地：一类是全民所有制的城市国有土地，它可以生成建设用地使用权，政府通过出让这种建设用地使用权，供工业开发、商业使用及居住使用；另一类则是集体所有制的农村土地，根据严格保护耕地的法律，农民不得将这些部分私自转为建设用地，其所有权受到了最严格的限制。

城市化、工业化的快速发展，原有的国有土地远不够用，于是，伴随着城市范围的迅速扩大，集体所有制土地也加快了向全民所有制土地的转化过程。对于城镇的全民所有制土地，政府拥有完整的权利；而属于农民集体所有的农牧用地，改变土地用途的权利属政府所有，农民并不拥有完整的权利，地方政府对农村集体土地享有事实上的控制权，这部分土地的初始交易以政府征地的方式进行。由于农民不能自发地满足城市化、工业化的需要，城市的扩张通过政府征用农民土地的方式进行。在征地过程中，政府并不依据土地的未来收益定价，而是依据土地过去的农业收益定价，土地的溢价完全被地方政府及房地产商人分享。农民尽管在法律上是土地的所有者，对于这样的定价方式却无从反对，甚至即便地方政府不支付任何费用，农民也无可奈何。可见，农村集体土地的初始交易带有某种程度的掠夺性质。在现有政治与司法框架下，征用土地容易把双方当事人置于不平等的地位，被征用的农民难以与政府等相关主体进行平等的谈判。而且，在对农民所拥有的土地进行现代化时，农民在法律上、制度上却被排斥在现代化过程之外。从法律上限制农民转换土地用途，迫使农民只能等待政府在其所拥有的土地上进行现代化；在政府征用土地的过程中，个别地方政府甚至使用暴力方式，利用权力将不公平的条款强加于农民，用极其低廉的价格征用土地，农民没有任何讨价还价的合法渠道。从根本上说，这种征用制度剥夺了农民自我实现现代化的自由与权利。政府通过征地将集体所有制的农业用地变为全民所有制的国家土地，然后通过某种方式出让，转化为城市工商业用地。当前，一些地方政府就以相对低廉的价格强行向农民征地，再通过一种长期协议转让制度，向有关系的地产商出让土地使用权，土地增值收益则在地方政府及地产商之间分配，近年来地产商一直占据各富豪排行榜的半壁江山，就是最好的佐证。

尽管宪法规定城市的所有土地属于国有，但事实上这些土地的使用权却掌握在企业、居民个人手中。因此，政府只能够通过拆迁的形式来真正拥有这部分国有土地。通过拆迁，可以让城市政府对这些土地政治上的所有权，落实为法律上的所有权，从而真正做到由政府支配用于出让。然而，在拆迁环节，一些城市地方政府常常利用行政手段压低补偿标准，但在出让土地时却热衷于市场化并操纵土地供应规模与时机，这样，出让土地的程序越是市场化，价格就越有可能被哄抬到非常高的地位，最后，所产生的巨额地价往往由购买房屋的百姓来承担。

与此同时，任何单位和个人进行建设，必须依法申请使用国有土地，向政府购买国有土地的建设用地使用权，政府有权力垄断性地供应工商业与城市住宅建设用地。政府作为垄断性土地的供给主体，几乎不太可能向个别家庭及家庭组建的住宅合作社出让土地，能从政府那里获得土地的将主要是大型企业和房地产开发商，这也导致了商品房供应的开发商垄断。而且，出让土地的程序越是市场化，有能力从政府那里获得土地的开发商的数量就越少，于是市场化的房地产市场内在地倾向于寡头化，消费者可选择的范围日趋缩小。

对土地的垄断性导致的高地价和投机哄抬导致的高房价，一方面普通老百姓难以进入住房投资市场；另一方面转化为商业用房的高房租，提高了城市的商品和服务价格，其结果是进一步加剧了财富的畸形聚集。“土地—房屋”双重垄断模式，让城市居民更加依赖开发商供应住房，造成一种双重剥夺机制。一方面，将集体所有制的农村土地变为全民所有制的国有土地时，农民不仅没有得到对等的土地增值收益，反而丧失了对土地的所有权，也丧失了自我现代化的权利；而在征地与土地出让的过程中，土地的增值收益被一些地方政府和房地产开发商获取。另一方面，城市化过程变成了一种土地国有化运动，城市居民不仅不享有土地的所有权，而且还要为住房付出巨大的成本，这些成本就是地方政府和开发商的超额利润。国土部的数据显示，2010 年，全国土地出让成交总价款 2.7 万亿元，同比增加 70.4%，实际土地出让面积 42.8 万公顷，同比增加 105%，其中地方政府、开发商、银行成为最大的受益者[①]。“土地—房屋”双重垄断模式，不可避免地形成了“财富向地方政府集中，向房地产商集中”的一种畸形财富

① 转引自《2010 年全国土地出让金达 2.7 万亿 去向成谜》，《中华工商时报》，2011 年 1 月 21 日，http：//zhuzhou.focus.cn/news/2011-01-21/1173994.html。

分布格局。

四、所有制结构调整与隐性经济

（一）所有制结构调整中产生的隐性收入

由传统的计划经济向市场经济转型的过程中，中国的所有制结构由单一的公有制调整为“以公有制为主体，多种经济成分并存”。然而，在实际操作过程中，什么是公有制为主体？一部分公有经济如何非公化？规则和程序是什么？都不是很明朗。应当继续实行公有的东西该如何运作，如何维护公共权益？如何防止内部人控制？都没有得到很好地解决。在这种前提条件下，“摸着石头过河”进行所有制结构的调整，势必会带来公有资产私有化、权力寻租和大量的隐性收入，导致收入分配秩序混乱。

在国有经济拍卖或改制过程中，大量的国有资产流失，大量的公共资源成为一部分人取得巨额私人收入的来源，公共资源变成了私人隐性收入的重要源泉。在农村土地城镇化、农业用地工商业化、土地市场隔离化（征用后才进入市场）等过程中，同时伴随着各种各样的权钱交易，带来了各种垄断收入、灰色收入及黑色收入，这些隐性收入的存在都在一定程度上拉大了居民之间的收入差距。

（二）不同所有制结构中的隐性经济与隐性收入

对于行政事业单位而言，由于预算外资金监管制度和手段的缺位，问责乏力，加上“政府权力部门化，部门权力利益化，部门利益个人化”趋势严重，导致预算外资金监督漏洞越来越大。2010 年 6 月，审计署指出，一些中央部门及所属单位挤占挪用财政资金和违规发放津贴补贴 10.95 亿元，擅自发放的津贴补贴名目达到 300 多项①。这些行政事业单位部门通过各种假发票带来大量的待遇收入，其中一部分以实物形式存在，特别是一些级别较高的干部和企业经营者所享有的待遇收入，其存在的形式更为丰富。这些隐性收入无论以何种形式存在，都具有一定的价值，可以货币表现其价值，所以也是货币收入，而享受这种待遇的人等于相对的增加了其个人的工资收入。

国有资产虽然从名义上属于“全民”所有，但实际上通过层层委托代理关系给投机者提供了机会。他们用各种隐蔽的办法从国有资产那里捞好处、揩油

① 严昌涛、朱明熙：《隐性经济造成税收巨大漏洞》，http://blog.sina.com.cn/s/blog_6bfdfccd01010ebh.html。

水，导致国有资产逐渐成为私人隐性收入的一个重要来源。据有关报道，在2009年对京沪高铁项目的审计中发现中水集团、中铁十六局等17家施工单位使用不符合国家规定的发票入账结算，总金额达5.2亿元。2010年中铁旗下11个局和北京建工集团等16家施工单位使用虚开、冒名或伪造的发票1 297张入账，金额合计3.24亿元[①]。某些国企中一部分掌握紧俏物资的实权人物，通过出卖计划内配额，吞吃平议差价货款，也为行贿打开了方便之门，双方联手演出了一幕幕官倒、私倒、腐败、寻租的闹剧。贪污受贿、设租寻租等腐败行为带来的隐性经济活动，致使相关实权人物的个人收入中存在大量的隐性成分，产生大量的隐性收入。

国家利用行政权力对某些行业实行过度保护和干预，限制竞争，形成垄断行业，而垄断企业一般又都是国有企业。一些具有垄断性的行业和部门由于缺乏竞争机制，以及管理体制方面存在的弊端，产生了种种隐性经济活动，造成了不同行业职工收入的长期差异。如石油、供水、供电、供气和电信等部门长期处于独家垄断地位，他们凭借垄断地位在生产经营过程中获得高额垄断利润，这些高额垄断利润又通过各种方式和手段，最终全部或部分隐性转移到本单位、企业的职工个人手中。这些单位、企业的职工尤其是管理层人员，也因此获得了大量工资收入以外的隐性收入，从而加剧了不同行业部门职工之间的收入差距。

在政府征地和拆迁过程中，土地收益管理不善导致了巨大数额的资金流失，扭曲了收入分配秩序。国家审计署披露，2009年11个省区市有684亿元土地专项资金未纳入预算管理，还有381亿元土地出让金应征未征[②]，不难想象，数百亿元应征未征的出让金，会给有关官员带来巨大的经济回报，产生大量的隐性收入。

在经济转型过程中，所有制结构调整要求政府大力鼓励私营经济发展，然而，政府却没有提供相应的服务，导致隐性经济产生。在国企改制、改造的过程中，大量的国有企业职工实行下岗、分流，这部分职工在自谋职业时，除了少量在市场以及临街地段租房开门市和设摊营业的外，90%以上的小摊小贩、流动性经营业主均属于无照经营。“挂户经营”是目前农村中出现的挂靠于乡镇企业的农户家庭企业，其本身没有合法身份，利用被挂靠的企业的名义开展生产经营活动。此外，由于不能与国有企业特别是国有垄断企业平等的参与市场竞争，很多在夹缝中求生存的集体企业、私营企业，无照经营者也不罕见。这些没有合法身

---

① 严昌涛、朱明熙：《隐性经济造成税收巨大漏洞》，http：//blog.sina.com.cn/s/blog_6bfdfccd01010ebh.html。

② 降蕴彰、李晓丹：《王小鲁：隐性收入可交叉验证　解决问题出路在政改》，《经济观察报》，2010年10月9日，http：//business.sohu.com/20101009/n275485496.shtml。

份、未被登记的经济活动，均为处于政府管理、监督之外的各种隐性经济。

此外，中国目前企业逃税、偷税现象依然严重。各类企业利用国家政策和税收优惠，通过偷、漏、避税及吃汇、账外经营、高价评估无形资产等手段，造成虚亏实盈，达到偷逃税款和享受国家各项政策优惠的双重目的。

在经济转型过程中，伴随着所有制结构的调整，行政事业单位与国有垄断行业中的各种隐性福利，国有资产流失过程中的隐性转移，土地出让过程中的资金流失，企业、公司和个体工商户的无证经营及偷逃税活动等行为，产生了大量的隐性经济活动，为相关利益部门和人员创造了大量的隐性收入，而规范和清理隐性收入也成为党的十八届三中全会报告中关于规范收入分配秩序的重要方面。

第三节　基于中央与地方政府间关系的角度

从计划经济向市场经济的转变，首要的和关键的便是政府角色的改变，由高度集权和全面干预经济的政府转变为财政分权和对市场经济有益补充、促进市场经济良性发展的政府。在我国，一方面采取以财政包干和分税制为特征的财政分权制度，使得发展本地经济会给地方政府官员带来经济上的激励；另一方面，通过中央任命地方政府官员的政治集权制度，以 GDP 为中心内容的政绩成为考核地方政府官员升迁的重要依据，这给地方政府官员带来政治上的激励。无论是经济激励还是政治激励，都赋予了地方政府提高 GDP 的强劲动力，政府间关系的这种变化直接带来地区间经济差距与收入差距。

一、政府间关系的调整与收入分配秩序

计划体制下的经济与市场是完全不同的。在计划体制下，法制不健全，行政权力高于一切；政府控制全部资源，包括自然资源、人力资源等，政府制定无所不包的计划，详尽地指令每家工厂、每个人应当做什么，每块煤、每千克钢用于什么地方，以使每个人、每单位资源都用于追求计划机构确定的目标；同时，政府间的权力划分也十分不明确。市场是个人自主行动且彼此互动的一个网络，没有自上而下的控制中心，每个人都在正当的法律和道德规则之下追求自己所喜欢的东西；大部分资源并非国家所有；各级政府间的权力划分比较刚性，个人权利得到较充分保障，政府不安排“经济”的每个细节，不能替每家企业、每个人安排生产与交换角色。

由计划经济转向市场经济，要求中央与地方各级政府间的关系也要进行调整。实际上，在改革开放之初，财政体制的改革就是先行军。30 多年来，中央与地方的关系有了很大的调整，尤其是 1994 年实行分税制以来，中央财政收入占全国收入的比重从 1993 年的 22% 增长到 2010 年的 52%，集中度有了很大提高[①]。虽然从总体上来看，地方的权力表面上远低于中央，但由于税收返还本就是地方的收入，排除这一项，再加上土地出让收入等基金收入，中央财政收入的实际比重仅为 31%[②]。加上地方有很多变通的权力和中央对地方的转移支付等，地方政府的自主权事实上增强了。而且，各地在很多方面都呈现出不同的模式，在收入分配方面自然也不例外，地区间居民收入差距的扩大就是一个例证。地区收入差距扩大，有经济发展水平的因素，也有收入分配制度的因素，还有政府间关系的因素。

在经济转型过程中，很多事情不明确，各地都在探索过程中，还需要“摸着石头过河”；而改革开放又不是“齐步走”，先东部后其他，即便是东部，各省区市的模式也不一样。在这样一种“八仙过海，各显神通”的情况下，收入分配秩序出现不规范也就在所难免。如果像过去计划经济时代全盘把控平衡，那么，地区差距也不会有那么大。当然，过去计划经济的模式，牺牲了经济效率，代价更大，更不可取。但如果在市场经济条件下，能够对收入分配，特别是收入再分配，包括公务员的薪酬等，在各地之间确立一些相对统一和规范的标准，则会更加有利于社会公平。

二、政府间关系调整与劳资关系

中央与地方关系主要是基于一定利益的权力关系。在经济转型的过程中，各级政府之间事权分配不合理，财权责任划分不清，以及财力与事权配置不对称、不匹配，导致政府间在承担公共服务职能中的“错位”与“缺位”。受地方财力与事权不匹配的影响，地方政府提供公共服务的范围、顺序与水准都出现了一定程度的人为扭曲，不仅造成了地方居民收入和整体福利水平偏低，也在一定程度上影响了地方政府在处理劳资关系中的决策。

一方面，一些企业主以利润最大化为唯一目标，无视社会责任，肆意侵犯或吞噬劳动者诉求，造成劳资纠纷、劳资矛盾和劳资冲突。在劳动力过剩而资本稀缺的生产要素力量对比下，资方更有话语权，单个工人的谈判成本将非常高，他

①② 转引自《中央财政收入比重 31% 集中度低于国际水平》，《经济观察报》，2011 年 11 月 12 日，http://finance.ynet.com/3.1/1111/12/6453022_2.html。

们无疑处于弱势地位。工会本是维护劳动者权益的组织，但我国的工会组织还不健全，而且经济上不独立，受制于政府或企业，难以独立表达员工的诉求，也就无法代表员工与资方谈判，所发挥作用的范围与影响力极其有限，而且，在维护劳动者权益方面，工会未发挥应有的作用。工资、福利是员工最关注的问题，但多数企业的工会仅限于组织一些员工活动，一旦涉及员工根本利益问题，就予以回避。很显然，由于在我国政府、企业之间缺乏一种真正代表劳动者利益的独立中间力量，因而，在劳资关系中，缺乏平等谈判机制，劳资双方利益格局严重失衡。

另一方面，地方政府片面强调以经济建设为中心，注重为投资者提供优惠条件，忽视了劳工权益的保护。由于对各级官员的政绩考核指标体系中 GDP 是一个最重要的指标，受以经济建设为中心的政绩导向和财政分权的激励，各级地方政府广泛地参与经济活动，形成了政府主导、投资驱动、出口导向的经济增长模式。因为招商引资上项目能给当地带来 GDP 的快速增长，地方政府能获得更多的税收，能显示政绩，使得不少地方政府为了引资上项目，为了完成经济指标，对资方损害员工利益的行为重视程度不够。在经济增长面前，民众利益、安全已让位，低工资、廉价劳动力被当作招商引资的优势；以发展经济为中心变成了以维护投资者利益、讨投资者欢心为中心。这种片面的经济增长，很大程度上还是以牺牲劳工权益获得的经济增长，不符合现代文明与和谐社会可持续发展的要求。而且，由于中国地方政府仍掌握着大量资源，特别是对土地资源，拥有很大的主导权，大量商业用地就是地方政府以征地或拆迁的形式从农民手中获得。甚至，将不公平的交易条款强加给农民或拆迁户；而地方政府在招商引资的时候，对有些企业甚至承诺免费供应土地。由于土地和劳动力的价格被地方政府人为抑制，进一步恶化了劳资关系。伴随着地方政府间竞争加剧，“强资本、弱劳动”在地方政府比中央政府表现得尤为明显。

三、政府间关系调整与政治权力

（一）政府间关系调整与中国地方政府间竞争

没有竞争，就没有市场，也没有效率。对于中国近三十多年来形成的地方竞争，国内外大多数经济学人持赞赏态度。尽管中国法治不够完善，也没有完整的私人产权制度，政府仍然控制着大多数要素，但过去三十多年里，中国经济却保持了高速增长。经济学家们试图用政府间竞争来解开中国经济高速增长这个谜，大多数学者也将中国三十多年来的增长奇迹，主要归功于地方政府之间为增长而展开的竞争。

1. 中国地方政府间竞争的内涵

政府间竞争的概念，大约源于布雷顿（Albert Breton）所提出的“竞争性政府”（competitive governments）概念。德国维藤大学经济系教授、维藤大学文化与经济体制比较研究所所长何梦笔以此为基础，并依据对俄罗斯和中国转型的经验研究，系统地提出了政府竞争的理论框架。地方政府间竞争的原型是联邦制之下的竞争性政府，只是这个理论主要关注的是中央政府与地方政府间的竞争。在联邦制下，任何一个政府都直接对其选民负责，为讨好选民，每个政府都倾向于通过提供和改进政府服务性公共品，吸引人口、资本和技术流入及停留在本地。由于每一个政府都具有健全的治理结构，民众可以控制政府的竞争策略和目标；同时，各个政府的活动都要接受独立法官的审查，民众拥有对抗每个政府的途径，因此这种竞争是良性的。这两项制度也确保政府间竞争不至于损害其他政府和本地民众的利益，对整个社会和当地经济发展具有积极意义。然而，积极竞争却不受合理规则制约、缺乏内在约束的政府，很可能采取扭曲的竞争策略，令整体秩序趋向坏的均衡。因此，地方政府间的竞争也需要若干条件。一是全国性法律对地方政府的约束，以阻止诸如地方保护主义之类的竞争策略；二是本地民众对地方政府的控制与约束，对地方政府来说，这构成内在约束。当然，当地方政府为了政绩而侵犯本地民众权益的时候，需要全国性司法机构为民众提供及时而有效的救济。

在中国经济转型过程中，地方政府间竞争主要是指政府间在政治上和市场中的竞争。政治上的地方政府间竞争表现为地方政府争夺由中央所控制的稀缺资源，市场中的地方政府间竞争表现为地方政府争夺由社会大众如居民、企业控制的稀缺资源。中央政府的最终选择直接影响着地方政府间竞争，甚至可能最终影响着地方政府在竞争中的胜负。一方面是由于正式规则的缺失；另一方面则是中国特有的国情，还存在一些地方或部门经过长期实践而形成的、系统内部普遍接受和约定俗成的潜规则，对于引导权力运行起着重要作用。比如“上有政策，下有对策”、社会广为关注的“跑部钱进”等不良现象。

2. 中国地方政府间竞争的动力

改革开放以来，在一系列的制度安排下，我国形成了激烈的地方政府竞争格局。20 世纪 90 年代以来，为了实现“政绩最大化”，各级地方政府为促进辖区内 GDP 的增长而展开了“为增长的竞争”，投资的竞争就是其中最重要的手段之一。这种竞争促使地方政府加大对基础设施的投资，改善投资环境，加快金融市场深化进程等，让中国经济在制造业和贸易战略上迅速迎合并融入了国际分工网络，具有吸引力的投资环境和令人惊讶的开放度，成为地方为增长而竞争的结果。同时，地方间竞争也产生了一定的制度性优势，它从根本上减少了集中决策的失误，促使高效率的创新迅速传播。

中国虽然政治分权程度比较低，但经济增长的动力却恰恰来自于地方政府。假如每个地方政府都对其选民负责，由于各地民众的偏好不可能是单一的，各地方政府就未必都一致投入到“为增长的竞争”之中，而完全有可能追求别的价值。然而在中国，上级政府对地方官员采取以 GDP 增长为中心的政策考核模式，通过政治锦标赛来激励和控制地方官员的行为，地方政府官员的政绩都由一个中心按照单一的经济标准自上而下地进行考核、比较。在这种政治锦标赛下，GDP 增长状况是考核地方官员政绩的关键指标，通过追求经济增长速度以获得政治晋升是地方官员目标函数的重要组成部分[①]。在财政分权体制下，地方政府获取了可用的财政收入，因此想方设法增加投资项目，通过投资来拉动经济增长。在财政压力和晋升激励之下，以经济建设为中心的政绩观及自上而下的政绩考核体系，自然诱导政府官员为实现“政绩最大化”而投入到单一的为了增长而展开的竞争之中。

地方官员追求地区经济利益和自身政治利益的最大化，而中央政府追求全社会利益的最大化。在当前体制下，地方政府仍然控制着要素，并且可以利用合法与不合法的手段影响企业行为，因而在地方政府及其官员为 GDP 增长而展开的激烈竞争中，地方政府也有能力决定一个地方经济增长的表现。由于地方政府拥有管理当地经济和社会事务的自由裁量权，又可以利用手中掌握的大量经济和行政资源，通过一系列方法来间接影响和引导其他经济主体的投资行为，实现其投资意愿。因此，如果地方政府与中央政府的目标函数不一致，地方政府可能将经济增长中的部分成本外部化，导致整个社会福利的损失。“地方产权制度”（regional property rights of local governments）就是一个能恰当解释地方政府竞争主要激励的概念。地方政府将其辖区内的重要资源视为类似个人产权及企业的产权及其他权利，则必须服从于地方政府的这种支配权，这两方面让地方政府间竞争既有必要，也具有可能。也正是这两方面的原因，让当代中国的地方政府间竞争，与布雷顿和何梦笔所说的政府间竞争，在后果上存在相当大的差别。

3. 中国地方政府间竞争内在约束的缺失

地方政府间竞争其实存在一种委托—代理关系，政府的内在约束及本地居民的约束对地方政府间竞争尤其重要。正如公司内部的委托—代理关系一样，如果公司治理结构设计不当，管理层就会拿着股东的资源进行竭泽而渔的竞争，自己获得一时之利，股东却蒙受永久性损失。中国的地方政府间竞争，也存在这样的

① 周黎安：《转型中的地方政府：官员激励与治理》，格致出版社 2008 年版，第 238 页。

道德风险。为某些地方政府及其官员带来收益的竞争策略，未必有益于民众，甚至一些地方官员们会采取损害本地民众利益的策略，谋求优良的政绩。

自20世纪90年代以来，中国的地方政府间竞争是一种没有规则也没有内在约束的竞争，从而导致地方政府商业化、地方经济权力化和地方权力粗鄙化。在正常的法治秩序下，每个人、每个企业，包括每个政府财产的产权都是十分完整的，地方政府间竞争的主要策略应当是在受限的权限内改进本地的制度环境。然而在中国，地方政府是城市的产权所有人，可以控制各种要素，不受约束地按照自己的偏好分配特权、豁免权与补贴，其竞争手段完全不用迂回到制度那里。由于一些地方政府彼此激烈竞争，又缺乏一个对利益的权利界定与保护者，因而没有形成类似于市场秩序那样的政府竞争秩序，也没有生成并有效执行约束这些竞争主体的一个规则架构，产生了地方政府的各种不正当竞争行为，比如地方保护主义、地区封锁四处泛滥，却无人有制止的意愿和能力。同时，地方政府间的竞争，也必然扭曲一个地方内部个人与企业之间的竞争。地方政府以其对城市的产权，按照自己的目标来安排城市经济活动，根据自己的偏好对不同的个人和企业采取歧视性政策，导致城市内部的个人与企业，其自由与权利是不平等的。往往是谁有助于城市的效率，地方政府就给谁以特权、豁免权、显性或隐性补贴，甚至为了保证那些地方政府所青睐的项目取得较高效率，其他项目、其他人必须让路。

可见，中国地方政府竞争是一个非常容易迷惑人的知识陷阱，如果不考虑初始的权利配置，仅考察竞争的后果，可以说这种不受约束的地方政府间竞争是高效率的。但是，假如考虑到初始的权利配置，结论就不是那么乐观了。中国地方政府拥有其作为政府的一般性权利，这一点与法治较为健全国家的地方政府无异，在此限度内的地方政府间竞争，不会损害他人的权利和利益，是一种正当的竞争，但它只能带来有限度的效率。除此之外，中国地方政府在其应有的权利之外更有一种超常的权力，对本属于个人和企业的权利，享有某种程度的支配权，并倾向于按照自身政绩最大化原则来利用它。某些地方政府完全可以不顾个人和企业的权利约束，随意地把他们的财产、权利作为一种资源投入，换取本地经济的高增长。地方官员们拿着本应属于别人的东西去做买卖，当然可以不计成本，这是另一种形式的"软预算约束"。这种软约束自然可以使政府在短时期内推动要素超常规投入，让无数经济学家形成一种"效率幻觉"。

（二）地方政府间竞争与收入分配秩序

地方政府间竞争会促进地方政府保持本地区的经济繁荣，但地方政府间竞争本身也可能导致资源配置的扭曲。当前我国的地方政府间竞争，一方面促进了地方政府创造各种优惠条件招商引资，不断发展经济，以增加地方的 GDP；另一方面由于缺乏相应的制度规范，地方政府寻求自我发展空间的努力往往导致两败俱伤。绩效考核指标错误，直接导致了地方政府角色定位的错误，从而导致地方政府往往不顾实际情况，开展各种不正当竞争行为。

在经济转型过程中，地方行政权力始终参与收入分配，导致整个社会的初次分配向地方政府倾斜，向地方政府所偏爱、所支持的企业倾斜，行政权力参与收入分配成为初次分配扭曲的一个重要因素。在中国地方政府间竞争中，个人和企业的自由与权利中的一部分常常被地方政府僭取，特别是一些地方政府的竞争策略就是以本地民众之福利，讨投资者之欢心。比如压低农民地价、抑制工资上涨以吸引外商投资等，扩大了收入分配差距，扰乱了分配秩序，同时诱发劳资冲突与矛盾。地方政府间的这种不正当竞争，既扩大了地方经济发展的差距和居民收入水平的地区差距，也抑制了当地居民收入水平的提高。

在中国经济体制改革的（东中西）梯度推进进程中，由于各地方都是在摸索中前进，各地方经济基础、资源分布状况不同，导致了经济发展水平的地区差距；而居民收入来源不同和分配的不一致性，也必然导致地区收入差异的多样化。改革开放以来，在共同富裕目标的指导下，我国实行了允许一部分人和一部分地区先富起来的政策和东部沿海地区优先发展的战略。为了推动东部沿海地区的快速发展，国家除了在直接投资上给沿海地区一定的资金倾斜外，还给了沿海地区多方面的优惠政策，从而为沿海地区的发展创造了有利的政策环境。因此，东部沿海地区凭借资金、技术、人才等优势，改革发展速度大大高于中西部地区，居民收入大幅度提高。东部地区优先发展战略，使东部地区的经济发展远远超过中西部，东部地区居民的收入远高于中西部居民收入。然而，先富起来的地方，由于具有收入的资本化优势，在“效率优先，兼顾公平”的原则指导下，又使他们能够吸引人才和其他资源，不仅未能带动其他地方后富，反而造成“马太效应”，其结果势必加剧东西部地区居民的收入差距。

（三）政府间关系调整与地方行政权力腐败

实行财政分权体制后，按照中央政府的可持续发展战略，各地方政府应对当地资本生产方式进行监督，依据当地的具体情况制定不同的措施，通过财政和税收手段引导资本运用，促使经济的可持续性发展。然而，由于中央政府和地方政府存在着信息不对称，受中央政府对地方政府官员的处罚不可置信等各种原因影响，导致一些地方政府缺乏长远预期，地方政府由于目标不同也导致其行为决策存在截然不同的内在机制。与西方发达国家当地居民民主选举产生的服务型政府不同，我国不少地方政府的首要目标是当地 GDP 的最大化增长，而并非当地居民的福利。为了追求短期 GDP 的增长，一些地方政府可能会默许危害居民福利的投资项目，甚至与当地企业政企合谋，破坏环境和资源，极大地损坏当地居民的福利以及长远经济利益。同时，在一些地方政府投身于当地经济建设的过程中，一些政府官员利用政府干预经济的权力从事设租活动，为其以权谋私制造便利，其结果是地方行政权力腐败也由此产生。

各地方政府在中央政府的经济和政治激励下，通过不同的行为决策来达到不同的当地经济增长目标。伴随着改革开放后我国经济的高速增长，一些地方政府官员盲目扩大经济规模，忽视了政府承担的公共服务职能，降低了政府的服务意识和服务质量，产生了很多负面问题。例如，地区之间的市场分割；某些地方政府官员为了完成经济指标，不惜弄虚作假；滋生了很多“形象工程”和“政绩工程”；重复建设导致财政的极大浪费和效率的损失；市场秩序紊乱和政府职能错位；地区间收入差距持续扩大；生产安全事故、环境污染事故层出不穷等。地方政府在财政分权体制下，资本项目所带来的负外部性，受到地方政府处罚轻重的影响，并将决定其不同的政府行为。如果处罚率相对较低，对资本项目的负外部性制约有限；如果处罚率相对较高，投资者为使产出最大化，常常需要通过贿赂来降低被处罚的概率。可见，腐败的出现不仅对这种惩罚机制无效，相反，对经济的可持续发展、环境保护问题以及当地居民的福利产生了更加恶劣的负面影响。

由于我国政府特有的晋升机制具有“零和博弈”的特征，一人提升必然会降低别的竞争者的晋升机会，因此这种激烈的政治竞争就转化为一些地方政府为了政治收益不计经济成本和环境污染等问题的恶性经济竞争。从 20 世纪 90 年代开始兴起的“农村圈地运动”和“城市拆迁运动”，在开发区风起云涌，地方 GDP 增长的同时，带来了各种严重的问题。在某些地方，无权无势的农民和拆迁户得不到应有的补偿，而由“权力者”和“开发商”结成的“圈地同盟”却大发其财。一些地方的当权者试图通过“农村圈地运动”和“掠夺式拆迁”来“发展”当地的地方经济，却在导致国土转让流失的同时造成大量税收流失，官商勾结获取的巨额收益，让少数人暴富，加剧了社会的“两极分化”，其实质是“劫贫济富”。由于一些地方政府官员在圈地和拆迁中的“违法成本”较低，而他们的“收益”却可能非常“可观”，除了能收受开发商给的好处外，一部分人还凭此“政绩”升了官。因此，时至今日，某些地方违法圈地和强制拆迁之风屡禁不止，正是由圈地和拆迁中的违法成本极小而收益极大造成的。

四、政府间关系与隐性经济

“政治活动中的所有选择必定具有外部性，在一定意义上，作出的选择将影响所有的其他人。”① 一方面，地方政府充当的是“公共人”角色，代表选民统一行使权力，代表的是公共利益；另一方面，地方政府部门的工作官员也是以追求个人利益及部门利益最大化的“经济人”，他们也有自己的利益追求、偏好和愿望，关注自己在政治活动中的收益，追求个人利益的最大化。如果缺乏道德秩序的因素，一些地方政府官员会不可避免地为着自利的目的而开展活动，这样，在干预经济的活动中，他们并不关注政府的效率以及形象，而是会自觉或不自觉地为本部门或个人谋取私利，追求个人控制权收益（private benefit of control）最大化，各级地方政府官员的个人利益就会在披着合法的外衣下内化为政府利益和外化为人民利益。如为了追求部门利益和在政治活动中的个人利益最大化，一些地方政府官员不顾税收流失；只要有利于 GDP 增长，往往愿意“藏富于民”、“藏富于企业”、“甘当贫困县”等，这些都与政府间关系、与分权模式有关。

政府干预经济的目的在于纠正市场失灵，但是由于政府行为具有外部性的特点，导致一些地方政府在执政中常常采取政府不作为行为，对包括走私、制假贩假等在内的一些隐性经济活动采取睁一只眼闭一只眼的态度，这些都与政府间关系有关，与分权模式有关。在分权模式下，走私、制假贩假等隐性经济活动所带来的收入虽然本身为隐性收入，但由于这些地下经济的发展带活了当地的经济发展，即使没有增加 GDP，也会增加隐性就业，减轻当地政府的压力，所以一些地方政府通常会采取睁一只眼闭一只眼的态度。即对本地发生的走私、制假贩假等违法行为只要没有在社会上产生严重不良影响就不予以高度重视，甚至纵容包庇；甚至少数地方存在“走私得利”、“假冒出效益”的错误认识，把走私、造假售假视为发展经济的一条出路，把打击走私与假冒和搞活经济对立起来，对外地到当地查办的案件故意推诿刁难，制造种种障碍。很显然，地方保护主义成为一些地方走私、制假贩假等隐性经济繁荣的一个保护伞。此外，在我国经济转型的过程中，地方政府间开展各种不正当竞争的同时，由于信息不对称的存在，某些地方官员也会利用其在公共组织中的权威追求个人控制权收益最大化，加大设租、寻租的空间，进行各种权钱交易、权色交易等权力腐败，带来地方政府官员自身各种隐性收入的增长。

---

① 布坎南、马斯格雷夫著，类承曜译：《公共财政与公共选择：两种截然不同的国家观》，中国财政经济出版社 2000 年版，第 162 页。

本课题组的研究结果表明，在1998~2007年间，我国东部地区平均隐性经济规模在10.3%~15.5%，中部地区平均隐性经济规模在9.3%~13.6%，西部地区平均隐性经济规模在11.5%~14.5%；东、中、西部地区隐性经济规模呈现相同的变化趋势；且隐性经济与官方经济在一定程度上是同步增长的。一方面，隐性经济使各地区之间的竞争发生扭曲，导致商品和劳动力市场效率低下，对经济发展具有负面影响；另一方面，隐性经济将导致收入分配不公，拉大收入差距。同时，由于各地隐性经济的存在，导致官方宏观经济统计数据失真。2009年中国GDP增幅8.7%，但地方GDP总量相加远高于此，达到两位数，只要地方GDP数据与政绩考核挂钩，在地方政府不正当竞争的过程中，统计造假就是必然，而根据不可靠的数据所制定的政策或采取的措施则可能不切实际。

第四节　基于分配原则改革的角度

在经济转型的过程中，我国收入分配原则的变化，必然带来居民收入的一定差距。新中国成立后，根据社会主义的性质和马克思的《哥达纲领批判》，我国实行单一的生产资料公有制，在很长时期内一直坚持"按劳分配"的收入分配原则，居民收入差距不算太大。改革开放以来，随着社会主义市场经济的建立和完善，伴随着"以公有制为主体，各种经济成分并存"的所有制结构调整，以"按劳分配为主体、多种收入分配方式并存，按劳分配与按要素贡献参与分配相结合"的收入分配制度逐步确立，分配制度发生了根本性的变革。由于各地经济发展水平、资源要素和财富积累等方面的差异，以及个人出身、能力、禀赋等方面的不同，收入分配原则的变化不可避免地导致居民收入差距的拉开。

一、分配原则改革与收入分配秩序

（一）中国"先扣除后分配、高扣除低分配"模式的形成

新中国成立后，党和国家领导人、全国人民希望国家在政治上、经济上迅速强大起来，为此制定了重工业、军事工业优先发展战略。重工业和军事工业都是资金密集型和技术密集型产业，受当时政治、经济等社会现实限制，国内外可动用的经济资源非常有限，为此，国家选择了降低成本的途径。国家有意识地通过计划、政策，降低农副产品价格，缩小重工业和军事工业发展中成本C的部分；

通过全国实行低工资制度，降低劳动力成本，把商品价值中的可变成本即劳动力的价值部分降下来。由此，形成了我国居民收入分配中“低工资”的初始格局。

我国传统的分配模式实际上是借鉴了马克思的《哥达纲领批判》，采用了一种“先扣除后分配，高扣除低分配”的分配方式。这种分配模式强调国家对社会经济的发展进行全方位的控制与干预。在社会产品的初次分配环节，国家由一个有权威的中心，先进行必要的扣除，剩余部分再根据“按劳分配”的原则，分配给劳动者作为个人收入，因此，叫做“先扣除后分配”。同时，由于中国当时面临着各种政治、经济困境，形成了分配领域的“高扣除低分配”。在传统计划经济条件下，我国一直采用“先扣除后分配、高扣除低分配”的分配模式；由计划经济向市场经济转型的过程中，虽然国家通过税费改革等种种措施，屡次调整“高扣除”的扣除比例，近年来，政府也尝试小幅提高居民收入水平，但长期存在于我国分配领域的“先扣除后分配，高扣除低分配”分配格局依然没有根本性改变。

（二）“先扣除后分配、高扣除低分配”模式存在的问题

在“先扣除后分配、高扣除低分配”模式下，劳动者的总体收入占 GDP 的比重一直比较低，消费能力低，不利于经济正常循环和周转。这种分配模式主要存在以下问题：第一，“先扣除后分配，高扣除低分配”，使我国的劳动者、居民长期处于低收入水平，而国家的积累率却很高，且是低效率的积累，造成了大量的浪费。第二，“高扣除低分配，先扣除后分配”，人为地降低了消费，使我国经济发展缺乏需求拉动，GDP 增长主要靠投资带动，带来了包括“产能过剩”、结构性不协调等一系列问题的出现。第三，收入很低的情况下势必导致高就业，即“低分配、低收入、高就业”，因为收入太少，一个家庭仅一人工作将无法养活其他人，迫使更多的家庭成员就业。然而，我国投资效率低，对就业的吸纳能力不强，就业压力相当大，导致我国农村隐蔽性失业严重和城乡二元结构至今仍非常明显。第四，收入太低势必要增加福利保障，比如公费医疗、福利住房、企业办社会、事业单位办社会等，由此产生了一系列问题。公费医疗、福利住房政策以及各种企业或单位办社会，使一部分医疗业务、住房，以及一些本该通过购买的商品没有进入市场交换，经内部“一体化”而“自给自足”了，用分配替代了交换，人为地缩小了市场交换的规模。经济学认为“效率取决于分工”、“分工取决于市场的规模”，即市场规模越大，分工就可以越充分，效率就会越高。但是这些福利政策，人为地缩小了市场交换的规模，降低了市场效率。第五，“低分配、高福利”使劳动者缺乏税收意识，民主与法制观念淡薄。在我国传统分配方式下，没有个人所得税，居民个人不但不需交“费税”，政府反而

还提供各种福利，导致老百姓和政府之间公仆和父母、委托人与代理人的关系发生了变化和扭曲。在百姓眼里不是自己养活政府，而是政府在给予各种照顾和无微不至的关怀，因此，对政府的监督力、监督意识淡化，民主与法制建设困难加大。

我国“先扣除后分配、高扣除低分配”模式下形成的收入分配格局，一方面，导致我国居民收入增长慢于经济增长，按可比价格计算，从1979～2009年，城镇居民人均可支配收入和农民人均纯收入年均分别增长7.3%和7.2%。均低于同期我国经济年平均增长9.9%的速度[①]，影响居民消费能力的提高。另一方面，收入分配差距较大，财富集中在少数人手里，降低了全社会的平均消费倾向，也不利于消费需求的增长。

（三）收入分配原则对国内消费需求的影响

在转型经济时期，随着各方面逐步放开，人们增加收入的冲动开始强烈，经济发展对收入拉动的要求也越来越明显，只有劳动者收入提高，消费才能扩大。然而，我国国民收入的最终分配格局是“向政府和企业倾斜”，致使居民最终分配比率不断下降。我国当前国民收入分配格局中，居民收入所占比重明显偏低且持续下降，而在居民可支配收入中，劳动报酬在初次分配中所占比重不断下降，特别是普通劳动者收入长期偏低，存在着严重的不公平。统计数据显示，我国城乡居民收入占GDP的比重，从改革以来最高水平的56.18%（1985年）下降到2007年的43.42%，22年下降了近13个百分点，2009年年底下降为43%的历史最低点；而政府收入占GDP的比率，却从1995年最低时的17.39%上升到2007年的32.87%，12年中上升了15个百分点[②]，至2010年年底已经达到34%左右[③]；企业的资本收益由1993年的38.83%增至2007年的45.45%，增加6.62个百分点[④]。其中我国职工工资总额占GDP比重由1995年的13.32%下降到2008年的11.21%，城镇单位就业人员劳动报酬占GDP比重也由1995年的13.6%下降到2008年的11.7%[⑤]。仅2001～2009年，GDP年均增长10.5%，城

① 转引自《“十二五”年均经济增速目标调低　居民收入增长目标提高》，《春城晚报》，2011年3月6日。

② 转引自《居民收入占GDP比重5年内增10%》，《东方早报》，2011年2月23日。

③ 转引自田磊、石野樵：《政府收入占GDP比例达34%行政成本改革刻不容缓》，凤凰网资讯，南风窗，2011年09月01日，http://news.ifeng.com/shendu/nfc/detail_2011_09/01/8852635_0.shtml。

④ 转引自《我国居民收入比重下降　多省市上调最低工资标准》，《人民日报》，人民网，2010年06月07日，http://news.sina.com.cn/c/2010－06－07/150120427834.shtml。

⑤ 转引自宋晓梧：《近20年企业普通职工劳动报酬占GDP比重大幅下降》，《经济参考报》，2011年2月9日，http://www.rky.org.cn/c/cn/news/2011－02/11/news_10144.html。

镇居民人均可支配收入和农村居民人均纯收入年均分别增长9.9%和6.6%，分别比GDP年均增长率低0.6个和3.9个百分点；而1993~2010年，全国财政收入由4 349亿元增加到8.31万亿元，增长速度是城乡居民收入增长速度的两倍以上[①]。由于收入分配格局存在许多问题，导致有能力消费的高收入阶层其消费指数已经饱和，而有消费意愿的广大中低收入阶层，却由于收入水平偏低而没有足够的消费能力，形成了我国内需不足的局面。

我国经济增长过分依赖投资推动，消费对经济增长的拉动作用不强，主要原因是收入分配格局不合理，收入分配秩序不规范，制约了消费需求的进一步扩大。改革开放以来，中国各阶层居民平均收入普遍提高的同时，收入分配也迅速两极分化，相当一部分国民收入被少数富人所拥有，而占人口绝大多数的普通百姓则收入微薄。尽管我们不能轻信旧福利经济学中最大化最低收入阶层的收入方能达致社会福利最大化的这一教义，但至少可以推断低收入阶层的边际消费倾向高于高收入阶层的边际消费倾向。本书的前期研究表明，收入分配状况是影响我国城乡居民消费水平和消费能力的一个重要因素。改革开放以来的实践表明，城乡居民收入分配差距的不断扩大抑制了城乡居民消费需求的增长，尤其是农村居民消费潜力的释放，更进一步掣肘了我国经济增长的水平和速度[②]。在中国经济转轨过程中形成的高收入阶层的财富，除了被少量的挥霍和用于购买豪宅外，抑或变成了与拉动经济增长无任何关系的“沉淀资金”，抑或经由各种渠道逃到了国外；而占人口大多数的农民和城市中低收入阶层却苦于收入拮据，消费能力萎缩。在这种“少数富人有钱无处花，多数穷人缺钱花”的格局下，中国社会总需求疲软，经济增长缺乏内在动力[③]。一方面，收入分配差距的扩大将导致储蓄率提高，储蓄率提高意味着消费率下降，有效需求的减少将制约着整个社会经济的发展；另一方面，收入分配差距的扩大抑制了消费需求和投资需求，平均消费倾向和边际消费倾向逐渐下降，导致消费需求不足，进而制约了投资需求的增加。可见，收入差距扩大是导致有效需求或总需求不足的根本原因[④]。

---

① 徐燕：《努力提高居民收入占GDP的比重》，《学习时报》，2011年08月08日，http://theory.people.com.cn/GB/15355499.html。

② 杨灿明、郭慧芳、孙群力：《论扩大国内消费需求与规范收入分配秩序》，载于《财政研究》2010年第3期。

③ 周小川在出席“全球智库峰会”的发言：《美国人多存钱，中国人多花钱，世界经济才有希望》，转引自2009年7月6日《武汉晚报》，http://news.163.com/09/0706/01/5DGL2823000120GR.html。

④ 杨灿明、郭慧芳、赵颖：《论经济发展方式与收入分配秩序》，载于《财贸经济》2010年第5期。

（四）分配原则改革对收入分配秩序的影响

由计划经济转向市场经济，要求由"按劳分配"转向"按劳分配为主，多种分配方式并存"，按要素分配也就成为必然的趋势。但是，在居民劳动报酬占GDP的比重低且持续下降、劳资机制不健全的前提下，按哪些要素分配？这些要素本身又是如何形成的？对这些要素形成的收入政府如何调节？等等，这些问题都未得到及时解决。恰好是在按要素分配的过程中，由于很多基本问题没有解决，有些要素的形成也不一定正当，使得按要素分配过程中存在着诸多不规范。

而且，在经济转型的过程中，由于经济条件差异和法律制度环境尚不完善，分割市场的地方保护主义的存在，使得不同地区的要素不能自由、充分流动，各地区要素优势不能互补，要素价格差异也很大，结果使"先富"带动"后富"走向"共同富裕"的政策流于形式。收入分配差距过大，收入分配秩序不规范，很多也与按要素分配有关系。党的十七大提出，要增加居民的财产性收入。有些专家认为，如果片面地强调这一点，不采取配套措施，很可能会进一步扩大收入差距。越有钱的就越有财产，越有财产的又越有钱，会形成一个"马太效应"。从按劳分配和其他分配方式之间的关系来看，经济转型与收入分配原则的转变，在缺乏诸多配套措施的情况下，会带来我国居民收入分配秩序的不规范。

二、收入分配原则改革与劳资关系

（一）劳动生产力与工资水平的确定

诺贝尔经济学奖得主道格拉斯·诺思，对所谓"鼓励每个人发挥个人所长"的市场经济制度有一段精彩的归纳：当一个人从其经济活动中获得的"个人回报率"接近社会从同一活动中获得的"社会回报率"时，经济运行才最有效率；当"个人回报率"远低于"社会回报率"时，个人就不会努力为社会创造价值，个人的闲暇时间也就升值了。也就是说，当一个人对社会作出贡献时，他能立即从这种贡献中按正当比例分得"红利"，那么，在利益的激发下，许多人都会争先恐后地造福于社会。如果取消这种"红利"或者只奖赏很小的"红利"，和其对社会的贡献远不成比例，人们就宁愿闲着不干事①。可见，在成熟的市场经济中，一个人经济行为的个人回报率应该接近社会回报率，即一个人干了一件事

① 转引自薛涌著：《仇富：当下中国的贫富之争》，江苏文艺出版社2009年版，第24页。

情，他从这件事情中得到的好处，和社会从中得到的好处呈均等的正比关系。而且，社会贡献越大，个人的收入越高，这样才能使社会有效率。

高工资才能带来高效率，正如亚当·斯密说过："劳动工资，是勤勉的奖励，勤勉像其他人类品质一样，越受奖励越发勤奋。丰富的生活资料，使劳动者体力增进，而生活改善和晚景优裕的愉快希望，使他们愈加努力。所以，高工资地方的劳动者，总是比低工资地方的劳动者活泼、勤勉和敏捷。"① "……慷慨地奖赏劳动，是国富增长的必要效应和自然现象。而勉强地维持那些贫困的劳动力的生存，则是百业停滞的自然现象……"②

工人工资的基础是劳动生产率，即每小时或每年一个工人创造的价值。联合国公布了世界各国工人劳动生产率的数字，美国工人一年创造 63 885 美元的价值，居全球之首；而中国工人只有 12 642 美元。按小时算，挪威工人第一，每小时创造 37.99 美元的价值；美国工人第二，每小时创造 35.63 美元；而中国工人为每小时 5.67 美元。劳动生产率以年衡量和以小时衡量结果不同，主要是因为各国工人平均每年劳动时间不同。美国人一年工作 1 804 个小时，而中国工人的工作时间高达 2 200 个小时③。可见，中国工人不仅工作时间长，而且工资水平极低，劳动者工资增长赶不上企业利润增长。2000 ~ 2010 年，我国规模以上工业企业利润总额年平均增长达 35.5%，但职工工资增长只有 14.1%④。

在 20 世纪 60 年代初，日本战后经济恢复才十几年的时候，就提出"国民所得倍增"计划并提前实现，走上高薪、高福利、高附加值的发展道路。2007 年，世界 183 个国家和地区最低年收入的平均数是 41 535 元，而中国的最低年收入为 6 120 元，是世界平均值的 16%；最低工资与人均 GDP 的比世界平均值是 58%，而中国这一比例为 25%⑤。这些数据表明，中国居民当前总体的收入水平过低，尤其是处于生活最底端的低收入阶层，收入水平太低且与高收入水平的差距过大，中国劳动者收入过低已经威胁到中国的经济发展。

（二）储蓄率与资本市场的要素价格

2007 年世界平均家庭消费占人均 GDP 的 61%，而中国的比例却从 20 世纪

---

① ［英］亚当·斯密：《国民财富的性质和原因的研究》（上卷），郭大力、王亚南译，商务印书馆 1972 年版，第 59 页。

② （英）亚当·斯密：《国民财富的性质和原因的研究》（上卷），郭大力、王亚南译，商务印书馆 1972 年版，第 53 页。

③ 转引自薛涌著：《仇富：当下中国的贫富之争》，江苏文艺出版社 2009 年版，第 29 页。

④ 中共中央宣传部理论局：《从怎么看到怎么办——理论热点面对面 2011》，学习出版社·人民出版社 2011 年版。

⑤ 转引自刘植荣：《世界工资研究报告》，中国体制改革研究会转载自 http：//www.dapenti.com。

90年代初期的47%下降到了2007年的34%[①]，这是中国经济过度依赖出口、无法拉动内需的关键。一些经济学家认为低消费的原因是中国缺乏基本的社会保障系统（如医疗保险、退休金制度等），人们缺乏安全感，只有过度储蓄以防不测。中国的储蓄率1992年为36.3%，到2008年已经达51.3%，上升了15个百分点[②]。其中，企业储蓄占比1992年是11.3%，2007年达到22.9%；政府储蓄从1992年的4.4%提高到2007年的8.1%，均上升了1倍左右；而家庭储蓄占GDP比重相对比较稳定，基本保持在20%上下，低的时候到17%，2007年为20%[③]。很显然，中国的消费率与储蓄率的变动无关，内需不足无法单用储蓄率来解释，真正的原因实际上是中国老百姓没有钱。根据世界银行的估算，从1998～2005年，美国工资在GDP中的比例经过了长年的下降后，仍然维持在56%的水平[④]，相比之下，中国劳动者报酬在GDP中的比重从1990年的53.4%下降到2007年的39.7%，下降了13.7个百分点[⑤]；可见，尽管许多国家都出现了工资在GDP中所占比例下降的现象，但没有任何一个地方的下降有中国这样急剧。初次分配过于"亲资本"，劳动者报酬占比总体偏低，而且行业间差别过大，使广大居民相对没有钱可花。

在中国，大型国有企业和有关系的大公司占据着各种垄断优势，可以从银行得到低息贷款。银行要不断给大企业的金融优惠，路径有两个：一是压低储蓄利率，这样银行才能低息给大企业提供资金。美国的经济增长速度虽然不及中国的一半，银行的定期储蓄利率却接近甚至超过5%，比GDP的增长率还高；中国经济虽然维持着两位数左右的高增长，但储蓄的利率却相当低。也就是说，中国普通百姓因为缺乏健全有力的社会保障机制而不得不维持着高储蓄，但通过储蓄获得的回报却远在其真实市场价值之下。二是切断民间企业或中小企业的财源，或者对之只采取高息贷款。这样，最能创造就业机会的中小企业就很难发展，乃至连大学毕业生都找不到工作。制造业讲究规模优势，服务业则更仰仗小企业的活力和创意。中国以资本密集型的模式刺激了制造业，却抑制了劳动力密集型服务业的发展，劳动力规模成长缓慢，自然压低了工资总额在GDP中的比例。

---

① 转引自刘植荣：《世界工资研究报告》，中国体制改革研究会转载自 http://www.dapenti.com。

② 国家统计局局长马建堂在全球智库峰会上的发言，转引自俞岚：《中国央行行长周小川表示，中国家庭储蓄占GDP之比基本稳定》，2009年07月04日，中国新闻网，http://blog.sina.com.cn/s/blog_540e98160100hxw0.html。

③ 周小川：《中国家庭储蓄率与GDP之比相对比较稳定》，2009-07-03，深圳新闻网，http://www.sznews.com/finance/content/2009-07/03/content_3885262.htm。

④ 数据来源：转引自薛涌著：《仇富：当下中国的贫富之争》，江苏文艺出版社2009年版，第31页。

⑤ 转引自《中国贫富差距至少超过40倍，2015年才可能缩小》，《第一财经日报》，2010年5月12日。

（三）分配原则改革带来的劳资关系变化

计划经济时代，劳资关系体现为：劳动者与用人单位形式上的劳资合作关系，劳动者及用人单位与政府实际上的劳资关系或行政隶属关系。在“公有制＋按劳分配”的原则下，作为主导的政府是处于绝对地位的实际资方。“先扣除后分配、高扣除低分配”带来了平均主义的“高就业、低收入”，这实际上是一种低水平的“社会公平”，劳资关系相对处于一种比较平稳、和缓的状态，人为营造的显性的劳资合作关系遮盖了潜在隐性的劳资矛盾。

我国在走向市场经济的过程中，经济关系发生了巨大变化，伴随着分配原则的改革，我国的劳资关系也发生了深刻的变化。随着市场经济制度的建立和劳动力市场逐步发育和形成，各地对收入分配制度进行了更多的探索和实践。根据“效率优先，兼顾公平”的分配原则，企业最低工资保障制度、工资指导线制度、劳动力市场工资指导价位、企业经营者年薪制等制度先后建立，收入分配市场化的机制逐步确立。但是，由于体制、制度、环境等因素，收入分配机制无法与经济增长、收入增长协调同步发展，而与之密切相关的劳资关系局部不和谐和局部不稳定的现象逐渐凸显。在改革过程中，获得独立主体地位的劳方与资方在经济实力、社会地位等方面存在着巨大差距，市场博弈中资方优势明显，劳资冲突问题开始激化，成为劳资关系的主要表现形式。

劳资关系影响企业发展，收入分配左右劳资关系，劳资关系与收入分配的关系相辅相成。在市场竞争中，投资者总是千方百计追求利润最大化，劳动者则追求工作稳定与收入最大化，双方在劳动工资、福利待遇、社会保障等方面产生冲突和矛盾，引起劳动争议。国有企业改制后，原有的收入分配体系被打破，职工经济利益被重新分配，导致新旧劳动关系无法顺利更替。在国有企业中，虽然“按劳分配”依然被强调为主体地位，但由于相应的体制设计还很不完善，加上受“先扣除后分配、高扣除低分配”分配模式和“效率优先，兼顾公平”原则的影响，使得劳动要素在参与分配过程中始终处于弱势地位。企业工资集体协商机制形同虚设、克扣工资、压低工资、分配无序、加大劳动强度等成为职工对企业收入分配反映比较集中的问题。而在很多私营企业分配结构中，并没有按不同的类型、不同的生产经营特点来确定不同的工资分配形式，不少私营企业以最低工资标准为依据支付职工工资，劳动力市场工资指导价、企业工资指导线没有贯彻，计件工资单价偏低、任意拖欠工资等日益成为劳资关系紧张的焦点和难点。大量的非国有企业没有建立健全的工会组织，劳资矛盾协调机制严重缺位，雇主可以任意延长劳动时间，使得许多劳动者缺少有效的劳动保护，一些非国有单位甚至不参加社会保险等，都反映了“强资本弱劳动”格局在我国已经形成。

在市场经济条件下，作为商品的一切生产要素都具有价格，要素价格的高低由市场的供求竞争决定，即要素价格市场化。按要素分配的基本原理是，要素所有者转让要素的使用价值，如工人出卖劳动力、资本家贷出资本、土地所有者租出土地，这些要素的价格“工资、利息、地租”就分别归其所有者获得，由此形成了要素所有者的收入。然而，在经济转型过程中，收入分配原则由“按劳分配”调整为“按劳分配为主，多种分配方式并存”，由于按要素分配中“要素价格”这一基本问题没有解决，资本在分配中强势地位明显，按要素分配导致劳资关系进一步冲突。由于要素市场不健全，使得各种要素的贡献不能完全按照公平的市场价值加以实现；由于劳动者权益保护制度缺位、社会弱势群体劳动权益的保护不足等，在中国目前劳动力供给过剩、资本供给短缺的情况下，劳动力价值长期处于被资本严重剥夺的境地，资方的强势地位表现更加明显。在党的十八大报告中，就收入分配改革中的劳资关系问题作出了安排，要求劳动者的劳动报酬要和劳动生产率提高同步，这也是对劳资双方中劳动力价值被剥夺问题的高度重视。

三、分配原则改革与政治行政权力

从理论上说，政府主导型的社会比纯粹自由市场资本主义的社会更偏重公平。然而改革开放初期，中国政府一直奉行“效率优先，兼顾公平”的原则，在处理公平和效率的问题上一直偏向效率，出台的许多政策也都体现了这一原则。同时，我国传统计划体制下的“分配偏好”是重国家和集体而轻个人，强调个人对国家和集体的奉献；在经济转型的过程中，资本主导下的“分配偏好”则是重企业和资本而轻个人和劳动。因此，如果政府在经济发展的价值选择上继续偏重效率，极有可能会加重资源和收入的分配向前者倾斜。而且，在转型中，我国在社会正义、教育、医疗、住房等方面确实存在一些社会问题，导致了“国富民弱”、内需无法增强、不得不依赖外需、在国际分工中处在产业链的低端等一系列的恶性循环。

抑制要素价格是计划体制正常运转的要件，因为只有这样，才能维持低效率的国有企业的正常运转。在计划经济条件下，要素大体上由政府控制，政府确实拥有发展经济的手段，如政府可以通过国有银行体系和行政控制手段，人为地长期维持低利率。要素价格低廉，必然诱发投资狂热，因为只要投资，就可凭空获得一笔租金。因此，计划经济的基本模式就是，不断地投资，不断地投入廉价的资源。知识上的后发优势，加上人为抑制的要素价格，让计划经济可以在一定时间内维持高速增长，但这种增长是不可持续的，因为它实际上并不创造财富，而是利用权力获取资源租金。奥地利学派的商业周期理论表明，人为地将利率抑制在“自然利率”之下，必然导致全社会生产过程拉长，资源向中间投资品的生产环节转移，用于生产最终消费品的资源则趋于萎缩。

在经济转型过程中，分配原则由“按劳分配”转向“按劳分配为主，多种分配方式并存”，由于“要素价格”这一基本问题没有解决，要素的官方价格严重偏离国际市场水平，也偏离供需所确定的价格水平。然而，中国的要素价格之所以低廉，不是因为土地、资本、劳动力供应过剩，而是行政权力常常对微观经济直接干预，在一定程度上扭曲了市场交易规律，导致在按要素分配过程中，某些政府官员在要素价格上存在很大的话语权。由于各级政府可以控制交易条件，人为地抑制和操纵价格，破坏了市场经济的秩序，也妨碍了经济制度的正常运转，产生要素分配上的价格“双轨制”。因此，中国国有企业所获得的剩余，并不是来自于创新，也不是源于知识的增加值，而是来自于资源本身，源于官方价格相对于国际市场价格或正常供需所确定的价格之间的那个价差。

中国在计划经济向市场经济转型的过程中，市场经济体制尚不完善，权力依然高度集中于政府，微观经济主体应有的管理自主权较低。如果公共权力的配置不能体现“分权制衡”的原则，而是过分集中于某个人、单位或部门手中，那么权力就很可能导致腐败。由于公职人员有较大的权力决定谁将接触经济资源和经济机会，在快速的经济发展和 GDP 主导的态势下，经济的成功可能更多地依靠影响官员的能力，而较少凭借市场活动。因此，贿赂、勒索和回扣将变成影响财富分配的有效途径。尤其是在“一把手”把持人、财、物的情况下，一把手很容易跳出权力圈，变亲自抓、直接管的实权派，成为超脱的领导者、监督者。由于制度“漏洞”很多，监督又乏力，这种一元化领导，往往因此而变成了个人领导，受“经济人”利益驱使，这种缺乏公开性、透明度，始终处于“暗箱操作”状态，不受监督和制约的权力，必然会偏离正确的轨道，权力腐败应运而生。从改革之初到 20 世纪 90 年代末，我国实行“允许一部分人先富起来，以先富带后富”的政策，后来又提出“效率优先，兼顾公平”的原则，以收入分配的差距来换取较快的经济增长，从而造成地区之间、行业之间、不同收入阶层之间居民收入分配差距的不断扩大。加上我国二元经济结构的显著特点和户籍管理制度，限制农民向城镇流动，“城乡壁垒”政策也进一步制约了农村经济的发展和农民收入的增长。

另一个制度性问题是，政府主导下的中国现行税收制度对收入的调节力度有限，甚至出现了税收对收入的逆向调节。从理论上来说，劳动所得税导致劳动分配份额降低，资本所得税会导致资本分配份额降低，而收入税将导致资本和劳动分配份额同时降低，其降低幅度与征税范围、要素产出弹性等因素相关。我国是以流转税和所得税为“双主体”的复合型税制，增值税、营业税、消费税、企业所得税和个人所得税为我国的主体税种。有研究表明，我国的增值税同时降低了资本要素和劳动要素的分配份额，但它对资本要素分配的影响可能相对较小，在居民收入来源以劳动要素为主的背景下，增值税对劳动要素分配的影响较大。个人所得税同时具有劳动所得和资本所得成分，同时具有对资本和劳动征税的性质①。但总体而言，由于我国在个人所得税的调节上，尚未建立起综合与分类相结合的个人所得税制，对高收入阶层的调节力度有限，税收流失严重，绝大多数税收来自于工薪阶层，征收个人所得税的结果主要是导致劳动分配份额下降。就企业所得税而言，国有垄断企业利用国有资源获取高额利润，却与充分竞争行业的企业承担相同的税负，没有征缴资源税和向国家财政缴纳利润，其企业盈余转向为了企业职工尤其是高管人员的高薪收入和各种福利，拉开了行业间的居民收入差距。而且，中国目前还没有开征财产税，当“按劳分配”转向“按要素分配”时，财产性收入将进一步加大贫富差距，产生“马太效应”。

四、分配原则改革与隐性经济

我国“高扣除、低分配”格局下的“低分配、高福利”政策，使许多人的收入中都存在大量的隐性收入，如各种补贴、实物发放、体制外分配、货币工资没有显示，大量财富流进个人腰包，构成隐性收入。在收入分配改革过程中，虽然收入分配原则由“按劳分配”到“按劳分配为主，多种分配方式共存”，进而转向“按劳分配与按生产要素贡献相结合”，但我国“高扣除、低分配”格局下依然未曾改变，导致初次分配中劳动报酬占居民收入的比重偏低，居民收入占国民收入分配的比重偏低。若初次分配给劳动者的收入太低，不通过正常的渠道提高劳动者的收入水平，又不通过再分配和第三次分配把劳动者的收入补齐，在各种经济利益的刺激下，一部分 GDP 就会通过社会再生产中的其他环节，即通过非正常渠道变为人们的收入，从而导致隐性经济、地下经济泛滥，影响我国的经济发展和社会稳定。由计划经济转向市场经济，中国经济迅速发展，物质生活日渐丰富，人们增加收入的冲动强烈。现实中偏低的收入水平与强烈的增入冲动产生了矛盾，为了缩小或弥补理想与现实之间的收入差距，部分组织、企业和个人采取诸如偷税漏税、从事第二职业（体制外就业）、权力寻租甚至是贪污腐败等各种不同方式来获取额外的隐性收入。

伴随着经济体制改革，我国的私营企业和个体经济迅速发展，但同时也出现了大批的下岗失业人员。在私营和个体经济发展、下岗人员自主择业的过程中，

① 郭庆旺、吕冰洋：《论税收对要素收入分配的影响》，载于《经济研究》2011 年第 6 期。

由于政府的过度监管（如许可证制度等）提高了准入成本，再加上公共服务水平的低效、审批程序的烦琐等，提高了他们公开登记的交易费用，使得这部分原本希望从事正规经济的企业和个人也转入了地下，产生大量隐性收入。

某些权力部门和政府官员们“低收入”与“高消费”的矛盾，也导致我国权力寻租、权钱交易等各种非法非正常收入不断增长，频发的腐败案暴露出个别干部对公共财富的巨额侵占。如将国有资产化公为私、偷税漏税、以权谋私、贪污受贿、营私舞弊、权钱交易、走私贩私、制售假冒伪劣产品等违法暴富，以及凭借垄断优势和利用制度、政策等不完善的漏洞等让一些人钻“空子”，获得各种黑色收入、灰色收入或非正常收入等，培育出了一个暴富的群体。据最高人民检察院统计，仅 2009 年，全国就立案侦查贪污贿赂大案 18 191 件，查办涉嫌犯罪的县处级以上国家工作人员 2 670 人，其中厅局级 204 人、省部级 8 人。中石化原董事长陈同海受贿近 2 亿元，创下新中国成立以来最大单笔受贿额 1.6 亿元的纪录[①]。这种分配秩序紊乱而带来的不规范、不合理收入，既不属于政府分配机制作用的结果，又不属于市场机制介入分配领域的作用，而是权力参与收入分配的特权效应体现这部分隐性收入极大程度上影响了我国收入分配秩序的规范性和合理性。

第五节　基于要素可流动性的角度

在斯密所说的“自然的自由”制度下，作为一种经济形态的“城市”完全可以自然地覆盖乡村地区，尽管程度不等，这个自然的自由制度，首先是指人员、物品、资本等一切要素不受限制地在城乡之间、地区之间、行业之间自由流动。自然地、合理地城市化，需要政府走开，让城市自然扩展，让农民和市民自由地双向流动。只有这样，城市与乡村之间才不会有绝对的反差，地区和行业之间差距才不会过大，城市化才能够吸纳农民，农民也能够成为城市化的主体。

一、要素可流动性与收入分配秩序

分配动机的公平比分配结果的公平更能影响人们的决策行为，其暗含的政策

① 转引自《我国贫富差距正在逼近社会容忍“红线”》，载于《经济参考报》，2010 年 5 月 10 日。

含义即分配过程的公平比分配结果的公平更为重要①。中国居民收入秩序混乱的另一个关键原因就是我国缺乏统一、畅通的要素市场，虽然现在要素市场的形式、基本架构都有，但是背离了市场的逻辑。经济的发展离不开劳动力、资本、技术等生产要素，这些要素的供给在区域内部或区域间的流动对经济的发展、地区收入差距及就业等将产生重大的影响。假定要素市场是完善的，要素市场和商品市场之间也是畅通的，价格的变动能够及时、灵敏地交互反应，市场引导要素流动的过程就同样会有助于各地的协调发展和收入分配差距的缩小。如果各地区市场化进程不同步，要素又不能够自由流动，居民丧失了公平选择机会，"用脚投票"机制失效，会加大地区之间的收入分配差异，而市场的"马太效应"必将使收入分配差距呈逐步扩大趋势。

由计划经济转向市场经济，要求市场是开放的，要素是自由流动的，不管是行业还是地区，都应该如此。如果市场完全竞争、充分开放和自由流动，那么，行业差距和地区差距就会得到比较好的控制。但是，在我国经济转型过程中，由于城乡隔离、权力的介入、改革的不配套，包括户籍制度、行政隶属关系、人事档案制度，等等，加上地方保护，使得要素还不能自由地流动，开放和竞争都还不充分，这样问题就产生了。

在计划经济条件下，可以通过"看得见的手"来控制行业与地区之间的差距；在市场经济条件下，可以通过"看不见的手"来推动着要素的自由流动、控制行业与地区差距。然而，我国在由计划经济向市场经济转型过程中，市场化程度低，市场不完善，要素还不能自由流动，迁移成本也比较大，"看不见的手"作用有限，造成各行业、各地区的收入分配差距扩大；伴随着权力介入和许多不公平、不规范，使得"看不见的手"也难以发挥作用。一方面，"看得见的手"有些无能为力；另一方面，"看不见的手"作用又受到限制，"两只手"都不硬，导致行业之间、城乡之间、地区之间出现收入分配差距。可见，要素的可流动性与行业之间、城乡之间、地区之间居民收入差距密切相关。

二、要素可流动性与劳资关系

伴随着经济全球化和知识经济时代的到来，社会开始实现由体力型劳动为主向智力型劳动为主的重大转变。在参与分配的"劳动、资本、技术、管理"几个主要要素中，资本、管理在分配中所占比重过大，劳动所占比例过低，劳动者

① 陈叶烽、周业安、宋紫峰：《人们关注的是分配动机还是分配结果？——最后通牒实验视角下两种公平观的考察》，载于《经济研究》2011 年第 6 期。

积极性受到挫伤。在中国，由于劳动者受地域限制难以自由流动，少数拥有稀缺的智力资源和拥有资本资源、技术资源的人才成为劳动力市场的买方，而相对大量过剩的普通劳动力资源，特别是低素质劳动者在劳动力市场中处于明显的劣势，成为受损者或受害者。在全球“强资本弱劳动”的背景下，中国的劳资关系也处在一个资本势力越来越强势，劳动者地位不断趋于下降的态势。

由于我国城乡一体的劳动力市场尚未建立，城乡一体化制度供给相对滞后，计划经济条件下建立的“二元户籍制度”并没有适应工业化和城镇化的快速发展而进行相应变革。伴随着改革开放的进程，长期存在的二元户籍制度将农村和城市割裂开来，造成了城乡市场分割，限制了城乡生产要素的自由流动、合理配置和优化组合，阻碍了城乡人口、劳动力的合理流动和全国统一大市场的形成。一方面导致城乡之间在资金、劳动力和技术发展上失衡；另一方面也造成了农村劳动力转移的难度大、成本高，抑制了农民就业和收入增长。同时，户籍制度的存在使绝大多数农村劳动力和他们的家属不能得到城市永久居住的法律认可，他们的迁移预期只能是暂时性的或流动的①。由于没有城镇户口，难以获得城镇居民身份，农民在就业、收入分配以及公共产品分享方面，受到了不平等的公民权利对待，他们不能获得与城镇居民同等的工作机会及社会地位，工作不稳定，甚至缺乏人身安全感，无法获得与城市居民同等就业条件和报酬收入，农民的“弱势”特征逐步显露。这样，处于边缘状态的城市农民工虽然具有“城市人”与“农村人”的双重身份，但他们同时又是既难被传统农民认同，又难被城市居民接纳的“边缘人”，在他们身上最鲜明地体现了中国城乡差别和工农差别。目前，他们主要分布在采矿业、建筑业和服务业，从事城市职工不愿干的那些又脏又累的工作，却享受不到或不能完全享受所在单位正式职工和城市居民应有的福利待遇与其他权益，所获报酬也比较低。受到身份歧视的农民工不仅工资长期被压低，而且被拖欠工资的现象比较普遍。

随着中国市场化深入，舆论现在十分关心农民自由流入城市的问题。应当说，城市从法律上接受入城农民，乃是农民理当享有的权利。但是在现有制度下，农民自由入城只是意味着被隔离两侧的城市与乡村人口的规模有所调整，隔离制度本身却依然如故。从政治正义与经济效率的角度看，最为重要的是打破这种城乡隔离制度本身，即不需要经过政府征地、开发商集中开发的过程，城市居民就可以自由地到乡村生活居住，农民也可以自由地到城市居住，从而使城市的边界在不进行土地国有化的前提下得到扩展。而且，城市居民自由到农村居住，其实也是城市资源向乡村自然流动的过程。现行二元土地制度的主要意图是保护

---

① 蔡昉、都阳、王美艳：《户籍制度与劳动力市场保护》，载于《经济研究》2001年第12期。

农地，防止城市过多占用乡村土地，然而现实中圈占形式下的土地资源浪费十分严重，并且还导致了一个非意图的后果：阻止了城市资源自发地向乡村自由流动。这种流动本来可以成为一种催化剂，让那些在乡村经济体系中以较低效率循环的要素，自然地进入城市经济形态中，从而大幅度提高其效率；同时也可以把城市公共品带入乡村。最重要的是，农民可以把自己所拥有的土地作为资本，自然地融入城市经济体系中，并与城市人口形成一种共生关系，在自己的土地上成为事实上经济与社会意义上的城市人口。而不像现在这样，土地只是政府征地中一个纯粹的行政行为对象，被征地的农民完全被排除在城市化之外，甚至与在自己土地上发展起来的城市根本就不相干。

地区之间存在劳动力市场分割和就业歧视，造成了劳动力流动受阻和就业不充分，这种劳动力流动的体制性歧视直接影响了劳动力就业和劳动收入的增长。各地区城市的所有就业政策、保障体制和社会服务供给通过是否具有本地户口而实施，对外地人的歧视性对待根源于户籍制度。由于劳动力迁移的地区分布与地区发展状况密切相关，伴随着梯度发展战略的推进，中国地区之间收入差距进一步扩大，东部地区的经济快速发展，吸引了大量中西部地区的劳动力向东部发达地区流动。由于东部地区不仅对外开放时间早，而且市场发育迅速，较高的市场化水平不断消除了劳动力跨地区流动的制度性障碍，一直成为劳动力流动的主要吸纳地区。可见，要素市场发育及资源配置市场化程度，越来越对地区经济增长与劳动力迁移起着主导作用。受户籍制度限制、生活方式差异、文化观念融入难和地方保护主义等因素影响，劳动力跨地区流转的成本较高，“距离”对迁移决策有明显的影响。距离越远，劳动力市场的信息越不易传递，文化差异也更大，而且迁移需要付出更高的交通成本和心理成本。

就行业劳动力转移而言，传统行业的就业空间进一步压缩。在全球化趋势下，我国企业由于经验不足和准备不够，形势十分严峻，许多企业在参与国际竞争中陷入倒闭，失业下岗人员的数量进一步上升。从农村转移到城市的新移民，与城市原有的无业居民尤其是失业下岗职工竞争本来就不多的发展资源，其结果是他们共同的生存空间进一步压缩，城市无业者、新移民、贫民的数量在短期内进一步上升。由于城市相对较高的生活支出，失业意味着失去全部的生活来源，这部分人只能沦为新的贫困群体，导致城镇新生贫困群体进一步扩大。同时，受市场准入与行业差别的影响，许多企业要求劳动者能够掌握相关行业技术。一方面，生产能力无限性与消费能力有限性之间的矛盾迫使许多企业用低工资的手段来降低劳动力成本以提高竞争力，在很大程度上导致本身消费能力就有限的弱势群体家庭预算支出减少，生活状况进一步恶化，城市贫困问题日益突出。另一方面，受跨地区劳动力流动困难、参与劳动力流转人员的文化水平低下和行业技术对工人要求较高等因素影响，造成了大量城市企业不仅缺少可用的“技术人员”和管理者，也导致许多企业招不到合适的生产工人，形成“民工荒”。从劳动力转移的方向来看，服务业是能够吸纳大量就业的行业，我国大量剩余劳动力，转移到服务业中恰好能达到理想的比例。然而，中国存在的一个结构性问题就是服务业问题，造成了劳动力流转的困难。中国服务业的增加值是40%，就业在国民经济中的比重是33%，国外这两个指标的数字分别是60%和65%[①]。

三、要素可流动性与行政权力

在初次分配领域，由于行政权力介入市场，市场主体的自由没有得到充分尊重，市场主体的平等地位也没有得到有效保障；在城乡分割的二元户籍制度和地方保护主义制度下，生产要素的自由流动还存在一定的束缚；市场与政府对要素的双重定价机制，导致价格形成机制不合理，市场竞争不充分；加上市场秩序不规范，部分行政垄断企业或行业利用其垄断地位获得垄断利润；以及部分公权被货币化、资本化以谋取私利等，这些都使得我国市场经济的运行机制和等价交换原则受到了严重破坏。

目前，我国的要素市场发育滞后，各类要素价格形成由于存在制度分割，发展极不均衡。一般而言，我国劳动力和技术要素定价权基本上由市场决定，资本、土地、能源资源等要素的定价权则主要由国家决定。在这种情况下，要素价格形成机制势必存在扭曲，无法形成竞争性的要素市场，也无法保证资源配置效率。由于无法形成有效的要素价格体系，导致价格信号扭曲，必然带来资源配置的损失。比如，改革开放以来，我国由传统计划经济向市场经济转变，但是由于中央政府长期以来推行重工业优先发展战略，并把中西部地区作为重工业发展基地实行计划经济直接控制，从而扭曲价格体系，市场经济不能充分发展，造成中西部地区的市场化滞后于东部地区，加上价格改革迟缓，不利于中西部市场经济的发展，抑制了中西部地区比较优势的发挥，导致改革开放以来中国地区发展差距不断扩大。在要素市场发育和形成过程中，劳动力是最早市场化的要素。20世纪90年代以后，随着国有用工制度改革以及非国有经济的迅速发展，社会就业结构发生了重大变化，农民的非农就业不再局限于短期流动，出现了长期性、职业化的城市化特征。在这种情况下，与传统“农民工”概念相联系的制度性安排明显滞后，劳动者的基本权利和社会保障成为劳动力要素市场化中的突出问题。

---

① 转引自《中央党校周天勇谈新一轮改革：十年内须完成》，载于《东方早报》，2010年6月28日。

政府权力对资本在不同群体之间的配置及其收入水平有着显著的影响，我国资金要素市场化滞后集中反映在借贷市场和股权融资市场方面。当前，我国急需发展资金的中小企业和民营企业，面临着融资难的“瓶颈”，而以服务于国有企业资金需求为主的借贷市场，不仅不适应市场主体多元化的现实，还蕴藏着极大的系统风险。对于股权融资市场来说，一方面是层次单一、门槛高、无法满足企业的融资需求，另一方面是全国性股票市场存在的体制性缺陷。政府监管机构与交易所、主力投资机构实际上是“主管部门”与管理对象的关系，这也是大量劣质公司得以上市圈钱并难以被市场淘汰的一个主要原因。

大部分自然资源要素的价格依然由政府控制，在我国工业化过程中，出于对企业原材料成本的控制，政府对自然资源的定价偏低。这样，通过“剪刀差”将各种资源的价格一部分转移到了工业品中，或通过价格“双轨制”将各种资源的价格一部分转移到了某些政府官员手中。由于受市场准入、政府管制、许可证制度等限制，政府土地要素大规模市场化，并且形成了以政府垄断出让为特征的一级市场，以土地使用权转让、出租、抵押等交易形式为特征的二级市场。在实际运行中，政府几乎排斥了土地使用权拥有者参与交易的权利，直接成为市场交易的主体。近年来，各级地方政府为加快经济发展速度，提高本地GDP，往往通过降低资本流入成本，吸引更多的私人投资，其最可直接依赖的资源就是土地。地方政府间的恶性竞争，使其在土地要素的流转过程中，往往通过竞相压低土地出让价格来吸引投资。部分地方政府甚至只求一时之政绩，缺乏土地使用的总体规划，在任期内盲目低价出让土地。地方政府这种出于自身利益最大化的决策，降低了整个社会的总体利益，从而出现土地社会承载能力的过度开发与非理性扩张现象，使得城市土地开发面临整体效率降低与土地资本低价流失的情况，造成了“公地悲剧”①。

四、要素可流动性与隐性经济

目前，我国要素市场发育滞后，存在严重的制度性分割。劳动力市场存在市场分割和就业歧视，同工不同酬、同岗不同酬，工资外收入、非货币性福利混乱，非法收入、“灰色收入”突出等不规范现象；资本市场结构失衡，国有资产流失严重；土地市场化进展缓慢，交易违法行为严重；技术市场尚未建立起完善的市场网络；资源市场的价格管制等，扩大了隐性经济活动领域。劳动力市场的分割，使农民工和城市下岗失业人员再就业艰难，很多无业和失业人员只能从事

① 刘红：《地方政府土地市场行为的经济学分析》，载于《改革与战略》2009年第1期。

无证经营的小摊小贩，导致这种隐性经济活动十分猖獗。“垄断福利”也作为隐性收入的形式长期存在，初次分配中的公平在很大程度上难以实现。

地方政府的地方保护主义阻碍要素流动，是我国经济发展过程中不可忽视的消极因素，也是导致隐性经济活动频繁和政府失灵的重要原因。地方政府在经济决策中总是从本地区的经济利益出发，以本地区利益最大化为目标函数，选择最有利于本地区经济发展的战略，采取地方保护主义，限制稀缺资源的自由流动，以保护并发展本地区居民的经济福利。如通过设置关卡，控制本地资源，封锁地区市场，实施资源垄断，强力干预并限制稀缺资源的流动，它破坏了竞争的公平性，极大地制约了稀缺资源的优化配置，导致资源重复配置、资源低效配置。由于要素市场分割和阻碍要素流动，难以形成全国统一大市场，加上信息不对称，地方保护主义也让国内不同地区之间的隐性“走私”带来了有利可图的契机。

市场准入等关乎初次分配起点和机会的基本制度，存在着国有与非国有、垄断性行业与非垄断性行业的待遇差别。而政府主导的固定资产投资在资金管理方面存在着诸多漏洞，当土地矿产等资源进入市场时如果缺乏透明性，就极容易产生权钱交易现象。这些活动一方面导致大量的国有资产流失、税收流失，另一方面为行政权力拥有者带来了各种隐性收入。在我国由计划经济体制向市场经济体制转轨的过程中，由于市场发育不完善、制度不完善、机会不均等以及权力对市场的渗透等方面的原因，导致资源分配扭曲和各种寻租腐败行为普遍，带来政府官员大量的隐性收入，拉大了阶层收入的差距。

第六节　基于对人的激励与约束的角度

我国经济转型的过程中，收入分配变动已成为一种促进体制变迁的有力杠杆，改革开放后实行的“让一部分人和地区先富起来”的政策及其收入分配变动，形成对人们追求制度变革的一种强有力的激励。这一制度变革不断诱导人们去冲破各种束缚生产力发展的规章制度，求得自身的更大发展。但由于缺乏有效的激励约束机制，贪官污吏缺乏严格监督，社会的道德沦丧，寡廉鲜耻等人性的丑陋极大暴露；商人唯利是图，不顾消费者的利益、国家的利益和社会的利益等等。这一切都直接或间接扰乱了中国的收入分配秩序，导致贫富差距不断扩大。

一、激励约束机制与收入分配秩序

我国由计划经济转向市场经济，要求对人的约束机制转变。对人的约束主要有道德约束与制度约束两个方面，在传统计划经济条件下，可以运用道德、党纪等约束，不管怎么样，存在一个与之相适应的对人的道德与制度约束机制。在市场经济条件下，道德约束已经不起很大的作用，需要运用法制约束。但由计划经济转向市场经济的过程中，由于中国并没有真正走向法制化，正当性资源转化为法律规范的过程总是相当滞后，旧的管制体系尽管具有合法性，但它却因为剥夺和限制了人们从事具有自然的正当性事业的权利，而已经不再具有正当性和适用性。在这种背景下，原有的道德体系受到冲击，而新的道德规范尚未完全形成；原有的制度约束需要改革，而新的制度约束没有及时完善，这就客观上带来了一定程度的"道德真空"和"制度真空"，出现了对人的约束的软化。这在很大程度上导致转型期的收入分配情况恶化。这是从人的角度来说，它也存在旧的东西不太管用了，新的东西又还没有形成，"浑水"就好"摸鱼"的现象。

在我国由计划经济体制向市场经济体制转型的过程中，激励约束机制的缺失和新旧体制的摩擦与矛盾不可避免地导致收入分配中的无序和混乱，从而让一部分人靠钻转型过程中的"空子"富起来。改革开放的一个重要政策就是允许一部分人先富起来，提倡劳动致富。然而，由于经济转型只能"摸着石头过河"，人们追逐利益的动物本性决定了必定有少部分人，千方百计利用计划经济向市场经济过渡期政策、法律、法规方面存在的漏洞投机发财，捞取、攫取社会财富。在改革开放之初，个别腐败官员，一些投机商、不法企业家和社会上的非法分子钻制度的空子，"八仙过海，各显神通"，一齐将手伸向改革开放后迅速增加的社会财富，使社会财富的分配发生起始的不公平。伴随着经济的发展，社会财富越来越多，由于官员权利的扩张和监督的缺失，人们追逐利益的动物天性与权力提供的方便，各种监督的缺失和法律制度的漏洞，以及攀比心理的膨胀等原因，导致腐败现象的出现和蔓延，加剧了整个社会的分配无序与分配不公。

二、激励约束机制与劳资关系

（一）制度约束

诺斯认为，制度变迁是一个追求潜在利润的渐进的制度过程，规则、习俗和传统会内化在人们的精神和行为中，成为一种稳定性的、支配性的力量（North, 1990）。在我国经济转型过程中，规则是置身某种秩序中的人们行动、互动的产物，规则的生成及规则体系的变革内化为经济过程的一个内生变量。也就是说，管制规则形成于政府官员、企业家、消费者、舆论的互动过程中，处于转轨过程中的企业家本身就是生成规则或推动规则变革的主体。新制度经济学认为制度变迁具有渐进性，制度变迁的渐进性使制度生成不平衡，一部分人、一部分地区利用新生制度得到利益，实现了收入提高与收入来源多渠道；而另一部分人、另一部分地区处于滞后的制度中，收入低下与收入来源单一化。在我国，对劳动力市场扭曲起着决定性作用的因素不是市场本身，而是制度性因素。我国目前尚未形成调控与引导劳动力市场有序运行的有效方式，运行中存在的无序、混乱、争议及纠纷，缺乏法律手段加以约束和纠正，市场制度与法规的不完善，也是劳动力市场扭曲的表现。

我国的二元结构显然是劳动力市场扭曲的制度性原因。由于长期形成的农村居民人力资本上的弱势，流入到城市的农村人口大多只能从事低端的体力劳动工作，他们所从事工作的工资报酬极低并且与其他行业的工资两极分化趋势非常明显。此外，由于城乡隔离的身份认证制度，农民工的收入、保险、福利都没有保障，甚至合法权利也很容易受到侵犯。由于我国城乡二元结构、劳动力和资本等要素市场的双轨制等在短期内难以破解和消除，居民收入差距扩大的趋势仍将继续。以户籍制度为主的人口流动管理制度，对城乡之间、地区之间收入差距的形成有着深刻而巨大的影响。除了起到限制城乡人口流动的作用，出于对城市居民利益的保护，户籍制度成为城乡和地区间“二元”收入分配格局的重要影响因素。从一开始就被附加了不同的地位、权利、义务和待遇。借助户籍制度形成的界限，城市居民和农村居民、本地人与外地人在经济、政治、社会等各方面享有截然不同的待遇。城市居民和农村居民、本地人与外地人在住房、就业、劳动待遇、医疗保健、教育资源分享等方面都是差别对待，农村居民和外地人没有受到平等的国民待遇，农民同城里人、本地人与外地人在政治待遇和话语权上也有很大的区别，这些歧视性差别成为城乡之间、地区之间居民收入差距的重要组成部分。

在政治锦标赛的晋升激励下，不仅使激励官员的目标与政府职能的合理设计之间存在严重冲突，而且，以 GDP 为导向的政绩观，导致某些地方政府官员在处理地方事务中常常采取与当地企业合作的态度。不仅对劳工的正当权益不加以维护，在处理劳资关系中反而偏向资方一边。

另外，我国实行全国人民代表大会制度统一行使最高国家权力。人民代表大会制度是按照民主集中制原则，由选民直接或间接选举代表组成人民代表大会作为国家权力机关，统一管理国家事务的政治制度。但事实上，由于全国人大代表人数较多，不便于进行经常性工作，且人大代表中官员所占比重过高，导致人民代表大会制度的约束力受到影响。

总体而言，制度约束的缺陷加上城乡之间、东部与中西部、经济特区与非经济特区、垄断与非垄断行业的政策制度差异，以及“让一部分人先富起来”的分配理念和“效率优先”的经济发展战略等，致使农民、农业、中西部、弱势群体、劣势行业，效率低的企业在初次分配中机会少、竞争力差、科技短缺，在收入分配的起点和过程中均处于不公平地位，必然导致收入分配的结果不公平。加上我国社会保障制度改革滞后，不能适应市场经济发展的根本要求，弱化了对城镇失业、下岗人员的救助，导致城市贫困人员增加，城镇居民间收入分配差距扩大。

（二）道德与伦理约束

市场经济的运行要符合市场规律，遵循市场规律创造出最大的效率与利润，不以人的意志和制度为转移。如果政治、伦理和信仰等方面的制度正好符合人们追求财富的愿望，那将对经济产生促进作用；如果违背了经济与财富的增长这一目标，就需要对其进行改造；如果制度的惰性太大或改造太困难，那就贿买它。在通过贿买实现财富的增长这一交易中，往往是官员践踏权力伦理，企业家践踏商业伦理，并拒绝根据道德原则对其产生的不公正进行修正时，这就等于给种种社会不公平以合法性。在我国经济转型过程中，一些政府官员和企业家认为实现经济与财富增长是他们的唯一目标，而不会跟着道德原则走。完全违背了亚当·斯密关于一个健全的市场经济，应该能够使一个人在追求个人最大利益的同时贡献于社会的这一市场经济理论。

市场经济中，盈利无疑是摆在每个企业面前的目标，但事实上企业的存在以社会的存在为条件，盈利与社会责任并不是必须两者取其一的问题。企业应该建立在企业家的社会责任观念上，而不是建立在企业家的权利观念上，企业经营应该讲求伦理。即便在亚当·斯密和自由放任经济中最成功的企业家那里，资本也有强烈的道德使命。在生存和力求取得发展的前提下，企业必须考虑自己的社会价值，这意味着从计划经济向市场经济过渡和市场经济不断发展的过程中，企业应该采取怎样的道德取向。追求利润确实是企业家的本分，为此采取某些措施压低劳动力价格，也合乎经济学逻辑。但是这种压低措施应该有一个限度，而这个限度需要由法律和道德来界定。法律界定是政府的职责，假如政府不承担这一职责，一味地保护企业而对劳工的诉求不闻不问，企业很可能就会逾越法律设定的界限。如果此时没有道德和伦理的约束，则企业必然逾越人们认为合理、合法的限度，以一种人们不能接受的方式对待劳工，即形成所谓的“血汗工厂”。在缺乏有效制度约束和道德伦理约束的环境下，企业正常的权力膨胀为一种不受节制的特权，导致劳资矛盾突出、劳资冲突不断和劳资关系紧张。

人类的道德原则和价值观念是比市场规律更高的正义，这种正义也是我们用来不断修正不完美市场所创造的社会不公平的依据。中国市场经济的另一个问题，就是企业不受社区伦理的压力。比如，一个老板发了财后，他并不觉得自己会欠了一天给自己干了十几个小时的工人什么，大家的生活可以是天上地下；愿意将工人帮自己赚取的钱全花在如何和外国的权贵交往、进入世界富人俱乐部、赶紧“入流”上面，也不愿意顾及邻居的感情、用公益和体面的工资使自己成为社区内厚道的成员；甚至拿了钱会想着远走高飞，而不是用来拉动中国经济的“内需”。那些为老板赚取大量钱财却只能领取微薄工资的工人，尤其是农民工，往往连自己孩子的教育费用都无法支付，最终导致内需贫弱和下一代劳动力质量低下。经济发展要在未来长盛不衰，就必须培植包括个人的道德情操、邻里之间的友爱、对他人的责任和同情等类似的社会文化基因。最低工资、对穷人的医疗救助等，虽不符合市场经济原则，但它们对维系社会的发展起了不可低估的作用，所以也都融入了世界最成熟的市场经济体制中。企业同样需要具有社会责任，正如美国企业家克雷格·霍尔所说：企业家可以并且也应该成为社会发展的一环，也是社会整体的一部分，它对整体社会应有一层权利与责任的关系①。

三、激励约束机制与行政权力腐败

在经济转轨过程中，我国“渐进地摸着石头过河式”的变革模式，意味着法律总是滞后于人们的实际行为，由于市场经济体制还没有完全建立起来，政府的干预和管制在许多领域还仍然存在政府的干预和管制通过权力的运行来实现，在不合理的制度环境下，总是赋予政府官员以巨大且不受任何约束的权力。政府官员在行使权力时，由于计划经济思维的影响及市场制度的不健全，政府行为存在许多不规范之处，现行的体制对他们缺乏有效的监督和制约，有的官员本身道德意识和法制观念又淡薄，在租金存在的情况下，他们自然就会丧失理性，以权谋私，寻租活动就会产生。可见，政府权力对经济活动过多介入是目前行政权力腐败和收入差距拉大的重要原因。

---

① 转引自《企业伦理和社会责任》，《民营经济报》，金羊网，2004年4月23日，http://www.ycwb.com/gb/content/2004-04/23/content_680917.htm。

（一）制度约束缺失与权力寻租

在中国经济转型时期，由于对权力运行缺乏有效的体制性制约机制，导致少部分掌握公共资源配置权力的人可以左右逢源，在体制不完善的情况下，某些地方政府官员在处理地方事务中很容易利用权力来交换、攫取自身利益，出现权力市场化现象。我国在体制转轨中虽然大幅度减少了行政性资源配置，但行政性资源配置不仅在国有经济部门依然普遍存在，而且出现向非国有部门渗透的迹象。在市场机制发挥作用的条件下，行政性资源配置的权力具有了“价格”意义，使权力市场化成为可能。如当前在城市改造拆迁和土地转让、资金信贷以及资本市场“圈钱”等领域，权力市场化的现象依然没有止步。在权力运行缺乏有效的体制性制约机制条件下，行政性资源配置中的权力市场化是社会财富占有和分配不公的最主要因素。由于缺乏规范性的法律约束，分阶段的渐进式改革及其存在的制度缺位、制度错位与制度虚设等缺陷，导致行政权力内部权责失衡现象严重，对领导层的监督机制基本消亡，内部监督体系形同虚设，资金管理与项目审批制度不衔接等漏洞。加上社会监督渠道不畅通，除内部监督与对党政官员的同级监察外，其他有关组织监督、群众监督、舆论监督等不够配套。这些新旧体制的摩擦与矛盾，为各种权钱交易、贪污腐败之类的寻租活动留下了体制性空间，也是我国非法非正常收入大量滋生的制度根源。

1. 监督制约机制缺失纵容权力寻租

目前，我国总体上已初步形成了多层次、全方位的监督制约机制，并在社会生活各领域发挥着重要作用。但是，现行的监督制约机制仍存在不少缺陷，其功能远未得到应有的发挥，主要表现在：

（1）党内监督体系存在问题。一是党内监督的意识薄弱。作为党内监督的重点对象，一部分领导干部认为党内监督太麻烦，束缚手脚，影响工作效率；也有一些领导干部认为监督只是软招数，根本解决不了什么问题；作为党内监督的主体，不少党员缺乏监督的责任感，怕实施监督得罪领导，既伤和气又会遭打击报复。二是党内监督的制度、规范不完备。不少制度规定停留在一般性原则上，如“不准”、“禁止”等规定很多，但对禁而不止者怎样惩处并无具体措施；有些制度缺少必要的程序性规定，当处理办法不明确时难免发生扯皮或推诿现象，甚至根本就没有具体职能部门去监督执行制度。三是实施党内监督的力度不够。一些党组织不认真履行监督职责，导致党内组织监督软弱无力、战斗力不强；尤其是对领导干部违纪问题纵容包庇，姑息迁就，该查的不查，该办的不办，导致权力寻租等腐败现象蔓延。四是党内监督机构的领导体制不恰当。作为党内的专门监督机构，各级纪委名义上实行同级党委和上级纪委的双重领导，但实际上是同级党委对其具有真正的领导权，这就导致监督机构依附于同级党委，缺乏应有的独立性。因而，很大程度上制约了各级纪委部门的职能发挥，造成不少环节的弱监、空监和失监现象。

（2）人大监督难以发挥应有的作用。在中国，广大社会民众应当是监督和制约政府的主体，我国民众的代表机构是人民代表大会。人民代表大会作为最高权力机关和立法机关，同时担负着监督政府机关及其工作人员的职责。然而，目前“人大”并没有专门成立监督常设机构，其监督作用难以真正发挥和落到实处。

（3）群众监督软弱无力。我国宪法第 41 条规定：“中华人民共和国公民……对于任何国家机关和国家工作人员的违法失职行为，有向国家机关提出申诉、控告或者检举的权利……”① 宪法明确赋予公民以监督权，但事实上，除了“信访”等途径之外，公民的监督权利并没有任何法律、制度予以保证。可见，我国群众监督软弱无力，其监督的威力和效能根本无法得到有效发挥。

由于不能有效地监督和制约权力，在我国经济转型过程中造成了权力失控，给一些滥用权力者以可乘之机，一些基层干部更是把履行公务当作施人以恩，从而权力寻租在施恩人与受恩人之间架起了一座桥梁。

2. 法制不健全带来权力寻租

权力需要制约，没有制约的权力将倾向于腐败，且人性中本有趋利避害的因素，更需要法律制度加以规范和引导。近年来，我国法制建设取得了较大的成就，但对权力进行监督制约的法律制度还欠完善，没有系统的关于权力的设立、运行、行使及法律责任等方面的法律制度，更缺乏专门遏制政府官员腐败的法律，如《反腐败法》、《反贪污法》、《监督法》、《公务员财产申报法》等。过去一段时期内，我国经济立法相对滞后，不适应市场经济体制建设的要求，市场主体的经济行为、行政权力在市场中的运行没有被充分地规范约束，经济运行缺乏健全的法制保障，各类市场不同程度地存在无序或失控的状态，国有资产产权界限不明，造成国有资产大量流失但缺少有效的法律进行控制。缺乏强有力的法律控制的环境下，权钱交易的寻租腐败现象就很容易发生。

任何公权力都应在一种公开、透明的环境下运行。但是，在政治权力的角逐场上，博弈让很多权力的运行走向“地下”，从而为权力腐败提供了滋生的土壤，权力腐败之癌细胞逐步向政治肌体转移渗透，变成更多、更难根治的腐败顽疾。

---

① 《中华人民共和国宪法》，《人民日报》1982 年 12 月 5 日第 1 版，一九八二年十二月四日中华人民共和国第五届全国人民代表大会第五次会议通过，转引自 http：//www.people.com.cn/item/faguiku/xf/F01 - A1010.html。

3. 权力寻租与收入分配不公

腐败和违法现象加剧了收入的分配不公，腐败的核心是政府的行政权力过大，并且没有得到应有的监督。在利益诱惑和制度监督不完善等多种因素的作用下，某些政府官员通过出售“政府产权”（行政许可、市场准入、政府采购招标等）给寻租者，进行权钱交易，产生寻租性腐败。诚如休谟所说，任何统治都是以被统治者某种程度的同意为基础的。政府官员乐于制定给自己带来最大租金的管制规则，这种规则的持久维持却以企业家的默认为前提，如果企业家持续地进行抗争，政府很可能改变规则；如果所有企业家出于自身利益最大化考虑，不假思索地采取贿买策略，那不合理的管制规则就会永久化。对一个所谓“非人格化交换”占主要地位的现代市场经济来说，没有合乎公认基本正义的法律和独立公正的司法，合同的执行将难以得到有效保障。在这种情况下，经济活动的参与人为了保障自己的财产安全，就只有去“结交官府”。于是，就出现了寻租的“新动力”，企业家贿买权力是腐败的一个重要方面。

目前，由于制度化的利益诉求渠道不畅，导致寻租规模不断扩大，腐败活动日益猖獗。根据学者的统计，租金总数占 GDP 的比率高达 20% ~30%，年绝对额高达 4 万亿 ~5 万亿元[①]。巨额的租金总量，自然会对中国社会中贫富分化加剧和基尼系数的居高不下产生决定性的影响。

（二）道德伦理约束与收入分配

受“经济人”假设和完全竞争市场假设的影响，当前中国的一些企业社会责任缺失、企业家伦理道德滑坡，企业存在一定意义上的道德真空。作为市场的一个组成部分，有些企业通过寻租的手段为自身发展也谋取了大量的利益；但从长远来看，权钱交易不但增加了企业的经营成本，而且导致市场混乱，影响社会整体利益，最终所有企业将可能一起受损。为了企业自身利益，为了稳定的市场环境和社会福利的整体发展，必然要求企业做一个有道德的“经济人”，即企业在追求自身利益最大化时，其逐利行为也要具有合理性。

不论是企业家为购买特权，还是为赎买本属自己的权利，在任何一个社会，大多数情况下这些腐败者，不论是贿买者还是受贿者，都知道自己是错误的，他们会以此为耻，这种腐败也会受到社会其他人的道德谴责。然而，在中国经济转型过程中，蔚然成风的潜规则已极大程度上改变了人们对善恶、是非、对错的基本认知。使得腐败者以腐败为荣，受贿行为已经带有一种变态特征，少数官员还

---

① 吴敬琏：《“宏观调控”产生庞大的权力寻租规模》，《中国未来 30 年》，中央编译出版社 2011 年版，第 93 页。

会因为受贿产生成就感。一些企业家的行贿似乎已成为例行公事，看见官员就立刻想到行贿，而似乎不再计算收益成本；至于民众，对于腐败虽然在道德上进行谴责，但也有一些人很能理解；认为那个位置上，谁都会贪。

很显然，没有良好的道德伦理和市场文化就没有好的市场。儒家教化的功能在于唤醒民众的道德精神和正义感，而抑制动物本能的一面，从而使经济活动文明化。一个“能人”想发财致富，受到儒家教化的民众很可能去开办实业、去经商，而一个缺乏这种文明精神的人则在进行选择的时候毫无顾忌，必然倾向于选择其私人理性所能见到的最直接办法，即掠夺。在这种行为模式下，有智力者欺诈他人，有力量者欺负他人，有权力者奴役他人，而旁观者对于此种行为则羡慕多于厌恶。现代经济学、伦理学强调个人的选择自由，然而，个人的理性总是有限的，以个人的理性能力，只能看到那些看得见的利益，而看不到或者轻视那些看不到的损害。如果个人仅凭私人的理性做出某些选择，可能在短期收益较大，但长远看来也许会有严重后果；或者增进了自己的利益，却以损害他人利益为代价。道德规范的作用能够扩展个人的理性能力，促使个人自觉地、甚至潜意识地排除那些坏的选择，使市场秩序良性演进。

四、激励约束机制与隐性经济

（一）制度约束与隐性经济

制度约束本身存在的缺陷是滋生隐性经济的重要温床。在我国新旧体制转型过程中，新旧体制的摩擦和矛盾、市场发育不完善、制度不完善、机会不均等以及权力对市场渗透等方面的原因，灰色收入、黑色收入乃至血色收入部分越来越大，进一步加剧了分配矛盾，成为收入分配中的一个突出问题。

在体制转轨的过程中，由于对公有资产的集中控制逐步放松，各部门各地方和各企业都有了对公有资产的控制权，公有资产占有量的差别所造成的利益往往通过内部人控制而转化为本部门、本地区和本单位乃至有关个人的利益。受计划经济时代审批制的影响，一部分人在经济转型过程中通过钻“空子”手段富起来，这部分人往往是在紧缺物资价格双轨制时期的批条者、转卖批件者，房地产热中的土地审批者、转手倒卖者或高利经营者。有些领导干部，利用手中握有的人、财、物大权，或采用贪污受贿、挪用公款、权钱交易等以权谋私，或与非法生产经营者内外勾结等非法手段，将国有资产装进自己腰包，或在股市上翻云覆雨，成为日进斗金的特殊“炒家”，使国有资产巨额流失。大量现象说明，灰色收入主要是围绕权力产生的，与腐败密切相关，往往是来自凭借权力实现的聚敛财富、来自公共资金的流失、来自缺乏健全制度和管理的公共资源，或者来自对市场、对资源的垄断所产生的收益。对有政治特权或经济实力的人来说，约束的软化等同于是“寻租”、“设租”的良机，于是，各种以非法手段、巧立名目获取的灰色收入、黑色收入等随之产生，各种隐性收入和非规范化收入迅速膨胀。偷税漏税、走私贩私、制售假冒伪劣产品、进行非法交易的存在，也成为黑色收入的主要来源。

司法体制不健全、职能不完善是非法非正常收入获得者得不到有效遏制的另一个制度性原因。中国由计划经济向市场经济转型，司法腐败已经成为建设法制化国家过程中引起社会广泛关注的一个问题。司法腐败的表现形式多种多样，贪赃枉法、索贿受贿、通过索取好处费保护非法经营等活动，直接导致或影响了非法非正常收入的产生与泛滥；乱收费、乱摊派、乱罚款、拉赞助、经商办企业、搞有偿服务和变相收费等各种滥用司法权力进行的创收活动，是司法人员利用司法权力实现自身利益最大化的行为，也是间接刺激和促进隐性经济发展的动力。

税制不完善，再分配调节功能不足，是非法非正常收入获取并得以保持的制度条件。随着多元化微观市场主体的确立以及收入来源的多样化，偷逃税款已经成为一个普遍的社会问题。当前，各种所有制成分的经济主体都存在偷税漏税情形，个体、私营等非公司制企业的现象尤为严重。在我国个人所得税中，80%来自工薪阶层，大量占有社会财富的高收入阶层往往是大量偷逃税的长期主体。政府在收入分配领域中的重要职能是发挥税收对收入分配的再调节作用，但由于当前我国真正的高收入群体纳税比例很低，无法对高收入者实施有效的税收调节，也大大限制了政府对低收入群体的转移支付能力。

在体制转型期间，由于旧的经济管理体制正在被破除，新的市场经济管理体制尚未建立健全，必然产生许多政策和法规“真空”，体制转型期所产生的制度“真空”为隐性经济的迅速膨胀提供了环境条件。在传统计划经济体制下，隐性经济虽然存在，但其表现形式比较单纯，规模和范围比较小，危害并不算大。在市场经济成熟的国家里，隐性经济在许多领域里虽然广泛存在，但其表现形式和发展规模却比较稳定，而且有常态可循，对其管理、监督、制裁容易形成章法。然而，我国目前既不是传统计划经济体制，也未形成规范的市场经济体制，处在经济转型的过渡时期之中。一些人在谋求自身利益动力的驱使下，使得隐性经济行为迅速膨胀。例如，吃回扣、小金库、假合资、假集体、偷漏税等追逐违法违规隐性收入现象。由于没有明确的政策界限，使一些人钻了空子，导致隐性经济迅速膨胀。而且，在这种背景下产生的隐性经济，有很强的不稳定性和易变性，花样经常翻新，领域经常转移。此外，假冒伪劣、以次充好的不规范经营方式和非价格竞争手段在非公有企业中的广泛存在，也成为非法非正常收入的一个重要来源。

在隐性经济泛滥的地方，司法、财政、税收等制度也常常存在较多漏洞，导致预算约束软，任意截留财政收入，自行减免税，甚至偷税、漏税、抗税现象严重。而且，人们的道德观念淡化；损公肥私、化公为私行为公开化；滥发奖金和实物，公费吃喝和旅游等情形也比较常见。西方发达国家的隐性经济，是作为比较完备的法规体系及其管理体制的对立物而存在；我国的隐性经济，既是作为现行法规体系及其不健全的管理体制的对立物而存在，更是作为严重缺陷的激励约束机制的共生物而存在。有学者重点以个体经济的偷税漏税、各级党政官员的腐败贿赂收入、集团消费转化为个人消费与收入、走私贩假等非法、非正常收入入手，对其规模以及对收入差距的影响程度进行了估算[①]，得出如下结论：第一，几种主要的非法、非正常收入对居民收入差距的影响是明显的，它们对总体的居民收入差距的影响程度在13%（1991年）~23%（1995年），由于这一因素的影响，使得反映总体居民收入差距的基尼系数在考察期内都上升到0.4以上；第二，从总体上看，非法、非正常收入差距占居民收入总差距的14.9%；第三，在各种非法、非正常收入方式中，以个体和私营经济的偷、漏税非法收入对居民收入的非正常扩大影响最大，约占53%~76%；第四，从趋势看，各种非法、非正常收入对总收入差距的影响尽管在某些年份有波动，但在总体上仍是上升的。分析结果表明：非法、非正常收入是导致我国现阶段居民收入差距非正常扩大的根本原因，也是老百姓最为不满的社会关注的焦点之一。体制转轨中的“制度真空”和非规范化收入迅速膨胀是引起我国收入分配关系发生深刻变化的重要的内生性因素之一。

（二）道德伦理约束与隐性经济

经济和道德从表面上看是两个互不相关的领域，但实际上，经济和道德始终是互为依存的。道德从本质上说是经济的产物，而经济也并非是没有价值目标的自然现象，任何经济发展的目标中，都或明或暗地内含着相应的道德发展目标。因此，市场经济是法制经济，市场经济也应该是道德经济。市场经济既需要法律的保障条件，也需要道德的保障条件，法律和道德缺一不可。然而，在当前中国，人们在追求财富的过程中，道德失范现象却是非常惊人的。企业经营是为了获取最大利润或者是投资者满意的利润，这本身并没有错，然而当前，在我国社会主义市场经济社会中，企业单向的、扭曲的、唯利是图、有意识地实施不道德行为的现象屡有发生。心理成本源于道德尺度的内控作用，如果说心理成本体现

---

① 陈宗胜、周立波：《非法非正常收入对居民收入差别的影响及经济学解释》，载于《经济研究》2001年第4期。

为一种负疚感、羞耻感，那么心理收益就体现为一种满足感、荣誉感。由于经济层面的收益与成本、心理层面的收益与成本之间具有替代性和补偿性，行为主体在实施不道德行为时，即使遭受着良心的责备，心理成本很高，但诱人的经济收益则有可能弱化心理成本，驱动不道德行为的发生。比如，在经济收益的刺激和为企业整体利益着想的名义下，不以偷税漏税为耻，反以偷税漏税为荣等心理。这些非伦理现象导致各种隐性经济与隐性收入滋生，扰乱了收入分配秩序，扩大了收入分配差距。

平等和效率在经济伦理中属于贯穿始终的分配法则，牺牲“平等”，除了没有换来“效率”之外，还会使公众对“平等—公平”期望的丧失，道德信念的全面沦丧，导致经济伦理恶性畸变。与平等和效率共同构成经济伦理体系的还有人们对待财富的态度。在我国经济转型的过程中，“私欲”以一种非常极端的形式支配着人们的行为，丧失了人文精神和道德伦理的支撑，追求财富的欲望最后沦为纯利欲的冲动，导致人们动物性的膨胀、人性的泯灭、社会秩序的混乱和财富的浪费。如一些政府工作人员拿了国家的工资，也即人民贡献的税收不但没有“为人民服务”，还走向了贪污腐化的违法道路。乱收费、利用特权索要财物、乱罚款、乱摊派等“不正之风”以及走私贩毒、制假贩假、卖淫设赌等“反道德”行为也都使整个社会的隐性经济与隐性收入急剧膨胀。在当代中国，人们私欲不断膨胀，整个社会缺乏一种健全的公私观念，导致将“把手伸进别人口袋里”这种隐性经济伦理合理化。所有权主体缺位的国有资产成为权力阶层肆机掠夺的对象，一旦人们具备了参加瓜分的“资格”和能力，便会毫不犹豫地把手伸进“国有资产”这只口袋里。多年来，在中国积累财富的竞赛中，得利的主要是一部分在政府部门中掌握资源分配的大权者，这些人根本就没有所谓的“公”“私”之分，在他们头脑中所想的就是如何将手伸进“公有财产”这只口袋里，用种种手段将“公有财产”化为己有。甚至还存在着“拿‘公家’的，不拿白不拿”的这样一种扭曲心理。而老百姓虽然知道这些人在做什么事，但大多数人都抱着一种“这是国家的，又不是我个人的”“明哲保身”的态度，鲜有检举者。即便有检举者，其中一些人也可能是因为自己利益受损，而不是因为正义感的驱使。

实际上，无论人们怎样无视道德的存在，道德对一个正常社会的经济发展的维系作用，都是基础性的，而其他的调节手段，包括法律和宗教，都必须以相应的道德为前提条件。亚当·斯密既是伟大的经济学家又是伟大的伦理学家，他的《国民财富论》和《道德情操论》深刻反映了资本主义市场经济条件下经济和道德紧密相连的本质。社会主义生产的目标是实现人民日益增长的物质和文化生活需要，这一目标的实现既要体现在社会主义的物质文明，也要体现在社会主义的政治文明和精神文明。因此，当前我国的价值追求应当把经济目标和以思想道德为核心的精神文明，同样作为社会主义内在的价值目标，使道德与经济成为辩证统一的关系。即道德要为经济发展提供保障作用，经济发展的目标之一，就是为提高人们的道德觉悟、改善全社会的道德风尚创造物质条件。

第七节 本章小结

在经济转型的过程中，中国收入分配秩序混乱的原因可以从政府职能转变、所有制结构调整、中央与地方政府间关系变化、分配原则改革、要素的流动性受制以及对人的激励与约束机制缺失六个方面得到合理的解释，这六个方面是当前我国劳资关系不合理，隐性收入泛滥，行政权力干预经济和腐败产生的根源。

在我国经济转型过程中，由于政府职能转换不足，存在大量的"越位"、"缺位"、"错位"现象，导致劳资关系恶化、权力寻租与腐败日益盛行，隐性经济泛滥。在处理劳资关系中，政府职能和角色的缺位和错位，在介入劳资关系中进一步加剧了劳资矛盾，使劳工处于更加不利的社会境地。行政权力过大、行政权力过多干预经济以及政府的"明放暗管"等行为，导致"设租"、"寻租"问题和其他一些不合理的地下经济、非法经济等各种隐性经济与隐性收入产生。

在所有制结构调整过程中，由于劳资关系主体不成熟和企业经营管理者观念上的偏差，造成资方主导劳资关系，工人的合法权益时常受到损害，尤其是农民工在劳资关系中处于绝对弱势地位。伴随着"国有化"浪潮的加剧，民营企业的发展举步维艰；而在"土地—房屋"双重垄断模式下，不可避免地导致了"财富向政府集中，向房地产商集中"的一种畸形财富分布格局。由单一的公有制调整为"以公有制为主体，多种经济成分并存"的所有制结构，公共资源变成了私人隐性收入的重要源泉，导致大量的国有资产、土地出让中的资金流失，企业、公司和个体工商户的无证经营及偷逃税活动等隐性经济活动和隐性收入剧增。

在财政分权和以 GDP 为中心内容的政绩考核制度下，政府间关系的变化直接带来地区间经济差距与收入差距。伴随着地方政府间竞争加剧，企业主所拥有的资本优势日益明显，"强资本、弱劳动"在各地方政府中都有不同程度的体现。在政治锦标赛下，行政权力干预市场，地方行政权力也始终参与收入分配，导致整个社会的初次分配向地方政府倾斜，向地方政府所偏爱、所支持的企业倾斜。在财政分权模式与地方保护主义影响下，一些地方税收流失严重，走私、制假贩假等隐性经济繁荣。

我国“先扣除后分配、高扣除低分配”的分配模式导致国民收入的最终分配格局“向政府和企业倾斜”，劳动收入和居民收入过低。在“效率优先，兼顾公平”的原则下，资方优势明显，资本主导下重企业和资本、轻个人和劳动的“分配偏好”导致劳资冲突激烈。行政权力对微观经济的广泛深入干预，公共权力的配置不能体现“分权制衡”的原则，而是过分集中于某个人、单位或部门手中，在一定程度上扭曲了市场的交易活动，导致在按要素分配过程中，某些政府官员在操纵要素价格上存在很大的寻租空间，形成权力腐败。如果初次分配给劳动者的收入太低，又没有通过再分配和第三次分配把劳动者的收入补齐，在各种经济利益的刺激下，一部分 GDP 便通过非正常渠道变为人们的收入，从而导致各种补贴、体制外分配、权钱交易等隐性经济、地下经济泛滥。

我国缺乏统一、畅通的要素市场，在城乡隔离的户籍制度、地方保护主义和全球“强资本弱劳动”的背景下，许多企业用低工资的手段来降低劳动力成本以提高竞争力，导致资本越来越强势，劳动者地位不断下降，影响了劳动力就业和劳动收入的增长。由于行政权力干预市场，政府权力影响资本在不同群体之间的配置，大部分自然资源要素的价格依然由政府控制，导致各类要素价格的形成存在制度分割，发展极不均衡。我国要素市场发育滞后，而且中西部地区的市场化明显滞后于东部地区，加上地方保护主义阻碍要素流动，导致工资外收入、非货币性福利混乱，非法收入、“灰色收入”突出，各种隐性经济活动十分猖獗。

在我国由计划经济体制向市场经济体制转型的过程中，激励约束机制的缺失和新旧体制的摩擦与矛盾不可避免地导致收入分配中的无序和混乱。由于缺乏有效的制度约束和道德伦理约束，企业正常的权力膨胀为一种不受节制的特权，导致劳资矛盾突出、劳资冲突不断和劳资关系紧张，且为权力腐败提供了滋生的土壤，致使滥用公权力，以权谋私，权力寻租与腐败盛行；偷税漏税、走私贩私、制假贩假以及各种以非法手段、巧立名目获取的灰色收入、黑色收入等产生，各种隐性收入和非规范化收入迅速膨胀。

第八章

规范收入分配秩序的国际经验与借鉴

收入分配是一个世界性话题。各国根据本国的经济、社会、文化特点，采取不同的方式规范收入分配秩序。其中有不少好的做法，值得我国学习和借鉴。

第一节　劳资关系的处理

西方市场经济国家的劳资关系由产业革命发展至今，从利益冲突型转变成利益协调型，从放任化转变为法制化，逐渐形成了比较完善的制度，积累了丰富的实践经验。

一、西方国家劳资关系的演变

（一）西方市场经济国家劳资关系的历史进程

纵观西方市场经济国家劳资关系的历史发展进程及其趋势，大致可以分为四个阶段。

1. 从产业革命开始至19世纪上半叶的劳资关系

18世纪中期兴起的产业革命推动了生产的发展和社会的进步，资本家享有巨额利润，但工人们的劳动条件和生活状况急剧恶化。为了争取工资、工时、就业和劳动条件的改善，19世纪初，西欧不断爆发工人反抗斗争，这些自发的劳工运动多以失败告终，使人们开始意识到联合作战的必要性，一些最初的工人组织陆续出现。但是国家对劳资关系的调整，采取的是表面上自由放任的政策，实质上采取的是纵容雇主、打击劳工的政策。因此，劳资关系充满着激烈的阶级对抗。

归纳起来，西方这一阶段的劳资关系具有如下几个特点：第一，劳资矛盾多以激烈对抗和冲突的方式表现出来，劳资关系呈不稳定状态。第二，劳资矛盾的焦点主要集中在工资、工时、就业和劳动条件的改善上。第三，劳工运动总体上处于分散、个别和局部的状态。第四，对劳资关系的调整，国家采取自由放任政策，但在表面自由的背后，立法和政策明显向雇主一方倾斜。

2. 19世纪下半叶到20世纪初的劳资关系

这一时期，西方国家从自由竞争向垄断过渡，政府对劳资关系的调整也从自由放任政策转向国家干预政策。罢工斗争愈演愈烈，工会组织也广泛建立，雇主和政府因此受到了强大的压力。一些雇主开始做出让步，力图以一种较为和平的方式，来处理激烈对抗的劳资关系。集体谈判制度逐渐得到国家法律的承认和雇主的认同，成为解决劳资矛盾的新的有效途径。

政府开始采取建设性干预政策，19世纪末20世纪初，西方各国的工厂立法、劳动保护立法、劳动保险立法、工会法、劳动争议处理法等法律大量出台，工人的劳动条件、待遇以及生活水平得到了相应的改善。劳资关系的调整开始向有序化、法制化迈进。

3. 20世纪初到第二次世界大战期间的劳资关系

此阶段，经历了两次世界大战和历史上最严重的经济危机。第一次世界大战结束后，各国工人阶级要求改善劳动和生活条件，参与生产经营管理和国家管理。

20世纪20年代末，资本主义世界发生了严重的经济危机，劳资关系重新紧张起来，迫使政府开始对劳动力市场进行宏观干预。政府对劳动力市场的宏观干预以及社会保险制度开始出现。经济重新启动后，产业民主化运动开始兴起，工人阶级因此逐渐参与到企业管理中。同时，自从1904年新西兰的集体谈判立法出现，劳、资、政三方性协商原则开始出现。劳资双方通过有组织的集体谈判和集体协议，来确定工资和各方面就业条件，政府则为其提供调节、仲裁及其他服务。另外，工人代表也开始参与到劳动立法中来。

总的来看，在这一阶段，协调劳资关系的方式和内容更加丰富。

4. 第二次世界大战以后的劳资关系

第二次世界大战以后，劳资关系的总体态势是谋求合作与双赢。西方各国政府进一步加强了对劳资关系的干预力度，用于调整劳资关系的立法体系趋于完备，社会保障和福利水平逐渐提高。工人们也开始争取广泛的民主参与权。

集体谈判制度成为各国工会运动的一种基本形式，也是各国处理劳资关系所采取的重要手段。同时，三方性原则被各国广泛推行，真正成为市场经济国家产业关系的基本格局和主要运行机制。

总体来说，这一阶段，劳资关系的发展态势是趋于稳定协调的，解决劳资矛盾的途径趋于制度化、法律化。

（二）发达国家劳工力量的演变趋势

由于政治、经济环境等的改变，作为劳资关系中的一个关键因素，各国的劳工力量主要呈现减弱趋势。

1. 工会密度下降

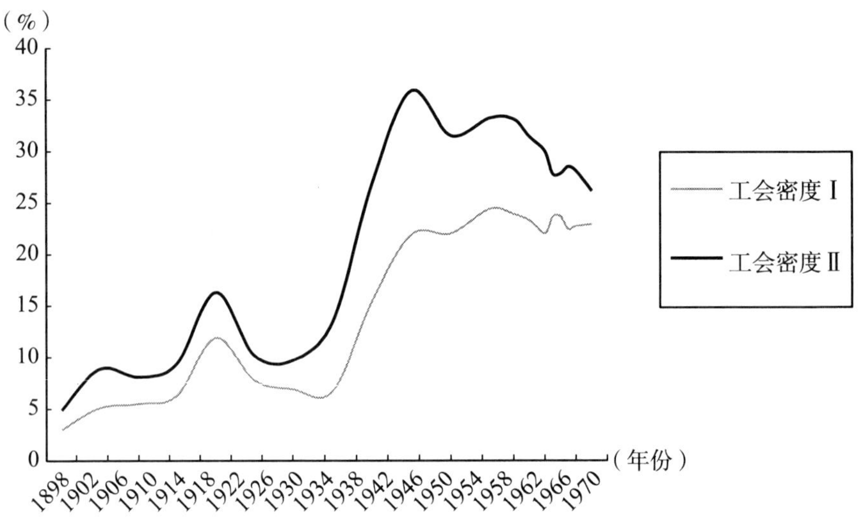

图 8-1　美国的工会密度（1900～1968 年）

资料来源：［美］C. A. 摩尔根编著：《劳动经济学》，工人出版社 1984 年版，第 379 页。

以美国为例，20 世纪初至 1968 年间美国工会密度[①]的变化基本是一个曲折中上升而后又下降的过程。图 8-1 从工会密度Ⅰ和工会密度Ⅱ这两个指标来反

① 工会密度的测定有两种方法：一是看工会会员占全体劳动力的百分比，可以称为工会密度Ⅰ；二是将工会会员人数同全体非农业雇员人数加以比较，称为工会密度Ⅱ。一般认为后一标准更为合理，因为绝大多数农场雇员不可能成为工会会员。另外，这一标准还排除了军队人员、失业者、农场主和农场管理人，这些人也不可能加入工会。

映美国工会密度的变化情况。

20 世纪 60 年代末，欧美发达国家爆发了大规模的社会运动和工人运动，资产阶级及其政权发起了一场对劳工的反击，形成了资本的进攻和“劳工的沉默或退让”。杰里米·里夫金曾指出：“到了 1981 ~ 1982 年经济衰退期间，工会首先开始丧失阵地。仅在 1982 年，就有超过 49% 的加入工会的工人经过劳资谈判接受了工资冻结或削减的条件。到 1985 年，三分之一的工人按照新的劳动协议同意了工资冻结或下调的要求。”① 此时，工人运动日益转为守势，在工资和福利等方面不断让步，这使得收入差距不断加大。

20 世纪 90 年代，经济全球化进程的加快，各国企业不断削弱工会的谈判力量，导致工会的数量和工会密度不断下降，而这些问题又被失业的增加所加剧，如表 8 - 1 所示，美国与德国的工会密度都呈持续下降趋势。

表 8 - 1　美、德 1970 ~ 2003 年的工会成员数（千人）和工会密度（%）

年份	美国		德国		年份	美国		德国	
	人数	密度	人数	密度		人数	密度	人数	密度
1970	[1]118 088.6	123.5	6 965.6	32.0	1996	16 269.4	14.0	8 826.5	27.8
1980	[2]217 717.4	219.5	8 153.6	34.9	1997	16 109.9	13.6	8 538.0	27.0
1990	16 739.8	15.5	8 013.8	31.2	1998	16 211.4	13.4	8 326.9	25.9
1991	16 568.4	15.5	11 969.4	36.0	1999	16 476.7	13.4	8 218.3	25.6
1992	16 390.3	15.1	11 083.1	33.9	2000	16 258.2	12.8	8 067.0	25.0
1993	16 598.1	15.1	10 264.9	31.8	2001	16 288.8	12.8	7 601.8	23.5
1994	16 740.3	14.9	9 709.5	30.4	2002	15 978.7	12.6	7 433.9	23.2
1995	16 359.6	14.3	9 334.8	29.2	2003	15 776.0	12.4	7 120.0	22.6

注：1 为 1973 年数据，2 为 1983 年数据。

资料来源：根据 U. S. Department of Labor. Monthly Labor Review. January. 2006 整理。

20 世纪 80 年代以来，欧洲的其他发达国家工会也出现了类似的工会衰落现象。从表 8 - 2 中可以看出，90 年代，尤其是 1995 年以来，大多数欧洲国家的工会密度都呈下降趋势。许多国家的工会密度在 80 年代就开始从其历史高点下滑。据统计，意大利工会密度的历史最高点为 1980 年的 44%，奥地利为 1955 年的 58%，英国为 1979 年的 55%，德国为 1960 年的 35%。比较而言，工会运动

① 杰里米·里夫金：《工作的终结——后市场时代的来临》（王寅通等译），上海译文出版社 1998 年版，第 194 页。

在英国的衰落程度最甚。同期，日本的工会权力也被极大地削弱了。日本工会密度从 1970 年的 35.4%，跌落到 2003 年的 19.6%[①]。

表 8－2　　欧洲主要国家 1990～2000 年的工会密度

国家	工会密度（%）			工会密度年均变化率（%）	
	1990 年	1995 年	2000 年	1990～1995 年	1995～2000 年
英国	38	32	29	－3.4	1.7
法国	9	9	N/A	－1.3	N/A
荷兰	22	22	22	+0.1	－0.1
意大利	39	38	37	－0.5	－0.8
奥地利	45	39	35	－2.8	－2.1
挪威	57	56	54	－0.3	－0.8
葡萄牙**	40	N/A	30	－2.7	－2.7
西班牙	9	13	13	+7.2	+0.4
比利时	57	60	58	+1.1	－0.6
丹麦	81	86	82	+1.2	－0.9
瑞典	80	83	82***	+0.7	－0.3
芬兰	73	80	79	+1.9	－0.2

注：N/A 表示数据不详，*** 该数据是 1999 年的数据。

资料来源：顾欣、范西庆：《全球化背景下的工会运动：以欧洲主要国家为例》，载于《当代世界社会主义问题》2005 年第 4 期。

2. 罢工强度下降

由于工人运动处于低潮，罢工不再是工人斗争的主要手段，罢工强度也在不断下降。据美国劳工统计局有关罢工的统计资料（见图 8－2），罢工在美国日渐稀少，显示了美国劳工运动的软弱无力。

总之，西方市场经济国家的劳资关系在发展的不同阶段，劳动关系的表现形式和斗争手段各不相同。劳资双方总是随着具体情况的不断变化而改变自己的斗争策略，以尽量争取在劳动力市场上处于有利地位，这也使得收入分配格局不断发生变化。

① 孙寿涛：《北京劳动关系学院学报》，载于 2007 年第 5 期，第 75 页。

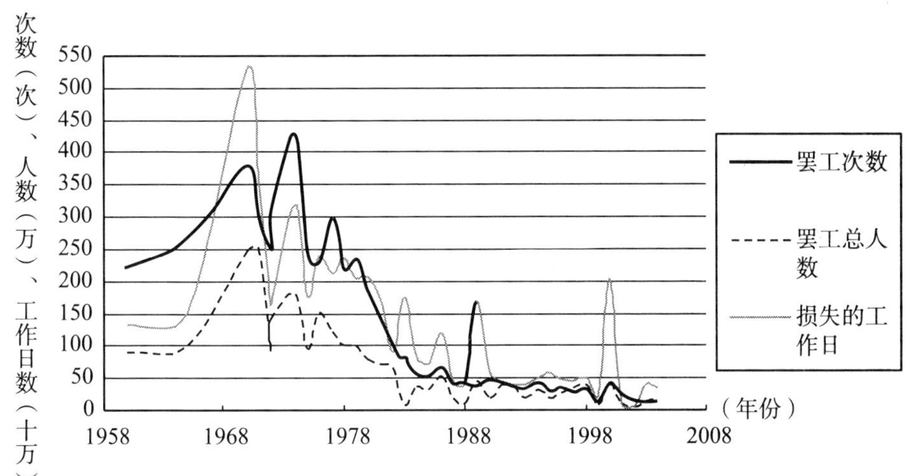

图 8-2 美国 1960～2004 年间罢工趋势

资料来源：Statistical Abstract of the United States：2006，Table 646，435.

二、法制健全的经济强国——美国

（一）法律制度的保障

美国的劳动法从内容上可以分为两大部分：一是对职工结社和集体谈判的程序进行规范的立法，其中最重要的一部法律是 1935 年颁布的《全国劳资关系法》；二是劳动实体法，指有关工资、工时和其他雇佣条件等涉及集体谈判主题事项的各种法规，如《公平劳动标准法》、《就业法》、《社会保障法》、《职业安全卫生法》等。劳动立法的立法调节和干预的倾向性经常变动，调节的内容由浅入深，并根据情况的发展变化不断修改和补充。

（二）强大的工会组织

在美国劳资关系中具有重要作用的工会，其特征也是非常显著的。

第一，美国工会对雇员在劳动场所的个人权利具有更大的责任。如雇员是否有带薪假期和退休金，主要是取决于工会与雇主的谈判，而不是政府的规定。

第二，美国工会具有唯一代表性。一群既定的工人有且只能有一个工会有权代表他们，雇主不能与其他工会打交道，其他工会也不能介入和干预这种谈判关系。这种组织原则减少了工会间的矛盾，保护工会免受分裂。

第三，集体谈判分散。集体谈判通常只有一级，是在全国性或地方性工会与雇主之间进行。谈判的内容包括工资、保险、福利等方面，还包括缩短工作时间、劳资纠纷处理等。

第四，工会的数量相对较多。美国约有 110 个全国性工会，而同时期的德国只有 17 个①。

（三）工会领导下的集体谈判制度

1. 集体谈判与集体合同的特点

对于与劳资关系密切相关的许多内容，如工资增长幅度、解除劳资关系的条件等，都必须通过集体谈判，以劳资双方共同协商的形式来确定。在美国，集体谈判和集体合同主要有如下特点：

（1）谈判规范化。

美国目前已形成一套完整的谈判程序和规则，政府通过劳动立法来规范劳资双方的行为，劳资双方都配备大量的专业人才，遵照有关规定展开集体谈判，并尽量自行协商解决谈判中出现的争议。

（2）合同期限多样化。

传统的集体合同或协议是 3 年，但近些年出现了很多不同年限的合同，因为劳资双方都认为，集体谈判过于频繁，会导致一些人力、物力、财力的浪费。而长期合同可以降低谈判频率，减轻双方的压力。

（3）合同内容更加全面。

原来的集体合同只注重工资水平和劳动环境，现在开始把重点转移到提高质量上，比如注重年金、解除劳动关系的条件和争议处理程序等。这样内容更加细致，也便于工人了解和操作。

2. 政府的支持

在美国，集体谈判和集体合同制度之所以能得到广泛发展，除了劳资双方的因素外，与政府的积极推动也密不可分。政府主要从以下几方面给予支持：

第一，政府大力资助处理劳资关系的工作。联邦调解调停署每年投资大量资金用于资助企业和行业发展集体谈判，资助金的多少视谈判项目的情况而定。同时政府还会提供资金广泛开展培训，通过各种有效的方法来提高有关谈判人员的水平和技巧。

第二，政府经常发布各种信息，以帮助谈判双方认清形势，促进谈判的顺利进行。比如定期发布物价水平、行业盈利水平、最低工资标准乃至国际市场竞争情况等。

① 徐小洪：《美国劳资关系及工会运行的特征》，载于《兵团工运》2001 年第 6 期。

第三，政府积极介入谈判过程。联邦调解调停署的调解员会与所在地的企业和工会保持经常性的联系，以随时掌握有关集体谈判的情况。另外，政府经常宣传谈判成功的实例，以便为劳资双方树立典型。

（四）多样化的劳资争议处理体制

为了适应市场经济中劳资关系复杂化、多样性的局面，美国在劳资争议处理方面也逐步建立了多条渠道、多种形式处理争议的体制。

1. 充分发挥劳资双方的自主性，注意把争议解决在基层

在美国的集体合同中，普遍存在有关劳资争议处理的内容，对企业内部解决争议的机构、程序和方法有着明确的规定。美国劳资双方一般强调通过工会，以协商的态度解决问题。比如，1978 年美国国会通过了专门的法案，提供资金，由联邦调解调停署负责指导地方，帮助企业建立劳资关系协调委员会。

2. 针对不同类型的劳资争议，分别采取不同的方法

美国对劳资争议的处理并没有专门的方法，而是从讲求实效的目的出发，由各种劳资争议处理机构自行制定处理程序，如仲裁协会的仲裁规则，集体合同中有关解决劳资争议的规定等。

3. 行政与法律手段并用

在美国，行政手段也发挥着非常重要的作用，有时甚至起着决定性作用。如法律规定，对铁路和航空业发生的争议，必须由国家调解委员会先行调解，如果争议双方当事人同意由该委员会进行调解，这种没有期限限制的调解实际上会使调解最终达成协议。如果当事人对调解结果都不满意，或者 30 天内仲裁程序不能完结，当事人准备采取罢工，则此争议将交由总统指定的 3 人紧急小组，在 30 天内提出解决争议的建议。若仍不能解决，则将把争议提交给总统。

三、劳资关系稳定的西欧国家——德国

（一）德国的两大社会平衡系统

德国是一个福利型工业发达国家。第二次世界大战后德国政府调整劳资双方的利益差异，缓和劳资双方的矛盾，主要是通过建立两大社会平衡系统来实现的。

1. 经济利益方面的社会平衡系统

为了在一定程度上缩小资本拥有者和劳动者之间极为悬殊的差距，德国联邦

政府通过累进制税率对高收入者课征高税收进行调节。同时，政府利用行政和立法手段，实行由社会福利、社会保险和社会救济构成的社会保障制度，其实质上是在按资本分配的基础上，再补充较低层次的按需分配，从而在经济利益方面构成了一个社会平衡系统。

2. 经济权利方面的社会平衡系统

其内容包括：

（1）实行工资自治。

由工会和雇主协会自主签订劳动协议和工资协议。劳动协议规定劳动条件的改善、劳动保护和各种福利待遇。工资协议规定劳资双方的权利和义务，劳动合同的缔结和解除，以及企业组织生产活动的必备条件等。两项协议每年签订一次。

（2）实行劳资共决模式。

该模式是指由雇员和雇主以同等人数的代表，组成企业的最高监督机构——监事会，共同决定企业的方针政策，并对企业生产和人事施加影响。

（3）实行人民股份。

为使雇员和企业保持共命运的经济关系，企业向雇员出售股票，并鼓励雇员参与企业投资。比如1998年，德国工会为了帮助企业渡过经济困难，将该年度名义工资增长数的一半作为雇员投资留在企业。

（二）第二次世界大战后的劳资关系调整

第二次世界大战后，德国建立了堪称劳资合作典范的劳资合作共决模式，并形成了自己独具特色的劳动关系调整路径。

1. 协商对话的合作伙伴

德国政府认为，组织与组织的对话有助于解决问题，使整个社会和经济得到顺利发展。在此思想的指导下，德国积极推动劳资双方的组织化，形成了国家级、产业级、企业级三个层次的雇员利益组织和雇主利益组织。代表雇主和工人利益的两个最大团体分别是：德国雇主协会联合会（简称雇联）和德国工会联盟（简称工联），其主要任务是：向全国各行业雇主通报经济等方面的信息；代表雇主同德国工联进行对话和合作；对企业提供政策咨询和援助；等等。工联则是代表工人利益的群众组织，以经济斗争为主，实现提高工资、保障就业、改善工人经济地位等经济目标。

2. 政府在劳资关系中保持中立

在德国，国家直接干预劳资争议是违背宪法的，即根据德国的法律，国家只能制定竞争规则，授权法院确保这些规则得以遵守，并通过特别的服务机构和官员发挥保证和仲裁作用。

3. 完善的雇员保护体系

第二次世界大战后，德国在劳动领域里建立起了一套完善的雇员保护体系，主要是通过立法和其他一系列行政干预手段。如德国的《解雇保护法》规定，雇主行使正常解雇权时，须遵守解雇期限，同时必须具有社会正当理由，否则属无效解雇。

综上所述，德国传统的劳资关系调整模式完善地保护了雇员的权益，促进了第二次世界大战后德国劳资关系的协调和社会的稳定。但是，这种长期发展的劳动关系调整模式使企业生产成本过高、生产经营陷入困境。比如匈牙利的劳动费用比德国低 10 倍，波兰和捷克的费用甚至比德国低 12 倍[①]。因此，德国企业想要维持下去，就必须转移到国外生产，从而造成德国就业形势的持续恶化。

（三）20 世纪 90 年代后的变革

面对 20 世纪 90 年代以来持续恶化的失业状况，德国传统的劳资关系调整路径陷入困境，新的劳动力市场形势要求对劳动关系的调整路径进行变革。

1. 工会维权态度的转变

德国在这一时期的劳资法律，在制定时都是同时征求了工会和雇主的意见，兼顾了劳资双方的利益，使得劳资利益和劳资关系可以在较高层次上得到平衡和协调。另外，为从根本上解决就业问题，德国工会逐渐接受了通过适当的妥协让步来灵活维权的方式。

2. 集体谈判在产业级与企业级之间的转移

由于企业私有化进程的加快，企业规模和经营状况千差万别，这使德国传统的以产业一级为重点的工资集体谈判和集体合同履约率大打折扣。针对此种局面，德国工会确定了在巩固产业一级集体谈判和签订集体协议的同时，把谈判和签约的重点向企业一级转移的工作思路。

3. 政府角色的变化

面对严峻的就业形势，德国政府在劳资关系中不再扮演完全中立的角色，而是适当发挥其促进就业的积极作用，介入的主要形式包括立法调控和信息提供。即：通过有针对性的立法，给劳资双方以同等对应的权利，使双方能互相制约、抗衡，从而抑制过激的影响国家利益的行动；政府通过向有关方面提供经济决策所依据的一些经济、社会发展指标数据，来间接影响集体谈判，或者提供一些有

---

① 沈琴琴：《德国劳资关系的调整路径及其对我国的启示》，载于《生产力研究》2009 年第 19 期，第 143 页。

利于就业方面的指导信息，以避免雇员由于信息不完全而造成的损失。

随着德国劳资关系调整路径的变化，其就业形势开始逐步好转。2006 年之后，德国的失业率终于摆脱以往持续上升的态势，开始了连续 3 年的持续下降。

（四）德国劳资关系稳定的政治原因

同美国工会和政党的松散关系相比，德国工会和社会民主党有着密切联系。仅以第九届联邦议会议员为例，社民党总数为 228 名的议员中，1981 年 7 月有 218 名是工会会员，占 95.6%。而同一期间，工会联合会的上层工会干部有 82% 是社民党员。社会民主党创造了德国工会运动的开端，为德国工会运动提供纲领和组织保证，并培育德国工会运动成长壮大。1949 年的《集体谈判协议法》规定，德国工会不允许直接向任何政治党派捐献基金，工会必须独立于政治和宗教组织。但由于工会领导人大都是社会民主党成员，并且工会有权力任命政府官员到政府委员会和社会安全部、劳动法庭、铁路委员会和邮局等代理机构参政议政，因此，工会和社会民主党依然有着密不可分的关系，并且工会在更多情况下，是通过政治过程，而不是集体谈判来达到其主要的社会目标，这就减少了劳资双方集体谈判中出现的矛盾冲突。同时，政府在劳资关系中发挥着监督和仲裁作用。政府主要通过修订和完善法律体系，达到了规范劳资双方行为的目的。

四、北欧的高福利国家——瑞典

（一）瑞典劳资关系概况

瑞典工人阶级的组织程度较高，全国有 422 万劳动力，约占总人口的一半①，主要分三个工会组织：瑞典工人工会联盟（LO）、瑞典白领工人工会联盟（TCO）、瑞典高职雇主工会联盟（SACO），80% 的职业者都在这三个工会之中。其中，瑞典最大的工会组织 LO 以工业制造业、商业贸易、交通运输业职工为主要对象，代表了中低收入劳动者的利益，在瑞典劳资关系结构中具有举足轻重的影响作用。

瑞典最大的雇主组织瑞典企业联合会（SN）的会员包括近 54 万家私营企业，雇佣者超过 150 万的劳动力，会员企业涵盖私营的工商业、运输业及其他服务业企业，其中既有小作坊，也有大垄断企业②。雇主协会通常是保守党、中央党、自由党的积极支持者。

①② 闻效仪：《瑞典劳动关系的调整路径及其对中国的启示》，载于《生产力研究》2010 年第 2 期。

瑞典的执政党——社民党非常强调劳资合作，支持劳资双方共同解决劳资纠纷、共同管理劳动力市场制度、劳资双方共同决定企业大事制度是政府对待瑞典劳资关系的态度。

（二）瑞典的劳动雇佣制度

1. 完善的劳动法规体系

瑞典的劳动法与瑞典的整个法律体系一样，由欧盟法和瑞典宪法、法律、（政府独立发布的）行政规章及政府机构（所属部门）发布的实施细则等相关规定组成。主要包括以下几个方面：

（1）欧洲议会法。

因瑞典是欧盟成员，其劳动法渊源之一就是欧共体法律，因此欧共体法律适用于欧盟各个成员国。

（2）瑞典成文法。

它是由瑞典议会颁布的。相关的法律规定有的是强制性的规定，有的是随意性的规定，还有的属于是半强制性的规定。

（3）集体协议。

实际生活中，集体协议往往不只对集体协议的当事方起约束作用，全国性集体协议条款往往被非当事方“借用”。

（4）个人雇佣合同。

受“契约即法律”理念的影响，个人雇佣合同在瑞典劳动关系调整中具有重要地位。

（5）雇主单边规则。

雇主单边规则是由雇主确定，但要通过雇主单位的宣传手册等途径告知雇员，雇员可以在雇佣申请时了解相关内容。

（6）判例法。

1928年劳动法院成立之前没有判例，法院成立后自行创设判例并对以后的案件审理发挥指导作用。在瑞典，习惯是判例法的渊源，根据习惯作出判决，形成判例。

瑞典的劳动“雇佣”制度，在瑞典劳动法中是一项十分重要的法律制度。然而，“瑞典没有调整雇主和个体雇员之间关系的本质上是普适性法典的法律”①。瑞典关于“雇佣”的相关法律规定散见于《雇佣保护法》和《公共雇用法》、《共同规制法》、《雇员国外就职法》、《工作环境法》等法律之中。

① 《瑞典劳动法简介》，《劳动法暑期培训班课程资料：瑞典劳动法》，第19页。

2. 劳动雇佣制度的特点

（1）对“雇佣”的认定看重事实。

关于“雇佣”这一概念，在瑞典法律上没有明确的界定，对“雇佣”及其相关概念的判定，必须建立在对个案中所有情况做出总体评价的基础之上。瑞典法律确定是否存在雇佣关系时，通常采用的方法是“多要素”衡量标准，即衡量所有支持或否定劳动合同存在的因素，从而确定工人是否“基于自己的理由在从事工作”。

（2）瑞典劳动雇佣制度中的反歧视规定相当完善。

瑞典歧视法产生于20世纪70年代，1999年瑞典先后出台了《反对雇佣中的种族歧视措施法》、《禁止工作中歧视残疾人法》和《禁止工作中性取向歧视法》三部反歧视法。至此，瑞典形成了以欧盟法中（以指令为主）有关歧视的规定、瑞典单行歧视法及瑞典判例法为一体的歧视法体系。有关歧视的单行法律，一般包括“积极措施”、“禁止性的相关规定”和“巡查员（监督）制度”等内容。

（3）严格的解雇制度和无城乡差别待遇维护了职业安定。

在瑞典，雇佣关系形成后，雇主与雇员双方都享有终止雇佣协议的权利。由于雇员被认为是处于弱势的一方，法律更强调对雇主终止雇佣协议权利的控制。瑞典至今仍然是农业劳动人口比例较大的欧洲国家之一。但与我国长期以来形成的“城乡二元结构”不同，瑞典在雇佣制度中体现的是“平等就业观”，放宽了农民进城就业和定居的条件，建立了城乡劳动者平等的就业制度。

（三）以集体谈判为基础的劳资合作机制

1. 集体谈判概况

瑞典的集体谈判是瑞典劳动关系调整最重要的途径。劳资双方希望自主地解决他们之间的纠纷，并认为他们自己可以对工资和工作条件达成共识，而这种愿望得到政府的支持，并鼓励劳资双方通过集体谈判达成集体协议。1936年，两个中央级的组织，瑞典工会联合会（LO）和雇主联合会（SAF）同意在政府不干预的条件下处理他们之间的关系，并进行谈判。在两年后，双方签订了“萨尔茨耶巴登协议”。

自该协议签订后，瑞典工会与雇主进行了广泛合作，劳资双方能够就工作中的各种问题进行集体谈判，并大多达成协议，集体谈判已经成为瑞典各行业解决劳资冲突的主要手段。

2. 集体谈判的三个层次

（1）中央层次（central level）。

中央层次的谈判在各工会联盟和雇主协会之间进行。双方签订的是建议性的框架协议，如谈判的程序、要不要涨工资等。

（2）分支或行业层次（branch level）。

分支层次的谈判在行业工会和行业雇员协会之间进行，也属于国家级谈判。双方签订国家或分支协议对建议性协议作具体化工作。

（3）公司层次（local or company level）。

这一层次的谈判在地方工会和单个雇主之间进行，签订地方或公司协议，对分支协议再行细化。如制定单个雇员之间的差别工资。

3. 集体谈判的三种类型

（1）讨价还价型谈判。

这类谈判一般就雇佣条件如工资、工时、劳动条件、休息休假等进行。只有当事人去谈，政府不得干预。谈判不能达成协议时，双方都可以自由采取相应行动。行动期间，政府和法院不介入，保持中立。

（2）争端解决型谈判。

双方在法律或集体协议条款的解释上出现争端时，必须先启动谈判程序，谈判不成可以诉至劳动法律。会员个人不得作为争议的提起人，但法律没有完全排除个人。非工会成员可以将争议提交到普通法院，如果对普通法院的判决不服，可以上诉到劳动法院。

（3）合作型谈判。

又称共决谈判。在集体协议有效期间，如果雇主活动或雇员的工作条件发生重大变更，雇主应当启动与地方工会的谈判程序，使其能够影响雇主的决定。谈判并不要求必须达成协议，雇主对谈判事项有最后决定权。同时，工会不能诉诸劳动法院。

（四）工会与政府的关系

1. 战略工联主义

在瑞典，长期执政的社民党自诞生起，就积极投入并领导了瑞典工人阶级争取政治权利和改善经济条件的斗争，并与瑞典工会形成了情同手足的伙伴关系，这种关系被称为战略工联主义（Strategic trade unionism）。它是指工会与执政党形成良性互动，工会不把自己的活动局限于工人的本身利益问题上，而是考虑到自己对执政党及国家社会经济的总体责任。工会的作用要超越狭隘的劳资关系领域，呈现出一种宏观的态势；而政府也要通过政权力量改善“资强劳弱”的现象，形成工人阶级和资产阶级的力量平衡。

2. 团结工资和“积极的劳动力市场”政策

社民党执政后，瑞典政府扩大了团结工资的实施范围，以瑞典出口工业企业工资水平为标准，要求在不同行业、不同地区和不同企业间长期追求同工同酬目标，使得大量中小企业倒闭，大批职工从落后企业中被“排挤出来”。为了解决就业问题，瑞典政府推行“积极的劳动力市场”政策（Active Labor Market Policy），强调“就业第一”，而不是“失业津贴第一”，并设置专门的机构培训失业人员，同时通过劳动力流动和就业安排等，达到“人人有工作”。

3. 社会福利制度

20世纪20年代，雅尔马·布兰亭就指出：“我们想要建立的社会，不是仿效任何理论模式，而是建立在经验的基础上，建立在生活本身教益的基础上”①。后来社民党的改良之路，都是按照这一思路进行探索的。瑞典社会福利保障建设在国际社会起步较早，在1891年就建立了医疗保险制度。经历了一个多世纪的不断补充、规范、修改，确立了以国家社会保险、家庭福利、社会服务和医疗保健四大块福利保障为基础的比较完备的社会福利保障制度。这套社会福利保障制度主要具有全民性、高福利、平均性、政府负担等特点。

五、亚洲工业化国家——日本

（一）日本劳资关系的本土特色

1. 终身雇佣制度

所谓“终身雇佣制”，一种约定俗成的惯例，是指职工一旦被企业作为正式职工雇佣，除非企业陷入极端的困境或职工无故长期缺勤、严重损害企业名誉、财产的行为和犯罪行为，一般在该企业一直工作到退休，企业不解雇职工，并对职工进行职业技术培训，职工也不“跳槽”②。即其特点是雇佣相对稳定，雇佣时间长。

2. 年功序列制

年功序列制是与终身雇佣制度相匹配的工资制度，具体是指员工工资随年龄和工龄的增长而增加的工资制度。在年功序列制下，工资的决定主要参考了随着年龄以及家庭成员的变化而需要增加的生活费，以确保员工终身为企业工作。年功序列制是以终身雇佣制为基础，反过来又对终身雇佣制起巩固和保障作用。

---

① 转引自阎安：《瑞典的社会福利制度及其特点》，载于《科学·经济·社会》2006年第1期。

② 汪胜全：《日本的劳动关系》，载于《工友》2001年第4期。

3. 企业工会

日本工会的基本形态是企业工会，其集体谈判在多数情况下都是企业级别的。日本的法律要求日本的工会必须保持独立性，不能接受任何来自雇主的经济支持，不能代表管理层的利益，有权力雇佣和解雇员工的管理人员都不能成为工会成员，此外，涉及企业机密信息的员工也不能成为工会成员。由于工会是自发性的组织，因此工会也有权拒绝劳动者要求加入的申请，但是这种拒绝不能基于种族、宗教、性别、家庭出身等原因。企业工会的主要职责是通过签订集体合同维护劳动者的权益，雇主与工会经集体谈判后，达成的一致协议即集体合同，集体合同具有自治法律准则的效力。

4. 春斗的概况

（1）春斗的内容及方式。

日本一般在春季（2～3月份）进行一次以提高新年度（日本以每年4月至次年3月为企业年度）的工资增长水平以及减少劳动时间等改善劳动者劳动条件为目的的劳动运动，被称为“春斗”。

春斗共分三个层次进行。第一层是高层次的咨询，由日本总工会联合发布一份有关本年度春斗工资指导线的报告，供各行业工会参考。同时，主要的经营者团体日经联也相应提出自己的年度经济形势分析报告，供雇主参考。第二层是分行业进行谈判指导，由各行业工会根据联合提供的工资指导线，结合本行业实际情况，提出本行业的增资幅度参考指标。同时，行业雇主组织也召集本行业雇主开会，研究情况，提出建议、对策。第三层是企业的工会组织与雇主谈判决定本企业实际工资增长，这是实质性的协商谈判。如1996年，民营企业于3月22日大都结束了春斗，谈判结果是工资增长绝对额为300日元[①]。

（2）春斗的作用。

第一，提高了劳动者的工资。“春斗”使劳动者的工资得到提高，如表8－3所示，在1961～1975年“春斗”迅速发展的15年间，工资增长率每年都在10%以上。这种持续快速增长，使劳动者的工资积累较高。20世纪70年代以后，要求工资的提高要超过物价上涨的幅度，于是物价与工资关系的研究开始得到重视。1974年，春季工资提高率为32.9%，而实际工资仅上升了2.2%，成为两者差距最大的一年，此后，名义工资和实质工资的上升率都开始缩小。

① 华迎放：《日本的劳动关系调整》，载于《中国劳动》2002年第3期。

表 8－3　　　“春斗”相关数据表（1956～2009）

年度	春季工资提高率（%）	实际工资上升率（%）	完全失业率（%）	年度	春季工资提高率（%）	实际工资上升率（%）	完全失业率（%）
1956	6.3	8.3	2.3	1983	4.4	0.8	2.6
1957	8.6	1.1	1.9	1984	4.46	1.4	2.7
1958	5.6	3.0	2.1	1985	5.03	0.7	2.6
1959	6.5	5.5	2.2	1986	4.55	2.3	2.8
1960	8.7	2.5	1.7	1987	3.56	2.2	2.8
1961	13.8	6.1	1.4	1988	4.43	3.0	2.5
1962	10.7	3.4	1.3	1989	5.17	1.9	2.3
1963	9.1	2.6	1.3	1990	5.94	1.5	2.1
1964	12.4	5.8	1.1	1991	5.65	0.2	2.1
1965	10.6	2.8	1.2	1992	4.95	0.1	2.2
1966	10.6	5.2	1.3	1993	3.89	－0.6	2.5
1967	12.5	7.7	1.3	1994	3.13	1.3	2.9
1968	13.6	7.8	1.2	1995	2.83	2.1	3.2
1969	15.8	9.7	1.1	1996	2.86	1.6	3.4
1970	18.5	8.7	1.1	1997	2.9	0.4	3.4
1971	16.9	8.1	1.2	1998	2.66	－2.1	4.1
1972	15.3	11.0	1.4	1999	2.21	－1.0	4.7
1973	20.1	8.7	1.3	2000	2.06	0.6	4.7
1974	32.9	2.2	1.4	2001	2.01	0.0	5.0
1975	13.1	2.7	1.9	2002	1.66	－1.8	5.4
1976	8.8	2.9	2.0	2003	1.63	0.2	5.3
1977	8.8	0.5	2.0	2004	1.67	－0.9	4.7
1978	5.89	2.5	2.2	2005	1.71	1.5	4.4
1979	6.0	2.3	2.1	2006	1.79	0.7	4.1
1980	6.74	－1.6	2.0	2007	1.87	－1.0	3.9
1981	7.68	0.4	2.2	2008	1.99	－2.1	4.0
1982	7.01	1.5	2.4	2009	1.83	－3.4	5.1

资料来源：转引自许琼、肖密：《日本劳资关系的调整途径——“春斗”的发展与课题》，载于《日本研究》2010 年第 3 期，第 67 页。

第二，缩小了工资差距。“春斗”实行的是等额提高工资的方式，因此对低工资的劳动者来说工资提高率相对较高。这对缩小收入差距，促进社会公平起到了积极作用。20 世纪 60 年代以后，日本国民普遍对自己的生活水平评价较好，日本社会也被誉为进入了“总中流时代”。

第三，协调了劳资关系。经济的长期低迷，使得劳资双方“利益共同体”意识不断增强，“春斗”中劳资关系的激烈对抗程度也逐渐缓解。工资的提高更多的是通过企业的发展来实现的。沟通与协调渐成“春斗”的主题，这促使劳资关系在新的社会经济背景下趋向新的平衡。

（二）劳动争议处理

日本的劳动争议处理机构是中央和地方劳动委员会，政府对劳动争议采取帮助解决的立场，一般不介入具体的争议处理。劳动委员会由劳、资、公益方三方代表组成。劳动委员会主要负责两项工作：审查不当劳动行为和处理劳动争议。劳动争议处理实行级别管辖，因此，中央劳动委员会只负责处理全国重大的和跨地区的劳动争议纠纷。

1. 不当劳动行为的审查

不当劳动行为是指雇主以各种理由限制或妨碍工人行使结社权和保护自身权益的行为。根据《工会法》规定，不当劳动行为有四类：一是因工会会员进行谈判或参加罢工而在工作上受到雇主歧视或被解雇的；二是因工会或劳动者对雇主不满向劳动委员会申诉受到解雇或在工资上进行歧视的；三是雇主拒绝劳方提出的谈判要求的；四是解雇工会会员，阻止工人成立工会或从事工会活动的①。

不当劳动行为的审查程序如下：首先由职工提出申诉，劳动委员会审查后向企业提出意见，如职工对此仍不满意，可要求劳动委员会 15 日内再次审查，或提交当地法院审理。由于日本特别重视双方和解，不轻易裁决，所以实际上对不当劳动行为的审查处理时间比较长，结案率很低。

2. 劳动争议处理程序

日本的劳动争议主要是指因雇主不当劳动行为导致矛盾激化引发的集体纠纷。其具体处理程序是斡旋、调停、仲裁、紧急调整四个步骤。

（1）斡旋。

斡旋的主要目的是敦促双方进一步协商。一般要先由劳、资方或双方提出申请。若特殊情况，即使虽未经申请，劳动委员会主任也可决定进入斡旋程序。斡旋的方法主要是听取劳资双方申辩后，提出一个斡旋方案，促使双方达成和解。

---

① 华迎放：《日本的劳动关系调整》，载于《中国劳动》2002 年第 3 期。

（2）调停。

一般由劳资双方提出申请，但对公益企业或特别重大案件，虽未经申请，劳工部部长有权决定进行调停。调停由三方面的调停委员会进行。委员会听取和了解劳资双方意见后，提出一个调停方案。

（3）仲裁。

仲裁由仲裁委员会进行。对于民营企业，只有劳资双方均提出申请后才能进行仲裁。但对无罢工权的国营企业及地方公益企业，允许一方提出申请。仲裁结果有强制约束力，双方必须遵照执行。

（4）紧急调整。

紧急调整权力属于内阁总理大臣。只有当大型企业、公益企业和关系到国计民生的特殊行业等发生劳动争议的情况下，在听取劳动委员会意见后才能做出紧急调整决定。

（三）法律制度和监督体系

1. 日本注重通过立法来规范劳资关系

日本的“劳动三法”构成了日本规范劳资关系最基本的法律体系，包括《劳动关系调整法》、《劳动组合法》和《劳动基准法》。经过多次修改和完善，“劳动三法”与《男女雇佣机会均等法》、《劳动安全卫生法》等配套法律一起，成为日本政府、企业和劳动者共同遵循的基本准则。

2. 日本政府还注重监督劳动法律的实施

为了监督以《劳动基准法》为主的各项劳动法律的实施，从中央政府的厚生劳动省到各都道府县都设有监督机构。对劳动条件、劳动保险的支付、劳动安全卫生等进行监督指导，以确保劳动者的合法权益得以落实。

（四）日本劳资关系的变化趋势

1. 传统的终身雇佣制及年功序列制受到挑战

在日本，终身雇佣制虽然被作为主要的用工制度，但它只是一种惯例，不是所有的企业对任何的雇佣劳动者都采用这种惯例。80 年代以后，企业委托加工增多，计时工、家庭主妇等过去的边缘劳动者都开始承担这些劳动业务，而且工人的雇佣形态也日益增加。同时，长期雇佣正式劳动者的比例因企业的规模和所在行业不同而有所区别。从企业的规模来看，长期雇佣正式劳动者往往存在于大企业之中。从行业来看，制造、通讯、金融保险等技术性较强的行业长期雇佣的比例比较高，而商业、服务业等行业相对低一些。

进入强调员工个人创造力和爆发力的知识经济时代，尤其是日本进入经济衰退期后，工业经济时代形成的年功序列工资制度已有许多不适应的地方，许多企业开始对企业管理制度进行调整和改革。为鼓励人才尤其是年轻人才创新能力的发挥，日本多数企业采取了更具竞争性的工资制度。例如，在企业管理层实行"年薪制"，使得日本企业在保持长期以来较为稳定的就职、加薪体系的同时，进一步强调了个人的努力及能力，鼓励按贡献进行分配。

2. 工会组织率下降

劳动形式的多样化和就业结构的变革，给工会的组织建设特别是工人参加工会带来了新的问题。首先，第一产业从业人员比例日趋减少，而第三产业从业人员的比例不断提高。第三产业企业规模小、分布分散，同时工作性质特殊，这些都造成人际关系松散，因此，在这一领域组建工会非常困难。其次，就业形式中计时工、临时工、派遣工、短式和其他形式的劳动者比例日益增长。这类群体的劳动形态比较分散，缺乏有机的组织，他们加入工会也比较困难。最后，劳动者对工会的认同感逐渐降低，他们认为每年工资收入的增加更多得益于个人的努力，与工会的斗争关系不大。

以上种种原因，导致工人参加工会的组织率持续下降。1985 年，日本雇员中的工会会员比例约为 28.9%，但到了 2000 年，职工入会率才 21.5%，入会率明显降低。而到 2008 年工会入会率在 20% 左右①。随着人才差距的显性化，劳动条件的差距日益扩大，工会会员的需求也日益分散，这也给工会的活动提出了更高要求和挑战。

3. 开始重视规制劳动力市场及个别劳动关系的法律

20 世纪 80 年代以来，全球化市场竞争日趋激烈，信息化发展日新月异，日本人口呈现出老年化和人口出生率低的现象，劳动者本身也随着社会的变化呈现多样化和个性化的趋势，体现日本终身雇用特色的长期雇用正式工的比率下降。

为了适应劳动力市场的变化，日本 1985 年出台了《男女雇佣机会均等法》、《劳动者派遣法》，1987 年对《劳动基准法》进行了修改，1993 年出台了《短时间劳动者雇佣管理改善法》等。近年来，政府又对上述相关法律做出一些修改，如 1997 年、1998 年分别对《劳动基准法》进行了重大修改，1999 年对《劳动者派遣法》、《职业安定法》进行重大修改，2000 年出台了《个别劳动争议解决促进法》。另外，随着雇佣形式的变化，埋没在集体之中的劳动者的个人意识也在觉醒。为了适应这种变化，对个别劳动关系以及劳动合同的规制开始被重视。

4. "春斗"的发展变化

在日本，"春斗"主要以产业为单位进行，根据产业的不同，工会提出的工

---

① 刘晓倩：《生产力研究》，载于《日本劳动关系的调整变化与启示》2010 年第 2 期。本页其他数据均同此出处。

资上涨额和劳资双方妥协后达成一致的额度会不同。近年来，受各种因素的影响，“春斗”所取得的成果逐渐减弱。以私铁总连为例，1958 年，工会提出的工资上涨要求额为 1 500 ~ 1 800 日元，实现额为平均 990 日元，增长了 5.6%。1968 年，工会提出工资上涨 10 000 日元以上的要求，最终实现额为平均 5 213 日元，增长 13.5%。而到了 1999 年，钢铁业的工资增长实现比率仅为 1.77%，2000 年工资增长实现比率为 1.54%。到了 2008 年，工会要求的工资增长比率超过 1%，但是实现额只有 1 000 日元，上涨了不到 0.3%。

私铁总连近年来的斗争意识也逐渐减弱，2008 年该工会提出“工资协定多年化”，即将每年一次的春季集体谈判改为多年进行一次。另外，日本机电工会前委员长岩山保雄也建议每两年斗争一次。从某种意义上说，减少斗争次数本身就是淡化斗争的体现。由此可见，目前不仅仅资方，日本劳方也开始思索对春斗方式进行调整。

第二节　公共权力的监督与制约

一、西方国家对公共权力的监督与制约

（一）当代西方国家的公共权力监督与制约机制

1. 公共权力的道德制约

“社会道德底线的扭曲和下滑，道德防线的溃散或突破往往就是腐败的开始。”[①] 因此，西方国家特别重视对公共权力的道德制约。他们认为，防止公共权力滥用的最有效的手段，是强化政府官员的职业道德。例如，美国政府特别强调公务人员的廉政教育工作，《美国政府工作人员道德准则》规定了官员应当遵守的十条道德规范。

2. 公共权力的权利制约

社会契约理论孕育了西方国家以权利制约权力的思想，并在西方国家权力监督与制约的实践中得以广泛应用。

首先，公民对公共权力的运行起了有效的监督作用，这主要体现在西方国家

① 金太军、李雪卿、叶勤：《行政腐败解读与治理》，广东人民出版社 2002 年版。

的普选制中。每个公民都握有神圣的一票，执政者要想继续执政，就必须考虑广大公民的意志，保证公共权力的良性运行；此外，公民还享有申诉、举报等权利，对公共权力也具有一定的监督作用。

其次，民间组织在西方各国反腐倡廉的实践中起到了非常重要的作用。

再次，在西方国家权力监督的实践中，利益集团也有着不容忽视的地位。利益集团维护了各自的特殊利益，使公共权力因考虑各方面的利益而失去了滥用权力的 机会。

最后，在西方国家权力监督的实践中，新闻监督发挥着巨大作用。在西方资本主义国家，宪法规定言论、出版自由是公民基本权利的一部分，许多国家还颁布了新闻自由法，对言论出版自由作了具体的规定。

3. 公共权力的权力制约

孟德斯鸠说："一切有权力的人都容易滥用权力，这是万古不变的一条经验。有权力的人们使用权力一直到遇有界限的地方才休止。"① 公共权力的权力制约在西方的突出表现是"三权分立制"，例如，美国形成了典型的"三权分立"，即联邦政府立法、行政和司法部门之间的制衡。

另外，公共权力的权力制约还体现在同一系统中权力之间的制约关系，如立法权、司法权及行政权系统内的分支权力间的制约。例如，德国就在行政机关内设立了具有一定反贪污作用的警察机构，并在司法机构内设立了惩戒法院和检察机关等，形成了多元性的反贪污机构，对权力起到了有效地监督和制约作用。

4. 公共权力的责任制约

由于经济制度、政府治理理念、社会价值观念、政治体制的不同，西方政府的公共责任机制在不同的社会生态环境下也呈现出不同的特点：

一是传统公共行政时期。传统公共行政形成于 19 世纪末 20 世纪初，强调的公共责任主要包括政治责任和官僚责任，要求对选民和上级负责。

二是新公共行政时期。新公共行政出现于第二次世界大战结束后，其基本观点是行政管理者应该增加对社会公平的责任以及对公民的直接责任。

三是新公共管理时期。20 世纪 70 年代以后的新公共管理要求公务员对自己的行为和结果的实现承担个人责任②。

四是新公共服务理论时期。进入 21 世纪，新公共服务理论主要强调公务员应关注法令和宪法、社区价值观、政治规范、职业标准以及公民利益，并且应该对这些制度和标准负责。

---

① ［法］孟德斯鸠：《论法的精神》（上册），商务印刷馆 1961 年版，第 12 页。

② 张强：《政府责任模式的演变及其启示》，载于《华南师范大学学报》（社会科学版）2004 年第 5 期。

5. 公共权力的法律制约

西方国家强调通过健全的法律规范来有效地监督和制约公共权力，保证公共权力的良好运行。例如，早在1906年，英国就颁布了《防止贪污法》。而法国在1998年就制定了《政治家生活资金透明度法》，严格规范公职人员财产申报。日本不仅制定了《国家公务员法》、《地方公务员法》等有关公务员的专门法律，也颁布了一系列旨在严肃惩处公务员的违法犯罪活动的法律法规。

西方国家不仅仅注重立法建设，同时加强执法建设。完善的立法与严格的执法使得西方国家拥有一套健全的法律体系，从而真正地起到了对公共权力的监督和制约作用。

（二）西方国家公共权力监督与制约的特点

首先，监督者与被监督者之间存在一种相互制衡的关系，权力监督关系的各个主体之间的地位是平行并列的。“职能分工，相互制衡”是其基本要领，不同职能的权力主体相互监督、制约。

其次，监督者和被监督者的职权划分明确，彼此不能相互代替。在具体监督手段上，运用特定的程序对被监督者的行为进行纠察，并不从实体上代替监督对象的职能。在这种监督模式下，人们特别重视监督程序的设计。

最后，相互监督与制衡的监督模式往往侧重于权力的横向分工，因此不需要更多高层级的监督者来行使递进的监督权；政权的纵向级别划分相对简单，而任何一级权力都是分立的，因此也不会产生一个不受任何监督的终极权力。

二、三权分立的经济强国——美国

法国当代哲学家马里旦曾指出：“每一个强有力的东西总有越出它本身范围的本能倾向，因而权力总倾向于增加权力，权力机构总倾向于不断扩大自己。”[①] 美国自建国之日起，就逐步形成了具有美国特色的公共权力监督和制约机制。

（一）美国公共权力监督制约机制的制度和文化背景

1. 美国公共权力监督制约机制的制度背景

美国是联邦制国家，政权组织形式为总统制，实行三权分立与制衡相结合的政治制度。立法、行政、司法三权分立，分别由不同的部门或不同的人行使，各

① 沈宗灵：《现代西方法理学》，北京大学出版社1992年版，第87页。

部门之间权力大致平衡、互相制约。在这种政治体制下，国家机构各有各的职权，彼此之间互相制约，形成了有效的公共权力制约内部监督机制，防止了政府滥权。

此外，美国有言论和出版自由的传统，建立了保证信息自由流通的舆论监督制度，大众传播媒介经济独立，公民拥有充分的言论和出版自由，保证了公民揭露政府机构和官员违法犯罪行为，形成了有效的公共权力制约外部监督机制。

2. 美国公共权力监督制约机制的文化背景

美国从建国起就确立了以资产阶级民主为母体的成文宪法。宪政精神在多年的孕育后诞生存在，成为一种先天因素，沉淀在权力者的精神思想中。它向上制约权力者的行动，向下影响公民的信念和思维。由于宪政意识根深蒂固于美国人民心中，民众特别崇尚法律，捍卫了美国宪政，有效制约了公共权力的滥用。另外，美国用300多年的时间建立了完善的法律体系，经过漫长的渗透，各种法律规定已经逐渐内化为人们的自觉行为，并形成了与之相适应的法律至上的文化，奠定了美国法制性廉政文化的基础，成为美国公共权力监督与制约的重要保障。

（二）美国公共权力监督与制约的具体内容

1. 以权力制约权力的内部监督机制

（1）立法权对行政权的有效控制。

根据美国宪法的规定，拥有立法权的国会还拥有财权、任命批准权、条约批准权、调查权、弹劾权等，这就形成了对总统行政权的严格制约。总统虽然掌握行政大权，但国会却可以弹劾他；总统虽然可以做出许多决定，但是没有国会批准拨给他钱，他就很难有所作为。而国会对总统人事任免权的监督更是形成了国会对行政权的有效控制。

（2）司法权对行政权的有效监督。

在美国，如果发现政府官员有犯罪行为，便可立即任命享有独立权的检察官进行调查，直至司法起诉。美国在宪政实践中，通过马伯里诉麦迪逊案，建立了独特的司法审查制度，赋予联邦最高法院审查国会立法和总统的行政措施是否违宪的权力，成为联邦法院制衡国会和总统的重要武器。

（3）行政权对立法权、司法权的控制。

美国总统作为国家的元首，是政府最高行政首长、陆海空各军种之最高司令官，拥有治理整个国家内政外交的权力。尽管美国国会可以立法，但它的法案必须由总统批准才能生效，也可以被法院宣布为违宪，而失去效力。法院看起来似乎超然于立法与行政部门之上，但法官却是由总统经参议院同意任命的，并且可以被参议院弹劾。

2. 以权利制约权力的外部监督机制

为了进一步完善对公共权力的制约，美国还构建了一套以权利制约权力的外部监督制约机制，其重要组成部分就是舆论监督，其重要特点就是民主和自由。在美国，舆论监督的执行者新闻界起着“政府第四部门”的作用。

20 世纪 70 年代轰动世界的水门事件，正是出自于《华盛顿邮报》两位名不见经传的小记者之手。里根政府的司法部部长米斯，也因以权谋私之嫌，被放进记者的摄影镜头之中，最后被迫辞职。

3. 有效制约和监督公共权力的反腐战略

（1）具有较强独立性和权威性的反腐机构。

美国在立法、司法和行政部门设立了众多的反腐机构。例如，参议院设有廉政委员会，众议院有行为标准委员会，司法系统有全国司法会议，行政系统有政府廉政办公室。此外，还设立了一些跨系统的廉政机构，从职能上来看，一类重在预防腐败，如政府廉政办公室、监察长办公室等；另一类则是重在惩治腐败，如独立检察官、联邦调查局等。这些反腐机构往往具有较强的独立性。例如，独立检察官是专职调查美国政府舞弊案的专设职位，具有独立调查并起诉政府官员的权力，且独立检察官只要不犯明显的重大过失，任何人无权罢免。

另外，美国的众多反腐机构还具有较强的权威性。反腐机构的职能、权限、工作程序在法律上都有明确的规定，且反腐机构的层次较高、工作范围较广。如联邦调查局就是专职调查危害国家安全和公共利益的机构，调查范围极其广泛，且不受地域限制。

（2）具有系统性的反腐措施。

美国注重运用经济、行政、法律、制度等各种手段综合治理腐败问题，形成了系统性的反腐措施。

第一，注重廉政文化教育，提高公务人员的廉政意识。美国反腐机构十分重视廉政教育工作，每名公务员进入政府部门时，由部门廉政官员进行至少 1 个小时的廉政规定培训，为其提供反腐败的有关信息；针对不同行业、单位和不同岗位、职位提供相应的反腐败措施以及廉政忠告。

第二，加强监督制约，注重惩防结合。一方面严厉惩治腐败行为，美国有众多联邦执法机构根据法律，各自承担执行某类公共腐败调查的责任；另一方面严格监督腐败行为，美国制定了一系列法律来进行监督，如最著名的《政府阳光法案》，要求除特殊情况外，行政机构的会议应公开进行。此外还出台了《信息自由法》，通过了《廉政改革法》，进一步完善了政务官员财务公开制度。

第三，加强法制建设，有效防止腐败。美国是拥有一套健全的廉政法规体系，包括《政府阳光法案》等旨在规范行政行为和公务员日常行为的法规。包括《政府阳光法案》等旨在规范行政行为和公务员日常行为的法规，《联邦反腐败行为法》等惩治腐败的法规，以及《独立检察官法案》等规范反腐机构职能和权限的法规。

（3）具有明确的制约权力行使者的相关规定。

美国政治学家加里·沃德曼曾说："人们一般不是为权力本身才去谋求权力的。他们要权是为了权能给他们带来的其他价值——名誉、财富，甚至情感。权力就像金钱一样，是达到其他目的的手段。"[①] 由此可见，遏制腐败的关键在于制约权力行使者的行为。美国出台了公务人员廉政行为准则，对行政部门工作人员作多方面限制性的规定。

第一，在处理礼品方面，准则明确公务员不能接受与公务活动有利益冲突的单位赠送的礼品。上级不能收受下级公务员的礼物，特别情况下低于价值 20 美元的礼物可以接受，但一年内累计不能接受超过 50 美元的礼物[②]。

第二，在利益冲突方面有许多限制性规定，如兼职取酬限制、利益冲突限制、任职回避限制以及离职从业限制等。

第三，在滥用职权方面美国进行了三个方面的约束：一是不得随意使用公职；二是不得使用非公共信息。公职人员无论是通过咨询或推荐的方式，或通过明知未经授权的披露的方式都是违法的；三是不得随意使用政府财产和公务时间。

4. 严格的政府绩效管理体系

美国的政府绩效管理发展较为成熟。1993 年，国会立法通过了《政府绩效与结果法》（The Government Performance and Results Act，简称 GPRA），为美国联邦政府各部门实施政府绩效管理提供了法律实施依据。2002 年引入的项目等级评估工具（Program Assessing Rating Tool，简称 PART），在联邦政府范围内形成跨部门的项目绩效比较，促进联邦项目整体绩效水平的提高。奥巴马政府上台以后，又对原有的绩效管理模式进行重新调整。一方面提出了加强政府绩效管理的三项战略：第一，利用绩效信息来领导、学习和改善结果，促使组织实现最终目标；第二，为实现更好的结果，联邦政府要与公众进行透明而持续、简明的绩效沟通，使各部门增强从经验和试验中学习的能力；第三，增强解决问题的网络。另一方面，重新设置了部门绩效管理流程，包括：每个部门设置 3 ~ 8 个高度优先排序的目标；确定负责每一个目标的领导者；制订行动计划；季度更新；数据驱动的绩效评审；绩效门户网站面向公众，而且及时更新。

---

① ［美］加里·沃德曼：《美国政治基础》，陆震纶等译，中国社会科学出版社 1994 年版，第 5 页。

② 《广州市纪检监察领导干部赴美培训班学习成果》，http://www.gzpi.gov.cn/gzfeb/pxcg/t20060427_26170.html。

三、清廉排名较高的北欧小国——芬兰

芬兰是现代市场经济运行比较成熟的国家，廉政建设也很成功。根据国际透明组织的调查，芬兰曾连续4年名列前茅，被评为世界上最廉洁的国家。这与芬兰政府采取的一系列约束公共权力的措施是密不可分的。

（一）芬兰公共权利监督与制约的制度与文化背景

芬兰执行的是从摇篮到坟墓的社会保障制度。在高税率的调节下，芬兰没有很富的富翁，也没有很穷的穷人。总统与一般公务员的工资差别也不是很大。芬兰政府特别强调社会的公正性，注重运用税收手段调节社会分配。公平的社会保障、均富的福利制度，使芬兰的公务员没有相互攀比的心理，容易树立廉洁的意识。同时，芬兰重视道德教育，奉行社会民主主义，主张公平、平等。这种以廉洁为荣、贪污为耻的文化传统和氛围，对公务员的廉洁自律有极大的影响力。

（二）芬兰制约和监督公共权力的法律规范

芬兰注重通过严格和细致的立法来制约和监督公共权力，内容涉及宪法、法律、规章及伦理道德等各个方面。例如，在《芬兰刑法典》中，根据犯罪主体的不同将公共权力的贿赂类犯罪划分为行贿罪、贿赂议员罪以及议员受贿罪等七种，涵盖了所有可能受贿的官员及其他涉及公共权力的人员①。

另外，芬兰的有关公务员法和刑事法律明确规定，政府官员不得接受贿赂，绝对禁止公务员利用职权谋取任何好处，否则将以受贿罪被处以罚款直至被判徒刑。在接受礼品上，法律规定公务员不能接受价值较高的礼品，接受超过规定界限的礼品，必须办理审批手续，否则将以犯罪论处。关于因公出差，各部门对出差目的、期限和报销数额都有明确的规定，其中对一些高级官员的出访有着更加严格地限制。

（三）芬兰制约和监督公共权力的制度措施

1. 透明制度

透明和公开是芬兰政府工作的一个重要原则。公共部门的一切都要公开，接

① 赴芬兰、瑞典考察小组：《芬兰、瑞典治理商业贿赂考察报告》，载于《国家工商总局市场监督管理参考》2007年第78期。

受市民和媒体的监督。政府档案馆以及公共部门的所有档案材料不仅对专家和研究人员开放，而且也对新闻界和公众开放。在官员选拔上，芬兰实行透明的选官任官制度。另外，芬兰政府官员实行信息公开和财产申报制度，金融实名的存款制度和官员财产信息公开制度，成为名副其实的阳光政府和透明官员。

2. 独立监督制度

芬兰特有的独立监督制度具有很强的针对性，能够有效地监督和制约公共权力的使用，防止腐败行为的发生。

（1）审查官制度。

芬兰各政府机构都设有审查官。虽然该职位不是很高，但行政首长在决策过程中，如果出现疑问或失误，审查官可以对该决策提出质疑，并进行独立审查。因此，芬兰政府为制约公共权力上了两道锁：所有的决策都要经过两道关，一是行政首长，二是审查官。一位部长可以不顾审查官的异议而通过某项决策或制定某项规定，但没有审查官的签署，该决策不受法律保护。

（2）集体决策制度。

自17世纪以来，集体决策就在芬兰流行。芬兰人认为，如果决策机构只有一个人说了算，容易导致腐败，行贿者会集中所有的资源和智慧贿赂决策者。相反，实行集体决策，行贿难度和风险都大大增加。

（3）司法监督制度。

芬兰政府机关中的最高监察官是司法总监和议会督察员，他们有权根据宪法监督各政府官员是否遵守法律、履行职责。这两种监察官一般由著名法学家担任，每年都要到全国各地巡视，接受和审理普通公民对官员和公务员的举报。

3. 现代公务员制度

为了从源头上制约和监督公共权力，芬兰建立了现代的公务员制度，实行政务官与事务官分开的制度。同时，政府的行政审批项目和权力非常有限，政府实行集中采购、招标投标制度，让资源充分的市场化、私有化，从源头上断绝了权钱交易。此外，芬兰对公务员形成了全面的制约机制，包括议会制约、司法制约、政府间和部门间制约以及新闻和舆论制约。

（四）芬兰的反腐法宝——行政监察专员公署

芬兰政府的反腐法宝是行政监察专员公署，其反腐功效极为显著，受到了世人的瞩目。监察专员的主要职责是监督国家官员和国家机构行为的合法性，除总统、政府司法总监等极少数人外，几乎所有工作人员都不能逃脱监察员的眼睛。他们有权视察各级政府机关和公共机构，甚至宗教和社会团体。另外，监察专员有权就任何事项向有关部门提出建议，对法律法规中存在的缺陷和问题提出修改意见，批评不良行政程序和做法，或直接提请国务委员会审议。从 1971 年起，芬兰还设立了助理监察专员，协助监察专员工作，两者相互配合，在反腐败过程中发挥了更大的作用。

四、快速增长的拉美国家——巴西

（一）巴西公共权力监督与制约概况

巴西是一个有腐败传统的国家。自 1985 年恢复民主宪政以来，巴西政坛发生了一系列重大政治腐败案件，其清廉指数全球排名一度位于中等偏下，曾被认为是拉美最腐败的国家之一。从 20 世纪 90 年代开始，巴西开始理性地寻找权力监督与制约的有效途径，在制约腐败、防止公共权力滥用中取得一定的成绩。但近年来巴西的反腐败形势依然严峻，腐败案件居高不下。之所以出现这种局面，与巴西公共权力监督与制约机制的内在缺陷有很大关系。首先，反腐机构之间缺乏有效的协调和合作，各反腐机构在监督、调查及惩戒机构间相互脱节；其次，独立性过强和滥用自由裁量权，极易导致司法不透明，效率极其低下；此外，巴西还缺乏一个全国性的监察部门进行统一的监察。

（二）巴西公共权利监督与制约的历史和文化背景

长久以来，巴西公共权力不能得到有效制约，腐败现象依然严重，这与其深刻的历史和文化背景是分不开的。

一方面，长期的军人威权统治对巴西影响深远，在军政府的高压统治下，行政过程极不透明，滋生了大量的腐败问题；社会公众的舆论和思想自由受到限制，导致了权力滥用现象不能得到暴露和揭发。

另一方面，巴西人办事注重“关系”和“人情”，认为关系和人情并不是腐败，而是解决问题的润滑剂。在巴西，权力腐败往往被视为道德问题，而不给予法律的制裁。在这样的文化土壤上，公共权力难以得到有效的监督和制约。

（三）巴西制约和监督公共权力的举措

1. 制定严厉、细密的法律法规

孟德斯鸠说：“当一个人握有绝对权力的时候，他首先便是想简化法律。在这种国家里，他首先注意的是个别的不便，而不是公民的自由，公民的自由是不受到关注的。”因此，“专制的国家，喜爱简单的法律。”[①] 1992年后，巴西加大了公共权力的制约和监督力度，先后制定了一系列严厉、细密的法律法规，如《政府行为不当法案》、《行政、立法、司法部门高级官员申报财产法》、《公职人员道德法》和《反洗钱法》，2000年制定了《联邦行政高官行为准则》，其中特别规定，高级官员如果出现财产变化，必须向道德委员会报告[②]。

2. 加强反腐机构建设

为了防止和杜绝腐败行为，加强对公共权力的制约和监督，巴西政府设立了具有高效力的反腐败机构。具体主要包括以下四种：

一是联邦检察院。联邦检察院权限广泛，独立于行政、司法、立法三大权力机构，在巴西有“第四权力”[③] 之誉，可以独立调查一切违反公共利益的案件。巴西还成立了隶属于联邦检察院的公共透明和反腐委员会，其职责主要是对反腐败等问题进行研讨并提出战略措施，以增加打击腐败的力度和反腐工作的透明性。

二是国会调查委员会。国会调查委员会是隶属于立法部门的一个重要的反腐败机构，宪法规定国会任何一院都可以联合或单独成立国会调查委员会来监督和调查具有重大意义的案件。

三是联邦审计法院。联邦审计法院是协助国会进行监察的最高审计机构，具有很强的独立性和监督权力，主要职能是防止和制止滥用国家公共资金，如对共和国总统的账目开支以及立法、司法、行政机构和一切国有企业的财产账目进行审计等。此外，联邦各州也都设有审计法院。

四是联邦警察局。隶属于司法部，可以独立地调查各种刑事案件，担任着对“违反政治和社会秩序，或者违反联邦政府的美德、服务和利益的刑事侵害进行调查”[④] 的重大职责，在反腐败斗争中扮演着重要角色。

3. 充分利用现代化信息技术，推进信息公开

近年来巴西政府还充分利用现代化信息技术，借助现代网络，推进信息公开制度的创新。主要体现在以下几方面：

第一，建立政府服务和信息门户[⑤]。通过向公共在线提供相关的公共服务，提高公共服务效率，减少从公共服务中获取贿赂的机会。

第二，建立透明门户[⑥]。法令规定联邦政府要设立透明网站，联邦政府对各

---

① ［法］孟德斯鸠：《论法的精神》（上），张雁深译，商务印书馆1961年版，第76、94页。

② 孙晓莉著：《国外廉政文化概略》，中国方正出版社2007年版，第168页。

③ 《全球廉政报告：巴西2006》，http：//www. globalintegrity. org/reports/2006/index. cfm。

④ 巴西1988年宪法第114条。

⑤ “Portal with Information on Electronic Government”，http：//www. governoeletronico. gov. br。

⑥ “Transparency Portal” . http：//www. transparencia. gov. br。

州、市的拨款以及各大工程、项目的投资和使用情况，都必须在网上予以公布。同时要求政府各部委也都必须建立各自的透明网站，将预算执行情况、采购招标及各项行政开支公布于众①。

第三，建立网上举报系统。在线电子举报系统设在联邦审计法院网站之下，检举人只要提供被检举人的相关信息和证据便可即时提交，并能很快获得确认信息，是畅通公众参与反腐败的重要渠道之一。

第四，推行电子采购系统。电子采购系统提高了政府招标、投标的廉洁性，增强了政府采购的透明性，对公共权力起了良好的监督和制约作用。

五、亚洲新兴工业化国家——新加坡

目前，新加坡被认为是世界上最廉洁的国家之一。然而，在英国总督统治时期，新加坡却是一个腐败盛行、公共权力私化、权钱交易随处可见的地方。直到1959年6月5日自治后，新加坡才开始了政治文明建设的新篇章，在短短几十年取得了巨大的成就，并成为世界上最廉洁的国家之一。

（一）新加坡制约和监督公共权力的政治保障和文化根源

1. 制约和监督公共权力的政治保障

在新加坡，政府尤其注重政治民主化，并集中体现在其“独特的民主制度”上。首先，在多党民主体制的外壳下，新加坡成为一个拥有一党独大的权威体制的国家。采取民主竞选的方式来保持权威政治的模式，不仅保持了政治上的稳定与行政运作的高效率，而且又通过程序民主的选举与反对党的合法存在，形成对执政党一定程度的监督与制衡。其次，人民行动党通过不同形式的沟通，始终保持了党与广大民众的密切联系，使公民能够对政府的行为进行有效的监督。最后，人民政党根据国情探索出了适应本国特色的政治体制和经济发展模式，不仅符合政治民主化的要求，同时赋予了人民行动党执政地位的合法性。

独特的民主制度树立了新加坡“强政府”的权威形象，从而为新加坡公共权力的有效监督和制约提供了强有力的政治保障。

2. 制约和监督公共权力的文化根源

第一，新加坡继承了中西方优秀文化的精髓，并把自己的文化与宪政制度结合，形成了自身独特的政治意识。新加坡在历史上长期受到英国的殖民统治，国

① 曾亚波：《透明网络：巴西的现代化反腐败手段》，http：//lzlw. scol. com. cn/huangqiu/20051216/2005121616947. html。

民受到英国政治文化的深刻影响，另外，在新加坡，华人移民居多，儒家思想成为现代政治价值观的有机组成部分之一。新加坡历届领导人均受到儒家传统文化与英国现代政治思想的双重影响，具备了对公共权力滥用行为予以坚决打击的决心与魄力。

第二，新加坡存在精英主义等级观念。在新加坡，公务员的精英地位被社会普遍认可，这为推行“高薪养廉”政策、制约权力滥用提供了社会文化基础。

（二）新加坡制约和监督公共权力的制度建设

新加坡政府高度重视制度的力量，着眼于公务员制度的完善，对各部门及其工作人员建立了一套严格的监督管理机制。

1. 公务员选拔和任用制度

新加坡政府在正式录用公务员之前，不仅要审查拟被录用者的学历、财产状况、犯罪记录，而且要审查其家庭情况、社会背景等。公务员一旦被录用，还要进行品德跟踪考核以及工作能力与潜力评估的考验，只有全部通过的公务员才能晋升。为了保持公务员队伍的活力，新加坡政府还对官员的任职期限进行了规定，大大增强了职位的流动性，有利于年轻人晋升。

2. 公务员工资制度

为了防止政府官员贪污受贿，新加坡政府重视以俸养廉。新加坡公务员的薪金之高举世闻名，并且与市场挂钩。新加坡政府每五年都要对公务员的薪金标准进行一次评估，并根据重新评估的结果大幅度地调整和提高公务员的工资。另外，新加坡的高薪养廉制度还包括其完备的《中央公积金制度》，形成了新加坡独特的社会保障体系。良好的待遇和可靠的保障使得公务员珍惜自己的职位，不会冒失去工作和养老金的危险去受贿。

（三）新加坡制约和监督公共权力的法治建设

1. 完善的法律规范

新加坡制定了一系列完善的法律法规，从而保证了公务人员在使用权力的过程中有法可依。例如，为了将反腐败纳入法制轨道，新加坡于1960年就颁布了《防止贪污法》，并颁布了《公务员惩戒规则》，作为对《防止贪污法》内容的重要补充。1988年出台了《没收贪污所得利益法》，这是一部专门惩治腐败犯罪的程序法，用以补充和完善刑事诉讼法。《防止贪污法》和《没收贪污所得利益法》的配套实施，保证了政府官员行为有法可依，违法必究，以此严密防范以权谋私、权钱交易行为。除此之外，新加坡还先后制定了《公务员指导手册》、《没收贪污所得利益法》、《公共服务条例》以及“七应”、“二十四不应”等法律法规、行为规范①。

2. 严格的执法机制

新加坡不仅具备完善的法律制度，而且拥有严格的执法机制。凡是违反了《反贪污法》和《公务员指导手册》规定条款的公务员，都要追究法律责任。并且，凡公务员因贪污受贿等违法行为被追究刑事责任或开除公职的，一律取消其任职期间所积累的全部公积金。同时，为了保证严格执法，新加坡建立了一个多层次、全方位的监督体系，公务员从事任何滥用公共权力的行为都将面临极高的风险。

（四）新加坡制约和监督公共权力的道德文化建设

新加坡政府特别重视制约和监督公共权力的道德文化建设，让崇尚廉洁、反对腐败的思想深入人心。

首先，新加坡极为重视廉政教育，包括注重道德品行教育、廉政意识教育、分层分类教育及全社会抓教育。政府经常将一些纪律规定编成简明扼要的警句，或制成清晰明了的表格，甚至绘成幽默风趣的漫画，编印成册发给公务员。

其次，新加坡特别注重对青少年的教育，在中学普遍设立了廉政课程，教育青少年“贪污贿赂如同黑社会和贩毒问题一样，都是严重的社会罪恶”。

最后，新加坡特别强调诚信文化的培育，制定了系统的诚信推广计划，将其纳入全民教育、员工培训及工作系统中。针对不同行业和不同阶层，政府采取举办讲座、讨论、展览等丰富的形式，通过报纸、电视等媒体方式进行宣传，形成了一种廉洁的政治文化和舆论氛围。

第三节　隐性经济的防范与治理

一、国外治理隐性经济的背景

（一）国外隐性经济的规模

隐性经济遍及全球，在各国经济生活中或多或少都占据着一定的比例。2000

① 师雯、李路曲：《新加坡治理腐败的政治与文化基础》，载于《理论探索》2006 年第 1 期。

年，施耐德（F. Schneider）对隐性经济规模进行了调查，得出：发展中国家隐性经济规模约为 GDP 的 35% ~44%；转型国家隐性经济规模约为 GDP 的 21% ~30%，而 OECD 国家的隐性经济规模占 GDP 的比重也达到了 14% ~16%[①]。发展中国家，隐性经济现象极为突出，对政治、经济、社会各方面的安全都带来了威胁。发达国家，尽管隐性经济规模相对较低，然而，近几十年来，大部分国家的隐性经济一直保持增长趋势，收入分配差距也呈现逐渐增大的趋势。隐性经济已经成为困扰国际社会的全球性问题。

（二）国外隐性经济产生的原因

1. 发展中国家隐性经济产生的原因

首先，许多发展中国家是一种管制经济，如隐性经济现象严重的泰国和印度，经济自由化程度很低，政府高度地管制造成了许多中小企业活动转入地下，导致了隐性经济的泛滥。

其次，处于转型时期的发展中国家政府腐败严重，而隐性经济的盛行与政府廉洁程度存在很强的相关性。如新加坡政府十分重视廉政建设，隐性经济的规模要远远低于周边国家。而处于经济体制转轨时期的俄罗斯，由于政治体制不完善，权钱交易、贪污腐败盛行，滋生了大量的隐性经济。

最后，在发展中国家，界定产权成本比较高，很多人愿意合法经营，但是由于从事合法经济手续过于烦琐，加之发展中国家的法律和制度存在许多漏洞，许多人都转入了隐性经济活动中。

2. 发达国家隐性经济产生的原因

首先，企业分包制度是隐性经济盛行的重要原因。发达国家的工会组织比较健全和完善，企业为了削弱工会对工人的控制，会将一定的生产任务转包给中小企业和私人组织，而这些企业和组织大都处于隐蔽的生产状态中，政府部门无法对其经济活动进行监控，从而促进了隐性经济的盛行。

其次，很多发达国家都存在大量的移民和偷渡者。这些移民和偷渡者大多从事一些政府部门无法统计的工作，因而创造了大量的隐性经济。如美国隐性经济部门的大部分劳动力都是由移民组成的。同时，西班牙和意大利也有大批偷渡或移民而来的东欧人，由于语言和文化的差异，他们只能在一些地下小企业从事隐性经济活动，从而繁荣了隐性经济。

最后，发达国家在个人税收征管方面存在缺陷，滋生了个人所得税偷漏现象。发达国家的社会制度健全，税收体系较完善，监控机制完备，在企业流转税

① 刘洪、程庆生：《非正规经济的国际比较及对我国的借鉴》，载于《统计研究》2004 年第 7 期。

和所得税方面的偷、漏税现象并没有发展中国家严重。然而，由于发达国家存在大量隐性就业，部分高收入个人总是千方百计隐瞒收入，个人税收征管的漏洞也带来了隐性经济的发展。

面对隐性经济规模庞大的事实及不断壮大的现状，世界各国纷纷结合本国实际，开始探求治理隐性经济的新途径。

二、全球经济强国——美国

（一）美国治理隐性经济的制度和文化支撑

美国具有完备的税收制度，国税局通过各种途径来核实纳税情况。在美国偷税、漏税若是被发现，就会被处以罚金和支付大量利息。美国还拥有高度完善化的信用制度，建立了征税管理的道德规范。美国个人都非常重视个人的信用记录，一旦有了偷逃税记录，生意伙伴就会提高警戒线值，银行贷款将会变得困难，有关部门也会加监视频率，所有的经济社会活动成本都会大大增加，从而抑制了隐性经济的发生。

另外，美国人具有强烈的纳税意识，自觉纳税已经成为一种道德文化。纳税是天经地义的，报税是生活的一部分，纳税、报税不仅是法律问题，也是道德问题。同时，美国也是一个法制比较健全的国家，税法也被大多数美国公民看作是务必遵守的金科玉律。纳税意识经过历史文化的沉淀作用，已经内化为人们的一种自然习惯，为美国隐性经济的治理创造了条件。

（二）美国治理隐性经济的具体措施

1. 有效抑制隐性经济的税制改革

（1）逐步降低税率。

沉重的税收负担容易导致许多生产经营活动由“地上”转入“地下”，滋生偷税、漏税、非法经营等隐性经济的出现。因此，美国国会采取了最低税收制度，实行宽税基、低税率的税收优化制度。例如，2001 年 5 月，美国国会通过了减税法案，个人所得税最低税率由当年的 15% 降低到 10%；到 2006 年，最高税率将从 39.6% 降到 35%，36%、31%、28% 三档税率都分别降低 3 个百分点；遗产税的免征额由减税前的 67.5 万美元增加到 2002 年的 100 万美元、2009 年的 350 万美元，最高边际税率从 55% 逐年降至 45%，2010 年取消遗产税，届时只保留赠与税[1]。

（2）加大处罚力度。

为了提高税法的威慑力，美国在税制改革过程中注重依法加大对涉税案件的处罚力度和追缴税款的力度。除上述之外，美国还采取了填补税收漏洞、优化税制结构、提高税制弹性、加强预算治理、加快税费改革等税制改革措施，在一定程度上抑制了隐性经济的发展，减少了税收的流失。

2. 构建完备的反洗钱机制

（1）建立了完善的反洗钱法律体系。

自1970年以来，美国国会就致力于反洗钱的法律建设，颁布了一系列的法律法规。如《银行保密法》、《洗钱控制法》、《阿农齐奥蜒怀利反洗钱法令》、《1999年反洗钱法》、《爱国者法案》、《银行保密法规等》。对传统的银行保密准则进行了改革，要求金融机构进行现金交易报告和记录保存；2001年通过的《爱国者法案》，对反恐融资、金融犯罪信息网络建设提出了新的要求，并加重了洗钱的民事和刑事责任[2]。除此之外，美国不同的监管机构还根据各自的职责，把金融机构反洗钱工作与业务合规问题结合起来，发布了反洗钱相关行业规则，以指导金融机构反洗钱和业务监管。

（2）加大对反洗钱的惩罚力度。

针对洗钱犯罪，美国采取了从重、从严、从快的处理原则。在刑事罪名中，把洗钱列为联邦级重罪，洗钱罪名一旦成立，将受到严厉的刑事处罚；在民事处罚上，则对洗钱犯罪的界定实行宽松的司法解释，对犯罪行为则给予严重处罚。例如，2001年颁布的《爱国者法案》对涉嫌参与恐怖主义金融活动的机构处以交易金额两倍以上但不超过100万美金的罚款。美国建立在相应法规基础上的反洗钱惩罚机制具有极大的惩罚力度。

3. 提高税收征管水平，治理偷逃税

（1）实行个人所得申报制度。

美国采取自行申报缴税方式。根据联邦以及各州和地方税法，包括总统在内的纳税人必须填写年度所得税纳税申报表，报告其应税所得、应纳税额。并规定任何人收到数额较大的礼金，应视为收入的一部分，必须申报并照章缴纳所得税，否则以逃税论处；官员们收到贵重礼品也要申报。针对无视税法存在、未作任何申报的人，税务局一旦查出，对此除了责令追补税款外，还实行严厉的

---

① 樊丽明、李齐云、李文、陈东：《世界税改趋势与中国税制改革》，载于《税务研究》2002年第8期。

② 李培正、李怀舟：《开放经济背景下中国金融业反洗钱机制新选择——以国际比较和背景分析为考察视野》，载于《甘肃社会科学》2007年第2期。

罚款。

（2）采取独特有效的审计措施。

一方面，美国国税局有专门加强富人收支审计的金融侦探，他们经验极为丰富，可以发现一些富商暗藏的财富。大中型公司企业经常面临国税局的现场查账和审计，同时国税局会采用各种技巧对小公司进行财务审计；另一方面，美国设置有专门的金融监督机构。用现金支付大件物品，需要购买者填写一份表格，并送给这个专门的金融监督机构进行专门调查，探寻购买者的现金来路的合法性，从而有效地防范偷税、漏税的发生。

（3）加强税源监控。

在美国，除小额交易外，其他交易要通过银行账户转账，否则就是违法。要在美国银行开户，就必须具有合法的身份，这需要办理一个社会安全号，起着认证、授权的作用，税务部门也把它作为纳税代码。由于代码的共同性，税务部门很容易与其他部门交换信息，并运用计算机集中处理，准确掌握纳税人的应税收入状况，对其进行有效的监督。另外，纳税人的纳税处罚，会被税务机关记录在案。一旦有人要查某个纳税人的信用记录，该纳税人的个人信用将受到很大的影响。

（4）加强税收信息化建设。

美国注重加强税收信息化建设，共设有3个征税服务中心，1个总部税务信息处理中心。计算机征管网络已贯穿于税收征管的全过程，并借助于先进技术手段，结合了光电技术、自动化技术等，加快了税收征管的效率和质量，促进了对隐性经济的防范与治理。在美国，纳税人交税可以在全国任何一个政府行政服务中心、银行或者足不出户网上运行即可。在税务稽查方面，只需将纳税人个人的国家安全号、法人的企业代码输入计算机，即可轻易获得纳税人的生产经营资料和相关纳税数据。

三、西欧国家——意大利

（一）意大利隐性经济防范治理机制的背景

1. 意大利隐性经济的历史背景

在意大利，隐性经济多被称作“地下经济”。意大利是老牌的资本主义国家，隐性经济长期存在，规模庞大。一直以来，意大利被普遍称作“到处是富翁的穷国”。历史上，意大利通货膨胀严重，失业现象严重。然而，庞大的隐性经济收入给意大利人带来了悠然无忧的生活。正如意大利学者马蒂洛所言：“在意大利的所谓地下经济，是我的同胞们天才般的杰作，是使意大利免于经济崩溃的第二奇迹。”① 第二次世界大战后意大利的经济奇迹，就是在隐性经济的支撑下建立起来的。

2. 意大利隐性经济的制度背景

一方面，意大利的法律制度极不完善，而且意大利人历来就有蔑视法制的禀性，导致了庞大的隐性经济的存在。在意大利，相当一部分人无视法律的存在，偷偷地从事着违法的职业。另一方面，意大利的税收制度复杂，赋税比例高，政府对偷税逃税的现象缺乏监管力度，导致了许多经济活动游离于政府统计之外，形成了规模庞大的隐性经济。

3. 意大利隐性经济的现状

现在的意大利经济支柱依然包括隐性经济，偷税、漏税的现象依然普遍，严重影响了市场秩序，造成了意大利社会分配不公和贫富悬殊的现状。这一现状也导致了更多的人去铤而走险来从事隐性经济，干违法的勾当。会偷漏税、投机取巧的人，则可大得非法利益；而凭技术挣工资吃饭的人，则大受其害。守法者和违法者之间，出现收入倒挂，从而造成了更加严重的社会不公。

（二）意大利对隐性经济的防范与治理措施

1. 加强对隐性经济的税收征管

第一，意大利财政部拥有一支2万多人武装的财政卫队，即税务警察。专职负责偷漏税的调查，海关关税的检查与计征，以及维持税务秩序。

第二，意大利设定有健全的税务报表和会计签证制度。对于那些有意偷逃税者，税务当局可将逃税人姓名及申报所得予以公布，引起全社会对逃税者的监督和鞭挞。

第三，在意大利，绝大多数单位、企业乃至个人都请会计师代理建账和填写申报表。会计师们需要不断跟踪政府所有法令和议会批准的所有法律，一旦失误，有意或无意选错税收表格，被财政警察查出，都会课以重罚。

2. 提高公民的依法纳税意识

意大利政府注重提高公民的纳税意识，国库收入管理局在这方面发挥了重要作用。该局在加强政府与纳税者的信息沟通中做了许多努力，增强了公民对纳税的信任度。国库收入管理局开设咨询电话，并专门开设网站，让公民足不出户，就能及时了解国家最新税收政策和有关税收信息。同时，还出版许多免费刊物，

---

① 童亚丽、王春：《俄罗斯与意大利地下经济的税收现状及治理》，载于《西伯利亚研究》2005年第1期。

定期在各地举办活动，通过多种方式进行纳税宣传。

3. 调整税收政策、改进税务管理

意大利政府调整税收政策的核心内容是简化税收手续。意大利政府强调通过简化税收手续，来减少公民纳税的中间环节，提高税务机关的办事效率，从而达到有效防范隐性经济的目的。

意大利改进税务管理的一个重要举措是试行"协议式提前征税"。意大利的税收制度相当复杂，税收种类名目繁多。为避免在征税环节中弄虚作假，政府试行一种"协议式提前征税"的方法，即纳税个人或企业对未来2年内的应纳税收入作出全面的估计，向纳税机关提前申报应交纳税款，税务部门将会给这些个人或企业优惠的税率。政府希望借此举来大大减少纳税人偷逃税款的机会。

四、转型经济国家——俄罗斯

（一）俄罗斯对隐性经济防范与治理的背景

1. 俄罗斯隐性经济的制度背景

（1）法律制度不健全。

俄罗斯缺乏健全的法律和规范，政府职能的弱化又不能弥补法律制度不健全的"真空"。颁布的一些法律不仅不能起到治理隐性经济的效果，反而破坏了市场原则、公正性和法治国家的基础。如2001年8月7日通过的《反犯罪所获财产合法化法》，其宗旨是与通过犯罪手段获得财产作斗争，缩减隐性经济。然而，这部法律却排除了逃避关税、国家预算基金税、强制交保险费等最常见的隐性经济模式，在抑制隐性经济方面起到的作用非常有限。此外，俄罗斯法律制度执行力差，也加剧了地下经济的猖獗和膨胀。

（2）税收制度不完善。

俄罗斯政府设立的税种名目繁多，税负压力大。转轨时期为了稳定经济形势，税率最高时竟达利润的60%～80%。虽然税率最近几年在逐渐下降，但目前必须交的税种高达23项，占利润的54.2%，沉重的税负更激化了许多企业从事隐性经济活动。同时，俄罗斯的税收管理体制混乱，税法复杂、税收征管效率低下，种种原因促使全社会普遍偷税、漏税，政府每年只能完成税收计划的2/3①。

（3）政治体制存在缺陷。

一方面，机构膨胀严重。联邦执行权力机构由改革前的58个增加到84个。

① 崔健：《政府能力视角下的俄罗斯影子经济》，载于《山东经济战略研究》2009年第8期。

2005年政府官员数量增加了10.9%，立法机构增加了2%，司法机构增加了3.8%，权力执行机构增加了20.4%①。另一方面，政府对经济干预反而增多了。混乱、低效的行政体制导致了腐败现象的滋生，而腐败又进一步成为隐性经济成长的沃土。

2. 俄罗斯隐性经济治理的历史背景

苏联时期，其国民经济中隐性经济的比重就已相当高，这一情况在苏联解体和旧体制消除之后并没有随之消失，而是相应地遗留到了各个独立起来的新国家。

经济转轨时期，为了解决计划经济体制下宏观经济效率不断下滑和微观经济活力不断丧失的问题，俄罗斯于1992年年初启动了制度模式根本转变的经济转轨，并采取了"休克疗法"。开始推行包括价格自由化、企业经营自由化、对外经济联系自由化和金融自由化为内容的一系列政策。经济转轨意味着人们彻底放弃了对计划经济体制国家的义理性支持，认为通过制度变迁既可以消除短缺经济，也可以使隐性经济合法化。

然而，激进的"休克疗法"一夜之间取消了苏联实行的高度集中的计划经济体制，从而导致大部分企业和居民陷入了迷茫的状态。他们之间的竞争，更多地表现为原先计划经济体制下的争关系、争资源、争贷款、争补贴等非正常形式，而不是市场经济要求的自由竞争。而叶利钦时代被"俘虏"的政府却无法、无力制定和执行适应市场经济构建需要的各种法律，隐性经济不但没有消除，还出现了变异和扩大的趋势。

（二）俄罗斯对隐性经济的防范与治理

1. 实行税制改革

20世纪90年代中后期，俄罗斯政府进行了税收体制改革，加强国家对税收的监管，以刺激生产与投资的积极性，遏制俄罗斯经济与投资走入"隐性"。这次改革的主要内容是：强调对纳税人合法权益的保护；规范地方政府的征税、消除双重征税；收缩税收优惠政策的范围。

2000年普京总统执政以来，俄罗斯进行了新的税收改革，并通过了《税法典》，主要内容体现在以下几个方面：一是简化税制结构，减少税种。税费数量由200余种减至30余种；二是降低主要税种的税率。将增值税、利润税和劳动报酬基金的税率水平降低10%～20%；三是适当提高对个人收入的纳税水平，将最高累进税税率提高到35%，该税作为联邦和地区共享税，联邦税率为2%～

① 崔健：《政府能力视角下的俄罗斯影子经济》，载于《山东经济战略研究》2009年第8期。

6%，地区税率最高不超过29%；四是新增社会税，作为形成俄罗斯国家居民就业基金、联邦社会保险基金、联邦和地区义务医疗保险基金的来源；五是放弃关税补贴系数法和其他一系列关税优惠①。

2008年梅德韦杰夫总统继任以来，充分肯定了普京总统降低税负的意向，指出减低征税标准、降低税率的立法工作要尽快进行。目前，梅德韦杰夫已经签署了有关修改《税法典》的法案，该法案包括将企业利润税降低20%。新版法律建议继续放开固定资产的折旧规定，免除预支款项的增值税，给予地方在简化税收体系情况下降低5%税率的权力。新法律的一个要点是以实际利润为基础计算应缴纳的利润税额。修改后的法律指出："这一修改避免了当企业利润税预付款项实质性超过最终应税额，导致从纳税人流动资本中抽取资金并在以后从预算中给予补偿的情况。"②

2. 完善法律法规

2000年7月的《国情咨文》中，普京总统一再强调"以法治国"的思想。为遏制隐性经济的蔓延，俄政府从立法执法方面入手，把建立法律基础、保证良好的投资和经营环境作为政府的优先任务。继1999年修改颁布新的《外国投资法》后，俄罗斯政府2000年又修改颁布了新的《产品分割协议法》，并于2001年先后通过了《土地法典》和《劳动法典》，还修改了《海关法》、《外汇调节和外汇管制法》、《公司法》、《银行和银行活动法》等一系列法律，为经济的健康运行奠定法律基础③。梅德韦杰夫强调法律在国家经济管理中的重要性，提出将强化法制。

3. 完善相关经济制度建设

一是建立银行储蓄保险制度，于2003年年底颁布了《俄罗斯联邦自然人在银行存款保险法》，提高了各大银行的资产公开、透明度，减少了虚假的银行信息。

二是强化审计制度，构建了民间审计（审计公司）、内部审计（内部审计协会）和政府审计（联邦审计院）三个层次组成的审计体系。不同层次的审计有利于强化治理隐性经济的功能。

三是加强社会保障制度的建设。俄政府多次提高工资、退休金，对贫困线以下居民发放补助，也进一步强调了"以人为本"的社会建设目标，落实社会福利的相关工作。主张实行积极的社会政策，花大力气解决包括卫生、教育、社会救助、就业、文化、住房、人口、家庭和养老等民生问题。

---

① 高巍：《俄罗斯联邦税制改革评论》，中国财税法网，http://www.cftl.cn/show.asp?a_id=1679。

② 俄罗斯新闻网，http://big5.2006.rusnews.cn/eguoxinwen/eluosi_caijing/20081126/42347452.html。

③ 冯佩成：《俄罗斯的影子经济与腐败》，载于《俄罗斯研究》2004年第1期。

梅德韦杰夫总统也进一步强调了“以人为本”的社会建设目标，强调要落实社会福利的相关工作，认为国家建设应当遵循以下原则：一是自由和公正；二是人的公民尊严；三是人民的安康和社会责任。主张实行积极的社会政策，花大力气解决包括卫生、教育、社会救助、就业、文化、住房、人口、家庭和养老等民生问题。除此之外，俄罗斯政府还推行司法制度的改革和政府改革，向垄断和官僚行为开战，规范经营环境和投资环境，为自由竞争的市场秩序创造条件。

4. 强化国际合作

2003 年 9 月 29 日开始生效的《联合国打击跨国有组织犯罪公约》，确立了通过促进国际合作，更加有效地预防和打击跨国有组织犯罪的宗旨，为各国开展打击跨国有组织犯罪的合作提供了法律基础。俄政府充分地把握了这一有利时机，从各方面加强国际协作，遏制隐性经济的发展。

首先，俄罗斯在国际立法的基础上，制定了财务监督领域的国际法律法规。一是直接涉及反洗钱问题的俄罗斯联邦签署的国际协议；二是更为广泛的法律内容，涉及的不仅仅是反洗钱问题。

其次，俄罗斯国家机关在反洗钱领域展开与国际组织的合作。俄罗斯联邦法第四章《关于反洗钱》明确规定了该领域国际法律协作的方向。为了加强国际合作和地区合作，俄罗斯还与西方 7 国共同签署反洗钱报告，加强与美国等西方国家强力部门的合作，共同打击有组织犯罪等。

五、推行经济体制改革的亚洲大国——印度

（一）印度对隐性经济防范与治理的背景

1. 印度隐性经济的现状

印度隐性经济规模庞大，涉及的领域极为广泛。在印度，偷税、漏税的行为几乎存在于所有的经济领域。据税务部门的统计，印度纳税人口不到总人口的 3%[①]。并且，在印度，隐性经济不仅仅存在于一些不合法的经济活动中，即使在合法的经济活动中也大量存在。例如，医生、法官、教师等，尽管他们从事的都是合法的经济，但他们同时可能通过自己的医术、法律咨询、校外授课等，获得合法但是不交税的收入。

印度经济相关的隐性经济活动在国外也是屡见不鲜。若将发生在印度境外的

① 姚国会：《“黑色经济”病困扰印度》，载于《新经济》2007 年第 11 期，第 60 ~ 61 页。

隐性经济活动也计算在内，那其规模很可能相当于官方数据的70%[①]。印度知名商业杂志《商业世界》认为，20世纪70年代泛滥于印度的隐性经济如今不仅沉渣泛起，而且越发红火。

2. 印度隐性经济产生的后果

首先，隐性经济严重破坏了国家的宏观调控系统。印度前总统雷迪说："地下经济已成为国家经济的一个严重威胁，它使整个经济进程落空，使若干经济政策宣告失败。"[②] 印度的隐性经济，扭曲了国民经济系统，干扰了政府统计部门数据的正确性。同时，容易产生错误的社会指标，影响宏观经济调控政策的实施，导致公共政策在执行过程中达不到预期的效果。

其次，印度隐性经济的泛滥严重破坏了国家的分配体系和分配机制，造成社会收入分配不公。印度大部分隐性经济主要分布在城市地区，城市经济增长中的高收入者的收入主要来源于隐性收入，各阶层之间的消费差距很大。阿伦·库玛尔（Arun Kumar）的研究显示，在不考虑隐性收入的因素下，印度1995～1996年最低40%的人口人均收入，与最高3%人口的人均收入之间的差距是1∶11.5。而考虑隐性收入情况下，他们之间的差距达到1∶57。[③]

最后，隐性经济加大了政府经济管理的难度。一方面，隐性经济破坏了资源的合理配置，导致了恶势力通过暴力手段占有大量的社会资源；另一方面，隐性经济破坏了公平的市场竞争，造成了市场客体的混乱。同时，隐性经济与腐败、权力寻租等相融合，进一步削弱了政府管理经济的能力。

（二）印度隐性经济难以治理的原因分析

尽管印度政府一直对隐性经济不断展开"清剿"，但隐性经济依然像幽灵一样伴随着印度经济的发展。印度隐性经济之所以陷入难以治理的困境，主要有以下两个方面的原因。

1. 体制转轨原因

印度模式经历了两个大的阶段。第一阶段即从印度独立至20世纪80年代末，统称为尼赫鲁混合经济体制。在这一模式下，公营经济和私营经济共同存在，在联邦政府的统一计划下发挥各自的作用。其中，公营经济是支撑整个国民经济的骨干力量。然而，印度政府在鼓励发展私营经济的同时，采取了许多限制措施，如实行垄断和贸易行为法、工业许可证制度等。由于印度各种物资短缺，

① 沈桂龙：《中印黑色经济比较：表现、规模与治理》，载于《江淮论坛》2008年第6期，第63页。

② 鲁达尔·达塔和K. P. M. 孙达拉姆：《印度经济》，新德里1986年版，第794页。

③ 沈桂龙：《中印黑色经济比较：表现、规模与治理》，载于《江淮论坛》2008年第6期。

政府管制又十分严格，隐性经济的规模不断增长。

第二阶段是20世纪90年代后，印度向自由市场经济模式过渡，开始了对印度经济政策和经济管理进行“实质性改革”。然而，转型后的市场经济依然存在许多缺陷。一是缺乏有效规范和约束市场经济秩序的经济监管机制；二是市场体系不健全、没有覆盖到各类商品和要素市场；三是劳动力市场很不规范，就业结构二元化现象突出。政府机关、大学、大型国有单位和私人公司，其就业者比例仅占全部劳动力的5%；其余95%左右的劳动力则集中在规模不大的非正式组织的部门，他们的工资收入比较低，而且基本上不交税①；四是未能理顺政府和市场的关系。限制政府任意权力的法律太少，政府权力过多地干预了经济和市场。转型经济模式下市场体系的种种缺陷，导致了隐性经济的大规模滋生，加大了治理的难度。

2. 制度建设原因

（1）税收制度的不完善。

印度税种繁多，林林总总，不胜枚举；税收程序复杂，实行中央、联邦、地方三级课税制度。税负重、税种多、程序复杂导致了税收效果不佳，偷税漏税现象相当严重和普遍。尤其是在1991年改革以前，由于个人所得税税率较高，许多高收入者便采取瞒报甚至不报收入的方式，偷漏抗税。创造高收入的经济活动部门，往往采用高报成本、低报收入的方式，使得许多经济活动以隐性方式存在。

另外，印度缺乏有效提高纳税人意识的相关制度，而税收制度的不完善在加剧偷税、漏税现象的同时，也导致逃税思想在许多国民心中扎下了根。

（2）社会保障制度不健全。

建立和健全社会保障制度，对于促进整个社会和经济的发展，防止隐性经济的滋生和繁殖具有极为重要的作用。印度现行的社会保障制度以养老保险为主，兼有公共医疗保健制度、雇主提供的失业保险制度以及老年人扶贫计划等。但是，现有的社会保障制度存在许多缺陷，一是养老保险覆盖率过低；二是社会保障基金管理问题突出。印度缺乏公民身份证制度和养老保险信息管理系统，难以掌握养老金领取者的基本情况，冒领养老金问题突出；三是政府财政支出压力大；四是待遇确定型的工人年金计划存在赤字危机。

作为典型的人口大国和农业大国，印度的就业压力也很大，社会保障制度的缺陷让失业人员的生活难以得到保障，造成了隐性经济难以治理的局面。

① 权衡：《印度的黑色经济加剧贫富差距》，载于《东方早报》，2006年10月17日。

第四节　收入监测系统的构建

国家经济的稳定发展离不开规范的收入分配秩序的支撑，而收入监测体系的构建是收入分配秩序规范的前提保证。发达国家在构建收入监测体系上的政策效果显著，对于我国构建并完善收入监测系统有着重要的指导意义。

一、发达国家的收入监测体系

发达国家推行了一系列的政策制度，构建收入监测体系，主要分为两大类：全民收入监测和局部收入监测。全民收入监测包括金融实名制、现金管理、个人征信体系和税务稽查等。局部收入监测包括财产申报制度和舆论监督。

金融实名制是一项金融管理的法律制度，指任何法人或者个人通过金融机构从事金融活动，都必须采用真实姓名，出示有效证件，金融机构确认其真实身份后才允许交易，并记录在案。这项制度对于反偷税漏税、反洗钱、反腐败、实现社会公平起着重要的作用。金融实名制是西方发达国家早已实施的一项金融管理制度，也是当一个国家经济发展到一定阶段所必须跨出的一步。

从理论上说，随着银行结算方式的不断改进，现金交易和支付的范围应越来越小、使用量应越来越少。然而，实际的情况却并非如此，因此，美国等发达国家也采取了加强现金管理的措施，以促进收入分配秩序的规范。

第三方个人征信活动，刺激了消费信贷业务的发展，同时提高了全民信用意识。美国采用的是市场化运作模式的个人征信体系，并建立了健全有效的法律体系和适当的政府监管；欧洲则采用公共征信运作模式的个人征信体系，虽然通过法律或决议的形式强制性收集个人征信信息，但同时侧重于对个人隐私的保护；日本采取的是会员制的个人征信体系模式，强调会员间信息共享。

另外，发达国家税务机关普遍重视稽查工作，一方面将人力、物力和财力大力投向稽查部门，并借助科技力量和法律武器为税务稽查保驾护航；另一方面，加强税务稽查案源信息管理，以提高稽查工作的质量和效率。

财产申报制度（Properties Declaration System）在西方被称为“阳光法案”，[①]

① 刘宏恩：《公职人员财产申报法之功能与局限——从比较法观点论我国现行法缺失》，载于《律师通讯》1995年第183期。

是指法定范围内的公职人员按照法定时间和方式对个人拥有的财产（包括有形和无形财产）数量、来源、支配情况向特定组织申报并接受监督，以证明自己担任公职期间所有经济收入合法的一项法律制度①。1883年英国国会通过《净化选举、防止腐败法》，这是世界上第一部关于财产申报的法律。此后许多国家纷纷效仿，以法律的形式，确定本国的财产申报制度和相应的制度安排（见表8-4）。

表8-4　　世界部分国家和地区财产申报立法情况

国别（地区）	法律名称	制定时间
巴基斯坦	《政府公职人员行为条例》	1964年
美国	《政府道德法》	1978年
韩国	《公职人员道德法》	1981年
泰国	《关于国家官员申报资产与负债的王室法令》	1981年
法国	《关于政治生活财产透明度法》	1988年
菲律宾	《公共官员与雇员品行道德标准法》	1989年
台湾地区	《公职人员财产申报法》	1993年
墨西哥	《公务员职责法》	1994年
加拿大	《公职人员利益冲突与离职后行为法》	1994年
哈萨克斯坦	《哈萨克斯坦共和国反腐败法》	1998年
澳门	《澳门财产申报法》	2003年

资料来源：黄静：《终端反腐——公职人员财产申报制度刍议》，载于《理论界》2007年第1期。

目前，瑞典、美国、德国等多个国家均已建立起舆论监督制度。舆论监督是一个国家确保公共权力正当行使的重要保障。新闻舆论监督是针对社会上某些组织或个人的违法、违纪、违背民意的不良现象及行为，通过报道进行曝光和揭露，抨击时弊、抑恶扬善，以达到对其进行制约的目的。舆论监督虽没有强制力，却极具影响力，因此，舆论监督对于规范收入分配体系很有帮助。

二、世界经济强国——美国

（一）加强现金管理

1. 控制现金流通

通过现金交易回笼的贷款绕开了银行账户，就不必担心被税务部门或法院冻

① 周佑勇、刘艳红：《我国公职人员财产申报制度探讨》，载于《社会科学研究》1997年第6期。

结和扣划，助长了逃税、逃债行为，因此，美国很早采取了一些相关措施来控制现金的流通。比如，美国的法律是限制携带巨额现金的。凡持有 1 万美元以上的现金没有申报的，就是犯法行为。同时，美国人在获得工资外的任何一笔收入时，都要填写一式两份的纳税申报单，分别由报酬提供方和本人提交给税务部门。所以，灰色收入很难在美国存在。

2. 规范现金交易

美国注重用市场经济手段，引导和规范现金交易行为。主要包括以下举措：

第一，美国大力整顿和规范了经济金融秩序尤其是信用秩序，重建了社会信用。

第二，美国加大了金融电子化建设步伐，积极推出并推广多功能银行卡、信用卡等电子化金融工具，使银行结算更方便、快捷，以鼓励和吸引企业和居民自愿选择银行转账结算，从而减少对现金的使用。

第三，美国还采用对现金交易收取手续费或征税。这种方式加大了现金使用成本，从而引导企业和居民减少现金使用。在实际操作上，由税务部门对企业和个体经营户征收大额现金交易税，以弥补因现金交易而可能增多的逃税行为带来的损失。从目前的成效来看，这一办法对于减少现金使用很有效。

（二）建立个人征信体系

美国个人征信体系采用的是以市场为主导的模式。具体来说，信用档案的管理主要由商业性服务公司通过市场化的运作方式实现。美国从事个人征信业务的机构通常被称为信用局，它们是由民营资本投资、完全市场化运营的公司。信用局从银行、信用合作社、储贷机构、财务公司、零售商等授信机构收集个人正面或负面的信用信息，形成覆盖全国的大型个人征信数据库。

信用档案由资信公司进行商业化管理是由其现实条件决定的：

第一，市场环境良好，法律体系健全。在消费信贷环境方面有《诚实信贷法》、《公平贷款记录法》、《信贷机会平等法》、《公平信用报告法》等法律。

第二，信贷非常发达。消费者申请信用消费时，信用授予方都需要对消费者的信用资格、信用状况和信用能力进行评价。信用局采用先进的信用评分技术和科学的信用风险模型对消费者进行全面、准确、及时的评价，以帮助授信机构做出快速、科学的授信决策。

第三，消费信用记录完备。计算机网络的普及和货币电子化使得信用档案的建立更加便利，银行和资信机构可以通过互联网获得全面的信用信息。

第四，社会信用意识较高，“信用哲学”比较成熟。在美国，1966 年的《信息自由法》、1972 年的《联邦咨询委员会法》和 1976 年的《阳光政府法》规定，政府须公开合理的个人信用资料，除此之外，并没有相关的法律规定私人部门必须向消费者征信服务公司提供信息数据①。但在现实中，信息提供方往往自愿、免费地向征信公司提供数据，用于信用档案的建立或更新，而且信息提供方在使用信用档案时不享受任何优惠。

（三）加强税务稽查管理

1. 基于先进的信息处理支持

目前，美国的税务机关从税收预测、纳税申报、纳税登记、资料存储、报税审核、税款征收、欠税催缴到税务稽查选案等一系列工作都由计算机系统完成。美国国内收入局采用全美税务选案系统（NRP，National Research Program）对纳税人的申报情况进行分析处理，并且打分，评分越高，纳税人被审计的可能性就越大。同时，国内收入局会将纳税人的申报情况与第三方（其他政府部门和银行等其他信息来源）数据进行比对，若发现有差异，就可能实施稽查。另外，国内收入局一般每三年实施一次纳税人税法遵从度检查计划（TCMP，Taxpayer Compliance Measurement Program）。

2. 实行分类稽查，强化稽查队伍管理

美国税务稽查机构对具体稽查信息实行的是分行业稽查，即对不同行业进行不同侧重的分类和注意事项，并重点编制了房地产、航空等40个行业的培训指导手册。同时，为了对稽查工作做进一步的改进，美国还对税务稽查案件按税种、原因进行了详细的划分和分析。

在稽查队伍管理方面，美国严格规定了必须具备大学毕业或者商业学士资格才能成为税务稽查人员，同时对稽查人员进行分级制度，只有达到级别的稽查人员才有资格对企业进行稽查。高素质的稽查队伍确保了美国稽查工作的开展和任务的完成。

3. 加强跨地区和跨部门的沟通与合作

美国是实行联邦税制的国家，在联邦、州（省）、地方三级税收制度框架下，往往会存在对内、对外的信息协调沟通失灵的情况，对此，该国采取了如下做法：

首先，注重协调各部门间的稽查信息。美国税务机关的信息系统普遍实现了与其他政府部门、公司网站、个人信用机构以及银行的联网，以便通过不同渠道全面掌握纳税人的经济情况。美国国内收入局的信息处理中心不仅能统一处理全国纳税人的申报表，还存储纳税人历年的纳税资料。

---

① 周佑勇、刘艳红：《我国公职人员财产申报制度探讨》，载于《社会科学研究》1997年第6期。

其次，加强了稽查信息各系统间的沟通。美国国内收入局和州税务局都设有专门的联络官，并确保了双方畅通的沟通协作渠道，这对各项稽查工作有较好的推动作用。

三、高福利国家——瑞典

（一）加强新闻舆论监督

瑞典法律赋予新闻媒体以充分的知情权和报道权，法律规定政府不得干预新闻报道，新闻媒体有据实报道的自由。1718 年，瑞典进入了自由时代，并于 1766 年制定了《新闻出版自由法》。这部法律属于世界首创，被赋予基本法的地位。它极大地增强了公众通过报纸、杂志等印刷媒体自由表达思想的权利。到了 1949 年瑞典国会又通过了《出版自由法》，并于 1991 年对其进行补充，制定了《表达自由法》。这两部法律为瑞典的新闻出版自由提供了坚实的法律保障和基础①。法制建设对瑞典舆论监督的影响主要有如下两个方面：

一方面，依法保障舆论自由，使其不受外界干扰，确保报道的准确、有力。瑞典社会非常重视保护表达自由、出版自由以及信息自由的基础和核心作用。《出版自由法》在界定出版自由的定义时，特别强调对因出版物内容引起的法律责任只能通过法院加以追究，并将其作为出版自由的基本属性之一。

另一方面，依法规范舆论监督，指导其沿着正确的方向发展。瑞典法律保障舆论监督自由，也同样以法律形式来约束舆论。瑞典按照《出版自由法》第五章的规定，报纸以及其他定期出版物的出版须得到政府的许可。以法律规定来约束舆论，为舆论提供正确的导向，才能保证舆论监督的有效性、科学性。

（二）设置公民监督机构

瑞典的公民监督机构设置科学，管理有序。为了维护共同利益，协调不同媒体单位之间的利益关系，瑞典的新闻界组织了各种各样的社团组织，在这些舆论媒体的组织机构中，实施监督的主要机构是新闻出版理事会和新闻出版督察专员公署。

新闻出版理事会于 1916 年成立，由全国出版者俱乐部、瑞典记者联盟、瑞典报纸出版人协会共同创设。它共由 6 人组成，主席（理事长）由 1 名法院法

① 冯军：《瑞典新闻出版自由与信息公开制度论要》，载于《环球法律评论》2003 年第 4 期。

官担任，理事则由报业推选出2名，公众推出3名。这种组成人员的安排在于表明此机构不仅是代表报业的利益，更重要的是代表百姓的利益。理事会负责审查报刊的行为，并就其是否违反职业道德规范作出决定。新闻理事会对违反新闻道德投诉的处理都是最后判决。这种机构设定有两个方面的作用，一是确保了舆论监督的组织性，使舆论媒体在监督外部事务的同时，也受到内部组织的监督，从而保证其监督的正确、公正；二是将各类舆论媒体结合在一起，大幅度提高了舆论监督的力度。

新闻出版督察专员公署是一种权利保护与法律监督机制，由新闻出版组织设立和任命。它是公共机关的一部分，但属于非政府机构。新闻出版督察专员公署将国家体制中的督察专员制度引入到了新闻出版自我管理领域，因此，它不仅维护新闻和言论自由，还维护职业道德，并且负责受理公众对违反新闻道德的投诉。

（三）充分运用信息化技术

现代信息技术为实现真正的民主化提供了工具。瑞典有着全球最高的电脑拥有率和上网率。瑞典政府在一开始就意识到公民这一需求的重要性，并提出建立一个以公民需求为中心的电子政府。可以提高政府工作效率和效能，降低行政成本，增强政府行政的透明性和责任性，同时还可以即时获取民众的反馈信息。瑞典政府还将电子政府视为加快国家民主建设的一个重要手段。

随着新闻媒体的报道阵地逐渐向网络上转移，舆论监督开始更多地体现出信息化的特点。瑞典国家对民众言论自由的重视，促使了信息化的舆论监督机制快速发展，也为民众对党和政府的监督提供了新的途径。网络使得信息获取渠道大大地拓宽，民众舆论的自由度也大大提高。另外，虽然网络化的舆论监督发展迅速，但传统媒体的监督理念、法制建设等情况依然适用。对信息化舆论监督进行的有效管理，保证了监督的真实性和有效性。

四、亚洲经济强国——日本

（一）日本个人征信体系

日本个人征信体系采取的是会员制模式。信用档案主要由银行协会建立的会员制征信机构负责管理。采取会员制的方式，使信用档案管理既遵循了自愿的原则，同时又具有一定的规范性。

1973年，日本银行协会的第一个信用信息中心在东京建立。之后各地的银行协会相继建立了25家地方性的个人信用信息中心。直到1988年，全国银行协会将日本国内的信息中心统一起来，建立了全国银行个人信息中心。全国银行个人信用信息中心是负责个人信用档案建立和提供利用等业务的中介机构。它采用会员制方式，各金融机构可自愿参加，并定期交纳会费。同时，信用档案在会员范围内提供无偿使用，它属于非营利性质。全国银行个人信用信息中心还保持与全国信用信息中心联合会、日本信用卡产业协会的合作交流，最大限度地共享信用档案资源。

信息中心的信息数据来源于会员银行，信息中心向会员银行提供个人征信信息，不向其他信息需求方提供服务。个人征信信息的提供采取收费方式。2001年日本实施《征信信息公开法》，对征信调查起到积极推动作用。

（二）日本税务稽查管理体制

世界大战后，日本加强对税务工作的管理和督察，建立起了一套比较合理、科学和完善的税务体系。首先对个人所得税采取了税源扣缴制度，即在工薪收入者领取工资之时就扣缴，使绝大多数个人所得失去了偷税漏税的可能。同时，日本还对开业医生、开业律师以及其他个体经营者、农民等纳税人建立了纳税自我申报制度，让他们根据规定自己申报纳税额。

日本于1948年组建了税务稽查官队伍，隶属于国税厅稽查部。税务稽查官的主要职责是对企业和个人的实际纳税情况进行认真调查、审计和处理。日本的税务监管分为调查、稽查两个部分。在税务调查中，如果发现纳税义务人申报错误，没有完全按照有关法律申报自己的所得，调查人员会发出通知，纳税人进行补交就可以。税务稽查则主要是针对具有故意行为、逃税漏税数额大、性质恶劣的逃税漏税事件。如果发现和查实大型恶劣的逃税漏税情况，一般都要通过检察官告发，由检察官实施逮捕和处罚等。

（三）国民纳税意识的培养

日本还十分重视培养国民的纳税意识，使国民从小就认识到交纳税金是国民应尽的义务，税金是维护国家正常运转，维护社会秩序、保护国民生活安全，提供社会福利所必需的资金。日本全国各地的税务机关每年都要组织税务官员到当地的中小学校开设讲座，向中小学生讲授纳税与国家财政、国家运营和国民福利等方面的关系。

由于日本人普遍认为偷税漏税是社会共同的大敌，个人和企业一旦被查出有严重的偷税漏税行为，就会受到孤立和失去帮助，也很可能因此破产。另外，由于在日本偷税漏税的成本太大，绝大多数人都不敢冒巨大风险进行偷税漏税。

日本政府从建立合理科学的纳税制度、不断加强纳税的监督管理以及教育国民从小养成纳税意识等方面着手，建立起了良好的税务体系，使偷税漏税的案件不断减少，促进了收入分配秩序的规范。

五、亚洲新兴工业化国家——韩国

（一）韩国的财产申报制度

1. 申报适用人员范围[①]

目前韩国的财产申报制度适用人员范围如下：

（1）总统、国务总理、国务委员等国家政务职的公职人员；

（2）四级[②]以上的外交公务员和国家安全企划部门的公务员；

（3）法官和检察官；

（4）四级以上的担任一般职务的国家和地方公务员以及得到与此相当报酬的其他职务的公务员；

（5）地方各级政府的首长和地方议会的议员；

（6）总警以上的警察公务员；

（7）由政府提供经费的机构以及得到政府捐助、补贴的机构的正副首长、常任监事，韩国银行的总裁、副总裁以及监事，银行的检察院长，农业合作组合中央会、水产业合作组合中央会、畜产业合作组合中央会的会长以及常务监事；

（8）教育公务员中的大学校长、副校长、学院院长、研究生院院长及专科大学的院长，首尔特别市、直辖市、各道的教育总监和教育长以及教育委员；

（9）上校以上的军官以及相当的军务官；

（10）下列机关、团体中的任员：由政府提供经费的机构和得到政府捐助、补贴的机构、团体以及接受委托执行政府业务的机构和团体；在选任任员中，需要得到中央行政机关首长、地方各级政府首长承认的或由中央行政机关首长、地方各级政府首长选任的机构、团体；根据《地方工企业法》所建立的地方公社、地方公团和得到地方各级政府的捐助、补贴的机构、团体以及接受委托执行地方各级政府业务的机构、团体。

---

① 马站稳：《釜底抽薪：韩国现代化中的后期反腐败》，载于《北京行政学院学报》2004年第2期。

② 韩国公务员分九个级别，其中一级最高。

2. 申报时间及需登财产范围

在韩国的财产申报制度中规定，公职人员的就职申报时间为就职后1个月内，定期申报时间为每年的1月份，而卸职申报则必须在退职后的1个月内提出。

韩国的登记对象包括本人、配偶、本人直系亲属（已出嫁的女儿除外）。他们需要明确登记的财产范围包括：不动产所有权、矿产权、土地使用权和转卖权、渔业权以及其他有关不动产规定所确定的可以使用的权利；动产、债权、有价证券、债务以及无形财产权。例如，所有人持有的合计为1 000元以上的现金（包括支票）、1 000万元以上的存款、500万元以上的黄金和白金等。

3. 财产登记机关

韩国的法定登记机关共分为13种类型，例如，议员及国会所属公务员的登记机关为国会事务处，法官及法院所属公务员的登记机关为法院行政处，地方各级政府所属公务员的登记机关为各有关的地方政府等。

为了对财产登记进行审查，韩国成立了公职人员道德委员会。道德委员会负责对财产登记对象的财产登记事项进行审查并处理。例如，如果公职人员道德委员会认为登记义务者登记的财产因为过失而计算错误或漏报，应该指定期限，并令其对财产登记材料进行补充修改；或对其中怀疑有进行虚假登记的义务登记者指定期限，同时要求法务部长官（军人，则要求国防部长官）进行调查等。处理审查结果也是公职人员道德委员会重要的职权之一，如对财产登记中虚假记载的行为可以给予警告或改正错误的处理等。

（二）实行金融实名制

韩国的金融实名制是1993年8月12日，金泳三以总统紧急命令的形式颁发的，在全国范围内实施。韩国的金融实名制对韩国的金融改革起到了重要作用。

1. 实施金融实名制的方法、内容和效果

按照一般的立法程序，制定法律条款需由国会讨论通过。但是对于金融实名制的实施，韩国政府考虑到可能会拖延时间，从而引起不必要的副作用，所以采用了总统紧急命令的强制办法。为了防止资金转移，保持平衡，其实施范围包括了所有金融机构和金融资产。但对金融资产的综合课税，由于设备原因，在1993年8月12日起，无论是个人或法人与金融机构的往来均应使用“实名”。

金融实名制的目的之一是想了解金融资产的所有者和流向，而不是把追究过去的错误和责任当作重点。为了最大限度地减少社会震动，对过去的假名资产采取了比较宽松的处理措施。例如，假名资产两个月内（1993. 8. 13 ~ 1993. 10. 13）

已更改的，在一定限度以下，可以免除资金来源调查。另外，对因忌讳暴露身份而以假名保留的资金允许其转化为产业资金，购买国家发行的长期低息产业债券，债券的期限为 10 年，利率为 1% ~3% 等等。通过几年的努力，韩国实施金融实名制取得了显著效果。在资金交易当中，实名使用率已经达到 98%，这也为综合课税创造了条件①。

2. 金融实名制的保密措施

随着金融交易和税收的明朗化，国民也产生了不安心理，因此韩国当局采取了法律手段，以加强金融保密制度。国家制定了法律对金融实名制予以保护，出于公益目的查询金融情报的条件和程序十分严格，有资格查询的部门仅限于法院、税务机关及财政部、韩国银行监督院、证券监督院、保险监督院。对违反金融实名制的，制定了严厉的处罚措施，对违反金融实名制的金融机构职员处以 500 万韩元以下罚款，对违反保密规定的，处以 3 年以下有期徒刑或 2 000 万韩元以下的罚款，同时对相关责任人员也要给予处罚。

第五节　国际经验借鉴

一、劳资关系处理的国际经验借鉴

世界各国处在不同的经济发展阶段和发展水平，对劳资关系的重视程度和处理方法都有所不同。1955 年，库兹涅茨通过对英、美、德等国历史数据的分析提出，随着经济发展，这些国家的收入分配不平等状况经历了先扩大后缩小的过程，即收入差距与经济发展水平之间存在着倒“U”型曲线关系，被后人称为“库兹涅茨曲线”。发达国家劳资关系的演化历程，事实上已经显示了库兹涅茨倒“U”型曲线的存在。因此，发展中国家应当深入分析其影响因素，采取措施缩小收入差距。

（一）健全的劳动法规体系

劳资双方作为两个利益集团，在意见、利益不可调和时就会发展成为两种对

① 华金秋、黄敏、温涛：《韩国金融实名制及其借鉴》，载于《金融与经济》1999 年第 242 期。本页其他数据均同此出处。

抗的力量，而法律在劳资关系的发展演变及劳资冲突的解决中扮演着重要的角色。纵观各发达国家的劳动关系处理机制，不难发现其劳动法规体系都比较完备。

比如，美国是普通法系的国家，不仅有以判例法为主的立法形式，还有一系列的成文法。对于不同的劳动事项，美国有不同的立法规范，且法律条文明确，具有很强的可操作性。美国相对完善的劳动法律体系充分保护了劳动者的权益。劳动法涉足公平劳动标准、就业与职业培训、社会保障及职业安全和卫生等诸多方面内容。

德国的劳动法律体系非常庞杂，但内容完备。它旨在保护雇员合法权益的同时，兼顾雇员、雇主及失业人员三方的利益。由于德国实行劳资共决制，因此相关劳动关系立法也表现出此特点。德国虽然没有颁布劳动法典，但拥有相对完整的单项条款。劳动法涵盖了基本权利（如机会均等、待遇平等）、就业政策、工作条件、工资制度、社会保障等方面。

（二）强大的工会制度

除了法律的强制规定外，劳资双方的充分博弈也是一个重要途径，劳动者需要集体行动，需要集体力量作为对话的后盾，这方面，工会作为劳动者的维权组织，理应发挥作用。而在发达的市场经济国家中，都有着强大的工会制度，推动着各国劳资关系的协调发展。西方发达国家的工会由劳工自愿组成，是自发性的群众组织，工会领导人也是劳工的一部分。工会独立于任何其他组织或机构，只代表劳工的利益。

工会使劳方在与资方交涉和谈判中处于相对平衡的地位，从而改变了单个劳工在劳资关系中处于明显不利地位的局面，为争取劳工的利益发挥强大的作用。工会的目标主要是提高工资和增加工会成员的就业，主要通过工会同雇主之间的集体谈判来实现。集体谈判应用一系列经过双方或社会认同的规则来约束工资、就业关系。工会在社会政治生活中也发挥重要的作用，使一些对劳工不利的政策和法律不能出台。

（三）引进集体谈判制度及相关辅助措施

集体谈判是市场经济国家劳动关系制度的核心，劳资双方通过谈判的过程相互沟通，最后形成集体协议，从而起到协商劳动关系，化解劳资纠纷的作用。集体谈判的辅助谈判措施主要有——调解、调停、仲裁。如果职工代表与雇主通过开会、集体谈判无法解决其分歧，他们可以寻求第三方的帮助。除罢工之外，仲裁或利益仲裁（arbitration of dispute）也是解决劳资谈判争议的一个重要手段。在具体操作上，由中立方仲裁者主持，各争议方向仲裁者表明自己的立场后，仲裁者决定采取什么立场，争议方可自愿协商执行裁决，也可选择是否执行。

（四）完善的劳动争议处理制度

劳动争议直接关系到一个国家劳动关系的稳定，也影响到社会经济生活的稳定。发达市场经济国家一般都具有完善的劳动争议处理机制，以促使劳资关系的稳定发展。

比如在德国，劳动争议处理中强调调解。在初审程序开庭之前，担任法庭审判长的职业法官会与劳资双方当事人沟通协调，促使双方相互协商。德国的劳动仲裁较少，强制仲裁更少，但劳工法庭的裁决是重要形式。对于一般的劳资纠纷案件，劳工法庭有“裁判程序”，需要当事人举证；对于集体劳动合同纠纷案件则有决议程序对其进行处理，需要法庭负举证责任。

（五）政府（公共部门）承担保护劳动者利益的责任

发达市场经济国家政府在劳资关系三方协调机制中起着重要的作用，致力于承担保护劳动者利益的责任。总体来说，发达市场经济国家相对和谐稳定的劳资关系、规范的劳动力市场有赖于政府从法律、劳动监察、集体谈判、劳动争议处理等方面的调控。法律是社会关系的调整器。发达市场经济国家政府对劳资关系的立法主要涉足：关于集体权利的立法；关于劳动者个人合法权利的立法。有关集体权利的立法主要是对工人组建工会和参加集体行动的权利及对集体谈判的一些规定。这些法律在保护工人参加集体行动权利的同时也约束了工人的另外一些集体行动。个人合法权利的立法是适用于所有雇员的基本法律权利，包括劳动基准法、劳动安全卫生法、最低工资法、劳灾保险法等，这些立法规定了最低劳动标准，对个人的合法权利予以保护。

发达市场经济国家都设有劳动监察机构，这些机构都从属于政府的劳动部门，并配备有专职监察员，对劳动法的执行及其他劳动关系问题进行监督。另外，政府在劳资集体谈判中的作用，各国的差异较大。但总体来说，政府的角色一般是鼓励劳资双方之间自由谈判的倡导者。最后，在劳资矛盾中，当劳资双方不能通过自行谈判解决问题时，政府及时适当的干预是必要的。在发达市场经济国家的劳资关系中，如果管理方的力量占优势，则政府将以自愿原则提供调解和仲裁服务；相反，如果工会占优势，则政府将采取强制性调解和仲裁措施，以此来平衡劳资双方的利益冲突。

二、公共权力监督制约的国际经验借鉴

世界各国采取了一系列制约公共权力的措施，在反腐败、反垄断、防止公权过度干预私权等方面取得了一定的成效，值得我国加以借鉴。

（一）治理腐败

1. 健全的法律制度

总结世界各国的成熟做法，针对腐败的特殊法律至少包括：保证透明行政、强化政府责任的《信息公开法》；促使公务员拒绝不正当收入、减少权钱交易的《公务人员财产申报法》；将公权腐败所得纳入刑法打击范围的《反洗钱法》；全面约束公务人员用权行为的《公务员道德法》。许多国家还制定了道德法规、廉政条款等，通过法律的强制力有效的制约了公权腐败现象的滋生，从而有利于收入分配秩序的规范。

2. 专门的反腐机构

国际上，许多国家都设立了专门的反腐机构，如印度的中央调查局、新加坡的反贪污调查局、美国的独立检察官、瑞典的国家经济犯罪署等。这些专门的反腐机构有专门的法律保障，在反腐斗争中成效显著，被世界各国广泛使用。这些廉政反腐机构主要包括以下三方面特点：一是职责明确，有较大的独立办案的权力。如美国的独立检察官，可以独立调查并起诉任何政府官员。二是相对其他机构更能秉公执法，容易获得公众信赖。三是有严格的规章和完整的机构体系，接受专门的检查和监督。

3. 有效的财务审计监督制度

西方国家大都具有完善的审计机构，包括国家审计、内部审计、社会审计（也称民间审计）三类。各审计机关核查的对象极为广泛，上至参众两院、中央和地方政府行政机关，下至国家事业部门、国有公司企业、国有股份公司、国家银行等。另外，西方国家的审计制度具有很大的独立性，其职能作用的发挥不受外界干预，可以及时发现违法、失职及腐败行为，并提请相关的权力机关依法处置。

4. 充分发挥舆论监督的作用

一是新闻监督。长期以来，新闻在西方被称为是立法权、司法权、行政权之外的“第四权力”。在美国、瑞典、加拿大等国家，政府在保障不泄露国防、外

交机密的前提下，可以向报界提供政府、议会的“内幕”消息[①]。

二是公众监督。西方国家把公众舆论监督作为改善政府施政、防止政府机关和公务人员腐败的重要手段。例如，在芬兰，普通公民有权越级直接投诉最高检察长。尽管公众监督实权不大，但公众监督的经常化，也使得政府和公职人员不敢胡作非为，从而有效制约了公共权力的滥用。

5. 严格的公务人员管理制度

严格的公务员制度有效保证了公务人员廉洁自律，抑制了贪污、腐败的滋生。概括起来，主要包括以下几个方面：一是公开考试制度。考试选拔、择优录取、考核晋升，是公务员制度的重要原则之一；二是培训教育制度。进入公务员队伍的人都要经过培训再上岗，廉洁教育是必修课；三是回避制度。例如奥地利的《官员法》、美国的《防止利益冲突法》都对此做出了明确规定，有效地防止了因利益冲突而滋生腐败；四是岗位轮换制度。特别在一些重要的有实权的岗位，实行轮换制度，避免了公务员形成不正当的关系网；五是生活保障制度。为了使公务员有较好的生活条件，能专心致志为国家服务，许多国家对公务员实行高薪。例如，亚洲最廉洁的国家新加坡，其“高薪养廉”政策在防止权力腐败、公权私化的实践中具有重要地位。

（二）打破行政垄断

1. 行政垄断规制改革

在西方国家，种种因素促使国家对行政垄断进行改革。改革的重点是放松市场规制，在自然垄断产业和公共产业等方面日益放松管制，鼓励引入竞争，使得原来的自然垄断行业日益转向竞争性行业。到了20世纪80年代，放松规制的领域和国家日益增多，达到高峰。“市场和竞争就是主要的规制”成为西方各国的流行口号。

2. 通过立法约束行政垄断

西方国家针对垄断问题，首先就是立法，先立规矩再操作。英国很早就相继制定了《电信法》、《电力法》和《自来水法》等，通过行业立法建立有效的竞争机制。为了适应公平竞争的国际化要求，西方发达国家在规制经济型垄断的同时，要求政府及所属部门使用竞争法和反垄断法。如美国在20世纪70年代末在反垄断法里确定了“同等对待”原则，规定政府行政机关在实施垄断限制竞争时，同样受垄断法的调整。

---

① 林修坡等：《外国政治制度与监察制度概要》，北京大学出版社1990年版，第145页。

3. 公共产品和服务市场化

20 世纪 80 年代以来，西方国家掀起了行政改革的浪潮。在这场改革中，传统公共服务的垄断供给模式，逐渐为市场化的供给模式所替代。即根据不同公共产品和服务，建立多元化生产和供给模式，加快和推进公共服务的市场化，以求彻底打破行政垄断。

（三）加强政府绩效管理

绩效评估技术在公共部门得到广泛应用，成为推动政府改革和管理创新的重要工具。西方国家的政府绩效管理模式有很强的针对性，呈现出多样性的特征。

一是在评估主体上，发达国家政府绩效管理强调评估主体的多元化和公民的广泛参与。从评估项目的选择到评估内容、指标、标准的选择与确定，到项目实施过程的监督、绩效报告的公开等，都体现了广泛的参与性。

二是在评估指标上，强调“结果导向”的绩效评估指标体系，即政府绩效的衡量标准要以最终的服务效果和社会效益为导向。如英美等发达国家的政府绩效评估指标体系的设计，都很关注政府组织履行职责的最终效果。

三是在评估管理机构上，发达国家重视成立专门的评估组织，使得评估结果具有可靠性和权威性。例如，美国在联邦政府专门成立了国家绩效评审委员会（NPR），而且在联邦国会下还设有总审计署（GAO，2004 年改称为政府责任总署），同时从国会层面上专司对政府绩效的评估工作。

三、隐性经济治理的国际经验借鉴

（一）推行税制改革，提高征管水平

世界各国隐性经济盛行的一个主要原因是偷漏税现象严重。国际上很多国家都很重视对偷、漏税的治理工作，相继进行了不同程度的税制改革。

一是简化税制。许多发达国家从简化税制入手，减少个人所得税档次，取消一些不必要的税收减免规定。据 OECD 税收数据库显示：其成员国中有 16 个国家在 20 世纪 80 年代末减少了税率档次，平均从 10 个以上下降到不足 6 个。就中央政府个人所得税而言，从 1986 年至 1995 年，加拿大税率档次从 10 个减少到 1 个[①]。此外，发展中国家也在积极地进行简化税制的改革，合并税种成为其

① 印慧：《发达国家税制改革及其启示》，载于《涉外税务》2004 年第 6 期。

共同行动，中美洲国家对25个税种的20个进行了合并，申报表由过去的125张减少为1张①。

二是降低税率，减轻税负。目前，许多发达国家都在进行以降低税负为主的税制改革。例如，美国1964年以前所得税最高税率达到52%，1964年降至48%，2000年降到39.3%；OECD国家的平均最高公司所得税税率从1985年的42.2%降到2006年的28.4%②。

三是提高税收征管水平，防范和打击偷、逃税。发达国家在税制改革中致力于建立严格的税收登记制度，实行多样化的税收申报，加强税务稽查工作，推行税收征管信息化。其中推行税收征管信息化在防范和打击偷税、漏税，治理隐性经济中占据越来越重要的地位。

（二）合理疏导隐性经济

西方国家隐性经济规模的不断膨胀，带来了日益严重的社会问题。一些经济部门的劳动者逃避税收、贩卖违禁物品、制假贩假，严重威胁宏观经济体系的稳定性。为了消除隐性经济带来的消极后果，西方国家逐渐转变观念，政府当局纷纷着手积极疏导隐性经济，旨在通过因势利导挤压隐性经济的生存空间，从而寻得一条治理隐性经济的有效途径。

各国疏导隐性经济的重要措施就是加强对中小企业的管理，推动隐性经济活动的正规化。西方许多国家在政策、贷款、税收、人员培训和市场准入等方面对微小和中型企业的发展提供了支持和鼓励，引导隐性经济部门走向正规化。例如，在墨西哥等国家，已经准许从事隐性经济活动的企业和个人从事正当的生产和劳动，允许他们成为税收政策和卫生条例的主体。

（三）健全社会保障机制

健全的社会保障机制在防止隐性经济的滋生和繁殖中具有重要的作用。首先，具有特定调节器的作用，可以自动地调节社会经济运行，调节社会供求总量平衡，推动国民经济的顺利发展。其次，可以维护社会安定团结，建立良好的经济生活秩序，有效地防止失业和下岗人员在基本生活难以得到保障时，去从事隐性经济活动。最后，健全的社会保障制度可以解除在业人员的后顾之忧，调动劳动者的积极性，放弃从事隐性经济活动的机会。

---

① 陈红：《借鉴国外税制改革的经验完善税法体系》，http：//www.hflib.gov.cn/law/law/falvfagui2/jjf/lwj/1034.html。

② 尹淑萍：《税收流失原因的制度经济学分析》，载于《广东技术师范学院学报》2006年第1期。

（四）加强国际合作

为了有效地控制隐性经济的规模，现阶段许多国家将重点放在打击毒品、走私及洗钱活动上，并加强了反走私、反洗钱的国际合作，具体包括以下措施：

第一，单边声明。例如，英国政府允许外国收回存于英国银行所有该国领导人的贪污所得和犯罪利润，并且准备立法阻止公司向外国官员行贿。

第二，双边合作。例如，除了美国和哥伦比亚两国联手打击毒品交易外，由于从阿富汗走私到欧洲的海洛因大部分是经土耳其运送的，联合国与土耳其政府决定合作打击这一世界最大的海洛因通道。

第三，区域合作。西方八国集团发布了关于洗钱行为的报告，要求全球所有金融中心，积极合作打击洗钱犯罪。

第四，国际机构合作。联合国签署了《联合国打击跨国组织犯罪公约》，强调加强各国司法和警方合作，打击洗钱、行贿受贿等经济犯罪活动。

四、收入监测系统构建的国际经验借鉴

（一）完善的法律体系

发达国家的法律体系一向比较完善。美国、韩国等许多发达国家就以不同的立法形式确保了官员财产申报制度的建立。如美国的《政府道德法》，韩国的《公职人员道德法》，以及加拿大的《公职人员利益冲突与离职后行为法》等，这些法律有力的支撑了财产申报制度的实施。

在舆论监督方面，瑞典、德国等国家也都制定了不同的法律，保证了舆论自由，使得新闻媒体在监督方面有很大的发挥空间。如瑞典早在1766年就制定了《新闻自由法》，与其后来制定并经多次修改补充的《出版自由法》一起，使得瑞典的舆论监督保持了充分的独立性、有效性和科学性。

另外，美国、日本以及以法国为代表的一些欧洲国家在个人征信体系方面的立法也很完备，如美国的《信贷机会公平法》、日本的《征信信息公开法》等诸多法律，这些法律确保了良好的市场环境，有助于个人征信体系的实施。

（二）健全的社会监督制度

1. 发达国家社会监督制度健全的文化因素

发达国家的社会监督制度健全离不开各国独特的文化氛围。比如在瑞典，国

民的价值理念是民主、自由、平等、团结，这一价值理念深入到社会的各个层面。瑞典民众的民主政治参与意识、监督意识很强。在他们看来，反腐败不仅仅是检察官和法官的事，而是事关自身利益的大事，因此也就形成了全民参与、全民监督的社会风气。

在芬兰、冰岛、丹麦、瑞典、挪威等北欧国家都形成了一股浓厚的"民族国家意识"，即民族国家的主体意识和集体归属感。而这种民族国家意识在廉政文化建设方面发挥着非常重要的作用。近年来，在"透明国际"的清廉指数排行榜上，这些国家排名往往很靠前。

在新加坡，"集体本位伦理"被发展、转换和重新诠释为一种符合时代要求的道德观与价值，其核心是爱国主义与集体主义。"忠孝、仁爱、礼义、廉耻"被政府确立为新加坡人的行为准则，这也促进了其社会监督制度的发展。

2. 发达国家实施社会监督制度的成效

发达国家健全的社会监督制度使得他们的廉洁程度较高，较少发生滥用政府权力谋取个人利益的腐败现象。这些成效在"透明国际"历年的排行榜上的排名就可以体现出来。具体见表 8－5。

表 8－5　　　　部分欧亚国家清廉指数排名

国家	1995	1999	2002	2005	2006	2007	2008
芬兰	9.12	9.8	9.7	9.6	9.6	9.4	9.0
冰岛	—	9.2	9.4	9.7	9.6	9.2	8.9
丹麦	9.32	10.0	9.5	9.5	9.5	9.4	9.3
挪威	8.61	8.9	8.5	8.9	8.8	8.7	7.9
瑞典	8.87	9.4	9.3	9.2	9.2	9.3	9.3
新加坡	9.26	9.1	9.3	9.4	9.4	9.3	9.2
美国	7.79	7.5	7.7	7.6	7.3	7.2	7.3
印度尼西亚	1.94	1.7	1.9	2.2	2.4	2.3	2.6
泰国	2.79	3.2	3.2	3.8	3.6	3.3	3.5
菲律宾	2.77	3.6	2.6	2.5	2.5	2.5	2.3
印度	2.78	2.9	2.7	2.9	3.3	3.5	3.4

资料来源：李文、毛悦：《民族国家意识的培育与廉政文化建设——西方和亚洲国家廉政文化建设经验研究》，载于《当代亚太》2009 年第 3 期。

从表中可以看出，印度尼西亚、泰国等一些发展中国家，由于其社会监督制度不是很完善，从而其廉洁指数也一直不高，而发达国家则刚好相反。

（三）完善的个人征信体系

欧、美、日的个人信用经济较发达，经过150多年的发展，他们已建立了相对完善的个人信用体系和成熟的运作机制，有力地保障和促进了个人信用经济的发展。现在世界上对于个人信用体系主要有三种模式：一是欧洲模式，即以政府为主导的模式；二是美国模式，即市场化和商业化的模式；三是日本模式，即以银行协会为中心的会员模式。

发达国家个人征信体系的建立，加快了各国消费信贷领域的快速发展。目前西方发达国家个人消费信贷占信贷比重的30%以上，而个人信用记录的有无和优劣是能否得到消费贷款和分期付款优惠的先决条件，堪称一个人在社会中安身立命的“通行证”。在美国，每个有经济活动的人都有一个社会保障号码和相应的账户，该账户记录个人金融交易情况。银行在接受客户贷款申请后通过统一联网的专用网络查询其信用情况，决定是否贷款，是否给予优惠，是否要密切关注其经济信用情况，乃至采取防范措施。个人征信体系为交易双方的诚信度提供了保证，从而有利于提高合作的效率与效益，促进个人消费信贷的发展。

（四）充分利用现代科技手段

西方国家的科学技术比较发达，为完善收入监测体系提供了支持。比如美国充分利用了网络技术，大力推广数字金融工具的使用，如电子票据、电子钱包、信用卡等。巴西推行的电子采购计划也充分利用了现代科技手段。利用信息和网络技术对采购全程的各个环节进行管理，有效地整合了政府的资源，帮助供求双方降低了成本，帮助政府提高效率，增强透明度，在反腐过程中发挥了很大的作用。

另外，各国在现金管理方面也需要现代科技的大力支持。比如美国利用网络技术，建立国库管理信息系统，及时反映现金流情况。该系统有利于财政事务办公室掌握有关现金和债务管理的第一手资料，从而提高管理效率；有利于预算办公室根据相关信息编制预算，并监督预算执行；同时，相关监督机构也能够通过该系统的开放式平台获取资料进行相关的绩效审计和项目评估，从而提高政府行政的透明度。

第六节 本章小结

学习世界各国先进的经验，吸取他们的教训，对于规范我国的收入分配秩序，大有裨益。本章通过分析一些国家具体的劳资关系处理机制、公共权力监督制约体系、隐性经济治理措施以及收入监测系统构建情况，主要得到以下经验和启示：

第一，在劳资关系处理方面，以下特点值得借鉴。首先，发达国家协调劳资关系都是以追求公平为根本目标，政策不偏不倚，才能被劳资双方普遍接受。其次，致力于建立一套完整的劳动法规体系。除了法律的强制规定外，工会作为劳动者的维权组织，在协调劳资关系过程中也发挥着重要的作用。另外，注重引进大量的集体谈判制度及相关辅助措施，建立起完善的劳动争议处理机制。最后，政府要承担保护劳动者利益的责任，发挥其在劳资关系三方协调机制中所起的作用。

第二，在公共权力监督制约方面，发达国家首先从如何防范公共权力被滥用的角度出发，建立起一套完善的制度，包括司法制度、文官制度和高福利制度。其次，发达国家从多方位建立了内部监督机制，比如法律监督机制、道德约束机制和绩效管理机制。最后，发达国家还建立了权力监督和制约的第三道防线——公民社会，将政府权力置于约束主体的全方位监督之下。

第三，在隐性经济治理方面，相继推行了不同程度的税制改革，包括简化税制、减轻税负以及提高税收征管水平。其次，通过加强对中小企业的管理，合理疏导隐性经济，抑制隐性经济规模的膨胀。最后，加强国际合作也是发达国家治理隐性经济的重要手段。另外，健全的社会保障机制在防止隐性经济的滋生和繁殖中，同样发挥着重要的作用。

第四，在收入监测系统构建方面，发达国家也采取了多种措施。首先，有关收入监测的法律体系比较完善，比如有关财产申报制度、舆论自由以及个人征信体系方面的立法等。其次，发达国家有着独特的文化底蕴。这种文化氛围有助于全民监督的社会风气的形成，从而促进了社会监督制度的健全发展。最后，发达国家个人征信体系的建立和完善，不仅加快了消费信贷领域的迅猛发展，还在全社会树立起良好的社会信用风气。另外，发达国家还充分利用了现代科技手段，并在反腐过程中发挥了重要作用。

第九章

规范收入分配秩序的政策建议

构建公平、公正、规范、有序的收入分配格局，是一项复杂的系统工程，需要政府运用多种政策手段，对收入分配秩序进行规范和调整。本章将依据前文的分析，结合国际经验，提出规范我国收入分配秩序的对策建议。

第一节　构建和谐劳资关系

劳动关系是重要的社会关系之一。基于劳资关系中的市场失灵，以及在我国转型期，劳资关系出现的新变化，政府必须适时干预，目的在于维护企业分配的公平和公正，切实地保护劳资双方的合法权益。政府应在完善劳动法律法规、健全企业工资制度、构建劳资关系协调机制和完善劳动者的社会保障制度等方面，发挥强有力的作用。

一、完善劳动法律制度

尽管我国已经建立了一些关于劳动者权益保护的法律法规，但在我国劳资关系的实践中，相当多的劳动保护法令没有得到有效执行。如果缺乏相关的法律保护，在收入分配过程中本来就处于弱势地位的劳动者，其各方面的权益就更加难以保证，本该由劳动者享有的收入也可能会被资本侵蚀。因而，进一步完善相关法律法规，对于规范劳资关系就显得尤为重要。

（一）完善劳动立法

发达市场经济国家政府对劳资关系的立法主要涉足：关于劳动者个人合法权利的立法；关于集体权利的立法。个人合法权利的立法是适用于所有雇员的基本法律权利，包括劳动基准法、最低工资法、劳动安全卫生法、劳灾保险法等，这些立法规定了最低劳动标准，对个人的合法权利予以保护。有关集体权利的立法，主要是对工人组建工会和参加集体行动的权利，及对集体谈判的一些规定。

1. 完善《劳动合同法》

作为调整劳动关系最为基础的法律，《劳动合同法》目前仍有很多不足之处。

一是适用范围过窄。一些规定让众多劳动者被排除在法律的适用范围以外，诸如建筑工人，因主体不符合规定，不能适用劳动法。倘若雇佣双方发生纠纷，只可以适用普通民事法律来解决。

二是形式要件过于严格。在《劳动合同法》看来，如果形式要件有所欠缺，也不会被列入劳动法的适用范围内。譬如雇佣双方未签订劳动合同或者签订的劳动合同有瑕疵，那么就不可以采用劳动法来解决纠纷。

三是政策性因素存在。一些地方政府实施《务工许可证》制度，导致外来务工人员因不能办理该许可证，即使与用人单位签订雇佣合同，遇到纠纷时大多被法院判定为非法劳动关系，员工的权利得不到保护。

四是理论认识尚存偏差。该法认为，不可能存在双重劳动关系，即使存在，也只能以其中的一种劳务关系为主，致使另一种关系得不到保护。

今后，应贯彻实施劳动合同法的相关若干规定，进一步完善工作时间、休息休假、最低工资制度、劳动定额等基本劳动标准。同时，全面推行劳动合同制度，着力提高小企业和农民工劳动合同签订率，扩大集体合同覆盖面。规范劳务派遣用工和企业裁员行为。全面推进实施劳动用工备案制度，加强对劳动用工的动态监管。

2. 修改和完善相关法律条款

针对劳动关系的法律调整存在的问题，我国还应修订和完善那些相关的劳动法律条款，以《劳动法》为基础，加快一系列配套法律法规的建设，健全和完善我国的劳动法律法规体系。例如，《工会法》、《工伤事故赔偿法》以及《劳动监察法》等。在具体条款的规定上，最重要、最有效的保护劳动者权益的途径，就是让劳动者适度地运用集体和集体行动的力量保护自身的合法利益。加快劳动法立法的步伐，这必将进一步推动劳动关系的健康发展。

同时，应加大劳动法律法规的宣传工作，使社会各方面都了解和熟悉我国的劳动法律法规，使每个经营者和劳动者都了解自己有哪些权利和责任，都能够依法维护自己的权益，自觉履行各自的义务，从而减少劳动关系中的摩擦和矛盾。

3. 关注与国际劳工标准的衔接

国际劳工标准对各国劳动立法具有重要影响。加入 WTO 后，我国进入了世界经济贸易的舞台，国际劳工标准将会对我国的立法、社会政策的制定、经济和贸易产生越来越大的影响。例如，在 WTO 谈判中，社会条款是否写入国际贸易协议一直是个悬而未决的问题，在这种情况下，许多跨国公司通过制定行业守则来推行国际劳工标准，最为典型的是 SA8000 企业社会责任标准。SA8000 的实质是发达国家将国际劳工标准与国际贸易挂钩的产物，其几乎涵盖了所有核心的国际劳工标准，一些跨国公司将 SA8000 与订单联系起来，不符合标准的则取消订单，这对我国的出口加工企业有很大的影响。作为外贸出口大国，我国对此应予以足够的重视，并主动应对。同时，在劳动立法中，注意与国际劳工标准相衔接，对于与我国已批准的国际劳工标准存在差距的方面，应当结合我国的实际情况通过修改法律逐步予以完善。

（二）完善劳动监察制度

政府维护劳动者权益的重要途径是劳动监察。发达市场经济国家都设有劳动监察机构，这些机构往往从属于政府的劳动部门，并配备有专职监察员，对劳动法的执行及其他劳动关系问题进行监督。

在市场经济转型过程中，我国劳动管理部门的职能已经由过去的直接配置劳动力资源向强化劳动监察方向转变。但是，目前我国在劳动监察方面的投入还相当不足，劳动执法监察的力度还比较薄弱，以至于劳动监察的作用没有得到充分发挥。因此，政府应增强劳动执法力量，加大对企业劳动监察的力度。例如，增加劳动监察力量，或建立兼职的巡查员队伍，对企业，尤其是非公有制企业劳动合同的执行情况，进行定期或不定期地检查和管理监督，使那些劳资矛盾以及劳资纠纷在企业内部就得以解决，或者把企业劳资矛盾化解在初始阶段，有效防止恶性的劳资纠纷事件发生。

另外，要建立职业安全卫生的三方管理机制。我国的劳动安全卫生监察独立于劳动监察，由安全生产部门和卫生部门负责。目前，我国面临着经济发展与安全生产的矛盾，执法力量薄弱和专业技术人员缺乏使得安全监察处于尴尬的境地。为加强劳动安全监察，应当通过立法建立安全监察的三方管理机制，借鉴国外的经验，在企业内部建立劳动安全卫生联合委员会或设置由工会任命的安全代表，保证工会在安全监察工作中主动参与的权利，发动职工群众的力量，将国家监察、企业负责与工会监督结合起来，形成完善的监督体系。

二、健全企业工资制度

（一）健全企业工资决定机制

建立和谐劳资关系的关键是健全工资决定机制，这既是定性问题，也是定量问题。企业决定的劳动者工资是一个相当复杂和多因素作用的结果。健全工资决定机制，政府需要结合我国实际情况并借鉴西方国家的经验，为企业提供各利益方表达意愿和行使权力的平台，协助企业建立工资决定的博弈规则，将各利益方纳入博弈之中，在合理的博弈中完成工资的决定，真正体现出各方的利益。

首先，指导企业深化内部分配制度改革，贯彻落实《劳动法》、《劳动合同法》，打破企业内部分配的身份界限，合理确定企业内部工资分配关系，切实解决农民工、临时工、劳务派遣工等普通职工工资偏低、同工不同酬的问题。其次，改革国有企业工资总额管理办法，探索试行工资成本预算管理制度，并将其与有效开展工资集体协商结合起来，明确规定要将促进普通职工工资增长作为国有企业工资集体协商的主要内容。再者，对垄断企业的工资分配要严格控制，其工资标准，需要政府有关主管部门参照竞争性企业职工工资水平及其增长情况，进行管理。

（二）建立企业工资增长机制

建立劳动报酬稳定增长机制，是收入分配制度改革的重要内容。提高劳动份额，在长期看来，更有利于提高消费对经济增长的贡献。

一方面，劳动报酬的增长依赖于经济的增长，不仅要保证经济增长的速度，更要重视经济增长的质量，把经济增长由依靠“人口红利”转向依靠“制度红利”。党的十八大报告中指明，为实现经济增长目标和提高劳动份额创造条件，需要制度创新和技术创新。与发达国家相比，我国的技术资源和制度资源还处于劣势，但也说明我国有很大的提升潜力，通过技术创新和制度创新，可以在提高劳动份额的同时，保持我国产品的竞争力，在降低投资率的同时保持经济的较快增长。

另一方面，要从实际操作层面解决问题，通过完善工资协商制度，建立正常的工资增长机制。我国在《促进就业规划（2011～2015年）》中提出，在“十二五”期间，我国将形成正常的工资增长机制，职工工资收入水平保持合理较快增长，最低工资标准年均增长13%以上，绝大多数地区最低工资标准达到当地城镇从业人员平均工资的40%以上。

为了实现这一目标，政府需要实行支持和促进就业的税收优惠政策。当前，应当建立起“市场机制调节、企业自主分配、平等协商共决、政府监控指导”的企业工资分配体制，切实提高普通职工工资水平，做到职工工资增长与企业效益增长的协调。其中，关键是要减轻劳动密集型企业的税负、提高劳动生产率和实行工资集体协商结合起来，从而逐步建立起持续有效的企业工资增长机制。健全促进服务业和小型微型企业发展的税收政策体系，加快产业结构调整；完善重点人群就业的税收政策，促进高校毕业生、就业困难人员和农民工等群体能够顺利就业。

（三）健全工资支付保障机制

我国已出台《劳动法》、《劳动合同法》等法律法规明确规定了工资支付的相关问题，但近年来，农民工讨薪事件仍频频见诸新闻，欠薪问题仍较为严重，并且在每年春节前集中爆发。相关数据显示，全国现有农民工2.6亿人，被欠薪的农民工占6%~7%，每个农民工平均被欠薪约在5 000元左右。在2013年3月的两会中，代表们提出应从制度层面解决工资支付问题①。

一是完善工资支付法律法规，依法督促企业建立健全本单位的工资制度，规范企业工资支付行为。在法律上明确“欠薪入罪”，这反映了广大职工的意愿和要求，同时反映了国家对于普通劳动者的尊重和保护，对于维护劳动者合法权益，对于遏制一些企业肆意侵犯职工合法权益的行为，构建和谐稳定劳动关系有重要的作用。

二是建立工资支付监控制度和工资保证金制度。将易发生工资拖欠的行业、企业纳入重点监控范围，对企业确因经营困难等原因须延期支付工资的，必须征得本企业工会或职工代表同意，并向当地劳动保障部门、工会组织报告延期支付工资的原因、时间、金额和涉及人数、企业财务状况、偿还工资计划以及解决措施等内容。各级劳动保障部门和工会组织要严格督促企业按时偿还职工工资。对拖欠、克扣职工工资问题突出的企业，责成按一定比例在指定银行缴纳工资保证金，确保工资按时足额发放。

三是研究探索欠薪保障金制度，用于企业濒临破产、雇主无力支付工资或发生欠薪逃匿时，向职工垫付工资，确保特殊情况下职工劳动报酬权益能够得以实现。

---

① 朱佳木：《农民工欠薪问题要尽快得到进一步解决》，中国社会科学网，http：//www.cssn.cn/news/686676.html，2013-03-12。

三、构建劳资协调机制

企业将劳资协商的内容和程序形成制度，建立有效的协商机制，是企业内部治理的重大事项。企业应围绕劳动关系机制的建立、运行、监督和调节等环节，建立健全科学有效的利益协调机制、诉求表达机制、矛盾调处机制、权益保障机制，为构建企业的和谐劳动关系提供制度保障。

（一）明确政府在劳资关系协调机制中的地位

政府在劳资关系协调机制中居于重要的地位。“政府是社会关系的调节器，即通过对关系主体之间的利益进行重新分配或调节，使失衡的社会关系恢复到原初的平衡状态”，政府在构建劳资关系中有着不可推卸的责任。一般地讲，政府在劳动关系协调中应当扮演五种角色，即劳动者基本权利的保护者、集体谈判的促进者、劳动争议的调停者、就业保障的规划者和规则执行的监督者。政府需要明确自己的地位以及应担当的职责，切实履行政府的职责，为劳动关系的协调提供法律依据和经济依据。

（二）充分发挥工会的作用

企业工会直接代表工人利益，承担维护工人利益的重任，并反映工人意愿的群众组织，是工人与资方沟通的桥梁。充分发挥工会的作用，有利于实现资本所有者与一般人力资本所有者在根本利益上保持一致性，有利于构建和谐的劳资关系。

多年的实践证明，企业中的职工代表大会，是企业经营管理者和员工都认可的企业民主管理的基本形式，是保障职工民主参与权和民主监督并从源头上维护职工合法权益的有效途径。因此，需要强化工会组织对企业经营的参与和监督。工会要以职工代表大会为平台，建立并落实对企业改革、生产、经营以及收入分配、职工福利等全过程的参与、管理和监督、厂务公开与经济内控制度、职工代表述职评议制度、生产经营巡视制度等，确保职工的各项权益不受损害。

我国非公有制企业尤其是私营企业，一般都有经营规模小、工人人数少、外来务工人员流动性大，以及工会维权作用微弱等问题，在这种情况下，需要采取利益驱动机制吸引雇工加入工会组织。政府工作的重点，是指导和培育工会的集体谈判能力、工作效率以及工会干部培训等方面，以发挥工会组织在维护工人权益方面的重要作用。

（三）健全企业内部的集体谈判与协商制度

在企业内部，应建立劳资双方的集体谈判与协商制度，以实现劳资双方有效沟通。

一是要将集体合同的谈判协商当作最为核心的维权机制来建设。工会组织要把建立和完善集体合同制度作为工作重点，在集体合同制定的程序上进行组织的内部立法。同时，要坚持集体协商的制度，合同文本须经职代会通过，谈判的机制要在企业内部形成规范和完善的程序制度。

二是要强化平等协商。企业工会组织与企业经营层是平行的组织，要坚持平等协商原则，防止任何一方的偏颇。

三是要坚持科学的谈判协商基础。没有依据进行谈判，一味地提要求，谈判就会变成无谓的争吵。

四是要把工资和劳保政策的集体协商作为平等协商的重点。劳资双方需要协商的事项很多，其中，工资和劳保政策的协商最为重要。由职工代表与企业代表就企业的内部工资分配制度、工资分配形式、工资收入水平、工资支付办法以及与工资相关的劳动保障政策等事项进行平等协商。

五是要在集体合同的具体内容上坚持标准、突出重点，增强实效性和可操作性。

（四）完善三方协商机制

对于重大劳资问题和劳资矛盾的协商，仅有企业内部的工会代表与企业代表还很不够，此时，就必须建立“三方协商”的协调机制。

“三方协商”中的三方是指劳方、资方和政府。“三方协商”制度是成熟的市场经济国家调节劳资关系经常使用的有效手段。其中，政府是公平、公正的象征，作为第三方的政府能够起到平衡双方力量的作用，尤其是对于那些政策性强、影响面广或影响企业发展的重要问题，具有专业水准的政府部门参与协调就成为协商成功的关键因素。政府部门尤其是国有企业主管部门，要促进三方协商制度的建立。政府需要强化司法执法部门、专业协会劳动保障部门以及中介机构协助国有企业解决劳资矛盾的职责，为三方协商制度的建立提供条件。

四、完善社会保障制度

2013 年 2 月 5 日，国务院批转的发展改革委、财政部、人力资源社会保障部制定的《关于深化收入分配制度改革的若干意见》中要求，完善基本养老保险制度，全面落实城镇职工基本养老保险省级统筹，“十二五”期末实现基础养老金全国统筹；加快健全全民医保体系，提高城镇居民基本医疗保险和新型农村合作医疗筹资和待遇水平，整合城乡居民基本医疗保险制度。稳步推进职工医保、城镇居民医保和新农合门诊统筹。因此，完善我国社会保障体系势在必行。

（一）构建统一的社会保障体系

由于城市的开放性劳动力市场尚未确立以及政府对城市劳动者就业采取不同于农村劳动者的特殊保护制度，改革开放以来通过市场性流动方式进入城市的农村劳动力，还无法同城市劳动力一样，进入同等待遇的职业领域并获得制度性工资。流入城市的农村劳动力大多从业于劳动强度大的、劳动条件差的非技术性行业，领取比城市劳动者相对低得多的劳动报酬。这使得农村劳动者和城市劳动者还不可能真正享受平等竞争的权利，在相当程度上使城乡劳动力市场出现了二元化。

当前我国社会保障体系建设不完善，社会保障在全国的“碎片化”现象就是其中一个方面的表现。社会保险包括养老保险、医疗保险、失业保险、工伤保险和生育保险五个险种，目前各险种存在不同制度，且险种之间不能衔接，社会保险经办机构重复建设比较严重。如医疗保险存在职工医疗保险、城镇居民医疗保险、“新农合”；最低保障制度分为城镇居民最低生活保障和农村居民最低生活保障，制度存在差别。这种状况不但加大社会保障工作行政成本，也给制度统一性、规范性和可持续发展造成障碍；在市场经济条件下，居民身份变化频繁、流动性大，这种状况也给居民带来诸多不便。因此，必须逐步改革社会保障“碎片化”状态，建立统一的覆盖城乡居民的社会保障体系。

首先，要统筹城乡发展，制订适合中国国情的户籍制度改革方案，转变人口管理方式，社会保障不能依附于户籍而定，把全体社会劳动者纳入到统筹城乡的社会保障体系中，实现社会保障的全面覆盖。加强全国统一的社保建设，从根本上维护劳动者社会保障权益。

其次，要建立相互衔接、统一的社会保障制度体系，通过立法完善社会保险制度、社会救助制度和社会福利制度的有效衔接。同时发挥国家基本社会保障制度与社会和商业保障制度的有效衔接，使劳动者无论在失业还是在职期间，或者在遭遇各种社会风险时，都能获得合理的社会帮助，确保所有劳动者社会保障权益得以实现和维护。

（二）扩大社会保障覆盖面

“十二五”时期就业工作的主要目标：城镇新增就业4 500万人，农业富余劳动力转移就业4 000万人，城镇登记失业率控制在5%以内，社会保障制度覆盖所有劳动者，就业稳定性明显提高。加大扩面力度，努力实现社会保险全覆盖，扩面的重点仍是非公有制企业劳动者、农民工、失地农民、个体工商户、城镇自由职业者。国家要不断扩大社会保险的覆盖面，将这些群体纳入到社会保险体系中去，适时提升保险的统筹层次，真正构建起社会安全网。

（三）逐步提高社会保障水平

《社会保障“十二五”规划纲要》指出，要逐步提高保障标准，增强保障能力，缩小城乡、区域、群体之间的差距。统筹建立基本养老金正常调整机制。普遍开展和推进城镇居民基本医疗保险、新农合门诊医疗费用统筹。逐步提高各级财政补助标准，职工、城镇居民基本医疗保险和新农合政策范围内住院费用支付比例均达到75%左右。

社会保障水平的提升是一个循序渐进的长期过程。如在20世纪末我国强调的社保只能是“低水平”，进入21世纪后社保升级为“基本保障”，而未来的社保必定会成为调节社会财富合理分配的基本杠杆。当然，社会保障水平提高还要提倡适度，必须要做到社会保障与经济发展水平相适应，国民福利与国民经济同步发展。同时，还需打破社会保障相互分割的壁垒，在社会保障制度设计上把城镇居民与农村居民作为一个整体来统筹谋划、综合研究，消除制度性和体制性障碍，逐步缩小直至消灭城乡社会保障之间的基本差别，实现城乡社保一体化。

加大社会保障资金投入，应通过完善公共财政制度，调整财政支出结构，增加社会保障支出占财政总支出的比重。提高工资、退休金，对贫困线以下居民发放补助，提高劳动者生活水平。还提高社会保障基金统筹层次，这不但有利于增强社会保障基金抗风险能力，方便参保的劳动者流动，还有利于发挥社会保障工作在政策协调和统一、信息系统开发和维护、社会保障行政资源整合等方面的优势。

第二节　监督与制约公共权力

在我国经济体制转轨过程中，由于“制度摩擦”及“制度真空”，权力资本化和腐败问题，成为扰乱我国收入分配秩序的主要因素。权力资本化和腐败的实质，就是政治权力被看成是一种要素参与收入分配。它不仅对初次分配带来严重干扰和影响，而且对国民收入再分配也产生制约和干扰。针对权力资本化和腐败产生的影响，政府必须采取有效措施，加快经济市场化改革，推进政治体制改革，培育公民文化。

一、加快经济市场化改革

20 世纪末至今，我国建立了市场经济体制的基本框架，但是，市场化改革还处于持续进行阶段，旧体制的许多部分还没有得到根本性的改造，现代市场体系还有待完善，垄断行业的体制改革还行在半途，政府职能还有待转变，因此，加快经济市场化改革，我国不能有丝毫的松懈。

（一）合理界定政府与市场的边界

通常所说的政府干预，在没有特别说明时，都是指政府对宏观经济的干预。当我国政府进行宏观调控时，欧美的经济学家常会批评我国政府的某些调控措施不是宏观调控，而是微观调控，即对微观经济进行政府干预。政府干涉微观经济活动，往往会造成经济主体的激励性扭曲，使经济主体难以形成稳定的预期安排，导致经济主体行为的短期化和社会资源的配置扭曲。同时，还会降低政府的公信力。

在市场体制改革的新时期，我国需要转变政府职能，实行公共管理，减少政府对微观经济活动的干预。所谓公共管理，就是政府不提供私人产品，主要提供公共产品与公共服务；政府不干预私人领域的活动，主要调整市场秩序，运用宏观手段调控公共政策；政府不采用行政手段干预市场运行，主要负责必要的社会管制和经济管制。为了实现政府对整个社会经济活动的有效的公共管理，就要加快建设法治政府和服务型政府，继续开展涉外经济法律法规、规章及政策措施的清理工作，深化行政审批制度改革，健全制约和监督机制，推动政府服务朝着更加规范有序、公正公开的方向发展。同时，需要加快“营改增”步伐，切实减轻民营企业税费负担，实现民营企业之间、民营企业与国有企业之间税收公平化。

（二）深化垄断行业的体制改革

我国在改革开放的过程中，有先改革后立法的传统。但是，在这个过程中，由于缺少法律的有力制约，往往容易出现乱象，给不法分子有机可乘。在垄断行业的改革中，必然涉及政治、经济和社会发展的多个领域，与许多利益方都有着联系，因此，为了保证垄断行业改革的顺利深化，需要先建立相关法律法规，再深化相关改革。

1. 加强法制化建设

深化垄断行业的体制改革，需要以立法为先导。根据发达国家的相关经验，结合我国社会主义市场经济的实际情况，需要考虑各垄断行业的技术经济特征、现行管理体制和垄断行业改革的目标等因素，由全国人大颁布相应的法律，为深化垄断行业改革确立法律框架，以便明确垄断行业改革的目标、程序、主要内容、执法机构及其责权、企业的责权利关系、准入条件等重要政策问题。同时，在基本法律的基础上，由相关行业主管部门和管制机构制定具体的法规或规章制度，作为行业基本法的实施细则，以增强法律的可操性和动态适应性。

2. 以不同方式深化垄断行业改革

垄断行业中，有自然垄断性业务和非自然垄断性业务之分，多数学者认为，自然垄断性业务是指那些固定网络性操作业务，如电力、燃气和自来水供应行业中的线路、管道等输送网络业务，电信行业中的有线通信网络业务和铁路运输中的铁轨网络业务；其他业务则属于非自然垄断性业务。对这两种不同的垄断业务，需要进行不同的改革。

对于非自然垄断性业务，政府应放松准入标准，允许多家新企业进入该行业，以便能够较充分地发挥竞争机制的作用，但是，准入标准需要以最小的经济规模为限，同时，政府仍需要注意进入非自然垄断性业务领域的企业数量，以防止低水平的过度竞争现象的出现。

对于自然垄断性业务，由于这些业务需要大量的固定资产投资，其中相当部分是沉淀成本，如果由多家企业进行重复投资，不仅会浪费资源，而且会使每家企业的网络系统不能得到充分利用。因此，政府需要控制新企业进入这些业务领域，通过建立与市场经济相适应的管制体制，来提高垄断行业的生产效率和普遍服务水平。借鉴发达国家的经验，管制体制主要是由完善的法律制度、高效率的管制机构和有效的社会监督机制这三方面内容组成的。其中，法律制度是政府管制的基本依据，管制机构是实现有效管制的组织保证，社会监督机制是促使管制机构以公共利益为导向实行公平、公开、公正管制的重要外部力量。

（三）推进现代市场体系建立

统一、开放、竞争和有序是现代市场体系的基本特征，建立完善的市场体系是规范分配秩序的基础。目前，我国的市场体系尚不完善，主要表现在：部门分割、行业垄断、地区封锁等问题时有发生；价格机制不全，市场经济秩序比较混乱；生产要素市场残缺，市场失信问题严重。由于市场体系不完善，导致生产要素价格扭曲，加剧了收入分配秩序的混乱，并阻碍了生产要素按贡献参与收益分配。因此，政府应当通过推进市场开放，建立平抑价格机制，建立市场相关组织的信用制度等手段建立完善的现代市场体系，优化发展环境。

1. 推进市场开放

改革开放以来，我国市场的法律制度逐步完善，形成了有形市场与无形市场、批发市场与零售市场、现货市场与期货市场、城市市场与农村市场共同发展的多元化市场格局。但是，城乡市场、区域市场发展不平衡，传统经营和消费模式仍然占据主导地位。在这种情况下，寻求改革需要进一步推动市场开放。

培育完善的市场体系，需要将欠发达地区的经济融入发达地区的主流经济圈，制定公开透明的市场准入制度，促进民营经济市场的发展；同时，推广贸工农一体化组织，对农民开放市场。另外，随着社会经济的发展，非必需生活消费品成为市场消费的新动力，因此，有必要培育新的消费热点，发展非必需生活服务市场。

2. 建立价格平抑机制

在市场经济体制中，供求决定市场的价格变化，进行资源配置，以实现优胜劣汰。因此，价格手段在一定程度上能够保证国民经济正常运行，而不是以政府管制为主，这是市场经济与传统体制的最大不同之处。在完善市场体系时，政府需要认识到，市场本身是有约束力的，政府对各类重要商品价格的管理，主要是借助市场约束力间接控制价格的稳定性，也就是政府需要拥有一定的重要商品储备，用于在紧急时期投入市场平抑价格，而不是直接地去控制商品价格。这种价格平抑机制的建立，需要各级政府大力提升其经济管理能力。

3. 建立市场相关组织的信用制度

在现代市场体系中，如会计师和律师事务所、行业协会和商会、检验认证机构、公证和仲裁机构、资产和资信评估机构等相关组织起着重要作用。但是，在市场体制建立初期，市场相关组织经历了曲折的发展道路，其中最严重的问题就是丧失公正立场，被客户的利益驱使，向市场提供虚假信息。因此，为了维护良好的市场环境，必须严格规范和强化市场中相关组织的自律机制，建立长期的信用制度，加强对这些机构的监督管理，坚决地制止违背其存在宗旨的市场营利活动。

二、推进政治行政体制改革

推进政治体制改革对于规范收入分配秩序意义重大，没有政治体制改革，规范收入分配秩序的成果将不可持续。在传统的政治体制下，公民参与大都在被动的情况下参与，使得公民制度性参与被挤压成制度外参与。于是，暴力政治、群体性事件等抗争政治逐渐成了公民的首选。我国的政治体制改革就是要保证宪法和法律赋予人民的各项自由和权利，充分调动人民群众的积极性和创造精神，创造一个宽松的政治环境，建立民主和法治国家。

（一）推进民主政治建设

推进民主政治建设，是缩减公权力的重要环节。社会主义民主政治的本质和核心是人民当家做主，其实质是维护和保障人民的各项民主权利，实现社会的公平正义，而追求社会的公平正义是社会发展的永恒主题。推进我国社会主义民主政治建设的重要途径有：

1. 坚持和完善人民代表大会制度

在我国，人民当家做主的最根本、最重要的途径和形式，就是通过人民代表大会掌握国家政权和行使国家权力。因此，人民代表大会制度是我国的根本政治制度，是建设社会主义民主政治的重要内容和重要制度载体。推进社会主义民主政治制度建设，必须坚持和完善人民代表大会制度。

健全和完善有利于发挥人民代表大会制度的具体体制和制度创新，重点在于人民代表大会制度的“程序民主”建设，主要包括：一是选举制度，就是要切实保障选民和代表的选举权和被选举权，使选举的各个环节和各个阶段都符合社会主义民主的要求；二是组织制度，要加强组织建设，优化和规范人大、人大常委会、专门委员会、工作委员会的设置和构成，优化人大代表和常委会组成人员的结构，规范县级以上人大专门委员会和常委会工作委员会的设置；三是职权行使，要全面落实宪法关于人民代表大会制度的规定，就必须保证人大及其常委会依法行使职权，充分发挥人大代表的作用；四是会议制度与议事规则，要健全代表大会和常委会的会期制度和会议制度，完善议事程序和议事规则，提高人大及其常委会会议的效率和水平；五是自身建设，人大代表是人民代表大会的主体，充分发挥代表作用，是做好人大工作的重要保障，人大及其常委会既要严格依法行使职权，又要面对各个历史时期经济社会发展的新情况、新问题，不断探索和积累人大工作的新经验，学习和借鉴新的工作方式方法；六是设置专职人大代表，省级以上的人大代表可以逐渐专职化、并以有参政能力为最低要求，在所在地为其配置专门的办公室和秘书，让其有更多的时间倾听民意、为民众和当地政府解疑答难。

2. 健全权力分工制约机制

在我国，各级人大是人民统一行使国家权力的政权机关。在人民代表大会统一行使国家权力的前提下，明确划分国家的行政权、审判权、检察权，使各个国家机关在宪法法律规定的各自职责范围内独立负责地进行工作，这是人民代表大会制度的重要特征。过去，按照法律规定，检察机关只在刑事案件中行使国家公诉权。近年来，湖南、广东等地的检察院坐上了行政“原告席”，表明检察机关的公诉权可以发展到行政领域。同时，国家还应当在纪检监察、审计、行政复议、诉讼方面健全对公权力行使的监督机制，使监督权之间形成有效制约，权力和权力之间形成良性互动。

通过权力的分工制约，对于缩减公权力能够达到两个目的：一是限制权力行使，确保任何权力都是守法的权力，不会出现超越法律的特殊地位。二是确定国家机关的权力界限，确保任何权力都是有限的权力，都有范围的限制和外在的约束，防止集权和专制。

3. 强化和完善权力监督机制

完善公权力监督机制，是推进民主政治建设的重要方面，也是建设法治国家的本质性要求之一。强化和完善权力监督机制，包括强化人大的监督职能、加强党内的监督、加强社会监督和舆论监督三个方面。

首先，强化监督职能。在我国推进民主政治文明建设中，必须强化和完善权力的制约和监督机制，建立结构合理、程序严密、配置科学以及制约有效的权力运行机制，从而保证人大及其常委会依法履行职能，保证把人民赋予的权力真正用来为人民谋利益。其中，审计部门的独立性就显得尤为重要。对于西欧、北美等发达国家和许多发展中国家，审计机关隶属于立法部门，直接对议会负责并报告工作，完全独立于政府，这种模式是目前世界审计制度的主流。我国可以根据国情，适当借鉴国际经验，对审计制度进行改革。

其次，强化党内监督。加强领导班子内部监督，重大事项和重要干部任免都必须严格按照程序决定；完善民主集中制的具体制度，加强党风廉政建设的规范化考核；建立和完善干部选拔任用工作责任制，包括推荐责任制、考察责任制和用人失察失误追究制等。

最后，加强社会监督和舆论监督。社会舆论、公民和社会团体的监督是目前我国公众监督制约机制的主要形式。从某种角度来说，监督机关的监督也常常依赖于公众监督。实践证明，社会舆论、公民和社会团体对公权力的监督是极为有效的监督方式。为了更好落实监督机制，就政府而言，财政预算公开宜早不宜迟，只有预算的透明，才有“看得见的政府”，人民才能行使监督权；就官员而言，公开领导个人信息，一方面是向纳税人负责，另一方面，也是政府建立公信力的必然要求，更是现代政治清明的根本原则。

（二）严厉惩治腐败

当前，我国腐败现象在行政权力集中的部门和资金资源管理权集中的领域易发多发，社会事业、国有企业等领域腐败案件逐渐增多，发生在领导干部中的腐败问题依然突出。实践证明，权力腐败存在巨大的危害，已成为改革、发展、稳定的障碍。规范收入分配秩序，必须进一步加强廉政建设，采取科学有效的措施治理腐败。

1. 精简机构，建立科学合理的行政体制

精简机构，建立科学合理的行政体制，必须合理划分政府的事权与权力。一方面，经过多年的政治体制和经济体制改革，市场经济正在逐步确立，市场机制正在逐渐形成。加强宏观调控，为社会提供服务是政府的主要职责，属于企业的权力要还给企业，实现真正意义上的政企分开。给企业以独立法人地位，使其真正成为市场经济主体。此外，砍掉一些专业管理部门，合并一些职能相同或相近的部门，从机构设置上减少伸向企业的手。另一方面，必须把政府与其他社会组织和事业单位分开，改变那种社会组织和事业单位都是政府的下属部门，并用行政级别套用、借用的做法，真正使有能力者享有独立法人的地位，逐步走向市场。

2. 预防腐败，建立廉政机制

预防腐败需要从源头抓起，打击权力腐败更不能手软。加强党风廉政建设，建立健全用人、考核、监督、晋升等机制，制定一套完整、具体、实用的政府公务员体制，使国家公务人员不敢贪、不能贪、不愿贪、不用贪，真正自觉地做到为社会、为公众用好权力，搞好服务。在用人机制上，一定要坚持公开招聘、公平竞争、择优录取的原则，绝不搞暗箱操作，提拔关系户，任人唯亲，更不能跑官卖官，以价定职；绝不允许不讲原则，封官许愿，借选拔任用干部之机谋取私利。在干部考核机制和晋升机制上，不能只看政绩，而要考核干部是否真正为群众办实事、办好事，为群众谋福利。在监督机制上，要加强监督，实行政务公开、透明，严防公权私用、公权滥用。

在预防腐败中，“裸官”现象需要特别注意。“裸官”是指配偶和子女非因工作需要均在国（境）外定居或加入外国国籍，或取得国（境）外永久居留权的公职人员。据 2010 年商务部的披露，自改革开放以来，我国大约有 4 000 名腐败官员逃往国外，带走了 500 多亿美元的资金——折算成人民币，差不多人均 1 亿元[①]。对于那些跑到国外去的“裸官”，司法部门也曾多次跨国追捕，不仅

① 孙瑞灼：《惩治“裸官”先要看“裸产”》，中国青年网，http://news.youth.cn/sz/201006/t20100623_1267577.html，2010-06-23。

困难重重，收效甚微，最终也只是将个别人绳之以法，但为此耗费的司法成本几乎是天文数字。因此，加大对“裸官”的管理，无疑是预防腐败的一个重要举措。值得推崇的是，广东省委、省政府已于2012年10月份出台《从严治党五年行动计划》等8个文件对官员严格要求、严格教育、严格管理、严格监督，该计划在认真吸纳现有做法和经验的基础上，提出了许多创新举措，比如针对“裸官”实行职位限入和提拔限制等。

3. 加强治理腐败的制度建设

从宏观上讲，治理腐败的制度建设，就是立法机关将政党的主张或人民意志通过法律程序上升为国家意志，建立和完善一整套监督机构、制度机制，限制公权力之法律制度；从微观上讲，就是要确立与公权力相对应的法律责任，抑制公权力在分流过程中可能发生的扩张或滥用，使公职者手中拥有的公权力被束缚在一定界限之内。加强反腐败的制度建设，需要拓展从源头上防治腐败的工作领域，特别是“必须坚持民主集中制，发扬党内民主”；加强法制宣传，积极推进依法行政；健全法制，制定严厉的惩罚措施。

从根本上遏制腐败，除了加大惩处力度之外，还有一个有效的办法，那就是提高腐败者的违法成本，包括直接成本、机会成本和处罚成本，使其违法行为的成本远远大于其在经济上、政治上和心理上的收益，并提高违法犯罪行为的受罚概率。

同时，应尽快建立完善系统的举报人保护机制，相关部门在整合现有法律法规的基础上，尽快制定出台专门保护举报人的法律，明确举报程序、举报人的权利范围、受理举报机构的责任和义务、举报人安全保障、举报人权利救济等信息，加强对举报人的事前、事中保护和事后救济，对打击报复、陷害举报人的行为，要严厉惩处。此外，还应建立举报人安全风险评估机制、举报人安全紧急保护机制，以及举报人安全特殊保护机制。相关部门应在受理举报线索时，对举报风险等级进行评估，按等级启动举报人保护程序。在举报人进行实名举报后，只要其提出人身安全需要保护的求助，相关部门就应立即出警处置。对举报重大案件线索等具有特殊贡献的举报人，应依据举报人自愿的原则，对其进行异地安置。

（三）构建行政绩效评价体系

政府绩效评价是政府管理一种有效工具和基本手段，它已逐步形成一种世界性潮流，成为政府管理改革发展的基本趋势，并以行政管理的常态方式和基本手段，不断渗透到公共管理的各个领域。由于历史原因，我国现行的政府绩效评价体系，主要是上级政府听取下级政府报告，并分析其提供的相关资料，以及听取部分民众意见等方式，从而得出结论，这有着浓重的政府主导色彩。因此，地方政府只关注 GDP 的高增长，却忽视分配公平，最终导致了分配秩序混乱等一系列问题。

因此，要优化干部政绩考核标准，把对地方政府单一的经济绩效指标考核，转变到更看重维护市场的竞争环境、实现社会服务均等化以及维护收入公平分配等这类有利于构建和谐社会的指标上来。同时，要完善行政绩效评价的主体结构，通过协调各绩效评价主体的功能和作用，使各绩效评价主体相互配合、相互制约，以保证政绩评价的客观公正。另外，行政绩效评价中需要包含内部评价主体和外部评价主体，使二者相结合，建立多重评价机制，实施多角度、全方位的评价，以弥补政府内部评价的不足。为此，通常需要建立服务对象、专门评价机构、党的组织部门、人大机关、非政府评价组织、新闻媒体、上级政府、本机关内部、有关专家等在内的综合行政绩效评价体系。

第三节　防范和治理隐性经济

规范收入分配秩序，重在解决收入的合法性、合理性和公平性问题。根据前文所述，隐性经济的危害所引起的社会效应，已经远远地超越了它自身的范围和纯粹的经济领域，扩及社会生活中的许多方面。如果避开主要问题，在治理隐性经济、取缔非法收入方面乏力，就很难在规范收入分配秩序、缓和贫富差距等方面取得成效。因此，在当前收入分配改革中，应当针对隐性经济产生的不同来源，对各类收入进行科学的界定，并建立起规范透明的制度，以便“对症下药”，进行分类防范和治理。

一、分类治理隐性经济

2013 年 2 月 5 日，国务院批转的发展和改革委员会、财政部、人力资源社会保障部制定的《关于深化收入分配制度改革的若干意见》提出，我国目前的收入分配改革目标之一是使收入分配秩序明显改善，合法收入得到有力保护，过高收入得到合理调节，隐性收入得到有效规范，非法收入予以坚决取缔，要求：打击和取缔非法收入，围绕国企改制、土地出让、矿产开发、工程建设等重点领域，强化监督管理，堵住获取非法收入的漏洞；严格规范非税收入，按照正税清费的原则，继续推进费改税，进一步清理整顿各种行政事业性收费和政府性基金，坚决取消不合法、不合理的收费和基金项目，收费项目适当降低收费标准。

（一）取缔非法收入

现阶段，广大群众对收入差距过大和分配秩序混乱有意见，主要是对通过违规违法行为获得巨额财富而造成的收入差距强烈不满，对这些非法收入，要坚决遏制和打击。对于那些不合法的恶性隐性经济要坚决取缔，堵住国企改制、土地出让、资源开发等领域的漏洞，严厉打击非法收入。

1. 营造公平、公开的市场竞争环境

按照诚信的要求，树立正确的利益观。充分发挥市场在资源配置中的基础性作用，建立健全防止商业贿赂等违法犯罪行为的有效机制。完善市场体系，规范市场秩序，加速市场法制化建设。需要国家为市场进出规则、竞争规则、交易规则立法；同时杜绝政治市场化、权力资本化。政府从过多干预中退出，该由市场进入的让市场进入。

2. 严厉打击假冒伪劣等违法犯罪活动

假冒伪劣严重影响了我国经济的健康运行与社会发展。它作为一种典型的违法经济行为，犯罪分子之所以敢铤而走险，是因为他们预期的犯罪收益大于成本。从根本上遏制制假售假行为，除了健全市场秩序，加大打击力度外，最好的办法就是严厉打击制假售假、走私贩私、骗贷骗汇、内幕交易、偷税漏税、操纵股市等经济犯罪活动，切断违法违规收入渠道，提高其违法成本，包括直接成本、机会成本和处罚成本，加大打击力度并从重处罚，惩处非法暴富。

3. 完善与土地相关的法律法规

根据国务院发展研究中心的调研报告，在一些地方，土地出让金净收入占政府预算外收入的60%以上，事实上已经成为“第二财政”。其产生根源是土地利益分享的不公平，背后则是土地所有权“双轨制”导致国民土地利益的不平等，国家和集体的土地所有权主体虚化，农民与城市居民的土地使用权缺乏有力的法律保障。完善土地制度的法律法规是解决土地财政的根本出路，如《土地管理法》、《城市房地产管理法》等，切实执行土地开发的有关法律法规，严厉打击囤地行为，遏制房地产市场过度投资，改变单纯依靠土地出让金和房地产税收作为主要财政收入的现状。

4. 加强国有资产管理

国有资产是我国国家的经济命脉和社会主义公有制的物质基础。需要完善国有资产规范管理的法律法规，堵住国有资产流失的黑洞。

国资委要认真履行出资人职责，在改制中严格审计评估、资产出让、产权交易、债务处理以及运行监督，扩大民主参与程度，群众举报的案件要及时核实查处，严格防止国有资产流失。完善国有资产规范管理的法律法规，主要有以下几个方面：一是加强资产管理规范化建设。制定行业企业资产配置标准和使用效益评价体系，探索建立与社会主义市场经济相适应的固定资产分配与调控机制，促进资产优化配置。二是建立健全资产管理制度。从制度上规范企业各种资产运营行为，减少和避免管理漏洞和管理风险。三是建立资产管理专业性机构。四是完善国有资产管理法，将国有资产的管理纳入法制化轨道。

（二）规范灰色收入

规范收入分配秩序的重点之一，就是要按照建立社会主义市场经济体制的目标要求，完善宏观调控秩序，将部分准合法的隐性经济逐步合法化、显性化，主要包括：划清各种收入的法律界限、规范工资外收入、限制垄断收入以及推进公务员和行政事业单位的工资改革。

1. 划清各种劳动收入的法律界限

对通过辛勤劳动率先致富的劳动者，他们取得的合法劳动收入要依法予以保护，同时进行必要的调节，这是规范收入分配秩序、促进社会分配公平的必然要求。对于隐性经济的处理，需要对各种劳动收入，特别是对灰色劳动收入进行明确的法律界定，使那些合理的、应该受到法律保护的劳动收入合法起来；将那些不合理的、应该受到法律限制的劳动收入明确界定为非法收入。法律应当维护劳动者获取合法劳动收入的正当权益，并通过监督机构依法惩处各种侵害劳动者合法劳动收入的不法行为。

2. 规范工资外收入

工资外收入往往是在规范的收入渠道之外，按“心照不宣”方式或“内部掌握”方式实施分配而获得的收入，如公职人员获得的“工资外收入”，在没有“暗账翻明”而阳光化和规范化之前，很多可归于这种收入①。当前，规范工资外收入的重点在于，采取必要的政策措施使个人收入规范化、货币化和公开化。

首先，建立有效的企业内部分配约束机制。为了防止企业行为的短期化，就必须对工资总额实行必要的控制。要推进现代企业制度改革，深化产权制度改革，培育企业独立的经济利益，从根本上消除企业工资外收入过度增长问题。

其次，针对工资外收入的来源，政府应当提高对分配活动宏观调控的能力和有效性，为部分准合法的隐性经济逐步合法化提供条件和环境。一是建立完善的工资指导线制度，引导、调整、控制工资的总体变动水平；二是建立完善的劳动力市场，逐步实现工资市场化；三是完善鼓励就业的财税政策，为下岗工人或弱

① 贾康：《贫富差距七种成因剖析》，载于《人民论坛》2011 年第 3 期。

势人群依靠自己的劳动自谋职业提供政策上的支持；四是运用行政手段强化对市场的监管和调控，控制其收入的不合理增长，并通过加强征收个人所得税进行合理调节。

3. 限制垄断收入

市场竞争是影响人们收入分配的一个重要因素，不正当竞争特别是垄断，是行业间收入差距过大、财富分配不公的重要原因之一。针对当前垄断行业和一般行业间收入差距过大的现实，需要以现代公平理念为指导，规制行政垄断行为。首先，必须完善反垄断方面的法律制度，并在此基础上形成完善的反垄断法律体系；其次，应该打破地区封锁，建立平等竞争、自由流动的开放市场。通过流动，实现不同行业收入的相对公平和均等化，限制不合理的过高垄断性收入；最后，通过价格机制的完善，从源头上堵住其获取高额垄断利润的漏洞，进而达到缩小行业差距的目的。

4. 规范公务员收入分配制度

针对我国公务员队伍存在大量隐性收入的现状，必须对公务员收入进行规范，规范公务员收入制度，形成合理的收入机制。首先，逐步提高公务员正规渠道的薪酬水平，同时逐步压缩、归并那些细碎、烦琐的具体标准，适当拉开薪酬档次，合理体现薪酬中岗位、年功、业绩等不同要素。其次，减少和消除正规渠道之外的现金与实物发放，把暗账翻明，建立有效的监督制度和协调各部门、单位发放总水平的调控制度。最后，协同公共财政的预算管理改革，把公务员收入分配纳入部门预算，实行收支两条线、走国库集中支付、全过程接受监督的制度轨道。

此外，公务人员的工资待遇与企业工资需要保持一定的比例，保证公务员工资不会低于社会中等收入水平，以维持一定的社会地位。通过建立国家统一的公务员工资制度，适当拉开不同职务、不同级别间的工资差距，增强工资和级别的激励作用，并妥善处理好公平与效率的关系，逐步将地区间和部门间的收入差距控制在合理范围内。

5. 改革事业单位收入分配制度

首先，完善分配激励约束机制。事业单位的分配制度改革应当以完善工资分配激励约束机制为核心，健全符合事业单位特点、体现岗位绩效和分级分类管理要求的收入分配制度。加强事业单位特殊岗位津贴补贴的规范管理，完善事业单位高层次人才激励机制、工作人员兼职兼薪以及主要领导激励约束机制等制度。

其次，实施绩效工资。在我国，绩效工资的实施应当“分步走”，在巩固义务教育学校、公共卫生与基层医疗卫生事业单位实施绩效工资成果的基础上，再在其他事业单位推进绩效工资的实施工作。

（三）加强国际合作

随着经济全球化进程的加快，腐败犯罪越来越呈现出行为跨国发展、资产全球流动的新特点。治理隐性经济，开展追缴和返还腐败资产、非法收入的国际合作和司法协助，需要强化国际合作，共同打击有组织的犯罪行为。

例如，俄罗斯政府治理隐性经济的重要举措，就是加强了打击跨国有组织犯罪的国际合作。2003 年 9 月 29 日开始生效的《联合国打击跨国有组织犯罪公约》，规定缔约国应采取必要的立法和其他措施，将参加有组织犯罪集团、洗钱、腐败和妨碍司法等行为定为刑事犯罪。公约要求所有愿意遵守该公约的国家在法律上采取协调措施，以打击有组织犯罪集团与腐败行为、打击洗钱等非法活动、简化引渡程序、扩大引渡范围，为国际社会开创了一种反洗钱工作最新的合作模式。俄罗斯政府充分地把握了这一有利时机，从各方面加强国际协作，遏制隐性经济的发展。

我国反腐工作的国际化进程也得到迅猛发展。2007 年 6 月，我国成为“金融行动特别工作组（FATF）”的正式成员，标志着中国反洗钱、反恐融资工作进入了一个新的阶段；2009 年 9 月 18 日，透明国际中国分会在清华廉政中心成立；2010 年，中国开始主动发布《中国反腐败和廉政白皮书》；2011 年 2 月 25 日，中国首次在刑法中增加了海外行贿的立法条款，这意味着海外行贿将受到与国内犯罪一样的刑事惩罚。

2011 年 3 月，透明国际披露了未来五年计划，其中一项重要内容是推动“金砖四国”（中国、俄罗斯、印度、巴西）在反腐方面有更好的表现。“透明国际”是全球最大的民间反腐 NGO，每年都会对外发布全球清廉指数（CPI），其于 2012 年 12 月发布的清廉指数中，中国得分仅有 39（采用百分制，分数越高，政府就越清廉），在 176 个国家和地区中排名第 80 位①。

二、构建收入监测系统

由于当前缺乏完善的居民收入监测系统，使隐性经济所产生的准合法和不合法收入数据均不能被官方有效掌握，公共政策的制定者依据不真实、不全面的收入数据显然难以做出科学的决策，难以对日益扩大的收入分配差距进行宏观调控。同时，收入监测系统的缺失也在客观上进一步刺激了收入分配差距的不断

① 转引自《透明国际官员亲述如何“渗透”中国——解密全球最大非政府反腐组织与中国的交往路径》，《南方周末》，2011 年 07 月 15 日，http://www.infzm.com/content/61346。

扩大。

在这种背景下，构建我国居民收入监测系统迫在眉睫，而且，这也已经引起了中央的高度重视和社会的广泛关注。在2011年召开的第十一届全国人民代表大会第四次会议上所作《政府工作报告》中，明确提出要加快建立收入分配监测系统，尽快扭转收入分配差距扩大的趋势，努力使广大人民群众更多分享改革发展的成果。2013年2月5日，国务院批转的发展改革委、财政部、人力资源社会保障部制定的《关于深化收入分配制度改革的若干意见》中要求，健全现代支付和收入监测体系，大力推进薪酬支付工资化、货币化、电子化，加快现代支付结算体系建设，落实金融账户实名制，推广持卡消费，规范现金管理。

（一）建立个人征信体系

当前在金融领域，个人征信体系的完善有助于我们通过金融机构，对居民的收入进行监测，让隐性经济“浮出水面”，构建个人征信体系还有利于个人消费信贷的发展，因此，加快个人征信体系建设是迫切之需。具体来讲，应从以下几个方面着手：

1. 科学选择征信模式

发达国家征信体系运作模式主要有市场化模式、公共征信模式、会员制模式。结合国情，我们也应采取与我国经济运行和社会文化相吻合的征信模式。当前，我国经济的特点是政府在宏观调控经济活动方面仍起着很大的作用，中央政府的影响力非常大，且各地的经济发展程度不平衡，东部沿海地区经济发达、现代化程度比较高，商业信用已逐渐成为经济发展的重要支撑；而中西部地区的经济发展相对落后，商业信用还没有完全渗透进民众的日常生活。基于这样的特点，我国现阶段个人征信体系的模式应该是在中央政府主导下建立全国性的公共个人征信系统。同时，在东部沿海经济发达地区建立地域性的市场化个人征信系统，作为公共个人征信系统的重要补充，以满足当地市场经济发展的实际需要①。

2. 统一征信体系技术标准

个人征信体系标准化建设涉及征信数据的采集、传输、交换、处理、使用和管理领域，在技术层面上涉及数据格式、网络通信、数据库、安全、应用软件和硬件及其他相关技术领域。重点要把握好：一是征信体系技术标准的制定。一定要遵循全面性、科学性、系统性、先进性、前瞻性等原则，使标准科学适用。二是个人信用评估指标体系的确定。首先，要加强对包括个人学历、职称、婚姻、

① 谈儒勇、金晨珂：《我国个人征信体系建设的模式探讨》，载于《征信》2010年第1期。

银行开户情况、住房、收入、债务等方面个人信用基础数据信息的收集。其次，要完善个人基础数据的加工和处理程序。个人信用产品的形成，需要对前述信息进行分类、比较、计算、编辑等加工处理。然后，对信用进行评级和打分，为市场提供有效、实用性强的信用产品以满足各种信用需求。

3. 及时出台相关法律法规

我国应尽快出台有关法律法规，在提供高质量征信服务的同时又最大限度地保护个人隐私。一是加快与个人征信体系建设直接相关的法律出台。要加快推动《征信管理条例》的正式出台实施，保证在提供高质量的征信服务的同时又最大限度地保护个人隐私。二是要完善现行与征信相关的法律法规。在我国，征信管理涉及信用方面的法律有《国家保密法》、《民法通则》、《担保法》、《合同法》、《商业银行法》、《储蓄管理条例》、《消费者权益保护法》等法律。应从数据的公开以及如何公开，隐私的保护以及对泄露隐私的处罚措施等方面对这些相关法律进行相应的修改和完善①。

此外，我国可借鉴欧美国家建立《个人数据保护法》、《隐私保护法》等法律，界定数据开放的范围及违反的惩罚方式，确定征信数据经营、传播方式以及信息源的保密范围。同时，还应有《信用卡发行法》、《房屋抵押公开法》等法律作为补充，以及《政府信息公开法》确保征信机构能够合法快速的获得工商、税务等政府机构的数据。

4. 完善征信体系配套机制

首先，银行要进一步落实存款实名制。金融机构在为客户办理借记卡、信用卡等金融产品业务时，应严格执行《个人存款账户实名制规定》（以下简称《规定》），避免由于借记卡管制较松而给洗钱分子可乘之机。同时，在银行卡消费过程中，还应加大对大额资金消费情况的监测力度。此外，要加快全国银行系统的普遍联网工作，做到储户信息共享，从而对储户的财产状况能够有全面的掌握。

其次，要大力推广电子金融工具的使用。现行的纸质票据和现金等本身有着与生俱来的风险和不便，而电子金融工具克服了这些缺陷，如电子票据流转速度快，不受地域限制，可跨区交易，资金迅速抵用，运用效率大大提升，使用电子金融工具的这些优点也便利于对居民收入的电子化监测。

最后，完善电子结算安全制度。制约电子结算发展的“瓶颈”是电子数据的安全性问题，必须建立电子结算安全法律制度，除了规定技术上的安全防范要求外，还要明确银行和客户等方面的权利、义务和责任，以维护当事人的合法权益。

---

① 黄颖：《我国个人征信体系的模式选择与构建》，对外经贸大学 2010 年硕士学位论文。

（二）加强税务稽查管理

1. 完善税法，严防逃税漏税

首先，实行个人财产申报制度。国外的实践证明，这条措施非常有效，实行财产申报制度，就可以发现财产的来路。与之配套的措施是认真贯彻执行个人储蓄一律实名填写，强化个人所得税征管，高收入者的经济活动要申报。当某些人对巨额钱财不能说明其合法来源时，就可认定为非法收入。

其次，遏制恶性税收筹划。应及时采取应对措施，遏制恶意税收筹划的蔓延①：一是通过制定相关法律，要求纳税人和税务中介对恶意税收筹划方案进行事前披露；二是在加强对税务中介一般性监督和管理的基础上，重点加强对税务中介制作和推广恶意税收筹划方案的监督和管理；三是与大企业建立增强型关系，加强对大企业的税收风险管理，降低大企业使用恶意税收筹划方案的可能性；四是通过各种平台，加强与其他国家的合作，及时交换和分享恶意税收筹划方面的相关信息。

2. 加强税收信息化建设

借助信息化网络，全面创新税收管理模式，包括税收信息化网络，以及防伪税控发票、报税认证、稽核和协查四个子系统。逐步完善遍及全国的信息系统网络，各系统实现信息共享，随时可以查询和提取准确信息。目前在税务系统使用的金税工程信息系统、中国税务管理信息系统（CTAIS）已经初步搭建了全国性网络信息系统的基础，从税收预测、纳税登记、纳税申报、资料存储、报税审核、税款征收、欠税催缴到税务稽查选案等一系列工作都由计算机系统完成。依托信息技术对这些数据进行分析、加工和应用，真正实现税务稽查科学化、精细化、专业化的管理。

借鉴发达国家经验，尽快建立起全国统一的纳税人纳税号码登记制度，完善现有金融法规，要求单位或个人均需凭全国统一纳税识别号开立账户，纳税人所有与收入有关的活动均须使用纳税识别号码，并通过计算机联网汇集到税务部门，便于税务机关集中处理并随时掌握纳税人的收入情况。

3. 加强跨地区和跨部门的沟通与合作

可以借鉴发达国家的做法，税务机关的信息应该与其他经济部门实现计算机网络基础之上互通共享，税务机关能够通过多种渠道方便地获取纳税人信息；社会各界（包括各级政府及其部门）都应向税务稽查机构提供信息与数据，将税务机关的信息系统与其他政府部门、银行、个人信用机构、公司网站的联网，通

① 陈琍：《应对恶意税收筹划措施的国际比较研究及启示》，载于《财政研究》2011 年第 8 期。

过不同渠道全面掌握纳税人的经济情况。

同时，加强稽查信息的协调，在税务稽查机构内部，大都相应地设立信息处理或信息技术支持的专业部门，畅通了稽查机构信息来源，为稽查决策及选案提供充分依据。当前，我国公共管理部门建立了独立、完善、准确的信息管理系统，具备大量的可以利用的信息资源。各级税务部门（包括国税、地税稽查机构）应着力改善征纳双方信息不对称的被动局面，以多方信息管理行业，以多方信息促进正确纳税申报。

（三）建立官员财产申报制度

2012 年 11 月，十八大报告论及反腐败时，要求“全面推进惩治和预防腐败体系建设，做到干部清正、政府清廉、政治清明”，“健全权力运行制约和监督体系。坚持用制度管权管事管人，保障人民知情权、参与权、表达权、监督权”。官员财产申报制度，则是对政府公务人员收入进行监测较为有效的手段。

2010 年 7 月，中共中央办公厅、国务院办公厅联合发布了《关于领导干部报告个人有关事项的规定》（以下简称《规定》）。新规定中申报财产的内容包含广泛，既包含收入也包含财产，既有个人财产情况也有家庭财产情况，同时还明确了查阅和调查核实报告材料的条件、主体和审批程序。但是，新规定没有要求进一步做到财产公开①。因此，对政府官员收入监测的实际效果也大打折扣。我们认为，应进一步完善官员财产申报制度：

1. 明确财产申报主体

美国的财产申报制度规定：凡担任赋有重要决策权和指挥权的官员、高级科技人员、咨询顾问人员等，必须公开申报本人及其配偶和抚养子女的财产状况。我国《规定》第二条规定了我国现行的官员财产申报主体，主要包括政府机关、事业单位的干部，以及国有企业的领导成员。结合近年来一些贪污、贿赂等腐败案件，《规定》所要求的申报主体范围过小，不符合我国的公务人员队伍的实际情况。

本书认为，政府官员申报主体的范围应扩大到所有掌握公共权力或公共资源的管理者及公务人员，只有扩大监测范围才会不断缩减对权力监管的盲区。《规定》只提出领导干部应当报告本人婚姻变化和配偶、子女移居国（境）外、从业等事项，没有提出财产申报的要求。由于政府官员的财产可以转移，且亲属可以利用他们的影响来获取不法利益，因此，要使收入监测系统发挥更大的实效，官员财产申报的范围要逐步扩展到父母、岳父母、妻子、子女、与其共同生活的

① 袁东生：《我国实行官员财产公开的路径分析》，载于《山东社会科学》2011 年第 2 期。

其他家庭成员。同时，对一些高级领导干部收入的监测，也要重点关注其直系及相关亲属。

2. 扩大财产申报范围

针对我国政府公务人员的收入及财产组成状况，结合国际经验借鉴，如美国的做法是：获取的收益、签订受益协议、接受馈赠、款待和谢礼，以及个人债权债务、买卖交易、社会兼职等情况，均须进行申报。我们认为，我国需要适当扩大政府官员财产申报的范围。一是隐性福利收入。我国政府官员接受的馈赠、款待、免费旅行等隐性福利非常庞大，对于这些政府官员本人及其家庭成员所接受的食、宿、行、乐方面的馈赠和款待、各种补偿及其他有价值的赠品等隐性福利也应该折算成官员财产收入接受监测；二是继承所得、偶然所得及礼金收入。官员及其家庭成员由继承所得、偶然所得等形式获得的财产应该申报，政府官员利用婚丧嫁娶收取的礼金也应该一并据实申报。

3. 科学制定财产申报时间

为了全面规范和监督政府公职人员的财产状况，美国等国家对首次任职者、现任官员、卸职官员都规定了财产申报时间。结合我国公职人员队伍的特点，应进一步优化财产申报的时间及补充相关内容：

一是就职申报。政府公务人员应在就职后的一定时间内向指定的受理机关申报财产，一旦社会对政府官员就职后的个人财产有了疑问，可依据官员就职申报财产登记情况，对其任职前的财产状况与任职后的财产状况作出相应的判断。

二是在职申报。由于我国公职人员队伍庞大，建议根据不同岗位级别，要区别申报周期的长短进行申报。但是，无论是高级领导干部，还是一般公务人员，当发现财产有发生重大变化的，可以随时责令进行临时性的申报。当然，不同级别领导干部的申报频率各地可结合实际情况来制定。

三是离职申报。延伸干部的财产申报年限，可以加大治贪反腐的政策力度，也增加政策的威慑力。领导干部辞去公职的，在提出辞职申请时，要申报个人相关收入情况，以使有些隐性腐败得以暴露；离退休的领导干部必须申报其全部财产，并在其离退休后的连续数年继续申报其财产状况。因为权力的影响并不因公职人员离退休而即刻消失，所以，应对其权力影响进行控制、对隐瞒不报的财产予以监控。

4. 逐步公开官员财产

官员财产公开不仅是社会公众知情权的体现，也是建立法治政府的要求，我们认为需要进一步向社会公众公开官员财产。在公开官员财产方面，一些地方已经做了有益的探索和尝试，产生了较大的社会反响。如 2009 年新疆的“阿泰勒模式”采取公开申报和秘密申报相结合的办法；从 2009 年 2 月 4 日起，慈溪市开始实行被称为领导干部“廉情公示制”的“类财产申报”制度[①]；2013 年 2 月，广州参考了港澳地区官员财产公示的做法，施行《南沙领导干部重大事项申报公示》，申报的范围更加宽泛，将配偶、子女的从业情况、个人出入境情况等全部纳入了申报的范围内。

公开官员财产将是遏制权力寻租、权力腐败的利器，受我国传统文化“不露富”以及社会仇富心理等因素的影响，也要在一定程度上遵循，但是，对于官员财产的公开原则，建议：一是不同层级的官员，公开程度和公开范围应当是有区别的。什么级别的官员，就应当在什么范围内向社会公布财产情况；二是法律规定涉密信息可以不列入公开的范围，但对于无须保密的财产信息，应当在一定期限内向社会公开官员的财产信息，并置于公共场所供公众查询阅览。公开的形式可以是政府出版物、新闻发布会、政府网站，每年的人大政协会议等。

（四）健全社会监督机制

1. 畅通民意表达渠道

在收入分配监测领域，群众民意表达渠道的畅通对“黑色收入”、“血色收入”、“权力经济”等隐性收入有着较强的约束和监督作用。一是要进一步完善信访部门、举报中心、行政诉讼部门等机构的工作机制，明确各自职责、权限，加强与司法监督、行政监督等监督力量的协调性，为人民群众创造畅通的渠道来表达利益诉求；二是要建立健全民意表达保护法律制度，使人民群众的合理利益诉求得到较好地反映并得到法律保护，从而使非法收入得以被揭露。

2. 规范利用网络监督

互联网的普及和广泛应用开辟了公民参与政治的新渠道，网络监督日益成为公共政策制定过程民主化、科学化的工具。网络监督，能够形成强大的社会舆论压力，实现对政府的有效监督和制约，促进权力的廉洁和高效使用。

一是要加快公民网络监督的制度化建设。虽然我国政府已经颁布和实施了一系列有关计算机和互联网的法规和条例，如《计算机信息网络国际互联网安全保护管理办法》、《互联网信息服务管理办法》等，但是这些法律法规中很少有对公民网络监督的制度化条例，而且随着互联网技术的发展，一些条例已经显得滞后，一些有关网络行为的认定也过于原则和笼统，缺乏可操作性[②]。要根据公民网络监督出现的新问题、新情况制定相应的法律法规，可以借鉴国外网络参政

---

① 董建萍：《官员财产申报：改革趋势与制度建构》，载于《中共浙江省委党校学报》2009 年第 3 期。

② 高见：《论互联网对我国公民政治参与的影响与对策》，载于《河南城建学院学报》2009 年第 5 期。

立法的成功经验，使法律法规的制定符合我国实际。

二是要加快政府电子政务建设。信息对称既是有效监督的前提，也是有效监督的保证。因此，要加快政府电子政务建设，实现政府与社会各界的信息共享，使政府的网站真正成为公民了解政府行为和政府服务群众与公众交流的桥梁。各级政府及其职能部门必须从硬件和软件两个方面入手，促进电子政务的发展，真正建立起一座服务群众、便于群众进行监督的电子平台。

三是要加强公民网络监督道德素养建设。公民作为网络监督的主体，公民的政治素养和网络道德规范直接影响网络监督的水平和质量。政府应尽快制定网络道德规范来约束网民的行为，引导网民合法有序地参与网络监督。同时要加强网络道德教育，向网民灌输平等、民主、公正、守法的网络理念，引导人民树立起网络法律意识和网络道德意识。

第四节　规范和发展第三部门

自 20 世纪 70 年代利维特首次提出第三部门的概念以来，第三部门在被学者们使用的过程中逐渐衍生出多种含义。研究第三部门的权威学者莱斯特·M·萨拉蒙的界定获得了较为广泛的认可，第三部门与生产公共物品的公共部门（政府）和生产私人物品的私人部门（市场）相对应，各种非政府、非营利性的志愿团体、社会组织、民间协会、行业协会等都可归属到第三部门[①]。从范围上讲，第三部门是指不属于第一部门（政府）和第二部门（市场）的其他所有组织的集合；从功能上讲，第三部门从事那些政府和企业不愿意做，做不了或者做起来没有效率的事情。萨拉蒙认为西方的第三部门有组织性、民间性、非利润分配性、自治性以及志愿性等特征。

政府、市场和第三部门共同构成了现代社会结构的三大支柱。在市场经济条件下，以市场和效率为主的初次分配是社会财富最基本的分配方式，也是后两次分配的源泉；以政府和公平为主的再分配是抑制贫富差距过大的关键；而以民间和社会责任为主导的第三部门的分配则是前两次分配的补充，在规范收入分配秩序中，第三部门发挥着十分重要的作用。近年来，我国第三部门有较快发展，据

① Lester M. Salamon. Partners in Public Service: Government—Nonprofit Relations in the Modern Welfare State. John Hopkins University Press, 1995. P. 19.

统计到2011年第一季度，第三部门已达44.72万个，其中，基金会2 243个[①]。但从总体上看，我国第三部门无论在数量还是质量上都还不能满足社会的需要，第三部门在发展的过程中面临着官僚化、不适当的干预、独立性缺失、资金匮乏、自我生存与发展能力薄弱等诸多问题。这既需要第三部门加强自身能力和制度建设，又需要政府通过各种途径和方式鼓励和引导第三部门的健康发展。

一、完善相关法律制度

在影响第三部门发展的各种外部因素中，作用最大也最具决定性的是第三部门所处的制度环境，尤其是法律、法规等正式制度。现有制度对第三部门的法律地位、成立条件、发展战略、税收优惠与监管等方面的规定在一定程度上限制了第三部门的发展，需要进一步完善制度，规范慈善行为。

（一）健全有关管理制度

1. 完善登记管理制度

目前，世界各国第三部门的成立制度，主要采用登记备案制度和登报声明制度。在我国，成立社会团体实行的是严格的许可批准制，成立民办非企业实行的是有限制条件（如需有政府部门作为业务主管部门等）的登记制度，这就使第三部门成立的手续烦琐、发展受到一定限制。为保障公民结社自由、保证第三部门发挥最大作用，应逐步取消第三部门成立的许可批准制，建立“备案登记、法人登记、公益法人登记”的三级登记注册制度，营造一个有利于第三部门组织健康成长的制度环境，将第三部门的组织管理工作纳入法制化轨道。

2. 建立慈善事业法律法规

鼓励建立各种慈善基金组织，并降低成立私人基金会门槛，促进慈善事业的发展。在法律上进一步明确慈善组织的性质、慈善活动的程序、慈善活动的监督机制、慈善事业的主管部门，规范慈善事业的进入、评估、监管、公益产权的界定与转让、融投资、退出等行为，为慈善公益事业的发展提供标准的规范蓝本和管理制度。

3. 加强外部审计监督

如何使善款的使用公开、透明、规范，从而提高慈善组织的社会公信力，是关系到第三部门发展的重要问题。慈善事业的发展方向是“透明慈善”，它包含

---

① 转引自《中国第三部门23年增约百倍，基金会总数8年翻番》，《解放日报》，2011年10月17日，http：//www.chinanews.com/gn/2011/10－17/3393516.shtml。

财富来源及捐赠的透明化和慈善组织运作的透明化。要做到慈善透明，必须进一步加强慈善组织的外部审计监督，使财富的产生、流向都能被政府和公众知晓，以提高善款使用效率和透明度，杜绝慈善腐败。

4. 完善配套法律法规

完善公益事业法律法规，开征遗产税、赠与税等特殊税种。遗产税具有强大的社会财富再分配功能，遗产税依据其高额的税率成为最能激励慈善捐赠的税种之一。在美国，"富不过三代"的社会法则，使很多美国富豪更愿意把财产拿出来做公益事业。美国遗产税采用全额累进税率，遗产的价值超出65万美元，遗产税适用税率为37%，一旦遗产的总额达到300万美元以上时，税率高达55%，且受益人必须在缴纳遗产税后才能继承遗产①。虽然目前美国已经取消了遗产税，但遗产税在当时的确对美国的财富分配发挥了十分重要的作用。对于大部分富人来说，通过权衡得失，与其多半被征税，不如捐给慈善事业。这样不仅能合理避税，而且还可以回报社会并留下美名。因此，遗产税、赠与税的开征将激发高收入阶层尤其是先富阶层、企业和个人参与慈善的积极性。

（二）完善税收激励制度

税收激励是第三部门发展的重要刺激因素，也是政府鼓励和支持第三部门发展的一项重要举措。根据我国现行税收制度规定，当前我国第三部门税收激励制度主要包括两方面：一方面针对第三部门本身的税收优惠制度，另一方面是针对捐赠者的税收激励制度。

1. 针对第三部门本身的税收优惠激励制度

首先，实施独立的免税资格认证制度。目前，在我国第三部门组织依法成立时，就同时具有了免税资格，以后就不再到税务机关办理任何认证或审核和审批手续。这种制度很容易使那些已经通过资格认定的假非营利组织和挂靠非营利组织的经营性组织混入享受税收优惠的行列。因此，政府应当通过税收立法规定，凡依法成立的非营利组织都是法定纳税人，相应的登记管理机关有义务在一定期限内向税务机关通报非营利组织的成立或撤销情况；非营利组织也应按期向当地税务机关进行纳税登记，并申请免税资格。经税务机关审核后，对于那些符合免税资格条件的申请单位给予免税资格。

其次，完善纳税申报和税收征管制度。在这方面可以借鉴国外的做法，实施普遍税务登记，而不只是以发生纳税义务作为办理税务登记的条件，以便保障税

---

① 周旭亮著：《非营利组织"第三次分配"的财税激励制度研究》，经济科学出版社2010年版，第24页。

务机关及时掌握非营利组织的设立、变更、注销等情况，对非营利组织实施有效的税收控管。此外，各类非营利组织依照税法规定应当如实向税务机关办理纳税申报，税务机关定期将申报的信息向社会公开，纳税人有权在规定的期限内查阅相应的税务信息。

最后，制定第三部门的分类税收激励制度。对于公益性程度不同的组织，应区别使用不同的税收优惠政策。我国目前应大力培育和支持社会急需的几类公益性组织，在政策上给予优惠和倾斜：一是公益类的社会团体；二是为弱势群体服务的组织；三是在社区内部活动，为社区服务的社团；四是解决特定问题的组织。而互益性非营利组织只能享有一般性的税收优惠政策。这是因为，互益性的非营利组织有可能是富人俱乐部（如高尔夫协会），且组织的互益性决定它只为会员谋取利益，过多优惠政策，就会背离第三部门参与分配的社会收入均等化效应，无助于社会福利的提高①。

2. 针对捐赠者的税收激励制度

健全社会捐赠的相关制度。改变政府在慈善事业中的主导地位，解除公民捐款只能投向个别具有政府背景的慈善组织的限制，开放民间组织从事慈善的空间。在此基础上消除对官办慈善组织与民间慈善组织给予不同免税额度的税收优惠差异。我国对企业捐赠的免税政策，应当提高捐赠税收的减免比例，降低捐赠成本；健全鼓励和引导社会捐赠的相关制度和政策，对公益事业的捐赠款项实行全额税前列支或抵扣；根据个人与企业、实物与货币性捐赠及捐赠预期目标的不同，设计差别税收优惠政策，真正将社会捐赠的优惠政策落到实处。

二、加强第三部门自身的建设

第三部门的发展，虽然受到社会外部环境的制约，但其发展前景依然与其自身的建设密切相关。第三部门只有加强自身建设，才能充分利用其内部与外部的各种积极因素，较好地实现其使命，从而赢得组织自身生存与发展的权利。

（一）完善自身的组织建设与治理

1. 明确目标和宗旨

第三部门的建设要从组织的治理着手。组织的治理与管理不同，它的核心问

① 周旭亮著：《非营利组织“第三次分配”的财税激励制度研究》，经济科学出版社 2010 年版，第 139～140 页。

题是解决该组织的政策和组织特性，即要解决该组织的前景、使命以及未来的发展方向和长期的战略任务。在我国，有些非营利组织在成立之初会经历一个短暂的快速发展时期，之后便逐渐萎缩直至消亡，其中一个重要原因是缺乏对组织宗旨与使命的战略管理。组织的宗旨、使命可以起到道德自律的作用，通过提升组织负责人的使命感和责任感，促使组织经费高效、廉洁地用于公益性目标。从创设之日起，第三部门就应确立它的使命和价值观，然后在价值观的指导下，对该组织的未来作出总体规划，并确立组织活动所应达到的目标以及实现这些目标的方法和措施。

2. 完善组织内部的结构和决策机制

一是建立和完善以章程为核心的内部管理制度。二是提高自身的筹资能力。资金是任何一个第三部门组织赖以生存的一项重要资源，第三部门应努力扩大资金资助的渠道，并对所筹资金进行合理有效的使用，以保障组织的持续发展。三是培养民主管理风气，发挥组织的工作潜力，实现组织在发展过程中的整体效率。要形成完善的治理结构，第三部门组织内部要设立董事会，负责组织的战略决策以及选择和监督组织负责人；要建立民主决策制度，以避免组织内部存在的家长制作风；要提升组织的经营管理能力和更新经营观念，包括募款战略、募款技术、市场营销等，这对组织的生存至关重要。

3. 加强人才队伍建设

作为组织本身发展而言，人力资源是最重要的资源，第三部门组织治理目标、管理目标以及效率目标的实现，最终都取决于其组织内部的人员构成，这都需要重视人才队伍建设。第三部门能力不足的一个重要方面是具有创新能力的人才不足。我国第三部门的工作人员以兼职人员为主，许多自下而上的非营利组织则主要依靠志愿者开展活动。要吸收优秀的创新性人才进入到组织中来，这就要求打破人才进入的壁垒，完善第三部门组织员工就业和社会保障方面的法规政策，在尽可能的范围内提高专职员工的薪酬水平，为志愿者提供保险、活动费用等方面的保障，以建立吸收优秀人才的固定渠道，并最终形成新的社会择业标准。

（二）建立行业自律和自身问责机制

建立完善的组织责任机制，是第三部门组织生存和健康发展的关键。由于第三部门的志愿性和公性益特征，尤其强调利他和奉献，社会对它们的责任要求更高。第三部门的任何违规行为不仅会直接影响整个第三部门的声誉，而且会让人们对其存在的合理性和合法性产生怀疑，沉重打击公众的道德与信念。

根据目前我国第三部门的发展现状，尽管政府始终对第三部门发展严格限制，但始终没有能够对第三部门组织进行正常的管理，而且我国来自社会监督的力量也极为薄弱。因此，第三部门应主动建立行业自律机制，制定本行业的职业道德标准、行为规范以及组织管理规定等，自觉遵守，并鼓励会员组织之间相互监督、互相制约。第三部门应提高金融责任意识，建立有效的财务体系和外部独立的审计制度，根据组织活动的目标和规则，对资金的运作效果作出适时的评估，并定期或不定期地作出财务报告，以接受资助者对其资金运用的监督和评估。

此外，还需要建立问责机制。“问责性评估是确保非营利组织诚信的一种制度安排，它的功能在于帮助非营利组织树立社会公信度”[①]。若缺乏问责机制，第三部门将与政府部门相似，面临腐败的问题。因此，公益组织应当加强与社会的信息交流，在法律范围内制度化地从事公益事业，提高透明度，防止慈善腐败的发生，并且严厉惩治慈善腐败行为。

（三）提高第三部门的社会公信度

在我国，社会公信度不高，给非营利组织的筹款带来了很大的障碍，同时也很难动员志愿者为组织效力。这是造成我国非营利组织志愿危机的主要原因。大多数非营利组织在沟通政府与企业与社会的关系方面以及满足社会需求、解决社会问题方面发挥了积极作用。公众尤其是媒体在对非营利组织进行监督的同时，对其积极作用也要给予相应的报道，提高人们对非营利组织全面、正确的认识，提高组织的社会公信度。

要提高非营利组织的社会公信力，就必须扩大社会力量，主要是新闻媒体和社会公众参与非营利组织，形成社会力量与非营利组织的互动和社会舆论对非营利组织的监督。非营利组织必须面向新闻媒体、面向公众，从社会资源中获得展开公益活动的资金，并以有成效的工作为社会提供服务。在服务活动过程中，通过与新闻媒体、公众的互动，达成与新闻媒体、公众之间善意的相互理解，建立并维护与新闻媒体、公众之间的信任与互动。

三、规范第三部门与政府的关系

我国第三部门的发展，受到政府、企业、海外势力等外部力量的影响，其中，政府是最强大的控制因素。理顺并规范第三部门与政府之间的关系，对第三部门的发展至关重要。

---

① 邓国胜：《非营利组织 APC 评估理论》，载于《中国行政管理》2004 年第 10 期。

（一）深入推行政社分开

创造条件使第三部门尽快成长，增强独立性，真正成为与政府和市场脱钩、以供给公共物品为宗旨的第三部门。政府执政方式的转变体现在，由微观管理转向宏观管理，由控制转向引导，由强调“管”转向强调服务，由依靠命令转向推动立法、依赖法制。政府在社会事务领域也开始权力下放，一些政府无力承担的领域转而“社会事务社会办”，这为第三部门的生存与发展提供了的空间。

推行政社分开要求政府与第三部门组织在机构、人员、资产、财务等方面都彻底分开。割断政府与其所属民间组织的脐带，赋予第三部门独立的权利能力和行为能力，使第三部门真正成为在人事、资金和活动等方面自立、自主、自治的社会组织，建立政府与民间组织间的指导与合作伙伴关系。近年来，各地都在积极推进，比如，广东省《关于进一步促进公益服务类社会组织发展的若干规定》要求推进第三部门组织民间化，“每个公益性社会团体中兼任领导职务的国家机关工作人员不得超过1名”。北京市也出台了《关于加快推进社会组织改革与发展的意见》、《北京市党政机关领导干部不兼任社会团体领导职务的实施办法》等文件，促进第三部门组织的民间化发展。

（二）建立统一协调的行政监管体制

我国现行民间组织管理体制在名义上统一归到民政部门下的民间组织登记管理机关，事实上相当一部分权责分散到各级各类业务主管单位，使得我国第三部门的发展面临多头监管、重复监管，不仅各个监管部门之间彼此信息不通、政令不一，而且监管力量分散，随意性强。建立统一协调的行政监管体制是我国第三部门管理工作面临的一大任务。

可以在现行的民政部门民间组织管理系统基础上，筹建一个独立的民间组织监管委员会，并建立全国性的民间组织监管体系，改革现行双重管理体制。一方面统一协调各个不同政府部门之间围绕第三部门监管问题的关系、权责和利益；另一方面统一信息、统一政令，将中国境内所有第三部门置于国家统一的行政监管体制和相关政策的框架内。在这方面，英国慈善委员会的经验很值得我们借鉴。

根据英国法律，慈善委员会是政府主管民间公益性事业，即慈善事业的独立机关。《1960年慈善法》（The Charities Act 1960）就规定，由慈善委员会承担注册机关的职能，对全国的民间公益性组织进行统一的强制性注册。《2006年慈善法》也坚持了注册管理这一做法，如果一个民间组织最终能够成功注册为慈善机构，那么它就会得到一个只属于自己的慈善注册编号。注册完成后，注册组织必须及时通知慈善委员会自己的任何变化。对于已经注册的民间公益性组织，慈善委员会依法拥有很大的管理权限，包括一定的行政执法权。当慈善委员会发现，或者公众投诉举报，民间公益性组织存在比较严重的违法行为，或者其托管人发生了比较大的问题，已经危害到慈善财产安全、公益性事业的声望和公众利益时，若其他的措施都不足以解决问题、消除危害，那么慈善委员会可以依法启动调查程序，对有关的民间公益性组织展开正式调查①。

（三）加强政府与第三部门的合作

第三部门组织作为社会中的一种结社力量，在政治上制约政府权力，其实质是起到了促进政治民主化的作用。第三部门影响、参与公共政策的制定与执行，一方面体现了公共治理的思想，另一方面体现了社会制约权力的思想。应建立政府与第三部门的协作伙伴关系，政府应主动寻求与第三部门建立联合治理的格局，比如，可邀请第三部门参与决策，也可通过“委托赋权”等，将某些专项公共服务交给相关专业的第三部门，以满足公众的多样化需求。

第三部门提供社会公共服务的目的，是为了弥补政府在提供公共服务方面的不足，重点是为弱势群体提供服务，缓解政府在提供公共服务中存在的不公平问题，同时为少数人提供特殊服务需要。随着第三部门组织数量明显增加，规模逐渐增大，能力不断提升，其在提供社会服务方面的作用明显增强。例如，在香港，处于政府和市场之外的第三部门非常活跃。经过多年发展，香港政府推出的契约外包、政府购买等主张，都强调应结合民间的资源与力量来推展各项社会福利方案，福利的责任应该由公共部门、营利部门、非营利部门和家庭小区等共同负担。各种新形态的服务方式纷纷出笼，其中由政府提供部分设备、交由民间非营利组织独立经营的公设民营机构服务，或由政府出资向民间购买的方案式契约服务，较为常见。② 一方面可发挥政府服务资源稳定与公平正义等特性；另一方面也可借用民间机构弹性、创新等特点，为社会困难群体提供具体而适合的服务。

---

① 国务院法制办公室网：《慈善委员会——英国民间公益性事业的总监管》，2007 年 6 月 15 日，http：//www. chinalaw. gov. cn/article/dfxx/zffzyj/200706/20070600057239. shtml。

② 转引自《中国第三部门渐进——不同于政府和企业的“第三部门”》，《瞭望东方周刊》，2010 年 9 月 12 日，http：//news. cn. yahoo. com/ypen/20100912/21359_1. html。

四、倡导公益慈善

（一）倡导公益理念

目前，我国已经有相当一部分企业和个人参与到资助弱势群体的行动中来，但还需要政府在全社会进一步倡导慈善意识和公益理念，传播慈善文化，使传统慈善文化个体的恻隐之心发展成为有意识、有组织的活动，广泛动员社会各界来支持慈善事业的发展。

从整体上说，我国第三部门目前还处于起步阶段，社会捐赠规模较小、基础薄弱、发展滞后；慈善机构数量少，民众的力量还有发挥的巨大空间。据测算，我国和美国人均收入比为1∶38，而人均慈善捐款比却是1∶7 300[①]。从慈善捐赠的来源结构看，在美国，普通人的捐赠额占当年捐赠总额的80%左右，其中，包括小额和常态捐赠[②]。基于我国第三部门的现状，政府应当大力倡导“人人公益”的理念，将扶贫济困、互相帮助、奉献社会的慈善文化建设，纳入社会主义和谐社会建设中；鼓励社会树立帮助弱势群体、“回报社会”等社会责任感。

（二）鼓励慈善活动

首先，鼓励建立各种慈善基金组织，并降低成立私人基金会门槛，促进慈善事业的发展。其次，鼓励各种性质的慈善捐赠活动，为弱势群体提供更多的援助，大力鼓励平民慈善。如果说企业家、富豪的慈善是慈善的物质之源，那么，普通平民的慈善则是使慈善做大做强的根本。社会成员的普遍参与，有利于形成促进慈善行为与慈善事业发展的社会氛围，使慈善事业具有更加广泛、更加坚实的经济与社会基础，这也是世界各国慈善事业发展的基本规律。

此外，应借助媒体的力量关注和鼓励慈善活动。媒体的社会功能在于引导公众，激励公众，政府需要通过多种方式，广泛宣传乐善好施的精神和事迹。例如，2008年汶川地震和2010年玉树地震中，涌现出了许多助人、施善的典型事迹，对这些事迹要大力宣传，在全社会弘扬这种美德，使人们能够把爱心、奉献精神视为社会主流，激发公众和企业参与慈善事业的热情。

---

① 毛磊：《乐善好施缺失机制》，载于《紫光阁》2006年第3期。

② 康晓光、冯利主编：《2011中国第三部门观察报告》，社会科学文献出版社2011年版。

第五节 本章小结

针对我国收入分配秩序混乱的现象，政府采取有效措施对分配秩序进行规范和调节具有必要性和紧迫性。目前我国的收入分配在很大程度上处于一种非规范状态，本章主要依据前文分析的关于收入分配秩序混乱的核心和重点问题，在借鉴国际经验的基础上，提出规范收入分配秩序的若干对策建议。

一是正确处理劳资关系。基于劳资关系的市场失灵，以及在我国转型期，非公有制企业和国有企业中劳资关系出现的新变化，政府必须针对非公有制企业和国有企业中劳资关系的新变化适时干预，以保护劳资双方的合法权益。政府应在完善劳动法律法规、健全企业工资制度、构建劳资关系协调机制和完善劳动者的社会保障制度等方面发挥强有力的作用。

二是缩减公共权力与严厉清除腐败。在我国经济体制转轨过程中，腐败和权力资本化趋势恶化了收入分配秩序，因而，政府需要采取各种有效措施，缩减公共权力，严厉清除腐败。为此，政府需要进行退位和归位的重新选择。对于缩减公权力，采取的措施主要包括建设服务型政府、提高公权力运作的透明度、推进民主政治建设以及运用法制规范公权力。清除腐败的措施则主要包括加强廉政建设、精简机构，建立科学合理的行政体制、加强反腐败的制度建设、严厉打击商业贿赂、加强行政监督以及净化行政环境以及非正式制度建设。

三是防范和治理隐性经济。隐性经济是导致我国收入分配秩序混乱和分配领域矛盾加剧的罪魁祸首。首先，规范收入分配秩序，必须针对隐性经济产生的不同来源进行分类治理。治理的着力点应集中在两个方面：严厉打击和取缔非法收入；使灰色收入规范化。其次，建立健全收入监测系统。当前收入分配监测系统的缺失，客观上进一步加剧了收入分配秩序的混乱，政府也难以掌握当前我国居民收入分配的真实状况，不利于公共政策的制定者做出科学决策。为此，应建立健全收入分配的监测系统，主要包括：建立个人征信体系；加强税收稽查管理；建立官员财产申报制度；健全社会监督机制。

四是规范和发展第三部门。第三部门在规范收入分配秩序中发挥着十分重要的作用。第三部门的分配不仅是政府调节收入分配的重要补充，而且还可以借助第三部门的力量抵制市场暴政和制约公共权力。为了促进第三部门的发展，政府应当采取有效措施，鼓励和引导第三部门的发展，这些措施主要包括：完善相关法律制度、加强第三部门的自身建设、规范第三部门与政府的关系，以及通过倡导公益理念、鼓励慈善活动，进而促进慈善文化和慈善事业的发展。

参考文献

[1] Aguiar A. M. and Amador M. , *Fiscal policy in debt constrained economies*, NBER Working Papers No. 17457, 2011.

[2] Ahmed, E. , Rosser, J. B. , Rosser, M. V. , *Income inequality, corruption, and the non-observed economy: a global perspective*, presented at the conference: New Economic Windows 2004: Complexity Hints for Economic Policy, Salerno, Italy, 2004.

[3] Ahumada, H. , Alvaredo, F. , Canavese, A. , *The monetary method and the size of the shadow economy: a critical assessment*, *Review of Income and Wealth*, Vol. 53, No. 2, 2007, pp. 363 – 371.

[4] Aigner, D. , Schneider, F. , Ghosh, D. *Me and my shadow: estimating the size of the US underground economy from time series data*. in: W. Barnett, E. Berndt, H. White (Eds.), Dynamic Econometric Modeling, Cambridge University Press, Cambridge (Mass.), 1998.

[5] Alanon, A. , Gomez-Antonio, M. , *Estimating the size of the shadow economy in Spain: a structural model with latent variables*, *Applied Economics*, Vol. 37, 2005, pp. 1011 – 1025.

[6] Antr'as, P. , *Is the US aggregate production function cobb-douglas? new estimates of the elasticity of substitution*, Journal of Macroeconomics, Vol. 4, No. 1, 2004, pp. 387 – 423.

[7] Arrow, K. J. , Chenery, H. B. , Minhas, B. S. and Solow, R. M. , *Capital-labor substitution and economic efficiency*, Review of Economics and Statistics, Vol. 43, No. 3, 1961, pp. 225 – 250.

[8] Bajada, C. , *Unemployment and the underground economy in Australia*, Applied Economics, Vol. 37, 2005, pp. 177 – 189.

[9] Bajada, C. , Schneider, F. , *The shadow economic of the Asia-Pacific*, Pa-

cific Economic Review, Vol. 10, No. 3, 2005, pp. 379 -401.

[10] Barro, R. J. and Sala-i-Martin, X. Economic Growth. 2nd Edition, MIT Press, Cambridge, MA, 2004.

[11] Berthold, N., Fehn, R., and Thode, E., *Falling labour share and rising unemployment: long-run consequences of institutional shocks?*, German Economic Review, Vol. 3, 2002, pp. 431 -459.

[12] Bhattachary, D. K., *An econometric method of estimating the "hidden economy", United Kingdom (1960 - 1984): estimates and test*, The Economic Journal, Vol. 100, No. 40, 1990, pp. 703 -717.

[13] Bian, Yanjie, Xiaoling Xu, and John R. Logan, *Commumist party membership and regime dynamics in china*, Social Forces, Vol. 79, 2001, pp. 805 -842.

[14] Blackburn, K. and G. F. Forgues-Puccio, *Distribution and development in a model of misgovernance*, European Economic Review, Vol. 51, No. 6, 2007, pp. 1534 -1563.

[15] Blanchard, O. J., *The medium run*, Brookings Papers on Economic Activity, Vol. 2, 1997, pp. 89 -185.

[16] Blinder, A. S., *Wage discrimination: reduced form and structural estimates*, Journal of Human Resources, Vol. 8, No. 4, 1973, pp. 436 -455.

[17] Bordignon, M., Zanardi, A., *Tax evasion in Italy*, Giornale degli Economisti e Annali di Economia, Vol. 56, 1997, pp. 169 -210.

[18] Box, G. and Cox, D., *An analysis of transformations*, Journal of the Royal Statistical Society, Vol. 26, Series B, 1964, pp. 211 -243.

[19] Caballero, R. J. and Hammour, M. L.. *Jobless growth: appropriablity, factor substitution and unemployment*, Carnegie-Rochester Conference Proceedings, Vol. 48, 1998, pp. 51 -94.

[20] Cagan, P., *The demand for currency relative to the total money supply*, Journal of Political Economy, Vol. 66, No. 3, 1958, pp. 302 -328.

[21] Chaudhuri, K., Schneider, F. and Chattopadhyay, S., *The size and development of the shadow economy: an empirical investigation from states of India*, Journal of Development Economics, Vol. 80, 2006, pp. 428 -443.

[22] Chong, A. and C. Calderón, *Institutional quality and income distribution*, Economic Development and Cultural Change, Vol. 48, 2000, pp. 761 -786.

[23] Chow, Gregory C, *A model of chinese national income determination*, The Journal of Political Economy, Vol. 93, No. 4, 1985, pp. 782 -792.

[24] Christopher A. Pissarides. *Equilibrium Unemployment Theory*. The MIT Press, 2000.

[25] Coes, D. V., *Income distribution trends in Brazil and China: Evaluating absolute and relative economic growth*, The Quarterly Review of Economics and Finance, Vol. 48, 2008, pp. 359-369.

[26] Commission of the European Communities, International Monetary Fund. Organisation for Economic Cooperation and Development. United Nations. World Bank. System of National Accounts. New York, 1993.

[27] Daniel. R. Denison, *Toward a theory of organizational culture and effectiveness*, Organizational Science, Vol. 6, No. 2, 1995, pp. 204-223.

[28] David and North. Institutional Change and Economic Growth. London: Cambridge University Press, 1971.

[29] David Han-Min Wang, Jer-Yan Lin and Tiffany Hui-Kuang Yu, *A MIMIC approach to modeling the underground economy in Taiwan*, Physica A, Vol. 371, 2006, pp. 536-542.

[30] David, P. A. and van de Klundert, T., *Biased efficiency growth and capital-labor substitution in the US*, 1899-1960, American Economic Review, Vol. 55, No. 3, 1965, pp. 357-394.

[31] Dell' Anno, R. and Schneider, F., *The shadow economy of Italy and other OECD countries: What do we know?*, Journal of Public Finance and Public Choice, Vol. 21, 2003, pp. 97-121.

[32] Dell' Anno, R., *The shadow economy in Portugal: an analysis with the MIMIC approach*, *Journal of Applied Economics*, Vol. 10, 2007, pp. 253-277.

[33] Dell' Anno, R., Gómez-Antonio, M. and Pardo, A., *The shadow economy in three Mediterranean countries: France, Spain and Greece, A MIMIC approach*, Empirical Economics, Vol. 33, 2007, pp. 51-84.

[34] Dell' Anno, R. and Solomon, O. H., *Shadow economy and unemployment rate in USA: is there a structural relationship? An empirical analysis*, Applied Economics, Vol. 40, 2008, pp. 2537-2555.

[35] Diamond, P. A. and McFadden, D., *Identification of the elasticity of substitution and the bias of technical change: an impossibility theorem*, Working Paper No. 62, University of California Berkeley, 1965.

[36] Diamond, P. A., McFadden, D., and Rodriguez, M., *Measurement of the elasticity of substitution and bias of technical change*, In Fuss, M. and McFadden,

D. , editors, Production Economics, Vol. 2. Amsterdam and North Holland, 1978.

[37] Dincer, O. C. , and B. Gunalp, *Corruption, income inequality, and poverty in united states*, FEEM Working Paper No. 54, 2008.

[38] Dobre, I. , Alexandru, A. , *Estimating the size of the shadow economy in Japan: A structural model with latent variables*, Economic Computation and Economic Cybernetics Studies and Research, Vol. 1, 2009, pp. 43 – 67.

[39] Duffy, J. and Papageorgiou, C. , *A cross-country empirical investigation of the aggregate production function speci? cation*, Journal of Economic Growth, Vol. 5, No. 1, 2000, pp. 86 – 120.

[40] Feige, E. L. , *The underground economy and the currency enigma, Supplement to Public* Finance/Finances Publiques, Vol. 49, 1994, pp. 119 – 136.

[41] Fields, G. S. , *Accounting for Income Inequality and its change: a new method, with application to the distribution of earnings in the United States*, Research in Labor Economics, Vol. 22, 2003, pp. 1 – 38.

[42] Fields, G. S. and Yoo, G. , *Falling labor income inequality in korea's economic growth: patterns and underlying causes*, Review of Income and Wealth, Vol. 46, No. 2, 2000, pp. 139 – 159.

[43] Fleming M. , Roman J. and Farrell G. , *The shadow economy*, Journal of International Affairs, Vol. 53, No. 2; 2000, pp. S387 – S412.

[44] Frey, B. S. and Weck-Hannemann, H. , *The hidden economy as an "unobservable" variable*, European Economic Review, Vol. 26, 1984, pp. 33 – 53.

[45] Friedman. M. , A theory of the consumption function, Princeton: Princeton University Press, 1957.

[46] Gallagher Mary Elizabeth. *Contagious Capitalism: Globalization and the Politics of Labor in China.* Princeton. New Jersey: Princeton University Press, 2005.

[47] Giles, D. E. A. and Tedds, L. M. *Taxes and the canadian underground economy.* Canadian Tax Paper No. 106, Canadian Tax Foundation, Toronto/Ontario, 2002.

[48] Giles, D. E. A. , *Measuring the hidden economy: Implications for econometric modeling*, The Economic Journal, Vol. 109, 1999a, pp. F370 – F380.

[49] Giles, D. E. A. , *Modelling the hidden economy and the tax-gap in New Zealand*, Empirical Economics, Vol. 24, 1999b, pp. 621 – 640.

[50] Glaeser, E. L. and R. E. Saks, *Corruption in America*, Journal of Public Economics, Vol. 90, 2006.

[51] Gregory M. N., Romer, David and Weil, David N., *A contribution to the empirics of economic growth*, The Quarterly Journal of Economics, Vol. 107, No. 2, 1992, pp. 407 – 437.

[52] Guo, J. T. and Lansing, K. J., *Capital-labour substitution and equilibrium indeterminacy*, Journal of Economic Dynamics and Control, Vol. 33, No. 12, 2009, pp. 1991 – 2000.

[53] Gupta, S., H. Davoodi, and R. Alonso-Terme, *Does corruption affect income inequality and poverty?*, Economics of Governance, Vol. 3, 2002, pp. 23 – 45.

[54] Gymiah-Brempong, K., and Gymiah-Brempong, S. M, *Corruption, growth and income distribution: are there regional difference?*", Economics of Governance, Vol. 7, No. 3, 2006, pp. 245 – 269.

[55] Hall R. E, A. B. Krueger, *Evidence on the Determinants of the Choice between wage posting and wage bargaining*, NBER Working Paper 16033, 2010.

[56] Heidenheimer, A. J., Johnston M. and Levine, V. *Political Corruption: A handbook*. New Brunswick, NJ: Transaction, 1989.

[57] Hill, R. and Kabir, M., *Currency demand and the growth of the underground economy in Canada*, 1991 – 1995, Applied Economics, Vol. 32, 2000, pp. 183 – 192.

[58] Hongbin Li, Yi Zhu., *Income, income inequality, and health: Evidence from China*, Journal of Comparative Economics, Vol. 34, No. 4, 2006, pp. 668 – 693.

[59] Hosios A., *On the efficiency of matching and related models of search and unemployment*, The Review of Economic Studies, Vol, No. 2, 1990, pp. 279 – 298.

[60] Ihrig, J., Moe, K., *Lurking in the shadows: the informal sector and government policy*, *Journal Development Economic*, Vol. 73, 2004, pp. 541 – 557.

[61] Isachsen, A. J., Strom, S., *The size and growth of the hidden economy in Norway*, Review of Income and Wealth, Vol. 31, 1985, pp. 21 – 38.

[62] John H. R. *The theory of wages*. Second Edition, London: MacMillan and Co, 1932.

[63] Johnson, S., Kaufmann, D. and Zoido-Lobatón, P., *Regulatory discretion and the unofficial economy*, The American Economic Review, Vol. 88, 1998, pp. 387 – 392.

[64] Johnson, S., Kaufmann, D. and Shleifer, A., *The unofficial economy in transition*, Brooking Paper Economic Action, Vol. 2, 1997, pp. 15 – 221.

[65] Jöreskog, K. G. and Goldberger, A. S., *Estimation of a model with multiple indicators and multiple causes of a single latent variable*, Journal of the American Statistical Association, Vol. 70, 1975, pp. 631 - 639.

[66] Juan Carlos Conesa, Sagiri Kitao and Dirk Krueger, *Taxing capital? not a bad idea after all!*, American Economic Review, Vol. 99, No. 1, 2009, pp. 25 - 48.

[67] Julia. K. The political economy of corruption in china, New York: M. E. Sharpe, 1997.

[68] Kaas, L. and von Thadden, L., *Unemployment, factor substitution, and capital formation*, German Economic Review, Vol. 4, 2003, pp. 475 - 495.

[69] Kanbur, Ravi and Xiaobo Zhang, *Which regional inequality: rural-urban or coast-inland? an application to china*, Journal of Comparative Economics, Vol. 27, 1999, pp. 686 - 701.

[70] Kanbur, Ravi and Xiaobo Zhang, *Fifty years of regional inequality in china: a journey through central planning, reform, and openness*, Review of Development Economics, Vol. 9, 2005, pp. 87 - 106.

[71] Karl Marx. Edward Aveling (Translator). *Capital: A Critique of Political Economy (Volume I)*. Progress Publishers, Moscow, USSR, 1956.

[72] Keynes, J. M.. *General Theory of Employment, Interest and Money*. New York: Harcourt, Brace and Co, 1936.

[73] Khan, A. R. and Carl, R., *Income inequality in china: composition, distribution and growth of household income, 1988 to 1995*, The China Quarterly, Vol. 154, 1998, pp. 221 - 253.

[74] Kim. S. Cameron and Robert. E. Quinn. *Diagnosing and Changing Organizational Culture: Based on the Competing Values Framework*. Jossey-Bass, 2011.

[75] Kline, R. B. *Principles and Practice of Structural Equation Modeling*. Second Edition, New York: Guilford Press, 2004.

[76] Klump, Rainer, and Saam, Marianne. *Calibration of Normalized CES Production Functions in Dynamic Models*. Goethe University Frankfurt., 2007.

[77] Knight, J. and Li Shi, *Wages, firm profitability and labor market segmentation in urban china*, China Economic Review, Vol. 16, 2005, pp. 205 - 228.

[78] Larry E. Jones, Rodolfo E. Manuelli and Peter E. Rossi, *On the optimal taxation of capital income*, Journal of Economic Theory, Vol. 73, 1997, pp. 93 - 117.

[79] Le'on-Ledesma, M., McAdam, P. and Willman, A., *Estimating the*

Elasticity of Substitution with Biased Technical Change, American Economic Review, Vol. 100, No. 4, 2010, pp. 1330 - 1357.

[80] Li, H., L. Xu, and H. Zou, *Corruption, income distribution, and growth*, Economics and Politics, Vol. 12, No. 2, 2000, pp. 155 - 182.

[81] Lippert, O., Walker, M. *The Underground Economy: Global Evidences of its Size and Impact*, Vancouver, B. C.: The Frazer Institute, 1997.

[82] Loayza, N. V., *The economics of the informal sector: A simple model and some empirical evidence from Latin America*, Carnegie-Rochester Conference Series on Public Policy, Vol. 45, 1996, pp. 129 - 162.

[83] Lu. Tao and Wang, *Union effects on performance and employment relations: Evidence from China*, China Economic Review, Vol. 21, 2010, pp. 202 - 210.

[84] Mauleon, I. and Sarda, J., *Income measurement and comparisons*, International Advances in Economic Research, Vol. 6, 2000, pp. 475 - 487.

[85] Max Weber, *Economy and society*. New York: Bedminister Press, 1968.

[86] Mehrara, M., Firouzjaee, B. A. and Gholami, A., *The corruption and income distribution in opec and oecd countries: a comparative study*, International Journal of Economics and Research, Vol. 2, No. 6, 2011, pp. 51 - 61.

[87] Meng, Xin, *Economic restructuring and income inequality in urban china*, Review of Income and Wealth, Vol. 50, No. 3, 2004, pp. 357 - 379.

[88] Merz Monica, *Search in the Labor Market and the Real Business Cycle*, Journal of Monetary Economics, Vol. 36, 1995, pp. 269 - 300.

[89] Mincer, J. Schooling, experience, and earnings. New York: Columbia University Press, 1974, pp. 43 - 63.

[90] Morduch, J. and Sicular, T., *Politics, growth, and inequality in rural China: does it pay to join the Party?*, Journal of Public Economics, Vol. 77, 2000, pp. 331 - 356.

[91] Morduch, J. and Sicular, T., *Rethinking inequality decomposition, with evidence from rural China*, The Economic Journal, Vol. 112, 2002, pp. 331 - 356.

[92] Mortensen Dale T. Wage Dispersion: Why Are Similar Workers Paid Differently? The MIT Press, 2003.

[93] Mortensen Dale T., *Wage Dispersion in the Search and Matching Model with Intra-Firm Bargaining*, NBER Working Papers 15033, 2009.

[94] Mortensen Dale T., *Markets with Search Friction and the DMP Model*, *American Economic Review*, Vol. 101, 2011, pp. 1073 - 1091.

[95] Nee, V., *The emergence of a market society: changing mechanisms of stratification in china*, American Journal of Sociology, Vol. 101, No. 4, 1996, pp. 908 -949.

[96] Nee, V., *A Theory of Market Transition: From Redistribution to Market in State Socialism*, American Sociological Review, Vol. 54, No. 5, 1989, pp. 663 - 681.

[97] Oaxaca, R. L., *Male-Female wage differential in urban labor markets*, International Economic Review, Vol. 14, No. 3, 1973, pp. 693 -709.

[98] Olivier Blanchard, Jordi Gali, *Labor Markets and Monetary Policy: A New-Keynesian Model with Unemployment*, NBER Working Papers 13897, 2008.

[99] Orviska, M., Caplanova, A., Medved, J. and Hudson, J., *A cross-section approach to measuring the shadow economy*, Journal of Policy Modeling, Vol. 28, 2006, pp. 713 -724.

[100] Parish, W. L. and Michelson, E., *Politics and markets: dual transformation*, American Journal of Sociology, Vol. 101, 1996, pp. 1042 -1059.

[101] Pickhardt, M., Pons, J. S., *Size and scope of the underground economy in Germany*, Applied Economics, Vol. 38, 2006, pp. 1707 -1713.

[102] Pissarides Christopher A., *Equilibrium in the Labor Market with Search Frictions*, American Economic Review, Vol. 101, 2011, 1092 -1105.

[103] Pissarides, C., Weber. G., *An expenditure-based estimate of Britain's black economy*, Journal of Public Economics, Vol. 39, 1989, pp. 17 -32.

[104] Rainer Klump and Olivier D. La Grandville, *Economic growth and the elasticity of substitution: two theorems and some suggestions*, American Economic Review, Vol. 90, No. 1, 2000, pp. 282 -291.

[105] Ravallion, M. and Shaohua Chen, *China's (uneven) progress against poverty*, Journal of Development Economics, Vol. 82, 2007, pp. 1 - 42.

[106] Robinson, J. The economics of imperfect competition, London: MacMillan and Co, 1933.

[107] Roger F. E. A., *Money in a real business cycle model*, Journal of Money, Credit, and Banking, Vol. 29, Part 2, 1997, pp. 568 -611.

[108] Rona-Tas, A., *The first shall be last? entrepreneurship and communist cadres in the transition from socialism*, American Journal of Sociology, Vol. 100, 1994, pp. 40 -69.

[109] Rosser, J. B., Rosser, M. V. and Ahmed, E., *Income inequality and*

the informal economy in transitions economies, Journal of Comparative Economics, Vol. 28, No. 1, 2000, pp. 156 – 171.

[110] Rosser, J. B., Rosser, M. V. and Ahmed, E., *Multiple unofficial economy equilibria and income distribution dynamics in systemic transition*, Journal of Post Keynesian Economics, Vol. 25, No. 3, 2003, pp. 425 – 447.

[111] Saam, M., *Openness to trade as a determinant of the macroeconomic elasticity of substitution*, Journal of Macroeconomics, Vol. 30, 2008, pp. 691 – 702.

[112] Schneider, CS. and Savasan, F., *Dymimic estimates of the size of shadow economies of turkey and of her neighbouring countries*, International Research Journal of Finance and Economics, No. 9, 2007, pp. 126 – 143.

[113] Schneider, F. and Enste, D. H., *Shadow economies: size, causes, and consequences*, Journal of Economic Literature, Vol. 38, 2000, pp. 77 – 114.

[114] Schneider, F. and Klingmair, R., Shadow economies around the world: what do we know?, Working Paper, 0403, (April), Department of Economics, Johannes Kepler University of Linz, Austria, 2004.

[115] Schneider, F., *Estimating the size of the Danish shadow economy using the currency demand approach: An attempt*, The Scandinavian Journal of Economics, Vol. 88, 1986, pp. 643 – 668.

[116] Schneider, F., *Shadow economies around the world: what do we really know?*, European Journal of Political Economy, Vol. 21, No. 2, 2005, pp. 598 – 642.

[117] Schuetze, H. J. *Profiles of tax non-compliance among the self-employed in Canada: 1969 to 1992*, Canadian Public Policy, Vol. 28, 2002, pp. 220 – 223.

[118] Shimer, Robert. *The Assignment of Workers to Jobs in an Economy with Coordination Frictions.* Mimeo, University of Chicago, 2003.

[119] Shorrocks, Anthony F, *The class of additively decomposable inequality measures*, *Econometrica*, Vol. 48, 1980, pp. 613 – 625.

[120] Shorrocks, Anthony F, *Inequality decomposition by factor components*, Econometrica, Vol. 50, 1982, pp. 193 – 211.

[121] Shorrocks, Anthony F, *Inequality decomposition by population subgroups*, Econometrica, Vol. 52, 1984, pp. 1369 – 1385.

[122] Shorrocks, Anthony F. *Decomposition Procedures for Distributional Analysis: A Unified Framework Based on the Shapley Value.* Unpublished Manuscript, Department of Economics, University of Essex, 1999.

[123] Smith, P, *Assessing the size of the underground economy, the Canadian statistical perspectives*, Canadian Economic Observer, Vol. 11, 1994, pp. 16 - 33.

[124] Solow, R., *A contribution to the theory of economic growth*, Quarterly Journal of Economics, Vol. 70, No. 1, 1956, pp. 65 - 94.

[125] Solow, Robert M., *Another possible source of wage stickiness*, Journal of Macroeconomics, vol. 1, No. 1, 1979, pp. 79 - 82.

[126] Steven D. N., Andros K. and Artur M., *The local Solow growth model*, European Economic Review, Vol. 45, No. (4 - 6), 2001, pp. 928 - 940.

[127] Tanzi, V, *The underground economy in the united states: annual estimates*, 1930 - 1980, IMF Staff Papers, Vol. 30, No. 22, 1983, pp. 283 - 305.

[128] Tanzi, V, *Uses and abuses of estimates of the underground economy*, Economic Journal, Vol. 109, 1999, pp. 338 - 347.

[129] Tanzi, V., *Government role and efficiency of policy instruments*, IMF Working Paper No. 95/100, 1995.

[130] Thomas, J. J, *The underground economy in the united states: a further comment on tanzi*, IMF Staff Papers, Vol. 33, No. 4, 1986, pp. 782 - 789.

[131] Thomas, J. J, *Quantifying the black economy: "measurement without theory" yet again?*, Economic Journal, Vol. 109, 1999, pp. 381 - 389.

[132] Ullah, M. A. and Ahmad, D. E., *Corruption and income inequality: A Panel Data Analysis*, Economia Global e Gestão, Vol. 13, 2007, pp. 53 - 74.

[133] Valentini, E, *Underground economy, evasion and inequality*, International Economic Journal, Vol. 23, No. 2, 2009, pp. 281 - 290.

[134] Ventura, J., *Growth and interdependence*, Quarterly Journal of Economics, Vol. 62, 1997, pp. 57 - 84.

[135] Walder, A. G, *Career mobility and communist political order*, American Sociological Review, Vol. 60, 1995, pp. 309 - 328.

[136] Walder, A. G, Bobai Li, and Treiman, D, *Politics and life chances in a state socialist regime: dual career paths into urban chinese elite*, 1949 - 1996, American Sociological Review, Vol. 65, 2000, pp. 191 - 209.

[137] Wan, Guanghua and Zhang Xiaobo, *Rising inequality in China*, Journal of Comparative Economics, Vol. 34, No. 4, 2006, pp. 651 - 653.

[138] Wan, Guanghua and Zhou, Zhangyue, *Income inequality in rural China: Regression-based decomposition using household data*, Review of Development Economics, Vol. 9, No. 1, 2005, pp. 107 - 120.

[139] Wan, Guanghua, *Accounting for income inequality in rural China: a regression-based approach*, Journal of Comparative Economics, Vol. 32, No. 2, 2004, pp. 348 - 363.

[140] Wei, Shang-Jin, and Yi Wu, *Globalization and inequality: evidence from within China*, NBER Working Paper No. 8611, http://www.nber.org/papers/w8611, 2001.

[141] World Bank. *Sharing rising incomes-disparities in China*. Washington D. C, 1997.

[142] Wu. Xiaogang, and Xie, Yu, *Does the market pay off? earnings inequality and returns to education in urban China*, American Sociological Review, Vol. 68, 2003, pp. 425 - 442.

[143] Xiaoling Shu, Yanjie Bian, *Intercity variation in gender inequalities in China: analysis of a* 1995 *national survey*, The Future of Market Transition, Vol. 19, 2002, pp. 269 - 309.

[144] Xiaoyun Liu, and Terry Sicular, *Nonagricultural employment determinants and income inequality decomposition*, The Chinese Economy, Vol. 42, No. 4, 2009, pp. 29 - 43.

[145] Yang, D. T, *Urban-biased policies and rising income inequality in China*, American Economic Review Papers and Proceedings, Vol. 89, No. 2, 1999, pp. 306 - 310.

[146] Yanjie Bian and John R. Logan, *Market Transition and the persistence of power: the changing stratification system in urban China*, American Sociological Review, Vol. 61, No. 5, 1996, pp. 739 - 758.

[147] Yanjie Bian and Zhanxin Zhang, *Marketization and income in urban China*, 1988 *and* 1995, The Future of Market Transition, Vol 19, 2002, pp. 377 - 415.

[148] Zellner, A., *Estimation of regression relationships containing unobservable variables*, International Economic Review, Vol. 11, 1970, pp. 441 - 454.

[149] Zhou, Xueguang, *Economic Transformation and Income Inequality in Urban China: Evidence from Panel Data*, American Journal of Sociology, Vol. 105, No. 4, 2000, pp. 1135 - 1174.

[150] 安徽省人民委员会工资改革办公室：《安徽省新公私合营企业的工资情况和初步意见》，1956 年 8 月。

[151] 安体富、蒋震：《调整国民收入分配格局，提高居民分配所占比重》，载于《财贸经济》2009 年第 7 期。

[152] 安治民:《当代中国社会马克思主义信仰危机及其重建》, 载于《经济研究导刊》2011 年第 28 期。

[153] 白暴力:《价值价格通论》, 经济科学出版社 2006 年版。

[154] 白雪梅:《教育与收入不平等: 中国的经验研究》, 载于《管理世界》2004 年第 6 期。

[155] 白重恩、钱震杰:《谁在挤占居民的收入——中国国民收入分配格局分析》, 载于《中国社会科学》2009 年第 5 期。

[156] 班固:《汉书》, 中华书局 1983 年版。

[157] 鲍建国:《当代西方国家廉政建设主要理论与政策综述》, 载于《现代农业科技》2007 年第 12 期。

[158] 北京市劳动局:《1952 年劳动局工作报告》, 北京市档案馆, 档号: 110 - 1 - 212。

[159] 北京市劳动局:《本局 1952 年调解劳动争议工作总结》, 北京市档案馆, 档号: 110 - 1 - 290。

[160] 北京市总工会研究室:《北京市非公有制企业劳动关系研究》, 载于《工运研究》1999 年第 13 期。

[161] 贝多广、骆峰:《资金流量分析方法的发展和应用》, 载于《经济研究》2006 第 2 期。

[162] 毕丽、危素玉:《财政分权理论综述》, 载于《云南财贸学院学报》2004 年第 6 期。

[163] 边燕杰、吴晓刚、李路路:《社会分层与流动: 国外学者对中国研究的新进展》, 中国人民大学出版社 2008 年版。

[164] 边燕杰、张展新:《市场化与收入分配——对 1988 年和 1995 年城市住户收入调查的分析》, 载于《中国社会科学》2002 年第 5 期。

[165] 蔡定剑:《国家权力界限论》, 载于《中国法学》1991 年第 1 期。

[166] 蔡继明:《从中共十三大到中共十七大——分配视角的转变》, 载于《郑州轻工业学院学报 (社会科学版)》2008 年第 9 卷第 1 期。

[167] 蔡秀金:《关于行政性市场垄断问题的分析与对策》, 载于《福建省社会主义学院学报》2007 年第 3 期。

[168] 曹桂芝:《信仰三要素与信仰危机解析》, 载于《湖湘论坛》2011 年第 6 期。

[169] 曹英华:《俄罗斯不同时期的“影子经济”比较》, 载于《西伯利亚研究》2007 年第 34 卷第 2 期。

[170] 常凯:《论市场经济下劳动就业权的性质及其实现方式——兼论就业

方式转变中的劳动就业权保障》，载于《中国劳动》2004 年第 6 期。

［171］常凯：《探索构建社会主义和谐社会的规律（之二）劳动关系和谐：构建和谐社会的重要基础（上）劳动关系法治化是构建和谐劳动关系的关键》，载于《中国党政干部论坛》2007 年第 5 期。

［172］常兴华、李伟：《我国国民收入分配格局的测算结果与调整对策》，载于《宏观经济研究》2009 年第 9 期。

［173］陈大柴：《西方市场经济国家劳资关系的历史发展及其趋势》，载于《经济学理论与实践》2004 年第 4 期。

［174］陈刚、李树：《中国的腐败、收入分配和收入差距》，载于《经济科学》2010 年第 2 期。

［175］陈寒鸣：《当前我国劳资关系的现状及对构建和谐劳资关系的思考》，毛泽东旗帜网，2007 年 12 月 2 日，http：//www. maoflag. net/？action-viewthread-tid-309587。

［176］陈筠泉：《劳动价值和知识价值》，载于《哲学研究》2001 年第 11 期。

［177］陈俊、侯远志、陈积贵：《技术入股模式初探》，载于《科研管理》2001 年第 4 期。

［178］陈兰通：《中国企业劳动关系状况报告 2012》，企业管理出版社 2013 年版。

［179］陈琍：《应对恶意税收筹划措施的国际比较研究及启示》，载于《财政研究》2011 年第 8 期。

［180］陈潭：《政府信用与政府自觉》，载于《伦理学研究》2003 年第 4 期。

［181］陈微波：《利益分析视角下的转型期国有企业劳动关系若干问题研究》，山东大学 2010 年博士学位论文。

［182］陈晓枫：《第三次收入分配的基础和发展》，载于《闽江学院学报》2010 年第 1 期。

［183］陈雁：《日本合作式劳资关系对我国的启示》，载于《湖北财经高等专科学校学报》2008 年第 2 期。

［184］陈叶烽、周业安、宋紫峰：《人们关注的是分配动机还是分配结果？——最后通牒实验视角下两种公平观的考察》，载于《经济研究》2011 年第 6 期。

［185］陈亦琳：《理论界关于收入分配问题的观点综述》，载于《红旗文稿》2011 年第 5 期。

［186］陈宇峰、陈国营：《政府在构建和谐民营劳资关系中的职能与角色》，载于《商业经济与管理》2009 年第 12 期。

［187］陈玉宇、王志刚、魏众：《中国城镇居民20世纪90年代收入不平等及其变化——地区因素、人力资本在其中的作用》，载于《经济科学》2004年第6期。

［188］陈章联：《美国制约权力的几点做法》，载于《中国监察》2008年第16期。

［189］陈钊、万广华、陆铭：《行业间不平等：日益重要的城镇收入差距成因——基于回归方程的分解》，载于《中国社会科学》2010年第3期。

［190］陈宗胜、周立波：《非法非正常收入对居民收入差别的影响及其经济学解释》，载于《经济研究》2001年第4期。

［191］程文浩：《预防腐败》，清华大学出版社2011年版。

［192］程永宏：《改革以来全国总体基尼系数的演变及其城乡分解》，载于《中国社会科学》2007年第4期。

［193］迟福林：《着眼于发展方式转型的收入分配改革》，载于《中国经济时报》2010年6月21日。

［194］崔宏义：《国有企业劳动关系存在的问题与对策》，载于《山西师大学报（社会科学版）》2002年第1期。

［195］崔健：《政府能力视角下的俄罗斯影子经济》，载于《山东经济战略研究》2009年第8期。

［196］道格拉斯·C. 诺斯：《制度、制度变迁与经济绩效》，上海三联书店1994年版。

［197］［德］彼得·科斯洛夫斯基著，孙瑜译：《伦理经济学原理》，中国社会科学出版社1997年版。

［198］［德］海因里希·罗门著，姚中秋译：《自然法的观念史和哲学》，上海三联书店2007年版。

［199］［德］黑格尔著，范扬、张企泰译：《法哲学原理》，商务印书馆1982年版。

［200］［德］马克思·韦伯著，康乐、简惠美译：《新教伦理与资本主义精神》，广西师范大学出版社2004年版。

［201］丁学东：《关于扩大内需的几个问题》，载于《管理世界》2009年第12期。

［202］丁远杏：《劳动力产权与和谐企业利益分配关系》，载于《湖北行政学院学报》2005年第6期。

［203］丁志锋：《论市场经济条件下工资上涨的基本条件》，财经价值中国网，2009年5月22日，http：//www.chinavalue.net/Finance/Article/2009-5-22/

176969. html。

［204］《东北局关于在东北公营企业中实行计件工资制度给中共中央的请示报告》，1951 年 2 月 14 日。

［205］《东北劳动部第二季工作报告》，1951 年。

［206］董建萍：《官员财产申报：改革趋势与制度建构》，载于《中共浙江省委党校学报》2009 年第 3 期。

［207］董晓媛、李实：《经济转型下的中国城镇女性就业、收入及其对家庭收入不平等的影响》，载于《经济学（季刊）》2007 年第 6 卷第 4 期。

［208］窦凌：《国外权力制约的实践经验及启示——兼论我国“一把手”权力制约的思路》，载于《学术论坛》2003 年第 5 期。

［209］杜早华：《“道德危机”的实质及其社会文化根源》，载于《中南大学学报》（社会科学版）2011 年第 17 卷第 1 期。

［210］樊建政：《公权力与反腐倡廉论析》，载于《上海党史与党建》2009 年 2 月。

［211］费京润、闫萍：《韩国公职人员的财产申报和公开制度》，载于《法学杂志》1997 年第 2 期。

［212］冯佩成：《俄罗斯的影子经济与腐败》，载于《俄罗斯研究》2004 年第 1 期。

［213］冯天瑜、周积明：《中国古文化的奥秘》，湖北人民出版社 1986 年版。

［214］弗里德利希·冯·哈耶克著，邓正来译：《法律、立法与自由》，中国大百科全书出版社 2000 年版。

［215］《腐败与分配不公系列议论》，新浪博客，2010 年 7 月 8 日，http://blog. sina. com. cn/s/blog_48df98c60100j93g. html。

［216］傅薇：《国外信用档案管理模式简介及比较分析》，载于《档案与建设》2003 年第 8 期。

［217］甘犁：《以公开科学的抽样调查揭示真实的中国》，载于《华尔街日报中文网》，2013 年 1 月。

［218］高见：《论互联网对我国公民政治参与的影响与对策》，载于《河南城建学院学报》2009 年第 5 期。

［219］高中毅：《布阵施法——普京着手治理俄罗斯经济环境》，载于《国际贸易》2000 年第 8 期。

［220］葛玉好：《部门选择对工资性别差距的影响：1988—2001 年》，载于《经济学（季刊）》2007 第 6 卷第 2 期。

［221］葛玉辉、孙伟连：《转型期我国新型劳资关系的构建》，载于《商业

时代》2006 年第 31 期。

[222] 巩玉涛：《我国第三部门发展问题探讨》，载于《成都行政学院学报》2009 年第 4 期。

[223] 谷书堂、蔡继明：《论社会主义初级阶段的分配原则》，载于《理论纵横》（上篇），河北人民出版社 1988 年版。

[224] 谷迎春：《商业文明的世纪提升——企业社会责任纵横》，载于《宁波大学学报》（人文科学版）2009 年第 2 期。

[225] 顾欣、范西庆：《全球化背景下的工会运动：以欧洲主要国家为例》，载于《当代世界社会主义问题》2005 年第 4 期。

[226] 关山：《劳资自治——德国劳动关系调整的独特机制》，载于《创业者》1997 年第 7 期。

[227] 郭红霞：《美国政府官员的制约机制及其启示》，载于《中国社会科学院研究生院学报》2005 年第 4 期。

[228] 郭剑雄：《人力资本、生育率与城乡收入差距的收敛》，载于《中国社会科学》2005 年第 3 期。

[229] 郭梦舒：《加快政府职能转变，有效遏制制度性腐败》，人民网，2010 年 12 月 15 日，http://71bbs.people.com.cn/viewthread.php? tid=270715。

[230] 郭庆松：《企业劳动关系管理》，南开大学出版社 2001 年版。

[231] 郭庆旺、吕冰洋：《论税收对要素收入分配的影响》，载于《经济研究》2011 年第 6 期。

[232] 国家统计局：《从基尼系数看贫富差距》，载于《中国国情国力》2001 年第 1 期。

[233] 国家统计局农调队：《2000 年中国农村劳动力就业及流动状况》，劳动保障部培训就业司，2001 年。

[234] 国家统计局：《中国资金流量表历史资料 1992～2004》，中国统计出版社 2008 年版。

[235] 过勇：《经济转轨、制度与腐败》，社会科学文献出版社 2007 年版。

[236] 郝大维、安乐哲著，何金俐译：《通过孔子而思》，北京大学出版社 2005 年版。

[237] 郝继明：《公权力的异化及其控制》，载于《江苏广播电视大学学报》2008 年第 4 期。

[238] 郝文清：《当代中国衍生性权力腐败研究》，安徽大学出版社 2011 年版。

[239] 何炼成：《也谈劳动价值论一元论——简评苏、谷之争及其他》，载

于《中国社会科学》1994 年第 4 期。

[240] 何梦笔：《政府竞争：大国体制转型的理论分析范式》，载于《广东商学院学报》2009 年第 3 期。

[241] 何清涟：《当前中国社会结构演变的总体性分析》，载于《书屋》2000 年第 3 期。

[242] 何清涟：《中国现代化的陷阱》，今日中国出版社 1998 年版。

[243] 何增科：《中国转型期腐败和反腐败问题研究（上篇）》，载于《经济社会体制比较》2003 年第 1 期。

[244] 洪萍：《完善我国存款实名制的若干思考》，载于《金融与经济》2006 年第 10 期。

[245] 洪兴建：《一个新的基尼系数子群分解公式——兼论中国总体基尼系数的城乡分解》，载于《经济学（季刊）》2008 第 8 卷第 1 期。

[246] 胡鞍钢：《腐败造成了多少经济损失》，载于《中国改革》2002 年第 5 期。

[247] 胡鞍钢：《腐败：中国最大的社会污染》，载于《中国改革》2001 年第 4 期。

[248] 胡鞍钢、过勇：《公务员腐败成本——收益的经济学分析》，载于《经济社会体制比较》2002 年第 4 期。

[249] 胡国有：《新形势下银行电子票据存在的问题及对策》，载于《吉林金融研究》2009 年第 2 期。

[250] 胡适耕：《宏观经济的随机模型》，华中科技大学出版社 2006 年版。

[251] 胡莹：《战后美国收入分配政策及启示》，载于《理论界》2006 年第 3 期。

[252] 胡莹：《中美两国国内收入差距成因的比较分析及启示》，载于《唯实》2008 年第 1 期。

[253] 湖北省总工会课题组：《关于非公企业劳动关系及工会工作状况的调研报告》，载于《工运研究》2010 年第 16 期。

[254] 湖北省总工会课题组：《湖北省企业生产与职工权益落实状况的调查报告》，载于《工运研究》2010 年第 3 期。

[255] 湖北省总工会研究室：《湖北省维护农民工合法权益的调研报告》，载于《工运研究》2006 年第 12 期。

[256] 华金秋、黄敏、温涛：《韩国金融实名制及其借鉴》，载于《金融与经济》1999 年第 1 期。

[257] 华迎放：《中国的劳动关系调整》，载于《中国劳动》2002 年第 3 期。

[258] 黄传杰：《联邦德国劳资关系紧张的由来》，载于《西欧研究》1986年第5期。

[259] 黄孟复、胡德平主编：《中国民营经济发展报告 No.1》，社会科学文献出版社2005年版。

[260] 黄孟复：《中国中小企业职工工资状况调查》，社会科学文献出版社2011年版。

[261] 黄新萍、袁凌、许丹：《中国企业劳动关系和谐指数计算及其应用》，载于《湖南大学学报（社会科学版）》2013年第1期。

[262] 黄颖：《我国个人征信体系的模式选择与构建》，对外经贸大学2010年硕士学位论文。

[263] 霍秀媚：《以商业文化的创新发展推动世界商贸中心建设》，载于《探求》2011年第4期。

[264] 贾康：《国企上缴红利比例应上调》，载于《上海国资》2010年第11期。

[265] 贾康：《论居民收入分配中政府维护公正兼顾均平的分类调节》，载于《涉外税务》2007年第8期。

[266] 贾康：《贫富差距七种成因剖析》，载于《人民论坛》2011年第3期。

[267] 贾康、阎坤：《完善省以下财政体制改革的中长期思考》，载于《管理世界》2005年第8期。

[268] 江华锋：《论政府职能转变与反腐倡廉》，青岛财经日报，2007年4月14日，http://www.cicp.edu.cn/200506/article/2007-10/790.htm。

[269] 江金启、郑风田、刘杰：《健康风险与农村居民信仰选择》，载于《南方经济》2011年第3期。

[270] 姜国强：《寻租、分配关系失衡及其矫正对策》，载于《现代经济探讨》2011年第5期。

[271] 姜明安：《行政法学》，中共中央党校出版社，2002年

[272] 姜永铭：《俄罗斯影子经济问题研究》，吉林大学2005年硕士论文。

[273] 姜耘时：《关于我国建立财产申报制度对策研究》，中国政法大学2009年硕士学位论文。

[274] 蒋国平：《规范分配秩序实现公平分配》，载于《唐都学刊》2004年第2期。

[275] 解垩：《与收入相关的健康及医疗服务利用不平等研究》，载于《经济研究》2009年第2期。

[276] 金业钦：《政治参与与公民文化培育》，载于《贵阳市委党校学报》

2010 年第 1 期。

[277] 荆学民：《当代中国社会信仰论》，人民出版社 2008 年版。

[278] 康晓光、冯利主编：《2011 中国第三部门观察报告》，社会科学文献出版社 2011 年版。

[279] 孔祥仁：《美国财产申报制度简介》，载于《中国监察》2001 年第 8 期。

[280] 匡小平等：《流转税对我国城镇居民收入分配影响的实证分析》，载于《收入分配理论与政策国际学术研讨会论文集》，武汉，2011 年 10 月。

[281] 郎咸平：《郎咸平说：谁在拯救中国：复苏的背后和萧条的亮点》，东方出版社 2009 年版。

[282] 劳动部：《各地私营企业中的工资问题》，1951 年 12 月 21 日。

[283] 劳动部：《中华人民共和国三年来工资改革情况》，1952 年 4 月 24 日。

[284] 雷欣、陈继勇：《收入流动性与收入不平等：基于 CHNS 数据的经验研究》，载于《世界经济》2012 年第 9 期。

[285] 黎明、崔璐：《公共权力、个人理性与制度制衡——关于当代中国政治文明建设的一种思考》，载于《武汉大学学报（人文社科版）》2004 年第 57 卷第 5 期。

[286] 李炳安、向淑青：《转型时期政府在劳资关系中的角色》，载于《中国党政干部论坛》2010 年 5 月 29 日。

[287] 李春玲、李实：《市场竞争还是性别歧视——收入性别差异扩大趋势及其原因解释》，载于《社会学研究》2008 年第 2 期。

[288] 李稻葵、何梦杰、刘霖林：《我国现阶段初次分配中劳动收入下降分析》，载于《经济理论与经济管理》2010 年第 2 期。

[289] 李稻葵：《调整收入分配》，载于《新财富（深圳）》，2010 年 9 月 17 日，http：//money.163.com/10/0917/09/6GPA37TD00253G87.html。

[290] 李稻葵、刘霖林、王红领：《GDP 中劳动份额演变的 U 型规律》，载于《经济研究》2009 年第 1 期。

[291] 李建军：《基于国民账户均衡模型的未观测经济规模测算》，载于《中央财经大学学报》2008 年第 6 期。

[292] 李金昌、徐蔼婷：《未被观测经济估算方法新探》，载于《统计研究》2005 年第 11 期。

[293] 李立三：《关于全国工资问题准备会议的报告》，1950 年 9 月 21 日。

[294]《李立三同志关于调整工资情况的综合报告》，1951 年 5 月 27 日。

[295] 李明、李慧中：《政治资本与中国的地区收入差异》，载于《世界经

济文汇》2010 年第 5 期。

［296］李琪：《改革与修复——当代中国国有企业的劳动关系研究》，中国劳动社会保障出版社 2003 年版。

［297］李汝贤：《现阶段我国私营企业劳资关系的基本特征》，载于《当代世界与社会主义》2010 年第 3 期。

［298］李实：《理性判断我国收入差距的变化趋势》，载于《探索与争鸣》2012 年第 8 期。

［299］李实、史泰丽、别雍·古斯塔夫森：《中国居民收入分配研究Ⅲ》，北京师范大学出版社 2008 年版。

［300］李实：《收入分配收入差距收入不公基尼系数》，载于《探索与争鸣》2011 年第 4 期。

［301］李实、岳希明：《我们更应该相信谁的基尼系数?》，载于《华尔街日报中文网》2013 年 1 月。

［302］李实、岳希明：《中国城乡收入差距调查》，载于《财经》2004 年第 2 期。

［303］李实、赵人伟、张平：《中国经济转型与收入分配变动》，载于《经济研究》1998 年第 4 期。

［304］李爽、陆铭、佐藤宏：《权势的价值：党员身份与社会网络的回报在不同所有制企业是否不同?》，载于《世界经济文汇》2008 年第 6 期。

［305］李文、毛悦：《民族国家意识的培育与廉政文化建设——西方和亚洲国家廉政文化建设经验研究》，载于《当代亚太》2009 年第 3 期。

［306］李锡海、李震：《商业贿赂犯罪的现状、原因及其防治对策》，载于《青岛科技大学学报（社会科学版）》2007 年第 2 期。

［307］李锡海：《权力文化与腐败犯罪》，载于《山东社会科学》2007 年第 1 期。

［308］李祥永：《儒家终极关怀思想与信仰重建》，载于《中共山西省直机关党校学报》2011 年第 5 期。

［309］李向民、邱立成：《美、德劳资关系发展的路径依赖研究》，载于《经济体制改革》2008 年第 4 期。

［310］李艳红、王希江：《我国公权力法制化思考》，载于《理论探索》2010 年第 4 期。

［311］李扬、殷剑峰：《中国高储蓄率问题探究——1992—2003 年中国资金流量表的分析》，载于《经济研究》2007 年第 6 期。

［312］李毅著，肖蕾、李毅译：《中国社会分层的结构与演变》，安徽大学

出版社 2008 年版。

[313] 李贞容:《二元体制下我国城乡居民收入差距扩大的成因及对策研究》,西南财经大学 2007 年硕士学位论文。

[314] 李贽:《焚书·续焚书》,中华书局,1975 年。

[315] 梁宏中:《外资企业和谐劳资关系的构建——基于转型时期劳动力市场演变的视角》,载于《现代经济探讨》2012 年第 12 期。

[316] 梁涛:《市场经济条件下马克思批判商业文明思想的启示》,载于《网络财富》2009 年第 13 期。

[317] 梁星:《经济转型阶段我国劳资关系问题研究》,载于《西安石油大学学报(社会科学版)》2010 年总第 19 卷第 4 期。

[318] 廖初平:《现金交易与现金管理》,载于《武汉金融》2002 年第 3 期。

[319] 林玳玳:《美国政府对劳动关系的调控》,载于《世界经济》1999 年第 3 期。

[320] 林霞:《对党的十七大报告中分配原则的理解与思考》,载于《经济与社会发展》2008 年第 6 卷第 1 期

[321] 刘承礼:《30 年来中国收入分配原则改革的回顾与前瞻——一项基于公平与效率双重标准的历史研究》,载于《经济理论与经济管理》2008 年第 9 期。

[322] 刘方玉:《分化与协调:国有企业各职工群体及其利益关系》,社会科学文献出版社 2005 年版。

[323] 刘冠军:《现代科技劳动价值论研究》,中国社会科学出版社 2009 年版。

[324] 刘国光:《核心问题是劳资关系——实现收入分配公平的基本思路》,载于《中国经济时报》2010 年 7 月 2 日。

[325] 刘和旺、王宇锋:《政治资本的收益随市场化进程增加还是减少》,载于《经济学(季刊)》2010 年第 9 卷第 3 期。

[326] 刘宏恩:《公职人员财产申报法之功能与局限——从比较法观点论我国现行法缺失》,载于《律师通讯》1995 年第 183 期。

[327] 刘洪、程庆生:《非正规经济的国际比较及对我国的借鉴》,载于《统计研究》2004 年第 7 期。

[328] 刘后滨:《古代选官机制的当前借鉴》,载于《人民论坛》2011 年第 7 期。

[329] 刘华香:《我国居民差距拉大的新制度经济学分析》,载于《理论探讨》2007 年第 1 期。

［330］刘精明：《市场化与国家规制——转型期城镇劳动力市场中的收入分配》，载于《中国社会科学》2006 年第 5 期。

［331］刘米娜：《公民文化视野下的政府信任研究》，载于《上海行政学院学报》2011 年第 1 期。

［332］刘庆智：《财产申报制度比较研究》，华东政法大学 2009 年硕士学位论文。

［333］刘树杰、王蕴：《合理调整国民收入分配格局研究》，载于《宏观经济研究》2009 年第 12 期。

［334］刘晓倩：《日本劳动关系的调整变化与启示》，载于《生产力研究》2010 年第 2 期。

［335］刘新宇：《俄罗斯影子经济研究》，外交学院 2006 年硕士学位论文。

［336］刘旭涛：《当代西方国家政府绩效管理的发展和特点》，载于《中国纪检监察报》2011 年 1 月 14 日。

［337］刘雪松：《公民文化与法治秩序》，中国社会科学出版社 2007 年版。

［338］刘怡、聂海峰：《间接税负担对收入分配的影响分析》，载于《经济研究》2004 年第 5 期。

［339］刘颖：《政府与私营企业间的劳资关系》，载于《长春师范学院学报（人文社会科学版）》2006 年第 6 期。

［340］刘泽云：《女性教育收益率为何高于男性？——基于工资性别歧视的分析》，载于《经济科学》2008 年第 2 期。

［341］卢爱国：《公民文化与社会监督》，载于《长白学刊》2006 年第 1 期。

［342］卢洪友：《论财政分权与分级财政制度》，载于《山东财政学院学报》2001 年第 3 期

［343］卢希悦：《科学技术是创新价值的巨大源泉——企业盈亏兴衰的深层奥秘探析》，经济科学出版社 2002 年版。

［344］卢现祥：《西方新制度经济学》，经济发展出版社 1999 年版。

［345］陆铭、陈钊：《城市化、城市倾向的经济政策与城乡收入差距》，载于《经济研究》2004 年第 6 期。

［346］陆铭、陈钊、万广华：《因患寡，而患不均——中国的收入差距、投资、教育和增长的相互影响》，载于《经济研究》2005 年第 12 期。

［347］陆学艺主编，《当代中国社会阶层研究报告》，社会科学文献出版社 2002 年版。

［348］陆正飞、王雄元、张鹏：《国有企业支付了更高的职工工资吗？》，载于《经济研究》2012 年第 3 期。

[349] 吕天奇：《商业贿赂犯罪的防范与治理》，载于《社会科学》2006 年第 12 期。

[350] 吕元礼：《新加坡为什么能》，江西人民出版社 2007 年版。

[351] 罗能生、谢里：《权力对收入分配的影响及其调节》，载于《财经理论与实践》2008 年第 7 期。

[352] 罗宁：《中国转型期劳资关系冲突与合作研究——基于合作博弈的比较制度分析》，西南财经大学 2009 年博士学位论文。

[353] 罗石：《理想信仰建设的若干理论问题再认识》，载于《马克思主义与现实》2006 年第 4 期。

[354] 马草原、李运达、宋树仁：《城镇居民收入差距变动轨迹的总体特征及分解分析：1988 - 2008》，载于《经济与管理研究》2010 年第 9 期。

[355] 马大英：《汉代财政史》，中国财政经济出版社 1983 年版。

[356] 马海涛、王威：《论现阶段调节收入分配差距的政策战略》，载于《收入分配理论与政策国际学术研讨会论文集》，武汉，2011 年 10 月。

[357] 马海涛、温来成：《城镇化财税政策与城乡居民收入差距的缩小》，载于《收入分配理论与政策国际学术研讨会论文集》，武汉，2011 年 10 月。

[358] 马洪、孙尚清：《经济与管理大辞典》（续编），中国发展出版社 1989 年版。

[359] 马怀德：《法治政府丛书——完善国家赔偿立法基本问题研究》，北京大学出版社 2008 年版。

[360] 马家骧：《再谈道德与经济的关系——以马克思主义经济与道德的视角分析》，载于《天水行政学院学报》2010 年第 6 期。

[361] 马克思、恩格斯：《马克思恩格斯全集》（第 1 卷），人民出版社 1956 年版。

[362] 马克思、恩格斯：《马克思恩格斯全集》（第 46 卷），人民出版社 1972 年版。

[363] 马克思：《政治经济学批判》，敦克尔出版社 1859 年版。

[364] 马克思：《资本论（第一卷）》，人民出版社 1975 年版。

[365] 马啸原著：《西方政治思想史纲》，高等教育出版社 1997 年版。

[366] 毛晖、汪莉：《论中国转型期的权力资本化》，载于《江汉论坛》2012 年第 9 期。

[367] [美] E. 拉兹洛著，王志康译：《决定命运的选择》，上海三联书店 1997 年版。

[368] [美] 阿尔蒙德·维巴著，马殿军等译：《公民文化：五国的政治制

度和民主》，浙江人民出版社 1989 年版。

［369］［美］凡勃伦著，蔡受百译：《有闲阶级论》，商务印书馆 1981 年版。

［370］［美］杰里米·里夫金著，王寅通等译：《工作的终结——后市场时代的来临》，上海译文出版社 1998 年版。

［371］［美］克特·巴克著，南开大学社会学系译：《社会心理学》，南开大学出版社 1986 年版。

［372］［美］莱斯特·M·萨拉蒙等著，贾西津译：《全球公民社会》，社会科学文献出版社 2002 年版。

［373］［美］桑德尔著，万俊人译：《自由主义与正义的局限》，译林出版社 2001 年版。

［374］孟德斯鸠：《论法的精神：上》，商务印书馆 1986 年版。

［375］米鹏举：《我国政府失灵及其纠正与防范——政府经济学视角下的分析》，载于《经济与社会发展》，2008 年第 6 卷第 9 期。

［376］倪星、程宇、揭建明：《芬兰的廉政建设及其对中国的启示》，载于《湖北行政学院学报》2008 年第 1 期。

［377］倪星：《论民主政治中的委托—代理关系》，载于《武汉大学学报》（社会科学版）2002 年第 11 期。

［378］年志远、袁野：《企业劳资关系冲突的形成过程及其政策意义——基于产权视角》，载于《吉林大学社会科学学报》2013 年第 1 期。

［379］逄锦聚：《论劳动价值论与生产要素按贡献参与分配》，载于《南开学报（哲学社会科学版）》2004 年第 5 期。

［380］平萍：《制度转型中的国有企业：产权形式的变化与车间政治的转变——关于国有企业研究的社会学述评》，载于《社会学研究》1999 年第 3 期。

［381］齐明山、李彦娅：《公共行政价值、公共利益与公共责任——政府公共权力科学运作的三维框架》，载于《学术界》2006 年第 6 期。

［382］钱娟萍：《企业工资集体协商制度的初探》，载于《经济问题探索》2001 年第 5 期。

［383］钱叶芳：《瑞典的工会制度：比较与借鉴》，载于《中国劳动关系学院学报》2006 年第 20 卷第 6 期。

［384］《浅谈中国文化背景下劳资关系的特点及中国经验》，法律教育网，2011 年 1 月 19 日，http：//www. chinalawedu. com/new/16900a175a2011/2011119guopei135353. shtml。

［385］秦晓怀：《转型经济中的权力寻租问题探析》，载于《山西高等学校社会科学学报》2006 年 11 月第 18 卷第 11 期。

[386] 秋风著:《政府的本分:基于民众权利的中国政治与中国经济》,江苏文艺出版社 2010 年版。

[387] 权衡、徐铮:《收入分配差距的增长效应分析:转型期中国经验》,载于《管理世界》2002 年第 5 期。

[388] 权衡:《政府权力、收入流动性与收入分配——个理论分析框架与中国经验》,载于《社会科学》2005 年第 5 期。

[389] 全总女职工部:《关于新经济组织女职工劳动保护状况的调查报告》,载于《工运研究》1999 年第 7 期。

[390] 全总全国职工队伍状况调查办公室:《第五次全国职工队伍状况调查统计数据分析报告》,载于《工运研究》2005 年第 2 期。

[391] 饶雨平:《我国收入分配差距过大的制度原因分析》,载于《中共山西省委党校学报》2008 年第 31 卷第 3 期。

[392] 任进:《合理划分和依法规范中央与地方职能权限》,法律教育网,2006 年 8 月 28 日,http://www.chinalawedu.com/news/15300/157/2006/8/zh0691491182860021548-0.htm。

[393] 任泽民、阎友民、梁满光、赵越:《美国劳资关系调整制度的若干方面》,载于《中国劳动科学》1995 年第 1 期。

[394] 陕西省总工会课题组:《关于构建企业和谐劳动关系的研究报告》,载于《工运研究》2006 年第 6 期。

[395] 陕西省总工会企业劳动关系课题组:《非公有制企业劳动关系和谐度研究》,载于《工运研究》2007 年第 5 期。

[396] 上海市工会联合会第三办公室(私营企业部),《本部关于私营企业的劳资协商会或座谈会情况调查报告》,上海市档案馆,档号:CI-2-736。

[397] 沈桂龙:《中印黑色经济比较:表现、规模、治理》,载于《江淮论坛》2008 年第 6 期。

[398] 沈琴琴:《德国劳动关系的调整路径及其对我国的启示》,载于《生产力研究》2009 年第 19 期。

[399] 施惠玲、荆学民:《中国社会转型期信仰危机的历时过程与克服路径》,载于《北京交通大学学报(社会科学版)》2010 年第 3 期。

[400] 史正富:《劳动、价值和企业所有权——马克思劳动价值论的现代拓展》,载于《经济研究》2002 年第 2 期。

[401]《收入分配改革的关键在于政府职能归位》,中国经济网,2010 年 6 月 21 日,http://news.163.com/10/0621/08/69MJ5G00000146BD.html。

[402] 宋连胜、刘俊杰:《社会主义核心价值体系统领我国公民文化的实现

路径》，载于《贵州师范大学学报（社会科学版）》2011 年第 4 期。

［403］苏咏喜：《公民社会：反腐败的新视角和新力量》，国家预防腐败局网站，2011 年 4 月 17 日，http：//www. nbcp. gov. cn/article/lltt/201104/20110400012707. shtml。

［404］孙凤湘：《初次分配和再分配中效率和公平的关系》，载于《发展》2009 年第 3 期。

［405］孙居涛、田杨群：《经济增长与收入分配关系的重新审视》，载于《经济评论》2004 年第 4 期。

［406］孙力：《城市居民社会心理调查分析报告》，载于《2000 年社会蓝皮书：中国社会形势分析与预测》，社会科学文献出版社 2000 年版。

［407］孙寿涛：《20 世纪发达资本主义国家劳工力量演变趋势》，载于《中国劳动关系学院学报》2007 年第 5 期。

［408］孙书静：《财产申报制度在美国》，载于《改革与开放》2007 年第 11 期。

［409］孙曙生：《论行政公权力的限度及其法律规则》，载于《国家行政学院学报》2007 年第 1 期。

［410］孙晓峰：《浅谈德国劳资关系对我国建立现代企业制度的启示》，载于《经济问题》2001 年第 2 期。

［411］谈儒勇、金晨珂：《我国个人征信体系建设的模式探讨》，载于《征信》2010 年第 1 期。

［412］谭隽：《中日美商业文化的传统及特征比较》，中国社会科学院研究生院 2001 年硕士学位论文。

［413］汤在新：《我国贫富差距的形成原因及其与分配原则的关系》，载于《西北大学学报（哲学社会科学版）》2005 年第 35 卷第 5 期。

［414］唐士其主编：《西方政治思想史》，北京大学出版社 2002 年版。

［415］唐小纯：《浅论公权力腐败的成因及对策》，载于《益阳职业技术学院学报》2006 年第 3 期。

［416］唐志军、刘友金、谌莹：《地方政府竞争、投资冲动和我国宏观经济波动研究》，载于《当代财经》2011 年第 8 期。

［417］天津市工资集体协商领导小组：《紧紧把握四个环节，扎实推进行业性工资集体协商》，载于《中国薪酬》2012 年第 5 期。

［418］田琳：《政府与企业权力失衡的后果探析》，载于《法制与经济》2008 年总第 179 期。

［419］童亚丽、王春：《俄罗斯与意大利地下经济的税收现状及治理》，载于《西伯利亚研究》2005 年第 1 期。

[420] 万广华：《经济发展与收入不平等：方法与证据》，上海人民出版社 2006 年版。

[421] 万广华、吴一平：《制度建设与反腐败成效：基于跨期腐败程度变化的研究》，载于《管理世界》2012 年第 4 期。

[422] 汪海宝、叶瑜：《6000 亿温州民间资金寻求出路》，载于《中国经济时报》2010 年 7 月 28 日。

[423] 汪胜全：《日本的劳动关系》，载于《工友》2001 年第 4 期。

[424] 汪新建、吕小康：《名实分离的传统秩序观：潜规则盛行的文化心理学基质》，载于《社会科学战线》2009 年第 4 期。

[425] 汪新建、吕小康：《作为惯习的潜规则——潜规则盛行的文化心理学分析框架》，载于《南开学报（哲学社会科学版）》2009 年第 4 期。

[426] 汪永成：《中国反腐败战略中政府权力滥用的控制策略》，载于《广州大学学报（社会科学版）》2006 年第 8 期。

[427] 王炳林主编：《中国共产党与私人资本主义》，北京师范大学出版社 1995 年版。

[428] 王波、梁纪尧：《我国居民收入分配差距监测及预警分析》，载于《工业技术经济》2008 年第 3 期。

[429] 王国颖：《民营企业劳动关系不和谐程度评价指标体系研究——以珠江三角洲为例》，载于《暨南学报（哲学社会科学版）》2013 年第 1 期。

[430] 王建江：《“地下经济”成因的制度分析——以俄罗斯“影子经济”为例》，载于《西伯利亚研究》2005 年第 6 期。

[431] 王疆婷：《论战后日本劳资关系及对中国的启示》，中共中央党校 2010 年硕士学位论文。

[432] 王凯伟：《国外权力监督经验对我国反腐败的启示》，载于《求索》2004 年第 8 期。

[433] 王利器：《盐铁论校注》，中华书局 1992 年版。

[434] 王林昌、宣海林：《俄罗斯地下经济：现状、成因及借鉴》，载于《经济管理》2002 年第 55 卷第 2 期。

[435] 王名著：《中国非政府公共部门》，清华大学出版社 2004 年版。

[436] 王明华：《影响居民收入差距扩大的制度性因素》，载于《经济问题》2005 年第 10 期。

[437] 王清扬、李勇：《技术进步和要素增长对经济增长的作用》，载于《中国社会科学》1992 年第 1 期。

[438] 王少国：《我国收入分配差距对经济效率的影响》，载刘树成、张连

城、张平：《中国经济增长与经济周期（2009）》，中国经济出版社2009年版。

[439] 王淑芳：《北欧、美国、新加坡廉政文化建设特点探析》，载于《中国纪检监察报》，2010年。

[440] 王为全、吴宏政：《“国家核心价值与公民文化建设”研讨会综述》，载于《当代世界与社会主义》2010年第5期。

[441] 王文慧：《德国劳资关系与西方工人运动》，载于《国际观察》1994年第6期。

[442] 王曦：《经济转型中的货币需求与货币流通速度》，载于《经济研究》2001年第10期。

[443] 王小鲁：《灰色收入拉大居民收入差距》，载于《中国改革》2007年第7期。

[444] 王小鲁：《灰色收入与国民收入分配》，载于《比较》2010年第48期。

[445] 王晓东：《技术进步对产业结构和在生产比例的影响》，载于《中国社会科学》1985年第1期。

[446] 王晓光：《日本企业管理中的儒家思想》，载于《船山学刊》2008年第4期。

[447] 王毅：《俄罗斯转轨过程中的影子经济》，载于《黑河学刊》2006年第1期。

[448] 王英：《俄罗斯官员的财产申报制度》，载于《刊授党校》2010年第5期。

[449] 王云：《警惕权贵阶层得到最高权力——我国国内的最大威胁来自何方》，2008年7月15日，http：//www. dajunzk. com/wenji0818. html。

[450] 王允武：《瑞典劳动雇佣制度评价及启示》，载于《西南民族大学学报》2006年第2期。

[451] 王占阳：《分配制度改革的成功有赖于公众参与》，载于《学习时报》2010年第8期。

[452] 王祖祥、张奎、孟勇：《中国基尼系数的估算研究》，载于《经济评论》2009年第3期。

[453] 卫超超：《垄断行业收入分配体制改革研究——基于与一般国有行业的比较分析》，载于《商业时代》2012年第7期。

[454] 魏杰：《企业前沿问题》，中国发展出版社2001年版。

[455] 闻效仪：《瑞典劳动关系的调整路径及其对中国的启示》，载于《生产力研究》2010年第2期。

[456] 闻效仪：《瑞典劳动关系中的合作主义》，载于《中国人力资源开发》

2010 年第 4 期。

［457］沃伟东：《企业文化的经济学分析及对我国企业文化建设的启示》，载于《毛泽东邓小平理论研究》2006 年第 4 期。

［458］吴敬琏等著：《中国未来 30 年》，中央编译出版社 2011 年版。

［459］吴敬琏：《缩小收入差距不单靠再分配》，载于《中国产业经济动态》2012 年第 21 期。

［460］吴茂见：《国家干预的制度创新：第三部门——兼论第三部门与政府干预的维度》，载于《思想战线》2007 年第 3 期。

［461］吴宁：《中国转型期信仰的危机和重建》，载于《常熟理工学院学报》2008 年第 3 期。

［462］吴庆华：《“经济增长联盟”的成因、影响及拆分路径探讨》，载于《理论导刊》2009 年第 10 期。

［463］吴涛：《印度劳工政策调整的主要原因》，载于《南亚研究季刊》2008 年第 2 期。

［464］吴一平、朱江南：《腐败、反腐败和中国县际收入差距》，载于《经济社会体制比较》2012 年第 2 期。

［465］武汉市劳动局审调科：《武汉市五反后劳资协商会议、劳动契约的情况报告》，武汉市档案馆，档号：47－1－87。

［466］武力、温锐：《新中国收入分配制度的演变及绩效分析》，载于《当代中国史研究》2006 年第 7 期。

［467］武中哲：《北欧福利国家制度之利弊及对我国的借鉴意义》，载于《理论学习》2001 年第 10 期。

［468］夏南新：《税收诱致性现金持有量模型因果性检验及对我国地下经济规模的估测》，载于《统计研究》2004 年第 3 期。

［469］夏庆杰、李实：《宋丽娜国有单位工资结构及其就业规模变化的收入分配效应：1988～2007》，载于《经济研究》2012 年第 6 期。

［470］夏小林：《就业结构、劳资关系和收入分配——兼评私权、市场、公共服务的局限》，载于《经济研究参考》2007 年第 45 期。

［471］夏小林：《私营部门：劳资关系及协调机制》，载于《管理世界》2004 年第 6 期。

［472］肖佳灵：《比较国外反腐败体制：理论与实践》，载于《复旦学报（社会科学版）》1995 年第 3 期。

［473］谢旭人：《深化收入分配制度改革，努力形成合理有序的收入分配格局》，载于《农村财政与财务》2008 年第 5 期。

［474］新华社调研小分队：《我国贫富差距正在逼近社会容忍“红线”》，载于《经济参考报》2010 年 5 月 10 日。

［475］熊程：《国外税务稽查管理体制的经验及借鉴》，载于《统计与咨询》2009 年第 3 期。

［476］徐蔼婷、李金昌：《中国未被观测经济规模——基于 MIMIC 模型和经济普查数据的新发现》，载于《统计研究》2007 年第 9 期。

［477］徐大同主编：《西方政治思想史》，天津教育出版社 1985 年版。

［478］徐伟立：《经济管理学辞典》，中国社会科学出版社 1989 年版。

［479］徐现祥、王海港：《我国初次分配中的两极分化及成因》，载于《经济研究》2008 年第 2 期。

［480］徐小洪：《美国劳资关系及工会运行特征》，载于《兵团工运》2001 年第 1 期。

［481］徐小庆：《古巴、巴西的廉政建设和反腐败工作》，载于《当代世界》2008 年第 8 期。

［482］徐晓红：《劳资关系与经济增长——基于中国劳资关系库兹涅茨曲线的实证检验》，载于《经济学家》2009 年第 10 期。

［483］徐映梅、张学新：《中国基尼系数警戒线的一个估计》，载于《统计研究》2011 年第 1 期。

［484］许道敏：《巴西：制度建设和部门作用并重的反腐之路》，载于《中国监察》2004 年第 10 期。

［485］许敏、肖京林：《浅析新加坡廉政建设——基于政治文明视角下的分析》，载于《湖北函授大学学报》2009 年第 22 卷第 2 期。

［486］许琼、肖密：《日本劳资关系的调整途径——“春斗”的发展与课题》，载于《日本研究》2010 年第 3 期。

［487］许汶：《政府职能转变与反腐倡廉研究》，载于《青岛财经日报》，2007 年 4 月 14 日。

［488］许先国：《论美国的廉政约束机制及对我国廉政建设的启示》，载于《湖北社会科学》2004 年第 8 期。

［489］许宪春：《中国资金流量分析》，载于《金融研究》2002 年第 9 期。

［490］许欣欣：《中国城镇居民贫富差距演变趋势》，载于《中国社会分层》，社会科学文献出版社 2004 年版。

［491］许跃辉、赵晓南：《我国收入分配失衡与政府职能转变》，载于《华东经济管理》2008 年第 22 卷第 9 期。

［492］薛涌著：《仇富：当下中国的贫富之争》，江苏文艺出版社 2009 年版。

[493] 阎安：《瑞典的社会福利制度及其特点》，载于《科学·经济·社会》2006 年第 1 期。

[494] 杨冰之、朱娟英：《发展新经济金融电子化势必先行》，载于《通信信息报》2002 年第 3 期。

[495] 杨灿明、郭慧芳：《论经济转型与收入分配》，载于《财政研究》2009 年第 9 期。

[496] 杨灿明、郭慧芳、孙群力：《扩大国内消费需求与规范收入分配秩序》，载于《财政研究》2010 年第 3 期。

[497] 杨灿明、郭慧芳、赵颖：《论经济发展方式与收入分配秩序》，载于《财贸经济》2010 年第 5 期。

[498] 杨灿明、毛晖：《市场组织还是科层组织——分析城乡差距的一个新框架》，载于《财贸经济》2008 年第 10 期。

[499] 杨灿明、孙群力：《2009 年中国居民收入调查分析报告》，载于《湖北省财政与发展研究中心成果要报》，2010 年。

[500] 杨灿明、孙群力：《影响我国收入分配的因素分析》，载于《中南财经政法大学学报》2009 年第 3 期。

[501] 杨灿明、孙群力：《中国的隐性经济规模与收入不平等》，载于《管理世界》2010 年第 7 期。

[502] 杨灿明、赵福军：《财政分权理论及其发展述评》，载于《中南财经政法大学学报》2004 年第 4 期。

[503] 杨承训：《“深化收入分配制度改革”的经济学解析——兼论以初次分配为重点架构中国特色社会主义分配理论》，载于《经济学动态》2008 年第 1 期。

[504] 杨临宏：《和谐社会建设的法制保障研究》，中国言实出版社 2008 年版。

[505] 杨鹏飞：《民营企业劳资关系探索》，2009 年 1 月 3 日，http//www.dianliang.com/hr/fawu/jiufen/200607/hr_103710_10.html。

[506] 杨瑞龙、王宇锋、刘和旺：《父亲政治身份、政治关系和子女收入》，载于《经济学（季刊）》2010 年第 9 卷第 3 期。

[507] 杨圣明：《论收入分配中的两极分化问题》，载于《贵州财经学院学报》2005 年第 6 期。

[508] 杨天赐：《党的十五大报告经济词语解释》，中国财政经济出版社 1997 年版。

[509] 杨宜勇、池振合：《中国收入差距变化分析》，载于《中国金融》

2012 年第 23 期。

[510] 杨宜勇:《“十二五”期间经济发展方式转变与收入分配制度改革的思考》,载于《当代财经》2011 年第 9 期。

[511] 杨宜勇:《我国收入分配面临的主要问题及其对策》,载于《税务研究》2010 年第 9 期。

[512] 杨毅:《香港、新加坡反腐制度研究》,载于《甘肃农业》2006 年第 4 期。

[513] 杨曾宪:《马克思的剥削与剩余价值理论解构——“价值学视域中的劳动价值论与剥削”系列研究之五》,载于《社会科学论坛》2010 年第 15 期。

[514] 杨志强、侯国祥:《深圳市土地村镇土地管理中腐败情况调查及其对策》,载于《深圳法制报》1993 年 9 月 16 日。

[515] 杨志勇:《收入分配制度改革思路的选择》,载于《中国金融》2012 年第 23 期。

[516] 姚国会:《黑色经济在印度》,载于《百姓》2007 年第 12 期。

[517] 姚红科:《巴西反腐败制度及其对我国的启示》,载于《行政管理改革》2010 年第 9 期。

[518] 姚先国、张海峰:《教育、人力资本与地区经济差异》,载于《经济研究》2008 年第 5 期。

[519] 叶檀:《让余秋雨们远离原始股红利》,载于《每日经济新闻》2010 年 7 月 2 日。

[520] 叶晓佳、李金昌:《未被观测经济与居民收入不平等——基于中国省级面板数据的实证研究》,载于《商业经济与管理》2013 年第 1 期。

[521] 叶战备、金太军:《“以权利制约权力”视角下的舆论监督》,载于《探索》2005 年第 4 期。

[522] [意] 托马斯·阿奎那著,马清槐译:《阿奎那政治著作选》,商务印书馆 1997 年版。

[523] 尹志超、甘犁:《公共部门和非公共部门工资差异的实证研究》,载于《经济研究》2009 年第 4 期。

[524] [印] 阿玛蒂亚·森著,任赜、于真译:《以自由看待发展》,中国人民大学出版社 2002 年版。

[525] [英] 阿克顿著,侯健等译:《自由与权力:阿克顿勋爵论说文集》,商务印书馆 2001 年版。

[526] [英] 爱德华·泰勒著,连树声译:《原始文化》,广西师范大学出版社 2005 年版。

[527] [英] 亚当·斯密著，郭大力、王亚南译：《国民财富的性质和原因的研究》(上卷)，商务印书馆 1972 年版。

[528] [英] 亚当·斯密著，郭大力、王亚南译：《国民财富的性质和原因的研究》(下卷)，商务印书馆 2008 年版。

[529] 优士丁尼著，徐国栋译：《法学阶梯》，中国政法大学出版社 2005 年版。

[530] 于光远：《中国社会主义初级阶段的经济》，广东经济出版社 1998 年版。

[531] 于海峰、崔迪：《规范收入分配秩序推进收入分配改革》，载于《税务研究》2011 年第 3 期。

[532] 余斌：《国民收入分配：困境与出路 2011》，中国发展出版社 2011 年版。

[533] 俞梅珍：《非公有制企业的发展与劳动关系的调整》，载于《教学与研究》2001 年第 8 期。

[534] 虞华君：《政府在和谐劳资关系建设中的角色定位》，载于《商业时代》2010 年第 8 期。

[535] 袁东生：《我国实行官员财产公开的路径分析》，载于《山东社会科学》2011 年第 2 期。

[536] 袁易明：《福利目标下中国所有制结构调整的路径选择》，载于《南开经济研究》2006 年第 4 期。

[537] 岳希明、李实、史泰丽：《垄断行业高收入问题探讨》，载于《中国社会科学》2010 年第 3 期。

[538] 岳希明、史泰丽、李实、别雍·古斯塔夫森：《中国个人收入差距及其变动的分析》，载李实、史泰丽、别雍·古斯塔夫森主编：《中国居民收入分配研究Ⅲ》，北京师范大学出版社 2008 年版。

[539] 岳颖：《收入分配热点问题研究综述》，载于《求索》2010 年第 9 期。

[540] 张本平：《瑞典廉政建设的经验及启示》，载于《中国监察》2007 年第 19 期。

[541] 张车伟：《人力资本回报率变化与收入差距："马太效应"及其政策含义》，载于《经济研究》2006 年第 12 期。

[542] 张传森：《俄罗斯新任总统德米特里·阿纳托利耶维奇·梅德韦杰夫》，载于《俄罗斯中亚东欧研究》2008 年第 3 期。

[543] 张翠环：《借鉴国外经验完善我国财政监督》，载于《广东财经职业学院学报》2005 年第 4 卷第 6 期。

[544] 张东升：《荷兰政体中防止滥用权力的机制》，载于《欧洲》1999 年

第 3 期。

［545］张东生：《中国居民收入分配年度报告（2010）》，经济科学出版社 2010 年版。

［546］张富良：《完善人民代表大会制度保障农民民主政治权利》，载于《人大研究》2004 年第 10 期。

［547］张红军：《美国反洗钱惩罚机制对我国的借鉴意义》，载于《中外管理比较》2005 年第 24 期。

［548］张慧芸：《中德工会劳资关系之比较研究》，载于《法制与社会》2008 年第 12 期。

［549］张建文：《知识、技术入股与逆向选择》，载于《当代财经》2002 年第 6 期

［550］张靖华：《西方财政分权理论综述》，载于《开发研究》2005 年第 2 期。

［551］张克园：《浅谈国内外预防和治理腐败措施借鉴》，载于《才智》2010 年第 34 期。

［552］张丽娜：《聚焦新时期收入分配制度改革模式探究》，载于《华章》2012 年第 8 期。

［553］张连：《马克思主义信仰危机辨析——关于马克思主义信仰内涵的再思考》，载于《长白学刊》2010 年第 3 期。

［554］张澍：《财政联邦主义理论的新发展》，载于《财经科学》2004 年第 5 期。

［555］张维迎：《从电信业看中国的反垄断问题》，载于《改革》1998 年第 2 期。

［556］张幼文：《全球化经济的要素分布与收入分配》，载于《世界经济与政治》2002 年第 10 期。

［557］张运势：《全球地下经济发展态势》，载于《现代国际关系》2001 年第 3 期。

［558］张卓元：《垄断行业改革任重道远》，载于《当代财经》2011 年第 8 期。

［559］张子琳主编：《西方政治思想史》，吉林大学出版社 1986 年版。

［560］章奇、米建伟、黄季焜：《收入流动性和收入分配：来自中国农村的经验证据》，载于《经济研究》2007 年第 11 期。

［561］章淑兰：《不同阶段的按劳分配制度与收入差距水平》，载于《职业时空（综合版）》2006 年第 12 期。

［562］赵宝军：《社会转型期共产主义的信仰危机及其重建》，载于《宝鸡

文理学院学报（社会科学版）》2011 年第 3 期。

［563］赵德馨主编：《中华人民共和国经济史（1949～1966）》，河南人民出版社 1989 年版。

［564］赵建芳：《转型期我国社会信仰危机的成因及出路探析》，载于《中共云南省委党校学报》2005 年第 6 期。

［565］赵剑治、陆铭：《关系对农村收入差距的贡献及其地区差异——一项基于回归的分解分析》，载于《经济学（季刊）》2009 年第 9 卷第 1 期。

［566］赵京兴：《加入进步因素后的劳动价值论》，载于《劳动价值论新论》社会科学文献出版社 2003 年版。

［567］赵立涛、林茂申：《外部性视角下的地方政府职能转变探析》，载于《成都行政学院学报》2010 年第 3 期。

［568］赵人伟：《对我国收入分配改革的若干思考》，载于《经济学动态》2009 年第 9 期。

［569］赵人伟：《收入差距过大的原因从哪里找》，载于《同舟共进》2010 年 9 月。

［570］赵曙明、赵薇：《美、德、日劳资关系管理比较研究》，载于《外国经济与管理》2006 年第 28 卷第 1 期。

［571］赵兴娟：《当代中国企业伦理建设的理性思考》，新疆大学 2010 年硕士学位论文。

［572］赵秀丽：《现阶段收入分配问题的深层次原因分析》，载于《山东社会科学》2008 年第 1 期。

［573］赵颖、胡瑶：《城乡居民收入差距的演进与分工》，载于《重庆社会科学》2011 年第 4 期。

［574］争鸣、晓亮：《敢于承认矛盾重新肯定公私兼顾劳资两利原则》，载于《中国经济时报》2005 年 3 月 21 日。

［575］郑飞：《传统文化影响下的腐败防治制度创新》，载于《理论界》2008 年第 8 期。

［576］郑新立：《建立体现社会公平的收入分配制度》，载于《宏观经济管理》2007 年第 11 期。

［577］政务院：《关于中央直属机关新参加工作人员工资标准的试行规定》，1950 年 1 月 20 日。

［578］中财委：《关于薪金制、供给制的标准问题复华中财委电稿》，1949 年 10 月 27 日。

［579］《中共中央关于目前新公私合营企业工资改革问题的指示》，1956 年

12 月。

［580］《中共中央关于制定国民经济和社会发展第十个五年计划的建议》。

［581］中共中央马克思恩格斯列宁斯大林著作编译局编译：《马克思恩格斯全集（第 19 卷）》，人民出版社 1963 年版。

［582］中共中央马克思恩格斯列宁斯大林著作编译局编译：《马克思恩格斯全集（第 21 卷）》，人民出版社 1965 年版。

［583］中共中央马克思恩格斯列宁斯大林著作编译局编译：《马克思恩格斯全集（第 23 卷）》，人民出版社 1972 年版。

［584］中共中央马克思恩格斯列宁斯大林著作编译局编译：《马克思恩格斯全集（第 3 卷）》，人民出版社 1972 年版。

［585］中共中央文献研究室编：《建国以来重要文献选编》第 3 册，中央文献出版社 1994 年版。

［586］《中国大百科全书》总编辑委员会编：《中国大百科全书》经济学卷Ⅱ，中国大百科全书出版社，2003 年。

［587］中国共产党大事记（1987 年），http//news. xinhuanet. com/ziliao/2004 – 10/15/content_2093969_2. htm。

［588］中国商业工会全国委员会工资部：《新公私合营企业的工资现状》，1956 年 11 月。

［589］中国社会科学院、中央档案馆合编：《1949 ~ 1952 中华人民共和国经济档案资料选编（工商体制卷）》，中国社会科学出版社 1993 年版。

［590］中国社会科学院、中央档案馆合编：《1953 ~ 1957 中华人民共和国经济档案资料选编（劳动工资和职工保险福利卷）》，中国物价出版社 1998 年版。

［591］中共中央宣传部理论局：《从怎么看到怎么办——理论热点面对面·2011》，学习出版社·人民出版社 2011 年版。

［592］中华全国总工会：《中国工会统计年鉴（1998）》，中国统计出版社 1999 年版。

［593］仲大军：《中国劳资关系已经拉开新序幕》，2007 年 12 月 8 日，http：//www. dajunzk. com/laoz. html。

［594］周家伟：《瑞典舆论监督的特点及其启示》，载于《上海党史与党建》2009 年第 3 期。

［595］周剑云：《略论美国劳资关系管理模式的演变》，载于《烟台大学学报》2006 年第 2 期。

［596］周书焕：《中国公民文化研究述评》，载于《郑州航空工业管理学院学报》（社会科学版）2011 年第 5 期。

[597] 周旭亮著:《非营利组织“第三次分配”的财税激励制度研究》，经济科学出版社 2010 年版。

[598] 周扬波、马艳:《构建私有制企业劳资利益均衡机制的思路与对策》，载于《理论月刊》2009 年第 6 期。

[599] 周佑勇、刘艳红:《我国公职人员财产申报制度探讨》，载于《社会科学研究》1997 年第 6 期。

[600] 周玉琴、宋鑫华:《论公民社会的培育与权力监督》，载于《中共山西省委党校省直分校学报》2007 年第 2 期。

[601] 周振华:《技术要素按贡献分配的理论分析》，载于《学术月刊》2003 年第 5 期。

[602] 周振华:《全面建设小康社会的收入分配关系调整及功能完善》，载于《毛泽东邓小平理论研究》2003 年第 1 期。

[603] 朱光磊:《切实转变政府职能是从源头上治理腐败的关键》，2001 年 6 月，http//jjjc. nankai. edu. cn/jjjc/old/jjjc/html/lilunwenzhang/llwz0/05. html。

[604] 朱国林、范建勇、严燕:《中国的消费不振与收入分配：理论和数据》，载于《经济研究》2002 年第 5 期。

[605] 朱静平:《发达国家个人征信体系的比较研究及借鉴》，载于《湖南财经高等专科学校学报》2009 年第 25 卷第 118 期。

[606] 朱晓庆:《美国地下经济与税收管窥》，载于《涉外税务》1996 年第 12 期。

[607] 朱晓庆:《意大利的地下经济与地上税收》，载于《福建税务》1994 年第 6 期。

[608] 朱勇、吴易风:《技术进步和经济的内生增长》，载于《中国社会科学》1999 年第 1 期。

[609] 《专家解读十六大报告提出的收入分配问题》，载于《人民日报》，2003 年 2 月 18 日。

[610] 庄启东：在全国工资改革总结会议上的发言，1956 年 5 月 15 日。

[611] 邹平林、杜早华:《论社会转型时期的道德信念危机》，载于《北京工业大学学报》（社会科学版）2011 年第 11 卷第 3 期。

[612] 邹薇、张芬芬:《农村地区收入差异与人力资本积累》，载于《中国社会科学》2006 年第 2 期。

[613] 左学金:《社会主义理论模式、劳动价值论与要素参与分配》，载于《毛泽东邓小平理论研究》2002 年第 1 期。

后　记

辍笔之时，正值人间四月天，陌上鲜花开过，报告基本成形，心中思绪万千。《规范收入分配秩序研究》作为教育部社会科学研究重大课题攻关项目，自2007年年底立项至今，历时四载有余，项目组成员不畏寒暑，深读文献，奔赴城乡，多方交流，九易其稿，方才有了目前这个文本。

掩卷回首，研究过程历历在目：2007年12月1日立项通过时的喜悦和激动；2008年1月12日在校内举行开题报告会时的豪情和期望；2009年10月22日杨灿明、孙群力和郭慧芳等赴教育部接受课题中期检查时的慎重和忐忑；2008年2月至2012年4月期间若干次课题组骨干成员会议讨论时的热烈和激情；2008年10月24日，中越转型经济比较研究国际研讨会和2011年10月15日收入分配理论与政策国际研讨会上的碰撞与火花；2012年3月21日课题总报告第八稿完稿时的如释重负。在课题研究期间，课题组成员就总报告大纲设计、任务安排、问卷设计、社会调查人员安排、研究重点与难点问题的理论探讨、阶段性成果的论证、研究计划的执行与进展以及总报告的修改等工作，先后举行了近30次小组会议，跨越10个省市进行调研，召开了10余场国内外专家学术会议，等等一切之后，才有此总报告和系列阶段性成果的形成。

总报告是项目组成员集体智慧的结晶：杨灿明教授作为项目负责人，设计了本报告的内容和框架，并对全部内容进行多次系统修改，最终总纂定稿；孙群力教授对权力经济和隐性经济深入探究；赵兴罗副教授对收入类型全面界定；毛晖副教授探讨文化道德的重要作用；郭慧芳副教授系统分析收入分配秩序混乱的原因；赵颖同学用CES函数估计劳动—资本份额，全组成员各司其职、相得益彰。各章节的撰写具体分工如下：第一章导论，杨灿明教授、赵兴罗副教授、郭慧芳副教授；第二章，孙群力教授；第三、四章，硕士生赵颖同学；第五、六章，杨灿明教授、孙群力教授；第七章，杨灿明教授、郭慧芳副教授和博士生王绍乐；第八章，毛晖副教授；第八章，赵兴罗副教授、毛晖副教授和博士生曹润林同学；中南财经政法大学财政税务学院鲁元平博士参与了总纂定稿工作。

本课题得到了诸多领导和专家学者们的关心和帮助，感谢之意，难以全达。在项目立项和开题过程中，教育部社科司给予了有力的支持和指导；在项目调研过程中，全国人大、中央治理“小金库”工作领导小组、财政部、国家税务总局、湖北省委、省政府和人大、湖北省财政厅、湖北省地税局、广东省财政厅、河南省人民政府发展研究中心、四川省财政厅、海南省财政厅、厦门市财政局、武汉市人大和其他有关省、市、自治区的相关部门和领导给予了高度配合；财政部、国家税务总局、湖北省委、省政府、湖北省人大、武汉市人大、中国社会科学院财贸所的主要领导或分管领导同志为本项目的一些阶段性成果作出重要批示或给予高度评价，是对课题组莫大的鞭策和鼓励；在项目实施过程中，中南财经政法大学的领导和科研部门的大量协调和配合工作，特别是中南财经政法大学副校长姚莉教授的热情支持和关心，为课题组创造了良好的科研环境，提供了优越的科研条件；在项目交流讨论过程中，北京大学、中国人民大学、武汉大学、中山大学、厦门大学、中央财经大学、上海财经大学、暨南大学、东北财经大学、天津财经大学、西南财经大学、浙江财经学院、保加利亚民族与世界经济大学、越南国民经济大学和塞尔维亚诺威萨德大学等国内外高校提供了许多便利和帮助，再次深表谢意！

课题组特别感谢诺贝尔经济学奖得主克莱夫·格兰杰教授，全国人大财经委姚胜副主任，国家税务总局王军局长、财政部余蔚平部长助理，中国社会科学院财贸所所长高培勇教授、中国社会科学院经济研究所所长裴长洪教授，财政部财政科学研究所副所长王朝才研究员、刘尚希研究员，武汉大学原副校长吴俊培教授，湖北省人民检察院原副院长、政协委员、法制委员会主任委员徐汉明教授，湖北省统计局副局长叶青教授，宜昌市委副书记吴静博士，日本大分大学经济学院丸山武志教授，日本岛根县立大学张忠任教授，武汉大学卢洪友教授，中南财经政法大学陈志勇教授，湖北省发展研究中心刘纯志处长，西南交通大学廖楚晖教授，中南财经政法大学张璇博士和鲁元平博士等对课题研究做出的贡献。

规范我国收入分配秩序的研究是一个项涉及宏观经济理论和社会经济管理实践的复杂命题，较难驾驭，虽皓首穷经，也难尽善其事，加之限于各种条件，挂一漏万之处在所难免，敬请各位专家学者斧正。

教育部哲学社會科学研究重大課題攻關項目

成果出版列表

书　名	首席专家
《马克思主义基础理论若干重大问题研究》	陈先达
《马克思主义理论学科体系建构与建设研究》	张雷声
《马克思主义整体性研究》	逄锦聚
《改革开放以来马克思主义在中国的发展》	顾钰民
《新时期　新探索　新征程 ——当代资本主义国家共产党的理论与实践研究》	聂运麟
《当代中国人精神生活研究》	童世骏
《弘扬与培育民族精神研究》	杨叔子
《当代科学哲学的发展趋势》	郭贵春
《服务型政府建设规律研究》	朱光磊
《地方政府改革与深化行政管理体制改革研究》	沈荣华
《面向知识表示与推理的自然语言逻辑》	鞠实儿
《当代宗教冲突与对话研究》	张志刚
《马克思主义文艺理论中国化研究》	朱立元
《历史题材文学创作重大问题研究》	童庆炳
《现代中西高校公共艺术教育比较研究》	曾繁仁
《西方文论中国化与中国文论建设》	王一川
《楚地出土戰國簡册[十四種]》	陳　偉
《近代中国的知识与制度转型》	桑　兵
《中国抗战在世界反法西斯战争中的历史地位》	胡德坤
《京津冀都市圈的崛起与中国经济发展》	周立群
《金融市场全球化下的中国监管体系研究》	曹凤岐
《中国市场经济发展研究》	刘　伟
《全球经济调整中的中国经济增长与宏观调控体系研究》	黄　达
《中国特大都市圈与世界制造业中心研究》	李廉水
《中国产业竞争力研究》	赵彦云
《东北老工业基地资源型城市发展可持续产业问题研究》	宋冬林
《转型时期消费需求升级与产业发展研究》	臧旭恒
《中国金融国际化中的风险防范与金融安全研究》	刘锡良
《中国民营经济制度创新与发展》	李维安
《中国现代服务经济理论与发展战略研究》	陈　宪

书　名	首席专家
《中国转型期的社会风险及公共危机管理研究》	丁烈云
《人文社会科学研究成果评价体系研究》	刘大椿
《中国工业化、城镇化进程中的农村土地问题研究》	曲福田
《东北老工业基地改造与振兴研究》	程　伟
《全面建设小康社会进程中的我国就业发展战略研究》	曾湘泉
《自主创新战略与国际竞争力研究》	吴贵生
《转轨经济中的反行政性垄断与促进竞争政策研究》	于良春
《面向公共服务的电子政务管理体系研究》	孙宝文
《产权理论比较与中国产权制度变革》	黄少安
《中国企业集团成长与重组研究》	蓝海林
《我国资源、环境、人口与经济承载能力研究》	邱　东
《"病有所医"——目标、路径与战略选择》	高建民
《税收对国民收入分配调控作用研究》	郭庆旺
《多党合作与中国共产党执政能力建设研究》	周淑真
《规范收入分配秩序研究》	杨灿明
《中国加入区域经济一体化研究》	黄卫平
《金融体制改革和货币问题研究》	王广谦
《人民币均衡汇率问题研究》	姜波克
《我国土地制度与社会经济协调发展研究》	黄祖辉
《南水北调工程与中部地区经济社会可持续发展研究》	杨云彦
《产业集聚与区域经济协调发展研究》	王　珺
《我国民法典体系问题研究》	王利明
《中国司法制度的基础理论问题研究》	陈光中
《多元化纠纷解决机制与和谐社会的构建》	范　愉
《中国和平发展的重大前沿国际法律问题研究》	曾令良
《中国法制现代化的理论与实践》	徐显明
《农村土地问题立法研究》	陈小君
《知识产权制度变革与发展研究》	吴汉东
《中国能源安全若干法律与政策问题研究》	黄　进
《城乡统筹视角下我国城乡双向商贸流通体系研究》	任保平
《产权强度、土地流转与农民权益保护》	罗必良
《矿产资源有偿使用制度与生态补偿机制》	李国平
《生活质量的指标构建与现状评价》	周长城
《中国公民人文素质研究》	石亚军
《城市化进程中的重大社会问题及其对策研究》	李　强
《中国农村与农民问题前沿研究》	徐　勇

书　名	首席专家
《西部开发中的人口流动与族际交往研究》	马　戎
《现代农业发展战略研究》	周应恒
《综合交通运输体系研究——认知与建构》	荣朝和
《中国独生子女问题研究》	风笑天
《我国粮食安全保障体系研究》	胡小平
《城市新移民问题及其对策研究》	周大鸣
《中国边疆治理研究》	周　平
《边疆多民族地区构建社会主义和谐社会研究》	张先亮
《中国大众媒介的传播效果与公信力研究》	喻国明
《媒介素养：理念、认知、参与》	陆　晔
《创新型国家的知识信息服务体系研究》	胡昌平
《数字信息资源规划、管理与利用研究》	马费成
《新闻传媒发展与建构和谐社会关系研究》	罗以澄
《数字传播技术与媒体产业发展研究》	黄升民
《互联网等新媒体对社会舆论影响与利用研究》	谢新洲
《网络舆论监测与安全研究》	黄永林
《教育投入、资源配置与人力资本收益》	闵维方
《创新人才与教育创新研究》	林崇德
《中国农村教育发展指标体系研究》	袁桂林
《高校思想政治理论课程建设研究》	顾海良
《网络思想政治教育研究》	张再兴
《高校招生考试制度改革研究》	刘海峰
《基础教育改革与中国教育学理论重建研究》	叶　澜
《公共财政框架下公共教育财政制度研究》	王善迈
《农民工子女问题研究》	袁振国
《当代大学生诚信制度建设及加强大学生思想政治工作研究》	黄蓉生
《从失衡走向平衡：素质教育课程评价体系研究》	钟启泉　崔允漷
《处境不利儿童的心理发展现状与教育对策研究》	申继亮
《学习过程与机制研究》	莫　雷
《青少年心理健康素质调查研究》	沈德立
《WTO 主要成员贸易政策体系与对策研究》	张汉林
《中国和平发展的国际环境分析》	叶自成
*《中国政治文明与宪法建设》	谢庆奎
*《非传统安全合作与中俄关系》	冯绍雷
*《中国的中亚区域经济与能源合作战略研究》	安尼瓦尔·阿木提
*《冷战时期美国重大外交政策研究》	沈志华
……	

*为即将出版图书